Bernd Schünemann

Gesammelte Werke

Band III: Strafprozessrecht und Strafprozessreform

Bernd Schünemann

Gesammelte Werke
Band III: Strafprozessrecht und Strafprozessreform

DE GRUYTER

Prof. Dr. Dr. h.c. mult. *Bernd Schünemann*, Universität München

ISBN 978-3-11-064987-1
e-ISBN (PDF) 978-3-11-065056-3
e-ISBN (EPUB) 978-3-11-064992-5

Library of Congress Control Number: 2020938039

Bibliografische Information der Deutschen Nationalbibliothek
Die Deutsche Nationalbibliothek verzeichnet diese Publikation in der Deutschen Nationalbibliografie; detaillierte bibliografische Daten sind im Internet über http://dnb.dnb.de abrufbar.

Satz/Datenkonvertierung: jürgen ullrich typosatz, Nördlingen
Druck: CPI books GmbH, Leck

www.degruyter.com

Vorwort und Überblick zu Band III meiner Gesammelten Werke in 5 Bänden

I. Der Strafprozess ist aus den Fugen

1. Für die Veröffentlichung einer Auswahl meiner rechtsdogmatischen, empirischen und kriminalpolitischen Untersuchungen zum Strafverfahren, die einen Zeitraum von mehr als einem halben Jahrhundert umfassen und von denen fast die Hälfte hier erstmals publiziert wird, ist das Jahr 2020 prima facie ein so hoffnungsloser Zeitpunkt, dass er dadurch bereits wieder seine eigene Würde empfängt – so wie die letzten vergeblichen Handlungen des Helden nach der Peripetie in der klassischen Tragödie. Denn der Gesetzgeber hat soeben in zwei kurz aufeinander folgenden Gesetzen mit geflissentlich harmlos formulierten Titeln[1] jene Residualbalance der RStPO zerstört, die der Gesetzgeber des Rechtsvereinheitlichungsgesetzes bei der Wiederaufrichtung des Rechtsstaats nach dem Ende der NS-Zeit in Anknüpfung an die Rechtsprechung des Reichsgerichts vor der NS-Zeit wiederhergestellt hatte – mit dem Eckpfeiler des Rechts der Verteidigung, die Beweisaufnahme in der Hauptverhandlung als dem nach der Strafprozessordnung alleinigen Entscheidungszentrum des Verfahrens gleichberechtigt mitzugestalten, sei es durch Beweisanträge, sei es durch Vorführung präsenter Beweismittel.[2]

2. So wie die persönliche Freiheit des Bürgers im liberalen Rechtsstaat nur mit den Mitteln des Strafrechts eingeschränkt werden darf und diese deshalb unter dem strengen Legitimationsvorbehalt des Rechtsgüterschutzprinzips stehen, bildet der Strafprozess den Schlussstein im Gewölbe der irdischen Gerechtigkeit, in dem der Bürger bei der Feststellung, ob er die Schranken des Strafrechts überschritten hat, selbst als Prozesssubjekt mitsprechen und das Verfahren zur Erkenntnis der hierüber aufzufindenden „materiellen Wahrheit" mitgestalten darf. Während die Abschaffung der Folter als dem in tatsächlicher wie in symbolischer Hinsicht wirkenden Inbegriff des alten Inquisitionsverfahrens (dem historisch gesehen *zweiten Paradigma* des Strafverfahrens nach dem auf ein Gottesurteil gestützten *ersten Paradigma*) die körperliche Unversehrtheit gesichert hat, bildeten die Mitwirkungsrechte in der Hauptverhandlung den Inbegriff der Stellung als

---

1 Gesetz zur effektiveren und praxistauglicheren Ausgestaltung des Strafverfahrens v. 17.8.2017, BGBl I 3202; Gesetz zur Modernisierung des Strafverfahrens v. 10.12.2019, BGBl I 2121.

2 Gesetz zur Wiederherstellung der Rechtseinheit auf dem Gebiet der Gerichtsverfassung, der bürgerlichen Rechtspflege, des Strafverfahrens und des Kostenrechts v. 12.9.1950, BGBl S. 455, Art. 3 Nr. 112.

https://doi.org/10.1515/9783110650563-202

Prozesssubjekt, die der (um das Zentrum der Hauptverhandlung organisierte) reformierte Strafprozess im 19. Jahrhundert als **drittes Paradigma** geschaffen hat. Während im anglo-amerikanischen Parteiprozess vor allem das Recht zur eigenen Beweisführung die von Haus aus überlegene Machtstellung der Anklage kompensieren soll, geht es in dem durch die **Übermacht des Gerichts** gekennzeichneten kontinental-europäischen Strafprozess gerade um deren **Ausbalancierung**, weil sonst ein in der Prozessstruktur angelegtes und deshalb nicht eliminierbares, sondern nur kompensierbares Handicap bei der dem Richter obliegenden Auffindung der materiellen Wahrheit gerade die Errungenschaften des reformierten Verfahrens wieder zerstören würde. Denn die für die Erfüllung der richterlichen Aufklärungspflicht (§ 244 Abs. 2 StPO als eine der Säulen des reformierten Strafverfahrens) erforderliche Kenntnis der Ermittlungsakten führt zwangsläufig zu einer in Richtung auf diese Akten verzerrten Wahrnehmung der Beweisaufnahme in der Hauptverhandlung (dem sog. *Inertia-Effekt*, dessen Erforschung einen wichtigen Teil meiner empirischen Untersuchungen zum Strafverfahren gebildet hat und der überdies zum *Schulterschlusseffekt* zwischen Gericht und Staatsanwaltschaft führt, auf den ich ebenfalls sogleich zurückkomme). Durch das bereits in der Reichsstrafprozessordnung geregelte Recht des Angeklagten und seiner Verteidigung zur eigenen Beweisvorführung und durch das in der Rechtsprechung des Reichsgerichts herausgebildete, im Rechtsvereinheitlichungsgesetz sodann kodifizierte Beweisantragsrecht war in Verbindung mit dem eigenen Fragerecht ein starkes Gegengewicht geschaffen, von dem man sich insgesamt eine Art Ausbalancierung der Machtpositionen in der Hauptverhandlung versprechen durfte.

3. Über 70 Jahre hinweg haben die Landesjustizverwaltungen, die sich durchgängig als Vertreter der Justizinteressen geriert haben (und das heißt: im Sinne einer ungestörten Durchführung des aus den Akten entwickelten Hauptverhandlungsplans ohne Erschwerung durch Stolpersteine seitens der in der Perspektive der Justiz hauptsächlich mit deren Aufbau beschäftigten Verteidigung), unablässig über den Bundesrat neue Versuche unternommen, die Rechtspositionen der Verteidigung zu schmälern und das freie prozessuale Ermessen des Gerichts zu erweitern. Nach der Regel, dass steter Tropfen den Stein höhle, hatten sie zunächst bei der Einschränkung des Beweis*vorführungs*rechts substantielle Erfolge erzielt,[3] während die Regelung des Beweis*antrags*rechts lange Zeit standgehalten hat. Dies trifft vor allem auf diejenigen Zeiten zu, in denen das Bundesjustizministerium in der Hand eines FDP-Politikers war, doch muss festgehalten werden,

3 Nämlich durch das Strafverfahrensänderungsgesetz 1979 (StVÄG 1979) vom 5.10.1978, BGBl. I 1645 ff. (dort Art. 1 Nr. 20), durch welches das Recht zur direkten Beweisführung zu einem privilegierten Beweisantrag verzwergt wurde.

dass noch in der Amtszeit der SPD-Politikerin *Däubler-Gmelin* die Überzeugung von der Notwendigkeit einer Prozessbalance in Resten vorhanden war.[4] Deren bis heute anhaltender und mit Beginn dieses Jahres auf einen gewissen Höhepunkt geführter Verlust ist das unselige Erbe einerseits einer einseitigen Rechtsfortbildung durch den Bundesgerichtshof und –änderung durch den Gesetzgeber, die vom Bundesverfassungsgericht punktuell korrigiert, gerade aber in ihren strukturverändernden Wirkungen toleriert, womöglich nicht einmal erkannt worden ist,[5] und andererseits der SPD-Politiker *Zypries* und *Maas* als Bundesjustizminister, die mit den in Fn. 1 nachgewiesenen, durch den Bundestag gepeitschten Gesetzen unter den Schlagworten der Effektivität, Praxistauglichkeit und Modernisierung endgültig die Axt an die Wurzeln des reformierten Strafverfahrens gelegt haben, ohne die Vision einer neuen Balance zu besitzen, geschweige denn Regeln zu deren Verwirklichung zu schaffen.

4. So stehen wir heute, 70 Jahre nach der Wiederherstellung des rechtsstaatlichen Strafverfahrens in Deutschland und rund zwei Jahrhunderte nach dessen zunächst in der Partikulargesetzgebung erarbeiteten Erschaffung, vor der Wirklichkeit eines **vierten Verfahrensparadigmas**,

- in dem die Gerechtigkeit buchstäblich zu Markte getragen wird in geheimen Aushandlungsprozessen der professionellen Prozessbeteiligten, innerhalb derer der Angeklagte wieder wie zu Zeiten des alten Inquisitionsverfahrens nur noch das (nicht anwesende!) Objekt darstellt, woran auch die vom Bundesverfassungsgericht geforderte *nachträgliche* (durchweg in euphemistischen Wendungen erfolgende) Offenlegung[6] nicht das Mindeste zu ändern vermag;
- in dem die Richter in extremer Weise von verfahrensförmlichen Bindungen befreit worden sind bis hin zur Zurückstellung der ursprünglich die RStPO beherrschenden Konzentration der Hauptverhandlung hinter ihre Wünsche auf Genuss der Elternzeit;[7]

---

4 Siehe dazu unten ACHTER TEIL, S. 262f., 296f., 299f.

5 Einige Beispiele: die Derogation des Verbots der Rügeverkümmerung, unten FÜNFTER TEIL, S. 195 ff.; die Erfindung der sog. Widerspruchslösung (dazu Roxin/Schünemann, Strafverfahrensrecht, 29. Aufl. 2017, S. 178 ff.); der Kranz der Überwachungsgesetze, unten ZWÖLFTER TEIL, S. 384; die Übernahme der vom BGH erfundenen Figuren der Konnexität und der Fristsetzung für Beweisanträge in die in Fn. 1 zit. Gesetze; und als radikaler Umbruch die Urteilsabsprachen, dazu in Kürze Band 4 meiner Gesammelten Werke.

6 BVerfGE 133, 168, 217.

7 Nach § 228 RStPO durfte die Hauptverhandlung maximal für 3 Tage unterbrochen werden, denn „der Grundsatz der Mündlichkeit enthält auch das Erfordernis, dass die Hauptverhandlung ein zusammenhängendes Ganzes bilden und dass die Richter unter dem lebendigen Eindruck des vor ihnen Verhandelten zur Entscheidung schreiten" (Löwe, Die Strafprozessordnung für das

- in dem das wichtigste Recht der Verteidigung, nämlich einen Beweisantrag zur Einflussnahme auf den Umfang der Beweisaufnahme zu stellen, unter die Prüfung seiner (vom BGH erfundenen und im Modernisierungsgesetz ins Gesetz geschriebenen) „Konnexität" gestellt und dessen (für die Orientierung der Verteidigung enorm wichtige) förmliche Verbescheidung in der Hauptverhandlung bei deren Verneinung ebenso abgeschafft worden ist wie bei einer nach Auffassung des Gerichts nicht genügend entschuldigten Fristversäumung;[8]
- in dem diese Schieflage durch die Etablierung des Opfer-Prätendenten als nicht an die Wahrheitserforschung gebundene, sondern eigene Interessen verfolgende Prozesspartei, durch die regelmäßige Verwandlung der Öffentlichkeit von einem Kontroll- in ein Demütigungsinstrument und durch die Paralysierung von Unmittelbarkeit und Mündlichkeit bei länger dauernden und damit praktisch bei den meisten Landgerichts-, namentlich den Wirtschaftsstrafprozessen weiter verstärkt wird; und
- in dem das ursprünglich der bloßen Verdachtsvorklärung dienende Ermittlungsverfahren zum heimlichen Entscheidungszentrum des gesamten Strafverfahrens avanciert ist, obwohl es seiner ursprünglichen Konzeption gemäß nicht einmal ansatzweise diejenigen Kautelen aufweist, deretwegen die Hauptverhandlung im reformierten Strafprozess geschaffen worden ist, und infolge seiner Verpolizeilichung und Vergeheimdienstlichung für eine effektive Verteidigung so gut wie keinen Raum lässt – womit sich der Kreis zu den Urteilsabsprachen schließt, durch die das Resultat des Ermittlungsverfahrens umstandslos ins Urteil transferiert wird und damit in Rechtskraft erwächst.

Deutsche Reich, 12. Aufl. 1907, § 228 Anm. 1). Weil das Urteil aus dem „Inbegriff der Verhandlung" geschöpft werden muss (§ 261 StPO) und das menschliche Gedächtnis im Zeitablauf nachlässt, hätte schon die permanente Erweiterung der zulässigen Unterbrechungsdauer eine zuverlässige Speicherung der Beweis-Zwischenergebnisse (die im Ermittlungsverfahren selbstverständlich ist!) vorausgesetzt, an die der Gesetzgeber aber niemals gedacht hat, weil damit die Freiheit des Richters bei der erst in den Urteilsgründen erfolgenden Festsetzung des Inhalt der Beweisaufnahme und damit dessen „Macht ohne Maß" (s. unten ZEHNTER TEIL, S. 335 ff.) beschnitten worden wäre. Dass seit dem Modernisierungsgesetz aber sogar die Inanspruchnahme von Elternzeit bis zu 2 Monaten die zulässige Unterbrechungsfrist verlängern soll (§ 229 Abs. 3 Nr. 2 StPO n. F.), hätte sich selbst der bösartigste Satiriker nicht ausdenken können und hat meine düstersten Befürchtungen, als ich 2005 in den die Strafprozessordnung beugenden Urteilsabsprachen „Wetterzeichen vom Untergang der deutschen Rechtskultur" erblickte, zum Euphemismus gestempelt.

8 § 244 Abs. 3 S. 1, Abs. 6 S. 4 StPO n. F. Dass dieses Vorgehen des Tatrichters in der Revisionsinstanz überprüft werden kann, ist nicht nur wegen der notorisch minimalen Erfolgschancen von Revisionen pro reo ein schwacher Trost, sondern ändert auch nichts an der nunmehr vom Gesetz ermöglichten Strategie, anstelle einer transparenten Kommunikation über die gerichtliche Verarbeitung der Beweisaufnahme die Verteidigung im Dunkeln tappen zu lassen.

II. Zur Auswahl der Beiträge dieses Bandes

1. a) Bei der in diesem Band vorgelegten Auswahl aus meinen Arbeiten zum Strafverfahren[9] habe ich alle *fünf Perspektiven* berücksichtigt, die man bei einer wis-

---

9 Folgende größere und kleinere Abhandlungen konnten (notabene außer den das Rückgrat von Band 4 der Gesammelten Werke bildenden Untersuchungen zu den Urteilsabsprachen und denjenigen zum Strafprozessrecht der EU, die in Schünemann, Die Europäisierung der Strafrechtspflege als Demontage des demokratischen Rechtsstaats, 2014, publiziert sind) nicht berücksichtigt werden:
Das beschleunigte Verfahren im Zwiespalt von Gerechtigkeit und Politik, NJW 1968, 975; Das strafprozessuale Wiederaufnahmeverfahren propter nova und der Grundsatz „In dubio pro reo", ZStW 84 (1972), 870; Die Geschäftsverteilung in Schwurgerichtssachen und das Prinzip des gesetzlichen Richters, NJW 1974, 295; Zur Reform der Hauptverhandlung im Strafprozeß, GA 1978, 161; Grundfragen der Revision im Strafprozeß, JA 1982, 71, 123; Experimentelle Untersuchungen zur Reform der Hauptverhandlung in Strafsachen, in: Kerner/Kury/Sessar (Hrsg.), Deutsche Forschungen zur Kriminalitätsentstehung und Kriminalitätskontrolle,1983, S. 1109; Aktuelle strafprozessuale Probleme des Schriftgutachtens, in: Mannheimer Hefte für Schriftvergleichung 1984, 3; Amnestie und Grundgesetz. Zur Verfassungswidrigkeit einer Amnestie in der Parteispendenaffäre, ZRP 1984, 137; Grundbedingungen für ein funktionsfähiges normatives Programm der Rechtsprechung, in: Achterberg (Hrsg.), Rechtsprechungslehre,1986, S. 461; Fehlerreduktion im richterlichen Handeln durch „Programmierte Unterweisung?", in: Zeitschrift für Sozialpsychologie 1986, 50; Zur Stellung des Opfers im System der Strafrechtspflege, NStZ 1986, 193, 439; Reflexionen über die Zukunft des deutschen Strafverfahrens, FS f. Pfeiffer, 1988, S. 461; Daten und Hypothesen zum Rollenspiel zwischen Richter und Staatsanwalt bei der Strafzumessung, in: Kaiser/Kury/Albrecht (Hrsg.), Kriminologische Forschung in den 80er Jahren Band 35, 1988, S. 265; Perseverance in Courtroom Decisions, (zusammen mit Wolfgang Bandilla), in: Wegener/Lösel/Haisch (Hrsg.), Criminal Behavior and the Justice System. Psychological Perspectives, New York-Berlin-Heidelberg-London-Paris-Tokyo 1989, S. 181; Der Lügendetektor auf dem Vormarsch?, (redaktioneller Titel: Entformalisierung des Ermittlungsverfahrens. Plädoyer für eine Entkoppelung des Vorverfahrens von der Rigorosität des Hauptverfahrens.), Kriminalistik 1990, 131, 149; Materielle Tatverdachtsprüfung und völkerrechtswidrige Entführung als nationalstaatliche Sprengsätze im internationalen Auslieferungsverkehr, in: Wolter (Hrsg.), 140 Jahre GA, 1993, S. 215; Hände weg von der kontradiktorischen Struktur der Hauptverhandlung, StV 1993, 607; Entwurf eines Änderungsgesetzes zur Strafprozeßordnung, zum Bundeszentralregistergesetz und zum Gesetz über die Schiedsstellen in den Gemeinden mitsamt Begründung (gemeinsam mit A.-M. Arnold u. a.), in: Lampe (Hrsg.), Vorschläge zur prozessualen Behandlung der Kleinkriminalität, Deutsche Wiedervereinigung Bd. I, 1993, S. 103; Der deutsche Strafprozeß im Spannungsfeld von Zeugenschutz und materieller Wahrheit. Kritische Anmerkungen zum Thema des 62. Deutschen Juristentages 1998, StV 1998, 391; Polizei und Staatsanwaltschaft, Kriminalistik 1999, 74, 146; Die Stellung des Opfers im System der Strafrechtspflege: Ein Drei-Säulen-Modell, in: Schünemann/Dubber (Hrsg.), Die Stellung des Opfers im Strafrechtssystem, 2000, S. 1; Zeugenbeweis auf dünnem Eis – Von seinen tatsächlichen Schwächen, seinen rechtlichen Gebrechen und seiner notwendigen Reform –, FS f. Meyer-Goßner, 2001, S. 385; Die Leistungsgrenze strafgerichtlicher Entscheidungen – eher Predigertum als social engineering ?, in: Hof/Schulte (Hrsg.), Wirkungsforschung zum

senschaftlichen Behandlung des Themas einnehmen kann, wenn auch nicht alle in gleicher Intensität. Den größten Raum nehmen die **Dogmatik** des Strafverfahrensrechts, Fragen und Vorschläge zu seiner **Reform** sowie die **Soziologie und**

Recht III – Folgen von Gerichtsentscheidungen, 2001, S. 167; Warnung vor Holzwegen der Strafprozeßreform, in: Strafverteidigervereinigungen (Hrsg.), Sicherheit durch Strafe? Öffentlicher Strafanspruch zwischen Legalitätsprinzip und Opferinteresse, 2003, S. 267; Die Rechte des Beschuldigten im internationalisierten Ermittlungsverfahren, StraFo 2003, 344; Zur Reform des strafprozessualen Ermittlungsverfahrens in Europa, GS f. Vogler, 2004, S. 81; Ein Linsengericht zum Tausch für den Strafprozeß von 1877?, StraFo 2004, 293; Vom Einfluss der Strafverteidigung auf die Rechtsentwicklung, StraFo 2005, 177; Europäischer Sicherheitsstaat – Europäischer Polizeistaat?, in: Strafverteidigervereinigungen (Hrsg.), Wen schützt das Strafrecht? 2006, S. 237= ZIS 2007, 528; Verteidigung in Europa, StV 2006, 361; Die Zukunft des Strafverfahrens – Abschied vom Rechtsstaat?, ZStW 119 (2007), 945; Der deutsche Strafprozess – krank an Haupt und Gliedern, in: Schüler-Springorum/Nedopil (Hrsg.), FS f. Hisao Katoh, 2008, S. 49; Die Liechtensteiner Steueraffäre als Menetekel des Rechtsstaats, NStZ 2008, S. 305; Verfassungsrechtliche Vorgaben für die Struktur des Strafverfahrens, in: Arbeitsgemeinschaft Strafrecht des Deutschen Anwaltsvereins (Hrsg.), Strafverteidigung im Rechtsstaat, 2009, S. 827; Risse im Fundament, Flammen im Gebälk: Die Strafprozessordnung nach 130 Jahren, in: ZIS 2009, 484; Richterbezogene Attitüdenforschung und der Indikator des „qualifizierten Begründungsfehlers“, FS f. Mehle, 2009, S. 613; Die Hauptverhandlung im Strafverfahren – Was sie leistet, wo sie versagt und in welcher Form sie bewahrt werden muss, StraFo 2010, 90; Gedanken zur 2. Instanz in Strafsachen, FS f. Geppert, 2011, S. 649; Reformaspekte des strafrechtlichen Haupt- und Rechtsmittelverfahrens, in: Bundesministerium für Justiz (Hrsg.), Die Reform des Haupt- und Rechtsmittelverfahrens, Wien, Graz 2011, S. 9; Die Vorsitzendenkrise im 2. und 4. Strafsenat des BGH im Lichte der Verfassungsgarantie des gesetzlichen Richters, ZIS 2012, 1; Die Allmacht des Tatrichters und die Einseitigkeit der Wahrheitsfindung, FS f. Kühne, 2013, 361; Strafverteidigung und Opferinteressen, in: Vereinigung der österreichischen StrafverteidigerInnen u. a. (Hrsg.), Strafverteidigung – Opferrechte und Medienjustiz, Wien-Graz 2014, S. 129; Information über das Vorverfahren und die Befugnisse des Richters in der Hauptverhandlung aus deutscher Sicht, in: Schroeder/Kudratov (Hrsg.), Die strafprozessuale Hauptverhandlung zwischen inquisitorischem und adversatorischen Modell, 2014, S. 91; Überfordert die Komplexität der Wirklichkeit die Juristen?, wistra 2015, 161; Legitimation durch Verfahren? – Von den Mindestbedingungen, unter denen die Ausübung der furchtbaren Strafgewalt durch Menschen in samtbesetzter Robe gerecht sein kann, StraFo 2015, 177; Die gemeineuropäische Prozessrechtswissenschaft – Anstöße und Relevanz, in: Barton/Kölbel/Lindemann (Hrsg.), Wider die wildwüchsige Entwicklung des Ermittlungsverfahrens, 2015, S. 177; Parlamentarische Untersuchungsausschüsse und Strafverfahren, FS f. Ostendorf, 2015, S. 817; Die Vorschläge der Expertenkommission des BMJV zur Reform des Strafprozesses – Parturient montes, nascetur ridiculus mus, StraFo 2016, 45; Wider Schweigespiralen im Strafprozess am Beispiel der elektronischen Fußfessel und der Erosion der richterlichen Unbefangenheit, FS f. Schlothauer, 2018, S. 261; Faires Verfahren und Urteilsabsprachen im Strafverfahren, GA 2018, 181; Zur Stellung des Opferprätendenten im Strafverfahren, und: Reform des Hauptverfahrens in Deutschland, in: Hilgendorf/Schünemann/Schuster (Hrsg.), Verwirklichung und Bewahrung des Rechtsstaats, 2019, S. 67, 249; Grundlinien durchgreifender Strafjustizreform statt Wunschkonzert für Strafverfolgungsorgane, StraFo 2020, 45.

Psychologie des Verfahrens ein, namentlich der (vorwiegend richterlichen) Informationsgewinnung und –verarbeitung, während ich die **Rechtsgeschichte** nur ab der Entstehung des reformierten Strafprozesses im 19. Jahrhundert und die **Rechtsvergleichung** nur in Gestalt des anglo-amerikanischen Parteiverfahrens berücksichtigt habe.

b) Ferner habe ich meine empirischen, dogmatischen und rechtspolitischen Arbeiten zu den **Urteilsabsprachen**, die seit ihrer zunächst heimlichen,[10] sodann vom Bundesgerichtshof nolens volens tolerierten[11] und schließlich vom Gesetzgeber legitimierten Einführung[12] ungeachtet der auf der Oberfläche festgehaltenen tradierten Verfahrensstruktur das neue (vierte) Paradigma geschaffen haben, einem eigenen, in Vorbereitung befindlichen **4. Band** meiner Gesammelten Werke vorbehalten.

Mit einer gewissen Sentimentalität könnte ich sagen, dass ich durch diese Beschränkung des vorliegenden Bandes auf das im 19. Jahrhundert ersonnene und erkämpfte, in seiner Struktur bis heute beibehaltene sog. reformierte Strafverfahren diesem (für mich seit einem halben Jahrhundert obsessiven) „schönsten aller Träume noch ein Denkmal setzen will" (*Richard Wagner* in seinem Brief an Franz Liszt vom 16.12.1854 über „Tristan und Isolde"). Der Hauptgrund ist aber prosaischer, denn auch bei einer noch so strengen Auswahl wäre es unmöglich, einen auch nur einigermaßen repräsentativen Überblick sowohl über die Probleme des dritten als auch über diejenige des vierten Paradigmas in einem einzigen Band von ca. 500 Seiten zu vereinigen.

c) Die in diesem Band unterbreitete Auswahl darf nichtsdestoweniger eine uneingeschränkte **Aktualität** beanspruchen, weil der Gesetzgeber die Bedeutung des Absprachenverfahrens als eines neuen Paradigmas nicht erkennen wollte oder konnte und es deshalb als einen sonderbaren Fremdkörper in das Gebäude der Strafprozessordnung und seine unverändert gebliebene Fassade hineingequetscht hat, vergleichbar etwa mit der Kathedrale Karls V. in der Mezquita in Córdoba.

2. Der erste große Teil der nachfolgenden Texte ist der *Dogmatik* des geltenden Strafverfahrensrechts gewidmet ist; es schließt sich ein kleinerer, *empirischer* Teil über die allgemeinen psychologischen und soziologischen Gesetzmäßigkeiten der richterlichen Informationsverarbeitung an, und zwar sowohl allgemein

---

10 Näher Schünemann, FS f. Heldrich, 2005, S. 1177 ff.

11 BGHSt 43, 195; 50, 40 (Großer Strafsenat) mit dem Appell an den Gesetzgeber, „die Zulässigkeit und, bejahendenfalls, die wesentlichen rechtlichen Voraussetzungen und Begrenzungen von Urteilsabsprachen gesetzlich zu regeln" (S. 64).

12 Durch das Gesetz zur Regelung der Verständigung im Strafverfahren v. 29.7.2009, BGBl I 2353, das weitestgehend in den Fußstapfen der BGH-Rechtsprechung verblieben ist.

als auch in Bezug auf die besondere deutsche Verfahrensstruktur. Diese beiden Teile machen ungefähr die Hälfte der vorliegenden Sammlung aus. Die zweite Hälfte ist – auf der Basis von Strukturanalysen des deutschen, aber auch des amerikanischen Verfahrensmodells – *Reformfragen* gewidmet. Eine kritische Betrachtung der Entwicklung des deutschen Strafverfahrens seit dem 19. Jahrhundert führt zu einer Analyse der verschiedenen Verfahrenssubjekte und ihres Einflusses auf das Verfahrensergebnis und gipfelt in dem ausgearbeiteten Entwurf eines *Vorschaltgesetzes zur Wiederherstellung der rechtsstaatlichen Balance im Ermittlungsverfahren* als dem in meinen Augen gegenwärtig wichtigsten Desiderat zur Kompensation der in die entgegen gesetzte Richtung laufenden Novellengesetzgebung der letzten Jahrzehnte.

III. Die prozessrechtsdogmatischen Teile

1. Den 1. Teil der prozessrechtsdogmatischen Untersuchungen bildet meine hier zum ersten Mal publizierte Untersuchung zum **Revisionsrecht**, die ursprünglich als 2. Teil meiner Münchener Habilitationsschrift 1975 verfasst worden ist. Ich wollte mit ihr zeigen, dass sich meine in deren 1. Teil entwickelte Theorie der Rechtsfindung[13] auch in dem schwierigen Umfeld einer alten Kodifikation anwenden lässt und bewährt - wie es beim Revisionsrecht der Strafprozessordnung der Fall ist, dessen *gesetzliche* Regelung damals knapp 90 Jahre, mittlerweile über 130 Jahre lang nicht wesentlich verändert worden ist. Inhaltlich, d. h. von den von der Rechtsprechung praktizierten Routinen und den im Schrifttum ausgetauschten Argumenten her, hat sich auch in den zuletzt vergangenen vier Jahrzehnten nichts Wesentliches verändert. Die zentralen Fragestellungen und Parameter – Abgrenzung von Tat- und Rechtsfrage, Ausdehnung der Rechtsfrage auf die Missachtung von Denkgesetzen, Erfahrungssätzen und offenkundigen Tatsachen, Rechtsfortbildung durch die sog. Darstellungsrüge, Revisibilität der Strafzumessung und tatrichterlicher Beurteilungsspielraum bei unbestimmten Rechtsbegriffen – finden sich heute immer noch und bestimmten schon vor 45 Jahren die Diskussion, ebenso wie die Kontroverse bezüglich der Revisionszwecke zwischen Einzelfallgerechtigkeit und Rechtseinheit. Meine nachfolgend in Teil 1 zu findende Analyse der Grundfragen des Revisionsrechts, die in Bezug auf die Abgrenzung von Tat- und Rechtsfrage in Teil 2 fortgeführt wird, liefert deshalb weiterhin

13 Jetzt publiziert in: Rechtsfindung im Rechtsstaat und Rechtsdogmatik als ihr Fundament, Gesammelte Werke Band 1, 2020, S. 1 ff.

einen Beitrag zur aktuellen Diskussion und darf darüber hinaus den Anspruch erheben, wichtige Aspekte einzubringen, die bisher zu kurz gekommen oder in Vergessenheit geraten sind. Das soll an der methodisch und dogmatisch anspruchsvollsten Kommentierung der Revisionsvorschriften von *Frisch* im Systematischen und von *Knauer/Kudlich* im Münchener Kommentar zur Strafprozessordnung kurz gezeigt werden.

a) Dass ein vor über 100 Jahren (genau 4 Generationen) erlassenes Gesetz von der Rechtsprechung zunehmend nach Gutdünken behandelt wird, ist keine Seltenheit. Bei einer Kodifikation wie der Strafprozessordnung, die zwar nicht wie das BGB die Frucht einer (mit Unterbrechungen) mehr als 2000 Jahre betriebenen Jurisprudenz, aber doch die Summe der liberalen Reformbewegung des 19. Jahrhunderts bedeutet, wird man aber vor jeder richterrechtlichen Neuschöpfung als Mindestvoraussetzung verlangen müssen, dass das vom Gesetzgeber geschaffene Strukturkonzept zunächst einmal sorgfältig rekonstruiert wird.

Wenn den Gerichten – wie üblich – hierfür die nötige Muße fehlt, fällt diese Aufgabe dem rechtswissenschaftlichen Schrifttum zu. In dieser Hinsicht muss als erstes mit dem Irrtum aufgeräumt werden, „für den Gesetzgeber der StPO (habe) die Herstellung und Wahrung der einheitlichen Rechtsanwendung im Vordergrund“ gestanden[14]. Diese letztlich auf die Positionen von *Schwinge* und *Duske* zurückgehende These wird hier im 1. Teil durch eine eingehende Auswertung der Gesetzesmaterialien bündig widerlegt (u. S. 23 ff.). Und auch bei der notwendig anschließenden Frage, was denn neben oder anstelle der Rechtseinheit den Zweck der Revision ausmache, interessiert sich die heutige Diskussion auffallend wenig für das Konzept des Gesetzgebers: Die Formulierung von *Rosenau*, es gehe um die „rechtsstaatsförmige Qualitätskontrolle“[15], die von *Knauer/Kudlich* dahin fortentwickelt worden ist, es ginge um eine „Kontroll- und Disziplinierungsfunktion“[16], wird von *Frisch* mit Recht mit der Gegenfrage gekontert, was denn das exakte Substrat dieser Qualität sein solle[17]. *Frisch* selbst nennt mit einer verbreiteten Auffassung die Einzelfallgerechtigkeit, freilich nur – entsprechend der von *Peters* begründeten Leistungstheorie[18] – soweit im Rahmen des schriftlichen, die Beweisaufnahme in der Hauptverhandlung nicht dokumentierenden und eine eigene Beweiserhebung des Revisionsgerichts ausschließenden Verfahrens mög-

---

14 MüKo/Knauer/Kudlich, StPO, § 337 Rn. 4; vorsichtiger als „anerkannt“ bezeichnend SK-StPO/Frisch, 5. Auflage, Rn. 14 vor § 333, beide m. z. w. N.

15 FS f. Widmaier, 2008, S. 521, 538 f.

16 MüKo § 333 Rn. 81 ff.

17 SK-StPO vor § 333 Rn. 14 Fn. 67.

18 ZStW 57 (1938), 53, 69 ff.; ders., Strafprozess S. 560, 566 ff.

lich[19]. Doch wird damit zu früh nach Art eines „reverse engineering" von den Möglichkeiten auf den Zweck zurückgeschlossen, anstatt zunächst zu fragen, aus welchen Gründen der Gesetzgeber das Revisionsverfahren in spezifischer Weise geregelt hat.

Wie im 1. Teil näher belegt wird, ist der archimedische Punkt für die Konzeption der Revision im Verständnis von der Mündlichkeit und Unmittelbarkeit der Hauptverhandlung als entscheidender Neuerung des reformierten Strafprozesses zu suchen, außerhalb derer Wahrheitsfindung gar nicht möglich sei. Schon das Berufungsgericht habe wegen des zwischenzeitlichen Zeitablaufs geringere Wahrheitsfindungsmöglichkeiten als die 1. Instanz, erst recht könne ohne eigene Hauptverhandlung gar nicht beurteilt werden, ob die Rekonstruktion des Tatherganges durch den Tatrichter zugetroffen hat oder nicht (s. u. S. 7 f., 27). Verlässlich überprüfbar sei nur die Rechtsanwendung, so dass die Abgrenzung zwischen Tatfrage und Rechtsfrage nach dem klaren Konzept des Gesetzgebers den springenden Punkt für die Revision „wegen Verletzung einer anderen (scil. nicht das Verfahren betreffenden) Rechtsnorm" (§ 344 Abs. 2 StPO) abgibt. Doch sieht das Schrifttum diese Abgrenzung bis heute als problematisch an wegen der möglichen „Verschlingung von Tatfrage und Rechtsfrage", weshalb man das Problem normativ lösen möchte, weil der Tatrichter im Rahmen des Möglichen und Zumutbaren die tatsächlichen Feststellungen so treffen müsse, dass beurteilt werden könne, ob er von einem zutreffenden Verständnis der Norm ausgegangen sei[20]. Aber das ist ein Zirkelschluss, denn wenn tatsächlich eine Verschlingung vorliegen würde und analytisch nicht aufgelöst werden könnte, hätte der Tatrichter auch nicht die Möglichkeit einer sauberen terminologischen Trennung, so dass die Möglichkeit des Eingreifens einer „Darstellungsrüge" die – dem Gesetzgeber offensichtlich vorschwebende - präzise Trennbarkeit von Tat- und Rechtsfrage voraussetzt.

b) Die Untersuchung dieses für das Verständnis der Revision zentralen Punktes, die nachfolgend im 1. Teil einen besonderen Schwerpunkt bildet (S. 45 ff.) und sodann im 2. Teil weiter vertieft wird, bleibt also von unverminderter Aktualität. Die beiden entscheidenden analytischen Instrumente, die im strafprozessualen Schrifttum allerdings bis heute noch nicht berücksichtigt worden sind, sind die Unterscheidung zwischen **Objektsprache und Metasprache** sowie zwischen **Bedeutungskern und Bedeutungshof eines Terminus**[21]. Weil die Rechtsspra-

19 SK-StPO vor § 333 Rn. 17.

20 SK-StPO/Frisch, § 337, Rn. 15; im Grundsatz zustimmend MüKo/Knauer/Kudlich, § 337 Rn. 5 f. mit der Qualifikation als „anschaulich" in Fn. 11.

21 Von mir erstmals für das strafrechtliche Analogieverbot fruchtbar gemacht in: Schünemann, nulla poena sine lege?, 1979, S. 19 ff., 22; zu ihrer allgemeinen rechtstheoretischen Bedeutung

che ihre Termini zum allergrößten Teil der Umgangssprache entlehnt, ist die pragmatische Anforderung, dass die „Darstellung der Tatsachenfeststellung prinzipiell mit Hilfe präziser beschreibender Begriffe zu erfolgen hat, (anstatt sich) zur Beschreibung des festgestellten Sachverhalts nicht hinreichend aussagekräftiger Formeln oder Redewendungen zu bedienen“[22], auf der Ebene der Urteilsbegründung zur Beschreibung der von Revisionsgerichten gestellten Anforderungen zutreffend, für die logische Analyse des Subsumtionsvorganges aber unbehelflich. Logisch gesehen geht es vielmehr um die Abgrenzung des die Tatsachenfeststellung enthaltenden Untersatzes von dem die Rechtsnorm enthaltenden Obersatz, die *Engisch* in seinen „Logischen Studien zur Gesetzesanwendung“ noch ohne die Unterscheidung von Objekt- und Metasprache durchgeführt und deshalb nur mit der heuristischen Formel vom Hin- und Herwandern des Blicks vage angesprochen hat, während sie bei einer logisch und sprachanalytisch präzisen Analyse folgendermaßen lautet: Der Subsumtionsschluss ist dann gerechtfertigt, wenn die umgangssprachliche Sachverhaltsbeschreibung f im Untersatz zum umgangssprachlichen Kernbereich des Rechtsbegriffes e im Obersatz liegt, d. h. zur Kernbedeutung desselben Terminus bei rechtssprachlicher Verwendung gehört[23].

c) Die auf größtmögliche logische Präzision ausgerichtete Untersuchung nachfolgend im ERSTEN TEIL mitsamt ihrer Vertiefung im ZWEITEN TEIL (die offenbar wegen ihrer Publikation an entlegener Stelle in der Festschrift für einen Rechtsphilosophen im strafprozessualen Schrifttum bisher übersehen worden ist) präzisiert also die Abgrenzung von Tat- und Rechtsfrage und damit den vom Gesetzgeber gewollten Kompetenzumfang des Revisionsgerichts, dessen Folge die Ausgestaltung des Revisionsverfahrens war (und nicht umgekehrt). Der sprachanalytische Ansatz liefert aber nicht nur eine Präzisierung des vom Gesetzgeber gewollten Revisibilitätsbereichs *nach oben*, sondern auch *nach unten*, weil die logisch klare Grenzziehung zwischen Tatfrage und Rechtsfrage erst dort ihre Grenze findet, wo es um mit den Mitteln der Sprache nicht mehr kommunizierbare Gesamteindrücke geht, die sich entweder aus den feinen Nuancen oder der praktisch nicht mehr mitteilbaren Komplexität eines Sachverhalts ergibt[24]. Noch wichtiger ist der entgegengesetzte Befund für *unbestimmte Rechtsbegriffe und Er-*

---

s. Schünemann, Rechtsfindung im Rechtsstaat und Rechtsdogmatik als ihr Fundament (Band 1 meiner Gesammelten Werke, 2020), S. 81 ff., 303 ff., 315 ff.

22 Frisch, aaO. Rn. 15, 123 a. E. m. z. N. der BGH-Rechtsprechung.

23 Näher siehe unten S. 64.

24 Eine im Schrifttum seit langem und auch heute noch intensiv diskutierte Fallgruppe, siehe Frisch, aaO. § 337, Rn. 16 ff.; dazu s. unten S. 71 ff. sowie zur materiell-rechtlichen Einschränkung der Zulässigkeit solcher Merkmale S. 75 f.; Schünemann, JA 1982, 71, 75; ebenso nunmehr auch Frisch, aaO. § 337 Rn. 17.

messensklauseln, deren Subsumtionsfähigkeit erst im Obersatz hergestellt werden muss, was im vollen Umfange zur Rechtsfrage gehört (unten S. 71). Gleichwohl hat die Rechtsprechung schon sehr früh damit begonnen, dem Tatrichter bei manchen unbestimmten Rechtsbegriffen einen Vertretbarkeitsspielraum einzuräumen, und in einer der frühesten einschlägigen Entscheidungen die Meinung des Tatrichters, 15 Flaschen Wein seien eine geringe Menge im Sinne des damaligen Mundraubtatbestandes, als „auf tatsächlichem Gebiet liegend" und deshalb irrevisibel erklärt[25]. Diesbezüglich konnte ich zwar 1975 noch konstatieren, dass die darin liegende Verkennung der Grenzlinie zwischen Tat- und Rechtsfrage zunehmend seltener vorkomme (s. u. S. 108 – 110), aber das hat sich seitdem eher in die entgegengesetzte Richtung entwickelt, so dass der BGH häufig sogar die Subsumtion unter Mittäterschaft oder Beihilfe dem tatrichterlichen Beurteilungsspielraum überlässt und nur verlangt, dass dieser die dazu vom BGH bevorzugten, abstrakten und wohlfeilen Formeln anführt[26]. Man geht sicher nicht fehl in der Annahme, dass gerade die verbreitete, ebenso unklare wie verschwommene Abgrenzung von Tat- und Rechtsfrage der Rechtsprechung hier das Vehikel geliefert hat, klare Rechtsfragen als Gegenstand „tatsächlicher Würdigung" fehlzuetikettieren. Die verheerenden Konsequenzen zeigen sich dann vor allem bei den Urteilsabsprachen, weil jedenfalls die informelle Verhandlungsmasse und damit auch die Drohposition des Tatrichters infolge dieser ihm vom Revisionsgericht zugestandenen Beurteilungsspielräume enorm verstärkt wird.

Auch wenn diese Rechtsprechung vielfach kritisiert wird[27], macht sie die letztlich in der fehlenden klaren Grenzziehung zwischen und Tat- und Rechtsfrage wurzelnde Unsicherheit deutlich, ähnlich wenn *Knauer/Kudlich* hier allein auf den Zweck der Rechtseinheit abstellen und zwischen grundsätzlichen Auslegungsfragen und „relativ einmalig gelagerten Fragen der Rechtskonkretisierung" unterscheiden wollen[28] oder *Frisch* zwar mit Recht auf das sprachlich nicht mehr vollständig mitteilbare komplexe Gesamtbild abhebt, es aber auch für relevant erklärt, ob „die jederzeitige Wiederholbarkeit des Sachverhalts im Interesse der Rechtseinheit eine klare Festlegung gebietet"[29]

25 RG Rspr. 3, 516; RGSt 55, 182, 183 und dazu u. S. 95.

26 Näher Frisch, aaO. Rn. 109 – 111 m. z. w. N., zu dem Beispiel von Mittäterschaft und Beihilfe in Fn. 567. Zahlreiche weitere Nachweise b. LK/Schünemann/Greco, 13. Aufl. 2020, § 25 Rn. 30, beispielsweise die extreme Wendung in BGHSt 47, 384, 385, die tatrichterliche Zuordnung sei revisionsrechtlich „bis zur Grenze des Vertretbaren hinzunehmen".

27 Nachweise bei Frisch, aaO. Rn. 111 Fn. 571.

28 aaO. § 337 Rn. 15.

29 aaO. § 337 Rn. 115 ff.

d) Die in den nachfolgenden Teilen 1 und 2 zu findende Verankerung der Revision in dem Willen des historischen Gesetzgebers und dem logischen Verhältnis von Rechtsfrage und Tatfrage greift deshalb direkt in den heutigen, in beiden Fragen ungefestigten und wenig klaren Diskussionsstand ein. Weitere, kaum weniger wichtige Aspekte betreffen die Kennzeichen und Voraussetzungen einer das Gesetz ergänzenden oder missachtenden Rechtsprechung (secundum legem oder contra legem), die nachfolgend im Einklang mit der in Band 1 meiner Gesammelten Werke entwickelten Rechtstheorie ausgearbeitet wird; den Zweck der Revision (realistischer Rechtsschutz) und den daraus abzuleitenden größeren Spielraum für eine Derogierung des Gesetzes *zugunsten* des Verurteilten im Gegensatz zu einer Ausweitung der Revision *zulasten* des Verurteilten bei einer Revision der Staatsanwaltschaft – eine im Gesetzgebungsprozess überaus präsente, mittlerweile aber in Vergessenheit geratene Differenzierung; und schließlich die Analyse des äußerst fragwürdigen Nutzens, den die in der heutigen Diskussion allgemein akzeptierte sog. *Darstellungsrüge* gebracht hat, also die Aufhebung eines Urteils wegen einer den BGH nicht überzeugenden Begründung der Beweiswürdigung. Besonders der letztgenannte Gesichtspunkt trifft auf einen deutlichen Mangel der gegenwärtigen Diskussion, die der Plausibilitätskontrolle der tatrichterlichen Beweiswürdigung im Rahmen der. Darstellungsrüge keine grundsätzlichen Bedenken entgegenstellt, obwohl sie etwa am Beispiel der über ein Jahrzehnt anhaltenden Tendenz in der Rechtsprechung des 1. Strafsenats des BGH, Revisionen der Verteidigung weitestgehend und bereits im Beschlusswege zu verwerfen, durchaus erkannt hat, dass dieses Instrument dem Revisionsgericht letztlich einen Willkürspielraum eröffnet, nämlich in Gestalt der im Verwerfungsfall beliebten Formel, das Vorbringen der Revision erschöpfe sich in unzulässigen Angriffen auf die tatrichterliche Beweiswürdigung[30].

Anders als bei der Abgrenzung von Tat- und Rechtsfrage gibt es nämlich für die bei der erfolgreichen Darstellungsrüge vom BGH benützte Formel, ob der Tatrichter auch alle im Urteil selbst mitgeteilten Indizien lückenlos zusammengesetzt bzw. ob er naheliegende Möglichkeiten der tatsächlichen Würdigung übersehen habe, keine intersubjektiv überprüfbaren Anwendungskriterien, so dass der BGH hier letztlich nach freiem Ermessen judiziert. Und selbst wenn man das im Interesse einer auch noch so vagen Chance des zu Unrecht Verurteilten hinnehmen

---

30 s. Knauer/Kudlich, aaO. Rn. 81 vor § 333. Dass der 1. Strafsenat deshalb in der Ägide seines Vorsitzenden Nack in Verteidigerkreisen den Spitznamen „Oli-Kahn-Senat" erhielt, weil er wie der ehedem bekannte Fußballnationaltorwart auch unhaltbare Sachen zu halten pflegte, sollte einmal festgehalten werden. Zu signifikanten Daten über die Verwerfungspraxis siehe Barton, GS f. Weßlau, 2016, S. 33.

wollte, verbleiben zwei irreparable Defizite: Namentlich der 1. Strafsenat hat diese contra legem vorgenommene Erweiterung des revisiblen Bereiches insbesondere auch bei seiner Meinung nach zweifelhaften Freisprüchen angewendet[31]; und der von den Revisionsgerichten hierbei benutzte Kontrollbereich ist nur ein höchst-mittel-mittelbarer, nämlich die nach vielen Wochen oder Monaten, möglicherweise wie im NSU-Prozess sogar erst nach 21 Monaten schriftlich abgesetzte Urteilsurkunde, während die StPO keinerlei Garantien für eine als valides Kontrollinstrument taugliche Dokumentation der Ergebnisse der Hauptverhandlung geschaffen hat. Ich habe deshalb die Maxime dieser Revisionserweiterung als eine Kombination von „Schweinehund- und Schwachkopftheorie" charakterisiert (unten S. 107 Fn. 112), eben weil es ein objektives Kriterium außerhalb des Einzelfallermessens nicht gibt.

2. Der sich an die den Revisionsproblemen gewidmeten beiden Teile anschließende DRITTE TEIL ist der kürzeste und zugleich mein erfolgreichster und von den hier ausgewählten mein ältester Beitrag zur Dogmatik des Strafverfahrensrechts. Es ging dabei um die durch das StPÄG 1965 eingeführte Pflicht, den Beschuldigten bereits bei seiner polizeilichen Vernehmung auf sein Schweigerecht hinzuweisen, dessen Verletzung nach der damaligen Rechtsprechung des BGH kein Verwertungsverbot bezüglich der ohne Belehrung erstatteten Aussage auslösen sollte. Meine Kritik an dieser Rechtsprechung habe ich damals mit der Propagierung eines neuen Instituts verknüpft, das ich **„qualifizierte Belehrung"** nannte und demzufolge auch eine spätere, an sich über das Schweigerecht belehrende Vernehmung unverwertbar sein sollte, falls der Beschuldigte nicht zusätzlich darüber belehrt worden war, dass seine frühere Aussage unverwertbar war. Beides entspricht der heute völlig herrschenden Meinung, wobei der BGH seine frühere Auffassung zwischendurch noch einmal bekräftigte (BGHSt 31, 395), schließlich aber in BGHSt 38, 214 nach 24 Jahren auf den von mir und gleichzeitig von *Grünwald* vertretenen Standpunkt einschwenkte. Freilich wird man weder für das Verwertungsverbot noch für die Figur der qualifizierten Belehrung heute noch den Quelltext in MDR 1969, 101 irgendwo zitiert finden, ausgenommen natürlich im Lehrbuch von *Roxin/Schünemann*[32].

3. Für die beiden abschließenden Texte des dogmatischen Teils habe ich zwei Themen ausgesucht, bei denen es exemplarisch um das Verhältnis der Justizförmigkeit des Verfahrens zu operativ-polizeilichem Denken sowie um die Idee der Ausbalancierung von Richtermacht und Verteidigerrechten geht.

---

31 Roxin/Schünemann (Fn. 5), S. 479 m. w. N.
32 aaO. (Fn. 5), S. 178.

a) Dass die Aufklärung von Verbrechen auf dessen typische Reaktionsmuster reagieren muss, liegt eigentlich auf der Hand. Jedenfalls in einem Rechtsstaat ist es genauso offensichtlich, dass diese Reaktion nicht in einem „Catch as catch can" bestehen darf, sondern nach im Rahmen der Verfassung gebildeten Rechtsgrundsätzen vor sich gehen muss. Während die Voraussetzungen, in denen die Aufdeckung moderner Verbrechensformen mit geheimdienstlicher Technik betrieben werden darf, parallel zur Änderung des Polizeirechts auch für das Strafverfahrensrecht in zahllosen Gesetzesnovellen geregelt worden ist, sind besonders heikle Formen geflissentlich ungeregelt geblieben, allen voran der Ankauf von **kriminell kontaminiertem Belastungsmaterial**, die Spionage im kriminellen Milieu mithilfe eines ebenfalls vom Staat bezahlten **Milieumitglieds als V-Mann** oder schließlich die Verleitung eines Bürgers durch einen im staatlichen Auftrag handelnden **Agent Provocateur** zur Begehung einer Straftat. Wenn man in normativer Hinsicht an das „Wesentlichkeitsprinzip" des BVerfG über die Notwendigkeit einer Regelung durch Gesetz und ohnehin bei Grundrechtseinschränkungen an den seit dem 19. Jahrhundert anerkannten Vorbehalt des Gesetzes denkt sowie in soziologischer Hinsicht die auf vielen peripheren Gebieten herrschende „Regelungswut" der öffentlichen Gewalt in Rechnung stellt, so weiß man kaum, was in einem sich selbst so nennenden Rechtsstaat unbegreiflicher ist: die Abstandnahme des Gesetzgebers von der Schaffung einschlägiger Rechtsgrundlagen oder die Nonchalance der Strafverfolgungspraxis bis hin zum Bundesverfassungsgericht, die verbindlichen Regeln des staatlichen Eingreifens in freier Rechtsschöpfung selbst zu formulieren. Dabei konnte sich die Strafjustiz auch nicht wie etwa beim Recht des Waffengebrauchs auf das ausfüllende Landespolizeirecht verlassen, weil dieses lange um die rechtsstaatlich heikelsten Fragen ebenfalls einen weiten Bogen gemacht hat und selbst dort, wo erst in allerjüngster Zeit eine Regelung versucht worden ist wie beim Einsatz des Agent Provocateur in § 38 Abs. 4 BayPAG, der Gegenstand evidentermaßen nicht in Gefahrenabwehr besteht (denn die Gefahr einer zukünftigen Straftat wird am Einfachsten dadurch abgewendet, dass man zu ihr nicht anstiftet, während die Anstiftung die Gefahr ja umgekehrt gerade heraufbeschwört), sondern um Strafverfolgung, deren Regelung in der Strafprozessordnung und nirgendwo anders zu erfolgen hat.

Es geht aber nicht nur um diese in einem Rechtsstaat freilich fundamentalen Kompetenzfragen, sondern auch um die verquere inhaltliche Logik der Rechtsprechung zum Einsatz eines Agent Provocateur: Selbst nach der restriktiven Rechtsprechung des EGMR soll die polizeiliche Anstiftung zu einer Straftat rechtsstaatlich unbedenklich sein, wenn es objektive Anhaltspunkte für den Verdacht gibt, dass der Täter bereits vorher an kriminellen Aktivitäten beteiligt oder tatgeneigt war, und auch die deutsche Rechtsprechung bis hin zum BVerfG stellt darauf ab, dass das Verhalten für Ermittlungsbehörden nur „gegen einen (bis dahin) gänzlich Unverdächtigen" diesen zum Objekt der staatlichen Ermittlungsbehörden machen könne[33]. Aber wieso soll der fehlende Beweis bezüglich der bisher ja nur einen bloßen Verdacht begründenden Tat dadurch geführt werden können, dass der Verdächtige nunmehr strauchelt, als die Polizei ihn in Versuchung führt? Und wieso soll ein bloßer Verdacht rechtfertigen können, ihn jetzt einer solchen Versuchung auszusetzen? Und wieso soll schließlich der bloße Verdacht einer früheren Straftat die Auslösung einer neuen Straftat, also einer Rechtsgutsverletzung, durch die Polizei selbst legitimieren können? In Wahrheit kann es doch nur um ein so nicht existierendes Spezialrecht zur Bekämpfung der kein klares Rechtsgut verletzenden Rauschgiftkriminalität[34] geben, oder sollte die Polizei auch berechtigt sein, einen des politischen Mordes Verdächtigen, aber nicht Überführten zu einem neuen Mord anzustiften? Mit allen diesen Widersprüchen der in der Strafjustiz herrschenden Meinung habe ich mich im VIERTEN TEIL kritisch auseinandergesetzt, und dass diese Kritik von der Strafjustiz bisher ignoriert worden ist, ist in meinen Augen kein ausreichender Grund, sie unter den Teppich zu kehren, im Gegenteil.

b) Während es hier also um eine Ausgestaltung des *Ermittlungsverfahrens* durch die Strafjustiz geht, die als eine dem Gesetzgeber vorbehaltene Regelung außerhalb ihrer Kompetenz liegt und wegen manifester innerer Widersprüche auch inhaltlich inakzeptabel ist, geht es im FÜNFTEN TEIL erneut um einen nicht weniger schwerwiegenden Eingriff in die gesetzlich festgelegte und von der Rechtsprechung auch 140 Jahre lang respektierte Architektur des *Revisionsverfahrens*. Es ist sicher kein Zufall, dass dieser Eingriff seitens des Großen Senats für Strafsachen unter (knapper) Billigung durch das BVerfG auf einen Vorlagebeschluss des 1. Strafsenats hin ergangen ist, dessen sinistre Judikatur zur Zerstörung der Balance des Strafverfahrens bereits festgestellt worden ist. Teil 5 steht dadurch mit Teil 1 und darüber hinaus mit Band 1 meiner Gesammelten Werke in einem besonders engen Zusammenhang, dass ich in ihm die Fruchtbarkeit einer historischen und systematischen Interpretation der §§ 273 und 274 StPO über das Sitzungsprotokoll zu dem schlechterdings eindeutigen Ergebnis führen konnte, dass eine nach Einreichung der auf das zugestellte Protokoll gestützten Revisionsbegründung erfolgende „Protokollberichtigung", die der erhobenen Rüge die Basis entzieht, also die sog. **„Rügeverkümmerung"**, vom Gesetz ausgeschlossen ist. Die Verkennung aller dieser eindeutigen Befunde zieht sich durch den Vorlagebeschluss, den Beschluss des Großen Strafsenats und die Entscheidung des

---

33 BGHSt 60, 238 Rn. 13 m. z. w. N.

34 Es geht allenfalls um die staatliche Bewirtschaftungshoheit, in deren Verletzung die zuständige Behörde ggf. einwilligen könnte.

BVerfG als ein derart hartnäckig in die stets falsche Richtung weisender roter Faden, dass dieser geradezu zu einer methodologischen Blutspur ausartet[35]. Aber es kommt noch ärger: Zur Absicherung seiner (falschen) Interpretation des § 274 StPO haben der 1. Strafsenat und der Große Senat vier weitere verschwommen-generalisierte Argumente ausgespielt, die seitdem zu Lieblingsvehikeln bei der Einschränkung notwendiger Verteidigerrechte avanciert sind: die Aufgabe der Wahrheitsfindung, die angeblich veränderte Einstellung der Strafverteidiger zu unwahrem Vorbringen, den Beschleunigungsgrundsatz und den Opferschutz. So wie diese Argumente im konkreten Fall neben der Sache liegen (näher dazu unten S. 261 ff.), bedeutet ihr seitdem immer wieder zu beobachtender Einsatz zur Beschneidung von Verteidigerrechten nicht nur eine Gefahr für die Balance des Strafverfahrens, sondern hat diese zugunsten der „Allmacht des Tatrichters“ (dazu unten der ZEHNTE TEIL) weitgehend zerstört. Auch wenn bedauerlicherweise kaum damit gerechnet werden kann, dass der Große Strafsenat seine fehlerhafte Rechtsprechung revidiert, darf der scharfe Protest gegen diese mit den Entscheidungen zur Rügeverkümmerung eingeschlagene schiefe Bahn nicht wegen seiner Einbalsamierung in den älteren Jahrgang einer Zeitschrift in Vergessenheit geraten und ist von mir deshalb in der sei es auch eitlen Hoffnung einer Wiederauferstehung als Fanal in diesen Sammelband aufgenommen worden.

IV. Die prozessempirischen Teile

Zwischen dem dogmatischen Teil und dem rechtspolitischen Teil stehen zwei Untersuchungen zur **Empirie der Wahrheitsfindung** im Strafverfahren, wobei es in der ersten um allgemeine psychologische Erkenntnisse zur Informationsverarbeitung und deren Anwendung auf das Strafverfahren überhaupt, in der zweiten um deren empirische Überprüfung speziell für die Stellung des Richters im deutschen Strafprozess geht.

1. Es zählt zu den auf den ersten Blick schwer erklärbaren Eigenheiten der deutschen Juristenausbildung, dass diese zwar primär auf die Vermittlung der vom Richter verlangten juristischen Fertigkeiten abzielt[36], dass darunter aber nur die Subsumtion des Sachverhalts unter das Gesetz und die Beachtung der prozes-

---

35 BGHSt – GrS – 51, 298, 308 ff.; BVerfGE 122, 248, wobei zur Ehrenrettung des BVerfG festgehalten werden muss, dass die Kette der groben Irrtümer bereits in dem unterlegenen Sondervotum im Wesentlichen erkannt worden war (ibid. S. 287 ff.).

36 Was auch für die Masse der Studenten, die später Rechtsanwälte werden, wichtig ist, weil sie nur dann dem Richter und der Justiz überhaupt auf Augenhöhe begegnen können.

sualen Förmlichkeiten verstanden wird, während die eigentliche, qualitativ wie quantitativ im Zentrum der meisten Verfahren stehende **Wahrheitsfindung**, also die Würdigung der prozessual korrekt erhobenen Beweise zur Beantwortung der „Tatfrage", offenbar als Gegenstand eines naturwüchsigen Erkenntnisvermögens verstanden wird, das weder gelehrt noch gelernt zu werden braucht. Auch in der späteren Berufspraxis wird lediglich geprüft, ob der Richter bei seiner Beweiswürdigung die Denkgesetze und Erfahrungssätze beachtet, alle im Urteil selbst mitgeteilten Indizien lückenlos zusammengesetzt und keine naheliegenden Alternativen der tatrichterlichen Würdigung übersehen hat – das besagt die im Rahmen des dogmatischen Teils erörterte Handhabung der Urteilsüberprüfung aufgrund der Sachrüge in der Rechtsprechung des Bundesgerichtshofes. Aber wie geht der Richter bei der Beurteilung der Beweismittel und der Zusammensetzung der von diesen gelieferten Indizien eigentlich vor? Wenn wir hierzu in der reichhaltigen englischsprachigen Literatur zur Psychologie des Strafverfahrens nachschlagen, die neuerdings auch nach Meinung mancher deutschen Autoren das Maß aller Dinge darstellt, so stoßen wir zum großen Teil nur auf pragmatische Untersuchungen zu den Fehlerquellen der amerikanischen Jury und zu deren raffinierter Beeinflussung oder auf grundsätzliche Betrachtungen zur Vorzugswürdigkeit des inquisitorischen Systems, bei dem der Richter aktiv nach der zutreffenden Rekonstruktion des historischen Sachverhalts, also der materiellen Wahrheit sucht, oder aber des „adversarial" Systems, bei dem Anklage und Verteidigung ihre antagonistischen Thesen in der Beweisaufnahme zu untermauern versuchen, während der Richter (im Jurysystem die Geschworenen) als neutraler Schiedsrichter wie weiland Paris die schönste nunmehr die wahre Gestalt erkennen soll.

a) Meine eigenen Untersuchungen im SECHSTEN TEIL fangen zunächst weniger voraussetzungsvoll an und gehen – weil sich die richterliche Beweiswürdigung mangels irgendeiner hierfür gelehrten besonderen Methode des Alltagsverstandes bedient – von der allgemeinen sozialpsychologischen Theorie der menschlichen Informationsverarbeitung aus, deren Grundlage bereits 1951 von *Bruner* und *Postman* mit der Hypothesentheorie der Wahrnehmung gelegt wurde. Danach wird die Wahrnehmung nicht durch die tatsächliche, sondern durch die erwartete Reizsituation determiniert, ist also bereits selbst theoriegeleitet und bedarf einer Hypothese, die sich bewähren kann oder korrigiert werden muss. In den anschließenden Jahrzehnten hat eine umfangreiche empirische sozialwissenschaftliche Forschung die Bedingungen und Fehlerquellen der menschlichen Informationsverarbeitung immer weiter aufgeschlüsselt, wobei die Psychologen *Tversky* und *Kahnemann* (später mit dem Nobelpreis für Ökonomie ausgezeichnet) nachgewiesen haben, dass die Auswertung komplexer Informationen nicht (fast müsste man sagen: natürlich nicht) nach den Regeln des Bayes-Theorems der Wahrscheinlichkeitstheorie, sondern nach einer Repräsentativitäts-Heuristik vor sich gehen, die man salopp als die „Regel der besten Trefferchance“ formulieren könnte. Eine geradezu sensationelle Bestätigung hat dieser Befund der Psychologie in den letzten Jahren durch die Erkenntnisse der Hirnphysiologie erfahren, die die Abgleichung und Zensierung der Sinneseindrücke in den im Gehirn abgespeicherten kognitiven Schemata nachgewiesen hat[37].

b) In der ursprünglich an entlegener Stelle publizierten, hier erneut abgedruckten Abhandlung aus dem Jahre 1985 habe ich die verlässlichen Ergebnisse der sozialpsychologischen Informationstheorie Stück für Stück auf die Situation des Richters im Strafverfahren angewendet und die vielfältigen Fehlerquellen aufgezeigt, die eine zutreffende Rekonstruktion des historischen Sachverhalts in der Hauptverhandlung gefährden. In meinen Augen war und ist es selbstverständlich, dass die möglichen „Fehlerquellen richterlichen Handelns“ auf diese Weise zu ermitteln und die dabei gewonnenen Erkenntnisse für die Ausgestaltung des auf die Ermittlung der materiellen Wahrheit angelegten Strafverfahrens fruchtbar zu machen sind. Dagegen ist die vom Bundesjustizministerium seinerzeit in Auftrag gegebene und mit einem bewunderungswürdigen Aufwand realisierte Untersuchung von 1103 Wiederaufnahmeverfahren durch *Peters*[38] nur geeignet gewesen, das herauszufinden, was sie auch tatsächlich untersucht hat: nämlich die Bedingungen, unter denen ein Verurteilter bei deutschen Gerichten eine reelle Chance auf eine erfolgreiche Wiederaufnahme des Verfahrens hat (bemerkenswerterweise im Wesentlichen dann, wenn er alte Sachverständigengutachten durch neue widerlegen kann, während ihm das mit neuen Zeugen fast nie gelingt und selbst dann, wenn die laut Urteil an die Schweine verfütterte Leiche plötzlich, wenn auch in skelettierter Form, an einem ganz anderen Ort auftaucht, zumindest die Staatsanwaltschaft krampfhaft an dem Fehlurteil festzuhalten versucht, siehe den Fall des Bauern Rupp[39]).

2. Obwohl die Anwendung der allgemeinen sozialpsychologischen Erkenntnisse auf das richterliche Handeln einen Befund erklärte, der für das deutsche Verfahrensmodell von allergrößter Bedeutung ist und nicht nur meinen eigenen gelegentlichen praktischen Erfahrungen entsprach, sondern mir auch von Verteidigern immer wieder versichert und bestätigt worden ist – nämlich die manchmal wie Scheuklappen funktionierende Festlegung des Richters in der Hauptverhandlung auf die Marschroute der Ermittlungsakten und die von der Staatsanwaltschaft in der Anklageschrift vorgenommene Beweiswürdigung –, wurde mir an-

37 Siehe Seth, Spektrum der Wissenschaft 2/20, S. 18 ff. m. w. N.

38 Fehlerquellen im Strafprozeß, 3 Bände 1970-1974.

39 Dazu Nestler, in: Schünemann (Hrsg.), Risse im Fundament, Flammen im Gebälk: Zum Zustand des kontinentaleuropäischen Strafverfahrens, 2010, S. 51 ff.

lässlich eines Vortrages vor der Juristischen Studiengesellschaft Karlsruhe Ende der 70er Jahre des vorigen Jahrhunderts[40] unsanft klargemacht, dass ein weltfremder und damals noch ziemlich grüner Strafrechtsordinarius keinesfalls in den Größenwahn verfallen solle, die strenge Objektivität des deutschen Strafrichters bei der Beweiswürdigung in Zweifel zu ziehen, weil dieser nämlich aufgrund seiner langjährigen Berufserfahrung den Ermittlungsakten mit der notwendigen Skepsis begegne und keinesfalls das Ergebnis der Hauptverhandlung durch deren Brille betrachte. Ich musste deshalb die Notwendigkeit einsehen, die Wirksamkeit des in der Sozialpsychologie beschriebenen und bestätigen **Inertia-Effekts** (also die Prägung des richterlichen Urteils durch seine Kenntnis der von Polizei und Staatsanwaltschaft gestalteten Ermittlungsakten und durch die von ihm im Eröffnungsbeschluss bestätigte Wahrscheinlichkeit der Verurteilung mit der Folge, dass die dieses bestätigenden Informationen in der Hauptverhandlung von ihm vermehrt nachgefragt und in ihrer Bedeutung überschätzt, dazu im Gegensatz stehende Informationen aber systematisch weniger nachgefragt und in ihrer Bedeutung unterschätzt werden) durch **Experimente** zu überprüfen, bei denen Richter als Versuchspersonen teilnahmen und deren Versuchsbedingungen in allen entscheidenden Punkten der deutschen Prozessstruktur nachgebildet waren. Daran habe ich dann im Rahmen des Mannheimer Sonderforschungsbereiches 24 über eine ganze Anzahl von Jahren hinweg gearbeitet[41]. Die Ergebnisse bilden hier den SIEBENTEN TEIL.

3. Dieses Gesamtpaket zur Erklärung der richterlichen Informationsverarbeitung sowohl allgemein als auch speziell unter den Bedingungen der deutschen Prozessstruktur ist infolge der bei mir offensichtlich fehlenden Marketing-Fähigkeiten[42] über einen esoterischen Interessentenkreis bis heute nicht hinaus-

---

40 Der Titel lautete: „Ist der deutsche Strafprozess krank an Haupt und Gliedern?" Das seinen bellenden Trochäen nachgestellte Fragezeichen hat das damalige Urteil der Karlsruher Juristen, der Referent habe wie weiland Walter von Stolzing in Nürnberg versungen, nicht abmildern können, anders als ebendort bei meinem Vortrag über die strafprozessualen Absprachen am 20. Oktober 2004 dieselbe List bei der Titulierung: „Der Rechtsstaat auf dem Weg in die ‚Bananenrepublik'"?

41 Wobei mir nicht nur die Durchführung dieser Experimente, sondern auch die Einhaltung der empirischen sozialwissenschaftlichen Standards wie auch die korrekte methodische Auswertung nur durch die jahrelange Mitarbeit zweier Sozialwissenschaftler, des Diplomsoziologen Dr. Wolfgang Bandilla und des Diplompsychologen Volker Gross, möglich gewesen ist, denen deshalb auch an dieser Stelle genauso mein herzlicher Dank gilt wie meinem damaligen wissenschaftlichen Assistenten, Herrn Prof. Dr. Raimund Hassemer.

42 Für ein Gegenbeispiel siehe etwa den sog. Kölner Entwurf eines Verbandssanktionengesetzes und dazu meinen Kommentar in StraFo 2017, 317, 326 f.

gelangt[43]. Natürlich kann ich nicht erwarten, dass man im Bundesjustizministerium „Beiträge zur Rechtsanthropologie" zur Kenntnis nimmt, in deren Rahmen der 6. Teil das ephemere Licht der Welt erblickt hat, doch sollte ein Sammelband zur „Verfahrensgerechtigkeit", in dem die hier als 7. Teil abgedruckte Beschreibung meiner einschlägigen empirischen Experimente erstmals publiziert wurde, schon eher dessen Interesse beanspruchen. Aber in Kenntnis der schon eingangs angesprochenen Richtung unserer Strafjustizpolitik seit den 70er Jahren des vorigen Jahrhunderts muss ich zugeben, es waren „unzeitgemäße Betrachtungen", was zugleich bedeutet: Sie sind heute so wichtig wie damals, um dem Zeitgeist einen Spiegel vorzuhalten.

V. Die reformpolitischen Teile

Die anschließend im ACHTEN - FÜNFZEHNTEN TEIL abgedruckten Beiträge zur **Strafjustizreform** werden hier in ihrem umfangmäßig größten Teil (dem VIERZEHNTEN) zum *ersten* Mal veröffentlicht, während die anderen 7 Beiträge zum größten Teil in Festschriften und damit an entlegener Stelle erschienen sind.

1. Am Anfang stehen ein historischer und ein rechtsvergleichender Überblick, in denen ich das Schicksal des Strafprozessrechts seit 1887 kritisch nachzeichne (ACHTER TEIL) und die deutsche Prozessstruktur mit dem amerikanischen Strafprozessmodell vergleiche (NEUNTER TEIL). Anschließend werden die drei zentralen Verfahrensrollen analysiert, nämlich der Strafrichter (ZEHNTER TEIL), die Staatsanwaltschaft (ELFTER TEIL), die Funktion der Verteidigung als der für die Prozessstruktur wichtigste Aspekt der Beschuldigtenrolle (ZWÖLFTER TEIL) sowie auch die neuerdings immer mehr ausgebaute eigene Parteirolle des Verletzten (DREIZEHNTER TEIL).

2. Der VIERZEHNTE, hier erstmals veröffentlichte TEIL enthält einen mit (knapper) Begründung ausgearbeiteten Gesetzesentwurf zu denjenigen Regelungen des Ermittlungsverfahrens, durch die es in meinen Augen aus der rechtsstaatlichen Balance geworfen worden ist. Dieser Entwurf ist entstanden, nachdem zuvor eine von mir gegründete und geleitete Arbeitsgruppe einen ebenfalls ausgearbeiteten „Alternativ-Entwurf Europäische Strafverfolgung" vorgelegt hatte[44]. Ich hatte mich anschließend anheischig gemacht, einen im gleichen Geiste

43 Beispielhaft Sommer, in: DAV-FS Strafverteidigung im Rechtsstaat, 2009, S. 846; Barton, Einführung in die Strafverteidigung, 2. Aufl. 2013, § 12 Rn. 35; Eschelbach GA 2019, 593.

44 Schünemann (Hrsg.), Ein Gesamtkonzept für die europäische Strafrechtspflege, 2006, mit Übersetzungen ins Englische, Italienische, Spanische, Polnische und Slowakische.

entwickelten Alternativ-Entwurf zur StPO auszuarbeiten, musste aber feststellen, dass dies in der für mich hierfür verfügbaren Zeit eines Forschungsfreisemesters nicht zu leisten war, zumal die Arbeit an der Neubearbeitung des seit 10 Jahren vergriffenen Lehrbuches meines Lehrers *Claus Roxin* zum Strafverfahrensrecht den Vorrang beanspruchte. Von einer isolierten Publikation des lediglich fertiggestellten Alternativ-Entwurfs zum Ermittlungsverfahren habe ich dann zunächst abgesehen, auch aus Resignation, weil der Gesetzgeber im Jahre 2009 das Verständigungsgesetz verabschiedete, ohne die auf mein Betreiben hin den Abschluss der Strafrechtslehrertagung 2007 in Osnabrück bildende, unter dem Titel „Die Zukunft des Strafverfahrens – Abschied vom Rechtsstaat?" auf breiter Front geführte Diskussion[45] überhaupt in Betracht zu ziehen, und sich statt dessen durch einen geradezu den Steigbügelhalter spielenden Entwurf des Strafrechtsausschusses der Bundesrechtsanwaltskammer animiert fühlte, auf die vom Großen Strafsenat für erforderlich erklärte grundsätzliche Lösung zu verzichten[46]. Nachdem heute, ein weiteres Jahrzehnt später, abgesehen von der von der EU erzwungenen Verbesserung im Recht der Verteidigerbestellung die mit der Legalisierung der Absprachenpraxis überfällig gewordene Stärkung der Beschuldigtenrechte im Ermittlungsverfahren ausgeblieben und die Stellung der Verteidigung statt dessen gerade in den letzten Jahren weiter geschwächt worden ist, erscheint mir die damals zurückgestellte Publikation des Entwurfragments als „Vorschaltgesetz zur Behebung rechtsstaatlicher Defizite des strafprozessualen Ermittlungsverfahrens" dringender als je zuvor und findet sich nachfolgend im VIERZEHNTEN TEIL.

3. Den Abschluss bildet als FÜNFZEHNTER TEIL eine kurze und deshalb auch nur exemplarische („Stichworte") Zusammenfassung wichtiger Desiderate, um das gegenwärtig in der Praxis bereits verwirklichte „4. Paradigma" des Strafverfahrens mit den rechtsstaatlichen Minimalia zu versöhnen.

VI. Was bleibt

1. Auch wenn mir seit der Erstellung meines Juristentagsgutachtens vor 30 Jahren[47] nicht im mindesten verborgen geblieben ist, dass der Umbau des deutschen Strafverfahrens sowohl durch die Praxis der sog. Gerichtssaalelite als auch durch die politischen Machtgebilde durchweg in die entgegengesetzte Richtung der von

---

45 Mein eigener Beitrag findet sich in ZStW 119 (2007), 945 ff.

46 Siehe dazu BGHSt 50, 40, 64 und meine Kritik in ZRP 2006, 63; 2009, 104.

47 Absprachen im Strafverfahren?, 1990.

mir (teilweise gemeinsam mit europäischen Mitstreitern) erarbeiteten Vorschläge verläuft, fühle ich mich nicht als ein Don Quijote. Dieser hatte nicht begriffen, dass nicht nur seine Ideale, sondern auch deren gesellschaftliche Formen unwiederbringlich zerbrochen waren und es deshalb nicht nur sinnlos, sondern sogar komisch war, immer noch diesen abgelebten Formen zu huldigen. Genau dieser Torheit (aber ohne Don Quijotes sympathische Naivität!) entspricht heute die offizielle Lesart in Rechtsprechung und Gesetzgebung: Während die Absprachen in den die soziale Wirklichkeit weit weniger mit heuchlerischen Wendungen camouflierenden USA offen als „plea bargaining" (Aushandlung des Schuldeingeständnisses) bezeichnet werden, wurden sie in Deutschland bei ihrer ursprünglich komplett illegalen Einführung von den Beteiligten (Gericht, Staatsanwaltschaft und Verteidigung, der in den USA sog. „Gerichtssaalelite") zunächst streng geheim gehalten und später vom Gesetzgeber euphemistisch „Verständigung" genannt. Der ihr vorausgehende Austausch von Drohungen und Versprechungen (ein der Realität entnommenes Beispiel: Die Verteidigung weist auf die Möglichkeit hin, eine dubiose Belastungszeugin vereidigen zu lassen und anschließend wegen Meineids anzuzeigen; das Gericht lässt die Drohung mit einer rabiaten Strafe anklingen; man „verständigt" sich auf ein Geständnis mit anschließender Bewährungsstrafe) wird in einen verhüllenden, nur für Eingeweihte vollständig durchschaubaren Jargon eingekleidet. Und während die subjektiv-einseitig verschobene Wirklichkeitswahrnehmung beim machtlosen Ritter von der traurigen Gestalt allenfalls Belustigung auslöst, führt sie bei den Inhabern der Rechtsetzungs- und Justizgewalt zu einer Verschiebung der Wirklichkeit selbst: Während anekdotische Berichte aus Justizkreisen über ihre prozessualen Rechte missbrauchende Verteidiger dem BGH (s. etwa nachfolgend den FÜNFTEN TEIL) und dem Gesetzgeber[48] für drastische Gewichtsverschiebungen zulasten der Verteidigung und damit für eine weitere Beschädigung der prozessualen Balance ausgereicht haben, dominieren die Klagen von Rechtsanwälten über ihre Rechte missbrauchende Staatsanwälte und Richter zwar jedes Gespräch am Stammtisch (bzw. an dessen Stelle: die von mir seit 1997 am Institut für Anwaltsrecht der LMU München veranstalteten rund 160 Kolloquien mit Rechtsanwälten), werden aber fast niemals öffentlich registriert. Obwohl die gesamte liberale Staatstheorie seit der Aufklärung von der Erfahrung ausgeht, dass jede Macht missbrauchsgefährdet ist, und deshalb die Kontrolle von Macht zu ihrem Programm gemacht hat, dient die ohne solide empirische Grundlage vorgenommene, einseitige Dämonisierung der weitgehend machtlosen Verteidigung der deutschen Justizpolitik als Vorwand

48 S. etwa das sog. Gesetz zur Modernisierung des Strafverfahrens von 2019, schon in seinem Titel ein frivoler Euphemismus.

für deren weitere Schwächung und damit für die Etablierung des Richters als „Macht ohne Maß“ (s. nachfolgend den ZEHNTEN TEIL).

2. Demgegenüber habe ich seit vielen Jahrzehnten an einem empirisch fundierten, sine ira et studio gebildeten Bild der Verfahrensrealität gearbeitet, das bezüglich der Informationsverarbeitung, d. h. der für das Urteil entscheidenden Beweiserhebung und -würdigung in diesem Band näher ausgeführt wird, bezüglich der Realität der Urteilsabsprachen in dem nächsten Band 4. Wer intensiv und mit steigendem Respekt die rechts- und staatsphilosophischen Grundlagen und die Entwicklung des reformierten Strafverfahrens im 19. Jahrhundert erforscht und die ihm zugrunde liegende regulative Idee der **Verfahrensbalance** als einzig mögliche Legitimation der der Strafjustiz in die Hand gegebenen „furchtbaren Gewalt“ (*Montesquieu*) begriffen hat, ist nicht zu Don Quichotterien aufgelegt, denn er weiß, dass die Bewahrung dieser Balance trotz grundlegender Änderungen in der Gesellschaft und damit natürlich auch im abweichenden Verhalten abermals eine Jahrhundertaufgabe ist, gewissermaßen indem man den von den Flachwinden der gegenwärtigen Zivilisation angetriebenen Mühlen der Gesetzgebung Engelsflügel verleiht. *Friedrich Spees* Kritik der Folter und der Hexenprozesse als der grauenhaftesten Schlusssteine des Inquisitionsprozesses setzte sich erst nach über 100 bis 200 Jahren durch, die Kritik *Beccarias* an der Todesstrafe ebenfalls in Europa erst nach rund 200 Jahren und in globaler Hinsicht überhaupt noch nicht. Zwar geht es beim Verlust der rechtsstaatlichen Balance des Strafverfahrens nicht um solche Verirrungen und Scheußlichkeiten, in der Summe dieser sich auf alle Strafverfahren auswirkenden rechtsstaatlichen Gebrechen ist der Schaden aber kaum weniger groß. Die gegenwärtige Auslieferung der Justizpolitik an die Vertreter des Strafverfolgungsinteresses, die die grundlegende Einsicht des 19. Jahrhunderts verkennt, dass ein die notwendige Balance als Grundvoraussetzung der Wahrheitsfindung ignorierendes Verfolgungsinteresse ein Niemandsinteresse ist und sich, um ein triviales Bild zu gebrauchen, den eigenen Teppich unter den Füßen wegzieht, bedeutet verglichen damit eine ephemere Erscheinung, durch deren Dominanz sich eine nicht nach staatlichen und öffentlichen Privilegien schielende, sondern ihrer Aufgabe gerecht werdende Rechtswissenschaft nicht darin irre machen lassen darf, gerechtere Grundsätze zu erarbeiten und zu präsentieren. Wer die hier entwickelten verwerfen will, muss also sachliche Argumente präsentieren, während ein bloßer Verweis auf die entgegengesetzte Marschroute der gegenwärtig in der Rechtspolitik Herrschenden Macht und Recht verwechselt.

Inhalt

SIEBENTER TEIL **Der Richter im Strafverfahren als manipulierter Dritter? – Zur empirischen Bestätigung von Perseveranz- und Schulterschlusseffekt — 239**

ACHTER TEIL **Wohin treibt der deutsche Strafprozeß? — 259**

NEUNTER TEIL **Zur Kritik des amerikanischen Strafprozessmodells — 313**

ZEHNTER TEIL **Der unabhängige Strafrichter – Macht ohne Maß? — 335**

ELFTER TEIL **Zur Stellung der Staatsanwaltschaft im postmodernen Strafverfahren — 351**

ZWÖLFTER TEIL **Prolegomena zu einer jeden künftigen Verteidigung, die in einem geheimdienstähnlichen Strafverfahren wird auftreten können — 373**

DREIZEHNTER TEIL **Der Ausbau der Opferstellung im Strafprozess – Fluch oder Segen? — 401**

ERSTER TEIL Revisionsrecht als Exempel rechtsstaatlicher Rechtsfindung

Inhaltsverzeichnis

https://doi.org/10.1515/9783110650563-001

§ 1 Rechtspolitische und methodologische Implikationen des strafprozessualen Revisionsrechts

I. Die Diskrepanz von staatspolitischer Bedeutung und rechtspolitischer Fragwürdigkeit

1. a) Wenn wir das „Strafprozeßrecht in seiner Fortentwicklung“[1] betrachten, so stehen wir zwar vor einer von den gesellschaftlichen Umwälzungen der letzten Jahre relativ wenig berührten Materie. Daß es aber nichtsdestoweniger einen schwerwiegenden Irrtum darstellen würde, wenn man von daher auf eine mindere Bedeutung der strafprozessualen Rechts- und Reformprobleme schließen wollte, steht seit den rechtssoziologischen Untersuchungen von *Luhmann*[2] außer Frage: Wenn die Überzeugung von der inhaltlichen Richtigkeit einer staatlichen Maßnahme als deren Gültigkeitskriterium vollständig oder teilweise durch die „Legitimation durch Verfahren“ ersetzt wird[3], so liegt es auf der Hand, daß die Qualität des Verfahrens als ein entscheidender Prüfstein für die intersubjektiv anerkannte Legitimität des Hoheitsaktes angesehen werden muß. Und da im Strafverfahren die einschneidendsten und nachhaltigsten Maßnahmen angeordnet werden, die unser Gemeinwesen kennt, muß die Güte unseres Strafprozesses eines der wichtigsten rechtlichen und politischen Postulate sein.

b) Daß dieses „Gütepostulat“ nicht nur auf eine einzige Instanz beschränkt ist, ergibt sich ebenfalls als Regulativ zu den weitreichenden Machtmitteln, die der Strafjustiz zur Erfüllung ihrer Kontrollaufgaben zu Gebote stehen und die bei ihr die Frage „quis custodiet custodes ipsos?“ besonders dringlich machen. So wie die präsumtive Sachkunde und Autorität des höchsten Gerichts als des obersten Organs der justitiellen Selbstkontrolle die soziale Anerkennung seiner Entscheidungen trägt bzw. tragen soll, resultiert die Anerkennung der rechtskräftigen Instanzentscheidungen aus der bewußt nicht wahrgenommenen Möglich-

---

1 Vgl. den Titel von Peters' Nachtrag zu seinem Lehrbuch „Strafprozeß“.

2 Legitimation, S. 27ff., 55ff. und passim; Positivität, S. 188f.; Rechtssoziologie, S. 263ff.; vgl. ferner zur Austauschbarkeit von Ideologie und Verfahren als Legitimationsgrundlage Ideologie, S. 178ff., 196.

3 Die an Luhmanns Konzeption überwiegend geübte Kritik (vgl. nur Esser, Vorverständnis, S. 202ff.; Rottleuther, KritJ 1971, 69ff.; ders., Handeln, S. 148ff.; ders., Rechtswissenschaft, S. 142ff.; Kaiser, Rechtssoziologie, S. 89) braucht hier nicht diskutiert zu werden, weil die faktische Legitimationsfunktion der Verfahren unabhängig davon gegeben ist, ob der gegen Luhmann erhobene Vorwurf der theoretischen Einseitigkeit zutrifft.

https://doi.org/10.1515/9783110650563-002

keit, sie den Selbstreinigungsmechanismen der Dritten Gewalt zu überantworten und damit zusätzliche Richtigkeitsgarantien bzw. (im Luhmannschen Sinne) Verfahrenslegitimationen zu fordern.

c) Daraus ergibt sich, daß der Effizienz des Rechtsmittelsystems in der gegenwärtigen Legitimitätskrise der Justiz (insbesondere der Strafjustiz) eine wachsende Bedeutung zukommt. Um so ernstere Beachtung erheischt die landläufige Schelte, die sich der Standardrechtsbehelf unserer Strafprozeßordnung, nämlich die Revision als das einzige in allen Strafverfahren zulässige Rechtsmittel[4], in den letzten Jahren gefallen lassen muß. Da die Revision in allen Kapitalsachen der einzige und im übrigen jedenfalls der letztinstanzliche Kontrollmechanismus der Strafjustiz ist (s. §§ 333, 335 StPO), trägt sie heute, wie einst in der griechischen Mythologie Atlas die Welt, das Vertrauen der Gesellschaft in die „Selbstreinigungskraft" der Strafrechtspflege und ist damit letztlich die wichtigste Garantie für die gesellschaftliche Anerkennung der staatlichen Kriminalordnung.

2. Die politische und gesellschaftliche Bedeutung des Revisionsrechts ist aber nicht einmal der ausschlaggebende Grund dafür, daß der zweite, dogmatische Teil meiner Studie[5] der heutigen Problematik der strafprozessualen Revision, ihrer in Gerichtspraxis und herrschender Lehre geformten Gestalt, ihren Vorzügen und Schwächen und damit in gewissem Umfange auch ihrer Reformbedürftigkeit und -würdigkeit, gewidmet wird. Ein noch größeres wissenschaftliches Interesse verdienen nämlich die methodologischen Implikationen, die aus dem auffälligen Mißverhältnis zwischen der eben geschilderten Funktion und der gegenwärtigen Wertschätzung unseres Revisionsrechts und aus der auf diesem Gebiet in den letzten 100 Jahren vor sich gegangenen „Umwertung aller Werte" resultieren. Daß eine Rechtsgewinnung, die nur auf überlebte Gesetze zurückgreifen kann, besonders heikle Fragen aufwirft, leuchtet wohl unmittelbar ein; und in welch stupender Einmütigkeit der Geist der Reichsstrafprozeßordnung auf dem Gebiet des Revisionsrechts heute als altfränkisch und vorgestrig empfunden wird, kann am drastischsten durch eine Gegenüberstellung des diesem Rechtsinstitut seinerzeit so freigiebig gespendeten Vorschußlobes und der ihm nunmehr zuteil werdenden Herabwürdigungen gezeigt werden.

4 Die Berufung ist hingegen nur gegen amtsgerichtliche Urteile und hier nicht einmal einschränkungslos zulässig, s. §§ 312, 313 StPO. Der Revision nachgebildet ist auch das einzige Rechtsmittel im Ordnungswidrigkeitenrecht, die sog. Rechtsbeschwerde (s. § 79 III OWiG).

5 Der erste, rechtstheoretische Teil findet sich in Band 1 der Gesammelten Werke (Schünemann, Rechtsfindung im Rechtsstaat und Rechtsdogmatik als ihr Fundament, 2020, ERSTER TEIL, Die vier Stufen der Rechtsgewinnung, S. 1ff.). Hierauf beziehen sich die nachfolgend in den Fn. häufiger zu findenden Verweise auf „Band 1" oder „Bd. 1".

a) In den Jahrzehnten zwischen der Entstehung des „reformierten deutschen Strafprozesses“[6] und dem Erlaß der Reichsstrafprozeßordnung entsprach es der eindeutig herrschenden, in allen Partikularstaaten verbreiteten Meinung, daß die Revision nicht nur ein völlig ausreichendes, sondern sogar das einzig wahre Rechtsmittel darstelle, wohingegen die Berufung ein der Natur des reformierten Strafprozesses widerstreitender und daher künftighin auszumerzender Abkömmling des alten Inquisitionsprozesses sei.

Die umfassendste Begründung dieses Satzes verdanken wir *Walther*, der die Unanfechtbarkeit der Entscheidung über die Tatfrage, die damals wie heute die Sonderstellung der Revision ausmacht[7], in seiner großen Arbeit über die „Rechtsmittel im Strafverfahren“[8] aus zwei Fundamentalprinzipien des reformierten Strafprozesses ableitete: aus dem Verzicht auf eine gesetzliche Beweistheorie[9] und aus der Mündlichkeit des Hauptverfahrens[10]. Wenn der Rechtsmittelrichter nur seine eigene freie Beweiswürdigung an die Stelle der ebenso freien Beweiswürdigung des Instanzrichters setzen könne, so sei das mangels eines verbindlichen Prüfungsmaßstabes keine Prüfung der Entscheidung i.e.S., sondern nur eine schlichte neue Entscheidung[11]. Und in einem auf dem Mündlichkeitsprinzip basierenden Verfahren, bei dem eine vollständige Fixierung der Beweiserhebungen niemals gelingen könne, sei eine zweite Tatsacheninstanz bestenfalls (nämlich im Falle eigener Beweisaufnahme durch das Berufungsgericht) eine verschlechterte und daher sinnlose Wiederholung der ersten Instanz: Soweit der Rechtsmittelrichter die (notwendig die Totalität der Beweisaufnahme verkürzenden) Niederschriften der ersten Instanz benutze, bedeute die Berufung eine „appellatio a judice melius informato ad judicem male informatum“[12]; soweit er trotz des inzwischen eingetretenen Zeitablaufs und der dadurch bedingten Verschlechterung der Beweismittel eine Neuaufführung des Beweisgebäudes unternehme, gleiche er dem Mann, der eine im Mittagslicht gemalte Landschaft an Hand des Abendlichtes korrigieren wolle[13].

---

6 Vgl. hierzu Kern-Roxin, 12. Aufl., S. 347; Eb. Schmidt, Einführung, S. 324 ff.

7 Diese Aussage gilt, wie im dogmatischen Teil im einzelnen darzulegen ist, heute natürlich nur noch cum grano salis.

8 In den Jahren 1853–1855 in zwei Bänden erschienen.

9 Rechtsmittel I, S. 114, 119.

10 Rechtsmittel I, S. 122–125

11 Rechtsmittel I, S. 115–117.

12 So ein geflügeltes Wort der damaligen Zeit, vgl. außer Walther, Rechtsmittel I, S. 125 auch Friedreich, Bemerkungen, S. 13; Wiest, Mündlichkeit, S. 103.

13 Rechtsmittel I, S. 131; der plastische Vergleich ist, genau genommen, sogar noch zu schwach, da eine Verschlechterung der Beweismittel nicht nur zu einer „Verdunkelung“, sondern sogar zu einer Entstellung des wahren „Tatbildes“ führen kann.

Gleiche oder ähnliche Argumente wie bei *Walther* finden wir bei vielen prominenten Strafprozeßtheoretikern und -praktikern der damaligen Zeit[14]. Die verbliebenen Anhänger der Berufung, die sich vor allem um *Mittermaier* scharten[15], verloren immer mehr an Einfluß, so daß schließlich der Bundesratsentwurf der RStPO aus dem Jahre 1874[16] die im Partikularrecht bisher nur in Braunschweig und Waldeck/Pyrmont[17] geltende Regelung übernahm und die gänzliche Abschaffung der Berufung vorschlug: Die Revision sollte gemäß den §§ 299 ff. des Entwurfs das einzige Rechtsmittel gegen die Urteile der Strafgerichte werden[18].

b) Daß der Bundesratsentwurf in diesem Punkte den Reichstag nicht zu passieren vermochte und daß die RStPO wieder zu dem „französischen Modell" (Berufung gegen Amtsgerichts-, Revision gegen Landgerichtsurteile)[19] zurückkehrte, wird uns im Laufe dieser Arbeit noch zu beschäftigen haben. Hier soll zunächst ein Jahrhundert übersprungen und die Revisionseuphorie der vergangenen direkt mit der Revisionsmüdigkeit der heutigen Zeit konfrontiert werden. So hat etwa *Jagusch* vier Punkte konstatiert, auf die das gegenwärtige Elend der Revision in Strafsachen vor allem zurückzuführen sei[20]: Konstruktionswidersprüche infolge der zwiespältigen Ausrichtung auf Rechtseinheit und Fallgerechtigkeit, übergroße Kompliziertheit, Unfähigkeit zu lückenloser Kontrolle der einzigen Tatsacheninstanz und Überwucherung durch unzulänglich durchgebildetes und vielfach unberechenbares Richterrecht. *Schweling* hat die Revision als „ein höchst unbefriedigendes, selbst für den überdurchschnittlich und folgerichtig denkenden Juristen schwer verständliches, wenig sinnvolles Rechtsgebilde" bezeichnet[21] – ein

---

14 Vor allem bei v. Schwarze, Zweite Instanz, 7 f., 14 f., 19 f., 32 f.; GS 1861, 102; GA 11, 11; GS 1855, Bd. II, 3 ff., 81 ff.; Kommentar; Planck, Strafverfahren, S. 563 f.; Zachariae, Handbuch II, S. 596 ff. m.zahlr.Nachw. in Fn. 6 ff. und unter Aufgabe der früher (Gebrechen, S. 211 ff.) noch auf der Grundlage einer formellen Beweistheorie vertretenen gegenteiligen Auffassung; v. Stemann, Strafverfahren, S. 212 ff.; ders., GS 1853 (Jahrg. V Bd. II), 238; Voitus, GA 1854 (Bd. 2), 621; v. Tippelskirch, GA 1856 (Bd. 4), 603, 759.

15 Vgl. schon Strafverfahren, 3. Aufl., S. 463; Arch. d.Krim. 1854, 291 ff.; GA 1862 (Bd. 10), 297 ff.; GS 1857 II, 1 ff.; ferner vor allem Arnold, GS 1854 (Jahrg. VI Bd. I), 286 ff.; Arch.d.Krim. 1854, 250 f.; Goltdammer, GA 1856, 31; 1863, 315; Merkel, GA 1854 II, 389 ff.; hiergegen wiederum Walther, Rechtsmittel II, S. 256 ff.

16 Abgedruckt bei Hahn, Materialien I, S. 4 ff.

17 § 156 der braunschweigischen Strafprozeßordnung vom 22. August 1849 sowie § 133 des waldeckischen Gesetzes vom 14. Juni 1850 sahen nur noch die „Nichtigkeitsbeschwerde" als ordentliches Rechtsmittel vor; zu den übrigen Tendenzen zur Einschränkung der Berufung im Partikularrecht vgl. Hahn, Materialien I, S. 313 ff. m.zahlr.Nachw. aus Gesetzgebung und Schrifttum.

18 Zur Begründung vgl. Hahn, Materialien I, S. 242 ff.

19 Vgl. §§ 354, 374 RStPO; Art. 199, 407 CIC und dazu Zachariae, Handbuch II, S. 600 ff.

20 NJW 1971, 2009.

21 MDR 1967, 441.

Satz, der nach der kompetenten Beurteilung durch *Dahs* allgemeine Geltung besitzt[22]. Eine noch schärfere Kritik an der Revision finden wir in der „Denkschrift der Bundesrechtsanwaltskammer zur Reform der Rechtsmittel und der Wiederaufnahme des Verfahrens im Strafprozeß", in der das geltende Revisionsrecht als „in bedenklichem Umfange an einem formalen Gerechtigkeitsprinzip orientiert", „kaum durchschaubar" und „volksfremd" bezeichnet wird[23]. Nur wenig milder äußert sich der Referentenentwurf eines Gesetzes zur Neugliederung der ordentlichen Gerichtsbarkeit (Erstes Justizreformgesetz)[24]; und wenn sich im kritischen Konzert auch hin und wieder etwas gedämpftere Stimmen vernehmen lassen[25], so kann doch als communis opinio festgehalten werden, daß eine grundlegende Reform des überkommenen strafprozessualen Rechtsmittelsystems ebenso dringend wie unabweisbar sei.

3. a) Ausgangspunkt einer jeden Untersuchung, die sich mit der Revision in Strafsachen beschäftigt, muß daher die Feststellung sein, daß ein beim Inkrafttreten der RStPO mit erheblichen Vorschußlorbeeren bedachtes Rechtsinstitut heute zum Gegenstand allgemeiner und heftiger Kritik geworden ist, die wiederum weder als eine direkte Folge der kriminalpolitischen Neuorientierung des materiellen Strafrechts noch als ein bloßes Produkt der in verschiedenen politischen Gruppierungen verbreiteten Justizverdrossenheit begriffen werden kann, sondern von der weitgehend übereinstimmenden Auffassung aller beteiligten Kreise getragen wird. Und damit haben wir hier einen Modellfall vor uns für das im Zentrum aller methodologischen Bemühungen stehende Problem der Abgrenzung von Rechtsfindung und Rechtspolitik: Welche Möglichkeiten bestehen in der Rechtsfindung für eine Anpassung des überkommenen Revisionsmodells an die heutigen Wertanschauungen, welche Schranken setzt hier das geschriebene Gesetz, und wie lassen sich überhaupt die das geltende Recht betreffenden Thesen von rechtspolitischen Forderungen unterscheiden? Wegen dieser methodologischen Implikationen und in ständigem Hinblick auf sie werden wir die Revisionsdogmatik behandeln, und was wir im rechtstheoretischen Teil dieser Untersuchung (s. Fn. 5) an Ergebnissen gefunden haben, wird uns bei der dogmatischen Arbeit als Richtschnur dienen und zugleich in seinen fortschreitenden Konkretisierungen einer ständigen Bewährungsprobe ausgesetzt!

b) In diesem Plan liegt für uns die Rechtfertigung der vorliegenden Schrift, die eine Brücke zwischen zwei Welten zu schlagen versucht und gerade wegen

---

22 Handbuch, Rdnr. 718 a.E.

23 Denkschrift, S. 3f.

24 Referenten-Entwurf, S. 34.

25 Vgl. Kaiser, ZRP 1972, 275ff.; Pfeiffer-v. Bubnoff, DRiZ 1972, 42ff.; Neidhart, DRiZ 1967, 106ff. Fuhrmann, JR 1972, 1ff.; zahlr. weit.Nachw. bei Kissel, Aufbau, S. 113ff.

der dadurch bedingten Unmöglichkeit, jede der beiden Untersuchungsebenen für sich erschöpfend abzuhandeln, einer isoliert rechtstheoretisch oder dogmatisch orientierten Kritik suspekt erscheinen könnte. Und auch gegen die naheliegenden Vorwürfe aus dem rechtssoziologischen Lager glauben wir hinreichend gewappnet zu sein. Zwar läge es bei der heutigen Wissenschaftssituation nahe, über die so oft berufenen Mängel des geltenden Rechts sofort hinweg- und zur Tagesordnung, d.h. zu einer sozialwissenschaftlichen Diskussion der verschiedenen bisher vorgelegten Reformentwürfe, überzugehen. Wenn im zweiten Teil dieser Arbeit gleichwohl in erster Linie eine Analyse des geltenden Rechts unternommen werden soll, während die Reformmöglichkeiten und -notwendigkeiten erst im Rahmen des Gesamtresümees erörtert werden, so hat dies drei gewichtige Gründe: Erstens scheint bisher viel zu wenig geprüft worden zu sein, ob den allgemein angenommenen Mängeln der heutigen Revisionspraxis nicht schon auf der Grundlage der geltenden Gesetzesfassung durch eine den anerkannten Bedürfnissen vermehrt Rechnung tragende Rechtsfindung gesteuert werden kann[26]. Zweitens sollte jeder Bestimmung der Reformmöglichkeiten und -notwendigkeiten zunächst einmal eine umfassende und vertiefte Aufarbeitung des gegenwärtigen Rechtszustandes als des nicht ohne zwingenden Grund beiseite zu schiebenden Ausgangspunktes aller in die Zukunft gerichteten Bemühungen vorausgehen. Und drittens sind die Chancen einer durchgreifenden Rechtsmittelreform infolge der politischen Implikationen der Justizreform, in die sie eingebettet werden soll, heute noch so ungewiß, daß auch der praktische Ertrag einer auf der lex lata aufbauenden Untersuchung ungleich größer sein dürfte als der gesellschaftliche Nutzen bloßer Reformspekulationen, von denen in den letzten 100 Jahren so viele mehr oder weniger ungehört verhallt sind.

c) Wenn wir somit die rechtlich-normative Untersuchung in erster Linie der Dogmatik des geltenden Rechts und erst in zweiter Linie den Reformproblemen widmen wollen, so setzt das freilich unbedingt voraus, daß wir im rechtstheoretischen Teil der Untersuchung Kriterien erarbeitet haben, die eine objektive Unterscheidung der Rechtsfindung de lege lata (d.h. der dogmatischen Aussagen über das geltende Recht) und der Rechtspolitik de lege ferenda (d.h. der an den Gesetzgeber adressierten Vorschläge) gestatten, und zwar unabhängig davon, mit welchem Anspruch der jeweilige Vorschlag selbst formuliert wird. Die Lösung dieses rechtstheoretischen Kardinalproblems muß daher, wie wir jetzt resümieren können, aus zwei Gründen das Hauptziel des ersten Teiles unserer Arbeit (s. Fn. 5) sein: erstens, weil es hierbei um die heute so umstrittene Wissenschaftlichkeit der Jurisprudenz überhaupt geht, und zweitens, weil unsere Untersuchung eine

---

26 Ansätze bei Kaiser, ZRP 1972, 275ff.

rechtspolitische Landschaft vorfindet, die, wie dargelegt, durch eine allgemeine Krise der Justiz überhaupt und durch eine besondere Krise der Revision als des die angekränkelte Legitimität des Strafprozesses wesentlich mittragenden Instituts gekennzeichnet ist.

II. Methodologische Implikationen der wichtigsten Revisionsprobleme

1. a) Die methodologische Grundlegung darf freilich nicht auf eine bloße Abschichtung von gegenwartsbezogener Rechtsfindung und zukunftsgerichteter Rechtspolitik beschränkt werden, denn falls der Nachweis gelingt, daß eine wissenschaftliche Rechtsfindung im Prinzip möglich ist, so muß auch, soll er nicht ein blutleeres Gedankengespinst bleiben, daraus eine praktikable Rechtsfindungsmethode abzuleiten sein. Daß auch insoweit wieder das strafprozessuale Revisionsrecht das vortrefflichste Konkretisierungs- und Bewährungsfeld abgibt, wird schon ein knapper Abriß der Hauptprobleme zeigen, mit denen wir uns im Rahmen des Revisionsrechts beschäftigen müssen. Wenn wir das die Grundfragen des Revisionsrechts überwuchernde Meinungsdickicht betrachten, durch das wir uns im nachfolgenden Teil dieser Arbeit eine zur wahren und richtigen Lösung vordringende Schneise schlagen müssen, so scheint uns das bekannte Wort des *Grafen zu Dohna* bestätigt zu werden, daß die Abgrenzung des revisiblen Bereichs „ein Knoten“ sei, „dessen Lösung allen Menschenwitz übersteigen würde“[27]. Sehen wir uns an, in welche Richtung wir den als erstes zu bestimmenden abstrakten Rahmen der de lege lata erfolgenden Rechtsgewinnung durch konkrete Rechtsfindungsmethoden ergänzen müssen, um zur Entwirrung eines solchen Knäuels gerüstet zu sein.

b) Schon ein erster Blick auf die heutige dogmatische Diskussion über die Revision in Strafsachen zeigt, daß sich zwei Brennpunkte gebildet haben: der erste, seit langem bestehende und unvermindert aktuelle Schwerpunkt ist die Reichweite der Sachrüge, d. h. die Frage, wie weit die Kompetenz des Revisionsgerichts zur Korrektur von materiellen Rechtsverletzungen durch den Tatrichter (s. §§ 337, 344 II, 1 2. Alt. StPO) in concreto reicht; der zweite, erst in den letzten beiden Jahrzehnten in den Vordergrund des Interesses getretene „Nabel des Revisionsrechts“ ist der Nexus zwischen Urteil und Verfahrensverstoß, d. h. die Frage, wann das tatrichterliche Erkenntnis auf einer Verletzung des Verfahrensrechts im Sinne des § 337 I StPO „beruht“.

---

27 Strafverfahren, S. 216.

2. Wie kontrovers die Reichweite der Sachrüge immer noch ist, erweist schon die Gegenüberstellung einiger weniger Stellungnahmen zu dem zentralen Begriff der „Gesetzesverletzung" bei unbestimmten Rechtsbegriffen, bei denen die Abgrenzung zwischen Tatsachenfeststellung und rechtlicher Bewertung besonders problematisch ist[28]. Hierzu werden (von zahlreichen Verästelungen im einzelnen abgesehen) mindestens vier vom Ansatz her völlig verschiedene Theorien vertreten:

a) Nach der „klassischen Theorie", die sich an den „wissenschaftlichen Begriff" der Gesetzesverletzung hält, soll die Abgrenzung des revisiblen Bereiches durch rechtstheoretische Erwägungen zu finden sein: Während die Tatsachenfeststellung irrevisibel sei, sei die „Rechtsanwendung" auf die festgestellten Tatsachen uneingeschränkt überprüfbar[29].

b) Nach der „restriktiven teleologischen Theorie", die sich sowohl auf die historische Auslegung des Gesetzes als auch auf die Erfordernisse der Praktikabilität (keine „Überflutung" des BGH!) stützt, soll die „revisible Gesetzesverletzung" von dem Hauptzweck der Revision, die Rechtseinheit zu gewährleisten, her bestimmt werden: Alle Gesetzesverletzungen, die nicht rechtsgrundsätzlicher Art sind (*Schwinge*) bzw. keine Beispielswirkung für die Beurteilung anderer Fälle haben (*Henke*), sondern nur den Einzelfall in seinen Besonderheiten betreffen, sollen irrevisibel sein[30].

c) Nach der in der Literatur herrschenden „extensiven teleologischen Theorie", die sich vor allem auf die Schutzwürdigkeit und -bedürftigkeit des potentiell unschuldig Verurteilten beruft, soll der (dem Rechtseinheitsinteresse mindestens gleichwertige) Hauptzweck der Revision dagegen in der Verwirklichung größtmöglicher Einzelfallgerechtigkeit zu sehen sein, so daß der revisible Bereich so weit wie nur irgend möglich zu fassen und seine Grenze erst in der „Leistungsfähigkeit" des Revisionsgerichts zu finden sei: Irrevisibel sei nur das, was dieses

---

28 Zwei einfache Beispiele: Kann der Revisionsrichter überhaupt (oder ggf. unter welchen Voraussetzungen und in welchem Umfange) nachprüfen, ob der Tatrichter zu Recht eine Schramme im Gesicht als „erhebliche Entstellung" im Sinne des § 224 StGB oder eine anzügliche Äußerung als „Beleidigung" im Sinne des § 185 StGB eingeordnet hat?

29 Vgl. einmal Stein, Das private Wissen, S. 109ff.; Mezger, Der psychiatrische Sachverständige, S. 114ff., 126f., 116ff.; Scheuerle, AcP 157, 41ff. – Abgrenzung nach „tatsächlichen Begriffen" und „Rechtsbegriffen" –. Zum anderen Mannheim, Beiträge, S. 33ff.; 59ff. – Abgrenzung nach „Tatsachenfeststellung" und „Tatsachenbewertung" –; schließlich Drost, Ermessen, S. 54ff., 72f.; Pohle, Revision, S. 75ff. – die Revisibilität ende bei einer unlösbaren Verschlingung von Tatsachenfeststellung und Werturteil –.

30 Vgl. Schwinge, Grundlagen, S. 48, 52, 131f., 149, 176, 200; Duske, Revision, S. 86ff.; Hanack, Ausgleich, S. 82, 84; Henke, Tatfrage, S. 266ff., 273ff., 309; Kuchinke, Grenzen, 114–132; vgl. auch die – allerdings in einem anderen Zusammenhang stehende – Entscheidung BGHSt. 25, 109, 114.

mangels einer Befugnis zu eigener Beweiserhebung in der Sache selbst überhaupt nicht überprüfen könne[31].

d) Die Rechtsprechung kümmert sich laut einer Analyse von *Werner Schmid* um diese Theorien überhaupt nicht und soll statt dessen, offenbar aus Gründen der Praktikabilität und der Prozeßökonomie, ohne explizite Begründung dazu übergegangen sein, in den meisten Fällen nicht die Richtigkeit, sondern nur noch die Vertretbarkeit der erstinstanzlichen Rechtsentscheidung zu überprüfen, indem die verschiedenen Lösungsmöglichkeiten innerhalb der Vertretbarkeitsgrenze als (irrevisible) „Tatfrage" bezeichnet würden[32].

e) Dieses Bild wird noch bunter und komplizierter, wenn man den die Revisibilität der Tatsachenfeststellungen betreffenden Meinungsstand einbezieht. Entgegen der durch den Wortlaut des § 337 StPO nahegelegten und vom RG anfangs noch anerkannten Auffassung, daß das Revisionsgericht die Tatsachenfeststellungen des Vorderrichters ausnahmslos unangetastet lassen müsse[33], wird die tatrichterliche Beweiswürdigung heute in ständiger Rechtsprechung daraufhin überprüft, ob Denkgesetze, Erfahrungssätze oder offenkundige Tatsachen nicht beachtet wurden, wobei diese allgemeinen Sätze nach dem Verständnis des BGH ebenfalls Rechtsnormen darstellen[34]. Auch das Schrifttum, das anfangs an der uneingeschränkten Irrevisibilität der Tatsachenfeststellung festhielt[35], akzeptiert heute überwiegend die Ergebnisse der Rechtsprechung und betont lediglich, daß in den revisiblen Fällen zwar keine eigentliche Gesetzesverletzung, aber doch ei-

---

31 Vgl. Peters, Strafprozeß, S. 566; Eb. Schmidt, Lehrkommentar II, § 337, Rdnr. 7; ders., Strafprozeßrecht, Rdnr. 385; Kern-Roxin, Strafverfahrensrecht, S. 274; Henkel, Strafverfahrensrecht, S. 375; Warda, Grundlagen, S. 60ff., 174ff.; Roxin, Strafprozeßrecht, Nr. 456; ähnlich Sarstedt, Revision, S. 2f.

32 Schmid, ZStW 85, 385ff. m.zahlr.Nachw.; die Analyse von Schmid wird bestätigt durch die rein pragmatische Fallgruppendarstellung in den an der Rspr. orientierten Darstellungen von Meyer in Löwen-Rosenberg, Strafprozeßordnung, § 337, Anm. V; Kleinknecht, Strafprozeßordnung, § 337, Anm. 3ff.; Müller-Sax, KMR, § 337, Anm. 4ff.; Dahs-Dahs, Revision, S. 15ff.; kritisch zuletzt Frisch, NJW 1973, 1348f.; Zipf, ZStW 85, 459; Henke, ZStW 85, 459f.; Jescheck, ZStW 85, 461.

33 Vgl. nur das berühmte „Liebestrank-Urteil" RGSt. 8, 351 und später noch RGSt. 29, 114; zahlr. weit.Nachw. b. Mannheim, Beiträge, S. 111ff.; vgl. auch Mannheim selbst, a.a.O., S. 75.

34 BGHSt. 6, 72; zustimmend Müller-Sax, KMR, § 337, Anm. 1 c; auch Schwinge, Grundlagen, S. 157 (aber ablehnend auf S. 194); eingehend Sarstedt, Revision, S. 212ff., 226ff.; zahlr.weit. Nachw. der Rspr. bei Dahs-Dahs, Revision, S. 17ff.; Meyer in Löwe-Rosenberg, Strafprozeßordnung, § 337, Anm. V 2 d.

35 Vgl. Löwe-Rosenberg, Strafprozeßordnung, bis zur 18. Auflage, § 337, Anm. 3 c; Wach, JW 1881, 74; Mannheim, Beiträge, S. 75; Bennecke-Beling, Lehrbuch, S. 581, 583 m.Fn. 10; nur scheinbar anders Birkmeyer, Strafprozeßrecht, S. 715f., der aber die Revisibilität der „Gesetzesverletzung bei der Tatsachenfeststellung" nur unter dem Gesichtspunkt der Verfahrensrüge bejaht.

ne gleich zu behandelnde Sachlage gegeben sei[36]. Darüber hinausgehend faßt *W. Schmid* die oben genannten Fälle der Tatsachenprüfung durch das Revisionsgericht als eine stets stattfindende objektiv-generelle Vertretbarkeitsprüfung auf, die sich von der revisionsgerichtlichen Rechtskontrolle in den meisten Fällen umfangmäßig nicht unterscheide[37]. *Peters* geht schließlich noch weiter und will dem Revisionsgericht im Rahmen der Tatsachenprüfung sogar eine – allerdings auf die Durchsicht des vorliegenden Aktenmaterials beschränkte – Befugnis zur eigenen Beweiserhebung einräumen, wodurch es in den Stand gesetzt werden soll, sog. Aktenwidrigkeiten des Untergerichts zu korrigieren[38]. Damit hat er aber nach Auffassung der h.L. den Bogen extensiver Gesetzesauslegung überspannt: Nach der ganz überwiegenden Gegenmeinung soll die Aktenwidrigkeit erst de lege ferenda als Revisionsgrund in Betracht zu ziehen sein[39]. Fürwahr ein buntes Bild!

3. Fast noch kontroverser als die Reichweite der Sachrüge ist heute die Tragweite der Verfahrensrüge. Die bereits in der frühen Zeit des RG etablierte Rechtsprechung, daß das Urteil schon dann auf einer Verletzung des Verfahrensrechts beruht (und daher aufzuheben ist), wenn es diese nur möglicherweise zur Ursache hat[40], ist im Laufe der Zeit in zweifacher Weise eingeschränkt worden: Erstens wurde ein bunter Katalog von sog. Ordnungsnormen anerkannt, deren Verletzung prozessual folgenlos bleiben soll, und zweitens wurde die Rügebefugnis des Angeklagten auf Verfahrensfehler beschränkt, die irgendwie seinen eigenen „Rechtskreis" berühren[41]. In der Literatur wird diese Rechtsprechung jedoch weithin abgelehnt. Die Disqualifizierung von Verfahrensvorschriften, die im Gesetz nicht als bloße Sollvorschriften formuliert sind, zu imperfekten „Ordnungsnormen" wird als petitio principii verworfen, insofern die Rechtsprechung nämlich einzig die Irrevisibilität als deren Gattungsmerkmal angeben könne und daher den Ausschluß der Revision durch sich selbst erkläre[42]. Die „Rechtskreistheorie" ist vor allem von *Eb. Schmidt* mit dem Hinweis darauf bekämpft worden, daß der Angeklagte auch dann einen Anspruch auf ein justizförmiges Verfahren (d.h. auf die Beachtung der Verfahrensvorschriften) habe, wenn sein eigener Rechtskreis

---

36 Vgl. einstweilen nur Kern-Roxin, Strafverfahrensrecht, S. 273; Sarstedt, Revision, S. 213; dagegen vor allem Schwinge, Grundlagen, S. 159, 176 u. ö.

37 ZStW 85, 383 m.zahlr.Nachw.

38 Strafprozeß, S. 565f.

39 Vgl. nur Eb. Schmidt, Lehrkommentar II, § 337, Rdnr. 24; Sarstedt, Revision, S. 105ff.; Kern-Roxin, Strafverfahrensrecht, S. 275; Roxin, Strafprozeßrecht, Nr. 457; Dahs-Dahs, Revision, S. 9f.

40 RGSt. 1, 212; 9, 69; 10, 139; zweifelnd v. Kries, Lehrbuch, S. 672; heute im Prinzip unstr., vgl. nur Meyer in Löwe-Rosenberg, Strafprozeßordnung, § 337, Anm. VI 1 m.w.N.

41 Zu der Entwicklung der Rspr. zu den „Ordnungsnormen" vgl. Frank, Strafverfahrensnormen, S. 6ff., 92ff., m.zahlr.Nachw.; leading case der Rechtskreistheorie ist BGHSt. (GrS) 11, 213ff.

42 So etwa Rudolphi, MDR 1970, 99.

(wie immer dieser zu verstehen sei) im übrigen nicht berührt werde[43]. Jüngere Autoren wollen die Rechtskreistheorie durch eine Schutzzweckbetrachtung ersetzen und auf diese Weise den Revisibilitätsbereich gegenüber der Auffassung *Eb. Schmidts* vom Telos der verletzten Norm her eingrenzen, gegenüber der Auffassung des BGH hingegen durch eine Preisgabe der Fixierung auf den „Rechtskreis" des Angeklagten als des einzigen Revisionsgrundes ausdehnen[44]. Im einzelnen werden sie von dieser Schutzzweckanalyse jedoch zu vollkommen konträren Ergebnissen geführt[45], und so nimmt es nicht wunder, daß Rechtsprechung und Schrifttum zur Verfahrensrevision heute in einer schwer überschaubaren Kasuistik zu versinken drohen[46].

4. a) An Hand dieses skizzenhaften Überblicks können wir nunmehr bestimmen, welche methodologischen Probleme außer der Abgrenzung von Rechtsdogmatik de lege lata und Rechtspolitik de lege ferenda im zweiten Hauptteil dieser Arbeit eine Rolle spielen werden und daher schon im ersten Hauptteil (siehe Fn. 5) besondere Aufmerksamkeit beanspruchen:

Im Rahmen der Revision wegen Verletzung materiellen Rechts interessiert zum ersten das Verhältnis zwischen der historischen Auslegung, auf die sich vor allem die restriktive teleologische Theorie beruft und für die eine Tatsachennachprüfung durch das Revisionsgericht zumindest äußerst suspekt sein muß, und dem Wandel der Interessenbewertung, der sich in der extensiven teleologischen Theorie und in der von *W. Schmid* konstatierten Tendenz der Rechtsprechung zur Überprüfung der tatsächlichen Feststellungen auf ihre Vertretbarkeit hin manifestiert. Zum zweiten ist zu untersuchen, ob und ggf. inwieweit an Hand allgemeiner Sätze konkrete Rechtsfragen entschieden werden können; vermag man aus „dem Zweck" der Revision (sei es Rechtseinheit, sei es Einzelfallgerechtigkeit) stringent abzuleiten, ob bzw. inwieweit der Revisionsrichter die tatrichterliche Qualifikation einer Verletzung als „leichte Schramme" und demzufolge als „(nur) unerhebliche Entstellung" kontrollieren kann, darf oder soll?

Die gleiche methodologische Grundfrage stellt sich auch bei der Verfahrensrevision: Ist es hier sinnvoll, nach einer allgemeinen Bestimmung ihres Umfanges zu suchen, oder muß man sich, um eine unfruchtbare Begriffsjurisprudenz zu ver-

---

43 JZ 1958, 596ff.; Lehrkommentar, Nachtragsband I, § 55, Rdnr. 2.

44 Außer Rudolphi, MDR 1970, 97ff. z. B. auch Blomeyer, JR 1971, 145ff.

45 Vgl. etwa für den Fall der Verletzung des § 81 a I, 2 Rudolphi, MDR 1970, 98 einerseits und Blomeyer, JR 1971, 147 andererseits.

46 Vgl. die Übersicht bei Kern-Roxin, Strafverfahrensrecht, S. 114ff.; Schäfer in Löwe-Rosenberg, Strafprozeßordnung, Einl. 12 III; Petry, Beweisverbote, S. 140ff. Bezeichnend ist auch die Kompliziertheit der Nomenklatur, vgl. dazu Peters, Beweisverbote, S. 94ff., und Klug, Referat, F 31f., sowie Kern-Roxin, Strafverfahrensrecht, S. 112.

meiden, auf eine Behandlung des jeweils besonderen Problems (z.B.: Revisibilität einer Verletzung des § 136 StPO) beschränken[47]? Und als letztes muß hier klargestellt werden, nach welchen Regeln überhaupt das im Gesetz anscheinend nicht behandelte Problem der „Revisionsbeschränkung trotz kausalen Verfahrensfehlers" gelöst werden soll, d.h. wie eine Rechtsgewinnung nicht mehr „innerhalb", sondern „jenseits" (d.h. nur noch „unterhalb") des Gesetzes vor sich zu gehen hat. Und damit münden die methodologischen Probleme wieder in unsere rechtstheoretische Ausgangsfrage ein: Ist eine wissenschaftliche Gewinnung ungeschriebener, mit dem Anspruch auf aktuelle Geltung ausgestatteter Rechtssätze möglich, und worin besteht ggf. der Unterschied zu den ohne Verbindlichkeitsanspruch auftretenden rechtspolitischen Forderungen?

b) Für all diese Fragen müssen wir im ersten Hauptteil unserer Arbeit (s. Fn. 5) nach Antworten suchen, die über nichtssagende Formeln hinausgehen und wenigstens die Grundzüge einer juristischen Methodenlehre sichtbar machen. Denn hierbei handelt es sich um die Prämissen unserer dogmatischen Arbeit, die wir in dem vorgegebenen Rahmen zwar nicht in sämtlichen Einzelheiten diskutieren (geschweige denn in einer jeden vernünftigen Zweifel ausschließenden Weise nachweisen) können, die wir aber jedenfalls explizit darlegen und plausibel machen müssen, wenn die anschließende dogmatische Untersuchung nicht von vornherein auf tönernen oder gar unsichtbaren Füßen stehen soll. Indem wir so die zulässigen dogmatischen Argumentationsfiguren von vornherein festzulegen und in eine Reihen- und Rangfolge zu bringen versuchen, wollen wir den gegen fast jede dogmatische Untersuchung und fast jede Gerichtsentscheidung möglichen Vorwurf des Methodeneklektizismus vermeiden, der das Ergebnis einer juristischen Ableitung als bloßes Intuitionsprodukt beargwöhnt, das erst post festum mit dem Mäntelchen der zufällig gerade passenden Methode bekleidet wird; und indem wir unsere methodologischen Positionen anschließend in Gestalt einer dogmatischen Untersuchung zur praktischen Bewährung stellen, wollen wir dem l'art-pour-l'art-Einwand begegnen, der gegen rechtstheoretische Forschungen so häufig erhoben wird und ihre Rezeption in der Gerichtspraxis so gründlich verhindert hat. Diese weit gesteckten Ziele sind freilich im Rahmen einer einzigen, umfangmäßig beschränkten Arbeit kaum zu erreichen, und deswegen sind wir uns auch des notwendig fragmentarischen Charakters unserer Überlegungen durchaus bewußt und werden mit ihrem Resultat schon dann zufrieden sein, wenn sich die grundsätzliche Fruchtbarkeit und Entwicklungsfähigkeit unserer Konzeption ergibt.

47 In diesem Sinne Kern-Roxin, Strafverfahrensrecht, S. 114.

§ 2 Die Sachrüge im Lichte der historischen Rechtshermeneutik

I. Überblick

1. Unabhängig von der intrasystematischen Stringenz unseres rechtsmethodologischen Entwurfes werden wir nur dann auf externe Anerkennung hoffen können, wenn uns an Hand einer dogmatischen Untersuchung der Nachweis seiner Praktikabilität gelingt. Denn wie gerade die juristische Wissenschaftsgeschichte lehrt, vermag selbst die ausgeklügeltste Konzeption keine Einheit von Theorie und Praxis zu stiften, wenn es nicht möglich ist, die traditionellen Vorurteile der „Praktiker" gegenüber jeder ihre Selbstherrlichkeit beschränkenden Theorie dadurch zum Schweigen zu bringen, daß die Theorie einer erfolgreichen, ihre Fähigkeit zu echter Hilfestellung ergebenden Brauchbarkeitsprüfung unterzogen wird.

2. Wir haben bereits am Anfang dieser Arbeit dargelegt, aus welchen Gründen wir das strafprozessuale Revisionsrecht als Exerzierfeld unserer Rechtsgewinnungstheorie ausgewählt haben[1]. Wir haben auch schon die wichtigsten Revisionsprobleme, ihre methodologischen Implikationen und den augenblicklichen Streitstand skizziert[2] und können uns daher sogleich der Diskussion desjenigen Themas zuwenden, das geradezu die Lebensfrage der Revision darstellt, deren Beantwortung de lege lata über die Tauglichkeit dieses Rechtsmittels und seinen Nutzen für den Bürger sowie de lege ferenda über seine Beibehaltung, Reformierung oder Abschaffung entscheidet: Gemeint ist die Reichweite der Sachrüge, die in den dogmatischen Auseinandersetzungen wie auch in dem Streit um die Rechtsmittelreform eine zentrale Stellung einnimmt.

3. Auf welche Weise wir das „Recht der Sachrüge" zu finden versuchen werden, ist durch die Überlegungen im ersten Hauptteil (s. Fn. 5) deutlich vorgezeichnet: Wir müssen zunächst (d. h. auf der ersten Stufe) mit den Mitteln der historischen Rechtshermeneutik den einschlägigen Machtspruch des Gesetzgebers ermitteln, anschließend (d. h. auf der zweiten Stufe) diesen Machtspruch in szientistischer Weise fortzuentwickeln trachten und sodann, bevor wir die danach verbleibenden Regelungslücken auf der dritten Stufe durch rational-dezisionistische Werterwägungen schließen, uns auf der vierten Rechtsgewinnungsstufe die Frage vorlegen, in welchem Ausmaß der historische Machtspruch des Gesetzgebers für die heutige Rechtsgewinnung noch verbindlich ist; denn erst nach Beantwortung

1 s. o. S. 5 ff.
2 s. o. S. 11 ff., 14 ff.

dieser Frage wird der hic et nunc bestehende justitielle Dezisionsspielraum und damit der Bereich der drittstufigen Gewinnung des Revisionsrechts endgültig feststehen.

4. Auf der ersten Stufe müssen wir daher ergründen, welche Regelung der Gesetzgeber treffen wollte, als er die nicht das tatrichterliche Verfahren betreffende Revision, die wir im folgenden „Sachrevision" nennen wollen, in den §§ 337, 344 II, 1 2. Alt. StPO auf die Anfechtung wegen der Verletzung „einer anderen (scil. nicht das Verfahren betreffenden) Rechtsnorm", d.h. wegen der Verletzung eines „materiellen Gesetzes" beschränkte.

II. Die historische Auslegung der Gesetzesverletzung im heutigen Schrifttum

1. Wenn wir zwecks Aufstellung überprüfbarer Deutungshypothesen das einschlägige Schrifttum durchmustern, so stellen wir alsbald fest, daß sich vor allem die „restriktive teleologische Theorie" der *Schwinge*-Schule, die die Reichweite der Sachrüge von dem Revisionszweck der Rechtseinheit her einschränkt und damit in auffälligem Kontrast zu den modernen Reformforderungen steht, auf den Willen des historischen Gesetzgebers beruft.

a) So lesen wir etwa bei *Schwinge*, daß bei der Revision wegen sachlich-rechtlicher Verstöße von Anfang an der Rechtseinheitgedanke im Vordergrund gestanden und das Interesse der Parteien an einer dritten (sic!) Instanz niemals die ausschlaggebende Rolle gespielt habe[3], und zwar im Strafprozeß nicht anders als im Zivilprozeß, da die Aufgabe des Rechtsmittels in beiden Prozessen genau die gleiche sei[4]. Nach der Entstehungsgeschichte könne überhaupt kein Zweifel daran bestehen, daß die Revision nicht auf dem Wunsche beruhe, der Partei generell eine weitere Instanz zu geben, sondern daß sie vom Gedanken der Gleichförmigkeit und Einheitlichkeit des Rechts und der Rechtsprechung beherrscht werde[5].

b) *Schwinges* Schüler *Duske* geht davon aus, es sei *Schwinge* nachzuweisen gelungen, daß die aus dem französischen Recht stammende Beschränkung eines letztinstanzlichen Rechtsmittels auf die Nachprüfung der Rechtsfrage bei ihrer Übernahme ins deutsche Recht die gleiche Funktion behalten habe wie bei der Kassation, nämlich in bewußter Anknüpfung an das französische Beispiel das Bedürfnis nach Schaffung einer zur Wahrung der Rechtseinheit geeigneten Einrich-

3 Grundlagen, S. 23.
4 Grundlagen, S. 2; ebenso u.a. Stein, Das private Wissen, S. 110; v. Kries, Rechtsmittel, S. 1.
5 Grundlagen, S. 32.

tung befriedigen sollte[6]. Von der ersten Übernahme des französischen Beispiels in der preußischen „Verordnung über das Rechtsmittel der Revision und der Nichtigkeitsbeschwerde“ vom 14.12.1833[7] bis zu den Reichsjustizgesetzen hin soll – das glaubt *Duske* „mit fester Gewißheit“ sagen zu können – die „Verknüpfung des Rechtsrügeprinzips mit dem Rechtseinheitsgedanken keinen Bedeutungswandel erfahren“ haben[8]. Das Selbstverständnis des Gesetzgebers, der die Revision als eine Neuschöpfung betrachtete, sei eine Selbsttäuschung gewesen[9], denn der Rechtseinheitszweck schlage sich in den gesetzlichen Verfahrensvorschriften unmittelbar nieder; daß die Revision an die Parteiinitiative geknüpft sei und daß im Strafprozeß mit dem Bundesgerichtshof und den Oberlandesgerichten verschiedene Revisionsgerichte existierten, tue der Prävalenz des Rechtseinheitszwecks keinen Abbruch, da der Egoismus der Parteien zur Erreichung der Gemeinschaftsziele in Dienst genommen würde[10] und da durch die Vorlagepflicht gem. § 121 II GVG die im Strafverfahren durch die Vermehrung der Revisionsgerichte der Rechtseinheit drohende Einbuße abgewendet worden sei[11].

2. a) Diese historische Analyse des legislatorischen Regelungsplanes kann auch heute noch als weithin anerkannt gelten. So ist *Peters* etwa der Auffassung, *Schwinge* habe den „Zusammenhang der Kassation des französischen Rechts und der Revision des deutschen Rechts zwingend dargetan“[12], und *Hanack* trifft unter ausdrücklicher Berufung auf *Schwinge* und *Duske* die Feststellung, daß das Rechtsmittel der Revision (als Institution) nach seiner historischen Entwicklung wie nach dem erklärten Willen seiner Schöpfer als Mittel gedacht gewesen sei, um auf die Wahrung einer einheitlichen Rechtsprechung hinzuwirken[13].

b) In letzter Zeit ist gegen *Schwinges* Beweisführung allerdings von *Werner Schmid* Widerspruch erhoben worden, nach dessen Auffassung *Schwinges* „historische Begründung ... – vorsichtig ausgedrückt – einigermaßen zweifelhaft“ sein soll[14]. Da *Schmid* aber leider an den zitierten Stellen für seine abweichende Meinung keine Begründung angibt, sondern lediglich auf eine später zu ver-

---

6 Aufgaben, S. 87.

7 Die von Schwinge, Grundlagen, S. 12, als „Wendepunkt in der Entwicklung des deutschen Rechtsmittelwesens“ bezeichnet wurde.

8 Aufgaben, S. 87.

9 Aufgaben, S. 89; ebenso Schwinge, S. 25; früher schon Birkmeyer, Strafprozeßrecht, S. 718; v. Kries, Rechtsmittel, S. 218.

10 Aufgaben, S. 91ff.

11 Aufgaben, S. 97.

12 Strafprozeß, S. 563.

13 Ausgleich, S. 82; ebenso z.B. auch Henkel, Strafverfahrensrecht, S. 374; Zipf, Strafmaßrevision, S. 172.

14 ZStW 85, 364; vgl. auch dens., ZStW 85, 911.

öffentlichende Darstellung des partikularrechtlichen Rechtsmittelwesens im 19. Jahrhundert verweist[15], könnten wir auf eine eigene Untersuchung der historischen Entwicklung hier nur dann verzichten, wenn *Schwinges* Revisionszweckbestimmung unabhängig von der Frage ihrer historischen Richtigkeit wegen Sinnlosigkeit der darin beschlossenen Trennung von Rechtseinheit und Einzelfallgerechtigkeit für die konkrete Reichweite der Sachrüge überhaupt ohne Bedeutung wäre.

3. Daß wir diese Vorfrage nicht unerörtert lassen dürfen, ist vor allem *Sarstedt* zu verdanken, der – an alte Vorbilder anknüpfend – den Streit um den primären Revisionszweck – hier Rechtseinheit, da Einzelfallgerechtigkeit – als schlechterdings müßig bezeichnet hat, da das Revisionsgericht beiden Zwecken zu dienen habe und da sich beide Zwecke nicht einmal begrifflich trennen ließen[16].

a) Dieser „Nivellierungsstandpunkt" hat zwar vereinzelt Widerspruch[17], überwiegend jedoch Zustimmung erfahren[18]; nichtsdestoweniger können wir uns ihm nicht anschließen. Die Theorie von der begrifflichen Untrennbarkeit von Rechtseinheit und Einzelfallgerechtigkeit verkennt, daß zwar jede gerechte Entscheidung eines Obergerichts auch Rechtseinheit stiftet, daß ein zur Rechtseinheit führender, nach den Regeln des Revisionsrechts korrekt zustande gekommener Spruch aber keinesfalls der materialen Gerechtigkeit zu entsprechen braucht. Das zeigt schon der simple Fall, daß der Tatrichter auf Grund einer fehlerhaften Beweiswürdigung unrichtige Feststellungen trifft und darauf überdies ein unpassendes Strafgesetz anwendet. Wenn jetzt das Revisionsgericht die Anwendung des falschen Strafgesetzes korrigiert, so stellt es zwar die Rechtseinheit (für die das Ergebnis der individuellen Beweiswürdigung irrelevant ist) vollständig her, kann aber nicht die Verwirklichung der materialen Gerechtigkeit garantieren, weil diese eine Konsonanz von zutreffender Sachverhaltsfeststellung und korrekter Rechtsanwendung voraussetzt. Anders formuliert: Eine materiell gerechte Entscheidung kann zwar (weil auch die Beachtung des Gleichheitsgrundsatzes für sie Voraussetzung ist) niemals die Rechtseinheit beeinträchtigen; es läßt sich aber ohne weiteres eine die perfekteste Rechtseinheit stiftende Rechtsprechung vor-

---

15 ZStW 85, 364 Fn. 9, 910 Fn. 23.

16 Revision, S. 2f.

17 Vgl. vor allem Hanack, Ausgleich, S. 79ff., und daran anknüpfend Kern-Roxin, Strafverfahrensrecht, S. 274.

18 Etwa von Eb. Schmidt, Lehrkommentar, Rdnr. 39 vor § 296; Müller-Sax, KMR, Anm. 2 vor § 333; Meyer in Löwe-Rosenberg, Strafprozeßordnung, Rdnr. 6 vor § 333; Peters, Strafprozeß, S. 560f.; Henkel, Strafverfahrensrecht, S. 374; Batereau, Schuldspruchberichtigung, S. 18; früher schon Pohle, Revision, S. 83; Siegert, Festschr. f. Gleispach, S. 146f.; v. Hippel, Strafprozeß, S. 582; differenzierend Zipf, Strafmaßrevision, S. 172f.

stellen, die sich aus lauter auf unzutreffenden Sachverhalten beruhenden und daher materiell ungerechten Entscheidungen zusammensetzt – woraus ja die bekannten Angriffspunkte unseres jetzigen Rechtsmittelsystems resultieren.

b) Entgegen der landläufigen Auffassung kann daher von einer prästabilierten Harmonie von Rechtseinheit und Einzelfallgerechtigkeit keine Rede sein. Die historisch-hermeneutische Entscheidung des sich aus dieser Prinzipienkonkurrenz ergebenden Zielkonfliktes ist also nicht schon von vornherein ausgeschlossen; wird sie aber – falls sie an Hand des historischen Materials überhaupt möglich ist – auch für die konkrete Abgrenzung des revisiblen Bereiches fruchtbar zu machen sein? Man geht wohl nicht fehl in der Vermutung, daß die heute so verbreitete a-limine-Abweisung der Revisionszweckdiskussion zumindest auch in der stillschweigenden Annahme wurzelt, von einer so abstrakten Erörterung sei für die Lösung der drängenden Einzelprobleme kein besonderer Nutzen zu erwarten. Wie unsere Untersuchung der zweiten und dritten Rechtsgewinnungsstufe gezeigt hat, ist eine solche Annahme aber zumindest in dieser Allgemeinheit unzutreffend: Selbst wenn es nicht gelingt, die in einer normativen Richtlinie steckende abstrakte Aussage auf szientistischem Wege bis zum konkreten Fall zu „verlängern“[19], bleibt sie doch immerhin für die Topoireduktion von Bedeutung und markiert den Fixpunkt, an dem die rational-dezisionistische Konkretisierungsarbeit einsetzen kann[20].

c) So geht es auch bei der Entscheidung zwischen den Revisionszwecken um eine fundamentale, für alle weiteren Einzelerörterungen richtungweisende Stellungnahme: Wenn der Gesetzgeber mit der Beschränkung der Sachrüge auf die „Gesetzesverletzung“ zum Ausdruck bringen wollte, daß die Revisionsgerichte um der Rechtseinheit willen da seien, so wird eine restriktive Bestimmung des revisiblen Bereiches zumindest auf der ersten Rechtsgewinnungsstufe unabweisbar sein; wenn der Gesetzgeber dagegen mit der Revision ein (lediglich durch die Beschränkungen des Revisionsverfahrens reduziertes) Mittel zur Durchsetzung der Einzelfallgerechtigkeit zur Verfügung stellen wollte, so werden einer extensiven Handhabung der Sachrüge von dem Blickwinkel der historischen Rechtshermeneutik aus zumindest keine Bedenken entgegenstehen. Welch große Auswirkungen die Wahl zwischen diesen beiden normativen Richtlinien in concreto haben könnte, wird besonders deutlich, wenn man einmal fingiert, daß die Strafprozeßordnung keinerlei sonstige Vorschriften über das Revisionsverfahren enthielte. Dann müßten bei einer Orientierung am Ziel der materialen Gerechtigkeit sämtliche Elemente der erstinstanzlichen Entscheidung für anfechtbar erklärt werden, während die

---

19 s. dazu Band 1, S. 119 ff.
20 s. Band 1, S. 150 ff.

Ausklammerung der „Tatfrage" (wie auch immer diese im einzelnen zu bestimmen ist) den Primat eines anderen Grundsatzes – sei es des Rechtseinheitsprinzipes, sei es eines dritten, noch zu ergründenden Prinzipes – voraussetzt. Nun ist zwar de lege lata auf Grund sämtlicher Revisionsnormen, namentlich wegen des Ausschlusses der Strengbeweisführung in der Revisionshauptverhandlung (§ 351 StPO[21]), ebenso unstreitig wie unbestreitbar, daß die tatsächlichen Feststellungen des Vorderrichters im Rahmen der Sachrevision jedenfalls im Prinzip unantastbar sind; aber das vermag die Relevanz der Revisionszweckkontroverse nicht zu beseitigen, sondern nur zu vermindern. Denn es bleiben immer noch genug Randbezirke übrig, in denen eine Überprüfung der Tatfrageentscheidung durch das genannte Prinzip nicht von vornherein ausgeschlossen werden kann – etwa bei der Aktenwidrigkeit oder bei Verletzung von Erfahrungssätzen durch den Tatrichter[22]. Hier kann die Entscheidung nur an Hand einer übergeordneten Richtlinie getroffen werden, und daß beispielsweise die Aktenwidrigkeit, vor dem Revisionszweck der Rechtseinheit gewogen, zu leicht befunden werden müßte, kann nicht zweifelhaft sein.

III. Grundlagen der eigenen Analyse

1. a) Bei der eigenen Überprüfung von *Schwinges* Deutungshypothese fällt zunächst auf, daß sowohl *Schwinge* als auch sein Schüler *Duske* in erster Linie von der Revision in Zivilsachen handeln und auch das historische Material fast ausschließlich der Genesis der Zivilprozeßordnung entnehmen, während für die Revision in Strafsachen nicht viel mehr als die Feststellung übrig bleibt, daß ihr die gleiche Aufgabe wie der zivilprozessualen Revision zukomme und daß sie daher auch rechtlich gleich zu behandeln sei[23]. So stellt *Schwinge* etwa auf den S. 18–22 seiner „Grundlagen des Revisionsrechts", deren Resümee auf den historischen Vorrang des Rechtseinheitsgedankens hinausläuft[24], ausschließlich die Entstehungsgeschichte der ZPO dar, während er die Auseinandersetzungen um die RStPO mit völligem Stillschweigen übergeht. Auch bei Duske finden wir in diesem Zusammenhang zwar die Materialien der ZPO, nicht aber die der RStPO zitiert[25].

b) Daraus folgt aber, daß *Schwinge* eine historische Auslegung i.e.S., die wir als das Kernstück der ersten Rechtsgewinnungsstufe eingeordnet haben[26], bezüg-

---

21 §§ ohne Gesetzesangabe sind i.f. solche der StPO.
22 s. dazu schon o. S. 13 f.
23 So Schwinge, Grundlagen, S. 2.
24 a.a.O., S. 23.
25 Vgl. Aufgaben, S. 87.
26 s. Band 1, S. 62f.

lich der Revision in Strafsachen überhaupt nicht durchgeführt hat. Er hat sich insoweit vollständig auf das systematische Argument verlassen, daß aus den gleichen Aufgaben der strafprozessualen und der zivilprozessualen Revision, der gleichen Gesetzessystematik[27] und der Verwendung des gleichen Terminus „Gesetzesverletzung" (s. §§ 549f. ZPO) auf die gleiche rechtliche Ausgestaltung zu schließen sei. Nun sind wir zwar weit davon entfernt, solche systematischen Argumente ab ovo für nichtssagend zu halten, denn die Reichsjustizgesetze, zu denen die StPO und die ZPO gleichermaßen gehören, sind im gleichen Jahre erlassen und weisen in ihrer Entstehungsgeschichte vielfältige Verknüpfungen und Berührungspunkte auf. Aber selbst ein noch so starkes systematisches Argument schafft nicht die Legitimation dafür, auf die Heranziehung der höherrangigen historischen Auslegung zu verzichten: Die Annahme von Bedeutungskonstanzen, auf denen die systematische Auslegung beruht, kann jederzeit auf der dritten Sprosse der ersten Rechtsgewinnungsstufe widerlegt werden[28]!

c) Damit haben wir in *Schwinges* Argumentation bereits einen methodischen Fehler aufgespürt, der von der h.M. wohl vor allem deswegen so lange nicht bemerkt wurde, weil sie von den Dogmen des Methodensynkretismus ausging und daher die Notwendigkeit einer Überprüfung der „zweitsprossigen" systematischen Interpretation durch die „drittsprossige" historische Auslegung i.e.S. verkannte. Darüber hinaus ist Schwinges Beweisführung nicht einmal dann stringent, wenn man sie „innersystematisch" analysiert. Denn der Schluß von der zivilprozessualen Revision auf die Revision in Strafsachen erweist sich sogar dann als problematisch, wenn man nur die von *Schwinge* und *Duske* verwertete Entstehungsgeschichte der ZPO in Rechnung stellt. So bezieht sich *Duske* etwa ausdrücklich auf die Empfehlung des 2. Deutschen Juristentages, die dritte (!) Instanz auf die Rechtsfrage zu beschränken, weil sonst die Rechtseinheit gefährdet wäre[29], sowie auf die Erklärung in der Reichstagsvorlage, nach der die Rechte der Parteien bei Zubilligung zweier (!) Instanzen als gewahrt anzusehen seien[30]. Auch *Schwinge* betont, daß das Interesse der Parteien an einer dritten (!) Instanz bei der Entwicklung der Revision niemals die ausschlaggebende Rolle gespielt habe[31]. Diese Argumentation macht deutlich, daß die Dominanz des Rechtseinheitszwecks bei der zivilprozessualen Revision von vornherein mit zivilprozessualen Besonderheiten erklärt wurde – nämlich mit der Dreistufigkeit des Rechtszuges in Landgerichtssachen (s. §§ 511, 545 ZPO, 119, 133 GVG). Da die erstinstanzlichen

27 Natürlich nur, soweit es die Rechtsmittel betrifft, aber darauf kommt es hier ja gerade an.
28 s. Band 1 S. 62f.
29 Aufgaben, S. 87.
30 Aufgaben, S. 90.
31 Grundlagen, S. 23.

Urteile der Landgerichte, die ausnahmslos gravierende Fälle betreffen und daher in besonderem Maße auf ein ausgewogenes Rechtsmittelsystem angewiesen sind, in Strafsachen aber nur noch von einer, nämlich der Revisionsinstanz überprüft werden können (s. § 333[32]), ergibt also schon die eigene Bestandsaufnahme von *Schwinge* und *Duske* die historisch-systematische Inkommensurabilität von zivilprozessualer und strafprozessualer Revision.

d) Die restriktive teleologische Theorie ist also nicht nur unzulänglich, sondern sogar unschlüssig begründet – dieses Resümee kann unabhängig davon festgehalten werden, ob die Dominanz des Rechtseinheitszwecks für die Revision in Strafsachen damit endgültig widerlegt ist oder durch Nachschieben neuer Gründe gehalten werden kann. In methodologischer Hinsicht ist zu unserer Beweisführung zu bemerken, daß sie ausschließlich auf der ersten, historisch-hermeneutischen Rechtsgewinnungsstufe erfolgte, ohne zusätzliche teleologische Kriterien bemühen zu müssen. Natürlich gibt es über die im historischen Kontext relevante Rechtszugverkürzung hinaus noch weitere Besonderheiten des Strafprozesses gegenüber dem Zivilprozeß, die eine schematische Gleichbehandlung der Rechtsmittelprobleme als ganz und gar verfehlt erscheinen lassen. Hierauf wird aber erst auf den höheren Rechtsgewinnungsstufen einzugehen sein, während auf der ersten Stufe jede Vermischung von heteronom-hermeneutischen und autonom-teleologischen Überlegungen auszuschließen ist.

2. a) Die eigene Analyse der Revisionszweckproblematik kann zunächst an die altbekannten Hypothesen – hie Rechtseinheit, da Einzelfallgerechtigkeit – anknüpfen, indem diese an Hand der Maximen der ersten Rechtsgewinnungsstufe und des auffindbaren historischen Materials einer kritischen Überprüfung unterzogen werden. Dabei ist, unseren allgemeinen Grundsätzen entsprechend, mit den ersten beiden „Sprossen" – der grammatischen und der logisch-systematischen Auslegung[33] – zu beginnen.

b) Die grammatische Auslegung hilft für sich allein überhaupt nicht weiter. Denn es ist mit den Sprachgewohnheiten ohne weiteres zu vereinbaren, unter den Terminus „Gesetzesverletzung" in § 337 entweder jedes falsche Urteil zu subsumieren (denn „das Gesetz" will sicher nicht, daß Unschuldige bestraft werden; es knüpft die Rechtsfolge ja an die objektive Tatbestandserfüllung und nicht an das subjektive Urteil eines Amtswalters[34]!) – oder aber nur ein Urteil, das spezifische Mängel im juristisch-dogmatischen Bereich aufweist. Auch die Legaldefinition des § 337 II gibt insoweit keinen nennenswerten Fingerzeig, da der Begriff der

32 Das gilt auch für die erstinstanzlichen Urteile der Oberlandesgerichte, s. § 333 a.E.!

33 s. Band 1, S. 62f.

34 Vgl. Peters, Strafprozeß, S. 565: „Das Gesetz will auf einen passenden Sachverhalt angewendet werden."

„Anwendung" eines Gesetzes kaum weniger doppeldeutig ist als der der Gesetzesverletzung.

c) Daß dem Terminus „Gesetzesverletzung" in § 337 in irgendeiner noch näher zu bestimmenden Weise eine Einschränkung der revisionsgerichtlichen Prüfungskompetenz zu entnehmen ist, lehrt erst die systematische Auslegung. Zwar führt die „große systematische Auslegung", die die Wertentscheidungen der Zivilprozeßordnung ins Strafprozeßrecht zu transponieren versucht, vom rechten Wege ab, weil sie auf der Annahme einer Bedeutungskonstanz beruht, die, wie wir gesehen haben, von der historischen Auslegung i.e.S. desavouiert wird. Statt dessen hilft aber eine „kleine systematische Auslegung" weiter, die die strafprozessualen Vorschriften über das Revisionsverfahren (vor allem die §§ 337, 344, 351) mit denen über das Berufungsverfahren (§§ 323, 324, 332) vergleicht. Da dem Revisionsgericht im Gegensatz zu dem Berufungsgericht eine Wiederholung der erstinstanzlichen Beweisaufnahme nicht einmal teilweise gestattet ist, besitzt es offenbar keine „Ermittlungskompetenz", sondern ist auf die ohne Beweisaufnahme möglichen Entscheidungen beschränkt. Unabhängig davon, wo die Grenzlinie zwischen dem revisiblen und dem irrevisiblen Bereich im einzelnen zu ziehen ist, kann dieses Prinzip jedenfalls schon auf der zweiten Sprosse der ersten Stufe festgehalten werden: Während es in der Berufung und bei der Verfahrensrevision (zumindest auch) um Tatsachen und deren Beweis geht, betrifft die Sachrevision nicht die Feststellung der Tatsachen, sondern die rechtliche Verwertung der festgestellten Tatsachen.

d) Mit dieser Erkenntnis, die sich mit der fast einhelligen Auffassung deckt und daher nur verhältnismäßig knapp begründet zu werden brauchte, ist die Leistungsfähigkeit der systematischen Auslegung allerdings auch erschöpft. Ob der gesetzliche Ausschluß einer revisionsrichterlichen Ermittlungskompetenz im Sinne der klassischen, der restriktiven oder der extensiven teleologischen Theorie[35] zu interpretieren und fortzuentwickeln ist, kann durch eine bloße Ordnung und Aufgliederung der StPO-Vorschriften nicht ermittelt werden. Von den heute umstrittenen Punkten wird durch die systematische Auslegung daher lediglich die Einordnung der Aktenwidrigkeit als eines sachlichen Revisionsgrundes ausgeschlossen, da zur Korrektur der tatrichterlichen Entscheidung auch in diesem Falle – wenn auch nur in Form des Urkundenbeweises – eine eigene Beweiserhebung des Revisionsgerichts durchgeführt werden müßte.

3. a) Bevor die hiernach noch ungelösten Probleme auf der zweiten oder dritten Rechtsfindungsstufe angegangen werden und bevor ggf. der Ausschluß des Revisionsgrundes der Aktenwidrigkeit auf der vierten Stufe überprüft wird, müs-

35 Vgl. dazu o. S. 12.

sen wir allerdings noch die dritte Sprosse unserer ersten Rechtsgewinnungsstufe erklimmen. Denn die historische Auslegung i.e.S. ist, wie wir wissen, sowohl der grammatischen und systematischen Auslegung als auch der Rechtsfindung durch wissenschaftliche oder rational-dezisionistische Werterwägungen übergeordnet und darf daher bei der Rechtsgewinnung niemals übergangen werden.

b) Wir werden zu diesem Zweck mit einer Untersuchung der unmittelbaren Entstehungsgeschichte der Strafprozeßordnung beginnen, die anschließend durch eine Einbeziehung der an den Erlaß der RStPO anschließenden Rechtsentwicklung und ggf. auch der entfernteren Vorgeschichte zu ergänzen ist. Das dabei anfallende Material müssen wir zunächst im Hinblick auf die grundlegenden Revisionszweckhypothesen – hie Rechtseinheit, da Einzelfallgerechtigkeit – auswerten; schon das Resultat der systematischen Auslegung beweist aber, daß mit dieser vergleichsweise „primitiven" (nämlich zu undifferenzierten) Entgegensetzung eine unvertretbare Einengung des „hermeneutischen Zirkels" bewirkt zu werden droht. Denn da ein Teil der instanzgerichtlichen Entscheidung (nämlich die „tatsächlichen Feststellungen") in noch näher zu bestimmendem Umfange einer Überprüfung durch das Revisionsgericht entzogen ist, kann, wie wir bereits bemerkt haben[36], die Einzelfallgerechtigkeit keinesfalls den alleinigen Wertgesichtspunkt für die Abgrenzung des revisiblen Bereiches abgeben: Die prinzipielle Unantastbarkeit der (möglicherweise ja falschen!) Tatfrageentscheidung durch den Vorderrichter ist von der die Einzelfallgerechtigkeit favorisierenden herrschenden Meinung noch niemals rational erklärt, sondern nur als unerforschlicher Machtspruch des Gesetzgebers gewissermaßen widerstrebend hingenommen und so gut es ging restringiert worden; eine konkretisierbare Richtlinie kann aber gerade deswegen im Schoße der herrschenden Meinung nicht entwickelt werden, weil die Beschränkung des revisiblen Bereiches hier nur unfruchtbar-negativ verstanden wird.

c) Um die historische Auslegung vor einer solchen Einseitigkeit und Zirkelhaftigkeit zu bewahren, müssen wir daher vorab eine die Revisionsbeschränkung positiv erklärende Gegenhypothese zu *Schwinges* Rechtseinheitstheorie ersinnen. Tatsächlich fällt die Aufstellung dieser Konkurrenzhypothese nicht besonders schwer, wenn wir uns den am Anfang dieser Arbeit[37] skizzierten, um die Mitte des vorigen Jahrhunderts ausgetragenen Streit um die Rechtsmittelreform vergegenwärtigen. Die Kritiker der Berufung, die damals eindeutig in der Überzahl waren, bevorzugten die Revision ja nicht etwa aus Rechtseinheitsinteressen heraus – ein solcher Gedanke taucht in der damaligen Diskussion praktisch überhaupt nicht

36 s. o. S. 20 f.
37 s. o. S. 7 f.

auf –, sondern hielten sie schlicht für das bessere, wenn nicht überhaupt für das einzige wahre Rechtsmittel. Die Ersetzung der freien Beweiswürdigung des Instanzrichters durch diejenige des Rechtsmittelrichters wurde, wenn sie ohne erneute Beweisaufnahme erfolgte, als ein Verstoß gegen die gerade erst im reformierten Strafprozeß durchgesetzten Prinzipien der Mündlichkeit und Unmittelbarkeit eingeordnet; gegen die (damals im Appellationsverfahren übliche) partielle Wiederholung der Beweisaufnahme wurde eingewendet, daß dies auf eine „appellatio a judice melius informato ad judicem male informatum" hinauslaufe; und eine vollständige Neuaufführung des Beweisgebäudes wurde unter Hinweis auf die durch den Zeitablauf eintretende Verschlechterung der Beweismittel (insbesondere den Erinnerungsverlust der Zeugen) als für die materielle Wahrheitsfindung geradezu schädlich verworfen[38].

Die hieraus zu formende, gegen Schwinges Rechtseinheitstheorie gerichtete Revisionszweckhypothese muß einerseits die Idee der materiellen Gerechtigkeit, andererseits aber auch die mit zunehmendem Zeitablauf wachsenden praktischen Schwierigkeiten der Wahrheitsfindung berücksichtigen. Zweck der Revision ist danach der „**realistische Rechtsschutz**", d.h. die Überprüfung derjenigen Teile der instanzgerichtlichen Entscheidung, deren Substrat und deren Prüfungsmittel „Ewigkeitswert" besitzen (d.h. durch den Zeitablauf nicht beeinträchtigt werden).

d) Auch hiermit ist die Hypothesenaufbereitung aber noch nicht beendet. Denn wir haben bisher nur die konkurrierenden „Primärinteressen" im Sinne *Hecks* (die materiellen Regelungsprobleme) berücksichtigt und die „Sekundärinteressen" (das Streben nach einer praktikablen, hinreichende Rechtssicherheit verbürgenden Regelung)[39] beiseite gelassen; das muß nun korrigiert werden. Wir müssen daher die weitere Hypothese aufstellen, daß der Gesetzgeber – von den Revisionszwecken der Rechtseinheit oder des realistischen Rechtsschutzes ausgehend – im Interesse der Rechtssicherheit eine „entnormativierende Formung" beschlossen hat, die zwar eine idealtypische Durchführung des Primärzwecks ausschließt, diesen Nachteil aber durch ihre größere Praktikabilität aufwiegt. Auf welche Weise hätte das aber geschehen können? Unsere bisherigen Überlegungen lassen hier zwei Möglichkeiten erkennen: zum einen die Fixierung auf die rechtstheoretische Grenze zwischen tatsächlichen Feststellungen und rechtlicher Würdigung („Tat-" und „Rechtsfrage") und zum anderen eine Reduktion vom Zweck auf die wichtigsten Mittel, d.h. von dem „realistischen Rechts-

---

38 Vgl. o. S. 7 f. m. zahlr. Nachw. in Fn. 9–18.

39 Vgl. zu dieser Unterscheidung bereits Band 1 S. 176 m. Fn. 139; die Vernachlässigung der sekundären Interessen stellt etwa das Grundübel der im Strafrecht weit verbreiteten „teleologischen Auslegung vom geschützten Rechtsgut her" dar (s. dazu bereits meine Grund und Grenzen der unechten Unterlassungsdelikte, S. 365f., sowie Schaffstein, Festschr. f. Schmidt, S. 59ff.).

schutz" auf die „Kontrollierbarkeit ohne eigene Beweiserhebung in der Sache selbst"[40] bzw. „ohne eine unmittelbar-mündliche Hauptverhandlung"[41]. Bei der Überprüfung dieser Zusatzhypothesen auf der ersten Stufe wird es wohlgemerkt nicht darauf ankommen, ob sie uns teleologisch einleuchten oder ob etwa eine exakte Grenze zwischen Tatsachenfeststellung und rechtlicher Würdigung objektiv überhaupt gezogen werden kann; entscheidend ist hier allein, ob der historische Gesetzgeber sich für eine dieser denkbaren Alternativen entschieden hat, denn die Frage nach den Konsequenzen und der Problematik der legislatorischen Entscheidung stellt sich erst auf den folgenden Rechtsgewinnungsstufen.

4. Im Rahmen der nun folgenden historischen Auslegung sind daher vier miteinander konkurrierende Hypothesen zu überprüfen: die Revisionszweckhypothesen „Rechtseinheit oder realistischer Rechtsschutz" und die Revisibilitätshypothesen „Rechtsfrage oder Kontrolle ohne eigene Beweiserhebung bzw. ohne unmittelbar-mündliche Hauptverhandlung". Nicht erst die zu praktischer Gewißheit erfolgende Verifizierung, sondern schon die Falsifizierung einer dieser Hypothesen wird die strafprozessuale Rechtsgewinnung aus der gegenwärtigen, durch Theorienvielfalt und Methodendunkel gekennzeichneten Unsicherheit herausführen und damit die Fruchtbarkeit unseres methodologischen Ansatzes erweisen. Falls es aber sogar gelingen sollte, von allen konkurrierenden Hypothesen eine einzige als die vom Gesetzgeber dekretierte Regelung nachzuweisen, so werden wir damit ein allgemeines Prinzip, eine Richtlinie gewinnen, durch deren fortschreitende Konkretisierung dann auch die Einzelprobleme gelöst werden können – aber das ist eine cura posterior, die uns erst auf der zweiten und dritten Rechtsgewinnungsstufe beschäftigen wird.

IV. Auswertung der Gesetzesmaterialien

1. Die Grundlage der historischen Auslegung bilden die Protokolle der Beratungen der Reichstagskommission, deren Beschlüsse, soweit sie die Revision betrafen, vom Plenum ohne Änderung und sogar ohne substantielle Diskussion übernommen[42] und auch vom Bundesrat in den uns interessierenden Punkten nicht beanstandet worden sind[43]: So wie die Gesetzgebungsorgane die Gesamtheit repräsentieren, werden diese wiederum von dem Ausschuß repräsentiert, dessen

40 So die heute herrschende extensive Theorie, vgl. die Nachw. o. S. 13 Fn. 31.

41 So die Formulierung von Peters, Strafprozeß, S. 566, die u.U. bei der Aktenwidrigkeit zu einer anderen Lösung führt.

42 Vgl. Hahn, Materialien, S. 1972f., 2096f.

43 Vgl. Hahn, Materialien, S. 1599, 1993f.

Regelungsplan sie ohne jede Diskussion sanktionieren. Daß die „Binnenkommunikation" zwischen den verschiedenen Organen des Gesetzgebungsverfahrens häufig zu Zweifeln und Unklarheiten führen wird, die eindeutige Ergebnisse ausschließen und die Rechtsgewinnung erster Stufe deswegen teilweise oder sogar vollständig scheitern lassen, braucht uns daher im konkreten Fall nicht zu verunsichern, denn wir sind in der glücklichen Lage, das legislatorische Konzept an Hand einer in sich abgeschlossenen, symmetrischen Binnenkommunikation überprüfen zu können.

2. Zum Verständnis der Diskussion im Reichstagsausschuß muß vorab der Bundesratsentwurf dargestellt werden, der den Gegenstand der Ausschußberatungen gebildet hat und daher deren unmittelbaren Bezugspunkt abgibt.

a) Die das Gesicht des Bundesratsentwurfs im Rechtsmittelkomplex prägende Entscheidung ist der Verzicht auf die Appellation, die in Anknüpfung an die in der damaligen Reformdiskussion herrschende Auffassung als ein ungeeignetes Rechtsmittel angesehen und nach dem Vorbild des braunschweigischen Rechts auch in Amtsgerichtssachen abgeschafft wurde[44]. Da hiernach die Revision als einziges Rechtsmittel gegen Urteile übrig blieb, besitzt die von *Schwinge* am Dreiinstanzenzug des Zivilprozesse entwickelte Dominanz des Rechtseinheitszwecks für den Bundesratsentwurf von vornherein wenig Überzeugungskraft; da die Berufung mangels Eignung preisgegeben wurde, trug jetzt die Revision die gesamte Last der innerprozessualen Richtigkeitsgewähr!

b) Unter diesen Umständen hätte man wohl einen ausdrücklichen Hinweis erwarten dürfen, wenn es dem Bundesrat mit der Einführung der Revision in Strafsachen in erster Linie um die Wahrung der Rechtseinheit gegangen wäre. Bei näherer Prüfung fehlt es aber nicht nur an einem entsprechenden positiven Hinweis, vielmehr lassen sich sogar genügend gegenteilige Indizien dingfest machen. So wird die Revision etwa in den Motiven zum Entwurf von der partikularrechtlichen Nichtigkeitsbeschwerde dadurch abgehoben, daß ihre größere Affinität zur materiellen Gerechtigkeit gegenüber der übertriebenen Formalität der in dem französischen Kassationsrekurs wurzelnden Nichtigkeitsbeschwerde betont wird[45]. Die Grundlage der Revision wird darin gesehen, daß die tatsächliche Würdigung der ersten Instanz, sofern in einem gesetzmäßigen Verfahren gewonnen, für den Revisionsrichter maßgeblich sei, weswegen etwa eine Strafmaßrevision gegenüber einer den gesetzlichen Strafrahmen einhaltenden Entscheidung ausgeschlossen sei[46]. Dementsprechend komme weder eine Ergänzung der tatrichter-

44 Zur Begründung vgl. die Motive des Bundesratsentwurfs bei Hahn, Materialien, S. 242ff.
45 Vgl. Hahn, Materialien, S. 250.
46 Vgl. Hahn, Materialien, S. 250f.

lichen Feststellungen durch „zweifellos erscheinende Tatsachen“[47] noch eine eigene Strafzumessung durch das Revisionsgericht in Betracht, weil diese lediglich dem Bereich des Tatsächlichen angehöre und weil sich das richtige Strafmaß nur auf Grund der (tatrichterlichen) Hauptverhandlung finden lasse, deren Einzelheiten im Urteil nicht sämtlich fixiert werden könnten[48].

c) Von dieser Petrifizierung der „tatsächlichen Würdigung“ der ersten Instanz abgesehen wird die Prüfungskompetenz des Revisionsgerichts in den Motiven zum Bundesratsentwurfs jedoch extensiv ausgelegt. Insbesondere soll der Begriff der „Rechtsnorm“ im weitesten Sinne verstanden werden und auch alle jene Grundsätze erfassen, die sich „aus dem Zusammenhang der gesetzlichen Vorschriften“ ergäben[49]. Daß diese ganze Konzeption einen weitgehenden sachlichen Anschluß an den Entwurf zur Zivilprozeßordnung darstellt, ist auch in den Motiven nicht verschwiegen worden; es wird aber ausdrücklich betont, daß diese Nachfolge nur so weit durchgeführt worden sei, wie nicht die Verschiedenheit von Straf- und Zivilprozeß Abweichungen geboten habe[50].

d) Der die Grundlage der Kommissionsberatungen bildende Bundesratsentwurf liefert daher, zusammenfassend betrachtet, für *Schwinges* restriktive Revisionszweckhypothese nicht die mindeste Bestätigung, sondern nur contra-Argumente. Die Preisgabe der Berufung zeigt, daß der Bundesrat von der Idee des „realistischen Rechtsschutzes“ ausging, die mit der Petrifizierung der „tatsächlichen Würdigung“ durch den Tatrichter zur Beschränkung der Revision auf die „Rechtsfrage“ verfestigt wurde. Völlig eindeutig ist dieses Ergebnis freilich nicht, denn durch die Einordnung der Strafzumessung, die nach heute einhelliger Auffassung Teil der Rechtsanwendung ist[51], bei der „tatsächlichen Würdigung“ lassen die Motive zum Bundesratsentwurf scheinbar auch eine gewisse Affinität zur extensiven teleologischen Theorie („Kontrolle, soweit ohne eigene Beweiserhebung möglich“) erkennen, da eine gerechte Strafzumessung außerhalb der tatrichterlichen Hauptverhandlung für unmöglich gehalten wurde[52].

3. In den Kommissionsberatungen sind die widerstreitenden Revisionszwecke, wie sie die Idee der Rechtseinheit auf der einen und diejenige des realistischen Rechtsschutzes auf der anderen Seite verkörpern, ausgiebig erörtert worden; ob der durch den schließlich favorisierten Zweck angesteuerte Revisibili-

---

47 Vgl. Hahn, Materialien, S. 259.
48 Vgl. Hahn, Materialien, S. 259.
49 Vgl. Hahn, Materialien, S. 251.
50 Vgl. Hahn, a.a.O.
51 Vgl. nur Batereau, Schuldspruchberichtigung, S. 92ff.; Frisch, Probleme, S. 22 – beide m. zahlr.weit.Nachw. –; früher bereits v. Kries, Rechtsmittel, S. 277, und Drost, Ermessen, S. 60f.
52 Zur näheren Auswertung dieser Differenzierung s. u. S. 39, 71.

tätsbereich in Richtung auf die „Rechtsfrage" oder in Richtung auf die „Kontrolle, soweit ohne eigene Beweisaufnahme möglich" zu fixieren ist, wird jedoch nirgends expressis verbis diskutiert.

a) Der Revisionszweck der Rechtseinheit taucht interessanterweise erst bei der Diskussion der Frage auf, ob bzw. inwieweit die Rügebefugnis der Staatsanwaltschaft gegenüber freisprechenden Urteilen – ausländischen, vor allem englischen Vorbildern entsprechend – zu beschränken sei. Die Abgeordneten *v. Puttkamer*, *Klotz* und *v. Schwarze* vertraten hier die Auffassung, daß der Staatsanwaltschaft die Möglichkeit einer Sachrevision im Interesse der Rechtseinheit nicht genommen werden dürfe[53], und konnten sich damit, wenn auch erst nach längerer Diskussion und in der entscheidenden Abstimmung nur mit Stimmengleichheit, im Ergebnis durchsetzen[54]. Daß das Rechtseinheitsargument hingegen keinesfalls die genau entgegengesetzte Zielrichtung einer Revisibilitätsbeschränkung zu Lasten des Angeklagten erhalten sollte, kann durch mehrere Fundstellen zu praktischer Gewißheit belegt werden. So ist etwa das Institut der Revisionserstreckung (§ 357 n.F.) ausschließlich unter Berufung auf die Erfordernisse der materiellen Gerechtigkeit eingeführt[55] und gegenüber Restriktionsversuchen behauptet worden[56]. Ferner wurde die ursprüngliche Fassung des heutigen § 358 I, die im Anschluß an die französische Regelung und zwecks besserer Garantie für die Rechtseinheit[57] eine Bindung des Untergerichts erst an eine im zweiten Durchgang vom Plenum des RG bestätigte Rechtsauffassung vorsah[58], in der 2. Lesung im Sinne des Bundesratsentwurfs und der heutigen Fassung revidiert, wobei als Begründung ausdrücklich angegeben wurde, daß die Parteiinteressen den Vorrang verdienten, weil das Revisionsgericht (anders als im französischen Recht) nicht die Rechtsfrage, sondern den konkreten Fall entscheide und weil für die Rechtseinheit schon durch die Vorlagepflichten genügend gesorgt sei[59].

b) Die angezogenen Stellen aus den Beratungen der Reichstagskommission sprechen eine so deutliche Sprache, daß auch der überzeugteste Anhänger der restriktiven teleologischen Theorie sie wohl nicht zur Kenntnis nehmen kann, ohne die Hypothese von der historisch verankerten Dominanz des Rechtseinheitszwecks für das Strafprozeßrecht fallen zu lassen – falls sich nicht auch gegenteilige Stellungnahmen finden lassen. Um diese Möglichkeit zu überprüfen, müssen

53 Vgl. Hahn, Materialien, S. 1028, 1041.
54 Vgl. Hahn, Materialien, S. 1037–1043.
55 Vgl. Hahn, Materialien, S. 1055f.
56 Vgl. Hahn, Materialien, S. 1403.
57 So der Abg. Herz bei Hahn, Materialien, S. 1049.
58 Vgl. Hahn, Materialien, S. 1049–1053.
59 Vgl. Hahn, Materialien, S. 1403–1406.

wir daher auch die bisher beiseite gelassene Diskussion der Reichstagskommission über die Sonderprobleme der staatsanwaltschaftlichen Revision und der Revision gegen Berufungsurteile berücksichtigen.

Insoweit kommt als erstes eine unterschiedliche Bestimmung des Revisibilitätsbereiches in Betracht, je nachdem ob der Angeklagte oder ob die Staatsanwaltschaft Revision eingelegt hat, da die Rügekompetenz der Staatsanwaltschaft, wie wir gesehen haben, vor allem mit dem Rechtseinheitsinteresse begründet worden ist.

Bei genauerer Prüfung lassen sich jedoch in den Beratungen der Reichstagskommission keine entscheidenden Anhaltspunkte dafür finden, daß man die Rügebefugnis der Staatsanwaltschaft ausschließlich vom Gesichtspunkt der Rechtseinheit her konzipiert hat. Zwar könnte der in erster Lesung nach längerer Diskussion gefaßte Beschluß, der Staatsanwaltschaft in allen nicht vor das Schwurgericht gehörenden Sachen nicht – wie dem Angeklagten – die Berufung[60], sondern nur die Revision zuzugestehen[61], bei oberflächlicher Betrachtung in diese Richtung weisen, da hierin eine Beschränkung der der Staatsanwaltschaft verliehenen Kompetenz zur Durchsetzung der materiellen Gerechtigkeit zum Ausdruck kommt. In Wahrheit läßt sich hieraus aber kein Argument für die Rechtseinheitstheorie ableiten, da über diese „Ersatzrevision" der Staatsanwaltschaft ggf. von den zur Gewährleistung von Rechtseinheit ungeeigneten Berufungskammern der Landgerichte zu entscheiden war[62] und da außerdem in der zweiten Lesung auf Intervention des Bundesrates die völlige Waffengleichheit der Staatsanwaltschaft im Berufungskomplex hergestellt wurde[63]. Auch die Beschränkung der staatsanwaltschaftlichen Revision gegenüber Freisprüchen des Schwurgerichts, die auf Antrag des Abg. *Herz* beschlossen worden und trotz anfänglichen Widerstandes seitens der Reichsregierung[64] auch Gesetz geworden ist (§ 379 RStPO), ergibt nichts für, sondern eher ein Argument gegen die Rechtseinheitstheorie: Indem die Revision gegen schwurgerichtliche Freisprüche auf einige absolute Revisionsgründe sowie auf Fehler bei der Stellung der an die Geschworenen zu richtenden Fragen beschränkt wurde (s.i.e. § 379 RStPO sowie zur Regelung der Fragen §§ 290–298 RStPO), wurde die Unantastbarkeit des Wahrspruchs der Geschworenen nicht nur in gewissem Umfange über die materielle Gerechtig-

60 Vgl. dazu sogleich unter c).

61 Vgl. Hahn, Materialien, S. 1056–1059.

62 Vgl. den Text des Eventualantrages des Abg. Struckmann bei Hahn, Materialien, S. 1057 und den Annahmebeschluß, a.a.O., S. 1059.

63 Vgl. Hahn, Materialien, S. 1186, 1385 f.

64 Vgl. die eindringlichen Ausführungen des Direktors im Reichskanzleramt v. Amsberg bei Hahn, Materialien, S. 1400 f.

keit, sondern auch über die Rechtseinheit gestellt, die nicht einmal mehr – wie in Frankreich und den partikularen Strafprozeßordnungen[65] – durch eine „Nichtigkeitsbeschwerde zur Wahrung des Gesetzes“ abgesichert wurde.

c) Zu prüfen bleibt, ob sich im Zusammenhang mit der Revision gegen Berufungsurteile beweiskräftigere Zeugnisse finden lassen. Dabei müssen wir es uns versagen, den verschlungenen Pfaden hier im einzelnen nachzugehen, auf denen die im Bundesratsentwurf verbannte Berufung in die Beratungen der Reichstagskommission Eingang fand und sich zeitweise sogar die erstinstanzlichen Urteile der Strafkammern unterwarf, um schließlich doch wieder – zuletzt in namentlicher Abstimmung des Reichstages mit 178:59 Stimmen! – auf das „französische Modell“ (Berufung nur in Amtsgerichtssachen) zurückgeführt zu werden[66]; so vielfältige Anregungen sich daraus auch für die heutige Auseinandersetzung über eine generelle zweite Tatsacheninstanz gewinnen lassen – wir müssen uns hier auf die unser eigentliches Thema bildenden Probleme der drittinstanzlichen Revision beschränken.

Insoweit standen sich in den Beratungen der Reichstagskommission drei verschiedene Konzeptionen gegenüber: erstens der Ausschluß einer dritten Instanz, weil es widersinnig sei, in leichten Sachen mehr Rechtsmittel zur Verfügung zu stellen als in Kapitalprozessen[67]; zweitens die Einführung einer auf die Sachrüge beschränkten Revision[68], weil dem Interesse des Angeklagten bereits mit einem einzigen Rechtsmittel (sic!) hinreichend gedient sei, so daß die dritte Instanz allein um der Rechtseinheit willen geschaffen werden müsse[69]; und drittens schließlich die Komplettierung des zweiten Modells durch die allgemeine Verfahrensrevision, weil – auch im Interesse des Angeklagten – die Einzelfallgerechtigkeit so weit wie möglich zu verwirklichen sei[70]. Die Kommissionsmehrheit entschloß sich für das zweite Modell[71], das dann auch in die Reichsstrafprozeßordnung eingegangen ist (vgl. § 380 RStPO a.F.) und damit den einzigen vom Rechtseinheitszweck motivierten Rechtsbehelf in der RStPO darstellt.

---

65 Vgl. dazu v. Amsberg bei Hahn, Materialien, S. 1400 sowie allg. Planck, Strafverfahren, S. 560f., und Zachariae, Handbuch II, S. 611f., 650–652.

66 Vgl. dazu Hahn, Materialien, S. 991–1009, 1186, 1385f., 1921–1967.

67 So vor allem der Abg. Lasker unter Verweis auf einen früheren Beschluß, der sich in den Materialien allerdings nicht auffinden ließ, bei Hahn, Materialien, S. 1464.

68 Daneben sollte auch eine einzige Verfahrensrüge – nämlich wegen Verletzung des heutigen § 358 I – zulässig sein, was an dem o.a. Grundsatz aber nichts ändert.

69 So vor allem der Abg. Struckmann bei Hahn, Materialien, S. 1463f.

70 So der Abg. Klotz und v. Amsberg bei Hahn, Materialien, S. 1464f.

71 Vgl. Hahn, Materialien, S. 1465 sowie den Kommissionsbericht bei Hahn, a.a.O., S. 1584.

V. Weitere Entwicklung und Gesamtwürdigung

1. Bevor abschließend untersucht wird, inwieweit an Hand der vorstehenden Darstellung eine Verifizierung oder Falsifizierung der Ausgangshypothesen möglich ist, soll noch ein kurzer Blick auf das weitere Schicksal der Reichsstrafprozeßordnung geworfen werden, soweit es für unsere Probleme relevant ist. Denn die Strafprozeßordnung ist heute, nach 82 Änderungsgesetzen[72], nicht mehr dieselbe wie im Jahre 1877, so daß überhaupt erst einmal geprüft werden muß, welche alten Entscheidungen nicht vom Gesetzgeber selbst abgeändert worden sind.

2. Diese notwendige Prüfung kann relativ knapp ausfallen, weil das Rechtsmittelsystem der Strafprozeßordnung eine erstaunliche Stabilität bewiesen hat; sämtliche Ansätze zu einer durchgreifenden Rechtsmittelreform haben bis heute das Schicksal der Gesamtreformanliegen geteilt: Die Zahl der Ansätze ist genau so groß wie die Zahl der Mißerfolge[73]. Was an begrenzten Abänderungen realisiert worden ist, weist übereinstimmend in eine Richtung: Unter Beibehaltung der Begrenzung der Revision auf die Gesetzesverletzung wurde ihre Funktion, dem Angeklagten einen realistischen Rechtsschutz zu gewähren, in verschiedenen Punkten verstärkt. Wir wollen sie der Reihe nach betrachten.

a) Durch § 33 der Emmingerschen Notverordnung vom 4.1.1924[74] ist die Berufung in Bagatellsachen abgeschafft worden, so daß die Revision nunmehr nicht nur bei den schwersten, sondern auch bei den leichtesten Delikten das einzige Rechtsmittel darstellte[75] (vgl. heute die §§ 313, 334). Auch mit der am 1.1.1975 abgeschlossenen Umwandlung der Übertretungen in Ordnungswidrigkeiten ändert sich daran im praktischen Ergebnis nichts, da das Ordnungswidrigkeitenrecht ebenfalls nur ein einziges Rechtsmittel – die Rechtsbeschwerde – kennt, die offensichtlich der strafprozessualen Revision nachgebildet ist[76].

Die Bedeutung dieser „Bagatellrevision" für die Gesamtordnung des Rechtsmittelrechts ist unschwer zu erkennen, wenn man ihr die zivilprozessuale Regelung der §§ 511, 511 a, 545 ZPO gegenüberstellt, wonach in Amtsgerichtssachen die

---

72 Vgl. die Nachw. bei Kleinknecht, Strafprozeßordnung, S. XXXI–XXXIII.

73 Vgl. dazu Herrmann, Reform, S. 72ff.

74 RGBl. I S. 15.

75 Die Beseitigung der erstinstanzlichen Zuständigkeit der Strafkammern durch die Emminger-Verordnung und die darin liegende Erweiterung der Berufung ist schon wenige Jahre später wieder aufgehoben worden (vgl. Kern-Roxin, Strafverfahrensrecht, S. 348) und kann daher hier außer Betracht bleiben.

76 Vgl. § 79 III OWiG sowie die interessante Unterscheidung zwischen der zulassungsfreien Rechtsbeschwerde im Interesse des Betroffenen in § 79 I, 1 OWiG und der zulassungsbedürftigen Rechtsbeschwerde im Interesse der Rechtseinheit in §§ 79 I, 2; 80 I OWiG.

Revision niemals und die Berufung nur bei einem Beschwerdegegenstand von mehr als 200 DM statthaft ist. Da nicht ersichtlich ist, warum in Bagatellstrafsachen ein größeres Rechtseinheitsbedürfnis als in Bagatellzivilsachen bestehen sollte, verbürgt die Bagatellrevision in Strafsachen also im Vergleich zum Zivilprozeßrecht einen zusätzlichen individuellen Rechtsschutz.

b) In ähnlicher Weise ist auch die Revision gegenüber Berufungsurteilen erweitert worden, indem die in § 380 der RStPO von 1877 angeordnete Beschränkung auf die Sachrüge durch Art. 3 Nr. 145 des Vereinheitlichungsgesetzes vom 12.9.1950[77] aufgehoben worden ist. Damit ist die oben unter IV. 3. c) geschilderte „dritte Konzeption", die auch bei der Revision gegen Berufungsurteile die Einzelfallgerechtigkeit so weit wie möglich verwirklichen sollte, nach 74 Jahren rehabilitiert und zur Grundlage der gesetzlichen Regelung genommen worden.

c) Im übrigen hat das Vereinheitlichungsgesetz für das Rechtsmittelrecht keine wirklichen Neuerungen gebracht, sondern lediglich die frühere Rechtslage wiederhergestellt; insbesondere wurde die Frage, ob auch gegen Strafkammerurteile die Berufung eingeführt werden solle, bis zu der für die Zukunft erwarteten Großen Strafprozeßreform zurückgestellt[78].

d) Von den anschließenden Reformgesetzen spielt allein das Gesetz zur allgemeinen Einführung eines zweiten Rechtszuges in Staatsschutz-Strafsachen vom 8.9.1969[79] für unsere Zwecke eine – allerdings erhebliche – Rolle. Denn die Zuweisung der tatrichterlichen Staatsschutzrechtsprechung an die Oberlandesgerichte, deren Urteile nunmehr mit der Revision zum BGH angefochten werden können[80], hatte zum alleinigen Grund „das Bestreben, im Zuge der Fortentwicklung des Rechtsstaats jedem, auch dem wegen eines Staatsschutzdelikts verurteilten Angeklagten die Möglichkeit zu eröffnen, das Urteil durch ein höheres Gericht auf seine Richtigkeit nachprüfen zu lassen"[81]. Das staatliche Interesse an der Rechtseinheit hat demgegenüber keinerlei Relevanz besessen, da gerade die erstinstanzliche Rechtsprechung des BGH jedenfalls die Rechtseinheit in nicht zu übertreffender Direktheit gewährleistete[82].

---

77 BGBl. I S. 455, 629; zu der bereits in der Emminger-VO vorgenommenen „Verlagerung" der Revisionsbeschränkung von der drittinstanzlichen Revision auf die Ersatz- und Sprungrevision s. u. Fn. 84.

78 Vgl. Nüse JR 1950, 557f.

79 BGBl. I S. 1582.

80 Vgl. §§ 120 I, II; 135 I GVG sowie zu der „Bagatellzuständigkeit" der Landgerichte in diesen Fällen § 74 a GVG.

81 So Martin NJW 1969, 713 unter Anführung der Entwurfsbegründung und der Beratungen im Deutschen Bundestag.

82 So zutr. Martin NJW 1969, 714 gegen Fischer NJW 1969, 450.

3. Nach dieser kurzen Betrachtung der nach Erlaß der RStPO eingetretenen gesetzlichen Fortentwicklung des Rechtsmittelrechts sind wir nunmehr ausreichend gerüstet, um über die Bewährung der Ausgangshypothesen abschließend zu urteilen.

a) Die restriktive teleologische Theorie der *Schwinge*-Schule, die wir schon bei intrasystematischer Betrachtung unbestätigt gefunden hatten[83], ist durch die historische Analyse prinzipiell widerlegt worden. Der Bundesratsentwurf basierte, wie wir gesehen haben, auf der Idee des „realistischen Rechtsschutzes", und in den Beratungen der Reichstagskommission ist das Interesse des Angeklagten an der Anfechtung und Aufhebung einer materiell ungerechten Entscheidung in mehreren von uns behandelten Fällen noch mehr in den Vordergrund gerückt worden. Der Rechtseinheitszweck stand überhaupt nur bei der Revision gegenüber freisprechenden Urteilen und gegenüber Berufungsurteilen zur Debatte. Er hat hier zwar als Motiv der gesetzlichen Regelung unbestreitbar eine Rolle gespielt; das besagt aber nicht, daß er deswegen auch für die Auslegung Relevanz besitzt. Denn da die Revisionsbeschränkungen gegenüber Berufungsurteilen und Schwurgerichtsfreisprüchen im Jahre 1950 bzw. schon im Jahre 1924[84] preisgegeben worden sind, läßt der Gesetzeswortlaut heute nicht mehr die mindeste Differenzierung zwischen der Revision des Angeklagten gegen ein auf lebenslange Freiheitsstrafe lautendes Schwurgerichtsurteil (als dem einen Extrem) und der Revision der Staatsanwaltschaft gegen ein freisprechendes Berufungsurteil der Kleinen Strafkammer (als dem anderen Extrem) erkennen. Damit fehlt es aber selbst für den Fall, daß der Gesetzgeber den unterschiedlichen Existenzgründen der nach Subjekt und Objekt zu unterscheidenden Rügerechte durch eine differenzierte inhaltliche Ausgestaltung hätte Rechnung tragen wollen[85], an einer wenn auch noch so unvollkommenen Andeutung dieser etwaigen Differenzierung im Gesetzeswortlaut: Unabhängig von den normalen Sprachregeln konnte der Gesetzgeber selbst im Falle der eigenwilligsten Terminologie nicht davon ausgehen, zwei unterschiedliche Revisionen gesetzlich fixiert zu haben, so daß es an der un-

83 s. o. S. 22 ff.

84 Der Ausschluß der Verfahrensrevision gegenüber Berufungsurteilen wurde durch die §§ 33–35 der Emminger-VO auf die Ersatz- und Sprungrevision gegenüber Amtsgerichtsurteilen beschränkt und durch das Vereinheitlichungsgesetz vollständig abgeschafft; die Einschränkung der Revision gegenüber Schwurgerichtsfreisprüchen, die i.ü. nicht einmal auf Rechtseinheitstheorien beruhte (s. o. S. 32), ist durch § 35 der Emminger-VO aufgehoben worden.

85 Wofür unsere historische Analyse übrigens nicht den geringsten Anhaltspunkt liefert. Es war vielmehr so, daß die im Bundesratsentwurf als fertiges Institut konzipierte Revision von der Reichstagskommission aus verschiedenen Gründen für verschiedene Prozeßkonstellationen bereitgestellt wurde (zu der darin liegenden Fixierung der legislatorischen Zwecke auf ein einheitliches Regelungsmuster vgl. i.e. im folgenden Text unter 4.).

abdingbaren Voraussetzung eines verbindlichen legislatorischen Machtspruchs fehlt, nämlich an der von der gesetzgeberischen Semantik aus begründbaren Verkörperung im Gesetzeswortlaut[86]. Für die Sachrevision, die wir an dieser Stelle allein behandeln, gilt dieser Grundsatz außerdem auch dann, wenn wir die spätere Gesetzesentwicklung außer Betracht lassen und ausschließlich auf den Machtspruch des Gesetzgebers von 1877 abstellen. Denn die später getilgten Sonderregelungen der §§ 379, 380 RStPO a.F. betrafen ausschließlich die Verfahrensrevision, während der gesetzliche Umfang der Sachrevision in allen Fällen gleich blieb.

b) Damit steht aber fest, daß ein um des „realistischen Rechtsschutzes" willen geschaffenes Rechtsinstitut auch gegenüber Freisprüchen und Berufungsurteilen beibehalten wurde, weil es auch ohne inhaltliche Veränderung zur Gewährleistung von Rechtseinheit tauglich zu sein schien. Daß die Revision gegen Freisprüche und gegen Berufungsurteile auch nicht etwa die Revision gegen erstinstanzliche Verurteilungen durch eine Restriktion des rügefähigen Bereiches zu affizieren vermag, kann mangels jeglichen historischen Beleges für eine derartige „Rückkoppelung" ebenfalls nicht zweifelhaft sein. Da der Revisibilitätsbereich bei einem vom Rechtseinheitszweck beherrschten Rechtsmittel schließlich keinesfalls weiter, sondern allenfalls enger als bei einem der Idee des „realistischen Rechtsschutzes" verhafteten Rechtsmittel ist[87], wird allein die am „realistischen Rechts-

86 Zur Begründung dieser „subjektiv-historischen Andeutungstheorie" vgl. Band 1 S. 61f.

87 Denn eine rechtseinheits-, d.h. gleichheitswidrige Benachteiligung verletzt immer auch in „ewigkeitsgerichteter", d.h. unabhängig vom Zeitablauf nachprüfbarer Weise die materielle Gerechtigkeit. Eine andere Frage ist, ob mit dem Begriff der „Gesetzesverletzung" nicht eine Regelung getroffen ist, die, auf der Unterscheidung von tatsächlichen Feststellungen und rechtlichen Beurteilungen aufbauend, realistischen Rechtsschutz und Rechtseinheit unabhängig von deren abstrakter Diskrepanz in concreto gleichermaßen gewährleistet – so daß die Verwerfung dieser Unterscheidung durch Schwinge (Grundlagen, S. 53) verfehlt und dessen eigene Abgrenzungsformel „Richtlinienfrage oder Frage des Einzelfalls" (a.a.O., S. 52) nur ein überflüssiger und verunklarender Umweg wäre. Das würde bedeuten, daß Schwinges System nicht nur historisch, sondern auch intrasystematisch-teleologisch widerlegt werden könnte, weil Schwinge dann nämlich ohne teleologische Rechtfertigung eine relativ klare Unterscheidung – „tatsächliche Feststellung oder rechtliche Würdigung" – durch eine relativ unklare – „Richtlinien- oder Einzelfallfrage" – ersetzt hätte, was gegen die Grundprinzipien sinnvoller Begriffsbildung verstoßen würde. Obwohl hierfür schon auf den ersten Blick vieles spricht (die rechtliche Würdigung ist, vorbehaltlich einer im nächsten Kapitel vorzunehmenden genaueren Analyse, die Bildung und Anwendung von Richtlinien auf einen konkreten Fall, und die daraus folgende Ineinssetzung von Schutz des Angeklagten vor richterlichen Gesetzesverletzungen und Gewährleistung der Rechtseinheit würde auch gut erklären, warum die Mitglieder der Reichstagskommission nicht einmal daran dachten, im Rahmen der Sachrevision Differenzierungen vorzunehmen), können wir dieser Frage doch nicht im einzelnen nachgehen, da Schwinges Revisionszwecktheorie bereits auf der ersten

schutz“ orientierte Revisibilitätsbestimmung allen bei der Einführung der Revision verfolgten Zwecken gerecht[88]. Und deshalb haben wir damit auch den alleinigen Zweck der Sachrevision gefunden: Sie soll gegen ungerechte Entscheidungen einen **realistischen, auf die zeitablaufunabhängigen Entscheidungsteile beschränkten Schutz** gewähren.

4. Mit dieser Falsifizierung der restriktiven teleologischen Theorie haben wir unsere Ausgangshypothesen aber noch nicht erschöpfend behandelt, denn es bleibt zu prüfen, inwieweit der Gesetzgeber den primären Revisionszweck einer entnormativierenden Formung unterzogen hat, indem er den Revisibilitätsbereich entweder im Sinne der „Leistungstheorie“ von den Nachprüfungsmöglichkeiten des Revisionsgerichts oder im Sinne der „klassischen Theorie“ von einem Fehler des Instanzgerichts bei der Beantwortung der Rechtsfrage abhängig machte.

a) Die Leistungstheorie (die wir in unserem Überblick[89] als „extensive teleologische Theorie“ bezeichnet haben“) dient vor allem dazu, die partielle Kontrolle der Tatfrageentscheidung, die von den Revisionsgerichten heute allgemein ausgeübt wird[90], dogmatisch zu rechtfertigen. Wie die Auswertung der Materialien gezeigt hat, war dieses Modell einer um gewisse Sektoren der Tatfrage erweiterten Revision den an der Gesetzgebung beteiligten Personen jedoch vollkommen unbekannt. Die Reichstagskommission hat sich mit dem Begriff der Verletzung sachlichen Rechts, wie wir gesehen haben, überhaupt nicht näher beschäftigt, sondern lediglich in ihrem Bericht festgestellt, daß sie „mit dem Grundgedanken, von welchem der Entwurf bei der Gestaltung des Rechtsmittels der Revision ausgegangen“ sei, nämlich „daß das Urteil auf einer Gesetzesverletzung beruhen“ müsse, einverstanden sei[91], wobei ersichtlich nur das „Beruhen“, nicht aber die „Gesetzesverletzung“ als weiteren Nachdenkens bedürftig angesehen wurde.

Eine nähere Auskunft liefert daher allein die Entwurfsbegründung, die die revisible Verletzung einer Rechtsnorm (sei es auch nur eines „sich aus dem Zusammenhang der gesetzlichen Vorschriften ergebenden Grundsatzes“) von der irrevi-

---

Rechtsfindungsstufe widerlegt werden konnte, so daß ihre hypothetische Behandlung auf der zweiten oder dritten Stufe nicht mehr unser Thema bildet.

88 Schwinge hält zwar dafür, daß der Rechtseinheitszweck beeinträchtigt werde, wenn das Revisionsgericht zur Verwirklichung der materiellen Gerechtigkeit allzu sehr aufgebläht würde (Grundlagen, S. 33); daß diese Besorgnis aber gegenüber einer auf „realistischen Rechtsschutz“ beschränkten Revision nicht begründet ist, zeigt die Rechtsprechung des BGH, die die Kontrolle fraglos über die von Schwinge gezogenen Grenzen hinaus ausgedehnt und trotzdem die Rechtseinheit niemals vernachlässigt hat.

89 s. o. S. 12.

90 s. o. S. 13 f.

91 Vgl. Hahn, Materialien, S. 1582.

siblen „tatsächlichen Würdigung" abhebt[92]. Das spricht eindeutig für die „klassische" Lösung, die keine Übergriffe des Revisionsgerichts auf die Tatfrageentscheidung gestattet, sofern nicht ein gesetzwidriges Verfahren mit der Verfahrensrüge angegriffen wird[93]. Auch die Kommission hat den Entwurf offenbar so verstanden, denn wenn sie auch Teile der Tatfrageentscheidung der Sachrüge zugeordnet hätte, wäre es wenig sinnvoll gewesen, die mit dem Rechtseinheitszweck motivierte Revision gegen Berufungsurteile als normale Sachrevision zu konstruieren.

b) Auch die schon oben[94] angesprochene, nach heutiger Erkenntnis verfehlte Zuordnung der Strafzumessung zum irrevisiblen Bereich der tatsächlichen Würdigung vermag an diesem Verständnis nichts zu ändern. Denn selbst wenn man sie in das heutige Begriffssystem übersetzt („Die Strafzumessung ist so komplex und beruht auf so vielen miteinander verschränkten, oft unwägbaren Tatsacheneindrücken, daß der Revisionsrichter das individuelle Strafmaß ohne eigene Beweisaufnahme nicht auf seine konkrete Angemessenheit überprüfen kann"), so läßt sich doch aus dieser Anerkennung des „Leistungsprinzips" nicht etwa ein Übergriff der Sachrevision auf die Tatfrage, sondern – gerade umgekehrt – lediglich eine Einschränkung der Revisibilität der Rechtsfrage nach Maßgabe der Leistungsfähigkeit des Revisionsverfahrens ableiten! Soweit die Leistungstheorie – wenn auch noch in falscher Rubrizierung – vom Gesetzgeber überhaupt als Möglichkeit erkannt wurde, diente sie daher nicht zur Erweiterung, sondern allein zur Einschränkung des revisiblen Bereiches!

c) Obwohl die in den Gesetzesmaterialien aufzufindenden Stellungnahmen somit ausschließlich gegen einen partiellen Übergriff der Sachrevision auf die Tatfrage gerichtet sind, möchten wir auf Grund des bisher verwerteten Materials noch zögern, die extensive teleologische Theorie für historisch widerlegt und die entnormativierende Formung des Revisionszwecks des „realistischen Rechtsschutzes" im Sinne der klassischen Theorie für historisch verifiziert zu erklären. Denn zum einen sind die dieses Ergebnis rechtfertigenden Bemerkungen ebenso spärlich wie lakonisch, und zum anderen hat es den Anschein, als ob der Gesetzgeber von 1877 bei der Verfestigung des „realistischen Rechtsschutzes" zu der „Gesetzesverletzung im Rahmen der rechtlichen Würdigung" einem Irrtum erlegen wäre – nämlich durch die Annahme, daß das Prozeßmodell der RStPO keine

---

92 s. o. S. 29 f.

93 So auch ausdrücklich die Entwurfsbegründung bei Hahn, Materialien, S. 250: „Diese Würdigung (scil. der erbrachten Beweise) ist dem Richter erster Instanz ausschließlich überlassen, und das von diesem festgestellte thatsächliche Ergebnis ist für die höhere Instanz maßgebend, insoweit dasselbe nicht etwa im Wege eines gesetzwidrigen Verfahrens gewonnen worden ist."

94 s. o. S. 30.

durch eine partielle Tatfragenkontrolle erweiterte Revision zulasse, während die (später noch im einzelnen zu behandelnde) Rechtsprechungsentwicklung das Gegenteil beweist.

Da schon der Verdacht eines legislatorischen Versehens die (gewissermaßen die Avantgarde der „objektiven Auslegung" bildende) „berichtigende Auslegung" auf den Plan zu rufen pflegt und da eine in sich unauflösbar widersprüchliche Begründung der legislatorischen Entscheidung auch nach unseren eigenen methodologischen Prämissen zu einem non liquet der ersten Rechtsgewinnungsstufe führt, müssen wir daher unsere bisherige Analyse durch einen Blick auf die nach der RStPO insgesamt gegebene Leistungsfähigkeit des Revisionsverfahrens ergänzen; ferner gilt es, die lakonischen Äußerungen während des Gesetzgebungsverfahrens durch ihre Projektion auf das der RStPO vorangehende Partikularrecht transparenter zu machen[95].

aa) Die Leistungsfähigkeit des Revisionsverfahrens von 1877 spielt deswegen auch für die historische Revisionsrechtsgewinnung eine besondere Rolle, weil die Leistungstheorie durch eine Zweck-Mittel-Abduktion direkt aus der auch den Gesetzgeber leitenden Idee des realistischen Rechtsschutzes entwickelt werden kann (und also deren natürliche Konkretisierung darstellt), während eine ähnlich prästabilierte Harmonie zwischen der praxisbezogenen Idee des realistischen Rechtsschutzes und dem von rechtstheoretischer Gedankenblässe angekränkelten Begriff der „Gesetzesverletzung bei der rechtlichen Würdigung" zumindest auf den ersten Blick nicht erkennbar ist. Durch eine die Gesamtregelung des Strafverfahrens in der RStPO berücksichtigende Betrachtungsweise kann dieser scheinbare Widerspruch jedoch unschwer ausgeräumt werden, so daß jeder Zweifel daran, daß der Gesetzgeber eine eindeutige und in sich vernünftige Regelung getroffen hat, schwinden muß[96].

---

95 Um Mißverständnisse zu vermeiden, muß hier ausdrücklich betont werden, daß diese Erweiterung des Blickfeldes, von den Maximen der historischen Rechtshermeneutik her betrachtet, nicht etwa in unserem Ermessen steht. Denn die wissenschaftliche Rechtsgewinnung erster Stufe setzt theoretisch natürlich die Verwertung des historischen „Gesamtdatums", d. h. des gesamten verfügbaren Materials, voraus, und es ist lediglich aus praktischen Gründen unabweisbar, daß man sich in dem beschränkten Rahmen einer einzelnen Untersuchung auf diejenigen Elemente des Gesamtdatums beschränkt, die ex ante betrachtet für eine überzeugende Beweisführung auszureichen scheinen.

96 Die Frage, unter welchen Voraussetzungen eine legislatorische Entscheidung vom Richter „angepaßt" werden kann, wenn eine Wertentscheidung historisch verifiziert werden kann, deren vom Gesetzgeber vorgenommene entnormativierende Formung infolge eines Irrtums über das Regelungssubstrat die normativen Prämissen verfehlt, braucht hier daher nicht in concreto erörtert zu werden. In abstracto läßt sich aus unserer Rechtsgewinnungstheorie zwanglos eine doppelte Antwort ableiten: Falls der Irrtum des Gesetzgebers zu unauflösbaren Widersprüchen in den Maα) Die innere Logik der RStPO kann nämlich dadurch auf einfache Weise enthüllt werden, daß man die dem Revisionsrichter nach der gesetzlichen Regelung von 1877 zu Gebote stehenden Kontrollmöglichkeiten auf die aus dem Revisionsgrund der „Gesetzesverletzung bei der rechtlichen Würdigung" fließenden Kontrollbefugnisse projiziert und dabei in Rechnung stellt, daß bei der Sachrevision die Urteilsurkunde den alleinigen Kontrollgegenstand bildet[97]. Während die Revisionsgerichte heute – worauf später noch im einzelnen einzugehen ist – hochgeschraubte Anforderungen an die schriftliche Urteilsbegründung stellen, insbesondere den Tatrichter zu einer Darstellung seiner Beweiswürdigung zwingen und auf diese Weise überhaupt erst die Voraussetzung dafür geschaffen haben, daß sie die Tatfrageentscheidung in beschränktem Umfange kontrollieren können, hatte die Begründungspflicht im Jahre 1877 auf Grund einer eindeutigen, auf das Revisionsrecht abgestimmten Entscheidung des Gesetzgebers einen weitaus bescheideneren Umfang. Schon § 225 des Bundesratsentwurfs beschränkte den notwendigen Inhalt des Strafurteils auf die Angabe der für erwiesen erachteten, die gesetzlichen Tatbestandsmerkmale erfüllenden Tatsachen, des angewendeten Strafgesetzes sowie auf die entsprechenden Angaben bezüglich eines in der Verhandlung zur Sprache gekommenen Strafausschluß-, -milderungs- oder -schärfungsgrundes, ferner im Falle eines Freispruchs auf die Angabe, ob dieser aus tatsächlichen oder aus (ggf. aus welchen) rechtlichen Gründen erfolgt war[98]. Mit der darin zum Ausdruck kommenden Verbannung der Beweiswürdigung aus den schriftlichen Urteilsgründen distanzierten sich die Entwurfsverfasser bewußt[99] vom Partikularrecht, das trotz Aufhebung der gesetzlichen Beweisregeln die Begründung der Tatfrageentscheidung (und das heißt: eine schriftliche Beweiswürdigung) ausdrücklich vorschrieb[100]. Die Gründe, die im Entwurf für diesen Bruch

terialien geführt hat, kann das Sachproblem, wie schon oben im Text bemerkt, auf der ersten Stufe nicht gelöst werden; falls die deskriptive Fassung zwar normativ unrichtig ist, aber als eindeutiger Wille des Gesetzgebers verifiziert werden kann, ist sie auf der ersten Stufe verbindlich und kann lediglich vom BVerfG auf der vierten Stufe derogiert werden, wenn die Fehleinschätzung des Regelungssubstrats nach dem Dafürhalten des BVerfG so gravierend ist, daß der Gleichheitssatz (Art. 3 GG) verletzt ist.

97 Vgl. hierzu nur BGHSt. 21, 4, 9; Sarstedt, Revision, S. 204, 207; Dahs-Dahs, Revision, S. 14 f.; daß Peters' abweichende Auffassung von der Aktenwidrigkeit als materiellem Revisionsgrund (Strafprozeß, S. 565 f.), die von der ganz überwiegenden Meinung eindeutig abgelehnt wird (vgl. die Nachw. o. S. 14 Fn. 39), mit der historischen Entscheidung des Gesetzgebers im Jahre 1877 schlechterdings nicht zu vereinbaren ist, braucht an dieser Stelle wohl nicht weiter ausgeführt zu werden.

98 Vgl. Hahn, Materialien, S. 31.

99 Vgl. die Begründung bei Hahn, Materialien, S. 210.

100 Vgl. Zachariae, Handbuch II, S. 563 f. m. Nachw. der Partikularvorschriften in Fn. 10 sowie – besonders klar – § 22 II, 3 der preuß. VO vom 3.1.1849.

mit der bisherigen Rechtslage angegeben werden, verdienen eine besondere Aufmerksamkeit, da sie das Gerüst für eine in sich konsequente, in seinen Wertungsgrundlagen zwar nicht zwingende[101], aber vielleicht praxisnähere Gegenkonzeption zu den heutigen Gepflogenheiten liefert. Die Anführung der „subjektiven Beweisgründe" im Urteil wird nämlich deswegen als wenig sinnvoll hingestellt, weil erstens bei einer Kollegialentscheidung durch das Majoritätsprinzip[102] nur die Einheitlichkeit des Ergebnisses, nicht aber auch der Gründe der Beweiswürdigung gewährleistet sei (so daß die Angabe einheitlicher Beweisgründe gar nicht verlangt werden könne) und weil zweitens durch die Anordnung schriftlicher Beweisgründe dem Tatrichter eine „zeitraubende und zu große Arbeit" abverlangt würde, die infolge der notwendigen Verzögerung der Urteilsabsetzung die Übereinstimmung der schriftlichen Gründe mit den wirklichen Entscheidungsgründen schlechthin in Frage stellen müßte[103]. Und daß nicht nur das erste Argument theoretisch, sondern daß auch das zweite Argument praktisch hervorragend fundiert ist, zeigt die bis 1974 in Landgerichtssachen übliche Überschreitung der Urteilsabsetzungsfrist[104] um viele Wochen oder sogar um viele Monate: Die schriftliche Urteilsbegründung dient heute in der Praxis viel weniger der Beurkundung der wirklichen Gründe als vielmehr dem „revisionssicheren Nageln", und ob diese zudem noch zu einer unerträglichen Verzögerung der Strafverfahren führende Entwicklung segensreich gewesen ist, wird gerade in neuerer Zeit ernsthaft in Frage gestellt[105].

β) Der Bundesratsentwurf ist durch die Beschlüsse der Reichstagskommission insoweit modifiziert worden, als auf Antrag des Abg. *Becker* zwei Sollvorschriften eingefügt wurden, die die Angabe der tragenden Strafzumessungsgründe sowie (im Falle eines Indizienbeweises) der Indiztatsachen zur Pflicht machten[106]. Daß

---

101 Was übrigens keinen Vorwurf begründet, denn welches Prozeßmodell kann schon das Gegenteil für sich in Anspruch nehmen?

102 Vgl. § 263.

103 Vgl. die Entwurfsbegründung bei Hahn, Materialien, S. 211.

104 Vgl. § 275.

105 Vgl. Habscheid, NJW 1964, 629ff., 1842ff.; Sarstedt JZ 1965, 238ff., bes. S. 241f.; Peters in Festschr. f. v. Weber, S. 374ff.; Kohlhaas GA 1974, 142ff.; OLG Köln NJW 1964, 606f. **Nachtrag 2020:** Auch wenn seit dem 1. StVRG v. 11.12.1974 die Fristüberschreitung einen absoluten Revisionsgrund gem. § 338 Nr. 7 ergibt, muß man sich wegen der mittlerweile extrem langen Fristen weiterhin ernstlich die Frage vorlegen, ob die von den Revisionsgerichten durchgesetzte „Begründungshypertrophie" gerade dem Angeklagten nicht mehr Schaden als Nutzen gebracht hat (vgl. auch – aus der Sicht der Monsterverfahren – Herrmann ZStW 85, 286f.).

106 Vgl. Hahn, Materialien, S. 881–883; die Angabe der Strafzumessungsgründe war ursprünglich obligatorisch und wurde erst bei der wiederholten Kommissionsberatung zu einer instruktionellen Pflicht (Sollvorschrift!) reduziert (vgl. Hahn, Materialien, S. 1598, 1635, 2245f.), während mit dieser Änderung, die übrigens erst nach längeren Auseinandersetzungen zustande kam[107], aber eine Erweiterung der revisionsgerichtlichen Kontrolle weder sichergestellt noch beabsichtigt war, läßt sich sehr leicht nachweisen. Erstens wäre eine bloße Sollvorschrift das denkbar ungeeignetste Mittel dazu gewesen, denn es liegt auf der Hand, daß sich der Tatrichter gerade dann, wenn er seiner Sache nicht ganz sicher ist, in irrevisibles Schweigen hüllen wird. Zweitens liegt es auf der Hand, daß dem Revisionsgericht mit der Kenntnis der Indiztatsachen und der bestimmenden Strafzumessungsgründe wenig gedient ist, denn die entscheidende Tätigkeit des Tatrichters – die Zusammenstellung, Bewertung und Abwägung der pro- und contra-Umstände – bleibt weiterhin außerhalb des Kontrollbereiches. Drittens hat die Kommission dadurch, daß sie an der im Bundesratsentwurf vorgesehenen Dreitagesfrist für die Urteilsabsetzung festgehalten hat[108], zu erkennen gegeben, daß sie keine durchgreifende Erweiterung der Begründungspflicht im Sinn hatte, denn in diesem Fall wäre die Dreitagesfrist, die die Übereinstimmung des Niedergeschriebenen mit den wirklichen Entscheidungsgründen garantieren sollte[109], von vornherein unrealistisch gewesen. Und viertens ergeben die Beratungen der Reichstagskommission selbst, daß der Erweiterung der Begründungspflicht keinerlei Relevanz für den Umfang der Revisibilität beigemessen wurde. Die Begründung der Strafzumessung wurde mit Rücksicht auf den Angeklagten und das Publikum für angebracht gehalten, und durch die Angabe der Indiztatsachen sollte nicht etwa das Revisions-, sondern vielmehr das Berufungs- und Wiederaufnahmeverfahren erleichtert werden[110].

bb) Die Regelung des Urteilsinhalts in der RStPO beweist daher, daß der Gesetzgeber mit der entnormativierenden Formung der Idee des „realistischen Rechtsschutzes" zur „Gesetzesverletzung bei der rechtlichen Würdigung" eine seinem Prozeßmodell entsprechende, in sich konsequente und auch axiologisch

---

die Angabe der Indiztatsachen zwar nach der ursprünglichen, von der Kommissionsmehrheit auch gebilligten Formulierung des Abg. Becker zwingend vorgeschrieben (vgl. Hahn, Materialien, S. 881, 882f.), aber schon mit Abschluß der Ersten Lesung auf das instruktionelle Niveau herabgestuft wurde (vgl. Hahn, Materialien, S. 1565, 2244).

107 Vgl. die Diskussion bei Hahn, Materialien, S. 881–883 und 1355f.

108 Vgl. Hahn, Materialien, S. 32, 893.

109 Vgl. die Entwurfsbegründung bei Hahn, Materialien, S. 214.

110 Vgl. die Antragsbegründung des Abg. Becker bei Hahn, Materialien, S. 881, 882, sowie den Kommissionsbericht, a.a.O., S. 1565. Soweit von dieser Regelung auch günstige Nebenwirkungen für das Revisionsverfahren erwartet wurden, betraf dies entweder die Verfahrensrevision (vgl. Klotz bei Hahn, a.a.O., S. 881) oder jedenfalls reine Rechtsfragen (vgl. die Ausführungen von Becker bei Hahn, a.a.O., S. 1355, die lediglich auf die Forderung hinauslaufen, daß die Rechtsbegriffe im Urteil vollständig durch Tatsachenangaben substantiiert werden sollen); an eine partielle Revisibilität der Tatfrageentscheidung wurde niemals gedacht.

durchaus fundierte Entscheidung getroffen hat[111]. Daß er hierfür keine ins einzelne gehende Begründung gegeben hat, kann ebenfalls leicht erklärt werden, wenn die in diesem Punkte bestehende Kontinuität zum Partikularrecht berücksichtigt wird. Während die Frage, wann eine die Revision begründende Verletzung des Verfahrensrechts vorliegt, im Reformierten Strafprozeß bis zuletzt nicht einheitlich beantwortet wurde[112], herrschte bezüglich der „materiellen Nichtigkeitsgründe ... in der neuern deutschen (scil. partikularrechtlichen) Gesetzgebung große Übereinstimmung“[113]: Die Nichtigkeit (=Revisibilität) konnte nirgends „auf angeblich unrichtige Beurteilung der Thatfragen“ oder „auf angeblich irrthümliche Strafzumessung innerhalb des gesetzlichen Strafrahmens“ gestützt werden, sondern nur darauf, daß „die Tat unter ein falsches Strafgesetz subsumiert, ... falsche gesetzliche Merkmale des Verbrechens supponirt oder wirkliche gesetzliche Merkmale fälschlich negirt“ worden seien[114]. Als ein Beispiel für viele kann auf das preußische Gesetz vom 3. Mai 1852 verwiesen werden, das in Art. 107 Nr. 1 die Nichtigkeitsbeschwerde „wegen Verletzung oder unrichtiger Anwendung eines Gesetzes oder Rechtsgrundsatzes“ für statthaft erklärte und vom königlichen Obertribunal in ständiger Rechtsprechung dahin ausgelegt wurde, daß weder die tatsächlichen Feststellungen noch die Strafzumessung innerhalb des gesetzlichen Strafrahmens mit der Nichtigkeitsbeschwerde angefochten werden könnten[115]. Da eine Abweichung von diesen Grundsätzen weder im Bundesratsentwurf noch in den Kommissionsberatungen in Betracht gezogen wurde, bestand auch keine Veranlassung, die darin liegende Entscheidung im Rahmen der Binnenkommunikation zu diskutieren und zu problematisieren.

5. Wir können damit resümieren: Entgegen der verbreiteten Auffassung, daß der Gesetzgeber bei der Einführung und Ausgestaltung des Rechtsmittels der Revision in erster Linie von dem Gedanken der Rechtseinheit geleitet gewesen sei, hat unsere mit den Mitteln der historischen Rechtshermeneutik durchgeführte Rechtsgewinnung auf der ersten Stufe ergeben, daß die Sachrevision in Strafsachen zur Verwirklichung eines „realistischen Rechtsschutzes“ geschaffen wurde und daß der Gesetzgeber diesen dominierenden Revisionszweck im Gesetz in entnormativierender Formung dahin fixiert hat, daß eine Sachrüge nur und immer

---

111 Wobei hier mit der „axiologischen Fundierung“ natürlich noch nicht die „objektive“ Richtigkeit, sondern – dem Charakter der ersten Rechtsgewinnungsstufe entsprechend – das tatsächliche Beruhen auf einer normativen Gesamtkonzeption gemeint ist.

112 Vgl. dazu u. S. 129 f.

113 Zachariae, Handbuch II, S. 637.

114 Vgl. Zachariae, a.a.O., S. 638 m. zahlr. Nachw. der partikularrechtlichen Vorschriften auf S. 637 Fn. 9; vgl. ferner Planck, Strafverfahren, S. 584; v. Stemann, Darstellung, S. 237f.

115 Vgl. die bei Liman, Strafprozeß, S. 204f. mitgeteilten Entscheidungen.

eine „Rechtsverletzung bei der rechtlichen Würdigung der (irrevisiblen) tatsächlichen Feststellungen" zur Grundlage haben muß, wobei nach dem damaligen Sprachgebrauch des Gesetzgebers die Strafzumessung innerhalb des gesetzlichen Strafrahmens nicht zur „rechtlichen Würdigung" gehörte. Weder die restriktive teleologische Theorie der *Schwinge*-Schule noch die extensive teleologische Theorie der h.M. sind daher mit dem historischen Sinn des Gesetzes zu vereinbaren; allein die klassische Theorie, die auf den „sachlogischen" Unterschied von Tat- und Rechtsfrage abstellt, wird ihm gerecht.

§ 3 Die Abgrenzung von Tat- und Rechtsfrage in rechtstheoretischer Sicht

I. Der historische Bedeutungskern

1. Mit dem im vorigen Kapitel erzielten Ergebnis ist freilich noch kein endgültiges Resultat, sondern nur ein fester Ausgangspunkt für die weiteren Bemühungen gewonnen. Denn wenn man auch in sehr vielen Fällen ein spontanes und keiner weiteren Problematisierung bedürftiges Urteil darüber abgeben kann, ob ein bestimmter Teil des Strafurteils zu den tatsächlichen Feststellungen oder zur rechtlichen Würdigung gehört, so bleiben doch genug Fälle übrig, wo diese Frage nicht auf Anhieb, sondern nur an Hand einer ausgearbeiteten Abgrenzung beantwortet werden kann. Es geht daher im folgenden – methodologisch gesprochen – um die Konkretisierung bzw. – in logischer Hinsicht – um die Explikation[1] der Begriffe „tatsächliche Feststellung" einerseits und „rechtliche Würdigung" andererseits.

2. Diese Explikationsarbeit kann grundsätzlich auf drei verschiedenen Rechtsfindungsstufen erfolgen: auf der ersten, soweit der „Bedeutungskern" zum Zeitpunkt des Gesetzeserlasses ermittelt wird[2], auf der zweiten, soweit die wissenschaftliche „Verlängerung" des damaligen Kernbereiches möglich ist, und für den danach noch übrig bleibenden Bereich des Zweifels schließlich auf der dritten.

a) Die Abgrenzung von Tat- und Rechtsfrage ist in der für den „damaligen Bedeutungskern" maßgeblichen Periode des Reformierten Strafprozesses ausgiebig erörtert worden – freilich nicht im Zusammenhang mit der Nichtigkeitsbeschwer-

1 Unter Explikation versteht man die genaue Bestimmung (Präzisierung) eines noch relativ vagen Begriffs, vgl. Stegmüller, Hauptströmungen, S. 374; Essler, Wissenschaftstheorie I, S. 56f.
2 Vgl. Band 1, S. 81ff.

de, sondern im Rahmen des Schwurgerichtsverfahrens bei der Aufgabenverteilung zwischen der Richterbank und der Jury. Weil dieser Komplex heute nur noch von rechtshistorischem Interesse ist und außerdem den für unsere Rechtsgewinnungstheorie gewählten Exemplifikationsbereich eindeutig transzendiert, wollen wir hier auf eine Darstellung und Auswertung der dazu zwischen 1850 und 1870 geführten, ziemlich intensiven Diskussion[3] verzichten, zumal ein für unsere Zwecke wohl hinreichender Bedeutungskern schon an Hand der einschlägigen Vorschriften des Reformierten Strafprozesses herausgeschält werden kann. Denn bei allen Unterschieden, die die partikularrechtlichen Regelungen der an die Geschworenen zu richtenden Fragen im einzelnen aufweisen[4], können doch folgende Übereinstimmungen festgehalten werden: Sämtliche deutschen Strafprozeßordnungen kannten den Unterschied zwischen den gesetzlichen Tatbestandsmerkmalen und den diese abstrakten Tatbestandsmerkmale in concreto erfüllenden Tatsachen, und zwar unbeschadet der einzelnen Abweichungen, ob die Jury über die die Rechts- und die Tatfrage umfassende Schuldfrage insgesamt[5] oder nur über konkrete Tatsachen[6] oder über die durch Tatsachen substantiierten Tatbestandsmerkmale[7] zu befinden hatte. Ferner war in den meisten Prozeßordnungen auch vorgesehen, daß die in den Gesetzen enthaltenen Rechtsbegriffe bei der Fragestellung mit Rücksicht auf die fehlende juristische Ausbildung der Geschworenen in natürliche Begriffe aufzulösen seien[8]; als Beispiel sei die preußische Regelung zitiert, die folgendermaßen lautete (Art. 81/82 des Gesetzes vom 3.5.1952):

> Die Fragen müssen bei Strafe der Nichtigkeit alle Thatsachen enthalten, welche die wesentlichen Merkmale der dem Angeklagten zur Last gelegten strafbaren Handlung bilden. ... Bei Bezeichnung der wesentlichen Merkmale der strafbaren Handlung sind, insoweit es geschehen kann, Rechtsbegriffe, welche nicht eine allgemein bekannte und in dem gegebenen Fall

---

3 Vgl. nur Meyer, That- und Rechtsfrage, S. 175ff.; v. Bar, Recht und Beweis, S. 75ff., 171ff.; Planck, Strafverfahren, S. 390ff.; die reiche Aufsatzliteratur ist bei Hahn, Materialien, S. 225 Fn. 2, und bei Zachariae, Handbuch II, S. 483, nachgewiesen.

4 Vgl. dazu die kurze Übersicht bei Zachariae, Handbuch II, S. 496ff. Fn. 9 sowie die eingehendere Darstellung bei Brauer, Schwurgerichtsgesetze, S. 189ff.

5 So im Prinzip nach der Braunschweigischen Strafprozeßordnung von 1849, die aber auf Verlangen der Geschworenen eine Aufspaltung der einheitlichen Schuldfrage vorsah (vgl. Zachariae, a.a.O., S. 503, und Brauer, a.a.O., S. 194).

6 So die älteren hessischen Gesetze, vgl. Zachariae, a.a.O., S. 496f. Fn. 9, und Brauer, a.a.O., S. 193f.

7 So nach der Mehrzahl der Strafprozeßordnungen, vgl. Zachariae und Brauer, a.a.O.

8 Außer in Preußen (dazu s.i.f. im Text) etwa auch in Hannover, Oldenburg, Bremen, Baden und in den hessischen Ländern nach den jüngeren Gesetzen, s. Zachariae, a.a.O., S. 494 Fn. 2 und S. 497f. Fn. 9; Brauer, a.a.O., S. 190ff.

unbestrittene Bedeutung haben, durch solche gleichbedeutende Ausdrücke zu ersetzen, zu deren Verständnis Rechtskenntnisse nicht erforderlich sind.

Welchem „Sprachspiel" diese „gleichbedeutenden Ausdrücke" angehören, ist in den hannoverschen Prozeßordnungen[9] noch schärfer herausgearbeitet worden; in ihnen heißt es:

> Hierbei sind diejenigen Merkmale des Verbrechens, welche einen Rechtsbegriff enthalten, thunlichst auf das entsprechende thatsächliche Verhältnis zurückzuführen.

b) Mit dieser knappen Betrachtung des Partikularrechts wollen wir uns begnügen; neben der wissenschaftlichen Diskussion muß daher auch die Erläuterung der genannten Vorschriften durch die Rechtsprechung[10] unerörtert bleiben. Wichtiger als die Einzelheiten des alten Schwurgerichtsverfahrens ist für unsere Zwecke nämlich der Nachweis, daß der den Partikulargesetzen zu entnehmende Bedeutungskern von „Tat- und Rechtsfrage" auch bei der Konzeption der RStPO bewußt gewesen ist, und dieser Nachweis ist auch unschwer zu erbringen. Schon der Bundesratsentwurf wies auf die zahlreichen Versuche in Gesetzgebung und Wissenschaft des Reformierten Strafprozesses hin, durch eine Spezialisierung der an die Jury zu richtenden Fragen eine Grundlage für die Prüfung zu schaffen, ob „die erwiesenen Thatumstände die Anwendung des Gesetzes zulassen, oder ob nicht vielmehr die von den Geschworenen angenommene Subsumtion auf einem Rechtsirrtum beruhe"[11] – und entschloß sich für die radikale Lösung, den Geschworenen die Entscheidung über die Schuldfrage insgesamt, d.h. ohne jede Trennung von Tat- und Rechtsfrage, zu überantworten[12]. Die Reichstagskommission setzte sich hiermit in der ersten Lesung näher auseinander, wobei die Abg. *v. Schwarze*, *Becker* und *Krätzer* in im einzelnen unterschiedlicher Weise eine Rückkehr zu den vermittelnden Konzeptionen des Partikularrechts beantragten, weil – so der Abg. *Bähr* – durch den Bundesratsentwurf „das Verdikt der Geschworenen zu einer Art Gottesurteil gemacht" werde[13]. Wenn die Mehrheit der Kommission

9 § 188 der Strafprozeßordnung von 1850; ebenso § 194 der revidierten Strafprozeßordnung von 1859 sowie Art. 324 der oldenburgischen Strafprozeßordnung von 1857 und Art. 118 der bremischen Strafprozeßordnung von 1863.

10 Die preußische Rechtsprechung bis 1859 ist bei Liman, Strafprozeß, S. 156–163, nachgewiesen.

11 Vgl. Hahn, Materialien, S. 225.

12 Vgl. § 251 des Bundesratsentwurfs und dazu die Begründung bei Hahn, Materialien, S. 224.

13 Vgl. Hahn, Materialien, S. 918–921.

schließlich auch alle drei Anträge ablehnte[14], so bietet doch jedenfalls die darüber geführte, die verschiedenen partikularrechtlichen Regelungen einbeziehende Diskussion die sichere Gewähr dafür, daß der Kern der im Partikularrecht herausgearbeiteten Unterscheidung von Tat- und Rechtsfrage der Reichstagskommission ebenfalls gegenwärtig war. Und wenn diese Unterscheidung auch bei der Beratung des Revisionsrechts nicht erneut problematisiert wurde, so reicht es doch völlig aus, daß die revisionsrechtliche Relevanz der kompetenzmäßigen Behandlung von Tat- und Rechtsfrageentscheidung bei der Diskussion der Schwurgerichtsverfassung gesehen wurde[15], um jeden Zweifel an dem Problembewußtsein der Kommission auch im Rahmen des Revisionsrechts auszuschließen.

3. Wenn wir nunmehr aus unseren Untersuchungen zum „damaligen Bedeutungskern" von Tat- und Rechtsfrage das Resümee ziehen, so gelangen wir zu einer erstaunlichen Feststellung. Mit der Unterscheidung von „Rechtsbegriffen" und in concreto gleichbedeutenden „Ausdrücken, zu deren Verständnis Rechtskenntnisse nicht erforderlich sind" (d. h. der unjuristischen Bezeichnung des „tatsächlichen Verhältnisses") ist der historische Bedeutungskern der Sache nach völlig identisch mit jener nur sprachlich etwas variierten Formel, die *Wach* kurze Zeit nach Erlaß der Reichsjustizgesetze propagiert hat[16] und die seitdem den gemeinsamen Grundstock aller „klassischen" Abgrenzungsversuche bildet[17]: der Formel nämlich, daß ein Urteil, wenn es auf der Subsumtion unter vorrechtliche Obersätze („natürliche Begriffe") beruht, eine Tatsachenfeststellung, hingegen dann, wenn es durch eine Subsumtion unter juristische Obersätze („Rechtsbegriffe") gewonnen wird, eine rechtliche Würdigung darstellt. Und mit dieser Einsicht sind zugleich die Mittel der historischen Rechtshermeneutik erschöpft; wann ein Rechtsbegriff, wann ein natürlicher Begriff vorliegt, kann nicht auf der ersten Stufe historisch, sondern nur auf der zweiten Stufe, nämlich durch eine szientistische Sachgehaltsanalyse, ermittelt werden. Weil der Gesetzgeber in § 337 die Rechtsverwirklichung selbst zum Gegenstand einer rechtlichen Regelung genommen hat, finden wir daher hier eine unmittelbare Nahtstelle zwischen Rechtstheorie

---

14 Vgl. Hahn, Materialien, S. 922.

15 Vgl. vor allem Miquél und Bähr bei Hahn, Materialien, S. 921 f.

16 in JW 1881, 75.

17 Vgl. Stein, Privates Wissen, S. 13, 109; Scheuerle AcP 157, 41 u. ö.; Henke, Tatfrage, S. 145 ff.; Engisch, Logische Studien, S. 96 u. ö.; Larenz, Methodenlehre, S. 294 ff. Eine Sonderstellung kommt Mezger, Mannheim und Pohle zu, die zwar auch eine „logische Abgrenzungstheorie" vertreten, diese aber nicht auf den Gegensatz von natürlichen Begriffen und Rechtsbegriffen, sondern auf die Entgegensetzung von Tatsachenfeststellung und Tatsachenbewertung (so Mezger, Sachverständige, S. 84 ff., 178, und Mannheim, Beiträge, S. 40 f., 61 f. u. ö.) bzw. von der „Wirklichkeit in ihrer reinsten Form" und der „Beurteilung der Wirklichkeit" gründen (so Pohle, Revision, S. 31 f., 52 f., 55).

und Revisionsrecht, die uns zur Beantwortung der in Band 1[18] noch offen gelassenen Frage zwingt, wie der Vorgang der sog. Subsumtion beschaffen ist und in welchem Verhältnis Rechtsbegriffe und natürliche Begriffe bei dieser gedanklichen Operation zueinander stehen.

II. Rechtstheoretische Grundzüge des Subsumtionsvorganges

1. Bevor wir diese Aufgabe in Angriff nehmen, müssen wir allerdings noch einen Vorbehalt machen. Da der Gesetzgeber nur ganz allgemein auf die wissenschaftliche Abschichtung zwischen Rechtsbegriffen und natürlichen Begriffen im Subsumtionsvorgang verwiesen hat, ohne die dadurch gezogene Grenze vorher im einzelnen auszuloten, könnte es sein, daß die szientistische Analyse schließlich zu dem Ergebnis führt, daß bei irgendwelchen problematischen Fallgruppen eine exakte Grenzziehung überhaupt nicht möglich ist. Für diese Fälle wird sich daher ein partieller Rückgriff auf die normative Leitlinie des maßgeblichen Revisionszweckes doch nicht vermeiden lassen; auch insoweit ist es aber nicht ausgeschlossen, daß wir den Revisibilitätsbereich auf der zweiten Stufe bis zu den konkreten Fällen hin auf rein wissenschaftlichem Wege bestimmen können.

2. a) Die Rechtsanwendung stellte nach herkömmlicher, mindestens bis auf *Schopenhauer* zurückgehender Auffassung[19] einen Syllogismus dar, dessen Obersatz das Gesetz, dessen Untersatz der konkrete Sachverhalt und dessen conclusio das richterliche Urteil ist. Nach neuerer Auffassung ist diese Sicht hingegen unvollständig, weil die conclusio durch die Subsumtion vorbereitet werden müsse, d. h. durch die im Untersatz stattfindende, über die bloße Feststellung des Sachverhalts hinausgehende Unterordnung dieses Sachverhalts unter den sog. Mittelbegriff des Obersatzes. Bei *Larenz*[20] finden wir dazu folgendes Schema:

„1. Wenn T in irgendeinem Sachverhalt verwirklicht ist, gilt für diesen Sachverhalt die Rechtsfolge R (Obersatz).
2. Dieser bestimmte Sachverhalt S verwirklicht T, d. h. er ist ein „Fall" von T (Untersatz).
3. Für S gilt R (Schlußfolgerung)."

Noch einfacher wird die Struktur der Subsumtion, wenn wir den Obersatz nicht als hypothetisches Urteil, sondern als Allsatz formulieren[21]:

---

18 S. 177.
19 Vgl. Schopenhauer, Welt, Band II, Ergänz. zum 1. Buch, 2. Hälfte, Kap. 10.
20 Methodenlehre, S. 256.
21 Zur Gleichberechtigung dieser Figuren vgl. Engisch, Logische Studien, S. 8f.

Alle T sind R.
S ist T.
S ist R.

b) Auch mit dieser zu formaler Simplizität führenden Erweiterung von *Schopenhauers* Modell werden nun allerdings die eigentlichen Probleme nicht auf-, sondern zugedeckt. Denn woher wissen wir, daß ein bestimmter Sachverhalt, d. h. ein von uns wahrgenommener oder sonstwie ermittelter Ausschnitt aus der Wirklichkeit, dem abstrakten Gesetzeswortlaut unterfällt? Man sieht es dem Sachverhalt ja schließlich nicht an, ob er zu den vom Gesetz gemeinten Fällen gehört!

Die herkömmliche Rechtstheorie hat dieser Schwierigkeit auf zweifache Weise Herr zu werden versucht, wie wir hier an ihrer hervorragendsten Ausprägung – *Engischs* „Logischen Studien zur Gesetzesanwendung" – darlegen wollen. Engisch geht von dem schon von *Bierling*[22] und *Beling*[23] erkannten scheinbaren Paradoxon aus, daß beim Aufsuchen der relevanten Tatsachen stets der rechtliche Maßstab richtungweisend ist und daß umgekehrt nur der Sachverhalt ergibt, an welchen Rechtssatz zu denken ist. Der hierdurch drohenden Gefahr, daß die Rechtsfindung in einem fehlerhaften Zirkel versandet, begegnet *Engisch* mit dem berühmt gewordenen Hinweis darauf, daß es sich hier um eine „ständige Wechselwirkung", um ein „Hin- und Herwandern des Blickes zwischen Obersatz und Lebenssachverhalt" handele[24]. Die hierbei stattfindende Entfaltung (Konkretisierung) des Obersatzes, die durch die Auslegung des Gesetzes erfolgt, ordnet Engisch in logischer Hinsicht als einen weiteren Syllogismus ein (modus barbara bzw. ponens); er nennt sie (im Unterschied zu der Subsumtion des konkreten Einzelfalles unter das Gesetz) Subordination[25].

Parallel zu dieser Entfaltung des Obersatzes durch Subordination findet nach *Engischs* Auffassung die Zuordnung des Sachverhaltes zu dem durch die Subordination gewonnenen bzw. zu gewinnenden „Mittelbegriff" statt[26]. Dieser Zuordnungsvorgang, der entweder mit der Subsumtion oder mit der Ablehnung einer Subsumtion endet, soll von uns zur Vermeidung terminologiebedingter Mißverständnisse aufgegliedert werden in die der eigentlichen Zuordnung vorausgehende „Konturierung des Sachverhalts" (der „Konstitution des Rechtsfalles" im Sinne *Hruschkas*) und in die (von *Engisch* Subsumtion genannte) Zuordnung des Rechts-

22 Prinzipienlehre IV, S. 46.
23 ZStW 37, 365.
24 a.a.O., S. 15.
25 a.a.O., S. 15–18.
26 a.a.O., S. 19, 26 ff.

falles zu den vom Gesetz zweifellos gemeinten Fällen[27]. Außerdem soll das ganze zur Verdeutlichung von *Engischs* Unterscheidung und unseren später folgenden eigenen Betrachtungen an einem einfachen Beispiel erläutert werden:

> Jemand hat einen vom Bauern über Nacht auf dem Felde zurückgelassenen Pflug heimlich auf seinen Lkw geladen, in die nächste Stadt transportiert und dort an einen Gutgläubigen veräußert; den Erlös hat er anschließend vertrunken. Welche Gedankenoperationen stellt der Richter jetzt an, bevor er den Betreffenden zu einer Strafe verurteilt?
>
> Schon die erste Wanderung des Blickes vom Fall ins Gesetzbuch zeigt, daß hier eine Bestrafung aus dem Diebstahlstatbestand in Betracht kommt, der die in Zueignungsabsicht erfolgte Wegnahme einer fremden beweglichen Sache voraussetzt (§ 242 StGB). Problematisch kann hier allein die Wegnahme sein. Im Wege der Auslegung wird nun die Subordination gefunden, daß Wegnahme den „Bruch fremden und die Begründung neuen, regelmäßig eigenen Gewahrsams" bedeutet[28], sowie die Sub-Subordination, daß unter „Gewahrsam" das nach der Auffassung des täglichen Lebens zu beurteilende, von einem Herrschaftswillen getragene tatsächliche Herrschaftsverhältnis über eine Sache zu verstehen ist[29]. Wie kann nun aber der mehr oder weniger amorphe Lebenssachverhalt (der Täter ist 30 Jahre alt, verheiratet, führte die Tat zwischen 23.00 und 24.00 Uhr bei Mondschein aus, rauchte dabei eine Zigarette, hob den Pflug erst beim dritten Versuch auf den Lastwagen; der Bauer war abends betrunken, als er den Pflug auf dem Felde zurückließ, das Feld liegt dicht an der Landstraße und ist 3 km vom Bauernhof entfernt, usw. usw.) so weit konturiert werden, daß man in ihm den „Bruch des willensgetragenen tatsächlichen Herrschaftsverhältnisses über eine Sache" wiederfinden kann? Und mit welchen Argumenten kann man denjenigen bekämpfen, der dem Bauern unter Hinweis darauf, daß dieser zwischen 23.00 und 24.00 Uhr in seinem Bett lag und schnarchend seinen Rausch ausschlief, jegliche tatsächliche Sachherrschaft abspricht und deswegen die Subsumtion ablehnt?

Engisch geht davon aus, daß die Subsumtion unseres konkreten Falles unter den entfalteten Gesetzestatbestand im Untersatz des juristischen Syllogismus stattfindet, und deutet sie als die „Gleichsetzung des konkreten zu beurteilenden Falles

---

27 Wir könnten die Konturierung auch als „Präzisierung des Sachverhalts" bezeichnen, würden damit aber terminologische Verwirrung stiften, da Rödig das, was Engisch als Subordination einordnet, „Präzisierung des Gesetzes" nennt (Theorie, S. 180 u. ö.). Unsere „Konturierung des Sachverhalts" ist auch zu unterscheiden von Rödigs „Aktualisierung einer Norm" (a. a. O., S. 180 f. u. ö.), denn obwohl die Konturierung, wie wir noch sehen werden, an Hand von mittels der juristischen Methodenlehre aufzufindenden rechtlichen Relevanzkriterien erfolgt, stellt sie dennoch nicht eine Formung der Norm, sondern an Hand der zuvor durch Auslegung („Subordination") geformten Norm eine Formung des Sachverhalts dar; Rödigs „Aktualisierung" entspricht dagegen der Subsumtion im Sinne Engischs und bedeutet daher, wie wir noch sehen werden, die Fortsetzung der durch die „Subordination" begonnenen Normkonkretisierung.

28 Vgl. nur Schönke-Schröder, Strafgesetzbuch, § 242, Rdnr. 27.

29 Vgl. Schönke-Schröder, a. a. O., § 242 Rdn. 14.

mit den durch den gesetzlichen Tatbestand zweifellos gemeinten Fällen“[30]. Obwohl man daran denken könne, die Subsumtion als Auslegung des Gesetzes in Richtung auf den konkreten Einzelfall aufzufassen, dürfe man niemals die begrifflichen Unterschiede zwischen der Auslegung mit ihrer generellen Tendenz als dem logischen prius und der jetzt zu vollziehenden Subsumtion als dem logischen posterius aus dem Auge verlieren[31]. Die danach für die Subsumtion entscheidende Frage der Gleichsetzung wird nach *Engisch* teils durch die Erfahrung, teils durch das Wertfühlen beantwortet[32], wobei das Vergleichsmaterial durch die Auslegung geliefert werde. Da für die Gleichstellung nur eine in den wesentlichen Punkten gegebene Übereinstimmung des konkreten Falles mit den vom Gesetz gemeinten Fällen erforderlich sei, könne die Subsumtion zusammenfassend als die Einordnung eines konkreten Falles in den vom Gesetz gemeinten Kreis auf Grund einer Gleichsetzung mit den typischen Fällen bezeichnet werden[33].

c) Es ist nicht zu bezweifeln, daß in diesen ursprünglich aus dem Jahre 1943 stammenden Darlegungen *Engischs* wesentliche Einsichten zum Ausdruck kommen, die die Keimzellen für zahlreiche modernen Methodenerkenntnisse bilden[34]. Trotzdem erscheint es zweifelhaft, ob damit schon eine abschließende Erfassung des Subsumtionsvorganges gelungen ist. Bei dem Versuch, *Engischs* Modell für die Abgrenzung von Tat- und Rechtsfrage fruchtbar zu machen, fällt nämlich als erstes auf, daß mit der Unterscheidung von Obersatz und Untersatz nicht etwa – wie noch für *Schopenhauer*[35] außer Frage stand – der Unterschied zwischen quaestio iuris und quaestio facti eingefangen ist, sondern daß auch noch im Rahmen des Untersatzes Rechtsfragen auftauchen. So spricht *Engisch* in einem späteren, der Abgrenzung von Tat- und Rechtsfrage gewidmeten Abschnitt seiner „Logischen Studien“ selbst davon, daß die „juristische Beurteilung ... eben nicht nur in der generell bedeutsamen Subordination, sondern auch in der auf den Einzelfall bezüglichen Subsumtion“ stecke[36], daß der Vergleich des konkre-

---

30 a.a.O., S. 26.

31 a.a.O., S. 27.

32 a.a.O., S. 30, 94 f., 102.

33 a.a.O., S. 33, 37.

34 Vgl. etwa Arth. Kaufmanns Feststellung, daß die Rechtsgewinnung ursprünglich analog sei (Rechtsphilosophie, S. 288), ferner auch Rödig, Theorie, S. 167 ff., wo in vielfältiger Weise an Engischs Untersuchungen angeknüpft wird.

35 Vgl. o. Fn. 19; weitere Anhänger dieser Auffassung sind bei Engisch, Logische Studien, S. 20 f. nachgewiesen. Rödig läßt dieses Problem weitgehend im Dunkeln, obwohl er (Theorie, S. 164) mit Larenz und Überweg zwei Vertreter der widerstreitenden Auffassungen direkt miteinander konfrontiert.

36 a.a.O., S. 92.

ten Falles mit den gesetzlichen Fällen klar zur Rechtsfrage gehöre[37] und daß Subordination und Subsumtion gemeinsam der Tatsachenfeststellung gegenüberstünden[38].

Zur Abgrenzung von Tat- und Rechtsfrage taugt dieses Subsumtionsmodell daher nicht, denn die diesbezügliche Scheidelinie verläuft bei *Engisch* nicht zwischen Ober- und Untersatz, sondern irgendwo im Bereich des Untersatzes. Daraus folgt der erste Einwand, daß *Engisch* nicht eigentlich die Subsumtion des konkreten Falles, sondern die Subsumtion eines aus dem konkreten Fall im Untersatz herausgebildeten Typus unter das Gesetz beschreibt. Diesem Einwand könnte zwar entgegengehalten werden, daß man dem Gesetz als einem begrifflichen Gebilde niemals einen außenweltlichen Sachverhalt als solchen, sondern immer nur dessen begriffliche Fassung subsumieren könne; aber abgesehen davon, daß diese Replik schon in semasiologischer Hinsicht fehlgehen dürfte[39], bleibt dann als zweiter Einwand übrig, daß *Engisch* nicht deutlich macht, welche methodologische Struktur die von ihm im Untersatz angesiedelte Gleichstellung des Einzelfalles mit dem vom Gesetz gemeinten Typus besitzt: Er hält sie entweder durch Wertung oder durch Erfahrung für begründbar, ohne daß recht klar wird, wie sich hier rechtliche Wertung, wissenschaftliche Erforschung des Substrats und wertfreie „Untersatzsemantik“ zueinander verhalten. Auch gegen diesen Einwand läßt sich zwar wieder etwas sagen – nämlich daß *Engisch* in seinen Studien nicht die methodologische, sondern nur die logische Struktur des Rechtsfindungsvorganges untersucht und daß die Erwähnung von Erfahrung und Wertung als den Gleichstellungsmitteln außerdem eine gewisse Affinität zu unserer zweiten und dritten Rechtsgewinnungsstufe aufweist. Aber selbst wenn unsere ersten beiden Bedenken auf die angedeutete Weise zerstreut werden können, bleibt doch noch ein dritter Einwand übrig, der sich unseres Erachtens nicht mehr entkräften läßt. Weil die Subordination und die Subsumtion bei *Engisch* die gleiche logische Struktur aufweisen, so daß die Subsumtion nur einen Sonderfall der Subordination darstellt[40], läßt sich in *Engischs* Modell nämlich keine auch nur einigermaßen exakte Grenze zwischen Ober- und Untersatz angeben! Ob in unserem Beispielsfall die Subordination mit der Definition des Gewahrsamsbegriffs abschließt, so daß die Untergruppen der durch *einen generell beherrschten Raum* (hier dem Feld) vermittelten Sachherrschaft und der trotz vorübergehender Latenz (hier durch den Schlaf des Bauern) fortbestehenden Sachherrschaft im Rahmen des Untersatzes

37 a.a.O., S. 102.

38 a.a.O., S. 101.

39 Denn das Verhältnis von Sprache und Wirklichkeit ist immer so beschaffen, daß außenweltliche Gegebenheiten unter sprachliche Begriffe „subsumiert“ werden müssen.

40 Vgl. dazu näher Rödig, Theorie, S. 165–167, 181.

durch Typisierung unseres konkreten Falles zu entwickeln sind, ob erst diese Gruppenbildung die Subordination abschließt oder ob der Mittelbegriff gar eine noch weitergehende Konkretisierung (etwa: landwirtschaftliches Gerät auf dem Felde) erfahren muß – das läßt sich nach *Engischs* Modell nicht entscheiden. *Engischs* Versuch, innerhalb des Bereichs der (bei ihm sowohl im Ober- als auch im Untersatz anzustellenden) rechtlich-normativen Erwägungen eine Grenze zu ziehen, kann daher immer nur zu einer willkürlichen Abscheidung führen und erscheint infolgedessen wenig sinnvoll. Eine eindeutige Grenzziehung wird vielmehr nur möglich sein, wenn man – auf *Schopenhauer* zurückgehend – die Rechtsfrage im Obersatz, die Tatfrage im Untersatz isoliert und damit zugleich ein für die Abgrenzung des Revisibilitätsbereiches verwertbares Subsumtionsmodell konzipiert.

d) Daß eine solche „simple" Aufteilung überhaupt möglich sei, wird nun allerdings von den Vertretern der herrschenden juristischen Hermeneutik entschieden in Abrede gestellt. Wir sind auf diese Lehre bereits im ersten Hauptteil dieser Arbeit mehrfach eingegangen[41] und brauchen deswegen ihre Argumentation hier nur noch an Hand ihrer für die gegenwärtige Problematik wichtigsten Monographien – *Hruschkas* „Konstitution des Rechtsfalles" und *Hassemers* „Tatbestand und Typus" – ganz knapp zu resümieren. *Hruschka* betont, daß die Konstitution des Rechtsfalles, d.h. die Herstellung eines für die Subsumtion geeigneten Sachverhaltes aus dem relativ amorphen Tatsachenmaterial, eine schöpferische Gestaltung erfordere, die Relevanzkriterien aus spezifisch rechtlichen Fragestellungen beziehe; daraus ergebe sich, „daß der Rechtsfall als Rechtsfall nicht in sich ruht, sondern erst geschaffen wird durch die ... sich aus der Rechtsidee ergebende Blickweise und Fragestellung. ... Ohne Einbeziehung dieser ... Konstitutionselemente kann ... nicht sinnvoll von einem Rechtsfall gesprochen werden. ... Eine ... Beschreibung (scil. eines Tatsachenkomplexes) wird zum Sachverhalt ... erst, wenn sie als Antwort auf eine rechtlich bestimmte Grundfrage verstanden wird"[42].

Die sich hieraus als Konsequenz ergebende „rechtliche Durchwirkung der Tatfrage" wird auch von *Hassemer* betont[43] und noch ergänzt durch die „tatsächliche Durchwirkung der Rechtsfrage", die sich daraus ergeben soll, daß der Tatbestand und seine Merkmale nicht ohne einen (geschehenen oder erdachten) Sachverhalt verstehbar sind[44]; beides zusammen führt dann bei *Hassemer* zu der

41 s. Band 1 S. 21f., 81ff.
42 Hruschka, Konstitution, S. 70f.
43 Tatbestand, S. 103f. u. ö.
44 a.a.O., S. 104 u. ö.

hermeneutischen Spirale, d.h. zu der „Entfaltung von Tatbestand und Sachverhalt aneinander in der Kategorie der Gleichzeitigkeit“[45].

Nachdem wir diese hermeneutischen Kernthesen im ersten Hauptteil allein unter methodologischen Gesichtspunkten erörtert haben, zeigt sich nunmehr, daß sie auch für die Bestimmung des Revisibilitätsbereiches relevant sind. Denn die damit behauptete unauflösbare Verschlingung von Tat- und Rechtsfrage würde das *Schopenhauersche* Subsumtionsmodell endgültig widerlegen, jede exakte Grenzziehung zwischen Tat- und Rechtsfrage unmöglich machen und zugleich den mit den Mitteln der historischen Rechtshermeneutik erforschten Machtspruch des Gesetzgebers aus den Angeln heben: Denn wenn die vom Gesetzgeber gewollte Abgrenzung wissenschaftlich unmöglich wäre, könnte sie auch nicht verbindlich sein, und es würde dadurch eine Lücke aufgerissen werden, die dann erst wieder an Hand der normativen Revisionszweckrichtlinie ausgefüllt werden müßte.

e) Tatsächlich ist dieses von der modernen Hermeneutik nahegelegte Resultat, daß eine „logische“ Abgrenzung von Tat- und Rechtsfrage überhaupt nicht durchführbar sei, auch im revisionsrechtlichen Schrifttum schon häufig vertreten worden. *Wehli* stellte bereits 1913 die rhetorische Frage: „Wer will hier (scil. bei der Feststellung einer die Verkehrssicherheit gefährdenden Fahrgeschwindigkeit) genau die Grenze ziehen, wo die Tatfrage aufhört und die Rechtsfrage anfängt?“[46]. *Radbruch* erklärte es von dem neukantianischen, die Wirklichkeit von vornherein nur als ein Produkt kategorialer Synthesen begreifenden Standpunkt aus[47] für „eine Sache des Beliebens, ob man die Anwendung solcher Begriffe (scil. von Tatbestandsbegriffen, die den sozialen Begriffen nachgebildet sind) als tatsächliche Feststellung oder als rechtliche Würdigung aufmacht“, so daß sich die Unterscheidung von Tat- und Rechtsfrage als undurchführbar erweise[48]. Ferner hat die *Schwinge*-Schule ständig betont, daß Tat- und Rechtsfrage einander dauernd wechselseitig beeinflußten, so daß der Versuch, einen Unterschied im logischen Sinne aufzuweisen, aussichtslos sei[49]. *Warda* hat diese auch von ihm

---

45 a.a.O., S. 107f.

46 Festschr. f. Wach I, S. 436.

47 Zu der neukantianischen Lehre, daß die kulturwissenschaftliche Welt erst durch eine theoretische Beziehung der „unmittelbaren Wirklichkeit“ auf Kulturbedeutungen entstehe, so daß nicht die Begriffsbildung auf den Phänomenen, sondern umgekehrt die Phänomene auf der Begriffsbildung beruhen sollen, vgl. Lask, Schriften I, S. 307f.; wie stark die Nachwirkungen dieser höchstproblematischen Auffassung heute noch sind, zeigen – um nur einige wenige Beispiele willkürlich herauszugreifen – die Ausführungen von Larenz, Methodenlehre, S. 234f.; Henke, Tatfrage, S. 143f.; Horn, Gefährdungsdelikte, S. 37f.

48 Rechtsidee, S. 189; ähnlich Graf zu Dohna, JW 1922, 1011, und Sauer, Grundlagen, S. 65f.

49 Vgl. Schwinge, Grundlagen, S. 52f.; ähnlich Hanack, Ausgleich, S. 138ff. m.zahlr.weit. Nachw.; Duske, Aufgaben, S. 31ff. m.w.N.

geteilte Auffassung von der „Unmöglichkeit einer klaren Scheidung von Rechts- und Tatfrage" sogar „in der Wissenschaft fast allgemein anerkannt" gefunden[50], und unlängst ist von *Kuchinke* auch aus zivilprozessualer Sicht eine ausführliche Kritik aller logischen Abgrenzungsversuche vorgelegt worden[51]. Zwar hat es in der ganzen Zeit auch nicht an Verteidigern der „logischen Abgrenzungstheorie" gefehlt[52]; der für die formelle Richtigkeit von *Wardas* Befund entscheidende Umstand liegt aber darin, daß sich die strafprozessuale Lehrbuch- und Kommentarliteratur ganz allgemein auf die Seite der Gegner der klassischen Theorie geschlagen hat[53].

3. Damit hat sich ergeben, daß die vom Gesetzgeber verordnete „logische" Abgrenzung des revisiblen Bereiches nach h.M. nicht nur in Grenzfällen versagen, sondern zur Lösung der Problematik von vornherein untauglich sein soll. Eine eingehende kritische Prüfung wird jedoch zeigen, daß diese so verbreitete Behauptung auf einer grundlegenden Verkennung des Rechtsfindungsvorganges beruht und daß der von Tat- und Rechtsfrage gebildete „Knoten, dessen Lösung allen Menschenwitz übersteigen" soll[54], sich von selbst entwirrt, wenn man nur die Entscheidung des Gesetzgebers in den Kategorien der modernen Sprachtheorie begreift und ohne vorzeitige Preisgabe dieses Ansatzes bis zu dem konkreten Fallmaterial hin verfolgt[55].

a) Bei der Kritik der h.M. können wir uns verhältnismäßig kurz fassen, da die untrennbare Verschlingung von Tat- und Rechtsfrage vielfach entweder ohne nähere Begründung behauptet oder nur mit unzulänglichen oder extremen und daher nicht beweiskräftigen Beispielen belegt wird[56]. Ferner kann die Argumentation der h.M. auch insoweit unerörtert bleiben, als sie ihre Stoßkraft allein aus

---

50 Grundlagen, S. 69 m.w.N. in Fn. 201.

51 Grenzen, S. 67 ff., 78 ff.

52 Vgl. die Nachw. o. in Fn. 16 und 17.

53 Vgl. Eb. Schmidt, Lehrkommentar, § 337 Rdnr. 4; Meyer in Löwe-Rosenberg, Strafprozeßordnung, § 337, Rdnr. 2 (wo zur näheren Abgrenzung des revisiblen Bereiches auf Eb. Schmidt, Schwinge und Kuchinke verwiesen wird); Kleinknecht, Strafprozeßordnung, Rndnr. 3 vor § 333; Henkel, Strafverfahrensrecht, S. 375; Peters, Strafprozeß, S. 562 (vgl. auch schon Peters ZStW 57, 68 f.); Kern-Roxin, Strafverfahrensrecht, S. 277. Allerdings wird hier nicht überall völlig deutlich, ob die logische Abgrenzung prinzipiell verworfen oder nur für nicht immer ausreichend erachtet wird.

54 Vgl. Graf zu Dohna, Strafverfahren, S. 216.

55 An der zweiten Voraussetzung fehlt es bei Esser (Vorverständnis, S. 46 f.), der den sprachtheoretischen Ansatz erkennt, aber nicht weiter verfolgt, und bei Rödig (Theorie, S. 184), der seine verheißungsvollen Bemühungen mit dem wenig überzeugenden Argument abbricht, daß eine hinreichende Präzisierung der Normen im Prozeß niemals möglich sei (wieso dann überhaupt jemals eine richterliche Subsumtion möglich sein soll, bleibt dunkel).

56 Vgl. dagegen Henke, Tatfrage, S. 141 f.

der Kritik älterer, unzulänglicher Versuche einer logischen Abgrenzung bezieht[57]; hier ist es nicht unsere Aufgabe, ausgetragene Diskussionen wiederzukäuen, vielmehr gilt es einfach, eine erfolgreichere Probe aufs Exempel vorzunehmen!

Eine tiefergehende Fundierung der h.M., die eine explizite Auseinandersetzung erfordert, findet sich daher nur dort, wo die logische oder methodologische Struktur der Rechtsgewinnung in prinzipieller Weise untersucht wird.

α) *Kuchinke* versucht die logische Abgrenzungstheorie durch den Nachweis zu widerlegen, daß in der Zuordnung eines bestimmten Begriffs (etwa: eine Geschwindigkeit von 60 km/h) zu einem unbestimmten Begriff (etwa: übermäßige Geschwindigkeit) nicht nur eine Subsumtion, sondern immer auch eine Interpretation liege, so daß der Begriff „Geschwindigkeit von 60 km/h" durch die Interpretation zum Rechtsbegriff aufsteige und die eigentliche Subsumtion zwischen zwei identischen Inhalten (nämlich der gleichen Maßzahl) vollzogen werde; in der Feststellung, daß jemand mit einer Geschwindigkeit von 60 km/h gefahren sei, sei daher immer auch schon die rechtliche Würdigung dieses Vorganges beschlossen[58]. Tatsachenfeststellung und rechtliche Würdigung seien, allgemein gesprochen, nichts anderes als ein Prozeß fortlaufender Identifizierung[59]; bei der Subsumtion, als Zuweisung eines konkreten Einzelfalles zur Klasse der durch das Gesetz gemeinten Fälle verstanden, sei daher die Feststellung dieser Gleichheit von dem Vollzuge der Gleichsetzung nicht zu trennen. Die Beziehung zwischen dem Sachverhalt S und dem Rechtssatz p, die in der Subsumtion geschaffen werde, hebe „den Fall S auf eine neue Stufe (p) der Sinngebung, auf der er nicht mehr einer messenden Beobachtung oder kausalen Erklärung unterworfen wird, sondern seinen Inhalt von Begriffen empfängt, die in einem anderen System stehen"[60].

Mit dem letzten Satz hat Kuchinke jedoch bereits, offenbar ohne es selbst zu bemerken, die logische Unterscheidung von Tat- und Rechtsfrage als Basis seiner eigenen Erörterungen anerkannt, denn wie könnte er von der dem Sachverhalt S in der Subsumtion widerfahrenden neuen Sinngebung sprechen, wenn dieser Sachverhalt nicht schon vor der Subsumtion als für uns (wenn auch in einem anderen System) begreifbarer existierte? Darin liegt überhaupt die Erbsünde der

---

57 Das gilt etwa für Schwinges Kritik an Mannheims Unterscheidung von Tatsachenfeststellung und Tatsachenbewertung (vgl. Mannheim, Beiträge, S. 40f., 61f. u. ö. sowie vor Mannheim bereits eingehend Mezger, Sachverständige, S. 84ff., 178 und zur Kritik außer Schwinge, Grundlagen, S. 53ff. auch Pohle, Revision, S. 33ff.; Drost, Ermessen, S. 68f. Fn. 190; Scheuerle AcP 157, 58ff.; Kuchinke, Grenzen, S. 87ff., 95ff.; Henke, Tatfrage, S. 142ff.; Engisch, Logische Studien, S. 93ff.).

58 Grenzen, S. 77.

59 a.a.O., S. 79.

60 a.a.O., S. 82.

h. M., die durch eine sorgfältige Sprachkritik unschwer aufgedeckt werden kann – was hier an *Kuchinkes* Darlegungen exemplarisch geschehen soll: Die von der h. M. gerade bekämpfte Hypothese, daß es ein vorrechtlich begriffenes Substrat der rechtlichen Beurteilung gibt, wird von ihr allenthalben als Grundlage des rechtstheoretischen „Sprachspiels" übernommen und wird daher zwar in ihren Konsequenzen bekämpft, aber niemals wirklich preisgegeben, so daß die h. M. – um eine etwas bissige Metapher zu benutzen – der Katze vergleichbar ist, die durch noch so schnelle Flucht der an ihren Schwanz gebundenen. Blechdose nicht entkommen kann. Indem *Kuchinke* von der „Gleichsetzung eines Falles mit den anderen vom Gesetz gemeinten Fällen" spricht, setzt er die vorrechtliche Existenz von „Fällen" weiterhin voraus, und das von ihm benutzte Beispiel, daß jemand mit der als übermäßig anzusehenden Geschwindigkeit von 60 km/h gefahren ist, macht diese Paradoxie in *Kuchinkes* Beweisführung vollends deutlich: Daß jemand 60 km/h schnell gefahren ist, ist eine vorrechtliche Sachverhaltsbeschreibung, die völlig unabhängig davon ist, ob überhaupt eine rechtliche Geschwindigkeitsbegrenzung existiert. Daß der Begriff „Geschwindigkeit von 60 km/h" mit Einführung einer Geschwindigkeitsbeschränkung[61] zum „Rechtsbegriff aufgestiegen ist"[62], ändert hieran überhaupt nichts, weil er ungeachtet dessen als „natürlicher Begriff" selbstverständlich fortbesteht, so daß einfach eine Identität von „Rechtsbegriff" und „natürlichem Begriff" gegeben ist, die die Abgrenzung von Tat- und Rechtsfrage nicht etwa in Frage stellt, sondern gerade umgekehrt besonders einfach macht[63].

Es besteht daher nicht die mindeste Veranlassung, *Kuchinkes* Argumentation für den von ihm erörterten 60-km/h-Fall im Anschluß an *Henke*[64] als zwingend anzusehen und auf komplexere Sachverhalte auszuweichen, um die Subsumtion als „schöpferischen Rechtsfindungsakt", als „selbständige Bewertung nach bloß elastisch formulierten Richtlinien"[65] aufrechterhalten zu können. Denn die darin liegende willkürliche Aufteilung der Rechtsfrage in Interpretation („Subordination") und wertende Subsumtion[66] und die daraus folgende Verquickung von Rechtsfrage und Tatfrage im Untersatz, die wir schon bei *Engisch* kritisiert ha-

---

61 Sei es, daß der Gesetzgeber eine „übermäßige" Geschwindigkeit verboten hat, woraus im Wege der Interpretation für die konkreten Umstände das Verbot einer Geschwindigkeit von 60 km/h entwickelt wird, sei es, daß der Gesetzgeber bereits ganz präzise eine Höchstgeschwindigkeit von 50 km/h vorgeschrieben hat.

62 Darauf stellt Kuchinke, a. a. O., S. 77, entscheidend ab.

63 Vgl. dazu näher unten sub 3. b).

64 Tatfrage, S. 50 ff.

65 So Henke, Tatfrage, S. 52; vgl. auch dens., ZZP 81, 212 f., 229 f.

66 Der „Aktualisierung" im Sinne Rödigs (Theorie, S. 180).

ben[67] und die bei *Henke* noch weiter ausgebaut wird[68], ist weder für die Abgrenzung von Tat- und Rechtsfrage noch in irgendeiner anderen Hinsicht förderlich, sondern trägt die Hauptverantwortung dafür, daß die h.M. trotz ihrer Paradoxien immer noch „am Ruder“ ist und sogar, wie das Beispiel von *Kuchinke* zeigt, bei der Bekämpfung der klassischen Theorie scheinbare Erfolge verbuchen kann.

β) Wenn man das Modell der „schöpferischen Subsumtion“ aus der Schußlinie nimmt, fällt die h.M. zum großen Teil sehr schnell auf das oben dargestellte Grundparadoxon zurück und damit zugleich in sich zusammen. Allerdings gibt es noch einen großangelegten Versuch, die Kategorie des vorrechtlichen Lebenssachverhaltes a limine auszumerzen und gerade dadurch die „Verschlingungsthese“ zu retten – nämlich durch die schon im Neukantianismus entwickelte und in der modernen ontologischen Hermeneutik (vor allem durch *Hruschka* und *Hassemer*) ausgebaute, oben unter 2. d) skizzierte Theorie, daß der Rechtsfall allein vom Gesetzestatbestand her aus dem noch nicht vollständig begriffenen Lebensvorgang herausgearbeitet werden könne und damit zugleich auf den Gesetzestatbestand, diesen näher bestimmend, zurückwirke[69], so daß Rechts- und Tatfrage in der hermeneutischen Spirale untrennbar verschlungen wären.

Diese Theorie bildet – auch wenn ihre Schöpfer sie für die Abgrenzung von Tat- und Rechtsfrage nicht speziell ausgewertet haben[70] – das einzige durchkonzipierte, in sich schlüssige Fundament der h.M.; dennoch hält auch sie einer Überprüfung letztlich nicht stand. Wir können hierbei auf die Argumente zurückgreifen, mit denen wir schon im ersten Hauptteil der ontologischen Hermeneutik entgegengetreten sind[71] und deren Bedeutung für den Subsumtionsvorgang wir am einfachsten an unserem obigen Pflug-Beispiel demonstrieren können.

aa) Wir haben der ontologischen Hermeneutik oben entgegengehalten, daß der Sachverhalt ausschließlich nach rechtlichen Gesichtspunkten konturiert wird und daß er für die Gewinnung dieser Gesichtspunkte nur eine **heuristische Funktion** besitzt[72]. Für die logische Struktur des Rechtsfindungsvorganges be-

---

67 s. o. S. 52f.

68 a.a.O., S. 99ff. Wie hier bereits Jesch AöR 82, 187ff.; die daran von Henke (a.a.O., S. 104ff.) geübte Kritik geht ersichtlich fehl, da erstens der Richter auch dann, wenn er „nach den Umständen des Falles“ zu urteilen hat (Henke, a.a.O., S. 105), einen normativen Obersatz benötigt (wie sollte er sonst überhaupt urteilen können?) und da zweitens der von Henke (a.a.O., S. 105f.) reklamierte Zweck der Revision bei der rechtstheoretischen Erörterung nichts zu suchen hat.

69 Die letztere These stammt allerdings noch nicht aus dem Neukantianismus, sondern erst aus der ontologischen Hermeneutik.

70 Vgl. den Vorbehalt von Hruschka, Konstitution, S. 13, aber auch die im Vorwort (a.a.O., S. 6) bezeugte Sympathie für Kuchinkes prozeßrechtliche Thesen.

71 s. Band 1 S. 81ff.

72 s. Band 1 S. 83f.

deutet dies, daß die „Konstitution des Rechtsfalles“ durch eine Ausscheidung der irrelevanten Sachverhaltskomponenten an Hand der Relevanzkriterien des Obersatzes erfolgt, und zwar jeweils in einem besonderen, in sich abgeschlossenen Syllogismus: Die durch normative Erwägungen gewonnene Irrelevanzaussage ist hierbei der spezielle Obersatz, die Beschreibung des zu prüfenden Sachverhaltssegments der Untersatz, und das konkrete Irrelevanzurteil ist die conclusio.

Wie man sieht, wird durch den Vorgang der Sachverhaltskonturierung also nicht etwa eine untrennbare Verschlingung von Norm und Faktum begründet, vielmehr lassen sich bei der Konturierung selbst Tat- und Rechtsfrage säuberlich voneinander trennen! Die Konturierung selbst ist nichts anderes als eine zur Entlastung der eigentlichen Subsumtion des relevanten Sachverhaltsteils vorgezogene Subsumtion der irrelevanten Sachverhaltsteile unter die im Zuge der Normkonkretisierung gewonnenen Irrelevanzdaten mit genau derselben Grenzziehung zwischen Tat- und Rechtsfrage wie bei der eigentlichen Subsumtion!

bb) Bevor wir uns der entscheidenden Frage zuwenden, wie denn bei einer solchen Konzentrierung aller Rechtsfragen im Obersatz die Subsumtionsbrücke zwischen Norm und Fakt geschlagen werden kann, wollen wir die uns vorschwebende, vom Standpunkt der h.M. aus geradezu atavistisch anmutende Aufteilung noch einmal an unserem Pflug-Fall verdeutlichen;

Ob ein für eine Wegnahme ausreichendes tatsächliches Herrschaftsverhältnis über eine Sache auch dann noch gegeben ist, wenn ein Bauer seinen Pflug über Nacht auf seinem Felde stehen läßt, ist eine reine Rechtsfrage, die daher allein im Obersatz zu beantworten ist. Der konkrete Fall bietet zwar erst den Anlaß, diese Frage aufzuwerfen (darin liegt seine *heuristische* Bedeutung), kann zu der Antwort aber nichts beisteuern, denn diese Antwort wird allein mit Hilfe der im ersten Teil dieser Arbeit entwickelten Methoden gefunden – irgendeine außerhalb unseres Systems angesiedelte, geheimnisvolle „Rechtserzeugung durch den Einzelfall“ gibt es nicht. Des weiteren kann auch *Engisch*[73] nicht darin gefolgt werden, daß diese vom konkreten Fall stimulierten, aber nicht inhaltlich motivierten Rechtserwägungen den endgültigen Subsumtionsschluß im Untersatz vorbereiteten und damit zum logischen prius späterer Gesetzeserläuterung würden. Denn die von *Engisch* im Untersatz angesiedelte „Gleichsetzung“ ist, wie bereits oben kurz bemerkt, in logischer Hinsicht nichts anderes als Gesetzeskonkretisierung und daher nicht posterius, sondern prius der Subsumtion, die erst in dem Augenblick möglich ist, da die Norm vom Richter für sämtliche relevanten Umstände des zur Subsumtion gestellten Falles „verlängert“ worden ist. Die dafür nötigen Denkoperationen können deswegen nicht im Untersatz angesiedelt werden, weil

---

73 Logische Studien, S. 27.

erstens dann überhaupt keine Grenze zwischen Ober- und Untersatz möglich wäre[74] und weil sie zweitens nicht individueller, sondern genereller Natur sind: Der Bauer, der Pflug, das Feld, die Nachtzeit – sie alle interessieren in diesem Zusammenhang nicht als unverwechselbare und unwiederholbare Individualitäten, sondern „als" Bauer, „als" Pflug usw.[75], und nicht der zwei Jahre alte Pflug des Bauern Huber auf dem Flurstück 87/2 wird bei diesen rechtlichen Erwägungen dem bisher schon gesicherten Bestand des § 242 StGB zugesellt, sondern die in den Merkmalen $n_1 - n_x$ erfaßte Konstellation, d. h. kein individueller Fall, sondern ein Falltyp!

Der individuelle Fall bildet dagegen das Thema des Untersatzes, und zwar zunächst in allen seinen Merkmalen beim Vorgang der Konturierung, durch den er von allen Akzidentien „gereinigt" und auf jene essentielle Struktur zurückgeführt wird, die im Rahmen der rechtlichen Erwägungen als relevant erkannt wurde. Daß unser Bauer seinen Rausch ausschlief, wie alt er ist, die Marke des Pfluges – davon wird jetzt abstrahiert, weil es hierauf im Rahmen des § 242 StGB nicht ankommt (während die Relevanzen in einem Entmündigungsverfahren wegen Trunksucht, für die Zuerkennung der Altershilfe oder bei einem Sachmängelprozeß ganz anders verteilt wären). Die Relevanzkriterien werden dabei im Obersatz der zur Konturierung führenden Syllogismen durch die Auslegung des § 242 StGB gewonnen, und weil ein neuartiger Fall die Frage nach neuartigen Relevanzkriterien aufwirft, könnte man tatsächlich den (in der ontologischen Hermeneutik kultivierten) Eindruck erhalten, daß hier eine Wechselwirkung obwalte – die doch in Wahrheit nicht (wie in *Hassemers* Spiralenmodell insinuiert) eine echte Rückkopplung[76], sondern nur die normale Beziehung ist zwischen dem Objekt der Wertung und der Wertung des Objekts.

Die Fallkonturierung, die schließlich zu einer von Weitschweifigkeiten gereinigten, „glatten" und daher subsumtionsfähigen Sachverhaltsbeschreibung führt, erfolgt dabei zum größeren Teil bereits intuitiv, indem für den geübten Juristen von vornherein nur die Umstände in den Blick treten, die möglicherweise relevant sein können. Nur durch diese intuitive Leistung kann der zunächst amorphe Sachverhalt konturiert, kann jene unentbehrliche, der eigentlichen Subsumtion vorangehende „Reduktion von Komplexität" erreicht werden – an der Struktur der Konturierung wird durch diese Beteiligung der Intuition aber nichts geändert, denn sofern nur irgendein Angehöriger des juristischen Kommunikati-

74 s. dazu o. S. 53.

75 Zu dieser für das Recht typischen Als-Beziehung vgl. Maihofer, Sinn, S. 47 ff.

76 Vgl. dazu allgemein von Cube, Kybernetik, S. 126 ff.; Watzlawick-Beavin-Jackson, Kommunikation, S. 29 ff.

onskreises Widerspruch erhebt, muß auch die intuitive Ausklammerung eines Merkmals auf die gleiche Weise wie die explizite Vernachlässigung gerechtfertigt werden, indem bestimmte Irrelevanzhypothesen formuliert (etwa: für das Fortbestehen des Gewahrsams ist es unerheblich, was der Bauer zu Hause macht) und an Hand des Obersatzes verifiziert werden.

b) Damit dürften auch die aus der ontologischen Hermeneutik ableitbaren Einwände gegen eine logische Trennung von Tat- und Rechtsfrage entkräftet sein, und wir sind nunmehr ausreichend gerüstet, um unser eigenes, die Grenze zwischen Tat- und Rechtsfrage unmittelbar sichtbar machendes Subsumtionsmodell zu beschreiben.

α) Dieses Modell beruht, wie schon am Anfang dieses Abschnitts angekündigt, auf der sprachtheoretischen Einsicht, daß im Vorgang der Rechtsfindung zwei Sprachspiele zur Deckung gebracht werden müssen: nämlich das auf der juristischen Fachsprache beruhende Sprachspiel der Gesetzesauslegung und -konkretisierung und das auf der Umgangssprache und den Fachsprachen der empirischen Wissenschaften beruhende Sprachspiel der Beweiswürdigung und Sachverhaltsschilderung. Insoweit ist daher die alte Unterscheidung von Rechtsbegriffen und natürlichen Begriffen auch heute noch von grundlegender Bedeutung. Nur darf man sie nicht statisch-theoretisch fassen, indem man an den einzelnen Termini haften bleibt und sich darüber streitet, ob etwa „der Begriff der Geisteskrankheit" oder „der Begriff der tatsächlichen Sachherrschaft" ein natürlicher Begriff oder ein Rechtsbegriff sei; denn fast alle Termini können sowohl zur Kennzeichnung von Rechtsbegriffen als auch zur Kennzeichnung von natürlichen Begriffen verwendet werden, so daß ihre jeweilige Funktion ausschließlich von dem konkreten Sprachspiel bestimmt wird. Der von den Kritikern der klassischen Theorie erhobene Einwand, daß eine generelle (d.h. an den Termini orientierte) Unterscheidung von Rechtsbegriffen und natürlichen Begriffen unmöglich sei, ist daher einerseits zutreffend und geht andererseits doch völlig ins Leere, wenn man diese Unterscheidung pragmatisch-dynamisch faßt und an dem konkreten Sprachspiel orientiert.

Wie ist aber im Rahmen des einzelnen Sprachspiels eine präzise Unterscheidung möglich? Die Antwort hierauf scheint schwierig zu sein und ist doch ganz einfach, wenn man sich vor Augen führt, daß der Gesetzgeber bei Verwendung der umgangssprachlichen Termini gewöhnlich deren Kernbedeutung übernimmt, so daß lediglich in dem Bedeutungshof nach den von uns im ersten Hauptteil dargestellten Methoden spezielle Gebrauchsregeln gefunden werden müssen. Auch die Auslegung und Konkretisierung der Gesetze gehorcht diesem Prinzip, indem die Ausdrücke des Gesetzes, deren umgangssprachliche Bedeutung durch einen relativ kleinen Kern und einen relativ großen Hof gekennzeichnet ist, durch solche Ausdrücke (eventuell Ausdrucksverbindungen) substituiert werden, die in der Umgangssprache einen relativ größeren Bedeutungskern aufweisen[77], wobei neben der Umgangssprache immer auch die Fachsprache der jeweiligen empirischen Wissenschaft in Betracht kommt.

Man kann daher zwei Grundsätze formulieren:

> Erstens die Übersetzungsgleichung „e (Bedeutung eines juristischen Terminus) = f (Bedeutungskern des Terminus in umgangssprachlicher Verwendung) oder x (die noch unbekannte weitere, auf den verschiedenen Rechtsgewinnungsstufen zu ermittelnde Bedeutung)"[78] und zweitens die Herkunftskennzeichnung „Ein Terminus wird im Rahmen der Rechtssprache verwendet, wenn er im Wege der Substitution und Sub-Substitution aus einem in einer Rechtsnorm enthaltenen Terminus entwickelt wurde; wenn es an diesem Substitutionszusammenhang fehlt, wird er im Rahmen der Umgangs- oder einer empirischen Fachsprache verwendet".

β) Mit Hilfe dieser beiden Gleichungen kann die Abgrenzung zwischen Tat- und Rechtsfrage nunmehr ohne weitere Schwierigkeiten durchgeführt und mit der Grenze zwischen Ober- und Untersatz beim richterlichen Syllogismus identifiziert werden. Der Obersatz ist nämlich das Resultat der schrittweisen Rückführung der Rechtssprache auf Umgangssprache, während der Untersatz das Resultat der Sachverhaltsfeststellung und Sachverhaltskonturierung, d. h. die nach den Relevanzkriterien des Obersatzes vorgenommene umgangssprachliche Erfassung des Lebenssachverhaltes ist. Darin liegt zweierlei beschlossen: Erstens findet die Subsumtion nicht direkt zwischen Norm und Sachverhalt statt, sondern zwischen der umgangssprachlichen Normübersetzung und der umgangssprachlichen Sachverhaltsbeschreibung; insoweit muß *Schopenhauer* also korrigiert bzw. präzisiert werden[79]. Und zweitens folgt aus unserer zweiten Gleichung, daß die Rückführung der Rechtssprache auf Umgangssprache normalerweise zu keiner vollständigen Ersetzung vordringt, weil die gewöhnliche Substitution „e = f oder x" immer noch den normativen Restbestand x enthält. Und aus dieser bloß partiellen Entnormativierung des Obersatzes läßt sich das dritte Prinzip ableiten, das die Vo-

---

77 Nach diesem Prinzip wird auch verfahren, wenn der Gesetzgeber neue Termini ersinnt oder mit bekannten Termini eine neuartige Bedeutung verbindet.

78 Zum Prinzip der Zurückführung der Rechtssprache auf Umgangssprache vgl. auch Rödig, Theorie, S. 182f.

79 Auf den ersten Blick könnte man meinen, daß wir damit nur eine besondere Spitzfindigkeit formuliert hätten, denn letztlich wird ja doch der Rechtsfall der Norm zugeordnet (s. o. S. 53 m. Fn. 39); die von uns getroffene Unterscheidung ist aber deswegen wichtig, weil sie die Kommensurabilität von Ober- und Untersatz herausstellt und damit die direkte Subsumtion von der Belastung mit dem semantischen Grundproblem – der Beziehung zwischen dem sprachlichen Ausdruck und der Realität – freihält.

raussetzungen für die Subsumtion und damit zugleich das Ziel aller dem eigentlichen Subsumtionsschluß vorangehenden Operationen angibt:

> **„Die Subsumtion ist gelungen, sobald die umgangssprachliche Sachverhaltsbeschreibung f im Untersatz zum umgangssprachlichen Kernbereich des Rechtsbegriffes e im Obersatz gehört."**

γ) Damit steht nicht nur die Struktur des Subsumtionsschlusses, sondern auch die Richtung der zur Entscheidung eines konkreten Falles zu leistenden Rechtsgewinnungsarbeit fest. Das Gesetz muß so lange ausgelegt bzw. konkretisiert werden, bis die umgangssprachliche Sachverhaltsbeschreibung im umgangssprachlichen Kernbereich der substituierten Rechtsbegriffe liegt oder – im umgekehrten Falle – bis eine hierauf zielende Deutungshypothese falsifiziert ist. Sobald der Bedeutungskern der Gesetzessubstitution auch die Sachverhaltsbeschreibung f_1 erfaßt, findet die Subsumtion statt, die keinerlei wertende Elemente mehr enthält, sondern auf einer umgangssprachlich vermittelten Identität[80] beruht; ihre logische Struktur ergibt sich etwa aus folgendem Schema:

e	→	Rechtsfolge b (Gesetz)
e	=	f oder x (Auslegung)
f oder x	→	b (Obersatz)
Lebenssachverhalt l	=	f (Untersatz)
l	→	b (Abschluß – conclusio des richterlichen Syllogismus)[81]

4. Damit dürfte feststehen, daß eine logische Abgrenzung von Tat- und Rechtsfrage im Prinzip möglich und sogar im Einzelfall ohne besondere Schwierigkeiten vorzunehmen ist. Bevor wir uns der daran anschließenden Frage zuwenden, ob die logische Abgrenzung nicht nur prinzipiell, sondern ausnahmslos getroffen werden kann, müssen wir noch einige denkbare Einwände gegen das unserer Abgrenzungstheorie korrespondierende Subsumtionsmodell erledigen.

80 Wenn man den Identitätsbegriff hier vermeiden möchte, kann man natürlich auch sagen: eine definitionsgemäß die gleiche Rechtsfolge auslösende Ähnlichkeit.

81 Zu dem obigem Schema muß auf viererlei hingewiesen werden: Erstens ging es uns um ein der Anschaulichkeit dienendes Schema und um keinen Kalkül; zweitens haben wir die besonderen Probleme der Rechtsfolgenkonkretisierung hier bewußt beiseite gelassen (vgl. dazu Rödig, Theorie, S. 165); drittens haben wir auf ein besonderes Schema für den Fall, daß die Subsumtion nicht möglich ist, verzichtet (vgl. dazu Engisch, Logische Studien, S. 11ff.); und viertens funktioniert dieses Modell nur, wenn die Sachverhaltsbeschreibung loyal mit solchen Termini vorgenommen wird, in deren Bedeutungskern der Fall L liegt.

a) Da wir sämtliche rechtlichen Entscheidungen in den Obersatz verwiesen haben, setzen wir uns der Kritik *Henkes* aus, daß die Freihaltung des Untersatzes von Rechtsfragen zur „Entstehung monströser Obersätze" führe, was den Anforderungen der Praxis widerspräche, die gebotene Rücksicht auf das sprachliche Verständnis vermissen lasse und vor allem eine Klarstellung der Tragweite des Obersatzes unmöglich mache, weil ein zu spezieller Obersatz nur relativ wenige Fälle umgreife, so daß „für jeden neuen Fall ein neuer Obersatz aufgestellt werden müßte, ein Verfahren, das jede Ökonomie vermissen läßt"[82].

Diese Argumente, mit denen *Henke* die Notwendigkeit einer „aufgelockerten Schlußform" (d.h. einer Aufteilung der rechtlichen Erwägungen auf Ober- und Untersatz) beweisen will, können jedoch verhältnismäßig leicht entkräftet werden. Die „Monstrosität des Obersatzes" wird durch die von *Henke* befürwortete Aufteilung natürlich nicht aus der Welt geschafft, sondern nur verschleiert, was sich am einfachsten an der Bemerkung von *Henkes* „Gesinnungsgenossen" *Engisch* zeigen läßt, wonach die Subsumtion als neues Auslegungsergebnis aufgefaßt werden könne und damit zum logischen prius fortschreitender Gesetzeserläuterung werde[83]: Wenn „monströse Obersätze" als Folge der Subsumtion ohnehin auftreten, ist nicht einzusehen, warum sie eine Stufe vorher künstlich aufgespalten werden sollen.

Darüber hinaus ist die Polemik gegen die monströsen Obersätze, ihre Unpraktikabilität und reduzierte Verständlichkeit schon im Ansatz verfehlt, denn der Richter kann ohne die Gesetzeskonkretisierung keinen einzigen Fall lösen und muß daher ohnehin die Schritte nacheinander durchführen, die in dem Obersatz lediglich gedanklich zusammengefaßt werden. Und die Kritik an der fehlenden Ökonomie dürfte schließlich völlig fehlgehen, denn dadurch, daß ein Teil der Rechtserwägungen in den Untersatz versetzt wird, kann keine einzige Gedankenoperation eingespart werden; und außerdem steht natürlich, wenn der Obersatz im Rechtsfolgensyllogismus sehr speziell geworden ist, jederzeit ein bei der Konkretisierung als Zwischenergebnis gewonnener genereller Rechtssatz dahinter, um bei neuartigen Fällen die Basis für eine in eine andere Richtung erfolgende weitere Konkretisierung abzugeben.

b) Auch *Rödig* überkommen angesichts der von ihm selbst herausgestellten richterlichen Aufgabe, den in der Rechtssprache abgefaßten Gesetzestext umgangssprachlich zu paraphrasieren[84], ähnliche „Monstrositätsskrupel": *Rödig* hält es für praktisch nahezu ausgeschlossen, einen Rechtssatz in rechtlich relevanter

82 Tatfrage, S. 101–103.
83 Logische Studien, S. 27.
84 Vgl. Theorie, S. 183f.

Hinsicht in dem theoretisch möglichen und nötigen Umfange zu „verschärfen", da sonst die z. B. für die Sachverhaltsermittlung erforderliche Zeit verloren ginge[85].

Dem ist dreierlei entgegenzuhalten: Erstens muß der Rechtssatz in jedem Prozeß zumindest so weit „verschärft" werden, daß die Entscheidung des konkreten Falles möglich ist, und daran kann auch die gesamte sonstige Beanspruchung des Richters nichts ändern. Zweitens ist gerade durch unser Modell eine größtmögliche Ökonomie gewährleistet, da die Konkretisierung in dem Augenblick abgebrochen werden kann, wenn die umgangssprachliche Sachverhaltsbeschreibung im Kernbereich der Obersatztermini liegt. Und drittens mag diese unbedingt notwendige Gesetzeskonkretisierung in der Praxis zwar häufig in der mehr oder weniger unbesehenen Übernahme der in den Kommentaren nachgewiesenen herrschenden Meinung bestehen[86]; entscheidend ist aber, daß auch bis dato unangefochten herrschende Meinungen immer noch Gegenstand der prozessualen Kommunikation bleiben, so daß die Parteien dagegen rationale Argumente vorbringen und auf diese Weise eine explizite Auseinandersetzung erzwingen können. Ein Beispiel bietet etwa die Gewahrsamsproblematik in unserem Pflug-Fall, die in Rechtsprechung und Lehre seit langem ausgetragen ist[87] und die doch jederzeit erneut aufgerollt werden kann, wenn die Verteidigung mit einer neuen Idee[88] die überkommene Auffassung in Frage stellt[89].

c) Ein weiterer Einwand gegen unsere Konzeption könnte sich daraus ergeben, daß wir bis jetzt kein Kriterium dafür angegeben haben, wann die Rechtssprache umgangssprachlich, wann sie in einer empirischen Fachsprache zu paraphrasieren ist. Dieses Kriterium ist aber unschwer zu finden, denn es ist einfach eine Frage der Gesetzesauslegung und -konkretisierung, ob das Normsubstrat umgangs- oder fachsprachlich zu erfassen ist. So zielt etwa der Beleidigungstatbestand (§ 185 StGB) offensichtlich nicht auf die berüchtigten Schallwellen, sondern auf den umgangs-

---

85 a.a.O., S. 184.

86 Das kritisiert Rödig, a.a.O., S. 184.

87 Vgl. nur BGHSt. 16, 271; Maurach, Strafrecht Besonderer Teil, S. 202; LK (Heimann-Trosien), § 242, Rdnr. 4.

88 z. B.: der gelockerte Gewahrsam erfordere nicht nur einen generell beherrschten Raum, sondern auch eine wenigstens aktualisierbare, bei Vollrausch fehlende Verteidigungsbereitschaft, da andernfalls von der in § 242 StGB vorausgesetzten erhöhten verbrecherischen Energie keine Rede sein könne.

89 Übrigens dürfte auch Engisch diese Argumentation im Obersatz einordnen, weil es um die erneute Diskussion eines schon früher gefundenen Auslegungsergebnisses geht (vgl. Logische Studien, S. 27). Da aber die in einem Präjudiz vollzogene Auslegung keine Rechtsnormqualität besitzt (s. Band 1 S. 249 ff.), ist keinesfalls verständlich, warum die logische Unterscheidung zwischen Ober- und Untersatz von dem zufälligen Umstand, ob ein (möglicherweise abzulehnendes!) Präjudiz vorliegt oder nicht, abhängig gemacht werden soll.

sprachlich zu erfassenden sozialen Sinn einer Äußerung, während der Krankheitsbegriff in § 51 StGB auf medizinische Termini zurückgeführt werden muß. Angemerkt sei noch, daß natürlich auch die Termini der empirischen Wissenschaften nur in ihrem Bedeutungskern für die Sachverhaltsbeschreibung herangezogen werden dürfen, da der Porosität der Umgangssprache die Nomenklatur- und Schulenstreitigkeiten in den Wissenschaften entsprechen, die einer kritiklosen Anbindung des Rechts an ein einziges kontroverses Begriffssystem im Wege stehen.

d) Es versteht sich, daß wir hier nicht allen denkbaren Einwänden im voraus begegnen können, und wir wollen auch darauf verzichten, unser gewissermaßen an einem einzigen Tatbestandsmerkmal orientiertes Modell durch eine Einbeziehung der die Regel bildenden komplexen Ableitungsfiguren zu erweitern; denn wirklich neue Einsichten wären hierdurch nicht mehr zu gewinnen. Eine letzte Erläuterung bedarf noch die Notwendigkeit, den Lebenssachverhalt so zu beschreiben, daß er im umgangssprachlichen Kernbereich des synonymen Rechtsterminus e liegt. Es liegt auf der Hand, daß der Tatrichter jegliche Kontrolle durch das Revisionsgericht vereiteln könnte, indem er mit Bedeutungshöfen operierte – etwa indem in unserem Pflugfall das noch nicht bestellte Feld als „Brache" bezeichnet und damit eine längere, eventuell zu lange Herrschaftslatenz nahegelegt wird. Bei diesem – illoyalen – Vorgehen würde aber die Vorschrift des § 267 I verletzt, denn eine präzise „Angabe von Tatsachen" kann in der Umgangssprache immer nur mit Hilfe solcher Termini erfolgen, in deren Bedeutungskern der reale Sachverhalt liegt. Und die danach allein noch mögliche Besorgnis, daß der Tatrichter die Vorschrift des § 267 I mißachtet, vermag keinen erheblichen Einwand gegen unser Modell zu fundieren, denn wenn ein Richter nicht das Recht, sondern das Unrecht sucht, ist natürliches jedes Rechtsgewinnungsmodell machtlos.

III. Die Reichweite der logischen Trennung von Tat- und Rechtsfrage

Nachdem wir damit die grundsätzliche logische Trennbarkeit von Tat- und Rechtsfrage nachgewiesen und gegenüber denkbaren Einwendungen verteidigt haben, müssen wir noch die Reichweite unseres Ansatzes an Hand der kritischen Fallgruppen überprüfen.

1. a) Zu der von *Kuchinke*[90] und *Henke*[91] als besonders problematisch angesehenen Alternative, daß der Rechtsbegriff in vollem Umfange auf ein naturwissen-

90 Grenzen, S. 77.
91 Tatfrage, S. 50.

schaftlich exaktes Begriffssystem zurückgeführt werden kann[92], sind nur wenige Bemerkungen erforderlich. Die Tatfrage („Ist A mit einer 'physikalischen' Geschwindigkeit von 70 km/h gefahren?") kann hier in idealer Weise isoliert und mit Hilfe naturwissenschaftlicher Methoden beantwortet werden, und auch die Rechtsfrage bietet keine über das Normalmaß hinausgehenden Schwierigkeiten: Im Beispielsfall reduziert sich ihre Beantwortung, wenn schon der Gesetzgeber eine Höchstgeschwindigkeit festgesetzt hat, auf die Feststellung der Identität von juristischem und physikalischem Geschwindigkeits- und Zahlbegriff, während beim gesetzlichen Verbot einer „übermäßigen Geschwindigkeit" auch die Ermittlung der Gefahrengrenze bei Verkehrskonstellationen „dieser Art" zur Rechtsfrage gehört.

b) Bereitet demnach die Identität von Rechtsbegriffen und synonymen natürlichen Begriffen überhaupt keine Abgrenzungsschwierigkeiten, so entstehen diese – entgegen *Radbruch*[93] – auch nicht bei „schlichter Synonymität", d.h. für den (regelmäßigen) Fall, daß die Rechtssprache sich der Termini der Umgangssprache bedient und mit diesen eine z.T. abweichende Bedeutung verbindet. Denn unser Subsumtionsmodell ist gerade auf diese Fälle zugeschnitten, indem den Rechtstermen prinzipiell der Bedeutungskern des synonymen umgangssprachlichen oder fachsprachlichen Ausdrucks (sowie zusätzlich eine überschießende, im einzelnen noch ungeklärte normative Bedeutung) zugeordnet wird[94].

2. a) Ein zusätzliches Problem bei der Rückführung der Rechtsbegriffe auf solche der empirischen Wissenschaften bildet die Abgrenzung zwischen Tatbestandsdefinitionen und Beweisregeln. Anläßlich der Herabsetzung der Promillegrenze für die absolute Fahruntüchtigkeit durch den BGH[95] ist ausgiebig darüber diskutiert worden, ob darin eine neue materiellrechtliche Interpretation des § 316 StGB oder nur die Neufassung einer prozessualen Beweisregel zu sehen ist[96]. Die für die eindeutig herrschende prozessuale Lösung gegebene Begründung, daß der Promillegehalt nicht Inhalt, sondern nur Erkenntnisgrund der Fahruntüchtigkeit sei[97], ist deswegen nicht überzeugend, weil darin ein quasi dingliches Verständnis vom In-

---

92 Zu dem Beispielsfall – Überschreitung einer vom Gesetzgeber oder vom Richter bestimmten Höchstgeschwindigkeit – vgl. o. S. 58.

93 Rechtsidee, S. 349.

94 Auf die etwas umständlichen Ausführungen, mit denen Henke (Tatfrage, S. 152ff.) die Trennbarkeit auch vom Standpunkt einer „aufgelockerten Schlußform bei der Subsumtion" bejaht, braucht daher hier nicht eingegangen zu werden.

95 in BGHSt. 21, 157ff.

96 Vgl. nur Sarstedt, Festschr. f. Hirsch, S. 184f.; Haffke, Rückwirkungsverbot, S. 12ff.; ders., Blutalkohol 1972, 34ff.; Horn, Blutalkoholgehalt, S. 18ff. und passim – alle m.w.N. –.

97 So mit im einzelnen weiter differenzierten Erwägungen Horn und Haffke, a.a.O., gegen Sarstedt, der (a.a.O.) den „Grundwert" von 1,1 ‰ dem materiellen Recht und lediglich den „Sicherheitszuschlag" von 0,2 ‰ dem Prozeßrecht zuordnet.

halt eines Begriffs zum Ausdruck kommt, das in der modernen Definitionstheorie keinen Platz hat. Seit den methodologischen Untersuchungen *Bridgmans* hat es sich nämlich in den Naturwissenschaften und später auch in den Sozialwissenschaften eingebürgert, die abstrakten theoretischen Terme nicht durch die Angabe irgendeines ebenso abstrakt-theoretischen „Wesens", sondern durch die Angabe der zu bestimmten Anwendungskriterien führenden Testoperation bzw., allgemeiner gesprochen, die theoretische Sprache durch Ausdrücke der Beobachtungssprache zu definieren. Diese Methode der *„operationalen Definition"*[98], die von *Rödig* auch für die Normpräzisierung nachdrücklich empfohlen worden ist[99], scheint nun aber auch der BGH – wenn auch mehr intuitiv als explizit – benutzt zu haben, denn er unternimmt in seinem Beschluß überhaupt keine an anderen Kriterien ausgerichtete Bestimmung der absoluten Fahruntüchtigkeit, sondern spricht nur davon, daß bei einer Blutalkoholkonzentration von 1,0–1,1 ‰ die „psychophysische Leistungsfähigkeit" jedes Kraftfahrers „so vermindert und seine Gesamtpersönlichkeit so wesentlich verändert (sei), daß er den Anforderungen des Verkehrs nicht mehr durch rasches, angemessenes und zielbewußtes Handeln zu genügen vermag"[100]. Da es bei dem Begriff der Fahruntüchtigkeit aber um eine Frage des Grades, d. h. um einen scharfen Schnitt durch eine Welt gleitender Übergänge geht[101], besitzt die vom BGH gegebene Paraphrase keinen Bedeutungskern, der die rein semantische Subsumtion konkreter Fälle ermöglichte[102]. Infolgedessen kann diese Formel auch nicht den Obersatz in unserem Subsumtionsmodell abgeben – erst die den Promillesatz angebende operationale Definition ist dazu in der Lage! Und daraus folgt wiederum, daß die Promillegrenze[103] bei der vom BGH vorgenommenen Gesetzesauslegung tatsächlich im Obersatz steht[104]!

---

98 Vgl. dazu näher Hempel, Philosophie, S. 125 ff.; Seiffert, Wissenschaftstheorie 1, S. 190 ff.

99 Theorie, S. 183.

100 BGHSt. 21, 157, 160.

101 Vgl. Haffke JuS 1972, 451.

102 Denn auf die entscheidende Frage (Wie rasch, wie angemessen, wie zielbewußt muß man reagieren können, um gerade noch fahrtüchtig zu sein?) gibt die Formel des BGH keinerlei Antwort.

103 Allerdings nur der Grundwert; denn der Sicherheitszuschlag ist, wie schon Sarstedt (a.a.O.) zutreffend erkannt hat, auch in der Deduktion des BGH eine bloße Beweisregel für die Feststellung des Grundwertes, bezieht sich also nur auf die fachsprachliche Sachverhaltsbeschreibung („Die Blutuntersuchung ergab eine Alkoholkonzentration von 1,4 ‰; also betrug die tatsächliche Konzentration mindestens 1,2 ‰"). Da die Verschärfung der Rspr. allein den (ursprünglich mit 0,5 ‰ angesetzten) Sicherheitszuschlag betraf, zu dem keinerlei Verschuldensbezug hergestellt werden kann, ist die ganze Diskussion um das 1,3 ‰-Urteil an sich praktisch überflüssig gewesen und lediglich durch den schlechterdings unrichtigen, auf 1,3 ‰ (anstatt, wie geboten, auf 1,1 ‰) abstellenden Leitsatz hervorgerufen worden.

104 Das von Horn (a.a.O., S. 30 u. ö.) und Haffke (Rückwirkungsverbot, S. 14; Blutalkohol 1972, 34) angeführte zweite Argument, daß bei Vorliegen besonderer Anhaltspunkte auch bei einem

b) Unser Subsumtionsmodell hat damit auch den ausgetretenen Pfaden der Diskussion um die Promillegrenze eine neue Richtung gewiesen: Da die tatsächliche Lozierung des Grundwertes im Obersatz des vom BGH benutzten Syllogismus nicht geleugnet werden kann, vermöchte man seine Einordnung als Beweisregel nur dann zu rechtfertigen, wenn man eine vorgelagerte, ebenfalls subsumtionsfähige Paraphrase der „Fahruntüchtigkeit" aufwiese, für die der Promillesatz als absolutes Indiz funktionieren könnte. Dies hat aber *Horn* nicht einmal versucht[105] und *Haffke* sogar für unmöglich erklärt[106]! Wenn diese pessimistische Annahme zutreffen sollte[107], so steht die materiellrechtliche Einordnung der 1,1-Promillegrenze fest[108], und es bleibt nur noch die Frage offen, ob die Metrisierung unbestimmter Rechtsbegriffe durch die Rechtsprechung mit der in der Verfassung vorgesehenen Kompetenz der Dritten Gewalt zu vereinbaren ist. Das wird zwar von *Horn* und *Haffke* (allerdings ohne nähere Begründung) verneint[109], vom Bundesarbeitsgericht aber in zahlreichen (freilich nicht unumstrittenen) Entscheidungen praktiziert[110]. Wir können diesem interessanten Problem hier nur noch die Bemerkung widmen, daß uns Metrisierungen, die auf der dritten Rechtsgewinnungsstufe erfolgen, grundsätzlich (d. h. soweit dadurch nicht gravierende Unterschiede nivelliert werden) sympathisch sind[111] und daß uns die dagegen vorgebrachten, einem überholten Gewaltenteilungsmodell entstammenden Bedenken nicht begründet erscheinen[112].

---

niedrigeren Alkoholgehalt eine (sog. relative) Fahruntüchtigkeit vorliege, verschlägt demgegenüber ebenfalls nicht, denn es kann nicht zweifelhaft sein, daß – solange kein allgemeiner Fahruntüchtigkeitsbegriff definiert ist – die Rechtsprechung die §§ 315 c, 316 StGB tatsächlich an Hand zweier verschiedener Fahruntüchtigkeitsbegriffe anwendet!

105 Vgl. seine vagen Bemerkungen, a.a.O., S. 22, 52 u. ö.

106 JuS 1972, 451f.; ähnlich Keltsch, Zulässigkeit, S. 115ff.

107 Was wir hier natürlich nicht weiter untersuchen können, was aber letztlich auch dahinstehen kann. Denn es kam uns vor allem darauf an, zu zeigen, daß zwischen Definition und Beweisregel, zwischen materiellem Recht und prozessualen Grundsätzen keine abstrakte Grenze gezogen werden kann, sondern daß es stets auf den konkreten Ableitungszusammenhang ankommt.

108 Dazu, daß der Bürger sie auch so auffaßt und daß nur sie, nicht der abstrakte Begriff der Fahruntüchtigkeit generalpräventiv wirksam werden kann, vgl. Naucke NJW 1968, 2321ff.

109 Vgl. Horn, a.a.O., S. 52f.; Haffke, JuS 1972, 450 Fn. 29.

110 Vgl. vor allem die grundlegende Entscheidung zu den Bindungsfristen bei Weihnachtsgratifikationen – BAGE 13, 129ff. Auch das BVerfG scheut sich nicht, dem Gesetzgeber für die Erfüllung seiner Pflichten genau bestimmte Fristen zu setzen und damit den Begriff des „angemessenen Erwägungszeitraums" zu operationalisieren (vgl. BVerfGE 15, 352; 25, 185, 188; 33, 13).

111 Vgl. zu einem strafprozeßrechtlichen Beispiel meine Urteilsanmerkung in NJW 1974, 1882.

112 Zumal wenn sie – wie von Horn – nach einer bloßen, noch dazu zweifelhaften Umetikettierung fallengelassen werden (konsequenter insoweit Haffke JuS 1972, 449f.).

3. a) Wir haben damit bereits an zwei praktischen Beispielen (der „übermäßigen Geschwindigkeit" und der „Fahruntüchtigkeit") demonstriert, wie die Abgrenzung von Tat- und Rechtsfrage bei den sog. unbestimmten Rechtsbegriffen vor sich geht, Entgegen der landläufigen Auffassung[113] kann von einer für diese Gruppe typischen Komplikation bei der Abgrenzung von Tat- und Rechtsfrage keine Rede sein. Die Schwierigkeiten liegen allein bei der Rechtsfrage, nämlich bei der Konkretisierung auf der dritten Rechtsgewinnungsstufe; daran, daß die Auffindung eines zur semantischen Subsumtion geeigneten Obersatzes und dessen Konfrontation mit einer umgangssprachlichen Sachverhaltsbeschreibung für die Rechtsanwendung notwendig und hinreichend ist, ändert sich hingegen auch bei unbestimmten Rechtsbegriffen nichts.

b) Dasselbe gilt für die gesetzliche Verweisung auf außerrechtliche Wertungen in den Generalklauseln und Ermessensbegriffen, bei denen *Engisch* die Verschlingung von Tatsachenfeststellung und rechtlicher Würdigung unseres Erachtens zu Unrecht betont hat[114]. Denn die noch größere Unbestimmtheit des Gesetzes erfordert auch hier lediglich eine noch umfangreichere Arbeit im Obersatz und damit im Rahmen der Rechtsfrage, bis eine semantische Subsumtion möglich ist[115]; daß die Konkretisierung z.T. nur durch isolierte Fallgruppen ohne eine allgemeine Richtlinie möglich ist (etwa: „Grob fahrlässig handelt jemand, wenn ..."), begründet nur einen niemals auflösbaren, überschießenden normativen Rest des Obersatzes, tut aber der Trennbarkeit von Tat- und Rechtsfrage keinen Abbruch[116].

4. Damit bleibt nur noch eine einzige problematische Fallgruppe übrig: die Feststellung einer „Gesamtsituation" durch den Richter, die sich ob ihrer Komplexität oder Irrationalität einer Erfassung an Hand von Kernbedeutungen der umgangssprachlichen Termini zu entziehen droht.

Diese Fallgruppe ist literarisch vielfach erörtert[117] und in dem Sonderfall der Strafzumessung auch schon vom Gesetzgeber intuitiv erfaßt worden[118]; auch die im Strafprozeßrecht herrschende Lehre, wonach die nur vermöge erneuter Sach-

---

113 Vgl. nur Kern-Roxin, Strafverfahrensrecht, S. 274; Warda, Grundlagen, S. 69; zutr. dagegen Larenz, Methodenlehre, S. 247 für die Wertungsbegriffe.

114 Logische Studien, S. 111 f.

115 Im Ergebnis – sogar von der Idee einer „aufgelockerten Schlußform bei der Subsumtion" her – ebenso Henke, Tatfrage, S. 160–169.

116 Zu dieser Form der „exemplifikativen Interpretation" vgl. bereits Scheuerle AcP 157, 50, 76.

117 Vgl. Henke, Tatfrage, S. 177 ff. m.zahlr.Nachw. in Fn. 193–196, 211, ferner Scheuerle AcP 157, 49 ff., 76 ff. sowie die vorzügliche Darstellung bei Jesch AöR 1957, 193 ff.

118 s. o. S. 29 f.

aufklärung korrigierbaren Fehler irrevisibel sein sollen[119], weist vor allem in ihrem Standardbeispiel („erhebliche Entstellung" in § 224 StGB) in diese Richtung.

a) Bei dieser Gruppe geht es nicht mehr um die Vagheit der Umgangssprache, die wir mit unserem Subsumtionsmodell ausmanövriert zu haben glauben, sondern – noch fundamentaler – um ihre Inadäquanz zur Beschreibung diffiziler Sachverhalte, deren Imponderabilien nur irrational-gefühlsmäßig registriert und dann ohne sprachlich-deskriptive Vorformung direkt irgendwelchen Wertprädikaten zugeordnet werden. Daß solche Sachverhalte im sozialen Leben eine erhebliche Rolle spielen, kann wohl nicht zweifelhaft sein – lebt doch der größte Teil der schöngeistigen Literatur davon, dem Leser situative Unwägbarkeiten, Stimmungen und „Gefühle" in der einzig möglichen – nämlich einer vielfältig gebrochenen und chiffrierten, den platten, direkten Ausdruck vermeidenden – Form nahezubringen. Auf der anderen Seite kennen wir das empiristische Sinnkriterium und den ihm gehorchenden Behaviorismus, wonach jede wissenschaftliche Erörterung des genannten Bereiches nutz- und sinnlos ist[120], und *Wittgensteins* noch radikalere Behauptung, daß jede Kommunikation über „privat-sprachliche Sachverhalte" schlechterdings unmöglich sein soll[121]. Es erscheint daher geboten, dem Phänomen der Gesamtsituation etwas gründlicher nachzuspüren.

b) Sicher dürfte sein, daß die radikale Position *Wittgensteins* und der Behavioristen jedenfalls nicht in toto übernommen werden kann. Die Realität des Juristen ist die Welt des sozialen Lebens[122], in der eine Kommunikation über privatsprachliche Sachverhalte tagtäglich stattfindet und der eine auf esoterischen Welt- und Wissenschaftsanschauungen beruhende Rechtswissenschaft daher nicht gerecht werden könnte. Auf der anderen Seite sind die Skrupel der sprachanalytischen Philosophie gegenüber Imponderabilien deswegen auch für die Jurisprudenz relevant, weil sie die der Objektivität und Berechenbarkeit der Rechtsfindung aus dieser Richtung drohenden Gefahren evident machen.

Wir müssen uns daher fragen, wo denn überhaupt die Einbruchszonen der subjektivistischen Imponderabilien liegen, die eine vorrechtliche umgangssprachliche Beschreibung des zur Aburteilung anstehenden Sachverhaltes unmöglich machen könnten. Es ist nämlich – glücklicherweise – keinesfalls so, daß die von privatsprachlichen Unwägbarkeiten durchsetzten „Gesamtsituationen" unvermindert Eingang in unsere Gerichtssäle finden und den Richter mit einem

---

119 Vgl. Peters, Strafprozeß, S. 566; Eb. Schmidt, Lehrkommentar, § 337 Rdnr. 7; Kern-Roxin, Strafverfahrensrecht, S. 277 f.; eingehend Warda, Grundlagen, S. 73 ff., 178 ff.

120 Vgl. nur Ryle, Begriff, S. 449 ff. und passim.

121 Vgl. Untersuchungen, Nr. 258, 265 und passim; vgl. dazu Stegmüller, Hauptströmungen, S. 645 ff., und Pitcher, Philosophie, S. 327 ff.

122 Vgl. Engisch, Weltbild, S. 13 ff.

sprachlich nicht mehr trennbaren Konvolut von Eindrücken überschwemmen; es findet vielmehr eine doppelte Selektion und Reduktion statt, die überhaupt erst die Grundlage für eine rationale Rechtsverwirklichung schafft.

α) Der erste Selektionsmechanismus ergibt sich daraus, daß das Recht, wie bereits im ersten Hauptteil bemerkt wurde[123], das soziale Leben grundsätzlich nur in grobbehauenen Quadern erfaßt und alle atmosphärischen und situativen Feinheiten des zwischenmenschlichen Kontakts vernachlässigt. Der Standesbeamte fragt nicht nach Liebe, den Strafrichter kümmert bei der Subsumtion der zum Anlaß für die Tat gewordene seelische Konflikt nicht[124], der Zivilrichter blickt beim Kranzgeldanspruch nicht auf die Schönheit der Braut, und auf das moralische Verdienst kommt es beim strafbefreienden Rücktritt gem. § 46 StGB grundsätzlich nicht an. Wir könnten diese Liste noch beliebig verlängern, dürfen darauf aber wohl verzichten, denn das Prinzip ist hinlänglich klar geworden und wird auch schwerlich zu bestreiten sein: Der Gesetzgeber ist allenthalben darum bemüht, an intersubjektiv leicht faßbare Gegebenheiten anzuknüpfen und die von den unwägbaren Gesamtsituationen drohende vollständige Subjektivierung der Rechtsgewinnung zu verhüten.

β) Der zweite Selektionsmechanismus ergibt sich aus der Struktur der prozessualen Wahrheitsfindung, genauer: aus der überwiegend sprachlichen Gestalt der Beweisaufnahme. Da der Richter (von wenigen Ausnahmen wie der Ungebühr vor Gericht abgesehen) ein von ihm selbst nicht wahrgenommenes Ereignis als geschehen feststellen muß, kann er sich nicht auf das Wachrufen der eigenen Erinnerung beschränken, sondern muß sich der vier förmlichen Beweismittel – Zeugen, Sachverständige, Urkunden und Augenschein – bedienen. Die ersten drei davon, die ohne Zweifel die bei weitem häufigsten Beweismittel darstellen, wirken auf den Richter bereits in sprachlicher Form ein – sei es umgangssprachlich wie beim Zeugen, sei es vorwiegend fachsprachlich wie beim Sachverständigen. Alle in der Sprache nicht exakt faßbaren Imponderabilien sind damit aber schon a limine aus dem Gerichtssaal verbannt; denn was dem Richter nicht in der Beweisaufnahme dargebracht wird, kann er auch nicht feststellen.

Das ganze Problem der „unwägbaren Gesamtsituationen" reduziert sich damit auf die (bei der Tatfeststellung relativ seltenen) Fälle einer gerichtlichen *Augenscheinseinnahme*, die allein dem Tatrichter jene irrationalen Eindrücke vermitteln kann, die sich einer erschöpfenden und präzisen Beschreibung entziehen und deswegen dem Revisionsgericht nicht in der von unserem Subsumtions-

123 s. Band 1 S. 55f.

124 Anders bei der Strafzumessung, die denn auch nach dem Willen des Gesetzgebers irrevisibel sein sollte.

modell geforderten Form unterbreitet werden können. Weil die Strafzumessung hingegen in allen etwas schwerer wiegenden Fällen auch auf einer die Persönlichkeit des Täters (und damit eine typische „Gesamtsituation") betreffenden Augenscheinseinnahme beruht, ist es jetzt auch leicht zu sehen, warum der Gesetzgeber die Strafzumessung zwar in falscher begrifflicher Einordnung als Tatfrage, aber doch in glänzender Intuition außerhalb des Revisibilitätsbereiches eingeordnet hat[125].

γ) Um Mißverständnissen vorzubeugen, muß freilich noch betont werden, daß nicht etwa jede Augenscheinseinnahme zur Feststellung einer im richterlichen Sprachspiel nicht restlos aufschlüsselbaren, unwägbaren Gesamtsituation führt. Die Betrachtung einer Waffe oder einer in ihren Abmessungen umstrittenen Straßenkreuzung – um nur zwei Beispiele für viele zu nennen – wird etwa eine präzise sprachliche Umschreibung erfahren können, während das Ergebnis eines zwecks Beweisaufnahme über eine „erhebliche Entstellung" (§ 224 StGB) eingenommenen Augenscheins dort nicht mehr erschöpfend in Worte gekleidet werden kann, wo es um den Gesamteindruck, d.h. um das äußere Erscheinungsbild der Person in allen seinen Nuancen und Wechselbezügen geht.

Daraus lassen sich zwei allgemeine Erkenntnisse gewinnen: Erstens ist ein Versagen der logischen Abgrenzung nur unter der doppelten Voraussetzung zu besorgen, daß im abstrakten Gesetzestatbestand auf eine unwägbare Gesamtsituation abgehoben wird und daß die diesbezüglichen tatsächlichen Feststellungen im konkreten Prozeß auf Grund einer Augenscheinseinnahme getroffen werden. Und zweitens fallen Tat- und Rechtsfrage auch dann, wenn beide Voraussetzungen erfüllt sind, nicht in eins zusammen, vielmehr tritt lediglich an die Stelle der scharfen Grenze ein unscharfer Grenzbereich, während ober- und unterhalb desselben Tat- und Rechtsfrage durchaus trennbar bleiben[126].

c) Unsere bisherigen Überlegungen lassen sich dahin zusammenfassen, daß das Verschwimmen der scharfen logischen Konturen von Tat- und Rechtsfrage zu einem unscharfen Abgrenzungsbereich zweifach vinkuliert ist (durch die „Gesamtsituation" und die Augenscheinseinnahme) und daß auch in diesem Fall die Abgrenzung nicht schlechthin unmöglich, sondern nur „nach oben" verschoben ist, indem nämlich die normative Klassifizierung der Gesamtsituation wohl oder

---

125 Allerdings kann das „Gesamtsituationssyndrom", wie wir noch sehen werden, keinen vollständigen Ausschluß, sondern nur eine Einschränkung der Revisibilität rechtfertigen, so daß der Gesetzgeber bei der Einordnung der Strafzumessung erheblich über das Ziel hinausgeschossen ist.

126 Zur Auffassung von Scheuerle, daß auch in diesen Fällen mit Hilfe „exemplifikativer Interpretation" und „Subsumtion mit emotionaler Wurzel" eine präzise Abgrenzung möglich sei (AcP 157, 49f., 75ff.), vgl. die treffende Kritik von Henke, Tatfrage, S. 185ff.

übel der Tatfrage zugeschlagen werden muß. Die naheliegende Folgerung, daß die logische Abgrenzungsmethode damit insgesamt desavouiert sei, kann sehr schnell widerlegt werden, da auch die teleologischen Theorien diesen nun wirklich einmal in der Natur der Sache vorgegebenen Unschärfebereich nicht hinwegeskamotieren können. Für die extensive teleologische Theorie der h.L. ergibt sich das aus der oben mitgeteilten Formel, wonach alles das irrevisibel sein soll, was das Revisionsgericht ohne eigene erneute Sachaufklärung (sprich: ohne eigene Augenscheinseinnahme) nicht überprüfen kann; für die restriktive teleologische Theorie der *Schwinge*-Schule folgt das gleiche Ergebnis aus ihrem Grundsatz, daß „konkrete Rechtsfragen" wegen ihrer Irrelevanz für die Rechtseinheit irrevisibel sein sollen[127]. Wenn aber drei Theorien von völlig verschiedenen Ausgangspunkten aus zu der gleichen Sacheinsicht gelangen, so spricht das erstens für die Richtigkeit dieser Sacheinsicht und macht zweitens alle Versuche zunichte, mit Hilfe des materiellen Ergebnisses die Vorzugswürdigkeit der einen oder der anderen Theorie nachzuweisen[128].

d) Um den Unschärfebereich der vom Gesetzgeber intendierten, durch richterlichen Augenschein festzustellenden und festgestellten Gesamtsituationen einigermaßen auszuloten, müßte ein Überblick über die gebräuchlichsten strafgesetzlichen Formulierungstypen erarbeitet werden. Wir müssen auf derartige spezielle Untersuchungen schon aus Raumgründen verzichten und wollen statt dessen noch auf einen generellen Gesichtspunkt hinweisen, der zu einer weiteren erheblichen Einschränkung des Unschärfebereichs führen dürfte. Wir meinen das nach allgemeiner Auffassung in Art. 103 II GG niedergelegte Bestimmtheitsgebot („nulla poena sine lege stricta")[129], mit dem die auf „Gesamtsituationen" in dem hier gemeinten Sinne abstellenden Tatbestände noch ärger kollidieren als die „schlichten" Generalklauseln wie die Verwerflichkeit in § 240 StGB oder der grobe Unfug in § 360 Nr. 11 StGB i.d.F. bis 31.12.1974[130]. Denn während die Generalklauseln zwar unbestimmt, aber vom Richter auf der dritten Rechtsgewinnungs-

---

127 Vgl. Schwinge, Grundlagen, S. 50, 56. Daß die Schwinge vorschwebende Abgrenzung von irrevisibler „konkreter Rechtsfrage" und revisibler „konkreter Beurteilung" (vgl. a.a.O., S. 56f.) überhaupt nicht durchführbar ist, kann hier nicht näher erörtert werden.

128 Die Art, wie dieses gemeinsame Ergebnis angesteuert wird, spricht übrigens eindeutig für die klassische Theorie, die eine recht präzise Beschreibung und Begründung dieses unscharfen Grenzbereiches ermöglicht, während die anderen beiden Theorien sich mit relativ vagen Abgrenzungsformeln wie der „konkreten Rechtsfrage" und der „eigenen Sachaufklärung" begnügen müssen.

129 Vgl. dazu nur Schönke-Schröder Strafgesetzbuch, § 2 Rdn. 64ff.; Jescheck, Lehrbuch, S. 108 beide m.w.N.

130 Vgl. dazu Schröder JZ 1966, 649; Lenckner JuS 1968, 305, 307; Schroeder JZ 1969, 775ff.; BVerfGE 26, 41ff.; Roxin, Grundlagenprobleme, S. 184 m.w.N.

stufe durch rational-dezisionistische Werterwägungen bestimmbar sind[131], fehlt es bei den auf Grund einer Augenscheinseinnahme zu beurteilenden Gesamtsituationen sogar an der rationalen Bestimmbarkeit: Wenn der Eindruck des Richters, daß der Verletzte „erheblich entstellt" (§ 224 StGB) oder das Sexfoto „pornographisch" (§ 184 StGB) ist, nicht in den Kernbedeutungen einer deskriptiven Umgangssprache erfaßt werden kann, so heißt dies, daß er partiell auf etwas Unaussprechbarem beruht, und das heißt wiederum, daß er partiell irrational ist.

Warum Art. 103 II GG dahin auszulegen bzw. zu konkretisieren ist, daß die Festlegung der Verbotsmaterie uneingeschränkt rational erfolgen muß, kann hier natürlich nicht in der an sich gebotenen Ausführlichkeit begründet werden; zwei Bemerkungen müssen genügen. Erstens reicht der Kampf um die Beseitigung irrationaler Straftatbestände bis in die Aufklärung zurück[132] und ist mit der Abschaffung der Hexerei, der Säkularisierung der Gotteslästerung usw. gegenüber den vollständig irrationalen Tatbeständen zu einem siegreichen Abschluß geführt worden; nunmehr müssen auch die partiellen Irrationalismen, die in an sich nicht zu beanstandenden Tatbeständen strafbarkeitsausdehnend wirken, ausgemerzt werden, wenn die in Art. 103 II GG angeordnete Verwirklichung aufklärerischen Gedankengutes nicht auf halbem Wege stehen bleiben soll. Und zweitens kann die großzügige Rechtsprechung des BVerfG zum Bestimmtheitsgebot[133] auf das hier in Rede stehende Bestimmbarkeitsgebot nicht übertragen werden, weil zwar die generellen Anforderungen an die lex stricta wegen der Unmöglichkeit einer zugleich minutiös-deskriptiven und für alle künftigen Fälle individuell-gerechten Gesetzesformulierung nicht überspannt werden dürfen, die Rationalität der Subsumtionsentscheidung im speziellen Fall deswegen aber nicht im mindesten preisgegeben zu werden braucht.

Anders formuliert: Soweit die irrationale Komponente der Gesamtsituationen reicht, ist nicht nur die deskriptive umgangssprachliche Sachverhaltsbeschreibung, sondern – in Korrespondenz dazu – auch die Formulierung eines subsumtionsfähigen Obersatzes ausgeschlossen. Und darin liegt ein über die schlicht unbestimmte, aber im Zuge der Rechtsgewinnung bestimmbare Gesetzesformulierung weit hinausgehender Verlust an Rechtsstaatlichkeit: Wenn nicht einmal nur das Ermessen des BGH, sondern das Ermessen jedes einzelnen Tatrichters über die letzte Konkretisierung des Gesetzes entscheidet, so ist die Herstellung intersubjektiver Gerechtigkeit ein unkontrollierbarer Zufall geworden.

---

131 Sei es auch für den konkreten Fall nur in Form einer „exemplifikativen Definition".

132 Vgl. nur Eb. Schmidt, Einführung, S. 210 ff.

133 Vor allem BVerfGE 26, 41 ff.

Daraus folgt zwar nicht, daß es dem Gesetzgeber schlechthin verwehrt wäre, in den Straftatbeständen auf „Gesamtsituationen“ Bezug zu nehmen. Denn hierfür kann durchaus ein dringendes Bedürfnis bestehen, und dem Bestimmbarkeitspostulat wird schon dann Genüge getan, wenn man anstelle eines generellen Verbotes die Auslegungsregel aufstellt, daß nur rational faßbare Sachverhalte als Substrat der Strafandrohung in Betracht kommen. Wenn der pornographische Charakter des Sexfotos bzw. die durch die Verletzung eingetretene Verunstaltung so subtil sind, daß eine adäquate, für jeden nachvollziehbare umgangssprachliche Beschreibung einfach nicht gegeben werden kann, so liegt eben keine pornographische Darstellung, keine erhebliche Entstellung im Sinne des Gesetzes vor, denn das unaussprechliche, irrationale Sittlichkeits- oder Schönheitsideal des Tatrichters ist nicht das Maß aller strafrechtlichen Dinge. Wenn dagegen das Foto so derb bzw. die Narbe so grauenhaft ist, daß schon ihre deskriptive sprachliche Darstellung das entsprechende Unwerterlebnis vermittelt, so ist auch eine semantisch vermittelte Subsumtion möglich, und das abstrakte Problem der Gesamtsituation wird in concreto überhaupt nicht relevant.

e) Diese materiellrechtliche Ausmanövrierung des Irrationalitätskomplexes wirkt allerdings wie ihre Grundlage, der nulla-poena-Satz, nur zugunsten des Täters und damit nur bei einer Bejahung, nicht aber bei einer Verneinung der Strafbarkeit. Prozessual bedeutet das: Wenn der Richter wegen eines Deliktes gem. § 224 StGB oder § 184 StGB verurteilen will, so muß er eine so exakte Sachverhaltsbeschreibung geben, daß eine durch die umgangssprachlichen Bedeutungskerne semantisch vermittelte Subsumtion möglich ist. Ein Freispruch kann hingegen auch mit einem irrationalen Gesamteindruck begründet werden, etwa wenn die auffallende Narbe sich in interessanter Weise in die Physiognomie einfügt oder wenn die obszöne Darstellung durch eine absurde Komik in Richtung auf eine Persiflage oszilliert.

Daraus ergibt sich die zunächst frappierende Konsequenz, daß die in den seltenen Fällen der „Augenscheinseinnahme über eine Gesamtsituation“ eintretende Aufweichung der scharfen Scheidelinie zwischen Tat- und Rechtsfrage nur im Falle eines Freispruches und infolgedessen nur bei Revisionen der Staatsanwaltschaft praktisch wird. Die Staatsanwaltschaft kann also in diesem Bereich gegen die irrationalen Eindrücke des Tatrichters nichts unternehmen – auch wenn sie den Freispruch für ungerecht hält und bei dem Revisionsgericht auf eine strengere Beurteilung der Imponderabilien rechnen könnte. Diese für das Revisionsrecht auf der zweiten Stufe – nämlich durch linguistische Überlegungen und durch eine Auswertung der materiellrechtlichen Normstrukturen – begründete Differenzierung wächst nun aber geradezu in die Dimension einer prästabilierten Harmonie hinein, wenn man die von uns auf der ersten Stufe gewonnene Erkenntnis hinzunimmt, daß der Gesetzgeber die Revisionskompetenz der Staatsanwaltschaft hauptsächlich um der Rechtseinheit willen geschaffen hat[134]. Zwar hat der Gesetzgeber diese unterschiedliche Zweckbestimmung (für den Angeklagten Einzelfallgerechtigkeit, für die Staatsanwaltschaft Rechtseinheit) nicht zum Anlaß für eine inhaltliche Differenzierung genommen[135]; wenn sich diese Unterscheidung nunmehr auf der zweiten Stufe einstellt, indem die Staatsanwaltschaft bei Gesamtsituationsbeurteilungen nur deren rationale, für die Rechtseinheit relevante Komponente anfechten kann, so fügt sich diese Lösung aber trefflich in die legislatorische Gesamtkonzeption ein.

f) Damit wollen wir unsere Überlegungen zu den „Gesamtsituationen" als der einzigen einer logischen Abgrenzung von Tat- und Rechtsfrage wirklich Schwierigkeiten bereitenden Konstellation abschließen. Obwohl wir zu einer ziemlich klaren Lösung vorgedrungen sind, dürfen wir nicht verkennen, daß noch manche Fragen offen geblieben sind, auf die nur in einer zukünftigen monographischen Untersuchung eine Antwort gefunden werden könnte. Außer für die genaue Zusammenstellung der in den verschiedenen Straftatbeständen in Bezug genommenen „Gesamtsituationen" gilt dies vor allem für die Klärung der linguistischen Grundlagen, die wir nur kurz streifen konnten. Auch der von *Henke* übernommene Terminus „Gesamtsituation" kann vielleicht noch durch einen treffenderen ersetzt werden, da es weniger auf die Anzahl der zueinander in Beziehung stehenden Faktoren als auf die Art ihrer Wahrnehmung und sprachlichen Verarbeitung, namentlich auf Anzahl und Präzision der einschlägigen umgangs- oder fachsprachlichen Termini ankommt. Anstatt diesen Problemen weiter nachgehen zu können, müssen wir uns hier mit einer Ausführung des schon oben skizzierten Beispiels begnügen, um den Unterschied zwischen der unbeschränkten Revision pro reo bei scharfer Trennung von Tat- und Rechtsfrage und der eingeschränkten Revision contra reum bei unscharfem Trennbereich noch einmal deutlich zu machen[136]:

Wenn die Voraussetzungen des § 224 StGB bejaht werden sollen, muß im Wege der Normkonkretisierung ein subsumtionsfähiger Obersatz formuliert werden, etwa: „Eine um 1/2 cm aufgeworfene, 1 cm breite und von der Stirn über die Wange bis zum Kinn reichende Narbe ist eine erhebliche Entstellung; wenn jemand durch eine vorsätzliche Körperverletzung eine solche Narbe schuldhaft ver-

134 s. o. S. 31 f.

135 s. o. S. 36 ff.

136 Bei der Identifizierung von Revision der Staatsanwaltschaft und Revision contra reum haben wir natürlich nicht übersehen, daß auch die Staatsanwaltschaft pro reo Revision einlegen kann (s. § 358 II, 1); denn schon bei den Beratungen der Reichstagskommission wurde dieser theoretischen Möglichkeit keine besondere Bedeutung beigemessen, und die seither eingetretene Entwicklung hat diese Einschätzung bestätigt.

ursacht, soll er daher mit Freiheitsstrafe bis zu 5 Jahren bestraft werden". Wenn nun eine in den umgangssprachlichen Kernbedeutungen liegende Sachverhaltsbeschreibung gegeben werden kann („A hat von dem Hieb des B eine Narbe zurückbehalten, die ..."), so ist eine semantisch vermittelte Subsumtion möglich, ohne daß den auch in diesem Fall bei dem persönlichen Eindruck mitschwingenden Imponderabilien (z. B. dem Verhältnis von Narben- und Gesichtsfarbe) irgendeine Bedeutung zukommt; die darin liegende irrationale Komponente ist in concreto unter die Relevanzschwelle gedrückt.

Ganz anders verhält es sich, wenn ein von Haus aus ambivalenter „Schmiß" dem Richter als eine erhebliche Verunstaltung erscheint, ohne daß er den Grund in einem deskriptiven Allsatz formulieren kann. Der Obersatz „Eine erhebliche Entstellung liegt vor, wenn die äußere Gesamterscheinung des Verletzten in ihrer ästhetischen Wirkung derart verändert wird, daß er für Dauer psychische Nachteile im Verkehr mit seiner Umwelt zu erleiden hat"[137] ist natürlich für eine semantische Subsumtion nicht geeignet, der Satz „2–3 cm lange Narben auf der Wange können je nach Lage des Falles die bezeichnete Veränderung bewirken" genau so wenig, und wenn wegen der Unaussprechlichkeit des persönlichen Eindrucks keine Transponierung in einen rationalen Obersatz gelingt, so kann aus rechtsstaatlichen Gründen keine Verurteilung aus § 224 StGB ausgesprochen werden.

Wieder anders verhält es sich, wenn ein subsumtionsfähiger Obersatz an sich formuliert werden könnte (etwa an Hand von Lozierung, Länge und Niveau der Narbe), wenn der Richter das Opfer aber wegen einer besonderen Konstellation, die er nicht vollständig zu beschreiben vermag, nur unerheblich entstellt findet. Dann kann der Richter einen problematischen Obersatz wie den oben genannten („2–3 cm lange Narben können ...") aufstellen und sich für dessen Nichtheranziehung auf die „Gesamtsituation" berufen. Mit der Revision contra reum kann in diesem Fall nur die unzutreffende Bildung des unvollkommenen Obersatzes gerügt werden (etwa wenn der Richter Lozierung und Niveau der Narbe für irrelevant gehalten hat), während die letzte, ganz konkrete Abwägung der Kontrolle durch das Revisionsgericht entzogen ist[138].

---

137 Vgl. Schönke-Schröder, Strafgesetzbuch, § 224 Rdnr. 4.

138 Natürlich kann der Tatrichter diese Differenzierungen durch eine illoyale umgangssprachliche Sachverhaltsbeschreibung unterlaufen, aber dagegen ist ohnehin nach der Revisionskonzeption der RStPO kein Kraut gewachsen. Sollte der Tatrichter sich dagegen der revisionsgerichtlichen Kontrolle durch eine lückenhafte Sachverhaltsbeschreibung und eine lückenhafte Obersatzformulierung zu entziehen versuchen, so liegt es in der Macht der Revisionsgerichte, konkrete Maßstäbe für die Vollständigkeit des Obersatzes zu entwickeln und die Entscheidung wegen Lückenhaftigkeit der tatsächlichen Feststellungen aufzuheben.

IV. Ergebnis

Unsere Untersuchungen zur logischen Abgrenzung von Tat- und Rechtsfrage haben damit zu klaren Ergebnissen geführt. Die Abschichtung ist nach einer schon dem historischen Gesetzgeber bekannten und durch die Erkenntnisse der modernen Sprachtheorie lediglich verfeinerten Methode vorzunehmen, indem die in der Umgangssprache oder einer empirischen Fachsprache erfolgende umgangssprachliche Sachverhaltsermittlung und -beschreibung der Tatfrage, die in der Rechtssprache erfolgende Gesetzesauslegung und -konkretisierung hingegen der Rechtsfrage zugeordnet wird. Die Scheidelinie liegt dort, wo die Sachverhaltsbeschreibung im umgangssprachlichen Bedeutungskern der Obersatztermini liegt, so daß eine rein semantische Subsumtion möglich ist.

Auf diese Weise kann in fast allen prekären Fallgruppen eine eindeutige Scheidung von Tat- und Rechtsfrage vorgenommen werden, jedoch mit einer einzigen Ausnahme: Bei der kraft richterlichen Augenscheins erfolgenden Beurteilung von umgangssprachlich nicht in allen Nuancen erfaßbaren Sachverhalten geht es um eine partiell irrationale Aussage, bei der Tat- und Rechtsfrage in einem Grenzbereich verschwimmen. Hier folgt aber aus dem Grundsatz „nulla poena sine lege stricta“ (Art. 103 II GG), daß eine Verurteilung nur im umgangssprachlich faßbaren Kernbereich ausgesprochen werden kann, weil nur eine uneingeschränkt rationale Verbotsmaterie rechtsstaatlichen Mindestanforderungen genügt. Damit reduziert sich die Relevanz des vorgegebenen Unschärfebereiches auf die Revision der Staatsanwaltschaft contra reum, und weil die notwendige Zuordnung des Unschärfebereiches zur Tatfrage mit der historischen Motivation der staatsanwaltschaftlichen Revision (nämlich dem Rechtseinheitszweck) verblüffend harmoniert, bleibt die logische Abgrenzungstheorie bis zur letzten Station ohne Stachel; noch wo sie wegen der begrenzten Leistungsfähigkeit der Umgangssprache nicht vollständig durchführbar ist und eine Einschränkung des Revisibilitätsbereiches nicht hindern kann, wird sie den Motivationen des Gesetzgebers vollständig gerecht.

§ 4 Justitielle Derogation der legislatorischen Abgrenzung?

I. Die Entwicklung der Sachrüge in der Rechtsprechung

1. Die Untersuchungen der beiden letzten Kapitel haben für die Abgrenzung der revisiblen Gesetzesverletzung von den irrevisiblen tatsächlichen Feststellungen

bereits auf den ersten beiden Rechtsgewinnungsstufen zu einem eindeutigen, in sich stimmigen Ergebnis geführt, so daß sich die bisher noch nicht erörterte Frage seiner teleologischen Richtigkeit nur noch unter zwei alternativen Voraussetzungen stellt: entweder wenn die vom Schöpfer der RStPO verordnete Abgrenzung durch zwischenzeitliche Gehorsamsaufkündigung vollständig oder teilweise obsolet geworden ist[1] oder wenn sie mit dem Grundgesetz nicht mehr zu vereinbaren und daher vom BVerfG zu kassieren oder zu variieren wäre[2]. Es geht also nunmehr – kurz gesagt – um die Korrektur der ersten beiden Stufen durch die vierte Rechtsgewinnungsstufe; wir wollen zunächst die erste Voraussetzung prüfen, indem wir die der Sachrüge in den vergangenen 97 Jahren von der Rechtsprechung zuteil gewordene Behandlung ganz knapp skizzieren und daran die Frage knüpfen, ob die dem Effektivitätsprinzip zu entnehmenden Bedingungen für eine zwar illegale, aber dennoch wirksame Derogation des legislatorischen Machtspruches erfüllt sind.

2. a) Der Machtspruch des Gesetzgebers, die Tatfrageentscheidung des Vorderrichters für das Revisionsgericht schlechthin verbindlich zu machen, ist in Judikatur und Literatur lange Zeit beachtet worden. So hat *Stein* im Jahre 1892 ausgeführt, daß der Tatrichter von jeder Nachprüfung seiner Beweiswürdigung in der Revisionsinstanz frei sei, möchte er auch von dem tollen Satz ausgegangen sein, daß ein Zeuge nach drei Jahren noch den genauen Wortlaut einer zweistündigen politischen Rede im Kopfe haben könne, möchte er geleugnet haben, daß der Besitz der erweislich gestohlenen Sache ein Indiz für den Diebstahl sei oder möchte er den Kausalzusammenhang zwischen einer Ohrfeige und dem acht Tage später eingetretenen Herzschlage angenommen haben; auch in der Rechtsprechung sei keine grundsätzlich abweichende Entscheidung zu finden[3]. Daß jedenfalls das Reichsgericht in Strafsachen viele Jahre auf diesen Bahnen wandelte, beweist nichts besser als das berühmte Liebestrank-Urteil des 2. Senats[4], in dem die etwaige Auffassung des Tatrichters, „es gäbe ein Medikament, durch dessen Gebrauch seitens einer Person in ihr eine Zuneigung zu einer anderen Person hervorgerufen werde“, als irrevisibel bezeichnet wurde, da sie nirgends einen Rechtsirrtum erkennen lasse und da die „Richtigkeit oder Unrichtigkeit dieser tatsächlichen Voraussetzung (vom RG) nicht nachgeprüft werden könnte“.

Daß die Annahme, es gebe einen solchen individuumsbezogenen Liebestrank, nach gesicherter Aphrodisiacaforschung ein „toller Satz“ im Sinne *Steins*

---

1 Vgl. dazu allgemein Bd. 1, S. 211 f., 257 f.
2 Vgl. dazu allgemein Bd. 1, S. 213 ff.
3 Privates Wissen, S. 111 f.
4 RGSt. 8, 351, 353.

ist[5], wird wohl ebensowenig bestritten werden wie die Feststellung *Mannheims*, daß das RG damit vor dem krassesten Aberglauben haltmachen zu müssen geglaubt habe[6]. Revisionsrechtlich bedeutet dies, daß das RG in die Beweiswürdigung des Tatrichters auch insoweit nicht eingreifen wollte, als dieser sich zur Verwertung der Indizien – wie unvermeidlich – genereller empirischer Sätze („Allaussagen") bedient. Damit befand es sich auch in völliger Übereinstimmung mit der Regelung der RStPO, die, wie wir im einzelnen dargelegt haben, nicht die Differenz von generellem und individuellem Tatsachenurteil, sondern die logische Abgrenzung von Tat- und Rechtsfrage zum Angelpunkt der Sachrevision genommen hat.

b) Ob das RG überhaupt vor Ende der Zwanziger Jahre eine im Rahmen der Tatsachenfeststellung vom Unterrichter benutzte empirische Allaussage[7] sachlich überprüft hat, erscheint zweifelhaft. Als Beispiel führt *Mannheim*[8] das „einen Höhepunkt der reichsgerichtlichen Rechtsprechung bildende Urteil" zum Problem des Elektrizitätsdiebstahls an[9], in dem das RG folgende These aufgestellt hat:

> „Allgemeine Erfahrungssätze hat der Richter, auch wenn er, um sie zu erkennen, sich der Hilfe Sachverständiger bedient, nicht festzustellen, sondern nur anzuwenden auf die festgestellten konkreten Einzeltatsachen; nur letztere sind der Nachprüfung durch das Revisionsgericht entzogen ... nicht nur die Frage, welche Eigenschaften eine Sache haben muß, um als Diebstahlsobjekt in Betracht zu kommen, sondern auch die Feststellung, ob die Elektrizität diese Eigenschaften habe, unterliegt der Nachprüfung durch das Revisionsgericht"[10].

---

5 Auch das RG spricht von der „notorischen Nichtexistenz eines derartigen Mittels" (RGSt. 8, 353).

6 Beiträge, S. 113.

7 Den üblichen, in seiner Bedeutung aber äußerst unklaren Terminus „Erfahrungssatz" wollen wir einstweilen vermeiden. Unter „Allaussage" verstehen wir nichts anderes als einen generellen Satz, da es auf die in der Logik anzutreffenden Nuancierungen (vgl. etwa Stegmüller, Wissenschaftstheorie I, S. 708f.) hier nicht ankommt.

8 Beiträge, S. 111. Die von Schwinge (Grundlagen, S. 161ff.) angeführten früheren Entscheidungen sind in Zivilsachen ergangen (die früheste Entscheidung ist anscheinend in JW 1896, 62 veröffentlicht) und beruhen zumeist auf dem Gedanken der Notorietät, der von den Strafsenaten als Legitimationsgrundlage für einen Eingriff in die tatrichterliche Beweiswürdigung mindestens bis 1930 strikt abgelehnt worden ist (vgl. RGSt. 32, 168f.: Nur die Verkennung des Begriffs der Notorietät, nicht deren konkrete Annahme sei revisibel; ebenso auch die Entscheidung RGSt. 33, 77, die daher von Meyer in Löwe-Rosenberg, Strafprozeßordnung, § 337 Rdnr. 135 zu Unrecht für eine konkrete Nachprüfung der Offenkundigkeit in Anspruch genommen wird).

9 RGSt. 32, 165ff.

10 RGSt. 32, 168, 170.

So kühn diese These die noch in RGSt. 29, 114 ff. anläßlich der gleichen Problematik betonten gesetzlichen Grenzen des Revisibilitätsbereiches sprengt, so nachdrücklich kann doch bezweifelt werden, ob es in concreto überhaupt um einen Allsatz im Rahmen der Tatsachenfeststellungen ging. Denn der Bedeutungskern der „Körperlichkeit" als der in der Auslegung des § 242 StGB anerkannten differentia specifica reicht nicht weit genug, um eine semantische Subsumtion der Elektrizität (oder umgekehrt deren Ablehnung) zu ermöglichen, so daß es zunächst einmal um eine weitere Konkretisierung des Sachbegriffes ging[11]. Aber wie dem auch sei – *Mannheim* selbst stellt fest (und belegt es auch ausführlich), daß das RG den in RGSt. 32, 165 ff. eingenommenen Standpunkt, daß Erfahrungssätze niemals zur Tatsachenfeststellung gehören könnten, wieder aufgegeben habe[12]. Da eine vereinzelte Entscheidung aber keinesfalls einen im übrigen allgemein beachteten Machtspruch des Gesetzgebers derogieren kann, kann an der Effektivität der gesetzlichen Abgrenzungsregel bis zum Jahre 1925 nicht gezweifelt werden.

c) Den entscheidenden Umschwung brachte erst die zweite Hälfte der Zwanziger Jahre. Der 1. Strafsenat des Reichsgerichts sprach in dem berühmten Urteil vom 11.1.1927 erstmals explizit den Grundsatz aus, daß die tatrichterliche Auslegung einer Gedankenerklärung dann revisibel sei, wenn sie (einen Rechtsirrtum oder) einen Verstoß gegen allgemeine Erfahrungssätze, (Denkgesetze oder Auslegungsregeln) erkennen lasse, da die Berücksichtigung dieser allgemeinen Sätze, die ja eines Beweises nicht bedürftig seien, nicht in das Gebiet der Beweiswürdigung und der hierauf gestützten Feststellung falle, sondern zur „richtigen" Anwendung der Rechtsnormen auf die festgestellten Tatsachen gehöre[13]. Wenn

---

11 An dieser Stelle ist anzumerken, daß Mannheim hier nicht unterscheidet, ob der Allsatz (Mannheim spricht ausschließlich von Erfahrungssätzen) bei der Rechtsfrage oder bei der Tatfrage eine Rolle spielt (vgl. Beiträge, S. 110 ff.) – obwohl ihm diese wichtige Differenzierung im Prinzip durchaus geläufig ist (vgl. Beiträge, S. 75) –, weil er ja nicht Tat- und Rechtsfrage, sondern Tatsachenfeststellung und Tatsachenbewertung kontrastiert und die „Erfahrungssätze" als Tatsachenbewertung auffaßt (vgl. a.a.O., S. 72); zur Kritik dieser nach heute h.M. unzutreffenden Einteilung vgl. die Nachw. o. S. 57 Fn. 57. Stein trifft insoweit eine präzisere Unterscheidung als Mannheim (vgl. Privates Wissen, S. 111, 119), erkennt aber noch nicht, daß eine den Sachgehalt verfehlende Gesetzeskonkretisierung (die Stein im herkömmlichen Schema als Subsumtion versteht) nicht nur ein „thatsächlicher Irrtum" (vgl. a.a.O., S. 119), sondern – dadurch verursacht – ein Fehler bei der Formulierung des konkreten Obersatzes ist und daher zu einem „Rechtsirrtum" führt. Nach unserem Modell des richterlichen Syllogismus ist die Trennung dagegen klar: Ob ein empirischer Allsatz auf der zweiten Rechtsgewinnungsstufe (Folge: revisibler Rechtsfehler) oder im Rahmen der Tatfrage (gesetzliche Folge: irrevisibler Fehler bei der Beweiswürdigung) verkannt wurde, hängt davon ab, ob er bei der Gesetzeskonkretisierung oder bei der Sachverhaltsfeststellung und -beschreibung verwendet wird.

12 Beiträge, S. 111 ff.

13 RGSt. 61, 151, 154.

das RG auch im konkreten Fall die tatrichterliche Auslegung einer angeblich blasphemischen Äußerung wegen Verletzung einer Auslegungsregel aufhob und daher bezüglich der Erfahrungssätze nur ein obiter dictum aussprach, so erging doch schon wenig später, nämlich im Jahre 1928, eine Entscheidung des Kammergerichts, in der die tatrichterlichen Feststellungen unter Berufung auf einen den Ehrbegriff ehrsamer Bevölkerungskreise betreffenden Erfahrungssatz korrigiert wurden. Als Begründung findet man den geradezu modern anmutenden Satz, daß die Irrevisibilität der Beweiswürdigung eine Konsequenz der reduzierten Erkenntnisquellen des Revisionsgerichts sei und daher auch dann entfalle, wenn die Erkenntnisquelle des Tatrichters in gleicher Weise dem Revisionsgericht offenstehe, „insbesondere bei Erfahrungstatsachen"[14].

d) Damit scheint der Bann des legislatorischen Machtspruches endgültig gebrochen gewesen zu sein. Im Jahre 1930 behandelt der 1. Strafsenat des RG es schon als völlig unproblematisch, daß eine etwaige Feststellung des Tatrichters, die der Erfahrung des täglichen Lebens widerspricht, deshalb für das Revisionsgericht nicht bindend sei[15], und in den Dreißiger Jahren wird hieraus eine gefestigte höchstrichterliche Rechtsprechung[16]. Diese Rechtsprechung ist vom BGH von Anfang an fortgesetzt worden, und die Überprüfung der tatrichterlichen Beweiswürdigung auf ihre Vereinbarkeit mit naturwissenschaftlichen Erkenntnissen und Sätzen der allgemeinen Lebenserfahrung wird von allen Revisionsgerichten ständig praktiziert[17].

e) Einer kurzen Erläuterung bedarf abschließend noch der Umfang der von den Revisionsgerichten qua Erfahrungssatzverletzung praktizierten Eingriffe in die tatrichterliche Beweiswürdigung. In dieser Hinsicht bestehen deswegen gewisse Unklarheiten, weil der von *Stein*[18] in die revisionsrechtliche Diskussion eingeführte Begriff der Erfahrungssätze außerordentlich unpräzise ist und alle generellen empirischen Sätze – von der Alltagsfaustregel bis zum Naturgesetz – und außerdem sowohl apodiktische als auch problematische Urteile umgreift. Deshalb ist es neuerdings umstritten, ob der Revisionsrichter nur bei Verletzung „un-

14 KG JW 1929, 885 mit skeptischer Anmerkung von v. Scanzoni.

15 RGSt. 64, 250, 251.

16 Vgl. RGSt. 73, 246, 248; RG JW 1932, 3070, 3071 m. Anm. v. Alsberg, wo unter dem Etikett der Denkgesetzverletzung die Erfahrungswidrigkeit der tatrichterlichen Beweiswürdigung zum Anlaß für eine Korrektur genommen wurde; RG JW 1938, 789; w.N.b. Schweling ZStW 83, 464 f. Fn. 133 ff.

17 Vgl. nur BGHSt. 5, 35; 6, 70 ff.; 10, 208, 211; 21, 157, 159 (dazu i.e. o. S. 68 f.); OLGe Hamburg, Hamm und Braunschweig NJW 1963, 505, 602, 1120; zahlr. weit. Nachw. bei Gollwitzer in Löwe-Rosenberg, Strafprozeßordnung, § 261 Anm. 4 d.

18 Privates Wissen, S. 14 ff.

verbrüchlicher Erfahrungssätze" einschreiten kann[19] oder ob auch die Vernachlässigung einer „weniger sicheren Erfahrung" die Revisibilität begründet[20].

Bei der Entscheidung dieser Kontroverse für die Revisionspraxis – und nur das interessiert uns hier – muß wohl differenziert werden. Bei Verletzung von Erkenntnissen der Naturwissenschaften oder des Alltagsverstandes, die ein apodiktisches Urteil gestatten („Alle Steine fallen nach unten."), wird die tatrichterliche Beweiswürdigung ausnahmslos aufgehoben[21]. Wenn nur ein problematisches Erfahrungsurteil möglich ist („In manchen Ehen schlagen die Männer ihre Frauen."), so wird der Tatrichter korrigiert, wenn er irrig von einem apodiktischen Erfahrungssatz ausging – sei es einem positiven („In allen Ehen ...") oder einem negativen („In keiner Ehe ...")[22]. Etwas anderes gilt dagegen, wenn ein problematischer Erfahrungssatz im Einzelfall indiziell verwertet wurde; solche Schlüsse brauchen nur „möglich, aber nicht zwingend zu sein" und können daher vom Revisionsgericht nicht korrigiert werden[23]. Wieder anders verhält es sich, wenn der Tatrichter bei der Beweiswürdigung einen problematischen Erfahrungssatz („Viele Kraftfahrer sind schon bei einem Blutalkoholgehalt von 1,2 ‰ fahruntüchtig.") überhaupt nicht berücksichtigt hat. Denn dann kommt eine Aufhebung wegen unsorgfältiger Beweiswürdigung in Betracht, die aber nicht zu dem „klassischen" Revisibilitätsbereich der Erfahrungssatzverletzung, sondern zu einer besonderen Gruppe gehört und daher erst später zu behandeln ist. Hier ist daher festzuhalten, daß nur und immer die Nichtanwendung eines zutreffenden oder die Anwendung eines unzutreffenden apodiktischen Erfahrungssatzes seit Ende der Zwanziger Jahre von der ständigen Rechtsprechung als sachlich-rechtlicher Revisionsgrund behandelt wird.

3. Wir haben die Entwicklung, die die Revisionsrechtsprechung bei der Überprüfung empirischer Allsätze im tatrichterlichen Urteil genommen hat, hier deswegen etwas genauer geschildert, weil sie für die etwa 50 Jahre nach Erlaß der RStPO einsetzende partielle Aufkündigung des richterlichen Gehorsams gegenüber dem legislatorischen Machtspruch exemplarische Bedeutung besitzt. Die

---

19 So vor allem Sarstedt, Revision, S. 228 f.; ders., NJW 1968, 926 f.; ders., Festschr. f. Hirsch, S. 179 ff.

20 So vor allem Schweling ZStW 83, 462 ff.

21 Hier findet sich vor allem für die Naturwissenschaft ein reiches Betätigungsfeld, etwa beim Vaterschaftsnachweis, bei der Blutgruppen-, Blutalkohol- und Fahrgeschwindigkeitsbestimmung und bei der Feststellung von Todesursache und -zeitpunkt.

22 Vgl. RGSt. 64, 251, ferner die bei Sarstedt, Revision, S. 229 mitgeteilten Urteile, und die zahlr. Nachw. bei Meyer in Löwe-Rosenberg, Strafprozeßordnung, § 337 Rdnr. 127 a.E. sowie Fn. 20 (die Rubrizierung als „Denkgesetzverletzung" – so Meyer a.a.O. – ist längst überholt und offenbar irrig).

23 Vgl. die zahlr. Nachw. bei Meyer, a.a.O., Rdnr. 127, sowie zuletzt BGH (ZS) NJW 1973, 1411 f.

weiteren „klassischen" Gruppen einer revisionsrichterlichen Kontrolle des Untersatzes sollen hingegen geraffter dargestellt werden, da die Entwicklung bei ihnen ähnlich wie bei den „Erfahrungssätzen" verlief.

a) Mit den Erfahrungssätzen werden gewöhnlich die „Denkgesetze" in einem Atemzuge genannt. Daß die Verletzung von Denkgesetzen im Rahmen des Untersatzes (d.h. also vor allem bei der Beweiswürdigung) irrevisibel sei, entsprach noch bis in die Zwanziger Jahre hinein der ganz herrschenden, wenn auch nicht unbestrittenen Meinung[24], und auch die Rechtsprechung weigerte sich bis dahin beharrlich, die tatrichterliche Beweiswürdigung auf Denkfehler zu überprüfen[25]. Die Peripetie wird hier von der Rechtsprechung zur Revisibilität der Auslegung menschlicher Gedankenäußerungen eingeleitet[26]. Nachdem das RG früher schon beiläufig bemerkt hatte, daß die tatrichterliche Auslegung von Gedankenäuße-

24 Vgl. Mannheim, Beiträge, S. 75; Beling, Reichsstrafprozeßrecht, S. 414; Löwe-Rosenberg, Strafprozeßordnung, 18. Aufl., § 337 Anm. 3 c; Pohle, Revision, S. 46f.; Pagendarm, Verstöße, S. 12ff.; v.d. Pfordten ZfRpfl. in Bayern 1919, 300; anders wohl zuerst Heinsheimer, Festschr. f. Klein, S. 133ff.

25 Da eine eingehende Darstellung der RG-Rspr. heute nur noch von historischem Interesse wäre, kann insoweit auf die bei Mannheim (Beiträge, S. 117ff.) und Pohle (Revision, S. 107ff.) angeführten Entscheidungen verwiesen werden, in denen ständig die Irrevisibilität der Beweiswürdigung betont wird. Von den veröffentlichten abweichenden Entscheidungen kommt nur einer wirkliches Gewicht zu: In RGSt. 41, 79; 45, 139 wurden die Denkgesetze zwar genannt, aber ganz beiläufig abgetan; in RGSt. 41, 207 wurden die Denkgesetze in Wahrheit im Rahmen des Obersatzes erörtert; lediglich in RGSt. 38, 308, 309 ist der modern anmutende Satz, daß „Erwägungen allgemein sprach- und denkgesetzlicher Art" als „allgemeine, von den Sonderumständen des Einzelfalles völlig absehende Erwägungen grundsätzlich einer Nachprüfung durch das Revisionsgericht zugänglich" seien, ratio decidendi. Die von Schwinge (Grundlagen, S. 199) und Sarstedt (Revision, S. 213f. Fn. 5) verschieden interpretierte Wendung in RG JW 1927, 913 schließlich, daß die reichsgerichtliche Rechtsprechung allerdings anerkannt habe, daß Verstöße gegen die Denkgesetze zur Aufhebung eines Urteils führen könnten, ergibt schon wegen der hinzugefügten Beschränkung („nämlich dann, wenn das Revisionsgericht infolge solcher Widersprüche überhaupt nicht ersehen kann, in welchen Tatsachen der Vorderrichter die Merkmale der als vorliegend angenommenen Straftat gefunden hat. Im übrigen darf aber die Nachprüfung eines Urteils durch das Revisionsgericht niemals auf das ihm verschlossene Gebiet der Tatsachen führen.") nichts anderes. Denn bei lückenhaften oder widersprüchlichen Tatsachenfeststellungen liegt nicht nur ein fehlerhafter Untersatz und eine Verletzung des § 267 I, 1 StPO vor (Verfahrensfehler!), vielmehr wird dadurch auch der synonyme Obersatz notwendig widersprüchlich oder lückenhaft, so daß auch das materielle Recht verletzt ist.

26 Obwohl dieses Thema einen bevorzugten Gegenstand der literarischen Erörterungen bildet (vgl. etwa Mannheim, Beiträge, S. 75ff.; Schwinge, Grundlagen, S. 173ff.; Schmid ZStW 85, 377ff.), sehen wir keine Notwendigkeit für eine gesonderte Erörterung: Unsere allgemeine Abgrenzung gilt auch hier, indem der umgangssprachlich faßbare Äußerungssinn zur Tatfrage gehört, während die Rechtsfrage bei § 185 StGB etwa dahin geht, ob ein derartiger Gehalt den sozialen Achtungsanspruch verletzt. Auf die speziellen Revisibilitätsprobleme bei zivilistischen

rungen auf eine Verletzung von Denkgesetzen überprüft werden könne[27], wird dies im Jahre 1927 in drei kurz aufeinander folgenden Entscheidungen zu einer stehenden Formel[28], die heute nach ständiger Rechtsprechung[29] und fast einhellig herrschender Lehre[30] nicht bloß für die Auslegung von Gedankenäußerungen, sondern für den gesamten Bereich tatrichterlicher Beweiswürdigung gilt.

b) Die nächste Gruppe bilden die offenkundigen (d. h. entweder allgemein- oder gerichtskundigen) Tatsachen. Während es noch für *Stein*[31] außer Frage stand, daß die Annahme einer offenkundigen Tatsache das Revisionsgericht ebenso wie ein Beweisergebnis binde, prüfen die Revisionsgerichte nach anfänglichem Schwanken heute in ständiger Rechtsprechung[32] unter Billigung des Schrifttums[33] die Tatfrageentscheidung des Vorderrichters daraufhin nach, ob offenkundige Tatsachen übersehen oder zu Unrecht angenommen worden sind.

4. a) Die bisher behandelten drei „klassischen" Gruppen einer partiellen Usurpation der Tatfragekompetenz durch die Revisionsgerichte gewährleisten in Verbindung mit der bereits kurz gestreiften, schon nach der logischen Abgrenzungstheorie revisiblen Kategorie der „lückenhaften oder widersprüchlichen Tat-

---

Willenserklärungen, für die besondere normative Auslegungsregeln (in Wahrheit: Rechtsanwendungsregeln) existieren, kann hier nicht eingegangen werden.

27 Vgl. etwa RGSt. 41, 79 sowie RG LZ 1919, 157 f. (Nr. 13) und RGSt. 45, 138, 139, ferner die weit. Nachw. in Fn. 24.

28 Vgl. vor allem das berühmte Urteil des 1. Senats vom 11.1.1927 – RGSt. 61, 151, 153 f. –, ferner die bei Pohle, Revision, S. 114 Nr. 50 f. mitgeteilten Urteile vom 27. 1. und 1.3.1927. Natürlich läßt sich nicht ausschließen, daß es noch ältere unveröffentlichte Urteile gibt, die auf den gleichen Überlegungen beruhen; den uns interessierenden entscheidenden Durchbruch brachte aber jedenfalls erst das Jahr 1927.

29 Vgl. RGSt. 73, 248; BGHSt. 6, 72; 19, 34; BGH VRS 12, 214 – zumeist allerdings als bloßes obiter dictum (die geringe praktische Bedeutung der Denkfehler wird auch bei Fezer, Revision, S. 13 f., deutlich); ratio decidenci war die Denkgesetzverletzung jedoch in den bei Sarstedt, Revision, S. 221 ff., mitgeteilten unveröffentlichten Entscheidungen.

30 Vgl. etwa Sarstedt, Revision, S. 212 ff.; Meyer in Löwe-Rosenberg, Strafprozeßordnung, § 337 Rdnr. 125 ff.; Kern-Roxin, Strafverfahrensrecht, S. 275 Eb. Schmidt, Lehrkommentar, Nachträge zu Teil II, § 337 Rdnr. 20 f.; eingehend Klug, Festschr. f. Möhring, S. 364 ff.; ders., Logik, S. 141 ff.– Anders nur Schwinge, Grundlagen, S. 199 f., wo allerdings für „rechtsgrundsätzliche Denkfehler" eine kaum sinnvoll abzugrenzende Ausnahme gemacht wird.

31 Privates Wissen, S. 172.

32 Vgl. BGHSt. 6, 292, 296 sowie die weitgehend erschöpfenden Nachw. bei Meyer und Gollwitzer in Löwe-Rosenberg, § 337 Rdnr. 135 und § 261, Rdnr. 37; Alsberg-Nüse, Beweisantrag, S. 137 ff. Anm. 107.

33 Außer Alsberg-Nüse und Löwe-Rosenberg (s. Fn. 31) und den dort gegebenen zahlr. Nachw. vgl. nur Sarstedt, Revision, S. 238, Kern-Roxin, Strafverfahrensrecht, S. 275 und Müller-Sax, KMR, § 337 Anm. 1 c.

sachenfeststellungen“[34] eine weitgehende Kontrolle des Tatrichters, der sich bei der Beschreibung der Tat nicht mit allgemeinen Floskeln begnügen kann und nicht nur (wie nach der Entscheidung des Gesetzgebers) die rechtliche Deduktion, sondern auch die bei der Tatfrageentscheidung benutzten empirischen Allsätze und das formale Schlußgerüst sowie die einer Beweiswürdigung enthobenen offenkundigen Tatsachen nicht mehr selbstherrlich und letztinstanzlich bestimmen kann. Diese präzise abgrenzbaren, klassischen drei Übergriffe auf die Tatfrage sind heute an Bedeutung aber weit zurückgetreten hinter einer vierten Gruppe, die – aus den Denkfehlern entwickelt und von *Sarstedt*[35] im „Giftschrank des Revisionsrichters“ lokalisiert – durch den direkten Zugriff des Revisionsgerichts auf die tatrichterliche Beweiswürdigung gekennzeichnet ist.

b) Die Wurzel dieser vierten Gruppe liegt in drei Revisionsurteilen der Zwanziger Jahre, in denen es als eine revisible Verletzung der Denkgesetze bezeichnet wurde, wenn von mehreren gleich nahen Möglichkeiten tatsächlicher Schlüsse im Urteil nur eine erwogen und bejaht, die anderen aber nicht erörtert werden[36]. Daß diese Begründung nicht trifft, ist leicht zu sehen. Denn es geht bei dem Bedenken der verschiedenen Beweiswürdigungsmöglichkeiten nicht um formale Logik, sondern um Phantasie und Lebenserfahrung[37], und der von den Revisionsgerichten benutzte „Trick“, dem Tatrichter einen von ihm tatsächlich nicht ausgesprochenen irrigen Erfahrungssatz „Indizien vom Schlage des Indizes a deuten immer darauf hin …“ zu unterstellen, würde, konsequent angewandt, zur Revisibilität fast jeder Beweiswürdigung führen: Bei nahezu jeder Verurteilung müssen irgendwann konkurrierende Würdigungsmöglichkeiten beiseite geschoben werden, ohne daß dies mit einem generell zutreffenden Allsatz gerechtfertigt werden kann.

---

34 Vgl. o. Fn. 24 a.E. Da in diesen Fällen keine semantische Subsumtion möglich ist, hat der Tatrichter gar keinen bzw. einen lückenhaften Obersatz benutzt, so daß die Gesetzesverletzung auf der Hand liegt. Beispiele aus der Rspr. sind bei Meyer in Löwe-Rosenberg, Strafprozeßordnung, § 337 Rdnr. 145ff. und bei Fezer, Revision, S. 35ff., nachgewiesen. Zu Fezers allgemeinen Ausführungen zu dieser Kategorie (a.a.O., S. 23ff.) ist zu bemerken, daß Fezer ebenso wie die Rspr. eine klare Abgrenzung zu der im Text folgenden, die Lückenhaftigkeit der Beweiswürdigung betreffenden Gruppe vermissen läßt, so daß die von ihm vorgenommene, an den Formulierungen des BGH orientierte Einteilung mit der sachlichen Abgrenzung zwischen Rechtsfragenkontrolle und Tatfragenkontrolle nicht durchweg übereinstimmt. Wie hier etwa Dahs-Dahs, Revision, S. 21ff. m. Rechtsprechungsnachw.

35 Revision, S. 219.

36 RG JW 1922, 1017 m. zust. Anm. v. Alsberg, der auf den wahren Charakter der vom RG gewählten Scheinbegründung („Verkennung bürgerlichrechtlicher Grundsätze“) hinweist; OLG Dresden JW 1922, 1053 m. zust. Anm. v. Alsberg; OLG Dresden JW 1928, 2164 m. klärender Anm. v. Mannheim m.w.N.; vgl. ferner RG JW 1932, 3070.

37 Wohlgemerkt nicht um „Erfahrungssätze“ im üblichen Sinne, die ja für alle Fälle gelten, sondern um Alltagsfaustregeln und konkretes Gespür.

c) Die eigentliche Maxime der genannten Entscheidungen ist daher, wie schon *Alsberg*[38] erkannt hat, in dem höchst problematischen und der legislatorischen Entscheidung zweifellos eklatant widerstreitenden Satz zu sehen, daß jede erkennbar oder vermutet unsorgfältige Beweiswürdigung des Tatrichters von dem Revisionsgericht aufgehoben werden könne. Im Rahmen dieser Generalklausel hat sich denn auch die weitere Entwicklung abgespielt. Einerseits spielen die Denkgesetze als Etikett immer noch eine erhebliche Rolle, indem ständig betont wird, daß die vom Tatrichter aus Indizien gezogenen Schlußfolgerungen zwar nicht zwingend, sondern nur denkgesetzlich möglich zu sein brauchten, daß aber dann ein Verstoß gegen die Denkgesetze vorliege, wenn der Tatrichter seine Schlußfolgerung fälschlich für die einzig mögliche halte[39]. Andererseits ist die Rechtsprechung über diesen Leittopos aber noch erheblich hinausgegangen, wie an drei aus den Fünfziger Jahren stammenden BGH-Entscheidungen exemplarisch gezeigt werden kann[40]:

> „Es ist nun zwar ausschließlich Sache des Tatrichters, den Wert und die Bedeutung einzelner Beweistatsachen zu beurteilen und gegeneinander abzuwägen. Erklärt er jedoch Tatsachen, die sich anscheinend widersprechen, für zwanglos miteinander vereinbar, ohne hierfür irgendeine Begründung zu geben, so ist die Beweiswürdigung unklar. Das Revisionsgericht kann in einem solchen Falle nicht nachprüfen, ob sie rechtlich einwandfrei ist oder gegen Denkgesetze oder Erfahrungssätze verstößt. Darin liegt ein sachlicher (!) Mangel des Urteils." (BGHSt. 3, 213, 215).

> „Nach den tatrichterlichen Feststellungen ... (lagen) keine Anhaltspunkte vor, daß der Angeklagte sie (scil. seine Drohung) nicht habe ernst genommen wissen wollen. Im allgemeinen werden Feststellungen dieser Art die Annahme einer Bedrohung hinreichend begründen. Wenn aber der festgestellte Sachverhalt die Möglichkeit nahe legt, daß die in Betracht kommende Äußerung lediglich eine in höchster Erregung ausgesprochene Verwünschung ist, genügt für den Nachweis des Tatvorsatzes (diese Bemerkung nicht). Denn aus ihr ist zu entnehmen, daß der Tatrichter jene mögliche Bedeutung der Äußerung gar nicht erkannt und daher nicht erwogen hat. Darin liegt ein sachlich-rechtlicher Mangel." (BGH NJW 1953, 1440, 1441).

> „Welche Beweisgründe im einzelnen den Schlußfolgerungen der Sachverständigen zugrunde liegen, ist ... nicht ersichtlich. Das Gericht gibt auch seine eigenen Erwägungen hierzu nicht an. Es läßt sich deshalb nicht zuverlässig beurteilen, ob die Annahme der Strafkammer, daß der Angeklagte der Täter sei, auf einer rechtlich einwandfreien Grundlage beruht

---

38 JW 1922, 1018.

39 Vgl. nur zuletzt OLG Hamm NJW 1973, 159, 160; zahlr. weit. Nachw. bei Meyer in Löwe-Rosenberg, Strafprozeßordnung, § 337 Rdnr. 127 letzter Abs.; aus der Rspr. des RG etwa noch RGSt. 73, 246, 248.

40 Weit. Nachw. bei Dahs-Dahs, Revision, S. 24f.; Meyer in Löwe-Rosenberg, Strafprozeßordnung, § 337 Rdnr. 118; Gollwitzer, ibid., § 267 Rdnr. 35, Schmid ZStW 85, 374f.

oder ob sich dabei etwa Denkfehler oder Verstöße gegen Erfahrungssätze eingeschlichen haben..." (Zwar könne der Tatrichter sich an die Beurteilung der Sachverständigen anschließen, aber dann müsse er deren Gutachten in ihren Tatsachengrundlagen und wichtigsten Folgerungen in einem eine Schlüssigkeitsprüfung ermöglichenden Umfang im Urteil mitteilen, da sonst die Verteidigung gegen den Schuldvorwurf wie auch die Entschließung der Staatsanwaltschaft über die Rechtsmitteleinlegung unmöglich gemacht würde). „Ein solches Ergebnis würde dem rechtsstaatlichen Geist des Strafprozeßrechts widersprechen." (Dem stehe die Natur des § 267 I, 2 als einer irrevisiblen Ordnungsvorschrift nicht entgegen). „Denn wenn das Gericht jene Tatsachen (scil. die Indizien) – entsprechend dieser Bestimmung – im Urteil angibt, so ist auch dieser Teil der Urteilsgründe nach allgemeinen revisionsrechtlichen Verfahrensgrundsätzen zu überprüfen, ob die vom Tatrichter ... gezogenen Schlußfolgerungen denkgesetzlich möglich sind und mit den Erfahrungen des täglichen Lebens sowie den Ergebnissen der Wissenschaft im Einklang stehen. Die verwerteten Beweisanzeichen müssen daher in solchem Falle im Urteil lückenlos zusammengefügt und unter allen für ihre Beurteilung maßgeblichen Gesichtspunkten vom Tatrichter gewürdigt werden, damit ersichtlich ist, ob der Schuldbeweis schlüssig erbracht ist und alle gleich naheliegenden Deutungsmöglichkeiten für und gegen den Angeklagten geprüft worden sind." (Es wird dargelegt, daß das angefochtene Urteil diesen Anforderungen nicht genüge.) „Hiernach läßt sich aus dem Urteil nicht mit Sicherheit entnehmen, ob der Tatrichter alle vernünftigerweise in Betracht kommenden Erklärungsmöglichkeiten berücksichtigt hat und auf Grund einer lückenlosen Beweiskette zu der Überzeugung von der Täterschaft des Angeklagten gekommen ist. Dieser Mangel der Urteilsbegründung stellt sich mindestens (!?) als ein sachlich-rechtlicher Verstoß dar, der zur Aufhebung des Urteils führt." (BGHSt. 12, 312, 314–317).

d) Die Entscheidung des BGH im 12. Bande ist hier deswegen so ausführlich wiedergegeben worden, weil sie sich nach der von *Fezer* durchgeführten Untersuchung der unveröffentlichten BGH-Entscheidungen des Jahrgangs 1970 zu einem leading case entwickelt hat, der immer dann bemüht wird, wenn dem BGH eine tatrichterliche Beweiswürdigung unsorgfältig und aufhebungsbedürftig erscheint[41]. Ein vorzügliches Beispiel dafür und für die Intensität, mit der sich der BGH manchmal in die tatrichterliche Beweiswürdigung „hineinarbeitet", bietet das bei *Fezer*[42] abgedruckte Urteil des 1. Strafsenats gegen die ehemaligen Beisitzer in dem berüchtigten Nürnberger Rassenschandeprozeß, das Beweiserwägungen in Hülle und Fülle enthält und lediglich vor dem letzten Schritt – tatsächliche Feststellungen auf Grund der Akten zu treffen – zurückschreckt.

Ein ebenfalls bei *Fezer* auszugsweise abgedrucktes Urteil des 4. Senats vom 25.6.1970[43] macht deutlich, daß der BGH die Vollständigkeit der Beweiswürdigung auch insoweit zu kontrollieren beansprucht, als es um die Beurteilung der

41 Vgl. Fezer, Revision, S. 18ff.
42 a.a.O., S. 75ff.
43 Vgl. Fezer, a.a.O., S. 88f.

Glaubwürdigkeit von Zeugen und damit technisch gesprochen nicht um Indizien, sondern um sog. Hilfstatsachen des Beweises[44] geht, denn der BGH beanstandet hier, „daß sich das Schwurgericht bei der schwierigen Beweislage in den Urteilsgründen nicht ausdrücklich mit den verlesenen Aussagen des Polizeibeamten auseinandergesetzt hat, (weswegen) es aber auch gegen das sachliche Recht verstoßen (hat). Eine für die Beurteilung der Glaubwürdigkeit des Hauptzeugen so wichtige Aussage muß erörtert werden. Sonst läßt sich nicht ausschließen, daß die Bedeutung der Aussage verkannt worden ist."

e) Damit hat sich ergeben, daß die Formel von der „lückenhaften Beweiswürdigung" als sachlich-rechtlichem Mangel zu weitreichenden Eingriffen der Revisionsgerichte in die Tatfrageentscheidung führt, die ihre Grenze paradoxerweise erst dort finden, wo der Tatrichter unter Verstoß gegen die Sollvorschrift des § 267 I, 2 nicht alle Indizien im Urteil angibt[45]. Das ist nicht nur deswegen „ein Stück tragischer Ironie", weil „damit die Fleißarbeit viel mehr gefährdet ist als der lapidare Spruch"[46]; vielmehr ergibt sich daraus sogar ein geradezu grotesker Bruch innerhalb der partiellen Usurpation der Tatfragekompetenz durch die Revisionsgerichte. Denn das vom BGH so gern berufene Vorrecht, die tatrichterliche Beweiswürdigung auf die Verletzung von Denkgesetzen oder Erfahrungssätzen hin nachzuprüfen, wird bei fehlender Indizienangabe im Instanzurteil weitaus stärker beeinträchtigt als bei der schlichten „lückenhaften Beweiswürdigung"[47]! Gleichwohl hat die Rechtsprechung bisher nur vereinzelt die Wiedergabe der Einlassung des Angeklagten im Urteil für unabdingbar erklärt[48], im übrigen aber eine Pflicht zur Beschreibung des gesamten Beweisgebäudes ständig abgelehnt[49]. Solange die Revisionsgerichte damit bei der über die Sachrüge erfolgenden totalen Umkehrung des § 267 vor dem letzten Schritt zurückschrecken, kann daher dem Resümee von *Werner Schmid*, daß die Tatfrageentscheidung in der Revisionsinstanz uneingeschränkt auf ihre Vertretbarkeit überprüft werde[50], nicht zugestimmt wer-

---

44 Vgl. zu dieser – in ihrer sachlichen Berechtigung zweifelhaften – Unterscheidung Kern-Roxin, Strafverfahrensrecht, S. 112.

45 Für Irrevisibilität in diesem Falle ausdrücklich BGHSt. 12, 312, 315; w.N. bei Gollwitzer in Löwe-Rosenberg, Strafprozeßordnung, § 267 Rdnr. 32, Fn. 19; dagegen aber Baldus, Festschr. f. Heusinger, S. 386ff., dem sich Gollwitzer, a.a.O., anschließt.

46 So Dahs-Dahs, Revision, S. 24.

47 Konsequent daher Wenzel NJW 1966, 577ff., der die Sachrüge auch auf diese Fälle ausdehnen will.

48 Vgl. BGH GA 1965, 109, 208; BayObLG NJW 1972, 1433 m.w.N.

49 Vgl. vor allem BGH GA 1961, 172; 1969, 28; zahlr. weit. Nachw. bei Gollwitzer in Löwe-Rosenberg, Strafprozeßordnung, § 267 Rdnr. 39f.

50 ZStW 85, 374; vgl. dazu auch die Diskussion auf der Kieler Strafrechtslehrertagung bei Hünerfeld ZStW 85, 458ff.

den. Denn wenn das Revisionsgericht keine Gewähr dafür besitzt, daß die schriftlichen Urteilsgründe die Beweisaufnahme vollständig und getreulich widerspiegeln, wenn es also insoweit keine Prüfungskompetenz besitzt, sondern – überspitzt ausgedrückt – auf die ihm vom Tatrichter dargereichten Brosamen angewiesen ist, so kann es *nicht die Vertretbarkeit* des Urteils, sondern *nur die Schlüssigkeit* der schriftlichen Urteilsgründe überprüfen!

5. a) Wie schon diese letzte Feststellung zeigt, sind die bisher behandelten Gruppen der revisionsrichterlichen Gehorsamsaufkündigung gegenüber dem Gesetz allesamt dadurch gekennzeichnet, daß der Revisionsrichter seine Sonde ausschließlich an die Urteilsurkunde anlegt, den sonstigen Inhalt der Gerichtsakten aber vollständig ignoriert. Das läßt eine nahe Verwandtschaft mit der Leistungstheorie erkennen, die alle vom Revisionsgericht ohne eigene Beweisaufnahme in der Sache selbst korrigierbaren Fehler für revisibel erklärt, sofern man nur die im Revisionsverfahren übliche Freibeweisaufnahme über Erfahrungssätze[51] nicht als „Beweisaufnahme in der Sache selbst" versteht. Die Rechtsprechung hat diese umstrittene Formel jedoch niemals verwendet, sondern hat – nicht von den Mitteln des Revisionsgerichts, sondern von denen des Revisionsführers, d.h. von dem in § 344 II für die Sachrüge ausgeschlossenen Mittel der Tatsachenangabe[52] auf Zweck und Reichweite der Sachrüge schließend – alle die Mängel für sachlich-rechtliche erklärt, die „dem Urteil selbst anhaften", d.h. „sich in allen Stücken aus der Urteilsurkunde selbst ergeben"[53].

b) Neben diese Klasse ist in den letzten Jahren aber noch eine zweite Klasse getreten, die sowohl die von der Rechtsprechung als auch die von der herrschenden Lehre bevorzugte Formel sprengt und eindeutig in jenen von *Peters* verfochtenen Revisibilitätsbereich der Aktenwidrigkeit hinüberreicht, der nach Auffassung von *Sarstedt* den „letzten Schritt" darstellt, den die Revisionsgerichte nicht tun könnten[54]. Wir meinen damit die Tatfragenkontrolle durch den revisionsgerichtlichen Augenscheinsbeweis, der nach jahrzehntelanger zwielichtiger Existenz zwischen vereinzelter Erhebung und ganz überwiegender Ablehnung in jüngster Zeit von den Oberlandesgerichten bei pornographischen Darstellungen kultiviert wird[55]. Wegen der Einzelheiten dieser Rechtsprechung können wir hier auf die

---

51 Vgl. etwa die Würdigung des vom Bundesgesundheitsamt erstellten Gutachtens zur alkoholbedingten Fahruntüchtigkeit in BGHSt. 21, 159 ff.

52 D. h. der Angabe von „Randbedingungen" nach der allgemeinen wissenschaftstheoretischen Terminologie.

53 Vgl. Schmid ZStW 85, 376 m.w.N.; Sarstedt, Revision, S. 207.

54 Revision, S. 108.

55 Vgl. etwa OLG Schleswig SchlHA 1970, 198; BayObLG MDR 1970, 941, 942; OLG Bremen NJW 1972, 1678, 1681; OLG Hamm JMBlNRW 1969, 246.

minutiöse Untersuchung *Werner Schmids* verweisen, der auch die merkwürdige Diskrepanz zwischen der Erhebung des Augenscheinsbeweises bei pornographischen Abbildungen und der Ablehnung des Urkundenbeweises bei pornographischen Schriften sowie den Zusammenhang mit dem ganz überwiegend abgelehnten Revisionsgrund der Aktenwidrigkeit herausgearbeitet hat[56]. Interessant ist, daß in keiner einzigen Entscheidung eine auch nur einigermaßen vertiefte dogmatische Rechtfertigung für diesen „sachlich-rechtlichen Revisionsgrund der Aktenwidrigkeit" angeboten wird[57] – der jüngste Übergriff der Revisionsgerichte auf die Tatfrageentscheidung ist in seinen Grundlagen und Implikationen noch so unausgegoren, daß selbst ein Sachkenner wie *Werner Schmid* nicht zu diagnostizieren wagt, ob darin der entscheidende Dammbruch oder nur die Statuierung eines „Sonderrechts der Pornographie" zu sehen ist[58].

6. Die bisher dargestellten Gehorsamsaufkündigungen sind ausnahmslos durch eine partielle Usurpation der Tatfragenkompetenz seitens der Revisionsgerichte gekennzeichnet. Daneben ist auch die legislatorische Ausgrenzung der innerhalb des gesetzlichen Rahmens erfolgenden Strafzumessung aus dem Revisibilitätsbereich in der Rechtsprechungsentwicklung nach und nach preisgegeben und durch eine partielle Kontrolle der Strafzumessungsentscheidung ersetzt worden. Da es sich hierbei um eine umfangreiche und komplizierte Spezialproblematik handelt und da der Gesetzgeber die Zuordnung der Strafzumessung zur wenigstens partiell revisiblen Rechtsanwendung inzwischen in § 13 StGB bestätigt und abgesegnet hat, wollen wir in dieser Beziehung auf eine eigene Darstellung verzichten und statt dessen auf die dazu angestellten Spezialuntersuchungen verweisen[59]. Angemerkt sei nur, daß die im heutigen monographischen Schrifttum herrschende Meinung, wonach die Revisibilität der Zumessungsentscheidung nur insoweit eingeschränkt ist, als die umgangssprachlich nicht voll erfaßbaren Imponderabilien einer „Gesamtsituation" (vor allem der Eindruck von der Persönlichkeit des Angeklagten) strafmaßbestimmend wirken[60], von unseren eigenen Überlegungen zur logischen Abgrenzung von Tat- und Rechtsfrage bestätigt

---

56 ZStW 85, 893ff., 896f., 912ff.; vgl. auch Meyer in Löwe-Rosenberg, Strafprozeßordnung, § 337 Rdnr. 146, m. zahlr. Nachw.

57 Der einzige Begründungsversuch überhaupt findet sich in dem Urteil des OLG Schleswig vom 19.9.1969 (SchlHA 1970, 198).

58 Vgl. Schmid, ZStW 85, 915.

59 Vgl. nur Bruns, Strafzumessungsrecht, S. 645ff.; ders., Festschr. f. Engisch, S. 708ff.; Zipf, Strafmaßrevision, S. 179ff.; Frisch, Probleme, S. 41ff. und passim; Batereau, Schuldspruchberichtigung, S. 91ff.

60 Vgl. Bruns, Strafzumessungsrecht, S. 700ff.; Frisch, a.a.O., S. 284ff.; Zipf, a.a.O., S. 229, 249.

wird[61]. Um so auffälliger ist es, daß die Revisionsgerichte zwar rechtsfehlerhafte Strafzumessungserwägungen des Tatrichters korrigieren[62], bei der Festsetzung des Strafmaßes aber – auf den Satz, daß das Gesetz keine erschöpfende Darstellung der Strafzumessungsgründe fordere, gestützt[63] – dem Tatrichter einen außerordentlich weiten Ermessensspielraum zubilligen[64], der eindeutig über den Einflußbereich der Imponderabilien hinausgeht, vielleicht aber trotz der Legalisierung der Strafzumessungsrevision in § 13 StGB a.F. noch durch eine Rechtsgewinnung erster Stufe vorgeschrieben ist[65].

7. In dieser restriktiven Kontrolle der Strafzumessung kommt die Tendenz der Revisionsgerichte zum Ausdruck, die tatrichterliche Strafbemessung nicht auf ihre Richtigkeit, sondern – um einen in der Verwaltungsrechtsdoktrin seit langem gebräuchlichen, von *Werner Schmid* in das strafprozessuale Revisionsrecht überführten Terminus zu benutzen – nur auf ihre Vertretbarkeit zu überprüfen. Daß dadurch in einer der Strafprozeßordnung an sich fremden Weise innerhalb der Rechtsfrage eine Zäsur zwischen revisiblen und irrevisiblen Gesetzesverletzungen gesetzt wird, kann nun zwar auf dem Spezialgebiet der Strafzumessung noch mit dessen Besonderheiten (hohe Komplexität, enorme Weite der Strafrahmen, praktische Dominanz des persönlichen Eindrucks), mit dem durch § 13 StGB a.F. nur partiell revidierten Einschränkungswillen des Gesetzgebers von 1877 sowie mit der in prozessualer Hinsicht tatrichterliches Ermessen implizierenden, materiellrechtlichen Spielraumtheorie[66] erklärt werden. Keines dieser Argumente vermag aber jene zu guter Letzt zu betrachtenden Revisionsurteile zu rechtfertigen, die auch bei der Tatbestandssubsumtion die Revisibilitätsgrenze mitten in die nach der logischen Theorie ermittelte Rechtsfrage hinein verlegt und *Schmid* zu der Behauptung veranlaßt haben, daß sich die Revisionsgerichte „auch bei der Subsumtionsprüfung weit überwiegend mit der Vertretbarkeit der tatrichterlichen Subsumtionsentscheidung“ begnügten[67].

a) Die Wurzeln dieser zu den bisher geschilderten Extensionsbestrebungen in sonderbarer Diskrepanz stehenden, mit der logischen Abgrenzung von Tat- und

---

61 s. o. S. 71 f.; der Ausschluß einer Tatbestandskonstituierung durch Imponderabilien (s. o. S. 75 ff.) gilt für die Strafzumessung nicht, weil hier die „Gesamtsituation“ der Täterpersönlichkeit zur Erzielung eines gerechten Ergebnisses keinesfalls eliminiert werden kann.

62 Vgl. Meyer in Löwe-Rosenberg, Strafprozeßordnung, § 337 Rdnr. 174ff., m. zahlr. Nachw.

63 Vgl. Meyer, a.a.O., § 337 Rdnr. 166, m. zahlr. Nachw.

64 Vgl. die Nachw. bei Frisch, Probleme, S. 48f.; Meyer, a.a.O.

65 Diese Frage kann hier nicht mehr vertieft werden; es sei lediglich darauf hingewiesen, daß § 13 StGB a.F. zwar positiv-rechtliche Grundsätze für die Strafzumessung aufstellt, für deren lückenlose Revisibilität aber eigentlich nichts ergibt.

66 Vgl. dazu zuletzt Schaffstein, Festschr. f. Gallas, S. 99ff.

67 ZStW 85, 383.

Rechtsfrage schlechterdings nicht zu vereinbarenden Judikatur reichen bis in die ersten Jahre des Reichsgerichts zurück. Wir wollen hier aus der unübersehbaren Fülle der einschlägigen Entscheidungen zwei Urteile des 3. Strafsenats vom 21.9.1881 und vom 16.12.1920 herausgreifen, die die Revisibilität der tatrichterlichen Qualifikationen der Mundraubstatobjekte betreffen. In der früheren Entscheidung bezeichnete das RG „die Annahme der vorigen Richter, daß eine Quantität von 15 Flaschen Wein eine geringe Menge und deren Wert ein unbedeutender sei", als „auffallend", meinte aber, daß „hiergegen im Wege der Revision nicht mit Erfolg angekämpft werden" könne[68]. In der späteren Entscheidung sah es sich hervorzuheben gezwungen, „daß in jenen Fällen (scil. in RG Rspr. 3, 516 und in der ähnlichen Entscheidung RGSt. 10, 308) das Reichsgericht nicht etwa selbst einen unbedeutenden Wert oder eine geringe Menge angenommen, sondern nur die dahingehende Feststellung der Vorinstanz als auf tatsächlichem Gebiet liegend bezeichnet hat, wobei zwar die Annahme hinsichtlich der 15 Flaschen Wein auffallend sei, aber doch keinen Rechtsirrtum erkennen lasse"[69].

b) Obwohl diese Judikatur im Schrifttum von Anfang an auf entschiedenen Widerstand gestoßen ist[70], hat sie sich niemals ganz ausrotten lassen, sondern hat sich sogar in wechselhaftem, bei den verschiedenen Tatbestandsmerkmalen differierenden Umfange in der Rechtsprechung des RG immer wieder durchgesetzt und ist auch in der Nachkriegsrechtsprechung noch anzutreffen[71].

Die Aufarbeitung dieser Rechtsprechung und ihre Einordnung in das der StPO zugrunde liegende logische Abgrenzungsmodell würde eine eigene Monographie erfordern und muß hier daher unterbleiben. Aber auch ohne eine solche minutiöse Analyse läßt sich sagen, daß die in der Rechtsprechung benutzten Chiffren – der „tatsächlichen" oder „tatrichterlichen Würdigung" auf der einen, der Prüfung, ob der Tatrichter von „zutreffenden rechtlichen Erwägungen ausgegangen" oder „einem Rechtsirrtum unterlegen" ist, auf der anderen Seite – die von uns ermittelte Abgrenzung zwischen Tat- und Rechtsfrage in den meisten Fällen verfehlen. Zwar mag es sein, daß die Revisionsgerichte mit der genannten Formel verschiedentlich – vor allem bei unzüchtigen Darstellungen i.S. des § 184 StGB und bei erheblichen Entstellungen i.S. des § 224 StGB[72] – der auch von uns

68 RG Rspr. 3, 516.

69 RGSt. 55, 182, 183.

70 Vgl. etwa zu RG Rspr. 3, 516 die ablehnenden Stellungnahmen von Geyer ZStW 2, 308f.; Stein, Privates Wissen, S. 125; Mannheim, Beiträge, S. 88.

71 Vgl. die vorzügliche Darstellung bei Mannheim, a.a.O., S. 85ff., sowie die Nachw. bei Pohle, Revision, S. 7; Drost, Ermessen, S. 73ff.; Warda, Grundlagen, S. 61ff.; Peters, ZStW 57, 68; Schmid ZStW 85, 387f.

72 Vgl. dazu die Nachw. bei Schmid ZStW 85, 387.

anerkannten Prärogative des Tatrichters bei der Beurteilung von Gesamtsituationen Rechnung getragen haben[73]. In den wohl zahlreicheren Fällen – und die von uns zitierten Entscheidungen zu § 370 Nr. 5 StGB bieten dafür drastische Beispiele – verschleiert die Formel dagegen nur die Tatsache, daß die Revisionsgerichte dem Tatrichter nicht nur die Beweiswürdigung, sondern auch die konkrete, fallbezogene Gesetzesauslegung eigenverantwortlich überlassen und sich selbst vollständig auf die „generelle Gesetzesauslegung" zurückgezogen haben[74].

c) Soweit die Revisionsgerichte das Instanzurteil nur in dem dargestellten Umfange überprüft haben, haben sie die Grenze zwischen Revisibilität und Irrevisibilität praktisch genau dort gezogen, wo nach *Engisch* und der auf ihm fußenden herrschenden Meinung[75] die Scheidelinie zwischen Subordination (Auslegung, Konkretisierung) und Subsumtion verlaufen soll – denn die h.M. würde etwa den Satz, daß eine „geringe Menge" bei Nahrungs- und Genußmitteln mit dem einer Mahlzeit entsprechenden Quantum identisch ist[76], als Auslegung, die Prüfung, ob das entwendete Pfund Kaffee dem Bedarf einer Mahlzeit entspricht, hingegen als Subsumtion einordnen. Der gravierende Unterschied besteht aber darin, daß die h.M. hiermit nur eine theoretische, rein architektonische Differenzierung vornimmt, während die Rechtsprechung in striktem Gegensatz hierzu[77] unter dem Deckmantel der „tatsächlichen Würdigung" die gesamte Subsumtion aus dem revisiblen Bereich herauskatapultiert!

---

73 Daß dies nach unseren Erkenntnissen nur bei Freisprüchen, nicht aber bei Verurteilungen gilt (s. o. S. 75 ff.), beruht nicht auf strafprozeßrechtlichen, sondern auf materiellrechtlichen Grundsätzen (nulla poena sine lege stricta!) der dritten Rechtsgewinnungsstufe und könnte daher nicht den Vorwurf begründen, daß die Rspr. spezifisches Strafprozeßrecht verletze.

74 Ob das Revisionsgericht nur die Tatfrageentscheidung oder auch die konkrete Auslegung des Tatrichters für unantastbar erklärt, ist übrigens oft schon an der Wortwahl zu erkennen, mit der die Revisionsangriffe zurückgewiesen werden; im ersten Fall wird meist von einem unzulässigen Angriff auf die tatrichterliche Beweiswürdigung oder Überzeugungsbildung gesprochen (vgl. etwa die bei Fezer, Revision, S. 152f. abgedruckten BGH-Urteile vom 3.3.1970, 17.3.1970, 30.4.1970 und 25.8.1970), während im zweiten Fall die Formel von der „tatsächlichen Würdigung" verwendet wird. Ein untrüglicher Indikator ist darin jedoch nicht zu sehen, da die Rspr. diese terminologische Differenzierung nicht immer einhält (vgl. etwa das bei Fezer, a.a.O., S. 156ff. abgedruckte BGH-Urteil vom 6.8.1970, das auch im Rahmen der Tatfrageentscheidung von der „tatsächlichen Würdigung" spricht).

75 Vgl. Engisch, Logische Studien, S. 26ff.; Henke, Tatfrage, S. 102ff.; Larenz, Methodenlehre, S. 271ff.; Rödig, Theorie, S. 180f.; Frisch, Probleme, S. 185ff.

76 So OLG Hamm NJW 1971, 1954, 1955.

77 Zur Zuordnung der Subsumtion zur Rechtsfrage vgl. Engisch, Logische Studien, S. 92, 102; Larenz, Methodenlehre, S. 272f.; Henke, Tatfrage, S. 227ff.; Frisch, Probleme, S. 258ff.; Warda, Grundlagen, S. 67f.

Daß die auf der geschilderten Differenzierung basierenden Revisionsurteile die vom Gesetzgeber verordnete Abgrenzung des revisiblen Bereiches verfehlen und daher eine echte Gehorsamsaufkündigung enthalten, kann auch nach unseren eigenen Überlegungen nicht im mindesten zweifelhaft sein. Auf ein doppeltes ist noch ergänzend hinzuweisen: Erstens verstößt die Ausgliederung der „konkreten Subsumtion" aus dem Revisibilitätsbereich nicht nur gegen die historische Entscheidung der RStPO, sondern ist sogar bei der Konzipierung der (restriktiven Tendenzen doch weitaus eher geöffneten[78]) zivilprozessualen Revision mit aller Entschiedenheit zurückgewiesen worden[79]. Und zweitens hat unsere Kritik an *Engischs* Abgrenzung von abstrakter Subordination und konkreter Subsumtion[80] gezeigt, daß diese Abschichtung, von der in so vielen Urteilen die Revisibilität abhängig gemacht worden ist, im einzelnen ein Produkt der Willkür ist und überhaupt nicht nach wissenschaftlichen Maßstäben vorgenommen werden kann!

II. Allgemeine Voraussetzungen und konkreter Umfang der faktischen Derogation

1. Wir haben die Entwicklung, die die Sachrevision seit dem Jahre 1877 in der Rechtsprechung genommen hat, und die richterlichen Gehorsamsaufkündigungen gegenüber dem Gesetzgeber hier zwar in den Details knapp, in den großen Linien aber relativ gründlich und erschöpfend geschildert, weil nur an Hand einer genauen Bestandsaufnahme Klarheit darüber gewonnen werden kann, ob bzw. inwieweit eine zwar illegale, aber faktisch wirksame Gehorsamsaufkündigung nach dem Effektivitätsprinzip zu einer Derogation der gesetzlichen Regelung geführt hat. Freilich müssen wir uns zur Beantwortung dieser Frage auch noch Aufschluß darüber verschaffen, nach welchen Maßstäben eine illegale Gehorsamsaufkündigung kraft des Effektivitätsprinzips zu einer wirksamen faktischen Derogation des legislatorischen Machtspruchs führt. Wir haben diese Maßstäbe im ersten Teil dieser Arbeit noch im Dunkeln gelassen[81] und uns bisher auf die Bemerkung beschränkt, daß insoweit keine szientistische, sondern nur eine konsensualistische Lösung möglich sei. Anders ausgedrückt: Die die faktische justitielle Gesetzesderogation betreffende sekundäre Rechtsnorm kann nur noch auf der dritten Stufe geschaffen werden, und die Rechtsgewinnungstheorie verliert daher

78 Vgl. o. S. 23 ff.
79 Vgl. Hahn, Materialien zur CPO, S. 364 f., 367, 736.
80 s. o. S. 52 f.
81 s. Band 1 S. 211 ff., 257 f.

an dieser Stelle ihren metatheoretischen Charakter. Ungeachtet dessen sind wir aber zur Bestimmung der hic et nunc gültigen Abgrenzung von Tat- und Rechtsfrage auf die vorherige Formulierung dieser sekundären Rechtsnorm angewiesen, und wir müssen daher versuchen, die am plausibelsten begründeten und daher mit den größten Konsenschancen ausgestatteten Maßstäbe aufzufinden.

2. Wenn man schon einmal daran geht, Regeln für die „derogierende Kraft des Faktischen" zu formulieren, so muß man sich jedenfalls hinlänglich präzise Regeln zum Ziele setzen, denn auf nichtssagende Formelkompromisse kann man getrost verzichten.

a) Die präziseste Regel wäre zweifellos die, daß es die oben im Prinzip vorausgesetzte faktische Gesetzesderogation überhaupt nicht gebe, weil in der Verfassung nur die normative Derogation durch das BVerfG vorgesehen sei. Ein solcher legalistischer Standpunkt kann sicherlich nicht als unvertretbar bezeichnet werden; er scheint uns aber wenig plausibel zu sein. Denn weil das stärkste Argument gegen den juristischen Naturalismus – der Graben zwischen Sein und Sollen – nur der Ableitung der Normativität aus der Faktizität, nicht aber ihrer Bindung an die Effektivität entgegensteht, beruht der legalistische Standpunkt auf einer erkenntnistheoretisch nicht verifizierbaren und rechtspraktisch wenig brauchbaren Rechtsgeltungstheorie.

Immerhin wird sich der legalistischen Hypothese ein berechtigter Kern nicht absprechen lassen. Denn wenn es so einfach wäre, den legislatorischen Machtspruch durch eine rechtswidrige (!) Gehorsamsaufkündigung außer Kraft zu setzen, so bliebe von der doch einhellig anerkannten Rechtssetzungsgewalt des Gesetzgebers nicht viel mehr als ein vorläufiges Vorschlagsrecht übrig. Schließlich ist ja auch der Mordtatbestand nicht deswegen obsolet, weil immer wieder unaufgeklärte Morde vorkommen!

Dieses Beispiel läßt zugleich erkennen, mit Hilfe welcher Überlegungen die Annahme einer eng begrenzten faktischen Derogation der Gesetze durch die einfachen Gerichte gerechtfertigt werden kann: Die Auflehnung des Mörders ist der von vornherein einkalkulierte Ungehorsam des Gesetzesunterworfenen; die Auflehnung des Richters bedeutet dagegen immer einen Ungehorsam der Gesetzeswächter, auf deren Organisation die Verbindlichkeit des Rechts als einer erzwingbaren Ordnung beruht; mit dem Zusammenbruch der Zwangsorganisation wird daher mehr als ein bloßer Ungehorsamstatbestand gesetzt, vielmehr geht dann die für eine gemäßigt positivistische, jede metaphysische Verankerung ablehnende Rechtstheorie besonders wichtige Effektivität des Rechts selbst verloren. Ein solcher Zusammenbruch der Legitimationsordnung, der nur in den seltensten Fällen ganze Materien oder gar (beim Untergang des gesamten Staates) die ganze Rechtsordnung, zumeist aber nur einzelne Komplexe ergreift, kann allerdings erst dann angenommen werden, wenn das System als solches versagt, d.h. wenn der dem Zusammenbruch vorausgehende „Gärungsprozeß“ abgeschlossen ist. Denn eine absolute Effektivität des Rechts ist ohnehin niemals zu erreichen, und da in der Organisation des Rechtswesens viele Möglichkeiten zur Disziplinierung momentaner Abweichler angelegt sind, kann von einem Versagen des Systems insgesamt erst dann gesprochen werden, wenn alle Register zur Behauptung des legislatorischen Machtspruches erfolglos gezogen worden sind.

b) Diese allgemeinen Überlegungen müssen freilich aus den geschilderten Gründen noch operationalisiert, d. h. zu einer arbeitsfähigen Definition präzisiert werden. Wir müssen also die wichtigsten Register zusammenstellen, nach deren Verbrauch die institutionellen Absicherungen des legislatorischen Machtspruches erschöpft sind.

α) Erste Voraussetzung eines vollständigen Effektivitätsverlustes ist offenbar die Einigkeit der Gesetzeswächter selbst in der Ablehnung des legislatorischen Machtspruches. Denn solange die Gehorsamsaufkündigung in der Rechtsprechung noch kontrovers ist, bleibt der Wille des Gesetzgebers noch wirksam und erheischt Beachtung auch von denen, die sich gerade gegen ihn aufgelehnt haben. Ferner kann die faktische Derogation niemals an die Handlung eines einzigen Richters, sondern nur an einen Konsens in der gesamten Rechtsprechung als (freilich lockerer, insbesondere ohne präzise festgelegte Majoritäten organisiertem) korporativen Gegenstück zum Gesetzgeber geknüpft werden. Und drittens kann nur durch die Forderung nach einer die gesamte Judikatur ergreifenden Gehorsamsaufkündigung dem Rechtssicherheitsbedürfnis Rechnung getragen werden, weil innerhalb des bloßen Effektivitätsschwundes keine praktikable Grenzziehung möglich ist.

β) Ob ein totaler Effektivitätsverlust eingetreten ist, kann dabei freilich nicht nach dem vordergründigen Wortlaut, sondern nur nach dem recht verstandenen Inhalt der die Praxis beherrschenden Entscheidungsmuster beurteilt werden. Denn weil die offene Auflehnung gegen den Gesetzgeber verpönt ist, wird die Rechtsprechung nicht selten irreführende Beschwichtigungsformeln benutzen und ihre Neuschöpfungen in den gesetzlichen Begriffshülsen unterzubringen versuchen, ohne daß man sich bei der Prüfung einer faktischen Derogation davon düpieren lassen darf. Das bedeutet, daß man zunächst die eigentliche ratio decidendi herausarbeiten und sodann prüfen muß, ob ein diesbezüglicher Generalkonsens in der Rechtsprechung aufweisbar ist.

γ) Neben dieser „quantitativen Hemmung“ der faktischen Derogation ist noch eine „qualitative Hemmung“ zu berücksichtigen, die sich aus dem hierarchischen Instanzenaufbau ergibt. Die obersten Gerichtshöfe des Bundes nehmen in unserer Gerichtsverfassung eine so dominierende Stellung ein, daß eine neue Rechtsentwicklung ohne ihr Placet überhaupt nicht vorstellbar ist. Dies gilt insbesondere auch für den Bundesgerichtshof und das strafprozessuale Revisionsrecht: Obwohl auch die Oberlandesgerichte als Revisionsgerichte tätig werden, ist durch § 121 II GVG sichergestellt, daß der BGH seine Auffassung auch ihnen gegenüber durchsetzen kann. Gehorsamsaufkündigungen auf OLG-Ebene sind daher immer nur vorläufige Infragestellungen, über denen allemal noch das Karlsruher Damoklesschwert schwebt und die daher kein ausreichendes Gegengewicht zu dem Machtspruch des Gesetzgebers schaffen können.

δ) Das letzte Hemmungsregister ist schließlich in der Möglichkeit des Gesetzgebers zu sehen, die widerborstige Judikatur durch nachgeschobene authentische Interpretationen zu disziplinieren. Da die Gerichte, wie bereits bemerkt, ihre Insubordinationen zumeist dadurch verschleiern, daß sie ihre Auffassung in das Gesetz hineininterpretieren, werden sie durch eine authentische Interpretation mit ihren eigenen Waffen mattgesetzt, indem ohne Veränderung der axiologischen Problematik der verbalen Vernebelungstaktik ein Riegel vorgeschoben wird. Infolgedessen wird durch eine solche nachträgliche Klarstellung regelmäßig die schwindende Effektivität wiederhergestellt, und wir möchten sogar so weit gehen, die vom Gesetzgeber nicht genutzte Gelegenheit zur Stabilisierung als Voraussetzung der faktischen Derogation einzustufen, weil erst die Resignation des Gesetzgebers die letzte Durchsetzungschance seiner Regelung beseitigt. Zwar läßt sich dagegen vorbringen, daß eine authentische Interpretation nicht nur zur Stabilisierung schwindender, sondern auch zur Neuschöpfung verloren gegangener Effektivität eingesetzt werden kann; aber aus den eigenen Prämissen des Effektivitätsprinzips, das auf eine Betrachtung im Rahmen größerer Zeiträume angewiesen ist[82], ergibt sich die Notwendigkeit einer zeitlich konsolidierten Gehorsamsaufkündigung, so daß der Gesetzgeber in der Konsolidierungsphase immer intervenieren und die endgültige Verfestigung der Insubordination abwenden kann.

Bei der gebotenen Operationalisierung dieser Idee kann an die Praxis des BVerfG angeknüpft werden, Deliberationsfristen des Gesetzgebers an die laufende Legislaturperiode zu binden[83], so daß wir damit zu der folgenden generellen Umschreibung der faktischen Gesetzesderogation in der Lage sind:

„Eine vom Gesetzgeber getroffene Regelung verliert ihre Verbindlichkeit mit Ablauf der Legislaturperiode, während der sie von der Rechtsprechung allgemein und unter ausdrücklicher Billigung des zuständigen Obersten Bundesgerichtshofes mißachtet worden ist.“

---

82 Keine Norm ist in jeder Sekunde effektiv, vielmehr bedarf es immer der Zusammenschau der in einer längeren Zeitspanne getroffenen Entscheidungen!

83 Vgl. BVerfGE 15, 352; 25, 185, 188; 33, 13.

3. Wir sind uns, wie oben bereits bemerkt, durchaus darüber im klaren, daß die Richtigkeit dieser Formel nicht stringent beweisbar, sondern nur auf der dritten Stufe durch eine rhetorische Plausibilitätsargumentation begründbar ist, die in der bisherigen Skizze noch längst nicht erschöpfend dargeboten ist. Gleichwohl glauben wir auf eine detailliertere Ausführung hier getrost verzichten zu können, da einerseits eine großzügigere Konzessionierung der faktischen Derogation schwerlich in Betracht kommt und da andererseits eine Verschärfung der von uns gestellten Anforderungen[84] für die Reichweite der Sachrevision keinerlei Konsequenzen zeitigt – was im folgenden konkret zu belegen ist.

a) Unseren allgemeinen Überlegungen getreu müssen wir zunächst unter Abräumung aller sprachlichen Verkleidungen den wirklichen Bereich der in der Rechtsprechung vorfindbaren Widersetzlichkeiten umreißen. Da wir oben unter I. bereits alle Einzelgruppen erschöpfend zusammengestellt haben, geht es jetzt nur noch um die Frage, ob wir damit vielleicht nur die Verbesonderungen eines allgemeinen Prinzips erfaßt haben, das den eigentlichen „Insubordinationskern" abgibt.

aa) In der bekannten Entscheidung des BGH im 6. Bande der amtlichen Sammlung[85] und – in ihren Fußstapfen – bei Müller-Sax[86] sind die klassischen Übergriffe auf die Tatfrage dadurch zu rechtfertigen versucht worden, daß die Denk- und Naturgesetze kurzerhand den Rechtsnormen inkorporiert wurden. Daß diese Identifizierung von empirischen All-sätzen, logischen Schlußregeln und rechtlichen Imperativen selber auf einem Denkfehler (nämlich einer quaternio terminorum) beruht, ist heute allgemein bekannt und braucht daher nicht weiter dargelegt zu werden[87]. Immerhin könnte darin wenn nicht eine Rechtfertigung, so doch eine Beschreibung des Revisibilitätsbereiches zu sehen sein, indem alle vom Tatrichter benutzten Obersätze – mögen sie zur Gewinnung des Obersatzes oder zur Gewinnung des Untersatzes im Abschlußsyllogismus eingesetzt worden sein – für revisibel erklärt werden[88]. Diese Umschreibung wird jedoch nicht einmal den klassischen Übergriffen, geschweige denn der modernen Ausdehnung der Sachrevision gerecht. Daß es weder bei dem „revisionsgerichtlichen Augenscheinsbeweis" noch bei der „unsorgfältigen Beweiswürdigung" um die Nachprüfung von Obersätzen geht, versteht sich wohl von selbst, und für die „offenkundigen Tatsachen" gilt nichts anderes. Und da von den empirischen Obersätzen nur

---

84 Etwas anderes gilt für die völlige Leugnung der faktischen Gesetzesderogation, die aber gegenwärtig kaum Anhänger finden dürfte.

85 BGHSt. 6, 72.

86 KMR, § 337 Anm. 1 c.

87 Vgl. Sarstedt, Revision, S. 213; Klug, Festschr. f. Möhring, S. 364f.

88 Vgl. dazu bereits Heinsheimer JW 1927, 2464.

die gesicherten, relativ merkmalsarmen „apodiktischen“ Allsätze, nicht aber die ungesicherten, vom Tatrichter durch Merkmalsanreicherung der problematischen Urteile gewonnenen Allsätze überprüft werden[89], ist das Obersatzkriterium zur Beschreibung der Revisionsrechtsprechung weder notwendig noch hinreichend.

bb) Eine in der Literatur recht beliebte Beschreibung der klassischen Übergriffe auf die Tatfrageentscheidung geht dahin, daß es sich hier eigentlich um Verfahrensfehler handele, weil § 261 bzw. die diese Generalklausel ausfüllenden ungeschriebenen Beweisregeln verletzt seien, so daß die Rechtsprechung insoweit keine neuen Revisionsgründe geschaffen, sondern nur den § 344 II, 2 teleologisch reduziert habe[90]. Das klingt überzeugend, zumal hiermit zwar nicht der revisionsgerichtliche Augenscheinsbeweis, wohl aber die Aufhebung bei unsorgfältiger Beweiswürdigung (Pflicht zu erschöpfender Beweiswürdigung!) erklärbar zu sein scheint. Bei näherer Prüfung ist diese Theorie von der Existenz prozessualer Beweiswürdigungsnormen aber allerschwersten Bedenken ausgesetzt, denn sie konstruiert unnötigerweise zwischen den die außenweltgerichteten prozessualen Handlungen betreffenden Verfahrensnormen und den materiellen Rechtsnormen ein Zwischenreich der das richterliche Denken (!) regelnden Rechtssätze und mißversteht damit einen Erkenntnisakt als einen Akt der Normbefolgung: Da eine sachlich unrichtige Beweiswürdigung zur Bestrafung eines Unschuldigen (oder zur Freisprechung eines Schuldigen) führt, verletzt die darauf gegründete Entscheidung, wie schon eingangs bemerkt[91], das materielle Recht, das nur Schuldige bestraft sehen will. Die Korrekturfähigkeit dieser Entscheidung folgt damit aber schon aus dieser materiellen Gesetzesverletzung, und es ist eine bloße Frage positivrechtlicher Entscheidung, ob man jedes oder nur das auf einer fehlerhaften Bildung des juristischen Obersatzes beruhende Fehlurteil für korrekturbedürftig erachtet und dementsprechend den Terminus der „Verletzung sachlichen Rechts“ in einem engeren, technischen Sinne gebraucht. Die Annahme prozessualer Beweiswürdigungsnormen fügt dieser das Regelungssubstrat vollständig erfassenden Konzeption keinen neuen Gesichtspunkt hinzu und ist daher überflüssig. Darüber hinaus dürfte sie auch in sich problematisch sein, da die Norm „Stelle den Sachverhalt so fest, wie er wirklich war, ziehe keine falschen

---

89 s. o. S. 83 f.

90 Vgl. Eb. Schmidt, Lehrkommentar, § 337 Rdnr. 20; Sarstedt, Festschr. f. Hirsch, S. 178ff.; früher etwa Alsberg JW 1932, 3070f.; Mezger, Sachverständige, S. 195f. Auch Schwinges Überlegungen weisen in diese Richtung (vgl. Grundlagen, S. 159, 189), bleiben aber letztlich unklar, da Schwinge insoweit nur grundsätzliche Verstöße für revisibel hält (a.a.O., S. 158), während er bei Verfahrensfehlern sonst nicht auf die Richtlinienfrage, sondern auf den Zweck der Disziplinierung des Untergerichts abhebt (vgl. Grundlagen, S. 34ff.).

91 s. o. S. 24 m. Fn. 34.

Schlüsse und vernachlässige nicht die allgemein anerkannten Sätze der Naturwissenschaft" entweder nichts anderes als „Suche die Wahrheit" bedeutet[92] oder aber, wenn man die Wahrheitsfindung dadurch inhaltlich angeleitet glaubt, das Forschen in ein Gehorchen verwandelt und nicht die Wahrheit, sondern die Normbefolgung zum Kriterium des Untersatzes macht[93].

cc) Die herrschende Meinung im Schrifttum erklärt die Übergriffe auf die Tatfrage durch die Formel von der „Überprüfbarkeit ohne eigene Beweisaufnahme"[94]. Daß auch diese Formel der gegenwärtigen Praxis inadäquat ist, wird nicht nur durch den revisionsgerichtlichen Augenscheinsbeweis, sondern auch durch die ständig praktizierte revisionsrichterliche Aufklärung der „Erfahrungssätze" bewiesen. Daß die Revisionsgerichte ihre diesbezügliche Kenntnis gewöhnlich aus wissenschaftlichen Veröffentlichungen und damit gewissermaßen im Wege des Freibeweises beziehen[95], ändert an der Tatsache einer revisionsrichterlichen Beweisaufnahme über materiellrechtlich erhebliche Fragen natürlich nicht das geringste.

dd) Unter diesen Umständen scheint die Formel von *Peters*, daß allein die eine „unmittelbar-mündliche Hauptverhandlung" erfordernden Würdigungen irrevisibel seien[96], die Praxis weit besser zu treffen. Tatsächlich ist eine Revisionsentscheidung, die über den hierdurch gesteckten Rahmen hinausginge, nicht bekannt geworden. Das kann aber auch nicht weiter wunder nehmen, denn *Pe-*

92 Und insoweit dann nur eine andere Formulierung darstellt für die Kompetenz des Richters, Schuldige zu bestrafen. Diese Kompetenznorm kann aber deswegen keine Verfahrensnorm i.S. der §§ 337, 344 sein, weil sonst jede Verletzung sachlichen Rechts auch eine Verletzung des Verfahrensrechts wäre!

93 Eine vertiefte Erörterung der äußerst komplizierten rechtstheoretischen Struktur der „Beweiswürdigungsregeln" kann hier nicht unternommen werden. Nur zwei naheliegende Einwände gegen die im Text anklingende Normenskepsis sollen wenigstens gestreift werden: Die berühmten Beweisregeln der Carolina (vgl. etwa Art. 67) sind in Wahrheit Fiktionen und laufen daher auf eine Veränderung des materiellrechtlichen Tatbestandes hinaus, indem nicht der Mörder, sondern etwa der von zwei klassischen Zeugen des Mordes Bezichtigte zu bestrafen ist. Und die Beweisverwertungsverbote des geltenden Rechts (vgl. etwa § 136 a III, 2) können entweder auch materiellrechtlich als negative Strafbarkeitsbedingungen oder (richtiger) als Definitionen des „Beruhens des Urteils auf einer fehlerhaften Prozeßhandlung" gedeutet werden; außerdem erscheint bei ihnen die Einordnung als Beweisnormen schon eher vertretbar, da das Recht zwar nicht Erkenntnis gebieten, wohl aber die Benutzung gewisser Erkenntnisquellen verbieten kann (vgl. zum entsprechenden Problem bei der Rechtsfindung Band 1 S. 78 m. Fn. 17 sowie zur materiellrechtlichen Einordnung des Beweisverbotes des § 49 BZRG neuestens BGHSt. 25, 100f.).

94 Vgl. die Nachw. o. S. 12 f. Fn. 31.

95 Beispiele bieten BGHSt. 6, 72ff.; 21, 159ff. Von einer „Offenkundigkeit" der Erfahrungssätze wird man bei so komplizierten Sachverhalten wohl kaum sprechen können.

96 Strafprozeß, S. 566.

ters' Abgrenzungstheorie verwandelt im Grunde genommen die Revision in eine „Berufung nach Lage der Akten“, und vor dieser letzten Konsequenz sind die Revisionsgerichte bis heute zurückgeschreckt. So haben sie den direkten Urkundenbeweis über eine durch eine Schrift begangene Straftat bis heute abgelehnt[97], und die über den Bereich der Imponderabilien weit hinausgehende Revisibilitätsbeschränkung bei der konkreten Subsumtion[98] ist mit *Peters'* Formel schon gar nicht mehr zu vereinbaren.

ee) Auf die letzte Gruppe scheint hingegen *Schwinges* an dem Begriff der „Richtlinienfrage“ orientierte Revisibilitätstheorie[99] vorzüglich zu passen. Eine nähere Untersuchung von *Schwinges* begrifflich nicht immer hinreichend klaren Gedankengängen[100] kann hier jedoch unterbleiben, da die in der Rechtsprechung praktizierte Revisibilität der unsorgfältigen Beweiswürdiges stehtung und der Augenscheinseinnahme bei § 184 StGB mit seiner restriktiven teleologischen Theorie schlechterdings nicht zu vereinbaren ist.

ff) Der revisionsgerichtliche Augenscheinsbeweis sprengt auch die in der Rechtsprechung beliebte Redeweise, alle dem Urteil selbst anhaftenden Mängel als Verletzung sachlichen Rechts zu bezeichnen. Auch für die Nachprüfung der „Erfahrungssätze“ paßt diese Formel übrigens schlecht, da hierfür in komplizierteren Fällen eine die tatrichterlichen Erhebungen korrigierende revisionsrichterliche Beweisaufnahme erforderlich ist. Und schließlich kann auch die „Verdachtsaufhebung“ bei unsorgfältiger Beweiswürdigung schwerlich als Verbesonderung des allgemeinen Revisionsgrundes des dem Urteil selbst anhaftenden Mangels eingeordnet werden, solange die bei unvollkommener Sonderung von Ober- und Untersatz vom Tatrichter unüberprüfbar vollzogene konkrete Subsumtion vom Revisionsgericht toleriert wird.

gg) Bei so vielen Ungereimtheiten erscheint *Werner Schmids* Diagnose, daß sich die Revisionsgerichte um die verschiedenen Revisionstheorien überhaupt nicht kümmerten[101], nur allzu berechtigt. Trifft aber auch *Schmids* eigene Systematisierung zu, wonach die Revisionsgerichte sowohl die Rechts- als auch die Tatfrageentscheidung nicht auf ihre Richtigkeit, sondern nur bzw. immerhin auf ihre Vertretbarkeit überprüften[102]? So verführerisch diese scheinbar für alle Entschei-

97 Vgl. Schmid ZStW 85, 896f. m. zahlr. Nachw.

98 s. o. S. 94ff.

99 Vgl. Grundlagen, S. 48ff.

100 Beispielsweise ist, wie schon oben erwähnt, Schwinges Abgrenzung zwischen irrevisiblen „konkreten Rechtsfragen“ und revisiblen „konkreten Beurteilungen“ (vgl. Schwinge, a.a.O., S. 56f.) äußerst undurchsichtig.

101 ZStW 85, 365f.; ebenso Fezer, Revision, S. 6.

102 ZStW 85, 382f.

dungen passende Formel auf den ersten Blick auch wirkt – die erwartete Ordnungsfunktion dürfte sie doch nicht erfüllen können. Der Begriff der Vertretbarkeit ist zunächst einmal schon so unbestimmt, daß er im Grunde jede beliebige Prüfungsintensität mit der einzigen Ausnahme der totalen Nachprüfung rechtfertigen würde. Da ein Urteil niemals „an sich", sondern immer nur in Beziehung auf einen bestimmten Toleranzmaßstab „vertretbar" ist, hängt alles von diesem Maßstab ab, der nun aber, wie wir gesehen haben, in der Revisionspraxis von Gruppe zu Gruppe schwankt und kein einheitliches Niveau zuläßt. Selbst wenn die Revisionsgerichte plötzlich anfingen, die Beweiswürdigung an Hand des Sitzungsprotokolls zu kontrollieren, wäre das (weil damit nicht alle Richtigkeitsbedingungen erfaßt würden) nur eine Vertretbarkeitsprüfung, und im Rahmen der Rechtsfrage kann eine Vertretbarkeitsgrenze nicht einmal per definitionem eingeführt werden, da zwischen revisibler „Subordination" und irrevisibler „Subsumtion" im Sinne *Engischs*, wie wir wissen, überhaupt keine Trennungslinie gezogen werden kann.

Die Vertretbarkeitstheorie enthält damit außer der seit den Dreißiger Jahren trivialen Feststellung, daß die Revisionsgerichte auch gewisse Teile der Tatfrage überprüfen[103], nur noch die Behauptung, daß auch bei der Rechtsfrage keine uneingeschränkte Kontrolle stattfinde. Diese Behauptung wird aber schon von *Schmid* selbst nicht für alle, sondern nur für die überwiegende Zahl der Tatbestandsmerkmale aufgestellt[104], und da sie, wie wir noch sehen werden, selbst in dieser beschränkten Allgemeinheit unzutreffend ist[105], bringt die Vertretbarkeitsformel die Revisionsdogmatik um keinen Deut voran.

hh) Damit steht fest, daß die Rechtsprechung zur Sachrüge auf keinen einheitlichen Nenner gebracht werden kann, so daß alle jene recht haben könnten, die hinter ihr die völlig undogmatische Motivation vermuten, alle irgendwie suspekten Instanzurteile aufzuheben und alle vertrauenerweckenden bestehen zu lassen[106]. Als allgemeine Derogationsmaxime kommt aber auch diese Formel nicht in Betracht; denn ihr allein angebbarer normativer Inhalt bestünde in dem Fehlen jeglicher normativen Bindung der Revisionsrichter, und diese Konsequenz könnte aus den oben zusammengestellten einzelnen Fallgruppen nur durch eine unzulässige Verallgemeinerung gewonnen werden und ist von den Revisionsgerichten auch niemals ernsthaft in Anspruch genommen worden[107]. Es bleibt da-

---

103 Wobei gänzlich offen bleibt, wodurch diese gekennzeichnet sind.

104 Vgl. ZStW 85, 384f.

105 s. u. S. 108 ff.

106 Vgl. etwa Bender im Vorwort zu Fezer, Revision, S. V; Dahs, Handbuch, S. 486f.; Neidhart DRiZ 1967, 107.

107 Denn es gibt immer noch von der Rspr. unangetastet gelassene Irrevisibilitätsbezirke – z.B. die allgemeine Aktenwidrigkeit –, die es bei Anerkennung der obigen Formel nicht geben dürfte.

her nichts anderes übrig, als für jede Fallgruppe getrennt zu untersuchen, ob sie die Voraussetzungen für eine faktische Gesetzesderogation erfüllt.

b) Für die „klassischen“ Übergriffe auf die Tatfragebeurteilung – bei Verletzung von Denkgesetzen, bei der Vernachlässigung oder irrigen Annahme von apodiktischen Erfahrungssätzen und schließlich bei der Vernachlässigung oder irrigen Annahme von offenkundigen Tatsachen – bedarf es hierzu nur weniger Worte. Wir haben gesehen, daß diese drei Gruppen seit etwa 1930 in der Rechtsprechung allgemein anerkannt sind und auch vom BGH ständig praktiziert werden. Da der Gesetzgeber auch zahlreiche Gelegenheiten, diese Judikatur durch eine authentische Interpretation des § 337 zu inhibieren, ungenutzt verstreichen ließ, liegen hier alle Voraussetzungen für eine faktische Derogation vor: Der legislatorische Ausschluß dieser an generellen Maßstäben orientierten Tatfragenkontrolle ist heute nicht mehr verbindlich.

c) Für den Revisibilitätsbereich der „lückenhaften Beweiswürdigung“ ergibt sich dagegen eine andere Beurteilung. Den im Text erörterten Urteilen, in denen dieser Revisionsgrund anerkannt wurde, stehen nämlich andere Erkenntnisse gegenüber, in denen darauf bezogene Revisionsrügen mit der Begründung zurückgewiesen wurden, sie griffen „in Wirklichkeit die Beweiswürdigung an, ohne einen Rechtsfehler aufzuzeigen“[108]. Auch Fezers Auswertung der BGH-Entscheidungen des Jahrgangs 1970 hat zahlreiche Urteile zu Tage gefördert, in denen ausschließlich mit den klassischen Kategorien gearbeitet und jede weitergehende Nachprüfung der tatrichterlichen Beweiswürdigung ausdrücklich abgelehnt wird[109]. Und die zahllosen Urteile, in denen den Revisionsangriffen auf die Indizienbewertung entgegengehalten wird, daß die tatrichterlichen Schlüsse nicht zwingend, sondern nur möglich sein müssen[110], gehören schließlich ebenfalls zu dieser Gruppe, denn da ein nicht zwingender Schluß strenggenommen die Denkgesetze verletzen würde, muß man diese Formel offenbar so verstehen, daß die Revisionsgerichte sich nicht um sämtliche bei der Beweiswürdigung benutzten Wahrscheinlichkeitssätze und Randbedingungen kümmern und daher die Lückenlosigkeit der Indizienverwertung gerade nicht nachprüfen.

Unter diesen Umständen kann der Revisionsgrund der „unsorgfältigen Beweiswürdigung“ in der Revisionsrechtsprechung keinesfalls als einhellig an-

---

108 So etwa BGH NJW 1973, 1379, 1380. Ähnlich BGH JZ 1974, 511f., wo die Würdigung des Schwurgerichts auch insoweit für rechtsfehlerfrei erklärt wird, als sie „nur zu möglichen, aber nicht unbedingt wahrscheinlichen Ergebnissen kommt“ – obwohl das tatrichterliche Urteil zweifellos genug Anhaltspunkte für eine unsorgfältige Beweiswürdigung bot (vgl. Baumann JZ 1974, 514).

109 Vgl. Fezer, Revision, S. 46ff., 152ff.

110 Nachw. bei Meyer in Löwe-Rosenberg, Strafprozeßordnung, § 337 Rdnr. 127.

erkannt und praktiziert gelten, sondern wird nur als ein gelegentliches Ventil benutzt, auf dessen Einsatz der Revisionsführer prinzipiell keinen Anspruch hat. Die optimistische Feststellung von *Fezer*, daß es dem BGH mit der Handhabung der Sachrüge als einer „*Darstellungsrüge*" gelinge, „sich intensiv mit der Richtigkeit und Vollständigkeit der tatsächlichen Feststellungen zu beschäftigen"[111], kann daher keinesfalls für alle, sondern nur für die Entscheidungen gelten, in denen sich der BGH auch wirklich einer solchen Beschäftigung unterzieht. Von einer justitiellen Erweiterung der Sachrüge könnte man aber nur dann sprechen, wenn die Revisionsgerichte dieser Beschäftigung ständig nachgingen und dem Revisionsführer darauf einen Anspruch einräumten; solange der „Griff in den Giftschrank" (*Sarstedt*) nicht als Pflicht aufgefaßt, sondern ohne „opinio necessitatis" nur gelegentlich angewendet wird, kann von einer den legislatorischen Machtspruch ständig mißachtenden und daher seine Effektivität restlos zerstörenden Gehorsamsaufkündigung keine Rede sein.Allerdings könnte die Diskrepanz zwischen den nachprüfungsfreundlichen und -feindlichen BGH-Entscheidungen auch dadurch zu erklären sein, daß der BGH in den restriktiven Urteilen die Lückenlosigkeit der tatrichterlichen Beweiswürdigung insgeheim überprüft und bejaht und sich lediglich im Interesse einer zeitsparenden Begründung auf die überkommene knappe Formel zurückgezogen habe. Auch diese nur an Hand einer teilnehmenden Beobachtung überprüfbare Hypothese dürfte aber keine andere Lösung des Derogationsproblems bedingen. Denn erstens wird eine solche Kryptoprüfung zwar vielleicht in einigen, aber sicherlich nicht in allen Fällen in voller Intensität angestellt; *Fezer* als derzeit in dieser Frage sachkundigster extraneus resümiert, daß der BGH infolge seiner undogmatischen Handhabung in vielen Fällen zu einer Aufhebung nicht „gezwungen" sei, und findet es auffällig, daß der BGH in NSG-Verfahren mit Aufhebungen sehr zurückhaltend gewesen sei[112]. Zweitens hängt die Derogation nach dem Effektivitätsprinzip zwar nicht von den vordergründigen Formulierungen, sondern von dem materiellen Gehalt der Judikatur ab; dieser materielle Gehalt muß aber objektiv feststellbar sein und darf nicht auf bloßen Spekulationen über die „eigentlichen Motive" beruhen! Und eine in die-

---

111 Revision, S. 53.

112 Das nährt übrigens die Vermutung, daß die eigentliche Praxis des BGH in einer Kombination von **„Schweinehund- und Schwachkopftheorie"** besteht: Lücken in der tatrichterlichen Beweiswürdigung – die sich wohl niemals ganz vermeiden lassen – werden immer und nur dann als Anlaß zur Urteilsaufhebung genommen, wenn entweder der Angeklagte nach dem Gesamteindruck nicht als Schweinehund oder wenn der Urteilsverfasser nach seiner Diktion als ein Schwachkopf erscheint, der nicht die Gewähr für eine insgesamt richtige Beweiswürdigung bietet. Ob diese hier bewußt vergröbernd formulierte Hypothese zutrifft, kann jedoch aus dem im Text anschließend genannten Grunde dahingestellt bleiben.

sem Sinne objektive Analyse der Hintergründe der restriktiven Entscheidungen ist deswegen nicht möglich, weil die „Unvollständigkeit der Beweiswürdigung" kein wissenschaftlich fixierbarer Terminus ist[113], so daß das diesbezügliche Selbstverständnis des BGH nicht aus den Umständen rekonstruiert werden kann: Nur die Revisionsrichter selbst könnten angeben, ob sie die Vollständigkeit der Beweiswürdigung in den restriktiven Urteilen entgegen ihren Formulierungen mit der gleichen Intensität überprüft haben wie in den extensiven Urteilen. Infolgedessen bleibt es dabei, daß die „Darstellungsrüge" in der Revisionsrechtsprechung nicht einhellige praktiziert und daher nicht in dem für eine faktische Gesetzesderogation ausreichendem Maße anerkannt wird.

d) Auch die Rechtsprechung zum revisionsgerichtlichen Augenscheinsbeweis vermag den strengen Anforderungen der faktischen Gesetzesderogation nicht zu genügen. Denn wie die eingehende Rechtsprechungsanalyse *Werner Schmids* ergeben hat, bilden hier einige Oberlandesgerichte die Avantgarde, während in der Rechtsprechung von RG und BGH eine revisionsgerichtliche Augenscheinseinnahme wohl überwiegend abgelehnt, keinesfalls aber ständig praktiziert wird[114]. Die neue oberlandesgerichtliche Rechtsprechung ist daher auch heute noch illegitim und sollte zugunsten der von uns skizzierten Konzeption – Verurteilung nach § 184 StGB nur bei sprachlich faßbarer, „eindeutiger" Pornographie[115] – revidiert werden.

e) Die Rechtsprechung zur partiellen Revisibilität der Strafzumessung braucht an dieser Stelle nur kurz gestreift zu werden, da die darin anerkannte Juridifizierung der Strafzumessung inzwischen auch vom Gesetzgeber bestätigt worden ist (s. § 13 StGB). Ein Konflikt von legislatorischem Machtspruch und justitieller Praxis ist daher auf diesem Sektor nicht mehr gegeben.

f) Die letzte, in der neueren Revisionsliteratur und noch in *Fezers* Rechtsprechungsanalyse fehlende und erst kürzlich von *Werner Schmid* wieder in den Mittelpunkt des Interesses gerückte Gruppe der justitiellen Gehorsamsaufkündigung betrifft die zu der seit fünfzig Jahren stattfindenden Ausdehnung des Revisibilitätsbereiches in so auffälligem Gegensatz stehende Reduzierung der Rechtsfragenkontrolle auf eine (wie auch immer zu verstehende) Vertretbarkeitsprüfung.

---

113 Die Beurteilung der Unvollständigkeit hängt nämlich von der Stellungnahme zu der Beweiswürdigung selbst ab, die wegen des Hereinspielens zahlloser unbestätigter und unquantifizierbarer Wahrscheinlichkeitssätze nur in seltenen Fällen aus dem Bereich des Alltagsverstandes vollständig in den der empirischen Wissenschaften hinüberwechselt.

114 Vgl. Schmid ZStW 85, 895f. m.zahlr. Nachw. in Fn. 7. Daß der revisionsgerichtliche Augenscheinsbeweis auch nicht einmal von allen Oberlandesgerichten praktiziert wird, zeigen die neuen Entscheidungen OLG Karlsruhe JZ 1974, 514ff.; OLG Frankfurt JZ 1974, 516f.

115 s. o. S. 76 ff.

Insoweit hat schon *Schmid* konstatiert, daß diese Reduktion nicht generell, sondern nur bei gewissen (allerdings die Mehrzahl bildenden) Tatbestandsmerkmalen durchgeführt worden sei, während bei den (allerdings in die Minderzahl geratenen) deskriptiven und den relativ bestimmten normativen Tatbestandsmerkmalen nach wie vor die gesamte Subsumtion nachgeprüft werde[116].

Ob auf der Grundlage dieser Analyse von einer (nach den einzelnen Tatbestandsmerkmalen differenzierten) partiellen Derogation der legislatorisch angeordneten vollständigen Überprüfung der Rechtsfrage durch das Revisionsgericht auszugehen wäre oder ob wegen dieser ja nicht von prozessualen, sondern von materiellrechtlichen Gegebenheiten abhängenden Unterscheidung die Voraussetzungen einer faktischen Gesetzesderogation (ständige einheitliche Rechtsprechung!) insgesamt verneint werden müßten, ist gewiß eine schwierige Frage. Wir dürften ihrer Beantwortung hier aber enthoben sein, da *Schmids* Einteilung, wie eine genauere Untersuchung ergibt, zu sehr an der zivil- und öffentlich-rechtlichen Judikatur orientiert ist und deswegen die Kriminalrechtsprechung nicht völlig getreu wiedergibt.

Die umfassende Rechtsprechungsauswertung, die zum Beleg dieser Behauptung an sich geschuldet wäre, kann hier schon aus Raumgründen nicht mehr erfolgen, ist aber für unsere Zwecke auch entbehrlich, denn uns genügt bereits der Nachweis, daß selbst von einer partiell einheitlichen Reduktion der Rechtsfragenkontrolle nicht die Rede sein kann. Dieser Nachweis soll hier an Hand einiger exemplarischer Entscheidungen skizziert werden, die zugleich deutlich machen, daß die Rechtsprechungsentwicklung – entgegen *Schmids* Diagnose – jedenfalls im Strafrecht in die Richtung einer vollständigen Obersatzkontrolle führt.

Als erstes kann insoweit auf die von *Schmid* selbst analysierte Rechtsprechung zum revisionsgerichtlichen Augenscheinsbeweis verwiesen werden, die durch das Bestreben gekennzeichnet ist, dem Tatrichter selbst die qua „Gesamtsituation" sachlogisch vorbehaltenen Rechtsfragenbezirke zu entreißen und die zwar, wie wir gesehen haben, noch zu keiner faktischen Gesetzesderogation geführt hat, jedenfalls aber eine Derogation in die entgegengesetzte, restriktive Richtung hindert. Das zweite Beispiel bildet die Fahrlässigkeitsrechtsprechung. Während das Reichsgericht die Rechtsfrage, ob ein bestimmtes Verhalten gegen die objektiven Sorgfaltsanforderungen verstößt, als im wesentlichen auf dem Gebiet der „tatsächlichen Würdigung" liegend bezeichnete[117], wird heute in zahlreichen Revisionsentscheidungen – namentlich im Straßenverkehrsrecht – eine kon-

116 ZStW 85, 384 f.
117 Vgl. Mannheim, Beiträge, S. 100 f. m. zahlr. Nachw.

krete Fahrlässigkeitsbeurteilung vorgenommen[118]. Ein Musterbeispiel bietet hierfür auch das in der Behandlung der Darstellungsrüge so restriktive Urteil BGH NJW 1973, 1379ff., in dem der 1. Strafsenat Stück für Stück die Verantwortlichkeit des Angeklagten, die schuldhafte Verletzung der Verkehrssicherungspflicht und die Kausalität feststellt und den Angeklagten schließlich in Abweichung von dem Standpunkt des Tatrichters selbst freispricht, weil der tödliche Unfall für ihn nicht voraussehbar gewesen sei.

Als dritte und letzte Beispielsgruppe wollen wir die Rechtsprechung zum „unbedeutenden Wert“ (§ 370 I Nr. 5 StGB) behandeln. Wie wir oben[119] dargelegt haben, hat das RG schon in seinen frühesten Entscheidungen dem Tatrichter bei der Beurteilung dieses Begriffes einen weitgespannten Beurteilungsspielraum zugebilligt. Die heutige Rechtsprechung bietet dagegen ein ganz anderes Bild. Zwar werden die alten Formeln, daß es in erster Linie der Würdigung des Tatrichters unterliege, ob Nahrungs- oder Genußmittel in geringer Menge oder von unbedeutendem Wert zum alsbaldigen Verbrauch entwendet worden sind[120], dem bloßen Wortlaut nach immer noch mitgeschleppt; in der Sache wird die Subsumtion aber zumeist vollständig nachgeprüft. So hat das OLG Hamm etwa in dem von *Schmid*[121] zu Unrecht für die Vertretbarkeitstheorie in Anspruch genommenen Urteil vom 30.6.1971[122] das Lippenbekenntnis zu der alten Formel mit der den Obersatz bis zum konkreten Fall verlängernden Feststellung verbunden, daß ein Warenwert von unter 25 DM zwar noch, ein solcher von 27 DM aber nicht mehr als „unbedeutender Wert“ anzusehen sei. Und auch der BGH hat nicht gezögert, eine tatrichterliche Verurteilung wegen Diebstahls von sich aus dahin zu korrigieren, daß das Tatobjekt (Pralinen für 20 DM) von unbedeutendem Werte sei[123].

Damit läßt sich wohl resümieren, daß die zu Zeiten des Reichsgerichts vielfach praktizierte, aber stets schwankende und niemals zu einer einheitlichen ständigen Rechtsprechung konsolidierte[124] Reduktion der Rechtsfragenkontrolle heute immer mehr aufgegeben wird, zumindest aber sich nicht mit solcher Eindeutigkeit durchgesetzt hat, daß die strengen Anforderungen der faktischen justitiellen Gesetzesderogation erfüllt wären.

---

118 Vgl. nur die wahllos herausgegriffenen Entscheidungen BGH VRS 14, 294ff.; 14, 296ff.; 21, 356ff.

119 s. o. S. 95.

120 Vgl. OLG Hamm NJW 1971, 1954, 1955 m.w.N.

121 ZStW 85, 388.

122 Vgl. OLG Hamm NJW 1971, 1954, 1955 m.w.N.

123 BGHSt. 21, 244f.

124 Vgl. die eingehende Darstellung bei Mannheim, Beiträge, S. 85ff.; ein vorzügliches Beispiel für volle Subsumtionsprüfung bei einem unbestimmten Rechtsbegriff bietet etwa RGSt. 23, 409ff.

III. Prüfung der konstitutionellen Derogationsmöglichkeiten

Da nach unseren bisherigen Überlegungen eine faktische justitielle Gesetzesderogation des legislatorischen Machtspruches nur bezüglich der drei klassischen Mittel der Tatfragenkontrolle vorliegt, bleibt abschließend zu untersuchen, ob darüber hinaus eine konstitutionelle Derogation in Betracht kommt, die auf Vorlage der einfachen Gerichte vom BVerfG zu vollziehen wäre.

1. Als erstes ist zu prüfen, inwieweit eine – rechts- und verfassungstheoretisch problemlose – Derogation kraft historisch-hermeneutischer Grundgesetzinterpretation geboten ist. Den einzigen Anhaltspunkt bietet hierfür Art. 19 IV GG, der bei Rechtsverletzungen durch die öffentliche Gewalt die Beschreitung des Rechtsweges garantiert.

a) Die für eine revisionsrechtliche Ausmünzung erforderliche Erweiterung dieser Rechtsweg- zu einer Rechtsmittelgarantie kann mit dem Bedeutungskern des Art. 19 IV GG freilich nicht begründet werden („öffentliche Gewalt" kann entweder alle Staatsgewalt oder nur die vollziehende Gewalt bedeuten) und wäre auch mit der inneren Logik dieser Vorschrift nicht zu vereinbaren. Denn wenn man unter der „öffentlichen Gewalt" auch die Gerichte verstehen wollte, würde Art. 19 IV GG einen endlosen Rechtsmittelzug vorschreiben, weil auch das Rechtsmittelgericht ja dann als „öffentliche Gewalt" eine Rechtsverletzung begehen könnte – eine offenbar sinnlose Konsequenz. Auch Art. 19 IV, 2 GG stellt den „ordentlichen Rechtsweg" ausdrücklich der „öffentlichen Gewalt" gegenüber und schließt daher eine unbesehene Gleichsetzung aus.

b) Die an diese grammatisch-systematische Betrachtung anknüpfende historische Analyse bestätigt dieses Ergebnis. Art. 19 IV GG war ursprünglich als Art. 2 IV GG vorgesehen und wurde schließlich an das Ende des Grundrechtsteils gestellt, um gegenüber allen Eingriffen in den grundrechtlich geschützten Bereich einen Schutz durch die Gerichte sicherzustellen; an eine Rechtsmittelgarantie innerhalb des Rechtsweges wurde in diesem Zusammenhang überhaupt nicht gedacht[125].

c) Die erststufige Auslegung des Art. 19 IV GG bestätigt daher die fast einhellige Auffassung, daß diese Vorschrift nur einen Schutz durch, nicht aber gegen die Gerichte garantiert[126].

2. a) Es kommt daher allenfalls eine konstitutionelle Derogation qua drittstufiger Verfassungskonkretisierung in Betracht. Den nächstliegenden Anhaltspunkt

125 Vgl. die Darstellung bei Matz JöR I, 183 ff.

126 Vgl. nur Maunz-Dürig-Herzog, Grundgesetz, Art. 19 IV Rdnr. 17; Schmidt-Bleibtreu/Klein, Grundgesetz, Art. 19 Rdnr. 25; Hendrichs in v. Münch, Grundgesetz, Art. 19 Rdnr. 45; BVerfGE 4, 74, 96; 11, 263, 265; 15, 275, 280; zahlr. weit. Nachw. bei Lorenz, Rechtsschutz, S. 241 Fn. 1.

bietet hierfür Art. 3 GG, denn es ließe sich die Auffassung vertreten, daß es nach der durch die faktische Derogation dem Gesetzgeber abgerungenen „Freigabe" der klassischen drei Mittel der Tatfragenkontrolle mit dem Gleichheitsgrundsatz nicht mehr zu vereinbaren sei, wenn ebenfalls unrichtige Tatsachenfeststellungen, deren Mangel lediglich außerhalb der enumerierten drei Schneisen festgestellt werden muß, unkorrigiert bleiben. Das klingt fürs erste allzu kühn, ist aber auf den zweiten Blick so überzogen nicht, denn aus dem klassischen Bereich heraus hat sich, wie *Fezer* jüngst wieder betont hat[127] und wie auch in unserer eigenen Rechtsprechungsübersicht zum Ausdruck gekommen ist, ohne strenge Unterscheidung die moderne *„Darstellungsrüge"* herausgebildet, die trotz dieser engen Verwandtschaft bis heute durch keine faktische Derogation abgesichert und daher illegitim geblieben ist. Sollte nicht wenigstens sie über Art. 3 GG dem klassischen Bereich angegliedert werden müssen?

b) Es ist nicht zu verkennen, daß sich für eine solche konstitutionell erzwungene Gleichbehandlung gewichtige Argumente vorbringen lassen. Dennoch dürften sie nicht gewichtig genug sein, um eine Verdrängung des legislatorischen Ermessens durch dasjenige des BVerfG rechtfertigen zu können. Es besteht nämlich zwischen beiden Gruppen auch ein erheblicher, nicht bloß formaler Unterschied, der ihre unterschiedliche Behandlung zumindest nicht grob fehlerhaft erscheinen läßt: Während die im klassischen Bereich korrigierbaren Fehler eindeutig festgestellt werden können, beim Revisionsgericht auf einen in diesen generellen Fragen kompetenteren Urteiler treffen und oft nur zufällig bei der Tat- und nicht bei der Rechtsfrage angesiedelt sind[128], kommt bei der „Darstellungsrevision" immer nur eine Verdachts- und Zufallsaufhebung in Betracht; eine Verdachtsaufhebung, weil das Revisionsgericht weder weiß, ob der betreffende Gesichtspunkt vom Tatrichter wirklich übersehen oder nur nicht erwähnt wurde, noch ob seiner abstrakten auch eine konkrete Relevanz entspricht, und eine Zufallsaufhebung, weil formal geschlossene und daher „revisionssichere" Beweiswürdigungen im Einzelfall weitaus ernsteren Zweifeln ausgesetzt sein können. Von einer notwendigen Gleichstellung der klassischen Tatfragenrevision mit der Darstellungsrevision kann daher vernünftigerweise nicht gesprochen werden, so daß die Heranziehung des Art. 3 GG keine konstitutionelle Derogation zu begründen vermag.

---

127 Revision, S. 9 u. ö.
128 Vgl. o. S. 68 f.: Ob die Promillegrenze im Ober- oder im Untersatz einzuordnen ist, liegt nicht ein für allemal fest, sondern hängt von der konkreten Auslegung ab.

3. Neben Art. 3 GG könnte natürlich aber auch Art. 19 IV GG auf der dritten Rechtsgewinnungsstufe in Richtung auf die vorliegende Problematik fortentwickelt werden.

a) *Lorenz* hat kürzlich auch die Dritte Gewalt der Rechtsschutzgarantie unterstellt und zur Begründung darauf hingewiesen, daß die im Verlauf des Gerichtsverfahrens vom Richter zugefügten Grundrechtsverletzungen strukturell von den Grundrechtsverletzungen seitens der Exekutive nicht zu unterscheiden seien[129]. Das ist zweifellos ein sehr beachtlicher Gedanke; für unsere Problematik ist er aber nicht fruchtbar zu machen. Denn *Lorenz* differenziert ausdrücklich zwischen der Rechtsverletzung in Ausübung der Prozeßleitungsbefugnis und dem „bei Anwendung des Rechts auf den zur Entscheidung stehenden Rechtsfall unterlaufenden Fehler" und erblickt folglich in Art. 19 IV GG nur die Garantie für eine Verfahrensrevision[130], während es uns hier ja um die konstitutionelle Ausdehnung der Sachrevision zu tun ist!

b) Auch für die Sachrevision läßt sich indessen eine drittstufige Fortentwicklung des Art. 19 IV GG begründen – wenn auch nicht für alle Gerichtszweige, sondern unter Beschränkung auf die Strafjustiz. Man braucht hierzu nämlich nur auf das der gängigen Formel „Art. 19 IV GG garantiert Rechtsschutz nicht gegen, sondern durch die Gerichte" offenbar zugrunde liegende telos zurückzugreifen, so wie es auch *Lorenz* für die Verfahrensrevision getan hat: Es besteht in der Überlegung, daß die einmalige Gewährung von Rechtsschutz durch einen unabhängigen, streitenthobenen Dritten[131] ausreichend sei und daß auf die Frage „quis custodiet ipsos custodes"[132], die ersichtlich in einen unendlichen Regreß hineinzuführen droht, von der Verfassung keine Antwort vorgeschrieben werde. Dieses telos trifft auf den Strafprozeß aber nur in sehr beschränktem Umfange zu, weil wir es hier nicht mit einem Rechtsschutz-, sondern mit einem Eingriffsverfahren zu tun haben, an dem der Richter nicht als unbeteiligter, streitentscheidender Dritter, sondern (kraft des bei uns geltenden Inquisitionsprinzips[133]) *als aktiv eingreifendes Staatsorgan teilnimmt und in der Realität wegen seiner Überführungstätigkeit als der eigentliche Gegner des Angeklagten empfunden wird.*

Es würde in diesem Zusammenhang zu weit führen, die besondere Rolle des Strafrichters im Vergleich etwa zum Zivilrichter in sämtlichen Einzelzügen zu analysieren und womöglich durch eine empirisch-soziologische Analyse in ihren

129 Rechtsschutz, S. 242ff.
130 a.a.O., S. 243f.
131 Vgl. dazu eingehend Lorenz, Rechtsschutz, S. 185ff., 202ff. m. zahlr. Nachw.
132 Vgl. dazu zuletzt Rheinstein JuS 1974, 409ff.
133 Vgl. dazu nur Kern-Roxin, Strafverfahrensrecht, S. 66f.

praktischen Konsequenzen zu demonstrieren. Daß der die Bürde der Inquisition tragende und dennoch zur Bewahrung der richterlichen Unparteilichkeit und Unbefangenheit verpflichtete Strafrichter deswegen Rollenkonflikten ausgesetzt ist, dürfte jedenfalls unzweifelhaft sein, und in Verbindung mit dem ebenfalls unbestreitbaren Eingriffscharakter des Strafverfahrens läßt sich daraus eine wohlfundierte Argumentation zugunsten einer in Art. 19 IV GG enthaltenen **strafprozessualen Rechtsmittelgarantie** entwickeln.

c) Eine solche Garantie würde für unser Derogationsproblem freilich nur dann relevant sein, wenn man ihr inhaltliche Qualitäten abgewinnen könnte, nämlich im Sinne einer (mehr oder weniger weitgehenden) Gewährleistung der Tatfragenkontrolle in der Rechtsmittelinstanz. Wir brauchen daher die (wohl zu bejahende) Frage, ob Art. 19 IV GG überhaupt im Sinne einer strafprozessualen Rechtsmittelgarantie zu interpretieren ist[134], hier nicht weiter zu verfolgen, sofern jedenfalls keine verfassungsunmittelbare Verbürgung für die Anfechtbarkeit der Tatfrageentscheidung begründet werden kann.

Gegen eine solche Differenzierung zwischen vorhandener Rechtsmittelgarantie und fehlender Rechtsmittelinhaltsgarantie spricht zunächst die Überlegung, daß Art. 19 IV GG prinzipiell eine umfassende Prüfungskompetenz vorsehen muß, wenn die Rechtsweggarantie letztlich nicht doch wieder leerlaufen soll. Dieses auch vom BVerfG anerkannte Prinzip[135] braucht jedoch nicht apodiktisch gehandhabt zu werden. Denn erstens ist zu bedenken, daß die strafprozessuale Rechtsmittelgarantie erst auf der dritten Rechtsgewinnungsstufe dem Art. 19 IV GG supponiert werden kann, weil sich das strafprozessuale Eingriffsverfahren in dem wesentlichen Punkt der persönlichen und sachlichen Unabhängigkeit der Richter von einem exekutivischen Eingriffsverfahren unterscheidet. Das spricht zweifellos dafür, der schwächeren „Indikation" der Rechtsmittelgarantie durch eine inhaltliche Reduzierung Rechnung zu tragen. Und zweitens ist selbst im Kernbereich des Art. 19 IV GG anerkannt, daß dort ein im Rechtsweg unüberprüfbarer sog. Beurteilungsspielraum eingeräumt werden kann, wo „die Subsumtion nur durch Vermittlung subjektiv-personaler Werturteile ... möglich ist", d.h. wo eine durch ihre „Einmaligkeit, Unersetzbarkeit, Unwiederholbarkeit" gekennzeichnete

---

134 Angemerkt sei immerhin, daß die ursprüngliche grundgesetzliche Absicherung der 1969 beseitigten erst- und letztinstanzlichen Zuständigkeit des BGH in Staatsschutzsachen (vgl. Art. 143 GG in der ältesten, durch das Strafrechtsänderungsgesetz vom 30.8.1951 – BGBl. I S. 739 – aufgehobenen Fassung) kein beachtliches Gegenargument ergibt, weil für die Unanfechtbarkeit von BGH-Entscheidungen natürlich andere Maßstäbe gelten als für die von LG-Entscheidungen!

135 Vgl. BVerfGE 28, 10, 14ff.; weit. Nachw. zu dem in Art. 19 IV GG enthaltenen Grundsatz der „Effektivität des Rechtsschutzes" bei Lorenz, Rechtsschutz, S. 16 Fn. 13.

personenbezogene Entscheidung zu treffen ist[136]. Dieser Grundsatz, der sogar eine Subsumtion „jurisdiktionsfest" macht, muß nun aber erst recht bei der strafprozessualen Tatsachenfeststellung gelten, die vermöge der die Beweisaufnahme beherrschenden Prinzipien der Mündlichkeit und Unmittelbarkeit „einmalig, unersetzbar und unwiederholbar" ist. Wir haben bei der historischen Betrachtung gesehen, daß das auf die Rechtsfrage beschränkte Rechtsmittel der Revision gerade infolge der Anerkennung dieser Prinzipien konzipiert worden ist[137], die noch heute in Geltung sind[138] und daher noch heute den Ausschluß der Tatfragenkontrolle vor der Verfassung zu rechtfertigen vermögen. Natürlich kann man fragen, ob das Festhalten an diesen Errungenschaften des 19. Jahrhunderts heute, unter veränderten Verhältnissen, noch zeitgemäß ist; aber auf diese Frage ist niemals eine so klare Antwort möglich, daß sie einer justitiellen Revolution unserer Strafverfahrensstruktur als Legitimation dienen könnte. Der Gesetzgeber hält jedenfalls noch heute die Prinzipien der Mündlichkeit und Unmittelbarkeit für die verläßlichsten Wahrheitsfindungsgarantien, und deswegen können die sich daraus für das Rechtsmittelsystem ergebenden Konsequenzen auch mit dem Hebel des Art. 19 IV GG nicht aus den Angeln gehoben werden – um so weniger, als noch ein drittes Prinzip hinzukommt: die Beteiligung von Laienrichtern in der Tatsacheninstanz. Unabhängig von den heutigen rechtspolitischen Auseinandersetzungen um die Laienbeteiligung in der Strafrechtspflege[139] bleibt nämlich deren historisch unbezweifelbare und vom Gesetzgeber bis heute nicht preisgegebene Schutzfunktion zu beachten, die bei Übergriffen der ausschließlich mit Berufsrichtern besetzten Revisionsgerichte auf die Tatfrageentscheidung, die ja dann auch in peius reformiert werden könnte, fühlbar beeinträchtigt würde. Mit dieser Argumentation wollen wir uns hier begnügen, obwohl die Analogie zum Beurteilungsspielraum noch manchen zusätzlichen Gesichtspunkt zu Tage fördern würde (z.B. ist für die im Verwaltungsrecht geforderten Kautelen – Unabhängigkeit des Urteilers und streng rechtsstaatliches Verfahren[140] – im Strafprozeß mustergültig gesorgt, und auch die von verschiedenen Autoren angenommene Verwurzelung des Beurteilungsspielraums in der Einmaligkeit der niemals exakt reproduzierbaren Beweissituation[141] läßt deutliche Parallelen mit der strafprozessualen Situation erkennen). Dabei muß allerdings noch

---

136 Lorenz, Rechtsschutz, S. 25f. m. zahlr. Nachw.; im Grundsatz ebenso z.B. BVerwGE 12, 359, 363; 21, 127, 131; Kellner NJW 1966, 857ff.

137 s. o. S. 38 ff.

138 Vgl. nur Kern-Roxin, Strafverfahrensrecht, S. 224ff.

139 Vgl. dazu nur Kern-Roxin, Strafverfahrensrecht, S. 312 m.w.N.

140 Vgl. nur Lorenz, Rechtsschutz, S. 27f. m.w.N.

141 Andeutungen bereits bei Jesch AöR 231ff., 240f.; dezidiert nunmehr Schmidt-Salzer, Beurteilungsspielraum, S. 76ff.

abschließend betont werden, daß zwischen strafprozessualem Tatfragenmonopol und verwaltungsrechtlichem Beurteilungsspielraum kein durchgängiger Analogieschluß, sondern ein argumentum a fortiori stattzufinden hat, weil das Tatfragenmonopol wegen seiner Zuweisung an ein sachlich und persönlich unabhängiges, unter Laienbeteiligung gebildetes Richterkollegium von mindestens fünf Personen[142] verfassungsrechtlich weitaus unbedenklicher ist. Es erscheint deswegen auch nicht angezeigt, unter Berufung auf die im Beurteilungsspielraum überprüfbare Einhaltung allgemeingültiger Wertmäßstäbe[143] zu versuchen, wenigstens die Darstellungsrevision in Art. 19 IV GG unterzubringen; denn den „allgemeingültigen Bewertungsmaßstäben" entsprechen bei der Tatfrageentscheidung allenfalls die klassischen drei Prüfungsschneisen, während die mit der Darstellungsrüge allein mögliche Zufalls- und Verdachtsaufhebung nicht zu den unverzichtbaren Garantien eines rechtsstaatlichen Strafverfahrens gezählt werden kann.

4. Als Ergebnis der verfassungsrechtlichen Überlegungen kann daher festgehalten werden, daß eine Ausdehnung der Sachrevision qua konstitutioneller Gesetzesderogation nicht plausibel begründet werden kann.

§ 5 Die Sachrüge auf der dritten Rechtsgewinnungsstufe

I. Ausfüllung der durch die faktische Derogation entstandenen Lücken

1. Die viertstufige Analyse der Sachrevision hat zu dem Ergebnis geführt, daß die Entscheidung des Gesetzgebers für die „logische" Abgrenzung des revisiblen Bereiches, deren Ausarbeitung auf der zweiten Stufe eindeutige Abgrenzungskriterien lieferte[1], durch die seither eingetretene Entwicklung nur in dem „klassischen" Bereich der Verkennung von Denkgesetzen, Erfahrungssätzen und offenkundigen Tatsachen derogiert worden ist, im übrigen aber effektiv geblieben und daher auch heute noch verbindlich ist. Innerhalb des Bezirkes der faktischen Derogation ist da-

142 Wenn man einmal von der Kleinen Strafkammer in Bagatellsachen absieht.

143 Vgl. BVerwGE 8, 272, 274; 12, 359, 363; 19, 128, 132f.; 21, 127, 130.

1 Die einzige Ausnahme – die Verwertung von sprachlich nicht adäquat faßbaren Imponderabilien der richterlichen Augenscheinseinnahme zugunsten des Angeklagten (s. o. S. 77 ff.) – fällt hierbei nicht ins Gewicht, da sie nur eine Beschneidung der staatsanwaltschaftlichen Revision bedeutet, die, wie wir wissen, vom Gesetzgeber ohnehin nur um der – auch in diesen Fällen soweit möglich gewährleisteten – Rechtseinheit zur Verfügung gestellt wurde.

mit freilich nur eine tabula rasa geschaffen worden; denn weil den Präjudizienketten nach unseren Überlegungen zwar eine negativ-derogatorische, aber keine positiv-normerzeugende Kraft zukommt[2], öffnen sie die Schleusen für rational-dezisionistische Werterwägungen, durch die die aufgerissenen Lücken von Fall zu Fall zu schließen sind. Hierbei versteht es sich, daß die Lücken sowohl im Sinne der Rechtsprechung als auch durch ein Wiederaufgreifen des legislatorischen Modelles, ggf. aber auch noch anders geschlossen werden können – je nachdem, welche Konzeption die plausibelsten Sachargumente vorweisen kann.

2. Wenn wir uns dementsprechend die Frage vorlegen, ob der klassische Bereich der Tatfragenkontrolle unverändert beizubehalten oder wieder teilweise oder sogar vollständig preiszugeben ist, so können wir zunächst auf die schon in den früheren Kapiteln diskutierten Gesichtspunkte zurückgreifen.

a) Wir haben im Rahmen unserer historischen Betrachtung gesehen, daß die Option des Gesetzgebers für ein auf die Nachprüfung der Rechtsfrage beschränktes Rechtsmittel auf der Idee des „effektiven Rechtsschutzes“ beruhte, der nur bei der zeitablaufsfesten Rechtsfrage, nicht aber bei der in ihren Beurteilungsgrundlagen mit jedem Tag mehr verschwimmenden Tatfrage realisierbar zu sein schien[3]. Diese Idee interessiert uns nunmehr nicht in ihrer geschichtlichen Dimension (denn insoweit ist sie durch die Verfestigung zur logischen Abgrenzung mediatisiert worden), sondern in ihrem unverminderten Evidenzgehalt: Es leuchtet unmittelbar ein, daß die „ewigkeitsgerichteten“ Teile der erstinstanzlichen Entscheidung revisibel sein sollten, und zu diesen zeitunabhängigen Bestandteilen gehören auch – fast möchte man sagen: sogar in erster Linie – die drei klassischen Bereiche der Denkgesetze, der Erfahrungssätze und der offenkundigen Tatsachen. Zu dem gleichen Ergebnis gelangt man auch von der Leistungstheorie aus, denn die Denkgesetze und die offenkundigen Tatsachen stehen dem Revisionsgericht von vornherein in dem gleichen Umfange zu Gebote wie dem Tatrichter[4], und die Kenntnisse der empirischen All-sätze kann es sich regelmäßig durch das Studium der einschlägigen Fachliteratur verschaffen, ohne einen strengen Sachverständigenbeweis erhaben zu müssen. Und selbst wenn man in ahistorischer Weise die Rechtseinheit als bei der Lückenfüllung dominierenden Revisionszweck favorisieren wollte, würde mindestens für die Erfahrungssätze und wohl auch noch für die überörtlichen offenkundigen Tatsachen die revisionsgerichtliche Kontrolle zu bejahen sein, da es – wie die Erörte-

---

2 s. Band 1 S. 249 ff.

3 s. o. S. 37 ff.

4 Etwas anderes gilt allerdings für die „örtlich beschränkten offenkundigen Tatsachen“ (etwa: die Verkehrsverhältnisse an einer bestimmten Kreuzung in der Stadt, in der das Landgericht seinen Sitz hat); eine vertiefte Erörterung dieser Sondergruppe kann aber unterbleiben, da über die Irrevisibilität derartiger Feststellungen Einigkeit herrschen dürfte.

rung der Promillegrenze gelehrt hat[5] – aus strafprozessualer Sicht Zufall ist, ob die generelle Aussage im Ober- oder im Untersatz zum Tragen kommt[6].

b) Die Stellungnahme zugunsten der extensiven Revisionspraxis wird ferner durch die im vorigen Kapitel angestellten Überlegungen zu Art. 19 IV GG induziert, die auf die verfassungsrechtliche Garantie eines effektiven, nur durch die Prinzipien der Mündlichkeit und Unmittelbarkeit begrenzten Rechtsschutzes hinauslaufen[7] und damit die Leistungstheorie untermauern. Da der Fehler des Tatrichters in den drei klassischen Gruppen nicht nur (wie bei der Darstellungsrüge) zufällig gemutmaßt, sondern ausnahmslos festgestellt wird, ohne daß eine unmittelbar-mündliche Beweisaufnahme vonnöten ist, schlägt der Charakter des Strafprozesses als eines Eingriffsverfahrens sub specie des Art. 19 IV GG stärker zu Buche als die Vorverlegung der (sachlichen und persönlichen) Unabhängigkeit des Entscheidungsorgans von der Kontroll- in die Anordnungsstufe: Nur ein bis an die von den Mündlichkeits-, Unmittelbarkeits- und Laienbeteiligungsprinzipien gezogenen Grenzen direkt heranreichender Rechtsschutz vermag den von unserem Rechtsstaat gestellten Anforderungen zu entsprechen!

c) Die bisherigen Argumente dürften so stark sein, daß wir uns darauf beschränken können, ihnen einen einzigen weiteren Gesichtspunkt hinzuzufügen: das angesichts der seit Jahrzehnten einheitlichen Revisionsrechtsprechung hier besonders gewichtige Kontinuitätspostulat. Es ist selbstverständlich und auch von uns bereits betont worden[8], daß die der Rechtssicherheit dienende Kontinuität der Rechtsprechung ein wichtiger und mit der Verlängerung der Präjudizienkette ständig an Bedeutung zunehmender Argumentationstopos ist, der die die Rechtsprechung tragenden materiellen Topoi in freilich nicht exakt meßbarer Weise unterstützt. Gerade das vorliegende Beispiel der klassischen Tatfragenkontrolle zeigt sehr schön, daß das Kontinuitätspostulat wie auch die durch Präjudizien bewirkte Konditionierung des Rechtsgefühls[9] auf der dritten Rechtsfindungsstufe bei der schöpferischen Gewinnung der Primärnorm schon kraft der Struktur der dritten Stufe wirken, ohne daß es der zusätzlichen Annahme eines die normative Wirkung der Vorentscheidungen betreffenden und daher auf der Ebene der Sekundärnormen an-

---

5 s. o. S. 68 ff.

6 Für die Denkgesetze, deren Geltung ohnehin streitenthoben ist und deren Verletzung daher stets eine Panne des Einzelfalles ist, kann die Revisibilität dagegen vom Boden der restriktiven teleologischen Theorie nicht begründet werden; Schwinges widersprüchliche Behandlung dieser Gruppe (vgl. o. S. 87 Fn. 30) erklärt sich daher durch das Bestreben, ein erwünschtes, aber vom eigenen Ansatz eigentlich nicht gedecktes Ergebnis doch noch darin unterzubringen.

7 s. o. S. 113 ff.

8 s. Band 1 S. 254.

9 Vgl. dazu ebenfalls bereits Band 1 S. 254.

gesiedelten „Prinzips der präsumtiven Präjudizienverbindlichkeit“ (*Kriele*) überhaupt bedarf.

3. Es spricht demnach alles für eine Fortsetzung der bisherigen „klassischen“ Tatfragenkontrolle durch die Revisionsgerichte. Soweit selbst die restriktive *Schwinge*-Schule ungeachtet der dadurch intrasystematisch auftretenden Brüche hier die Revisibilität bejaht[10], wird man sogar von einer einhelligen Auffassung und damit von einem Evidenzkonsens sprechen können, der die Lückenfüllung partiell auf die zweite Rechtsgewinnungsstufe transponiert. Auch wenn dieser Konsens in der Zukunft wieder zerbröckeln sollte, würde unser Votum dadurch aber nicht beeinflußt werden: Die Nachprüfung der tatrichterlichen Beweiswürdigung auf die Verkennung von Denkgesetzen, Erfahrungssätzen und überörtlich offenkundigen Tatsachen stellt eine ihrer ursprünglichen Illegitimität längst entkleidete, geglückte Konzeption dar, an der auch pro futuro festzuhalten ist.

II. Rückblick auf die bei der Sachrüge erzielten Ergebnisse

1. Wir sind damit am Ende unserer Untersuchungen zur Sachrevision angelangt, bei denen wir uns – auf Kosten der Verfahrensrevision, die anschließend nur noch in den Grundzügen behandelt werden kann – einer relativen Ausführlichkeit befleißigt haben, um wenigstens an einem Problembereich die praktische Durchführung unserer Vierstufentheorie der Rechtsgewinnung in extenso zu demonstrieren. Wenn wir nunmehr zurückblicken, so finden wir eine von der Dominanz der ersten beiden Stufen geprägte Landschaft vor, die von dem in der Rechtsprechung anzutreffenden Wildwuchs (Darstellungsrüge und revisionsgerichtlicher Augenscheinsbeweis auf der einen, Reduktion der Rechtsfragenkontrolle auf eine bloße „Vertretbarkeitsprüfung“ auf der anderen Seite) gereinigt und im Vergleich zu dem Jahre 1877 nur durch den Bereich der klassischen Tatfragekontrolle verändert ist. Damit ist uns von den Grundtheoremen des legislatorischen Primats und der Begrenztheit der wissenschaftlichen Wertbehandlung aus die Ableitung konkreter Ergebnisse gelungen, deren Praktikabilität nicht geringer ist als ihre hohe Konsensfähigkeit, die wiederum auf der methodischen Ausblen-

---

10 Vgl. Schwinge, Grundlagen, S. 165, 190 f., 199 f.; da Schwinges Ausführungen allerdings nicht genau erkennen lassen, wo die Grenze zwischen der revisiblen „rechtsgrundsätzlichen“ Verletzung von Denkgesetzen und Erfahrungssätzen und ihrer bloß im Einzelfall relevanten Mißachtung verlaufen soll (vgl. dazu auch die sehr allgemein gehaltenen Bemerkungen Schwinges a.a. O., S. 159 f., wo die offenkundigen Tatsachen gänzlich unerwähnt bleiben), ist das Ausmaß des Evidenzkonsenses schwierig festzustellen, was aber auch aus den im Text angegebenen Gründen entbehrlich sein dürfte.

dung des Topoiwirrwarrs beruht. Die darin liegende Hinwendung zu einem die Rechtssicherheit favorisierenden „komplexitätsreduzierenden Konditionalprogramm" stellt in gewisser Hinsicht das methodologische Pendant zu *Luhmanns* bekanntem rechtssoziologischen Modell dar[11]; gleichwohl wäre der Vorwurf einer wert- und wirklichkeitsentleerten Formaljurisprudenz zumindest gegenüber unserer Konzeption der Sachrevision unangebracht. Denn sie beruht auf dem unbestreitbaren allgemeinen Primat des Gesetzgebers und der kaum weniger sicheren Randbedingung eines szientistisch konkretisierbaren legislatorischen Machtspruches und damit auf einer legitimen Komplexitätsreduktion; so blieb bei der Sachrevision als Ventil nur die vierte Stufe übrig, während in anderen, vom Gesetzgeber lückenhafter geordneten Regelungsbereichen die dritte, wert- und weltoffene Rechtsgewinnungsstufe ihr Eldorado finden wird[12]. Aber wie dem auch im Einzelfalle sei – eines bleibt unter allen Umständen festzuhalten: Da die Idee einer unteilbaren materiellen Gerechtigkeit, die in jedem Rechtsfall nur eine einzige richtige Lösung zuläßt, durch die Erkenntnisse der Metaethik als das Vehikel vorurteilsbehafteter Richterwillkür decouvriert ist, kommt der durch unser Modell ermöglichten methodengerechten Begründung vor jenem wilden Denken, das auch die Revisionsdogmatik bis heute beherrscht, eindeutig der Vorrang zu[13].

2. Intrasystematisch, d. h. bei Anerkennung unseres Vierstufenmodells, könnten an den von uns erzielten Ergebnissen wohl allenfalls in einem Punkte Zweifel angemeldet werden: bei der Ausmerzung der in der Rechtsprechung immerhin sporadisch erfolgreichen, in der letzten Zeit von *Werner Schmid* und *Fezer*[14] unabhängig voneinander akzentuierten „*Darstellungsrüge*". Hierzu ist ergänzend und unter Vorgriff auf die den Abschluß dieser Arbeit bildenden Gedankensplitter zur Rechtsmittelreform folgendes zu bemerken:

Da die strengen Voraussetzungen einer faktischen Derogation angesichts der uneinheitlichen Revisionsrechtsprechung unzweifelhaft nicht gegeben sein dürften, kommt höchstens eine konstitutionelle Derogation und damit eine an das BVerfG adressierte Kassationsempfehlung in Betracht. Wir haben von einer solchen Empfehlung wegen des Zufalls- und Verdachtscharakters der Darstellungs-

11 Vgl. nur Luhmann, Aufklärung, S. 116 f., 178 ff.; Rechtssoziologie, S. 227 ff.; Rechtssystem, S. 25 ff. und zu Luhmann etwa die Kritik von Esser, Vorverständnis, S. 202 ff.; Raiser, Rechtssoziologie, S. 87 ff.

12 So etwa in manchen Bereichen der im nächsten Kapitel zu behandelnden Verfahrensrevision.

13 Hinter diesem „relativen Wertrelativismus" steht übrigens, wie im Hinblick auf eine ebenso naheliegende wie unzutreffende Kritik vorsorglich betont werden muß, als Lebensform nicht laue Liebäugelei mit den jeweils stärkeren Bataillonen, sondern jene Toleranz, die die vornehmste richterliche Tugend sein sollte.

14 ZStW 85, 376 sowie Revision, S. 5 und passim.

revision Abstand genommen und möchten hieran um so entschiedener festhalten, als die gelegentliche Urteilsaufhebung wegen unsorgfältiger Beweiswürdigung schon jetzt zu äußerst unerquicklichen Konsequenzen geführt hat und, sollte sie institutionalisiert werden, noch unerquicklichere herbeizuführen droht. Denn erstens steht die bei der schriftlichen Urteilsabsetzung aufgewendete immense Zeit und Sorgfalt schon heutzutage in einem beinahe grotesken Verhältnis zu der bescheidenen Länge und Intensität der Urteilsberatung[15], weil das revisionssicher genagelte und mit keiner Darstellungsrüge zu erreichende Urteil, obwohl es nur eine trügerische Richtigkeitsgewähr bietet, von den Revisionsgerichten in einer die richterliche Arbeitskraft über Gebühr absorbierenden und die beschönigende Glättung der Beweisschilderung geradezu stimulierenden Weise zum Strafurteil kat'exochen gestempelt worden ist. Und zweitens besteht die dringende Gefahr, daß mit der Institutionalisierung der Darstellungsrüge die heute wirksamen reformatorischen Impulse erschöpft wären, obwohl doch auch damit nichts daran geändert würde, daß die Revisionsgerichte lediglich an den Symptomen (den schriftlichen Urteilsgründen) herumkurieren, ohne auf die (u.U. symptomlose) Krankheit selbst (das Fehlurteil) anders als im Wege einer mehr oder minder dubiosen Vermutung zugreifen zu können[16]. Die Darstellungsrevision spielt daher die Rolle des Feigenblattes, das die Blößen eines den Verfahrensprinzipien der Mündlichkeit, Unmittelbarkeit und Laienbeteiligung nachgeordneten Rechtsmittelsystems bedecken soll; weil sie aber nur Zufallstreffer liefert und weil wir es de lege ferenda für geboten halten, die die Blößen bedingenden Prinzipien selbst einzuschränken, können wir dem BVerfG die Durchsetzung einer Revisionsrüge, die nur auf das Ungeschick des Berichterstatters und auf das aus undurchsichtigen Quellen gespeiste Wohlwollen des Revisionsgerichtes spekuliert, die Berechenbarkeit und Gleichbehandlung aber aufhebt, beim besten Willen nicht empfehlen[17].

---

15 Wie gründlich viele Bewohner des „Paragraphenturmes“ die diesbezügliche Gewichtsverteilung verkennen, beweist die von Peters (Festschr.f.v. Weber, S. 377) und Sarstedt (JZ 1965, 240) bezeugte Äußerung eines hohen Richters, daß die eigentliche richterliche Tätigkeit erst nach der Urteilsverkündung beginne.

16 Auch Fezer (Revision, S. 55) warnt davor, mit der Formel von den „schwerwiegenden Bedenken“ gegenüber der tatrichterlichen Beweiswürdigung (vgl. Leitsatz 13 der Denkschrift der Bundesrechtsanwaltskammer, ibid. S. 37) lediglich die gegenwärtige Praxis (genauer: einen Teil von ihr) zu legalisieren.

17 Auch das Gegenargument, daß die Darstellungsrüge als letztes Ventil bei „Justizmorden“ unentbehrlich sei (vgl. auch Dahs, Handbuch, S. 486), kann uns daran nicht irre machen. Denn erstens erscheint, wenn die meisten Fehlurteile nicht korrigiert werden können, die Privilegierung einiger weniger willkürlich; und zweitens wird die Darstellungsrevision vom BGH gerade auch *contra reum* praktiziert (s. Fezer, Revision, S. 21 f,), was wegen ihres Verdachtscharakters *keinesfalls vertretbar* erscheint.

§ 6 Prolegomena zur Verfahrensrevision

I. Die Verfahrensrevision auf der ersten Rechtsgewinnungsstufe

1. Wenn wir die Verfahrensrevision auch nicht mehr annähernd so ausführlich erörtern können wie die Sachrevision, so wollen wir sie doch wenigstens in großen Zügen in unseren methodologischen Bezugsrahmen einpassen, indem wir die wichtigsten Stationen bezeichnen, die bei der an unseren vier Stufen orientierten Gewinnung des Verfahrensrevisionsrechts zu passieren sind, und jedenfalls die erste Stufe etwas genauer behandeln. Da eine Diskussion von Einzelproblemen hier noch weniger als bei der Sachrevision in Betracht kommt, müssen wir uns auf die allgemeine Frage beschränken, unter welchen Voraussetzungen eine Verletzung des Verfahrensrechts zur Urteilsaufhebung zwingt bzw. wann – gerade umgekehrt – trotz einer zulässigen und für sich begründeten Verfahrensrüge die Revision erfolglos bleibt.

2. Wie schon bei der Sachrevision sind vorab die Auslegungshypothesen zusammenzustellen, um deren Verifizierung resp. Falsifizierung es dann auf den ersten beiden Stufen geht. Unter Rückgriff auf den bereits im Einleitungsteil skizzierten Streitstand[1] können zwei rivalisierende Generalhypothesen unterschieden werden:

a) Jede Verletzung einer Prozeßnorm verletzt die Justizförmigkeit des Verfahrens und nötigt daher zur Aufhebung des damit in einem Kausalzusammenhange stehenden Urteils[2].

---

1 s. o. S. 14 ff.

2 So vor allem Eb. Schmidt JZ 1958, 596 ff., 598; Grünwald JZ 1966, 489, 496. Im einzelnen sind die Standpunkte Eb. Schmidts und Grünwalds freilich weitaus komplizierter: Grünwald schaltet der Kausalitätsfrage durchweg eine teleologische Analyse der jeweils verletzten Norm vor (vgl. a. a. O., S. 493 ff.), und auch Eb. Schmidt hat durch die Anknüpfung an Nieses Lehre von den doppelfunktionellen Prozeßhandlungen, die trotz materieller Rechtswidrigkeit prozessual einwandfrei sein könnten (vgl. Niese, Prozeßhandlungen, S. 138 ff., 142; Eb. Schmidt, Lehrkommentar, § 94 Rdnr. 14; krit. Grünwald JZ 1966, 495 Fn. 61; Kern-Roxin, Strafverfahrensrecht, S. 103 f.), sowie durch seine neueste Stellungnahme zum Schutzzweck des § 81 a (MDR 1970, 461, 463 ff.) zu erkennen gegeben, daß er die Ergänzung des Kausalitätsansatzes durch eine „teleologische Sortierung" nicht für ausnahmslos unzulässig hält. Unsere Ausgangshypothesen müssen jedoch von diesen Differenzierungen freigehalten werden, denn falls es sogar zwischen ihnen auf der ersten Stufe zu einem non liquet kommt, ist eine historisch-hermeneutische Überprüfung der komplizierteren Hypothesen von vornherein überflüssig, wie sich umgekehrt auch der eine Teil der Zusatzhypothesen von selbst erledigt, wenn die Mutterhypothese falsifiziert wird.

b) Es kommt erst in zweiter Linie auf die Kausalität, in erster Linie dagegen auf den Schutzbereich der verletzten Norm an – mag nun dieser nur an Hand einer Einzelanalyse der jeweils verletzten Norm bestimmt werden können[3] oder mögen dafür die normativen Richtlinien des „Rechtskreises" des Beschuldigten und der „Ordnungsvorschriften" hilfreich sein[4].

3. Getreu unseren allgemeinen Maximen müssen diese beiden Generalhypothesen der Reihe nach an Hand der drei Sprossen der ersten Rechtsgewinnungsstufe überprüft werden. Thema probandum ist dabei § 337: Was meinte der Gesetzgeber damit, daß die Revision begründet ist, wenn das Urteil auf der Verletzung einer das Verfahren betreffenden Rechtsnorm „beruht"?

a) Wenn zunächst durch eine grammatische Auslegung der (damalige, aber bis heute nicht sichtbar veränderte) umgangssprachliche Bedeutungskern des „Beruhens" herausgearbeitet wird, so zeigt sich alsbald, daß mit diesem ersten, primitivsten Raster keine Hypothesensonderung gelingen kann. Der regelmäßig im übertragenen Sinne gebrauchte Terminus „Beruhen" ist ein Relationsausdruck, der auf einen Zusammenhang zwischen einem Primär- und einem Sekundärumstand hinweist, ohne daß die Art des Zusammenhanges bestimmt wäre. Zwar wird man, wenn man von dem Beruhen eines Ereignisses auf einem anderen Ereignis (und nicht etwa von dem Beruhen eines Argumentes auf einer Prämisse) spricht, dabei immer einen Kausalzusammenhang voraussetzen und umgekehrt bei fehlender Kausalität das Beruhen verneinen (die Aussage, daß der Zweite Weltkrieg auf der Diskriminierung Deutschlands im Versailler Vertrag beruhte, wäre zwar nicht unbedingt historisch, aber jedenfalls sprachlich richtig, während die Behauptung, daß der Versailler Vertrag auf dem Ausbruch des Zweiten Weltkrieges beruht habe, offenbar unsinnig wäre). Aus diesem Bedeutungskern läßt sich aber nicht entnehmen, ob die notwendige Bedingung des Kausalzusammenhanges auch hinreichend ist oder ob darüber hinaus ein spezifischer Relevanzzusammenhang erforderlich ist. Meistens wird man zwar eine über die bloße Kau-

---

3 So außer Rudolphi und Blomeyer, den Initiatoren der allgemeinen Schutzzwecktheorie (MDR 1969, 92ff.; JR 1971, 142ff.), etwa auch Kern-Roxin, Strafverfahrensrecht, S. 116).

4 So die Rspr., vgl. die eingehende Darstellung bei Frank, Strafverfahrensnormen, S. 5ff., 92ff.; neuerdings scheint die Beliebtheit der Rechtskreistheorie freilich zu schwinden, s. Schöneborn NJW 1974, 535f. – Schwinges These, daß der Zweck der Verfahrensrevision in der Disziplinierung des Untergerichts bestehe (Grundlagen, S. 36f.), ist bisher nicht in einer den Revisibilitätsbereich erkennbar machenden Weise ausgearbeitet worden und ist daher nicht als eigenständige Generalhypothese zu behandeln. Angemerkt sei nur, daß die von Schwinge vorgenommene Verlagerung vom individuellen Rechtsschutz auf die im staatlichen Interesse liegende generelle Disziplinierung sub specie des Art. 19 IV GG noch suspekter ist als Schwinges analoger Versuch bei der Sachrevision und daß sie außerdem auch mit dem Erfordernis des „Beruhens" kaum in Einklang zu bringen ist.

salität hinausgehende enge Verbindung im Auge haben, so daß beispielsweise die Feststellung, die Schlacht von Waterloo beruhe auf der Kanonade von Valmy, ungewöhnlich klänge. Aber das „beruht" allein auf unserer Angewohnheit, in historischen Sinneinheiten zu denken, und eine solche Sinneinheit stellt gerade auch der einzelne Strafprozeß dar.

Für die Auslegung des § 337 folgt daraus, daß es sich auf der ersten Sprosse der ersten Rechtsgewinnungsstufe nicht entscheiden läßt, ob die bloße Kausalität ausreicht oder ob der Verfahrensfehler in irgendeiner besonderen Hinsicht „relevant" sein muß – sei es im Sinne einer der zahlreichen Schutzbereichstheorien, sei es im Sinne der Auffassung *Grünwalds*, daß ein Verfahrensfehler dann irrelevant sei, wenn bei ordnungsmäßigem Vorgehen das gleiche Ergebnis eingetreten wäre[5].

b) Zu prüfen bleibt, ob die zweite Sprosse, die logisch-systematische Auslegung, hierüber nähere Aufschlüsse geben kann; als Arbeitsmaterial bieten sich die Vorschriften der §§ 336, 338, 339, 136 a an.

aa) Indem § 336 der revisionsgerichtlichen Beurteilung auch die „dem Urteil vorausgegangenen Entscheidungen" unterstellt, sofern das Urteil auf ihnen beruht, ergänzt er in erster Linie den § 305, der die gesonderte Beschwerde gegen die der Urteilsfällung vorausgehenden Entscheidungen des erkennenden Gerichts ausschließt und damit eine Zweispurigkeit des Rechtsschutzes verhindert[6]. Für die Auslegung des Beruhensbegriffes kann § 336 hingegen schon deswegen nichts unmittelbar ergeben, weil das „Beruhen" in § 336 selbst Tatbestandsmerkmal ist, so daß eine systematische Ableitung zu einer petitio principii führen müßte. Es könnte daher allenfalls die historische Auslegung des § 336 auch für § 337

---

5 Vgl. JZ 1966, 495, 496, wo dieser Grundsatz allerdings nur für den Sonderfall der Beweisverbote formuliert wird. Die Herkunft dieses Grundsatzes bleibt übrigens bei Grünwald unklar; denn er kann nicht als Paraphrase eines rein wissenschaftlich-mechanistisch interpretierten Kausalitätserfordernisses verstanden werden, weil der hypothetische Verlauf der korrekten Beweisgewinnung an der effektiven Ursächlichkeit der fehlerhaften Gewinnung nichts ändert (ein Beispiel für fehlende Kausalität liegt hingegen vor, wenn das fehlerhaft gewonnene Beweismittel im Urteil nicht verwertet wird). Die von Grünwald postulierte Beschränkung der Verfahrensrevision ist daher eindeutig normativer Natur und stellt das prozessuale Pendant zu den materiellrechtlichen Theorien zum Zusammenhang von Pflichtwidrigkeit und Erfolg dar (vgl. dazu zuletzt Samson, Kausalverläufe, S. 23ff.; Roxin, Grundlagenprobleme, S. 147ff., 182f.; beide m.w.N.). In Anbetracht dessen erscheint es aber wenig plausibel, daß Grünwald dann doch wieder die kausale und die normative Betrachtungsweise vermischt und die Verwertbarkeit eines ordnungswidrig gewonnenen Beweismittels davon abhängig macht, daß ein ordnungsgemäßes Vorgehen in concreto möglich war (a.a.O., S. 495f.); auch bei der materiellrechtlichen Relevanz der Pflichtwidrigkeit kommt es ja nicht darauf an, ob der Täter etwa zur Vornahme einer (ebenso risikoreichen) sorgfaltsgemäßen Handlung unfähig ist!

6 Vgl. Kleinknecht, Strafprozeßordnung, § 336 Rdnr. 1.

fruchtbar zu machen sein; aber dieser Frage wollen wir uns erst im Rahmen der dritten Sprosse zuwenden.

bb) Einen größeren Gewinn verspricht die Zusammenschau von § 337 und § 338. Da § 338 die als Teilfiktion wirkende unwiderlegliche Vermutung aufstellt, daß das Urteil stets auf den in den einzelnen Nummern aufgeführten Verfahrensfehlern beruhe, muß der Gesetzgeber davon ausgegangen sein, daß die Beispiele des Katalogs zwar vielleicht regelmäßig, aber nicht notwendig die Voraussetzungen des „Beruhen" erfüllen. Wenn man das Beruhen nun aber als schlichte Kausalität interpretieren würde, so wäre zumindest die Nr. 4 des § 338 überflüssig, denn die effektive Ursächlichkeit der fehlerhaften Entscheidung über die Zuständigkeit für das Urteil dieses Gerichtes kann unter keinen Umständen und für keinen Fall in Abrede gestellt werden: Bei zutreffender Zuständigkeitsentscheidung hätte es niemals zu diesem Urteil dieses Gerichts kommen können.

Sofern die historische Auslegung nicht ergibt, daß die Einordnung der Nr. 4 in die Enumeration des § 338 auf einem Versehen des Gesetzgebers beruht, muß man daher von einem Beruhensbegriff ausgehen, der außer der schlichten Kausalität einen spezifischen Zusammenhang umfaßt, den man bei dem Urteil eines unzuständigen Gerichts nicht notwendig vorfindet. Wenn man nach dem möglichen Inhalt dieses Zusammenhanges fragt, so scheint zunächst vieles dafür zu sprechen, den Verfahrensfehler direkt mit der Richtigkeit des Urteils zu verknüpfen, das dann nur auf den Prozeßrechtsverletzungen beruhen würde, die die materielle Wahrheitsfindung tangieren. Gegen eine so radikale Einschränkung des Revisibilitätsbereiches spricht aber die Überlegung, daß auch dem Gesetzgeber von 1877 schon gesetzliche, dem Schutz außerprozessualer Rechtsgüter dienende Beschränkungen der Wahrheitsfindung bekannt waren (vgl. etwa § 252), deren Mißachtung bei Annahme der obigen Formel irrevisibel wäre – ein offenbar äußerst dubioses Ergebnis. Anstelle einer so gewagten Folgerung muß daher in Anerkennung der Maxime, daß systematische Argumente wegen ihres Formalcharakters immer nur auf dem „kleinsten gemeinsamen Nenner" durchgeführt werden können, die materielle Wahrheitsfindung durch die prozessuale Entscheidungsfindung ersetzt werden: Von einem Beruhen des Urteils auf einem Verfahrensfehler kann man nur dann sprechen, wenn es von diesem nicht nur formal verursacht, sondern inhaltlich beeinflußt worden ist bzw. beeinflußt worden sein kann[7].

cc) Auch hiernach steht aber noch nicht fest, ob das Erfordernis der „inhaltlichen Beeinflussung" zur Revisibilitätsbegründung ausreicht oder ob nicht weitere, teleologisch zu fundierende Einschränkungen zu machen sind. Einen syste-

7 Die hiermit angeschnittene Frage der Beweislast soll einstweilen noch beiseite gelassen werden.

matischen Anhaltspunkt für das letztere könnte § 339 bieten, der die Revision der Staatsanwaltschaft, sofern sie (wie regelmäßig) contra reum eingelegt wird, von der Verletzung einer schutzzweckkonformen Verfahrensnorm abhängig macht und der als Verbesonderung eines allgemeinen, auch für die Revision pro reo gültigen Rechtsgedankens aufzufassen sein möchte. Genauere Überlegung lehrt jedoch, daß diese übrigens selbst problematische Verallgemeinerung (der Gegenschluß, daß eine teleologische Beschränkung bei der Revision des Angeklagten nicht statthaft ist, liegt sicherlich ebenso nahe) zumindest nicht im Wege einer systematischen Auslegung in den Beruhensbegriff hineinprojiziert werden kann. Denn wenn der Gesetzgeber von einem von vornherein teleologisch aufgeladenen Zusammenhang zwischen Verfahrensfehler und Urteilsinhalt ausgegangen wäre, hätte es der Sondernorm des § 339 strenggenommen überhaupt nicht bedurft. Zwar könnte er sie immer noch zum Zwecke der Klarstellung formuliert haben; aber diese Hypothese ist schon deswegen problematisch, weil dann eine Klarstellung für die Revision pro reo viel näher gelegen hätte, und auch davon abgesehen kann aus einer so unsicheren Erklärung natürlich keine stringente systematische Auslegung entwickelt werden. § 339 spricht daher, sofern die folgende drittsprossige Betrachtung nicht Aufschluß über eine rein deklaratorische Bedeutung gibt, nicht für, sondern gerade gegen eine weitere Normativierung des Beruhensbegriffs.

dd) Als letztes ist die systematische Ausmünzbarkeit des § 136 a zu überprüfen. Dahingehende Hoffnungen wären freilich von vornherein vergebens, wenn die in § 136 a III, 2 vorgenommene Statuierung eines Verwertungsverbots allein für das Beweisrecht relevant wäre; es muß daher vorab das Verhältnis von Verwertungsverbot und Revisionsrügerecht geklärt werden.

α) Während der BGH die Rechtskreistheorie ursprünglich zur Einschränkung des Revisibilitätsbereiches entwickelt hat[8], hat vor allem *Grünwald* betont, daß es dabei nicht erst um eine Frage des Revisionsrechts, sondern um die präjudizielle Rechtsfrage gehe, welche Teile der Beweisaufnahme bei der richterlichen Überzeugungsbildung verwertet werden dürften und welche nicht[9]. Ich selbst habe früher dadurch einen Zusammenhang zwischen den Verwertungsverboten und § 337 zu retten versucht, daß ich § 337 zwar nicht als ratio essendi, aber als ratio cognoscendi der Beweisverwertungsverbote gedeutet habe[10]. Das scheint mir auch heute noch im Prinzip richtig, wenn auch einer Ergänzung durch eine differenzierende Betrachtungsweise fähig und bedürftig zu sein. Man wird nämlich

8 Vgl. BGH NJW 1952, 151; BGHSt. 1, 39; 11, 213 (GrS).
9 Teilrechtskraft, S. 373; ders., JZ 1966, 490.
10 MDR 1969, 101f. m. Fn. 8.

unter den Beweisverwertungsverboten i. w. S. drei große Gruppen mit jeweils besonderer Problematik zu unterscheiden haben: In der ersten Gruppe geht es um die Frage, ob bzw. unter welchen Voraussetzungen Beweisergebnisse, die vor der Hauptverhandlung (d.h. regelmäßig im Ermittlungsverfahren) unter Verletzung von Prozeßnormen gewonnen wurden, in die Hauptverhandlung eingeführt werden dürfen; die zweite Gruppe bilden die „Früchte des verbotenen Baumes", d.h. die durch den Verfahrensfehler mittelbar erlangten Erkenntnisse, deren forensische Fixierung dann – nach der Ablösung vom „poisonous tree" – in für sich genommen einwandfreier Weise geschehen kann; und als dritte Gruppe sind schließlich die Verfahrensfehler einzuordnen, die dem erkennenden Gericht bei der in mündlicher Hauptverhandlung durchgeführten Beweisaufnahme unterlaufen. Für diese letzte Gruppe kann ein sachlicher Unterschied zwischen Verwertungsverbot und Revisionsrügerecht überhaupt nicht anerkannt werden, denn wenn ein bestimmter Verfahrensfehler nicht revisibel ist, so bedeutet das eben, daß das Gericht die fehlerhaft erhobenen Beweise bei der Urteilsfindung zu Recht berücksichtigt hat. Es handelt sich daher insoweit nur um zwei verschiedene Sichtweisen desselben Sachproblems, und wenn die Frage der Verwertbarkeit auch das logische und zeitliche prius darstellt, so gebührt gleichwohl bei der Rechtsfindung dem Revisionsblickwinkel der Vorrang, weil der Gesetzgeber hierfür – im Gegensatz zum Verwertungskomplex – in § 337 eine allgemeine Regelung getroffen hat[11].

Während die Verwertungsprobleme bei der dritten Gruppe also vom Revisionsrecht her zu lösen sind, erfordern die ersten beiden Gruppen eine eigene Dogmatik der Beweisverwertungsverbote, die hier in Regeln über die Beweisaufnahme in der Hauptverhandlung bestehen; erst die Verletzung dieser Regeln ist dann ein nach der allgemeinen Norm des § 337 revisibler Verfahrensfehler. Immerhin bieten sich aber auch in diesem Fall direkte Querverbindungen an, weil ein Verfahrensfehler, der – vom Gericht in der Hauptverhandlung begangen – die Revision begründet, außerhalb der Hauptverhandlung zu einem Verwertungsverbot führen könnte[12] – wie auch umgekehrt aus dem Verbot, ein im Vorverfahren fehlerhaft gewonnenes Beweismittel in die Hauptverhandlung einzuführen, für den gleichen Fehler in der Hauptverhandlung ein Revisionsgrund abgeleitet wer-

11 Wie die historische Betrachtung noch zeigen wird, wollte der Gesetzgeber mit dem Beruhensbegriff auch ganz bewußt auf die Frage nach der Relevanz des Verfahrensfehlers eine für alle Typen gültige, generelle Antwort geben.

12 Jedenfalls zu dem Verbot einer direkten Einführung in die Hauptverhandlung, während es zur Begründung einer die „Früchte" erfassenden Fernwirkung zusätzlicher Argumente bedürfte.

den könnte[13]. Ein in systematischer Hinsicht fruchtbar zu machender Zusammenhang zwischen speziellen Vewertungsverboten und generellem Beruhensbegriff läßt sich daher nicht von vornherein ausschließen, und da § 136 a unstreitig auch für die Vernehmung des Angeklagten in der Hauptverhandlung gilt[14], bietet es sich geradezu an, das spezielle Verbot des § 136 a III, 2 mit der allgemeinen Regelung des § 337 zu konfrontieren.

β) In Rechtsprechung und Schrifttum wird denn auch aus § 136 a III, 2 das argumentum e contrario gewonnen, daß beispielsweise die Verletzung der §§ 136 I, 2; 243 IV, 1 durch das erkennende Gericht die Revision nicht zu begründen vermöge[15]. Direkt auf den Beruhensbegriff bezogen würde das heißen: Da der Gesetzgeber bei § 136 a die Statuierung eines besonderen Verwertungsverbots für erforderlich gehalten habe, müsse er offenbar davon ausgegangen sein, daß die bloße Kausalität des Verfahrensfehlers für den Urteilsinhalt die Voraussetzungen des Beruhensbegriffs noch nicht erfülle.

Auch dieser Versuch, eine normativ-teleologische Aufladung des § 337 intrasystematisch nachzuweisen, ist jedoch, wie ich schon früher dargelegt habe, zum Scheitern verurteilt. „Bei genauer Betrachtung regelt § 136 a III ausdrücklich nur die Frage, ob eine unter Verstoß gegen § 136 a I, II zustande gekommene Aussage wenigstens bei vorheriger, Einwilligung (S. 1) oder mit nachträglicher Zustimmung (S. 2) des Beschuldigten verwertet werden dürfe, und verneint sie; die Unzulässigkeit der Vewertung ohne dessen Zustimmung wird dagegen als selbstverständlich vorausgesetzt“[16]. § 136 a III gehört daher im Grunde genommen nicht zum Beweis- oder Revisionsrecht, sondern zu den Regeln über die Heilung von Verfahrensmängeln (indem er einen im Prinzip heilenden Umstand – das Einverständnis des Beschuldigten – im konkreten Fall für unbeachtlich erklärt). Irgendeine Einschränkung des Revisibilitätsbereiches läßt sich infolgedessen daraus nicht ableiten.

4. Die beiden ersten Sprossen der ersten Rechtsgewinnungsstufe haben damit zu dem Ergebnis geführt, daß eine nach § 337 erfolgreiche Verfahrensrevision jedenfalls einen für den Urteilsinhalt kausalen Verfahrensfehler voraussetzt. Für

13 Anders insoweit Otto GA 1970, 297 ff., der mit beachtlichen Erwägungen an die richterliche Tätigkeit strengere Anforderungen als an die der Strafverfolgungsbehörden stellen will. Da genauere Aufschlüsse nur durch eine hier nicht mehr mögliche Spezialuntersuchung erlangt werden könnten, wurde der sicher nicht unproblematische „Zusammenhangsgrundsatz“ im Text bewußt vorsichtig formuliert.

14 Vgl. etwa BGHSt. 12, 332 f.

15 BGHSt. 22, 170; OLG Hamburg NJW 1966, 1278; Meyer in Löwe-Rosenberg, Strafprozeßordnung, § 136, Rdnr. 64.

16 So meine Gegenargumentation in MDR 1969, 101.

eine zusätzliche teleologische Beschränkung des danach verbleibenden Revisibilitätsbereiches haben sich keine positiven Anhaltspunkte, sondern nur Gegenindizien finden lassen, die jedoch weder stark noch zahlreich genug sein dürften, um die normativen Konzeptionen eindeutig zu widerlegen. Insoweit wird daher alles von der dritten Sprosse – der historischen Auslegung i.e.S. – abhängen.

a) Zu diesem Zweck ist zunächst ein kurzer Blick auf die partikularrechtliche Entwicklung hilfreich, da die einschlägigen Gesetzesmaterialien nur vor diesem Hintergrund zutreffend gewürdigt werden können.

Das Problem der Abgrenzung von revisiblen und irrevisiblen Verfahrensfehlern hat den Akkusationsprozeß und das Rechtsmittel der Revision (Kassation, Nichtigkeitsbeschwerde) vom ersten Tage ihrer Einführung auf dem Kontinent an unentwegt begleitet und verunsichert. Im Code d'instruction criminelle und in den deutschen Partikularstrafprozeßordnungen waren zwei in der Gesetzestechnik unterschiedliche Systeme verwirklicht: entweder versuchte man, die revisiblen Verfahrensnormen enumerativ zu erfassen, oder man überließ mit Hilfe einer Generalklausel dem Richter die Bestimmung der „wesentlichen“, die Nichtigkeit des Verfahrens begründenden Prozeßverstoße[17]. In Preußen wurden diese beiden Systeme durch das Gesetz vom 3. Mai 1852 betreffend die Zusätze zu der Verordnung vom 3. Januar 1849 über die Einführung des mündlichen und öffentlichen Verfahrens mit Geschworenen in Untersuchungssachen vereinigt[18]. In Art. 107 Nr. 2 dieses Gesetzes war statuiert, daß die Nichtigkeitsbeschwerde „wegen Verletzung oder unrichtiger Anwendung wesentlicher Vorschriften oder Grundsätze des Verfahrens“ stattfinde; in Art. 108 I Nr. 2–7 waren – den heutigen absoluten Revisionsgründen entsprechend – eine Anzahl „wesentlicher“ Verfahrensvorschriften zusammengestellt; in Art. 108 I Nr. 1 wurden ferner die Vorschriften für „wesentlich“ erklärt, deren Beobachtung bei Strafe der Nichtigkeit vorgeschrieben war[19]; und in Art. 108 II wurde darüber hinaus noch bestimmt, daß es „in anderen, als den vorstehend bezeichneten Fällen ... der Beurtheilung des Ober-Tribunals“ obliege, „ob eine Vorschrift oder ein Grundsatz des Verfahrens, auf deren Verletzung die Nichtigkeitsbeschwerde gegründet ist, als wesentlich zu betrachten sei“.

---

17 Vgl. dazu i.e. Zachariae, Handbuch II, S. 608, 639 ff.; Planck, Strafverfahren, S. 530 ff.

18 Auch in § 390 der Strafprozeßordnung für die neuen preußischen Landesteile (Anlage zur VO vom 25.6.1867, preuß. GS 1867, 921, 933) findet sich noch diese Vereinigung, wenngleich die Forderung des § 390 Nr. 3, daß die Entscheidung „auf der Grundlage“ wesentlicher Verfahrensrechtsverletzungen ergangen sein muß, schon etwas in die Richtung der späteren Kausalitätskonzeption weist.

19 Eine Zusammenstellung dieser Vorschriften findet sich bei Liman, Strafprozeß, S. 205.

Wie man sieht, hatte der preußische Gesetzgeber also genau die Problematik zu reduzieren versucht, die den verschiedenen teleologischen Theorien auch heute noch so große Schwierigkeiten bereitet, indem dem Richter die Bestimmung des Schutzzwecks bei einem großen Teil der Verfahrensnormen vom Gesetzgeber durch autoritative Festlegung abgenommen wurde. Diese generalisierende Lösung führte freilich dazu, daß bei Verletzung einer abstrakt wesentlichen, in concreto aber irrelevanten Verfahrensnorm ein materiell gerechtes Urteil aufgehoben werden mußte[20]. Aber das ist (ganz abgesehen davon, daß die nur durch Generalisierung erreichbare Rechtssicherheit eben ihren Preis fordert) nicht als ein in die Rechtsmittelkonzeption hineingeratener und tunlichst zu korrigierender Schönheitsfehler anzusehen, sondern macht gerade die Eigenart des Kassationsrekurses und der ihm nachgebildeten Nichtigkeitsbeschwerde aus: Ein an einem schweren Mangel leidendes (in moderner Terminologie: die Justizförmigkeit nicht mehr wahrendes) Verfahren wurde als insgesamt suspekt und daher nichtig (genauer: vernichtbar) angesehen.

b) α) Diese ausgesprochen rechtsstaatlich-liberale, der eminenten Bedeutung des due process im angloamerikanischen Strafverfahren[21] entsprechende Konzeption wurde jedoch bei Schaffung der RStPO rasch ad acta gelegt. So heißt es in den Motiven zum Bundesratsentwurf, daß mit der alten Nichtigkeitsbeschwerde wegen ihrer zu großen Mängel vollständig gebrochen werden solle, und als Hauptmangel wurde die übertriebene Formalität bezeichnet, deretwegen oft sachlich zutreffende Entscheidungen aufzuheben und falsche Entscheidungen aus prozessualen Gründen aufrechtzuerhalten gewesen seien[22]. Kraft des Beruhensbegriffs, der im Sinne eines Kausalitätszusammenhanges interpretiert wird, sei grundsätzlich keine Prozeßvorschrift von der Begründung der Revision ausgeschlossen[23]; zugleich seien dadurch alle Einzelbestimmungen, die eine Anfechtung bei offenbarer Einflußlosigkeit des Verfahrensmangels ausschlossen, besondere Verwirkungsvorschriften wie etwa § 390 der preußischen StPO von 1867 und auch eine das Rügerecht der Staatsanwaltschaft (scil. nach dem Muster des späteren § 339) beschränkende Sondervorschrift überflüssig geworden[24].

20 Ob dies in der Praxis auch geschehen ist, hat sich an Hand des von mir benutzten Materials nicht feststellen lassen; es spricht aber vieles dafür, denn zumindest in den Schwurgerichtssachen konnte die konkrete Irrelevanz niemals zuverlässig festgestellt werden.

21 Wo sogar Verfahrensfehler zugunsten des Angeklagten zum endgültigen (!) Freispruch führen, vgl. Kern-Roxin, Strafverfahrensrecht, S. 367.

22 Vgl. Hahn, Materialien, S. 250.

23 Hahn, a.a.O., S. 251.

24 Hahn, a.a.O., S. 252.

β) Daß in diesen knappen, aber deutlichen Erläuterungen eine bewußte Stellungnahme zugunsten einer rein kausalen Bestimmung des Beruhens und gegen eine Unterscheidung von revisionsbegründenden („schutzbereichsspendenden") und revisionsirrelevanten („schutzbereichslosen") Vorschriften zum Ausdruck kommt, kann wohl kaum bestritten werden und wird zusätzlich durch die Entwurfsbegründung für den späteren § 338 bestätigt. Für die in dieser Vorschrift aufgeführten Verfahrensmängel wurde der ursächliche Zusammenhang ausdrücklich für irrelevant erklärt, weil sie die Grundlagen des Verfahrens berührten[25]. Nach der Konzeption des Entwurfs sollte also bei einigen wenigen, fundamentalen Prozeßverstößen das Urteil ohne Ansehen seines Inhalts aufgehoben werden, weil der „due process" insgesamt nicht mehr gewahrt schien; bei den übrigen Verfahrensfehlern sollte es dagegen nicht mehr auf die abstrakte Relevanz der verletzten Norm, sondern auf die konkrete Ursächlichkeit des Fehlers für den Urteilsinhalt ankommen.

γ) Auch der Unterschied zwischen Verfahrensfehlern des erkennenden Gerichts in der Hauptverhandlung und Rechtsverletzungen im Ermittlungsverfahren wird in der Begründung zum Bundesratsentwurf gesehen und klar herausgearbeitet. Es wird dazu ausgeführt, daß Mängel des Vorverfahrens – wie sich nach dem Entwurf von selbst verstehe – in der Regel nicht zur Begründung der Revision dienen könnten, und zwar im Gegensatz zu den vom Tatrichter selbst vor der Urteilsfällung erlassenen fehlerhaften Entscheidungen, die entweder antezipierte Urteilsbestandteile seien (z. B. Ablehnungen von Beweisanträgen) oder das Verfahren des erkennenden Gerichts beträfen. In diesem Zusammenhang wurde auch bereits auf den späteren § 305 S. 1 hingewiesen und der Grundsatz ausgesprochen, daß alle kraft dieser Vorschrift von der Beschwerde ausgeschlossenen Vorentscheidungen revisibel seien[26].

c) Diese Konzeption ist in den Beratungen der Reichstagskommission im grundsätzlichen nicht mehr verändert, sondern nur noch in einigen Randbereichen teils ergänzt, teils allerdings auch verunklart worden.

α) Die Kommission hat wiederholt die Frage diskutiert, ob der Kausalzusammenhang zwischen Verfahrensfehler und Urteilsinhalt nachgewiesen werden muß oder nur möglich zu sein braucht, ohne insoweit zu einem klaren Ergebnis zu gelangen. Der *Abgeordnete v. Schwarze* stellte in der ersten Lesung den Antrag, vermöge einer in das Gesetz aufzunehmenden Definition klarzustellen, daß die Kausalität des Verfahrensfehlers vermutet werde, weil der Revisionsführer sonst allzu leicht in Beweisnot geraten werde. Dem hielt *v. Amsberg* entgegen, daß man

25 Hahn, a.a.O., S. 252.
26 Vgl. Hahn, a.a.O., S. 252f.

das Ermessen des Revisionsgerichts nicht zu sehr einengen solle, zumal es ohnehin in dubio pro entscheiden würde, wenn es auch nur zu der Vermutung eines Zusammenhanges gelangen werde. Obwohl der Sinn dieser Worte eigentlich mehr als dunkel ist (eine in-dubio-Entscheidung setzt keine Vermutung, sondern nur eine Ungewißheit voraus, und warum dem Revisionsgericht hier eine Ermessensfreiheit zustehen soll, ist nicht recht ersichtlich) und obwohl die vom Abg. *Reichensperger* hinzugefügte Bemerkung, bei Verletzung einer „obligatorischen" Vorschrift sei das Urteil immer aufzuheben, auf eine kaum zu begreifende völlige Verkennung der Entwurfskonzeption schließen ließ, zog *v. Schwarze* daraufhin seinen Antrag „im Hinblick auf die grundsätzliche Zustimmung *v. Amsbergs*" wieder zurück[27]. In der zweiten Lesung tauchte die Beweislastfrage noch einmal auf (wenn auch nicht bei § 337, sondern bei § 338) und wurde nunmehr noch deutlicher mit dem in-dubio-pro-reo-Satz verquickt[28], obwohl der ursprüngliche Antrag *v. Schwarzes* auf eine Vermutungswirkung zugunsten des jeweiligen Revisionsführers (also ggf. auch der Staatsanwaltschaft) gezielt hatte. Erst im Bericht der Kommission finden sich dann wieder klare Sätze: Es werden die namentlich in Schwurgerichtssachen bestehenden Schwierigkeiten, den notwendigen Zusammenhang zwischen Gesetzesverletzung und Urteilsinhalt festzustellen, konstatiert und zugleich für Verfahrensfehler durch die allgemeine Aussage reduziert, daß eine zweifache Feststellung genüge: erstens, ob ein Einfluß des Fehlers auf die Entscheidung mindestens nicht auszuschließen sei, und zweitens, ob für den Fall, daß die Prozeßvorschrift gehörig beobachtet worden wäre; ein anderes Ergebnis des betreffenden Prozeßaktes hätte eintreten können[29].

β) Auch die relativ ausführlichen Kommissionsberatungen zum Thema der Verfahrensfehler außerhalb der Hauptverhandlung haben eher Verwirrung gestiftet als Klarheit geschaffen. Der heutige § 336 geht auf einen Antrag der Abg. *Becker, Bähr* und *v. Schwarze* zurück, in den Entwurf folgende Vorschrift einzufügen: „Der Beurteilung des Revisionsgerichts unterliegen auch diejenigen Entscheidungen, welche in der Hauptverhandlung vor der Urteilsfällung erlassen sind"[30]. Zur Begründung führte *v. Schwarze* aus, daß § 305 S. 1 die Revisibilität der Entscheidungen in der Hauptverhandlung nicht hinreichend klarstelle und daß ferner ausdrücklich bestimmt werden solle, daß Nullitäten im Vorverfahren (die absoluten Revisionsgründe ausgenommen) durch das spätere Verfahren geheilt würden, soweit sie nicht unbekannt geblieben oder durch ihre Wiederholung als selbständige Nullitäten gegen das Endurteil zu verwenden seien. Der

27 Vgl. Hahn, a.a.O., S. 1031f.
28 Vgl. Hahn, a.a.O., S. 1393ff.
29 Hahn, a.a.O., S. 1582.
30 Hahn, a.a.O., S. 1029.

Antrag wurde daraufhin ohne Widerspruch in der Sache selbst angenommen; seine Gegner hatten lediglich darauf hingewiesen, daß er sich bereits aus allgemeinen Grundsätzen ergebe und daher eigentlich überflüssig sei[31]. Leistete diese in erster Lesung beschlossene Einfügung noch eine gewisse Klarstellung der auf Verfahrensfehler in der Hauptverhandlung zugeschnittenen Entwurfskonzeption, so wurde dieser Effekt in der zweiten Lesung gründlich rückgängig gemacht. Nachdem die eingefügte Vorschrift bereits zwischen den Lesungen dahin umformuliert worden war, daß auf die „Entscheidungen in dem Hauptverfahren vor der Hauptverhandlung" abgestellt wurde[32], wurde sie in der zweiten Lesung noch einmal durchdiskutiert. Der Geh. Oberregierungsrat *Hanauer* beanstandete sie einerseits als zu weit, da sie die einschränkende Voraussetzung des Beruhens nicht nenne, und andererseits als zu eng, da sie scheinbar die Entscheidungen in der Hauptverhandlung und ferner das gesamte Vorverfahren ausschließe, obwohl das Urteil ausnahmsweise auch darauf beruhen könne. Einem Formulierungsvorschlag des Abg. *Lasker* entsprechend wurde dann beschlossen, auf die „Entscheidungen vor der Hauptverhandlung" abzustellen, was später in die „Entscheidungen vor dem Urteil" redaktionell abgeändert wurde[33].

Im Kommissionsbericht wurden diese Beschlüsse schließlich dahin erläutert, daß die vom Gericht (!) in einem früheren Verfahrensstadium begangenen Verfahrensfehler zur Revisibilität führten, sofern diese auf den Urteilsinhalt noch einen Einfluß hätten äußern können. Weiterer Sondervorschriften habe es darüber nicht bedurft, da § 336 nicht nur die Zwischenentscheidungen in der Hauptverhandlung, sondern alle gerichtlichen Entscheidungen in demselben Verfahren betreffe[34].

γ) Im übrigen ist die Konzeption des Bundesratsentwurfs nur noch bezüglich der Revision der Staatsanwaltschaft diskutiert und durch Einfügung einer einschränkenden Rechtsnorm (des heutigen § 339) ergänzt worden. Diese Anknüpfung an einer anderen Grundkonzeption verhaftete partikularrechtliche Vorbilder erfolgte aber ausdrücklich nur zur Klarstellung und stellte damit keine Abänderung, sondern eine Bestätigung des Entwurfes dar, der bei einer Verletzung der nur im Interesse des Angeklagten geschaffenen Vorschriften schon den Kausalzusammenhang zwischen der Gesetzesverletzung und der dem Angeklagten gleichwohl nachteiligen Endentscheidung für ausgeschlossen hielt.

d) Wenn man nunmehr aus dieser Schilderung der Entstehungsgeschichte ein Resümee zu ziehen versucht, so wird man vorab zwei Punkte herausheben

---

31 Hahn, a.a.O., S. 1030.
32 Vgl. Hahn, a.a.O., S. 1392f., 2292.
33 Vgl. Hahn, a.a.O., S. 1392f., 2293.
34 Hahn, a.a.O., S. 1582.

können, in denen keine eindeutige Entscheidung des Gesetzgebers feststellbar ist: das Beweislastproblem und die Revisibilität (d.h. genauer: die revisionsbegründende Wirkung) der außerhalb der Hauptverhandlung ergangenen Gerichtsentscheidungen. Für eine gesetzliche Freistellung des Revisionsführers von der Beweislast fehlt es erstens an einer sei es auch dem gewöhnlichen Sprachgebrauch zuwiderlaufenden Andeutung im Gesetzeswortlaut und zweitens an einer ausgegorenen Vorstellung in den Köpfen der Gesetzesverfasser, in denen über das Verhältnis von Vermutung zugunsten des Revisionsführers, Geltung des in-dubio-pro-reo-Satzes und Ermessensfreiheit des Revisionsgerichts keine Klarheit herrschte. Und bezüglich der Revisionsbegründung mit gerichtlichen Verfahrensfehlern außerhalb der Hauptverhandlung blieb nicht weniger dunkel, welcher Art die Ausnahmen sein sollten, die einen Kausalzusammenhang zwischen Fehler und Urteil begründen könnten. Immerhin kann für diesen Regelungskomplex wenigstens festgehalten werden, daß an eine direkte Anwendung des § 337 auf Rechtsverletzungen seitens der Ermittlungsbehörden niemals gedacht war. Neben diesen negativen Befunden wird man aber auch das positive Ergebnis verbuchen müssen, daß eine teleologische Einschränkung der auf einen kausalen Verfahrensfehler gestützten Revision des Angeklagten nach dem Willen des Gesetzgebers nicht in Betracht kommen sollte. Die Reichstagskommission hat die Grundkonzeption des Entwurfs, die partikularrechtliche Unterscheidung von wesentlichen (revisiblen) und unwesentlichen (irrevisiblen) Verfahrensnormen jedenfalls bei der Revision des Angeklagten vollständig durch das Erfordernis eines Ursachenzusammenhanges zwischen Verfahrensfehler und Urteilsinhalt zu ersetzen („Grundsätzlich ist keine Prozeßvorschrift von der Begründung der Revision ausgeschlossen"!), unangetastet gelassen, und die dieser Konzeption entsprechende Generalhypothese a)[35], für die bereits die ersten beiden Sprossen der ersten Rechtsgewinnungsstufe mehrere Indizien geliefert haben, ist daher auf der dritten Sprosse der ersten Stufe verifiziert worden, während die konkurrierende Generalhypothese b)[36] als falsifiziert anzusehen ist: Der Gesetzgeber wollte *nicht* etwa die partikularrechtliche Beschränkung der Verfahrensrevision vom Zweck der verletzten Prozeßnorm her durch die Beschränkung vom Ursachenzusammenhang *ergänzen*, sondern er wollte sie dadurch *ersetzen* – das kann als Ergebnis der historischen Rechtshermeneutik festgehalten werden!

35 s. o. S. 122.
36 s. o. S. 123.

II. Die Hauptprobleme der übrigen Rechtsgewinnungsstufen

1. Die erststufige Gewinnung des Rechts der Verfahrensrevision hat damit erwiesen, daß die heute in Rechtsprechung und Schrifttum herrschende Meinung, den Revisibilitätsbereich doppelt (durch eine konkret-kausale und eine abstrakt-teleologische Betrachtungsweise) einzuschränken, mit dem verlautbarten Willen des historischen Gesetzgebers nicht zu vereinbaren ist und daß allein die von *Eb. Schmidt* verfochtene Auffassung eine zutreffende Auslegung des § 337 darstellt: Der Angeklagte hat einen mit der Revision abgesicherten Anspruch darauf, in der Hauptverhandlung nur in streng justizförmiger Weise überführt zu werden. Daß es infolgedessen vorkommen kann, daß materiell gerechte Urteile allein wegen für den Urteilsinhalt zwar kausaler, aber nicht dessen „Richtigkeit" berührender prozessualer Verstöße aufzuheben sind, ist vom Gesetzgeber gewollt und auch keinesfalls ungewöhnlich; denn es stellt eine heute schon fast zu einem Gemeinplatz gewordene Erkenntnis dar, daß der Zweck unseres Strafverfahrens nicht in der Wahrheitsermittlung um jeden Preis, sondern in der justizförmigen Wahrheitsfindung besteht[37].

Natürlich könnte man sich auch eine andere, den staatlichen Strafverfolgungsinteressen auf Kosten der Justizförmigkeit mehr Raum gebende Konzeption vorstellen, aber der Gesetzgeber hat sich nun einmal zugunsten eines die Justizförmigkeit betonenden Modells entschieden, das nicht nur in materieller Hinsicht höchsten Respekt, sondern auch unter Rechtssicherheitsgesichtspunkten unbedingt den Vorrang verdient, da die sonst bei jeder einzelnen Vorschrift auftauchende und, wie die Erfahrungen der letzten Jahre zeigen, zu endlosen Auseinandersetzungen führende Schutzzweckfrage dadurch schlechterdings gegenstandslos wird.

2.Mit diesem Resultat wollen wir unsere dogmatischen Untersuchungen zur Revision in Strafsachen abschließen. Da die – in der neueren Diskussion völlig vernachlässigte – historische Analyse des Revisibilitätsbereiches bei Verfahrensfehlern die Fruchtbarkeit unserer Rechtsgewinnungstheorie erneut unter Beweis gestellt hat, dürfte es keinen Bedenken begegnen, wenn die Abschreitung aller vier Rechtsfindungsstufen aus Raumgründen in eine künftige Spezialuntersuchung verwiesen wird. Im Rahmen dieser Arbeit wollen wir daher lediglich kurz andeuten, welche Probleme sich insoweit auf der zweiten, dritten und vierten Stufe stellen werden und wie sie von unserer methodologischen Grundkonzeption aus einzuordnen sind.

a) Wie wir im vorangehenden Abschnitt gesehen haben, hat der Gesetzgeber in der Frage der prozessualen Beweislast hinsichtlich des Kausalzusammenhanges

---

37 Vgl. nur Kern-Roxin, Strafverfahrensrecht, S. 2ff.

keine eindeutige Entscheidung getroffen[38]. Diese nach der erststufigen Rechtsgewinnung verbleibende Lücke muß daher auf der dritten Stufe geschlossen werden. Wenn auch nach heute ganz herrschender Meinung die bloße Möglichkeit eines Kausalzusammenhanges ausreichen soll[39], so läßt sich doch – namentlich nach dem Verdikt über die Revisibilitätsbeschränkung qua Schutzzwecktheorie – auch eine differenzierende Lösung denken, die die Kausalitätsvermutung nur bei für den Urteilsinhalt typischerweise relevanten Verfahrensfehlern anerkennt und im übrigen dem Revisionsführer (u.U. also auch der Staatsanwaltschaft!) die volle Beweislast aufbürdet[40].

b) Ein reiches Arbeitsfeld auf der zweiten Rechtsgewinnungsstufe wird durch die – wissenschaftlich bisher kaum behandelte – Frage erschlossen, unter welchen Voraussetzungen bei den jeweiligen Verfahrensnormen ein Ursachenzusammenhang zwischen Gesetzesverletzung und Urteilsinhalt möglich ist. Denn es ist ja keineswegs so, daß mit der Ablehnung der Schutzzwecktheorien plötzlich jeder nebensächliche Verfahrensfehler zur Urteilsaufhebung zwingen würde: Bei der Nichtbelehrung eines seine Rechte kennenden Zeugen und in vielen anderen, im einzelnen einer Spezialuntersuchung bedürfenden Fallgruppen wird ein Einfluß des Verstoßes auf den Urteilsinhalt von vornherein ausgeschlossen werden können.

c) Auch der dabei zugrunde zu legende Kausalbegriff muß noch auf der dritten Stufe weiter geklärt werden, und zwar hinsichtlich der Relevanz des hypothetischen Kausalverlaufes bei „gehöriger Beobachtung der Prozeßvorschrift“[41]. So wie im materiellen Strafrecht die Berücksichtigung hypothetischer Kausalverläufe bei der Zurechnung umstritten ist[42], muß auch im Revisionsrecht auf der dritten Stufe nach einer Lösung gesucht werden; denn wenn der Bericht der Reichstagskommission auch eine eindeutige Stellungnahme für die Berücksichtigung des hypothetischen Verlaufes bei korrekter Prozeßführung enthält[43], so scheint uns dieser Hinweis doch mangels einer korrespondierenden Bemerkung in der Begründung zum Bundesratsentwurf oder in den Kommissionsberatungen zur Absicherung einer erststufigen Lösung nicht völlig ausreichend zu sein. Immerhin steht er aber auch der gegenteiligen Hypothese, daß der Gesetzgeber von einem mechanistischen, alle hypothetischen Verläufe ausklammernden Kausalbegriff

38 s. o. S. 133 f.

39 Vgl. nur Meyer in Löwe-Rosenberg, Strafprozeßordnung, § 337 Rdnr. 207 m. zahlr.Nachw.; Müller-Sax, KMR, § 337 Anm. 9 b; Eb. Schmidt, Lehrkommentar II, § 337 Rdnr. 60.

40 So früher etwa Voitus, Kommentar, S. 387 und v. Kries, Rechtsmittel, S. 224ff.

41 So die Formulierung im Bericht der Reichstagskommission bei Hahn, Materialien, S. 1582.

42 Vgl. zuletzt Samson, Kausalverläufe, S. 89ff.

43 s. o. S. 132.

ausgegangen sei, eindeutig entgegen und macht damit den Weg für eine drittstufige Rechtsfindung frei, die – das sei nicht verschwiegen – in den Bahnen des Kommissionsberichts zu suchen sein wird, für desen Konzeption die besseren Argumente streiten.

d) Während die Rechtskreistheorie das Schicksal der übrigen, gegen den historischen Gesetzesinhalt verstoßenden teleologischen Theorien teilt, wird man die Rechtsprechung zu den sog. Ordnungsnormen[44] in ihrem – allerdings stark reduzierten – Kernbereich auch in unser System einordnen können. Zum einen wird man nämlich alle die Normen als faktisch irrevisible Ordnungsnormen bezeichnen können, deren Verletzung praktisch niemals den Urteilsinhalt beeinflussen kann. Und zum anderen muß die Mißachtung von Sollvorschriften in diesem Rahmen gesehen werden, wobei es sich anbieten dürfte, sie als Mußvorschriften mit unbestimmter Ausnahmeklausel zu interpretieren[45].

e) Auch eine differenzierte Beweisverbotsdogmatik wird für die Zukunft nicht völlig entbehrlich, sondern für Verfahrensfehler außerhalb der Hauptverhandlung weiterhin erforderlich sein. Da der Gesetzgeber die Folgen derartiger Gesetzesverletzungen nicht klar geregelt hat[46], ist hier Raum für eine drittstufige Problemlösung, die nicht unbedingt den Revisibilitätsbereich bei Verfahrensfehlern in der Hauptverhandlung nachzuzeichnen braucht. Denn da außerhalb der Hauptverhandlung besondere Rechtsbehelfe existieren, die Kontrollmöglichkeiten für die Justizförmigkeit des Verfahrens bieten, kann im Hinblick auf die Verwertungsmöglichkeiten in der späteren Hauptverhandlung der Erforschung der materiellen Wahrheit der prinzipielle Vorrang eingeräumt werden. Es spricht daher hier vieles für eine revidierte Rechtskreistheorie, die etwa auf folgenden Grundsätzen aufbauen könnte: Die Unverwertbarkeit eines Beweisergebnisses tritt bei allen Verfahrensfehlern ein, die entweder die Erforschung der materiellen Wahrheit beeinträchtigen oder aus der Benutzung eines Beweismittels resultieren, das nach der gesetzlichen Regelung überhaupt nicht oder nur auf Grund einer freien Entscheidung der Beweisperson zur Überführung benutzt werden darf, und vielleicht auch noch in anderen Fällen, in denen der Schutzzweck der betreffenden Verfahrensnorm mit der Verletzung noch nicht verbraucht ist. Ein Verwertungsverbot greift dagegen nicht ein, wenn lediglich außerprozessuale Rechtsgüter verletzt werden (wie die körperliche Unversehrtheit bei § 81 a[47], das

---

44 Vgl. dazu Frank, Strafverfahrensnormen, S. 92ff.

45 Vgl. dazu Baldus in Festschr. f. Heusinger, S. 386ff.

46 s. o. S. 131 f.

47 Die Blutentnahme durch eine nicht hinreichend qualifizierte Medizinalperson bleibt daher verwertbar, vgl. zuletzt meine eigenen Überlegungen in JA 1972, 636ff. m.w.N.

Schamgefühl bei § 81d und das staatliche Geheimhaltungsinteresse in § 54[48]) oder wenn bei einer sachlich zutreffenden Anordnung bloße Kompetenzfehler unterlaufen[49]. Die von mir bei Erörterung des § 81 a gestellte und für die betreffende Konstellation verneinte Frage, ob ein Verwertungsverbot allein mit Präventionsargumenten begründet werden kann[50], möchte ich heute generell verneinen, da das reine Präventionsprinzip nicht einmal bei § 338 zur Revisibilitätsbegründung ausreicht (hier kommt hinzu, daß Verfahren mit den in § 338 aufgezählten Fehlern in toto suspekt sind), so daß der Präventionsgedanke in unserem Strafprozeßrecht einen Fremdkörper darstellt[51] und allenfalls bei einer vorsätzlichen Verletzung des Verfahrensrechts durch die Strafverfolgungsbehörden in Betracht kommt[52]. Daraus folgt zugleich a fortiori, daß Fernwirkungen von Verfahrensverletzungen nach dem Muster der amerikanischen fruit of the poisonous tree doctrine bei uns regelmäßig nicht eintreten[53] und daß rechtswidrige Ermittlungen durch Privatleute nur ausnahmsweise ein Verwertungsverbot auslösen werden[54].

f) Mit diesen Andeutungen zu den Fortsetzungen unserer erststufigen Untersuchungen zur Verfahrensrevision auf der zweiten und dritten Stufe wollen wir uns hier begnügen. Neben § 337 scheint übrigens auch § 338 noch unausgeschöpfte Auslegungs- und Gestaltungsreserven zu bieten, und zwar in seinen Nummern 7 und 8, deren heutige minimale Bedeutung in einem auffälligen Gegensatz zu den Intentionen des Gesetzgebers steht, der auch bei partiellem Fehlen der Entscheidungsgründe und bei einer Beschränkung der Verteidigung in einem nur ex ante wesentlich erscheinenden Punkt einen absoluten Revisionsgrund statuieren wollte[55]. All dem können wir hier nicht mehr nachgehen, und auch ein letztes Problem kann an dieser Stelle nur noch erwähnt, aber nicht mehr behan-

---

48 Die neuerdings für § 53 im Vordringen begriffene Auffassung, daß die einer Schweigepflicht zuwider erfolgenden Aussagen unverwertbar seien (vgl. Haffke GA 1973, 65ff.), ist daher für das Vorverfahren auf jeden Fall abzulehnen; für die Hauptverhandlung kommt es darauf an, ob überhaupt ein Verfahrensfehler vorliegt, d. h. ob das Gericht zur Wahrung fremder Geheimnisse verpflichtet ist – was weiteren Nachdenkens bedürfte und für § 53 und § 54 unterschiedlich zu entscheiden sein könnte.

49 Hier wird es übrigens meistens schon an der „Kausalität" fehlen, da die hypothetische Handlung des kompetenten Organs regelmäßig zu dem gleichen Ergebnis geführt hätte.

50 JA 1972, 639f.

51 Der „tiefere" Grund für diesen Unterschied zum angloamerikanischen Prozeß ist in der unterschiedlichen Verfahrensstruktur zu sehen: In einem Parteiprozeß sind Verwirkungsvorschriften weit eher angebracht als in unserem am Prinzip der materiellen Wahrheit orientierten Verfahren!

52 Vgl. BGHSt. 24, 131 und Kern-Roxin, Strafverfahrensrecht, S. 119.

53 So auch zuletzt OLG Stuttgart NJW 1973, 1941.

54 Vgl. dazu Kern-Roxin, Strafverfahrensrecht, S. 119.

55 Vgl. Hahn, Materialien, S. 1033, 1034–1036 sowie die sehr beachtlichen Ausführungen von Baldus in Festschr. f. Heusinger, S. 375ff.

delt werden: nämlich die auf der vierten Rechtsgewinnungsstufe zu beantwortende Frage, ob bzw. inwieweit die Entscheidung des Gesetzgebers gegen eine teleologische Einschränkung des Revisibilitätsbereiches in der Zwischenzeit durch eine abweichende ständige Rechtsprechung faktisch derogiert sein könnte. Von einer vollständigen Derogation kann zwar angesichts der kasuistischen und immer wieder inkonsequenten Judikatur[56] sicherlich nicht die Rede sein; bei verschiedenen Einzelvorschriften (etwa bei § 55) kommt diese Möglichkeit aber ernsthaft in Betracht. Die dadurch eventuell aufgerissenen Lücken dürften zwar auf der dritten Stufe wieder im Sinne des legislatorischen Machtspruches zu schließen sein, aber das kann hier endgültig nicht mehr weiter ausgeführt werden: Da unserem Hauptanliegen, die Fruchtbarkeit der Vierstufentheorie der Rechtsgewinnung auch für die Verfahrensrevision nachzuweisen, schon durch die bisherigen Erwägungen entsprochen worden ist und da die weitere Ausarbeitung der Verfahrensrevision nur in einer eigenen, alle Einzelvorschriften berücksichtigenden Monographie erfolgen kann, ist die im Rahmen dieser Arbeit mögliche Exemplifikation geleistet, und es muß der Beurteilung durch die künftige Kritik überlassen bleiben, ob sie auch gelungen ist.

§ 7 Schlußbemerkungen zur Rechtsmittelreform

1. Die Exemplifikation unserer Rechtsgewinnungstheorie würde unvollständig sein, wenn wir den vorangegangenen dogmatischen Überlegungen zum Revisionsrecht (den „Justizempfehlungen") nicht abschließend einige vorläufige Bemerkungen zur Rechtsmittelreform und damit rechtspolitische Erwägungen de lege ferenda („Legislativempfehlungen") gegenüberstellen würden, um auf diese Weise den heute vielfach zu Unrecht geleugneten Unterschied zwischen der szientistisch durchwirkten und begrenzten Rechtsdogmatik und der rational-dezisionistisch strukturierten und im Unterschied zur dritten Rechtsgewinnungsstufe durch keine vorgeschalteten Stufen szientistisch begrenzten Rechtspolitik zu demonstrieren.

2. Wenn man die in der heutigen Reformdiskussion erörterten Modelle auf ihre grundlegenden Strukturen zurückführt, so lassen sich drei Konzeptionen unterscheiden, die bei allen Unterschieden in einem Punkte übereinstimmen: Sie bauen auf der gegenwärtigen Hauptverhandlung auf und versuchen, die Unzulänglichkeiten des heutigen Rechtsschutzes durch eine Ausdehnung der Revision in Richtung auf die Berufung hin zu beseitigen. Es muß jedoch bezweifelt wer-

56 Zu einem neueren Beispiel etwa Schöneborn NJW 1974, 535 f.

den, daß eine isolierte Rechtsmittelreform die in sie gesetzten Erwartungen auch nur annähernd erfüllen kann. Denn wegen der sachlogischen Begrenzung des Revisibilitätsbereiches durch die Prüfungsmöglichkeiten des Revisionsgerichts sind einer Erweiterung der Revision bei unveränderter Hauptverhandlungsstruktur natürliche Grenzen gesetzt, und die bisher allein bedachte Alternative, der Revision in allen Fällen eine Berufung vorzuschalten oder die Revision in Richtung auf die Berufung hin umzugestalten, führt zu anderen, schon seit mehr als 100 Jahren bekannten Komplikationen, die den in der Rechtsschutzverbesserung steckenden Gewinn per saldo mehr als auszugleichen drohen.

a) Den progressiven Flügel der Reformbestrebungen bildet die seinerzeit im „Referenten-Entwurf eines Gesetzes zur Neugliederung der ordentlichen Gerichtsbarkeit (Erstes Justizreformgesetz)" angekündigte Konzeption, der Revision im Rahmen eines dreigliedrigen Gerichtsaufbaus ausnahmslos eine Berufung vorzuschalten, die allerdings im Vergleich zur gegenwärtigen Rechtslage in verschiedener Hinsicht eingeschränkt werden sollte[1]. Trotz der Vorschußlorbeeren, die sich die Entwurfsverfasser selbst gespendet haben[2], ist dieses Programm aber im Schrifttum allgemein abgelehnt[3] und inzwischen auch in den für die Vorbereitung der Reform zuständigen Gremien zugunsten der „erweiterten Revision" preisgegeben worden[4]. Wir möchten uns der Kritik vor allem darin anschließen, daß die im Vergleich zur heutigen Berufung vorgeschlagenen Beschränkungen, die die Praktikabilität des Dreiinstanzenzuges in allen Strafsachen gewährleisten sollen, hierzu teilweise von vornherein ungeeignet und zum anderen Teil mit den Grundprinzipien des Berufungsrechtszuges schwerlich zu vereinbaren sind. Ungeeignet dürften die an sich durchaus akzeptable, aber eher zu einer Verfahrensverlängerung als zu einer Rechtsmittelreduzierung führende Pflicht zur schriftlichen Berufungsbegründung, die über den gegenwärtigen § 325 nicht wesentlich hinausführende Beschränkung der Berufungshauptverhandlung bei allseitigem Einverständnis und der der Hauptverhandlung vorgeschaltete „Erörterungstermin" sein[5]. Dabei soll gar nicht bestritten werden, daß hierin interessante Ansätze für eine Verbesserung der Berufungsinstanz stecken; lediglich der damit verfolgte Hauptzweck, die durch das Dreiinstanzenmodell drohende Überlastung der Strafjustiz abzuwenden, scheint uns auf diese Weise nicht erreichbar zu sein. Die ganze Last der Berufungseingrenzung muß infolgedessen von der im Referentenent-

---

1 Vgl. S. 35 f. des Referentenentwurfs.

2 Vgl. S. 35 des Referentenentwurfs sub 1. b).

3 Vgl. zuletzt Hanack, Festschr. f. Schwinge, S. 188 ff. m. zahlr. weit. Nachw.

4 Vgl. S. 34 Fn. 2 des Referentenentwurfs.

5 Zu diesen drei Punkten s. Referentenentwurf, S. 35 f.

wurf unter „engen Voraussetzungen" empfohlenen[6] und jüngst auch von *Fuhrmann* als zweitbeste Lösung gutgeheißenen[7] Möglichkeit einer Beschlußverwerfung getragen werden, die nach Aktenlage ergeht und damit zu dem Grundgedanken der Berufung (erneute unmittelbar-mündliche Beweisaufnahme) in krassem Widerspruch steht. Nun ist zwar die Systemreinheit kein für sich allein durchschlagender Argumentationstopos; bei der Beschlußverwerfung im Berufungsverfahren dürfte aber hinzukommen, daß sie bei vorsichtiger Anwendung keine echte Entlastung bringt und bei großzügiger Anwendung den gleichen Einwänden wie die heutige Revision ausgesetzt ist, so daß sie in der Praxis entweder gar keine oder eine sehr zweifelhafte Bedeutung erlangen würde.

Die „eingeschränkte Berufung" weist daher gegenüber dem heute im Anschluß an *Tröndle*[8] allgemein abgelehnten Modell einer unbeschränkten Berufung in allen Strafsachen keine nennenswerten Vorzüge auf.

b) Ein grundsätzlich anderer Versuch zur Berufungsbeschränkung ist in der StPO der DDR unternommen worden, deren § 298 II eine eigene Beweisaufnahme des Rechtsmittelgerichts nur „ausnahmsweise" vorsieht, „soweit dies erforderlich ist". Damit wird zwar einer Überflutung der zweiten Instanz wirksam vorgebeugt; der dafür gezahlte Preis dürfte aber entschieden zu hoch sein. Denn eine zweitinstanzliche Hauptverhandlung mit allenfalls partieller Wiederholung der Beweisaufnahme läuft auf die schon im vorigen Jahrhundert so oft und so herb kritisierte Kontrolle des gut informierten Vorderrichters durch einen schlecht informierten Rechtsmittelrichter hinaus, und da nicht einmal ein auf partielle Beweiserhebung gerichteter Anspruch des Angeklagten tatbestandlich fixiert werden könnte, dürfte sich das DDR-Modell in der Praxis nicht wesentlich von einer erweiterten Revision unterscheiden.

c) Da die eingeschränkte Berufung somit weder in der Variante a) mit Beschlußverwerfung noch in der Variante b) mit Beweiskupierung zu überzeugen vermag, bietet sich für die Rechtsmittelreform eine differenzierte Lösung an: Während der Kreis der berufungsfähigen Verfahren um die zwar vom Unrechtsvorwurf her schweren, vom Ermittlungsaufwand her aber eine unbeschränkte zweite Tatinstanz gestattenden Strafsachen erweitert werden sollte[9], muß für die Großverfahren, die in zwei Tatinstanzen nicht sinnvoll verhandelt werden kön-

---

6 Vgl. S. 35f. des Referentenentwurfs sub 2. b).

7 ZStW 85, 64ff.; die beste Lösung würde auch nach Fuhrmanns Auffassung (a.a.O., S. 72ff.) in der erweiterten Revision bestehen.

8 GA 1967, 160ff.

9 Denn die einzige Rechtfertigung für den Ausschluß der Berufung bildet ja nicht die Tatschwere, sondern die praktische Unzuträglichkeit einer doppelten Beweisaufnahme, und hierfür muß zukünftig eine bessere Operationalisierung gefunden werden.

nen, von der Revision her ein effektiver Rechtsschutz entwickelt werden, dessen unvermeidbare Unvollkommenheiten durch eine Verstärkung der erstinstanzlichen Kautelen ausgeglichen werden müßten[10]. In diese Richtung zielen denn auch die meisten Reformüberlegungen der letzten Zeit, deren ausgeprägtestes Produkt der Leitsatz 13 der Denkschrift der BRAK zur Reform des Rechtsmittelrechts und der Wiederaufnahme des Verfahrens im Strafprozeß darstellt. Die Revision soll hiernach künftig auch dann zulässig sein, wenn zwischen Urteilsfeststellungen und Sitzungsprotokoll unlösbare Widersprüche bestehen (Nr. 1), wenn sich aus den Urteilsgründen offensichtliche Beweiswürdigungsfehler ergeben (Nr. 2) und wenn für eine Wiederaufnahme ausreichende Tatsachen oder zugunsten des Angeklagten sonstige Tatsachen offensichtlich sind, die gegen die tatsächlichen Feststellungen des Vorderrichters schwerwiegende Bedenken begründen (Nr. 3 und Nr. 4)[11].

Es ist nicht zu bezweifeln, daß ein auf dem Leitsatz 13 der BRAK aufgebautes Rechtsmittel im Vergleich zur heutigen Revision um vieles effektiver wäre. Trotzdem muß man sich fragen, ob nicht auch dieser Vorschlag noch zu sehr dem heutigen Rechtszustand verhaftet ist. Wie besonders die Nummer 2 des Leitsatzes 13 deutlich macht, wird nämlich auch nach der Konzeption der BRAK im Grunde nicht das Urteil, sondern nur die Urteilsbegründung überprüft, und damit wird lediglich die „Darstellungsrüge" legalisiert, der Hauptmangel des gegenwärtigen Systems aber beibehalten[12]. Da die Nrn. 3 und 4 wegen der Forderung, daß die vom Revisionsgericht zu berücksichtigenden Tatsachen offensichtlich seien, allenfalls begrenzte praktische Bedeutung erlangen können, und da auch die Rüge der Aktenwidrigkeit nach Nr. 1 auf Widersprüche zwischen den Urteilsgründen und dem Sitzungsprotokoll beschränkt ist, kommt ein Durchgriff durch die Urteilsgründe auf das Urteil selbst doch nur ausnahmsweise in Betracht. Infolgedessen stellt der Reformvorschlag der BRAK aber nur eine Ergänzung des bisherigen Modells dar und kann dessen Schwächen zwar vermindern, aber nicht völlig beseitigen.

3. Es versteht sich, daß auch hier keine neue Revisionskonzeption aus dem Boden gestampft werden kann; wir wollen aber versuchen, die Richtung aufzuzeigen, in die weitergedacht werden muß, bevor von einem Beruf des Gesetzgebers zur Neuregelung des Rechtsmittelrechts gesprochen werden kann.

---

10 Insoweit ist vor allem an qualifizierte Gerichtsbesetzungen und Mehrheitserfordernisse (beispielsweise 5:1 für Entscheidungen contra reum) zu denken.
11 Vgl. Denkschrift, S. 37.
12 Vgl. auch Fezer, Revision, S. 54f.

a) Wie wir bereits bei den dogmatischen Erörterungen zur Sachrevision angedeutet haben[13], resultiert die Beschränkung der mit der Sachrevision ermöglichten Kontrolle auf die schriftlichen Urteilsgründe aus der Option des Gesetzgebers für die Prinzipien der Mündlichkeit und Unmittelbarkeit, die im Reformierten Strafprozeß den schriftlichen Inquisitionsprozeß verdrängten. Diese Grundsätze sind aber von Anfang an vielfältig eingeschränkt worden (vgl. nur die §§ 251 ff.) und haben heute dadurch einen weiteren großen Teil ihrer Überzeugungskraft eingebüßt, daß die Justiz sich an jahrelange Monsteprozesse gewöhnt hat, in denen die Richter bei der Urteilsfindung zweifellos mehr aus den Akten und ihren Notizen als aus eigener unmittelbarer Erinnerung schöpfen. Es dürfte daher an der Zeit sein, dem Revisionsgericht auch im Rahmen der Sachrüge den Weg in die Akten zu öffnen, indem gegen die tatrichterliche Beweiswürdigung die allgemeine Rüge der Aktenwidrigkeit gegeben wird.

Bei dieser Forderung verkennen wir nicht, daß die Akten regelmäßig nur ein unvollkommenes Bild des tatsächlichen Prozeßverlaufes geben, so daß eine vollständige Nachprüfung des Urteils an Hand der Akten niemals möglich ist. Denn erstens steht diese Unvollkommenheit der Akten lediglich einer allein auf die Akten gestützten Endentscheidung, nicht aber einem kassatorischen „Zwischenurteil" entgegen, das nicht bis zur materiellen Wahrheit vorzudringen braucht, sondern sich mit der Feststellung eines zwischen dem Ersturteil und den Akten bestehenden Widerspruches und mit der Zurückverweisung der Sache begnügen kann. Und zweitens ist diese Unvollkommenheit auch kein zureichendes Argument dafür, die Kontrolle selbst in den Fällen abzuschneiden, in denen sie an Hand der Akten tatsächlich möglich ist. Es gilt daher, den hiernach effektiv bestehenden Kontrollbereich zu erforschen sowie zusätzlich zu untersuchen, wie dieser Bereich durch eine Veränderung des erstinstanzlichen Verfahrens ausgedehnt werden kann – nur auf diesem Wege kann nach unserer Überzeugung ein Rechtsmittel der „erweiterten Revision" konzipiert werden, das diesen Namen wirklich verdient und zu einer ins Gewicht fallenden Verbesserung des Rechtsschutzes in Kapitalstrafsachen führt!

b) Abschließend wollen wir für jede dieser Aufgaben noch ein Beispiel anführen. Während der effektiv bestehende Kontrollbereich sicherlich die Feststellung des Inhalts von Urkunden und (in der Regel auch schriftlich vorliegenden) Sachverständigengutachten und deren Verwertung für die Beweiswürdigung umfaßt, kann die Beurteilung der Glaubwürdigkeit eines Zeugen durch den Tatrichter ebenso unzweifelhaft an Hand der Akten nicht lückenlos überprüft werden. Daraus folgt, daß auch das Gesamtergebnis der Beweiswürdigung nicht vollständig

---

13 s. o. S. 38 ff., 115.

kontrolliert werden kann, sofern nur die Glaubwürdigkeit eines einzigen Zeugen dafür relevant ist. Aber deswegen braucht, wie bereits bemerkt, keineswegs auf jegliche Kontrolle verzichtet zu werden, vielmehr kann der Revisionsrichter allemal überprüfen, ob der Tatrichter den sprachlich faßbaren Prozeßstoff – und darin liegt eine bemerkenswerte Parallele zum analogen Problem bei der Abgrenzung von Tat- und Rechtsfrage – zutreffend verwertet hat.

Ein Beispiel für die durch eine Abänderung des erstinstanzlichen Verfahrens mögliche Ausdehnung des Kontrollbereiches bieten die Zeugenaussagen, die gegenwärtig vom Tatrichter in den Urteilsgründen „frei modelliert" werden können, ohne daß dagegen irgendein Kraut gewachsen wäre. Nach meinen eigenen Erfahrungen liegt hierin eine der Hauptursachen für die Unzulänglichkeit unseres jetzigen Rechtsmittelsystems. Ein Urteil ist weitaus seltener deswegen revisionssicher, weil das Gericht einen suspekten Zeugen für glaubwürdig erklärt (denn die Strafrichter sind bei widersprüchlichen Zeugenaussagen in der Regel sehr vorsichtig und beachten den in-dubio-pro-reo-Satz), als vielmehr deswegen, weil das Gericht eine Zeugenaussage anders wiedergibt, als sie ein Prozeßbeteiligter – etwa der Verteidiger – verstanden hat.[14]. Welche Interpretation dann richtig ist, kann nie mehr nachgeprüft werden, und da das Gericht seine Auffassung gewöhnlich erst bei der mündlichen Urteilsbegründung offenbaren wird, wird meist sogar die allereinfachste Aufklärungsmöglichkeit – eine Rückfrage an den Zeugen – ungenutzt verstreichen[15]. Aus diesem doppelten Dilemma führt, wie es scheint, nur ein Weg heraus: § 273 II muß dahin abgeändert werden, daß nicht nur der wesentliche, sondern der vollständige Inhalt der Zeugenaussage in das Protokoll aufgenommen wird, und zwar am besten nicht im Wege eines Wortprotokolls[16], sondern nach dem Muster des Zivilprozesses durch eine vom Vorsitzenden vorgeschlagene und von den übrigen Prozeßbeteiligten gebilligte „geschärfte Formulierung". Damit wird nämlich erstens erreicht, daß Staatsanwaltschaft und Verteidigung nicht durch eine eigenwillige Interpretation des Gerichts im Urteil überrascht werden können. Und zweitens hat dann das Revisionsgericht eine sichere Handhabe, um die Verwertung der Zeugenaussage bei der Beweiswürdigung kontrollieren zu können[17].

---

14 Mit dieser Feststellung ist gar kein Vorwurf – etwa der des revisionssicheren Nagelns – verbunden, denn es kommt ja sehr häufig vor, daß Gericht und Verteidigung oder Staatsanwaltschaft bereits über den Sinn einer Aussage verschiedener Auffassung sind.

15 Natürlich kann ein versierter Verteidiger vielfach die Auffassung des Gerichts erschließen, aber schon die Notwendigkeit solcher Spekulationen ist mißlich genug.

16 So zuletzt wieder die Forderung des Strafrechtsausschusses der BRAK, Denkschrift, S. 40.

17 Auf ein Wortprotokoll sollte daher nur zurückgegriffen werden, wenn sich die Prozeßbeteiligten über die zutreffende „geschärfte Formulierung" nicht einig werden können; für diese Fälle

4. Mit diesem Beispiel für eine Verbesserung des Rechtsschutzes durch Verbesserung der Hauptverhandlung wollen wir unsere rechtspolitischen Überlegungen de lege ferenda beenden[18]. Wir haben deutlich zu machen versucht, daß man einerseits auch bei rechtspolitischen Erwägungen rational argumentieren kann und daß hier andererseits jene szientistische Begrenzung fehlt, die bei der Rechtsdogmatik durch die ersten beiden Rechtsgewinnungsstufen gewährleistet wird. Bei aller Verwandtschaft der Argumentationsmuster bleibt somit eine Grenzziehung möglich, und was danach als Forschungsgebiet der dogmatischen Rechtswissenschaft übrig bleibt, wird ihr niemand streitig machen können. Der Kampf um das Recht geht freilich weiter, und nicht nur in der Justiz droht die wissenschaftliche Erkenntnis immer wieder durch die politische Entscheidung verdrängt zu werden. Einem Frieden wird man nur durch eine ideologiefreie rechtstheoretische Bestandsaufnahme näherkommen können, und mit unserer Vierstufentheorie der Rechtsgewinnung haben wir hierzu einen Beitrag zu leisten versucht.

Nachtrag 2020: Die unverminderte Aktualität der alten Revisionsprobleme

Auch wenn der vorstehende Text vor 45 Jahren verfasst wurde, kann er unmittelbar die gegenwärtige Diskussion befruchten, die sich im Bereich der strafprozessualen Revision weiterhin im Kreis der hier erörterten Fragen dreht und sich beispielsweise nach wie vor mit Prämissen herumschlägt, denen durch die o. S. 23ff. analysierte Entstehungsgeschichte der RStPO oder durch die o. S. 67ff., 153ff. präzisierte logische Abgrenzung von Tat- und Rechtsfrage die Grundlage entzogen bzw. die Lösung vorgegeben wird (siehe dazu oben in „Vorwort und Überblick", S. XIIIff., die Auswertung der arriviertesten aktuellen Kommentare zur StPO).

---

sollte zweckmäßigerweise bei jeder Vernehmung ein Tonband mitlaufen, das später gelöscht werden kann.

18 Angemerkt sei immerhin noch, daß die Rüge der Aktenwidrigkeit mit einer Substantiierungslast entsprechend § 344 II, 2 verknüpft werden muß, da dem Revisionsgericht die Durchforstung der Aktenberge natürlich nicht zugemutet werden kann.

Ergänzendes Literaturverzeichnis

Hierzu ist zunächst auf das vollständige Literaturverzeichnis zum ERSTEN TEIL meiner Gesammelten Werke Band 1, Rechtsfindung im Rechtsstaat und Rechtsdogmatik als ihr Fundament, 2020, S. 261–282, zu verweisen. Zusätzlich sind in dem vorstehenden ERSTEN TEIL von Band 3 folgende Werke zitiert worden:

Alsberg, Max. Urteilsanmerkung, JW 1922, 1017

Alsberg, Max. Urteilsanmerkung, JW 1922, 1053

Alsberg, Max. Urteilsanmerkung, JW 1932, 3070

Alsberg, Max – Nüse, Karl Heinz. Der Beweisantrag im Strafprozeß, 4. Aufl., Köln-Berlin-Bonn-München 1969

Arnold. Der Entwurf einer Strafprozeßordnung für das Königreich Sachsen, Archiv des Kriminalrechts (N.F.), 1854, 36, 232

Arnold. Die Strafprozeß-Ordnung für das Kaiserthum Österreich vom 29. Juli 1853, GS 1854 (Jahrg. VI Bd. I), 77, 145, 204, 282

Baldus, Paul. Versäumte Gelegenheiten usw., in: Ehrengabe f. Bruno Heusinger, München 1968, S. 373

Batereau, Ludwig Hans. Die Schuldspruchberichtigung, Göttingen 1971

Beling, Ernst. Bindings Lehre von der Abstimmung im Strafgericht, ZStW 37 (1916), 365

Beling, Ernst. Reichsstrafprozeßrecht, Berlin u. Leipzig 1928

Bennecke, Hans – Beling, Ernst. Lehrbuch des Deutschen Reichs-Strafprozeßrechts, 2. Aufl., Breslau 1900

Birkmeyer, Karl. Deutsches Strafprozeßrecht usw., Berlin 1898

Blomeyer, Jürgen. Die Revisibilität von Verfahrensfehlern im Strafprozeß, JR 1971, 142

Brauer, Eduard. Die deutschen Schwurgerichtsgesetze, Erlangen 1856

Bruns, Hans-Jürgen. Strafzumessungsrecht, Gesamtdarstellung, 2. Aufl., Köln-Berlin-Bonn-München 1974

Bruns, Hans-Jürgen. Zum Revisionsgrund der – ohne sonstige Rechtsfehler – ungerecht bemessenen Strafe, in: Festschr. f. Karl Engisch, Frankfurt 1969, S. 708

Dahs, Hans jun. Praktische Probleme des Schuldinterlokuts, GA 1971, 353

Dahs, Hans sen. Fortschrittliches Strafrecht in rückständigem Strafverfahren, NJW 1970, 1705

Dahs, Hans sen. Handbuch des Strafverteidigers, 3. Aufl., Köln-Marienburg 1971

Dahs, Hans sen. Reform der Hauptverhandlung, in: Aktuelle Rechtsprobleme, Festschr. f. Hubert Schorn, Frankfurt a. M. 1966, S. 14

Dahs, Hans sen. – Dahs, Hans jun. Die Revision im Strafprozeß, München 1972

Denkschrift der Bundesrechtsanwaltskammer zur Reform des Rechtsmittelrechts und der Wiederaufnahme des Verfahrens im Strafprozeß (unter Mitwirkung von Hanack, v. Gerlach und Wahle), Tübingen 1971

zu Dohna, Alexander Graf. Das Strafverfahren, Berlin 1913

zu Dohna, Alexander Graf. Urteilsanmerkung, JW 1922, 1011

Drost, H. Das Ermessen des Strafrichters, Berlin 1930

Duske, Klaus. Die Aufgaben der Revision, Diss. Marburg 1960

Fezer, Gerhard. Die erweiterte Revision – Legitimierung der Rechtswirklichkeit? –, Tübingen 1974

Fischer, Robert. Die Einführung eines zweiten Rechtszuges in Staatsschutz – Strafsachen, NJW 1969, 449

Fischer, Robert. Die Weiterbildung des Rechts durch die Rechtsprechung, Karlsruhe 1971

Frank, Reiner. Revisible und irrevisible Strafverfahrensnormen, Diss. Göttingen 1972
Friedrich. Bemerkungen über die Rechtsmittel im französischen Strafverfahren mit besonderer Rücksicht auf das bayerische Gesetz vom 10. November 1848, Aschaffenburg 1851
Frisch, Wolfgang. Ermessen, unbestimmter Begriff und „Beurteilungsspielraum" im Strafrecht, NJW 1973, 1345
Frisch, Wolfgang. Revisionsrechtliche Probleme der Strafzumessung, Köln-Berlin-Bonn-München 1971
Fuhrmann, Hans. Die Appellation als Rechtsmittel usw., ZStW 85 (1973), 45
Fuhrmann, Hans. Reform des Rechtsmittelrechts im Strafprozeß, JR 1972, 1ff.
Geyer, A. Bemerkungen zu Entscheidungen des Reichsgerichts, ZStW 2 (1882), 299
Goltdammer. Über den Umfang der Befugnisse des Appellationsrichters, GA 1863 (Bd. 11), 315
Goltdammer. Über die Stellung des Appellations-Richters zur Thatfrage, GA 1856 (Bd. 4), 31
Grünwald, Gerald. Beweisverbote und Verwertungsverbote im Strafverfahren, JZ 1966, 489
Grünwald, Gerald. Die sachliche Zuständigkeit der Strafgerichte und die Garantie des gesetzlichen Richters, JuS 1968, 452
Grünwald, Gerald. Die Teilrechtskraft im Strafverfahren, Göttingen 1964
Grünwald, Gerald. Diskussionsbeitrag, zit. nach Hünerfeld, Diskussionsbeiträge
Grünwald, Gerald. Urteilsanmerkung, JZ 1966, 106
Haffke, Bernhard. Das Rückwirkungsverbot des Art. 103 II GG bei Änderung der Rechtsprechung zum materiellen Recht, Göttinger Dissertation 1970
Haffke, Bernhard. Promille-Grenze und Rückwirkungsverbot, Blutalkohol 1972, 32
Haffke, Bernhard. Schweigepflicht, Verfahrensrevision und Beweisverbot, GA 1973, 65
Haffke, Bernhard. Zur Problematik der 1,3-Promille-Grenze – BGHSt. 21, 157, JuS 1972, 448
Hahn, C. Die gesammten Materialien zu den Reichsjustizgesetzen, 2. Band, Die Materialien zur Civilprozeßordnung, 2. Aufl., Berlin 1881
Hahn, C. Die gesammten Materialien zu den Reichsjustizgesetzen, 3. Band, Die gesammten Materialien zur Strafprozeßordnung und dem Einführungsgesetz zu derselben, Berlin 1880/81
Hanack, Ernst-Walter. Der Ausgleich divergierender Entscheidungen in der oberen Gerichtsbarkeit, Hamburg-Berlin 1962
Hanack, Ernst-Walter. Der dreistufige Aufbau der Strafgerichtsbarkeit im Entwurf eines Ersten Justizreformgesetzes, in: Persönlichkeit in der Demokratie, Festschr. f. Erich Schwinge, Köln 1973, S. 183
Heinsheimer, Karl. Die Freiheit der richterlichen Überzeugung und die Aufgabe der Revisionsinstanz, in: Festschr. f. Franz Klein, Wien 1914, S. 133
Heinsheimer, Karl. Urteilsanmerkung, JW 1927, 2464
Henke, Horst Eberhard. Die Tatfrage, Berlin 1966
Henke, Horst Eberhard. Rechtsfrage oder Tatfrage – eine Frage ohne Antwort?, ZZP 81 (1968), 196, 321
Henkel, Heinrich. Strafverfahrensrecht, 2. Aufl., Stuttgart-Berlin-Köln-Mainz 1968
Herrmann, Joachim. Das Versagen des überlieferten Strafprozeßrechts in Monstreverfahren, ZStW 85 (1973), 255
Herrmann, Joachim. Die Reform der deutschen Hauptverhandlung nach dem Vorbild des angloamerikanischen Strafverfahrens, Bonn 1971
v. Hippel, Robert. Der Deutsche Strafprozeß, Marburg 1941
v. Hippel, Robert. Deutsches Strafrecht, Bd. II, Berlin 1930
Horn, Eckhard. Blutalkoholgehalt und Fahruntüchtigkeit, Bad Homburg v.d.H. – Berlin – Zürich 1970

Horn, Eckhard. Konkrete Gefährdungsdelikte, Köln 1973
Horn, Eckhard. Tatschuld-Interlokut und Strafzumessung, ZStW 85, 7
Jagusch, Heinrich. Die Revision in Strafsachen – ausreichende Rechtsgarantie?, NJW 1971, 2009
Jescheck, Hans-Heinrich. Diskussionsbeitrag, zitiert nach: Hünerfeld, Diskussionsbeiträge
Kaiser, Eberhard. Zur Reform der Rechtsmittel im Strafverfahren, ZRP 1972, 275
Keltsch. Über die Zulässigkeit rückwirkender Änderung von Rechtssätzen des Strafverfahrensrechts, Diss. München 1970
Kern, Eduard – Roxin, Claus. Strafverfahrensrecht, 11. Aufl., München 1972 und 12. Aufl., München 1974
Kleinknecht, Theodor. Strafprozeßordnung, 30. Aufl. 1971 und 31. Aufl., München 1974
Klug, Ulrich. Die Verletzung von Denkgesetzen als Revisionsgrund, in: Festschr. f. Philipp Möhring, München u. Berlin 1965, S. 363
Klug, Ulrich. Referat „Beweisverbote im Strafprozeß, in: Verhandlungen des 46. Deutschen Juristentags, Band II Teil F, S. 30, München-Berlin 1967
Kommentar zum Bonner Grundgesetz (Bonner Kommentar)Erst- und Zweitbearbeitung, Hamburg 1950 ff.
Krey, Volker. Diskussionsbeitrag, zit. nach Hünerfeld, Diskussionsbeiträge
v. Kries, August. Die Rechtsmittel des Civilprozesses und des Strafprozesses, Breslau 1880
v. Kries, August. Lehrbuch des Deutschen Strafprozeßrechts, Freiburg i. Br. 1892
Kuchinke, Kurt. Grenzen der Nachprüfbarkeit tatrichterlicher Würdigung und Feststellungen in der Revisionsinstanz, Bielefeld 1964
Liman, Paul. Der Preußische Strafprozeß, Berlin 1859
Löwe-Rosenberg, Werner. (bearb. v. Hanns Dünnebier, Walter Gollwitzer, Max Kohlhaas, Karl Heinz Kunert, Karlheinz Meyer, Werner Sarstedt, Karl Schäfer)
Löwe-Rosenberg, Werner. Die Strafprozeßordnung und das Gerichtsverfassungsgesetz, 22. Aufl., Berlin-New York 1971/73
Löwe-Rosenberg, Werner. Kommentar zur Strafprozeßordnung, 18. Aufl., Berlin-Leipzig 1929
Lorenz, Dieter. Der Rechtsschutz des Bürgers und die Rechtsweggarantie, München 1973
Mannheim, Hermann. Beiträge zur Lehre von der Revision wegen materiellrechtlicher Verstöße im Strafverfahren, Berlin 1925
Mannheim, Hermann. Urteilsanmerkung, JW 1928, 2164
Martin, Ludwig. Zur allgemeinen Einführung eines zweiten Rechtszugs in Staatsschutz-Strafsachen, NJW 1969, 713
Merkel. Vergleichende Darstellung des Verfahrens in erster und zweiter Instanz usw., GS 1854 (Jahrg. VI Bd. II), 377
Mittermaier, C.J.A. Das Deutsche Strafverfahren in der Fortbildung durch Gerichtsgebrauch und Partikulargesetzbücher und in genauer Vergleichung mit dem englischen und französischen Strafprozesse, 2 Bände, 3. Aufl., Heidelberg 1839/40
Mittermaier, C.J.A. Der gegenwärtige Stand der Frage über die Berufung gegen die Urtheile der Staatsrichter in Strafsachen nach der neuesten Gesetzgebungsarbeiten und Erfahrungen in Frankreich, in den Niederlanden, in Frankfurt, Braunschweig und Oldenburg, GS 1857 (Jahrg. IX Bd. II), 3
Mittermaier, C.J.A. Die Frage über Nothwendigkeit und Zweckmäßigkeit der Berufung gegen Urtheile der Staatsrichter nach den Ergebnissen der neuesten Forschungen und Leistungen der Gesetzgebung, GA 1862 (Bd. 10), 297
Mittermaier, C.J.A. Über den gegenwärtigen Standpunkt der Strafgesetzgebung usw., Archiv des Kriminalrechts (N.F.) 1854, 291

Müller, Hermann – Sax, Walter. KMR – Kommentar zur Strafprozeßordnung und zum Gerichtsverfassungs- und Ordnungswidrigkeitengesetz, Band 1 (Strafprozeßordnung), Darmstadt 1966
Neidhard, Hans. Das Rechtsmittel im Strafverfahren nach den Vorstandsbeschlüssen des Deutschen Richterbundes zur großen Justizreform, DRiZ 1967, 106
Niese, Werner. Doppelfunktionelle Prozeßhandlungen, Göttingen 1950
Nüse, Karl-Heinz. Das Gesetz zur Wiederherstellung der Rechtseinheit auf der Gebiet der Gerichtsverfassung, der bürgerlichen Rechtspflege, des Strafverfahrens und des Kostenrechts, JR 1950, 553
Pagendarm, Kurt. Verstöße gegen die Denkgesetze, die Erfahrungssätze und das Ermessen als Revisionsgründe, Marburger Dissertation 1928
Peters, Karl. Beweisverbote im deutschen Strafverfahren, in Verhandlungen für den 46. Deutschen Juristentag, Band I Teil 3 A, S. 91, München-Berlin 1966
Peters, Karl. Der Strafprozeß in der Fortentwicklung, Karlsruhe 1970
Peters, Karl. Die verspätete Absetzung des Strafurteils im Strafverfahren, in: Festschr. f. Hellmuth v. Weber, Bonn 1963, S. 374
Peters, Karl. Strafprozeß, 2. Aufl., Karlsruhe 1966
Peters, Karl. Tat-, Rechts- und Ermessensfragen in der Revisionsinstanz, ZStW 57 (1938), 53
Peters, Karl. Urteilsanmerkung, JR 1973, 165
Petry, Horst. Beweisverbote im Strafprozeß, Darmstadt 1971
Pfeiffer, Gerd – v. Bubnoff, Eckhart. Die Neuordnung des Rechtsmittelsystems in Strafsachen nach dem Referentenentwurf eines Ersten Justizreformgesetzes, DRiZ 1972, 42
v.d. Pfordten, Theodor. Der Denkverstoß als Revisionsgrund, Zeitschr. f. Rechtspflege in Bayern, 1919, 299
Planck, Julius Wilhelm. Systematische Darstellung des deutschen Strafverfahrens auf der Grundlage der neueren Strafprozeßordnungen seit 1848, Göttingen 1857
Pohle, Rudolf. Revision und neues Strafrecht, Leipzig 1930
Referenten-Entwurf eines Gesetzes zur Neugliederung der ordentlichen Gerichtsbarkeit (Erstes Justizreformgesetz), hrsg. vom Bundesministerium der Justiz, 1971
Rödig, Jürgen. Die Theorie des gerichtlichen Erkenntnisverfahrens, Berlin-Heidelberg-New York 1973
Roxin, Claus. Strafprozeßrecht (Prüfe Dein Wissen Nr. 11) 5. Aufl., München 1974
Roxin, Claus. Strafrechtliche Grundlagenprobleme, Berlin-New York 1973
Rudolph. Diskussionsbeitrag, zitiert nach: Hünerfeld, Diskussionsbeiträge
Rudolphi, Hans Joachim. Die Revisibilität von Verfahrensmängeln im Strafprozeß, MDR 1970, 93
Rudolphi, Hans Joachim. Ist die Teilnahme an einer Notstandstat i.S. der §§ 52, 53 Abs. 3 und 54 StGB strafbar?, ZStW 78 (1966), 67
Rudolphi, Hans Joachim. Unrechtsbewußtsein, Verbotsirrtum und Vermeidbarkeit des Verbotsirrtums, Göttingen 1969
Samson, Erich. Hypothetische Kausalverläufe im Strafrecht, Frankfurt a. M. 1972
Sarstedt, Werner. Beweisregeln im Strafprozeß, in: Berliner Festschr. f. Ernst E. Hirsch, Berlin 1968, S. 171
Sarstedt, Werner. Die Revision in Strafsachen, 4. Aufl., Essen 1962
Sarstedt, Werner. Nochmals: Die verspätete Verfahrensrüge, NJW 1968, 925
Sarstedt, Werner. Verspätete Absetzung von Strafurteilen, JZ 1965, 238
Sauer, Wilhelm. Grundlagen des Prozeßrechts, Stuttgart 1919
Schmid, Werner. Der revisionsgerichtliche Augenscheinsbeweis, ZStW 85 (1973), 893

Schmid, Werner. Der Revisionsrichter als Tatrichter, ZStW 85 (1973), 360
Schmidt, Eberhard. Ärztliche Mitwirkung bei Untersuchungen und Eingriffen nach StPO §§ 81 a und 81 c, MDR 1970, 461
Schmidt, Eberhard. Der Strafprozeß, NJW 1969, 1137
Schmidt, Eberhard. Deutsches Strafprozeßrecht, Göttingen 1967, Nachtrag 1968
Schmidt, Eberhard. Die Verletzung der Belehrungspflicht gemäß § 55 II StPO als Revisionsgrund, JZ 1958, 596
Schmidt, Eberhard. Einführung in die Geschichte der deutschen Strafrechtspflege, 3. Aufl., Göttingen 1965
Schmidt, Eberhard. Lehrkommentar zur Strafprozeßordnung und zum Gerichtsverfassungsgesetz, Göttingen, Teil I, 2. Aufl. 1964; Teil II, 1957; Teil III, 1960; Nachträge und Ergänzungen zu Teil II, Nachtragsband I (1967) und Nachtragsband II (1970)
Schmidt, Eberhard. Urteilsanmerkung, JZ 1959, 535
Schöneborn, Christian. Zeugnisverweigerungsrecht bei mehreren Mitbeschuldigten und Rechtskreistheorie, NJW 1974, 535
Schünemann, Bernd. Die Belehrungspflichten der §§ 243 IV, 136 n.F. stopp und der BGH, MDR 1969, 101
Schünemann, Bernd. Urteilsanmerkung, NJW 1974, 1882
v. Schwarze, Friedrich Oskar. Die Stellung des Appellationsrichters im mündlichen Strafverfahren, GS 1861 (Jahrg. XIII), 102
v. Schwarze, Friedrich Oskar. Die zweite Instanz im mündlichen Strafverfahren, GS 1855 (Jahrg. VII, Bd. II), 381
v. Schwarze, Friedrich Oskar. Die zweite Instanz im mündlichen Strafverfahren, CA 1863 (Bd. 11), 11
v. Schwarze, Friedrich Oskar. Die zweite Instanz im mündlichen Strafverfahren, Wien 1862
Schweling, Otto. Der Verteidiger und die Revision, MDR 1967, 441
Schweling, Otto. Die Revisibilität der Erfahrung, ZStW 83 (1971), 435
Schwinge, Erich. Grundlagen des Revisionsrechts, 2. Aufl., Bonn 1960
Schwinge, Erich. Teleologische Begriffsbildung im Strafrecht, Bonn 1930
Siegert, Karl. Berufung und Revision im Strafverfahren, in: Festschr. f. Graf Gleispach, Berlin-Leipzig 1936, S. 145
Stadie, Volkmar. Das neue Bundeszentralregistergesetz, DRiZ 1972, 347
Stein, Friedrich. Das private Wissen des Richters, Tübingen 1892
v. Stemann, C. Darstellung des Preußischen Strafverfahrens, Berlin 1858
v. Stemann, C. Die Appellation in Strafsachen nach Preußischer Gesetzgebung, GS 1853 (Jahrg. V Bd. II), 224
v. Tippelskirch. Beiträge zur künftigen Strafprozeßordnung für Preußen (6. Artikel), GA 1856 (Bd. 4), 603, 754
Tröndle, Herbert. Aus der Arbeit des Strafrechtsausschusses des DRB, DRiZ 1968, 123 Zur Frage der Berufung in Strafsachen – Rückschau und Ausblick, GA 1967, 161
Voitus, C.A. Kommentar zu der Strafprozeßordnung für das Deutsche Reich, Berlin 1877
Voitus, C.A. Über die Unvereinbarkeit der Appellation bezüglich der Thatfrage nach den Vorschriften des Preußischen Strafprozesses mit dem Prinzip der Mündlichkeit, GA 1854 (Bd. 2), 621
Wach, Adolf. Die That- und Rechtsfrage bei der Revision im Civilprozeß, JW 1881, 73
Walther, Friedrich. Die Rechtsmittel im Strafverfahren, 2 Bände, München 1853/55
Warda, Günter. Dogmatische Grundlagen des richterlichen Ermessens im Strafrecht, Köln-Berlin-Bonn-München 1962

Wehli, Albert. Beiträge zur Analyse der Urteilsfindung, in: Festschr. f. Adolf Wach, Band I, Leipzig 1913, S. 405

Wenzel, Gerhard. Das Fehlen der Beweisgründe im Strafprozeß als Revisionsgrund, NJW 1966, 577

Wiest, W. Die Notwendigkeit und die Bedingungen der Mündlichkeit im Strafverfahren, Schaffhausen 1844

Zachariae, Heinrich Albert. Die Gebrechen und die Reform des deutschen Strafverfahrens, Göttingen 1846

Zachariae, Heinrich Albert. Handbuch des deutschen Strafprozesses, 2 Bände, Göttingen 1861/1868

Zipf, Heinz. Die Strafmaßrevision, München 1969

Zipf, Heinz. Diskussionsbeitrag, zitiert nach Hünerfeld, Diskussionsbeiträge

ZWEITER TEIL Zum Verhältnis von Rechts- und Tatfrage im Prozessrecht

Es versteht sich, dass ich im vorgegebenen Rahmen diesen rechtsdogmatischen Riesenknoten, „dessen Lösung allen Menschenwitz übersteigen“ soll *(Graf zu Dohna)*[1], nicht im Einzelnen auflösen, sondern nur gleichsam alexandrinisch angehen kann: Ich skizziere zunächst den sich aus dem oben[2] entwickelten Subsumtionsmodell ergebenden Lösungsvorschlag, setze mich dann mit kritischen Einwänden auseinander und werde abschließend meinerseits die aus logischen und sprachanalytischen Überlegungen erwachsenen, anderweitigen Lösungsvorschläge kritisieren, während ich die umfangreiche Dogmengeschichte hier vollständig beiseitelassen muss[3].

I. Der Grundsatz: Subsumtion unter Rechtsbegriffe oder unter Alltagsbegriffe

1. Es ist vorauszuschicken, dass die Grenzlinie zwischen Tatfrage und Rechtsfrage nicht notwendig mit der Grenzlinie zwischen der Domäne des Tatrichters und dem revisiblen Bereich zusammenzufallen braucht, da der Gesetzgeber bzw. an seiner Stelle die höchstrichterliche Rechtsprechung bei der Schaffung bzw. Interpretation des *Revisionsrechts* durchaus Teile der Rechtsfrage (etwa die Strafzumessung) für irrevisibel oder Teile der Tatfrage (etwa offenkundige Tatsachen) für revisibel erklären können. Die positivrechtliche Relevanz der Abgrenzung von Tat- und Rechtsfrage ist deshalb immer in einem weiteren Prüfungsschritt zu untersuchen, ohne dass dadurch die prinzipielle Bedeutung der Abgrenzungsfrage in einem auf der Unterscheidung von Berufung und Revision basierenden Rechtsmittelsystem in Zweifel gezogen werden müsste. Außerdem ist dieselbe Frage, worauf insbesondere *Kuhlen* mit Recht hingewiesen hat[4], auch für das *Beweisantragsrecht* unbeschadet dessen von fundamentaler Bedeutung, dass es voreilig wäre, in beiden Bereichen von einer identischen Problemlage und –lösung auszugehen.

---

1 Das Strafprozessrecht, 3. Aufl. 1929, S. 199

2 Im ERSTEN TEIL, § 3 II (oben S. 49 ff.), ferner auch in Band 1 meiner Gesammelten Werke, S. 283 ff.

3 Ich kann hier also nur das Grundkonzept aufgreifen, das ich oben im ERSTEN TEIL, § 3 (S. 45 ff.), entwickelt und in JA 1982, 71, 74 f. wohl allzu knapp und deshalb etwas missverständlich zusammengefasst habe, während ich die dort auch zu findende Auseinandersetzung mit der straf- und zivilprozessrechtsdogmatischen Literatur weglassen muss. Mein Konzept hat bei *Roxin*, Strafverfahrensrecht (jetzt: 22. Aufl. 1991, S. 368 ff.), Zustimmung gefunden, dessen Darstellung dann auch ebenfalls Gegenstand der nachfolgend zu erörternden Kritik geworden ist.

4 S. *Kuhlen*, in: Burgmann/Vögen/Schminck (Hrsg.), CUPIDO LEGUM, 1985, S. 99, 101.

https://doi.org/10.1515/9783110650563-003

2. Die Unterscheidung und Abgrenzung von Rechts- und Tatfrage ist also unabhängig vom positiven Recht nach *rechtstheoretischen* Maßstäben zu treffen und ergibt sich infolgedessen aus dem zuvor[5] skizzierten Modell des Justizsyllogismus durch eine Identifizierung der *Rechtsfrage* mit allen im *Obersatz* auftretenden und zu lösenden Fragen sowie der *Tatfrage* mit denjenigen des *Untersatzes*. Weiterhin folgt es aus der üblichen Struktur einer Rechtsnorm mit nicht nur einem einzigen, sondern mehreren Tatbestandsmerkmalen und erst recht aus der Vorbereitung der Subsumtion durch Entnormativierung, d.h. durch Auflösung jedes Tatbestandsmerkmals in Definitionsmerkmale mit insgesamt größerem umgangssprachlichen Bedeutungskern, dass sich die Gesamt-Rechtsfrage, ob die Rechtsfolge zu Recht ausgesprochen worden ist, in eine Vielzahl konkreter Rechtsfragen auflöst, die die jeweils einzelnen Merkmale des durch Definition und Subdefinition aus dem Gesetzestatbestand entwickelten Obersatzes betreffen. Die Richtigkeit der Subsumtion des Untersatzes unter den Obersatz bildet also den konkretesten Gegenstand der Rechtsfrage, die infolgedessen falsch beantwortet worden ist, wenn ein Sachverhalt irrig in den Bedeutungskern der Obersatz-Merkmale eingeordnet worden ist, während eine falsche Beantwortung der Tatfrage vorliegt, wenn dem Sachverhalt zu Unrecht Eigenschaften zugeschrieben worden sind, die ihn in den Bedeutungskern des Obersatzes fallen lassen würden. Wenn man einmal das Nierenbeispiel aus GesWerke Bd. 1, S. 293, 300 dahin abwandelt, dass das Opfer eine Nebenniere verloren hat, die (das sei unterstellt) vom Tatrichter zu Unrecht für selbständig transplantierbar und für gemeinsam mit ihrem Pendant auf der anderen Seite für ein selbst kurzfristiges Überleben für unverzichtbar gehalten wird, so ist die *Tatfrage* falsch beantwortet worden, was man auch durch die „Gegenprobe" beweisen kann, dass ein Antrag des Angeklagten auf Beweiserhebung über die völlige Folgenlosigkeit des Verlustes selbst beider Nebennieren zulässig gewesen wäre. Umgekehrt läge dann, wenn der Tatrichter für den Fall eines Verlustes der Nebennieren eine bloße erhebliche Reduzierung der weiteren Lebenserwartung festgestellt und diesen Sachverhalt unter den hier gebildeten Obersatz subsumiert hätte, ein *Rechtsfehler* vor, weil die Reduzierung der Lebenserwartung nicht mehr in den Bedeutungskern unseres Obersatzes fällt. Das Abgrenzungsprinzip kann deshalb m.E. dahin formuliert werden, dass es bei der Subsumtion unter *Rechtsbegriffe* um eine Rechtsfrage, bei der Subsumtion unter *Alltagsbegriffe* dagegen um eine Tatfrage geht, wobei zur Abgrenzung von älteren ähnlich lautenden, in der Sache aber unterschiedlichen Konzepten[6] klarzustellen ist, dass die Unterscheidung von

---

5 s.o.S. 49 ff. sowie Band 1 S. 283, 295 ff.

6 Vgl. etwa *Henke*, Die Tatfrage, 1966, S. 154; *Kuchinke*, Grenzen der Nachprüfbarkeit tatrichterlicher Würdigung und Feststellungen in der Revisionsinstanz, 1964, S. 68f.

Rechtsbegriffen und Alltagsbegriffen weder von der Herkunft des benutzten Terminus abhängig gemacht noch überhaupt statisch durchgeführt werden kann, weil es jeweils vom ganz konkreten Subsumtionsproblem abhängt, ob der betreffende Begriff im Obersatz und damit als Rechtsbegriff oder im Untersatz und damit als Alltagsbegriff verwendet wird.

3. Dieses Abgrenzungskonzept ist nach meiner Meinung universell durchführbar. Denn in jenen von mir früher als Ausnahme qualifizierten Konstellationen von nicht durch sprachliche Vermittlung, sondern durch *direkte* Anschauung (d. h. durch Augenscheinseinnahme) wahrgenommenen *Gesamtsituationen*, die sich ob ihrer Komplexität einer erschöpfenden sprachlichen Fixierung entziehen[7], kann der vom Richter sprachlich nicht mittelbare Bereich per se nur der Tatfrage zugeschlagen werden, weil es zwar eine nicht durch Begriffe vermittelte sinnliche Anschauung, aber kein ohne Begriffe arbeitendes Recht gibt; hierbei bleibt es dann aber immer eine Frage der materiellrechtlichen Prüfung, ob das Gesetz nicht besser so auszulegen ist, dass der Tatbestand etwa einer Beleidigung oder einer pornographischen Darstellung nur bei vollständiger sprachlicher Mittelbarkeit des Befundes erfüllt ist, die prekäre Kategorie also materiellrechtlich zu eliminieren wäre.

II. Kritik und Antikritik

1. Zu diesem (bisher freilich nur umrissweise bekanntgemachten) Konzept haben sich inzwischen *Hamm, Volk, Kuhlen* und *Neumann* kritisch geäußert.

a) *Hamm* hat sich gegen die Unterscheidung von Rechtssprache und Alltagssprache gewendet, weil er diese ersichtlich im Sinne einer statischen Trennung von fachjuristischen und umgangssprachlichen Termini missverstanden hat[8], was sich unschwer durch die bisherigen lakonischen Darstellungen meines Konzepts erklären lässt. Aus dem gleichen Grunde geht übrigens auch die zuletzt wieder von *Nierwetberg* artikulierte Kritik an der älteren Unterscheidung zwischen der Subsumtion unter rechtliche bzw. unter natürliche Begriffe[9] an der hier entwickelten „dynamischen" Abgrenzungsformel vorbei.

b) *Volk* hat darauf aufmerksam gemacht, dass es bei der Trennung von Tat- und Rechtsfrage um die Klassifikation von „grenzüberschreitenden" Sätzen gehe, die zwischen der Rechts- und der Umgangssprache vermittelten und deshalb Ele-

---

7 Vgl. dazu *Roxin*, a.a.O. (Fn. 3), S. 370, *Schünemann*, JA 1982, 73; oben S. 71 ff.

8 In: *Sarstedt/Hamm*, Die Revision in Strafsachen, 5. Aufl. 1983, S. 256 f.

9 JZ 1983, 237, 239 f.

mente aus beiden Sprachebenen enthielten, weshalb Überlegungen, die an der Unterscheidung von Rechtsbegriffen und Alltagsbegriffen anknüpfen, nicht zum Ziele führen könnten[10]. Aber dieses Hindernis vermag ich deshalb nicht zu erkennen, weil ja – wie dargelegt – beim Subsumtionsschluss im Bedeutungskern des umgangssprachlichen Terminus eine Identität besteht und die Grenzüberschreitung ermöglicht. Wir haben also bei der *Subsumtion* gewissermaßen den *umgekehrten* Fall vor uns wie bei dem *Analogieverbot*, bei dem der Auslegung des vom Gesetz benutzten, der Umgangssprache entlehnten Terminus eine absolute Grenze in Gestalt des Bedeutungshofes gezogen wird, die der durch diesen Terminus bezeichnete umgangssprachliche Begriff erkennen lässt[11].

c) *Kuhlen* und *Neumann* stimmen in ihrem Ausgangspunkt vollständig mit meinem Konzept überein, dass sich Rechtsbegriffe und Alltagsbegriffe nicht statisch, sondern nur nach dem jeweiligen Verwendungszusammenhang unterscheiden lassen[12]. Soweit sie auf dieser Basis eine andere Abgrenzung (nach Regeln bzw. singulären Sätzen) favorisieren, läuft meine Antikritik direkt auf die Kritik ihrer eigenen Auffassungen hinaus, der ich mich nunmehr zuwenden möchte.

2. a) Den Ausgangspunkt dieser modernen rechtstheoretischen Ansätze, die Abgrenzung zwischen Rechts- und Tatfrage auf logischem und sprachanalytischem Wege durch die Unterscheidung zwischen *Regeln* und *singulären Sätzen* zu finden, bietet die Untersuchung von *Rüßmann* aus dem Jahre 1976[13]. *Rüßmann* geht zunächst davon aus, dass es nicht um die Trennbarkeit von Begriffssystemen, sondern um die Auszeichnung jener Sätze gehe, die der Prüfungskompetenz der Revisionsgerichte unterfallen (S. 250), was freilich in der Sache keinen großen Unterschied macht, weil es etwa bei den die im Rechtssatz verwendeten Begriffe interpretierenden semantischen Regeln (S. 253) jeweils um die Richtigkeit der für einzelne Begriffe vorgeschlagenen Verwendungsregeln geht. Das Gleiche gilt für *Rüßmanns* nächstes Ergebnis, dass die Rechtssätze und die Sätze über deren Sprache der Rechtsfragenkompetenz des Revisionsgerichts unterfielen (S. 261), denn diese Aussage ist bisher von niemandem im Zweifel gezogen worden und lässt gerade den entscheidenden Gesichtspunkt offen, *wann* die „semantische Basisregel“ erreicht ist. Diese Frage, die ich oben[14] präzise beantwortet habe, lässt *Rüßmann* letztlich überhaupt unbeantwortet, weil er zusätzlich eine allgemeine Regel der *„informativen Sachverhaltsbeschreibung“* postuliert, der zufolge die

---

10 FS f. Bockelmann, 1979, S. 75, 83f.

11 Vgl. dazu *Schünemann*, nulla poena sine lege?, 1979, S. 17ff.

12 *Kuhlen*, a.a.O. (Fn. 4), S. 104; *Neumann*, GA 1988, 387, 392f.

13 In: *Koch* (Hrsg.), Juristische Methodenlehre und analytische Philosophie, 1976, S. 242ff. Die Seitenzahlen im nachfolgenden Text beziehen sich auf diese Abhandlung.

14 S. 64 oben.

Sachverhaltsbeschreibung des Tatrichters sprachlich so zu gestalten sei, „dass man weiß, was geschehen ist" – eine Formel, deren Unbestimmtheit von den Revisionsgerichten offenbar nach ihrem Ermessen auszufüllen sein soll, „um einer eventuellen Aushöhlung der rechtlichen Überprüfungskompetenz vorzubeugen" (S. 258, 261, 270 u. ö.). Diese „Zusatzregel" soll eine „akzeptable Kompetenzverteilung zwischen Revisionsgericht und Instanzgerichten zu erreichen suchen" und anscheinend – ohne dass das bei *Rüßmann* ganz deutlich wird – die Rechtsfrage betreffen (S. 260 f.). Allerdings soll auch damit das letzte Wort in der Kompetenzabgrenzung noch nicht gesprochen sein, denn richtigerweise sollten die Revisionsgerichte die Entscheidung des Tatrichters auch im Rahmen der *Tatfrage* auf die Einhaltung der empirischen Gesetzmäßigkeiten hin überprüfen, d. h. der „allgemeinen Sätze, mit deren Hilfe von singulären empirischen Sätzen über unmittelbar Beobachtetes auf singuläre empirische Sätze über nicht unmittelbar Beobachtetes geschlossen wird" (S. 269 f.).

b) Weil diese letzte These nicht die rechtstheoretische Abgrenzung, sondern das positive Recht betrifft, soll sie hier nicht weiter verfolgt werden. Im Zentrum von *Rüßmanns* Konzept steht deshalb die postulierte *„Informationsregel"*, derzufolge das Revisionsgericht ohne von *Rüßmann* zusätzlich genannte inhaltliche Kriterien nach seinem Ermessen entscheiden können soll, ob ihm die Sachverhaltsschilderung durch den Tatrichter informativ genug ist oder nicht. Als Ergebnis einer mit großem logischen und sprachanalytischen Scharfsinn betriebenen Untersuchung zur Abgrenzung von Tat- und Rechtsfrage wirkt das ausgesprochen mager, denn es läuft ja im Klartext darauf hinaus, dass die Grenzlinie dort verläuft, wo sie vom Revisionsgericht im Einzelfall hinverlegt wird. Einen besonderen Fortschritt vermag ich darin deshalb nicht zu erkennen, und zwar selbst dann nicht, wenn die von *Rüßmann* aufgestellte und von *Kuhlen* unterstützte Behauptung zutreffen würde, dass die Vagheit dieser Regel aus pragmatischen und prinzipiellen Gründen nicht zu beseitigen wäre und die Trennung von Rechts- und Tatfrage deshalb notwendig „von einer in concreto jeweils erforderlichen, nicht weiter begründbaren Unterstellung abhängen" müsse[15]. Denn wenn die Regel von einer nicht weiter begründbaren Unterstellung des Revisionsgerichts abhängt, handelt es sich in Wahrheit gar nicht um eine inhaltlich fassbare Verhaltensregel, sondern um eine bloße Kompetenzzuweisung.

3. a) *Kuhlen* hat sich *Rüßmanns* Abgrenzungsmodell prinzipiell angeschlossen, es aber für den wichtigen Bereich der von ihm sog. *Prima-facie-Regeln* fortentwickelt: Überall dort, wo sich die beurteilungsrelevanten Informationen wegen ihrer Vielzahl und/oder Komplexität nicht vollständig in einer strikten

15 *Rüßmann*, a.a.O. (Fn. 13), S. 258; *Kuhlen*, a.a.O. (Fn. 4), S. 103 ff.

allgemeinen Regel wiedergeben lassen – und das gelte nicht nur für den von mir angeführten Augenscheinsbeweis –, sei es in Übereinstimmung mit der Praxis der Revisionsgerichte angebracht, die Informationsregel zurückhaltend zu handhaben und dementsprechend die Schilderung eines prima facie der Norm unterfallenden Sachverhalts in Verbindung mit der Klausel genügen zu lassen, besondere Umstände seien im Einzelfall nicht gegeben[16].

b) Ich halte diese ganze Konstruktion vom theoretischen Ausgangspunkt bis zum praktischen Ergebnis für suspekt und möchte auch die Vermutung aussprechen, dass sie in *Kuhlens* eigenem rechtstheoretischen Gesamtkonzept durch seine von mir in Band 1[17] erörterte Arbeit zu „Regel und Fall in der juristischen Methodenlehre" überholt ist. Denn was *Kuhlen* als Prima-facie-Regel qualifiziert, ist, wie das von ihm ausführlich erörterte Beispiel des Beschimpfens von Bekenntnissen (§ 166 StGB) belegt, offenbar eine auf einem *Typusbegriff* aufbauende Rechtsnorm, die durch die Herausarbeitung von dessen verschiedenen Dimensionen und Ausprägungen wenigstens partiell subsumtionsfähig gemacht werden muss und deren Anwendung nicht etwa einer „tatsächlichen Würdigung" überlassen bleiben kann, die ja – bei per definitionem fehlenden rechtlichen Maßstäben – nicht anders als nach dem Belieben des Richters und damit willkürlich vorgenommen werden könnte.

Prima-facie-Regeln im Sinne *Kuhlens* sind deshalb im Rahmen der Abgrenzung von Rechts- und Tatfrage *nicht* anzuerkennen. Stattdessen kann gerade an der von *Kuhlen* analysierten Entscheidung RGSt 67, 373ff. gut demonstriert werden, dass die Abgrenzung zwischen Rechts- und Tatfrage *nicht* von einer vom Ermessen des Revisionsgerichts abhängenden Informationsregel, sondern von der *„extensionalen Sättigung"* der im Obersatz verwendeten Merkmale und damit von einer hinreichend weit getriebenen, den Subsumtionsschluss ermöglichenden *Entnormativierung* abhängt. Wenn der Tatrichter die Äußerung des Angeklagten feststellt, er sei das erste Mal durch die Taufe vorbestraft, so kann das Revisionsgericht ohne weiteres prüfen, ob eine solche Äußerung unabhängig von den vom Tatrichter etwa offengelassenen Umständen der Äußerung in den Begriffskern des Merkmals „Beschimpfung" bzw. seiner Definitionen und Subdefinitionen im Obersatz fällt; wenn das aber nicht der Fall ist, weil es hierfür auf die Äußerungsumstände ankommt und diese im Urteil nicht festgestellt worden sind, so hat das Landgericht den (lückenhaften) Sachverhalt zu Unrecht unter den Rechtsbegriff der Beschimpfung subsumiert und folglich die Rechtsfrage falsch beantwortet.

---

16 A.a.O. (Fn. 4), S. 123ff., 129–133.

17 *Schünemann*, Rechtsfindung im Rechtsstaat und Rechtsdogmatik als ihr Fundament, 2020, S. 292ff.

4. Während somit weder *Rüßmanns* noch *Kuhlens* Konzeption zu einer im Einzelfall klar ersichtlichen *theoretischen* Abgrenzung von Rechts- und Tatfrage geführt haben, hat die Fortführung von *Rüßmanns* Ansatz durch *Neumann* für die *praktische* Frage des revisiblen Bereichs Fortschritte vorzuweisen, nämlich in Gestalt eines ausgesprochen trennscharfen Kriteriums: Ein Begriff soll als Rechtsbegriff zu verstehen sein, „wenn über seine Anwendung auf den konkreten Sachverhalt nicht ohne die Formulierung einer *Regel* entschieden werden kann, die diesen Begriff expliziert"[18]. Der damit von *Neumann* angezielte Revisibilitätsbereich scheint sich im Ergebnis weitgehend mit demjenigen *Rüßmanns* zu decken, da sich *Rüßmann* ausdrücklich dafür ausgesprochen hat, dass im Bereich der Tatfrage nur singuläre empirische Sätze, nicht aber „Erfahrungssätze" im Sinne von empirischen Gesetzmäßigkeiten irrevisibel sein sollten[19]. Im Unterschied zu *Rüßmann* will *Neumann* diesen Bereich aber offenbar auch rechtstheoretisch und deshalb m.E. zweifelhafterweise der Rechtsfrage zuschlagen, da er hierfür alle Sätze von spezifischer Allgemeinheit ausreichen lässt[20], also etwa auch solche über die Lebensnotwendigkeit der Funktion von Nebennieren[21]. Auch *Neumanns* sehr differenzierte Überlegungen zum revisionsgerichtlichen *Augenscheinsbeweis*[22] lassen erkennen, dass er die Probleme der Abgrenzung von Rechts- und Tatfrage letztlich durch eine *partielle Einbeziehung der Tatfrage* in die Kognitionsbefugnis des Revisionsgerichts bewältigen will. Zwar knüpft er die Revisibilität beispielsweise der Bejahung des pornographischen Charakters einer Darstellung durch den Tatrichter an die Voraussetzung, dass dieser hierbei die Regeln verkannt hat, nach denen sich dieser Charakter bestimmt[23] – worin ich (im Ergebnis ebenso wie *Neumann*, in der Begründung aber anders) eine direkte Verletzung der Rechtsnorm des § 184 StGB sehen würde, weil die „Regeln" zur Feststellung von Pornographie im Sinne dieser Vorschrift nach rechtlichen Maßstäben und nicht nach irgendwelchen kulturellen Mustern zu bestimmen sind, falls diese nicht – was im Rahmen der Interpretation zu begründen wäre – vom Gesetz rezipiert worden sind. Die Feststellung dieser Regelverletzung will *Neumann* aber durch die Zulassung des revisionsgerichtlichen Augenscheinsbeweises ermöglichen[24], was als Fortbildung des Revisionsrechts diskutabel erscheint, unter rechts*theoretischen* Aspekten aber jedenfalls einen *Übergriff auf die Tatfrage* bedeutet, an des-

18 GA 1988, 393.
19 A.a.O. (Fn. 13), S. 267 ff.
20 GA 1988, 394.
21 Vgl. dazu die Beispiele bei *Popper*, Logik der Forschung, 8. Aufl. 1984, S. 34.
22 GA 1988, 395 ff.
23 GA 1988, 402.
24 GA 1988, 400.

sen Stelle ich an meinem früheren Vorschlag festhalten möchte, dass nur durch Augenschein und nicht durch sprachliche Schilderung vermittelbare Feinheiten nicht zur Basis eines Straftatbestandes genommen werden dürfen[25].

5. Alles in allem scheint mir deshalb die Abgrenzung von Rechts- und Tatfrage besser und präziser durch mein „*Entnormativierungsmodell*" als durch das von *Rüßmann, Kuhlen* und *Neumann* favorisierte „*Regel*modell" geleistet zu werden, wobei man aber nicht übersehen sollte, dass der rechtstheoretische Ausgangspunkt, nämlich die *Relativität der Unterscheidung von Rechtsbegriffen und Alltagsbegriffen,* bei beiden Modellen *übereinstimmt.*

25 Oben S. 71ff., aufgegriffen in JA 1982, 75.

DRITTER TEIL Die Belehrungspflichten der §§ 243 IV, 136 n.F. StPO und der BGH

I. Problemstellung

Das zur Zeit wohl umstrittenste und meistdiskutierte Problem des Strafprozeßrechts ist die Frage, ob die Aussage eines Beschuldigten, der vorher entgegen den §§ 136, 243 Abs. 4 StPO[1] über sein „Aussageverweigerungsrecht" nicht belehrt wurde, gleichwohl zu seinem Nachteil verwertet werden darf. Während in nahezu allen Einzelpublikationen der letzten Zeit die Ansicht vertreten wurde, infolge der ausdrücklichen Statuierung einer Belehrungspflicht im StPÄG von 1964 sei die ohne Belehrung abgegebene Aussage des Beschuldigten grundsätzlich unverwertbar[2], stehen die meisten Oberlandesgerichte und die auf Gesetzesänderungen naturgemäß bedächtiger reagierende Kommentarliteratur auf dem Standpunkt, die Strafprozeßnovelle habe nichts an dem früheren Rechtszustand geändert, ein Verstoß gegen die §§ 136, 243 IV sei vielmehr rechtlich belanglos[3]. Zu diesem dem Geiste der sog. Kleinen Strafprozeßreform wenig entsprechenden Ergebnis hat sich nunmehr schrittweise auch der BGH bekannt; seine vier einschlägigen Entscheidungen[4] werden jedoch der neuen Rechtslage nicht vollständig gerecht und geben bei einer kritischen Prüfung zu mancherlei Bedenken Anlaß.

II. Kritik der BGH-Rechtsprechung

Daß ein Verstoß gegen die Belehrungspflicht der §§ 136, 243 IV grundsätzlich kein Verwertungsverbot nach sich zieht, hat der BGH erst in seinem neuesten Urteil[5] dezidiert entschieden (wozu allerdings im konkreten Fall kein Anlaß bestand, da die vorsichtigeren Formulierungen der früheren Entscheidungen, s. u. III. u. IV., das Urteil vollständig getragen hätten). Da der BGH von einer unzutreffenden Gesetzessystemaik der Verwertungsverbote ausgeht (s. 1.), glaubt er zu Unrecht, sich auf eine historische Auslegung berufen zu können (s. 2.); die von ihm offengelassene unmittelbare Anwendung des § 136a wäre inkonsequent (s. 3.).

1. a) In Übereinstimmung mit einer verbreiteten Meinung[6] begründet der BGH die Verwertbarkeit einer entgegen § 136 erlangten Aussage durch ein argumen-

1 I. F. sind alle §§ ohne Gesetzesangabe solche der StPO.

2 Dahs, NJW 65, 1266; Jerusalem, NJW 66, 1279; Schmidt-Leichner, NJW 66, 1718; Grünwald, JZ 66, 495; Stree, JZ 66, 593; Kunert, MDR 67, 539; Meyer, JR 66, 310; neuerdings eingehend Eb., Schmidt, NJW 68, 1209 ff.; zur Begründung wird teils direkt § 136, teils direkt oder analog § 136a angewendet.

3 Zahlr. Nachw. in BGH NJW 68, 1938.

4 BGH NJW 66, 1718 und 1719; BGHSt 22, 129 =MDR 68, 682 = NJW 68, 1388; NJW 68, 1838.

5 BGH NJW 68, 1838 = BGHSt 22, 170.

6 Sarstedt in Löwe/Rosenberg, StPO, Erg.-Bd, § 136, 9; OLG Hamburg NJW 66, 1278.

https://doi.org/10.1515/9783110650563-004

tum e contrario zu § 136a III 2, doch stellt dies einen Trugschluß dar. Bei genauer Betrachtung regelt § 136a III ausdrücklich nur die Frage, ob eine unter Verstoß gegen § 136a I, II zustande gekommene Aussage wenigstens bei vorheriger Einwilligung (S. 1) oder mit nachträglicher Zustimmung (S. 2) des Beschuldigten verwertet werden dürfe, und verneint sie; die Unzulässigkeit der Verwertung ohne dessen Zustimmung wird dagegen als selbstverständlich vorausgesetzt. Daraus folgt e contrario: Bei § 136 ist die Verwertung einer ohne Belehrung erfolgten Aussage des Beschuldigten mit seiner Zustimmung gestattet; hinsichtlich der Verwertbarkeit ohne seine Zustimmung ergibt das arg. e contrario dagegen *nichts* (wollte man es überstrapazieren, so spräche es *für* ein Verwertungsverbot; die Ansicht des BGH könnte darauf aber niemals gestützt werden).

b) Dieses non liquet bei Heranziehung des § 136a nimmt indessen nicht weiter wunder, denn sedes materiae für die Verwertungsverbote ist nicht § 136a III, sondern, wie in der anfänglichen Rechtsprechung des BGH zum Revisionsrügerecht[7] auch noch erkennbar, § 337 in Verbindung mit der jeweils verletzten Gesetzesnorm[8]. Aus den §§ 337, 344 II geht klar hervor, daß ein unter Verstoß gegen Prozeßnormen gewonnenes Beweismittel bei der Urteilsfindung grundsätzlich nicht verwertet werden darf, denn andernfalls würde das Urteil auf dieser Gesetzesverletzung beruhen und in der Revisionsinstanz aufzuheben sein. Dies gilt nicht nur für erstmalige Verstöße in der Hauptverhandlung, sondern auch für solche Verstöße im Vorverfahren, die in der darauf aufbauenden Hauptverhandlung *perpetuiert* werden (z. B. die Anordnung einer gegen § 81a I verstoßenden Blutentnahme im Vorverfahren, deren Ergebnis in die Hauptverhandlung eingeführt wird[9]; anders freilich, wenn der Verstoß vor oder in der Hauptverhandlung geheilt wird, s. etwa u. V.). Daraus folgt: Ein Verwertungsverbot braucht nicht ausdrücklich bei jeder einzelnen Gesetzesvorschrift für den Fall ihrer Verletzung statuiert zu werden, sondern besteht (zufolge des in § 337 anerkannten Anspruchs des Beschuldigten auf ein justizförmiges Verfahren[10]) grundsätzlich bei allen auf das Urteil wirkenden Gesetzesverstößen und kann nur ausnahmsweise entfallen, wenn sich dies aus dem begrenzten Schutzzweck der verletzten Norm ergibt. Eine solche Schutzzweckbegrenzung ist denkbar: 1. bei bloßen Sollvorschriften (z. B. § 243 IV 3); 2. bei Normen, die nicht den Rechtskreis (auch nicht den Justizgewäh-

---

7 Vgl. BGHSt -GrS- 11, 213.

8 Der Kritik an dieser systematischen Einordnung ist nur insoweit zu folgen, als § 337 zwar nicht ratio essendi, wohl aber (als Ausdruck einer Wertentscheidung des. Gesetzgebers) ratio cognoscendi der Verwertungsverbote ist, wenngleich auch nur in Verbindung mit der jeweils verletzten Vorschrift.

9 Im konkreten Fall ist das freilich str., s. Eb. Schmidt, Nachtrag I, § 81a, 3.

10 S. Eb. Schmidt, JZ 58, 596.

rungsanspruch) des Beschuldigten schützen[11], wie etwa § 81d; 3. wenn sich der Schutzzweck der Norm nach ihrer Verletzung erschöpft hat, etwa bei der Hinzuziehung eines Arztes nach § 81a[12].

2. Da somit bei solchen Gesetzesverstößen, die die spätere Urteilsgrundlage berühren, das Verwertungsverbot die Regel und die Verwertbarkeit die Ausnahme darstellt, kann dem BGH *nicht* darin gefolgt werden, daß der Gesetzgeber des StPÄG bei der Neufassung der §§ 136, 243 IV das Verwertungsverbot ausdrücklich ins Gesetz hätte aufnehmen müssen, so daß die Ausführungen des BGH zur Entstehungsgeschichte keine Überzeugungskraft besitzen. Entscheidend ist, daß der historische Gesetzgeber durch die Neufassung der §§ 136, 243 IV die Aussagefreiheit des Beschuldigten prozeßrechtlich garantieren und die. Strafverfolgungsbehörden zu ihrer Beachtung besonders verpflichten wollte[13]. Diese Vorschriften schützen daher den Rechtskreis des Beschuldigten, sie dienen seiner Entscheidungsfreiheit und Personenwürde und können somit heute – zumal wegen ihrer strikten Fassung – keinesfalls mehr als imperfekte Ordnungsvorschriften disqualifiziert werden. Da sich ihr Schutzzweck durch ihre bloße Verletzung nicht verbraucht, der Verfahrensfehler vielmehr durch die Nichtverwertbarkeit der Aussage geheilt werden kann, liegt keiner der drei Ausnahmefälle vor. Das Verwertungsverbot bei den §§ 136, 243 IV ergibt sich daher aus allgemeinen Grundsätzen des Strafprozeßrechts, eine spezielle Normierung wäre nicht nur überflüssig, sondern sogar schädlich gewesen (denn die Rechtsprechung wäre dadurch in die Gefahr geraten, für andere Fälle daraus ein arg. e contrario zu entnehmen).

3. Historische, teleologische und logisch-systematische Auslegung führen damit übereinstimmend zu dem Ergebnis, daß die §§ 136, 243 IV mit einem Verwertungsverbot bewehrt sind. Die vom BGH offengelassene Möglichkeit, zu diesem Ergebnis mit Hilfe des § 136a III, 2 zu kommen[14], überzeugt dagegen weder in der Begründung noch in den Konsequenzen. Ein Verstoß gegen § 136 setzt nur die Nichtaufklärung, ein Verstoß gegen § 136a dagegen die Herbeiführung eines Irrtums voraus, und wenn man beides unter Ableitung einer Aufklärungspflicht aus § 136 gleichsetzen wollte, bliebe doch der Einwand, daß die erwünschte Rechtsfolge (Verwertungsverbot) nicht in § 136a geregelt ist (s. o. II. 1. a), sedes materiae ist § 337 in Verbindung mit den jeweils verletzten Normen), während die in § 136a

---

11 Die sog. Rechtskreistheorie; entgegen BGHSt 11, 213 schützt aber auch § 55 den Rechtskreis des Beschuldigten, s. Müller/Sax, KMR, § 337, 1e sowie – gänzlich ablehnend – Eb. Schmidt, JZ 58, 596.

12 Vgl. Peters, Gutachten f. d. 46. DJT, Band I, Teil 3 A, S. 100/3.

13 Zur Entstehungsgeschichte s. i. e. Eb. Schmidt, NJW 68, 1209 ff.

14 So auch Schmidt-Leichner, NJW 66, 1720; Kunert, MDR 67, 542; OLG Bremen NJW 67, 2022.

III geregelte Rechtsfolge (Nichtverwertbarkeit trotz Einwilligung oder Zustimmung des Beschuldigten) in diesem Zusammenhang wohl kaum erwünscht ist.

III. Kein Verwertungsverbot bei (nachzuweisender Kenntnis) der Aussagefreiheit

Durch die Ableitung des Verwertungsverbots bei den §§ 136, 243 IV aus dem allgemeinen Grundsatz, daß kein Urteil auf einer Gesetzesverletzung beruhen darf, ist zugleich geklärt, daß das Verwertungsverbot dann nicht eingreift, wenn der Beschuldigte über seine Aussagefreiheit anderweitig unterrichtet war (denn dann beruht seine Aussage nicht auf der Nichtbelehrung, sondern auf seinem freien Willen) oder dieselbe Aussage auch in Kenntnis seines Schweigerechts gemacht hätte. Insoweit ist dem BGH in NJW 1966, 1719 daher zuzustimmen und die unter II. besprochene Entscheidung möglicherweise im Ergebnis richtig. Nicht zu folgen ist dem BGH aber insoweit, als er in NJW 1966, 1719 die Kenntnis des Beschuldigten aus bloßen Vermutungen herleitet (etwa weil der Beschuldigte einen Verteidiger hatte). Die Kenntnis des Beschuldigten muß im Wege des Freibeweises festgestellt werden, und wenn dies wegen der dabei auftretenden Schwierigkeiten nicht gelingt[15], darf sie keinesfalls einfach unterstellt werden.

IV. Anforderung an die Belehrung

Aus den bisherigen Erörterungen folgt zwingend, daß die im alten Recht vorgesehene Eröffnung des Verhörs („Wollen Sie etwas auf die Beschuldigung erwidern?“) entgegen BGH in NJW 1966, 1718 der neuen Gesetzeslage nicht genügt. Da der Beschuldigte diese Frage häufig dahin verstehen wird, ob er gegen die Anklage überhaupt etwas vorbringen könne, wird er damit über seine Aussagefreiheit nicht hinreichend aufgeklärt. Seine daraufhin abgegebene Aussage ist infolgedessen unverwertbar, sofern er nicht über sein Schweigerecht anderweitig unterrichtet war.

---

15 Dazu Eb. Schmidt, NJW 68, 1217.

V. Die qualifizierte Belehrung

Daß ein Verstoß gegen die §§ 136, 243 IV die betreffende Aussage selbst grundsätzlich unverwertbar macht, steht damit fest. Zu klären ist aber noch die Frage nach den *Fernwirkungen* dieses Verstoßes[16], m. a W.: Unter welchen Voraussetzungen ist dann wenigstens eine spätere Aussage des Beschuldigten verwertbar?

1. Nach Ansicht des BGH in MDR 1968, 682[17] genügt es dafür, wenn bei der späteren Vernehmung eine normale Belehrung nach den §§ 136, 243 IV erteilt wird. Zu diesem Zeitpunkt reicht jedoch eine bloße einfache Belehrung nicht mehr aus, um den Verfahrensverstoß zu heilen und eine spätere Gründung des Urteils auf den Gesetzesverstoß auszuschließen. Diese aus § 337 folgende Notwendigkeit ergibt vielmehr, daß eine **qualifizierte Belehrung** erforderlich ist: Der Beschuldigte muß darauf hingewiesen werden, daß seiner bisherigen Aussage keinerlei Gewicht zukommt und er noch immer die freie Entscheidung darüber besitzt, ob er an der Aufklärung positiv mitwirken will oder nicht. Unterbleibt diese besondere Belehrung, so ist auch die neue Aussage unverwertbar, weil nicht auszuschließen ist, daß sie auf der früheren Rechtsverletzung beruht. Gerade der dem BGH hier vom OLG Karlsruhe vorgelegte Fall zeigt, daß bei der erneuten, nunmehr mit einfacher Belehrung erfolgenden Vernehmung die Aussage meist durch das Fortwirken des früheren Verstoßes beeinflußt sein wird. Wer am Vormittag bereits ein Geständnis abgelegt hat und nicht weiß, daß dieses Geständnis mangels vorheriger Belehrung unbeachtlich ist, dem wird die einfache Belehrung bei der schriftlichen Fixierung am Nachmittag wie eine leere Floskel erscheinen, denn durch bloßes Schweigen könnte er ja – nach seinen Kenntnissen und Vorstellungen – die Vormittagsaussage nicht aus der Welt schaffen! Der Hinweis des BGH, es würden ohnehin häufig Geständnisse widerrufen (aber niemals durch Schweigen, sondern durch eine neue Aussage!), liegt daher neben der Sache. Schließlich hat der BGH ja für § 136a selbst anerkannt[18], daß eine Fortwirkung der früheren Rechtsverletzung auch die neue Vernehmung unverwertbar macht. Der (nach Ansicht des BGH nötige) nahe zeitliche Zusammenhang schien dem BGH damals sogar gegeben, obwohl zwischen beiden Vernehmungen 24 Stunden lagen! Und wenn der BGH damals zu § 136a höchst beifallswürdig ausgeführt hat, es sei der Zweck dieser Vorschrift, daß der Angeklagte frei darüber entscheiden solle, ob und was er aussage, und daß es deswegen gleichgültig sei,

---

16 Die Problematik der dadurch mittelbar erlangten *weiteren* Beweismittel, z.B. wenn der Beschuldigte den Fundort der Leiche verraten hat und dort seine Fingerabdrücke gefunden werden, bleibt hier außer Betracht, da der BGH noch nicht dazu Stellung genommen hat.

17 = BGHSt 22, 129.

18 BGHSt 17, 364ff.

ob in der Vernehmung selbst Druck ausgeübt werde oder vorangegangener Druck fortwirke[19], so kann dieser Gedankengang ohne Bedenken auf den Fall der entgegen § 136 unterlassenen Belehrung. übertragen werden. Nach einem Verstoß gegen § 136 erwächst dem Staat aus Ingerenz die Pflicht, den Beschuldigten bei der nächsten Vernehmung über die prozessuale Rechtslage voll aufzuklären, was nur durch die hier vorgeschlagene *qualifizierte* Belehrung erfolgen kann.

2. Die vom BGH dagegen heraufbeschworene Gefahr vom „bestochenen Beamten, der andernfalls durch einmalige Nichtbelehrung das gesamte Verfahren lahmlegen könne", ist nicht nur unschlüssig dargetan (weil der Bestechende offensichtlich sein Schweigerecht kennt und daher gemäß BGH NJW 1966, 1719 nicht belehrt zu werden braucht), sondern verschlägt auch gerade gegenüber der hier gewählten Konstruktion überhaupt nicht, da ja die Nachwirkung der Nichtbelehrung durch eine einzige qualifizierte Belehrung beseitigt wird. Daß in Wahrheit nur die umgekehrte Gefahr wirklich droht, daß nämlich der Beschuldigte durch eine anfängliche Nichtbelehrung in eine bei seinen Kenntnissen für ihn ausweglose Situation hineinmanövriert wird, sollte auch der die Freiheitsverbürgungen der Kleinen Strafprozeßreform restringierende BGH nicht leugnen können. Es widerspräche den Wertentscheidungen des StPÄG, wollte man die Unkenntnis des Beschuldigten über seine darin verstärkten prozessualen Rechte zu seiner Überführung ausbeuten!

VI. Ausblick

Damit hat sich ergeben, daß die vier einschlägigen Entscheidungen des BGH zahlreichen Einwendungen ausgesetzt sind. Es bleibt zu hoffen, daß er demnächst Gelegenheit finden wird, seine Rechtsprechung zu den §§ 136, 243 IV noch einmal zu überprüfen[20].

---

19 BGHSt 17, 367.

20 Vgl. auch die nach Abschluß des Manuskriptes erschienene Anmerkung von Grünwald in JZ 1968, 752ff. **Nachtrag 2020: Die endgültige Aufgabe der im Text kritisierten Rechtsprechung findet sich erst in BGHSt 38, 214, also nach 24 Jahren.**

VIERTER TEIL Der polizeiliche Lockspitzel – Kontroverse ohne Ende? – Zur Selbstbindung des Revisionsgerichts und zur Unzulänglichkeit der sog. Strafzumessungslösung

I. Problemstellung

Der Beschluß des 2. Strafsenats des BGH vom 4.6.1985[1], durch den dem Großen Senat für Strafsachen zur Fortbildung des Rechts und zur Sicherung einer einheitlichen Rechtsprechung die Rechtsfragen zur Entscheidung vorgelegt worden sind, ob die Anstiftung durch einen polizeilichen Lockspitzel für den Angestifteten einen selbständigen Strafmilderungsgrund ergibt bzw. bei Überschreitung der „Grenzen: des rechtsstaatlich Zulässigen" auch zur Annahme eines Verfahrenshindernisses führen könne, wirkt auf den ersten Blick wie ein erlösendes Wort. Denn nachdem man seit geraumer Zeit kaum noch eine strafrechtliche Fachzeitschrift aufschlagen konnte, ohne mit Gerichtsentscheidungen oder Abhandlungen zu den Rechtsfolgen des polizeilichen Lockspitzeleinsatzes konfrontiert zu werden, und dabei trotz oder vielleicht gerade wegen der großen Zahl der einschlägigen Stellungnahmen zwar eine herrschende Meinung, aber keine inhaltlich klare, für die Praxis taugliche Orientierungsrichtlinie zu erkennen vermochte, und vollends seitdem der 1. Strafsenat des BGH in seinem Urteil vom 23. 5. 1984[2] den bis dahin nur vereinzelt angefochtenen Grundkonsens aufgekündigt hat, daß bei einer rechtsstaatlich unerträglichen Straftatprovokation durch den Lockspitzel die Bestrafung des Angestifteten ausgeschlossen sei, ist das Bedürfnis nach klaren und allgemein anerkannten Beurteilungsmaßstäben allein schon mit Rücksicht auf die bei der praktischen Verbrechensbekämpfung täglich zu fällenden Entscheidungen übermächtig und damit zugleich die Hoffnung auf eine von der Autorität des Großen Senats für Strafsachen getragene Lösung wach geworden. Bei genauerer Prüfung des Vorlagebeschlusses erwachsen jedoch *unüberwindliche Zweifel*, ob durch ihn das an sich begrüßenswerte Ziel des 2. Strafsenats, eine Entscheidung des Großen Senats für Strafsachen zu den Sachproblemen des Lockspitzeleinsatzes herbeizuführen, überhaupt erreicht werden kann (vgl. dazu nachfolgend unter II); und eine kritische Analyse der hierzu vom 2. Strafsenat selbst eingenommenen Position läßt es wegen der unterschiedlichen Auswirkungen auf die Besetzung des Großen Senats gem. § 132 Abs. S. 2 GVG auch als fraglich erscheinen, ob man die jetzt angestrebte Entscheidung des Großen Senats auf Grund einer „Rechtsfortbildungsvorlage" gem. § 137 GVG wirklich begrüßen oder nicht eine Entscheidung nach einer zukünftigen „Divergenzvorlage" gemäß § 136 GVG vorziehen sollte (vgl. dazu nachfolgend unter III.).

1 2 StR 13/85 = StrVert 1985, 309 ff.

2 1 StR 148/84 = BGHSt 32, 345 ff. = StrVert 1084, 321 ff.

Hinweis: Kritische Anmerkungen zum Vorlagebeschluß des 2. Strafsenats vom 4. 6. 1985.

https://doi.org/10.1515/9783110650563-005

II. Die sog. Selbstbindung des Revisionsgerichts

1. Die Vorlage einer Rechtsfrage zur Entscheidung durch den Großen Senat ist – ebenso wie die Divergenzvorlage eines OLG gem. § 121 Abs. 2 GVG – nur zulässig, wenn die Rechtsfrage für die Entscheidung des vorlegenden Senats in dem konkreten Verfahren auch *erheblich* ist.[3] Im vorliegenden Fall liegen die Bedenken wegen dieser Zulässigkeitsvoraussetzung deshalb auf der Hand, weil der 2. Strafsenat in derselben Sache durch ein früheres Urteil vom 23.9.1983[4] ausgesprochen hatte, daß eine „unvertretbare Übergewichtigkeit" des Lockspitzels ein Verfahrenshindernis begründe, und weil die neu erkennende Strafkammer – wie der 2. Strafsenat selbst hervorhebt – in fehlerfreier Respektierung dieser Rechtsansicht das Verfahren gem. § 260 Abs. 3 StPO eingestellt hatte. Der 2. Senat glaubt diese Bedenken freilich ohne viel Federlesen vom Tisch wischen zu können, indem er eine **„Selbstbindung des Revisionsgerichts"** durch seine frühere Entscheidung in derselben Sache ohne eigentliche Begründung und unter lediglich kursorischer Bezugnahme auf einige Literaturstellen kurzerhand verneint. Dabei macht er aber nicht deutlich (hat vielleicht auch selbst nicht deutlich erkannt), daß er sich mit dieser Position zu der nahezu einhelligen Auffassung in Rspr. und Schrifttum in Widerspruch setzt (s. u. 2.), ohne sich auf triftige, einer ernsthaften Kritik standhaltende Gründe berufen zu können (s. u. 3.).

2. a) Die im Vorlagebeschluß nicht berücksichtigte Rspr. der Strafgerichte (einschließlich des BGH selbst!) hat seit langem den Grundsatz der „Selbstbindung des Revisionsgerichts durch seine eigene frühere Entscheidung in derselben Sache" in seltener Einmütigkeit anerkannt.[5] Es verwundert deshalb, daß der 2. Strafsenat nicht zunächst einmal diesen Rechtsgrundsatz, von dem er als erstes Revisionsgericht in Strafsachen abweichen will, zum Gegenstand einer Divergenzvorlage gemäß § 136 GVG gemacht hat, zumal auch der vom 2. Strafsenat zitierte Beschluß des Gemeinsamen Senats der Obersten Gerichtshöfe des Bundes vom 6. 2. 1972[6] entgegen der (bemerkenswert vorsichtigen!) Formulierung des

---

3 Das folgt aus § 138 Abs. 3 GVG und ist allgemein anerkannt, vgl. LR/Schäfer, Die Strafprozeßordnung und das Gerichtsverfassungsgesetz, 23. Aufl. 1979, § 137 GVG Rdnr. 2; Kissel, Gerichtsverfassungsgesetz, 1981, § 137 Rdnr. 8; Müller-Sax-Paulus, KMR, 7. Aufl., § 137 GVG Rdnr. 2; Eb. Schmidt, Lehrkommentar zur Strafprozeßordnung und zum Gerichtsverfassungsgesetz, Teil II 1960, § 137 GVG Rdnr. 4; ferner auch BGHSt 17, 21, 27f.

4 2 StR 73/83 = StrVert 1984, 4.

5 So bereits Urt. des RG vom 24. 5. 1882, RGSt 6, 357, 359; ferner RGSt 22, 156ff. ; 59, 31, 34; RG Rspr. 4, 302, 506; RG LZ 1919, 541; RG JW 1935, 2350; RG GA 69, 223; KG JW 1926, 1002; BayObLG DRIZ 1929 Nr. 313; OGHSt 1, 36, 212: BGH LM Nr. 2 zu § 358 StPO; BGH NJW 1952, 34, 35; 1953, 1880, 1881; OLG Oldenburg NdsRpfl. 1949, 96; KG JR 1958, 268, 269; schließlich auch BVerfGE 4, 1, 5f.

6 BGHZ 60, 392f.

Vorlagebeschlusses nicht einmal „in die Richtung" der Rechtsauffassung des 2. Strafsenats weist, geschweige denn die Rechtsfrage in dessen Sinne geklärt hätte: Der Gemeinsame Senat hat in seiner Entscheidung (was in dem zu weit geratenen Leitsatz übersehen worden ist) ausdrücklich offen gelassen, „ob für das Strafverfahren besondere Grundsätze gelten";[7] er hat die Selbstbindung des Revisionsgerichts im Interesse der materiellen Gerechtigkeit bezeichnenderweise anläßlich eines Falles verneint, bei dem sich eine solche Selbstbindung (genau umgekehrt wie im vorliegenden Fall!) *zulasten* des Bürgers auswirkte; und er hat schließlich und vor allem – was im Vorlagebeschluß nicht deutlich wird – die Bindungswirkung lediglich für die Fälle verneint, in denen das Revisionsgericht seine in derselben Sache früher vertretene Rechtsauffassung schon vor der neuen Entscheidung geändert und die Änderung bekannt gegeben hatte.[8] Da der 2. Strafsenat aber nunmehr in derselben Sache erstmals seine früher vertretene Rechtsauffassung ändern möchte, kann er den Gemeinsamen Senat der Obersten Gerichtshöfe des Bundes keinesfalls als seinen Gewährsmann heranziehen.

b) Auch im strafprozeßrechtlichen Schrifttum stößt der Grundsatz der „Selbstbindung des Revisionsgerichts" auf einhellige, in zahlreichen (vom Vorlagebeschluß nur teilweise berücksichtigten) Stellungnahmen bezeugte Anerkennung.[9] Für seine gegenteilige Auffassung kann sich der 2. Strafsenat nicht einmal auf die von ihm zitierten Autoren — *Pikart, Dahs/Dahs* und *Schröder* — berufen, weil diese nur einer Einschränkung des genannten Grundsatzes unter bestimmten, im vorliegenden Fall nicht gegebenen Voraussetzungen das Wort reden, während die Auffassung des 2. Strafsenats auf dessen völlige Preisgabe hinausläuft: Während *Schröder* eine Durchbrechung des Selbstbindungsprinzips ausschließlich zugunsten des Angeklagten zulassen möchte,[10] machen *Pikart* und *Dahs* in ausdrücklicher Anknüpfung an die Entscheidung des Gemeinsamen Senates das Erlöschen der Bindungswirkung davon abhängig, daß das Revisionsgericht seine in derselben Sache früher vertretene Rechtsauffassung nicht erst anläßlich der neuen Entscheidung aufgeben möchte, sondern schon *zuvor* anläßlich eines anderen Falles abgeändert hat.[11]

---

7 BGHZ 60, 392, 399 a.E.

8 BGHZ 60, 392, 399.

9 Vgl. außer den im Vorlagebeschluß angeführten Autoren LR/Meyer, a.a.O., § 358 Rdnr. 15f.; Roxin, Strafverfahrensrecht, 18. Aufl., 1983, S. 329; Rüping, Das Strafverfahren, 2. Aufl.. 1983, 178; Eb. Schmidt, a.a.O., Teil II, 1957, § 358 Rdnr. 4; Nachtragsband I, 1967, § 358 Rdnr. 2; Gössel, Strafverfahrensrecht, 1977, S. 325.

10 So ausdrücklich Schröder, FS f. Nikisch, 1958, S. 219f.

11 Pikart, in: KK § 358 Rdnr. 13, bekräftigt zunächst den Selbstbindungsgrundgatz und hebt als Ausnahme nur hervor, daß das Revisionsgericht inzwischen seine Aufhebungsansicht geändert

3. Auch in sachlicher Hinsicht besteht kein Anlaß, den bisher einhellig anerkannten Selbstbindungsgrundsatz preiszugeben, weil er nicht nur aus norm- und prozeßstrukturellen Gegebenheiten folgt, sondern auch teleologisch wohlbegründet und speziell im Strafprozeß zugunsten des Angeklagten unverbrüchlich ist.

a) Dogmatisch folgt der in der StPO nicht ausdrücklich formulierte Selbstbindungsgrundsatz daraus, daß der Tatrichter, wenn er gem. § 358 Abs. 1 StPO die Rechtsauffassung der ersten Revisionsentscheidung respektiert, überhaupt keine Gesetzesverletzung begehen kann, die gem. § 337 StPO Voraussetzung für eine erfolgreiche Revision ist. Die Frage der inhaltlichen Richtigkeit der vom Tatrichter zu Recht befolgten Entscheidungsmaxime liegt infolgedessen – ebenso wie die auch mit der Sachrüge nicht angreifbaren Fragen rein „tatsächlicher Würdigung" – von vornherein außerhalb der Kognitionskompetenz der neuen Revisionsinstanz. Dagegen läßt sich auch nicht etwa einwenden, daß das Revisionsgericht für eine korrekte Rechtsanwendung verantwortlich sei und diese auch gegenüber einem subjektiv-schuldlosen Normverstoß des Tatrichters sicherstellen müsse.[12] Denn § 358 Abs. 1 StPO wirkt wie eine Kollisionsnorm, die der ratio decidendi des ersten Revisionsurteils den Vorrang vor der im 2. Revisionsverfahren bevorzugten Gesetzesinterpretation zuweist und dadurch sicherstellt, daß eine in Respektierung der Bindungswirkung ergangene tatrichterliche Entscheidung objektiv rechtskonform (und keinesfalls schuldlos rechtsverletzend!) ist.

b) Der *Zweck* des § 358 Abs. 1 StPO (und der verwandten Vorschriften in den übrigen Verfahrensordnungen), ein theoretisch unbegrenztes Hin- und Herschieben derselben Rechtssache zwischen dem Tatrichter und der Revisionsinstanz zu unterbinden,[13] läßt ebenfalls die Selbstbindung des Revisionsgerichts zumindest im Grundsatz als unverzichtbar erscheinen. Denn sonst wäre das Revisionsgericht theoretisch in der Lage, den Prozeß durch ständige Änderung seiner Entschei-

---

hat; und auch bei Dahs-Dahs, Die Revision im Strafprozeß, 3. Aufl. 1984, Rdnr. 486, wird deutlich, daß die Selbstbindung nur entfallen soll, wenn das Revisionsgericht seine frühere Rechtsansicht nachträglich, aber bereits vor der neuen Entscheidung geändert hat. Ähnliche Einschränkungen finden sich bei Mohrbotter, ZStW 84 (1972), S. 612, 627 f.; Hanack, Der Ausgleich divergierender Entscheidungen in der Oberen Gerichtsbarkeit, 1962, S. 350 ff. Soweit im außerstrafprozeßrechtlichen – vom 2. Strafsenat nicht berücksichtigten – Schrifttum vereinzelt eine weitergehende Einschränkung oder gar Abschaffung des Selbstbindungsgrundsatzes vertreten wird (vgl. Bettermann, DVBl 1955, 22, 24; Sommerlad, Die innerprozessuale Bindung an vorangegangene Urteile der Rechtsmittelgerichte, Freiburger Jur. Dissertation 1974, S. 173 f.; ders., NJW 1974, 123 f.), werden die Besonderheiten der strafprozessualen „Interessenlage" zu wenig berücksichtigt.

12 So aber Sommerlad, NJW 1974, 124; Bettermann, DVBl 1955, 23; andeutungsweise auch der Gemeinsame Senat in BGHZ 60, 398.

13 Allg. anerkannt, vgl. nur den Gemeinsamen Senat in BGHZ 60, 396.

dungsmaxime bei erneuter Befassung endlos zu verlängern, und zumindest sechs Instanzen wären wegen der erneuten Revisibilität des 3. tatrichterlichen Urteils auch praktisch unvermeidbar – ein von der Warte der Rechtssicherheit und Prozeßökonomie aus „äußerst unzuträgliches Ergebnis, das allenfalls durch ganz gewichtige, eindeutig überwiegende Interessen legitimiert werden könnte.

c) Als ein solches dominierendes, eine Einschränkung der Selbstbindung erzwingendes Interesse könnte speziell im Strafverfahren die Verhinderung der Bestrafung Unschuldiger angesehen werden, die der Gesetzgeber als so wichtig eingestuft hat, daß er gem. § 354a StPO i.V.m. § 2 Abs. 3 StGB die Berücksichtigung der für den Angeklagten günstigen Gesetzesänderungen nach Erlaß des tatrichterlichen Urteils angeordnet und in § 357 StPO sogar eine die Rechtskraft durchbrechende Revisionserstreckung auf Mitangeklagte vorgesehen hat. Es erscheint deshalb angebracht, entsprechend dem alten Vorschlag *Schröders*[14] die Selbstbindung des Revisionsgerichts durch ein argumentum a fortiori aus den genannten Vorschriften auf eine ausschließlich *zugunsten* des Angeklagten bestehende Garantie zu reduzieren, zumal beim besten Willen kein berechtigtes Interesse des Staates ersichtlich ist, in derselben Sache immer wieder gegen eine dem Angeklagten günstige Entscheidungsmaxime des Revisionsgerichts vorgehen zu können. Daraus folgt dann aber eo ipso, daß die jetzt vom 2. Strafsenat praktizierte Preisgabe der Selbstbindung in malam partem unter keinen Umständen akzeptiert werden kann.

4. Es kann deshalb kein Zweifel daran bestehen, daß der 2. Strafsenat an seine frühere Entscheidung in derselben Sache gebunden ist und die Revision der StA verwerfen muß. Die Vorlegungsfragen sind für ihn infolgedessen nicht entscheidungsrelevant, so daß die Vorlage an den Großen Senat für Strafsachen unzulässig ist und dieser nach § 9 Abs. 6 der Geschäftsordnung des BGH[15] die Entscheidung der Rechtsfrage abzulehnen haben wird.[16]

III. Die Mängel der Strafzumessungslösung

1. Obwohl damit die Grundsatzentscheidung des Großen Senats zum polizeilichen Lockspitzeleinsatz trotz ihrer eingangs hervorgehobenen »Überfälligkeit« aller Voraussicht nach noch weiter auf sich warten lassen und wohl erst durch eine

---

14 AaO. (Fn. 10), S. 218f.; ebenso Tiedtke, Die innerprozessuale Bindungswirkung von Urteilen der Obersten Bundesgerichte, 1976, S. 273.

15 Vom 3.3.1952 – Bundesanzeiger Nr. 83, in der Fassung v. 21.6. 1971 – Bundesanzeiger Nr. 114.

16 Nachtrag 2020: Genau das hat er auch getan, s. BGHSt 33, 356ff., wenn auch mit ausschließlich formaler Begründung (a.a.O. S. 352).

künftige Divergenzvorlage ausgelöst werden wird, sollte man diese Verzögerung nicht beklagen (oder gar seitens des Großen Senats durch eine allzu großzügige Interpretation der Zulässigkeitsvoraussetzungen der gegenwärtigen Vorlage zu erübrigen versuchen), sondern ihr jene positiven Seiten abgewinnen, die mit Rücksicht auf die unterschiedliche Zusammensetzung des Großen Senats bei Divergenz- und Rechtsfortbildungsvorlagen einerseits und die nach meinem Dafürhalten nicht akzeptable Rechtsauffassung des 2. Strafsenats zur Vorlegungsfrage andererseits hervortreten und welche im Lichte der für unseren Strafprozeß schicksalhaften Bedeutung der Grundsatzfrage die Nachteile einer zunächst noch andauernden Rechtsunsicherheit bei weitem überwiegen. Denn weil gem. § 132 Abs. 5 GVG aufgrund der jetzigen Vorlage nur die Rechtsauffassung des 2. Strafsenats durch einen zusätzlichen Sitz im Großen Strafsenat repräsentiert sein wird, während bei einer zukünftigen Divergenzvorlage auch für die Gegenauffassung ein Vertreter in den Großen Senat entsendet werden kann, besteht zur Zeit eine relativ größere Gefahr der Petrifizierung der nunmehr vom 2. im Anschluß an den 1. Strafsenat des BGH formulierten, den rechtsstaatswidrigen Einsatz polizeilicher Lockspitzel nicht hinreichend sanktionierenden und deshalb abzulehnenden Rechtsgrundsätze.

Es versteht sich, daß im Rahmen einer räumlich begrenzten Entscheidungsrezension nicht auf die Vielfalt der Lösungstopoi und Diskussionsbeiträge eingegangen werden kann, die die – in den letzten Jahren zu einem Kernproblem des Strafverfahrens avancierten – Auseinandersetzungen über den polizeilichen Lockspitzeleinsatz geprägt haben[17]. Möglich ist an dieser Stelle allein eine intrasystematische Kritik der eigenen Position des 2. Strafsenats (s. u. 1.), eine Revision der im Vorlagebeschluß und zuvor schon vom 1. Strafsenat entwickelten Kritik an anderen Lösungsvorschlägen (s. u. 2.) sowie eine Skizze des bei anderer Gelegenheit weiter auszuführenden eigenen Konzeptes (s. u. 3).

2. Die vom 2. Strafsenat im Anschluß an das Urteil des 1. Strafsenats vom 23. 5. 1984 vertretene „reine Strafzumessungslösung“[18] ist in ihren bisher formulierten

---

17 Außer den grundlegenden Arbeiten von Lüderssen (in: FS f. Peters, 1974, S, 340 ff.; Jura 1985, 113 ff.) sind hier aus den letzten Jahren vor allem die Aufsätze von Bruns, NStZ 1983, 49 ff.; StrVert 1984, 382 ff.; Dencker, in: FS f. Dünnebier, 1982, S. 747 ff.; Foth, NJW 1984, 221 ff.; Franzheim, NJW 1979, 2014 ff.; Herzog, NStZ 1985, 153 ff.; Körner, StrVert 1982, 382 ff.; Sieg, StrVert 1981, 636 ff.; Taschke, StrVert 1984, 178 ff., und vor allem Seelmann, ZStW 95 – 1983 –, S. 797 ff. (zum großen Teil jetzt auch in: Lüderssen – Hrsg. –, V-Leute – Die Falle im Rechtsstaat, 1985), sowie die Dissertationen von Mache und Voller (s. u. Fn. 36) zu nennen, alle m.z, w.N.

18 So der 2. Strafsenat in StrVert 1985, 310 (daraus sind auch die im Text nachfolgenden wörtlichen Zitate entnommen) sowie der 1. Senat in BGHSt 32, 355 = StrVert 1984, 321.

dogmatischen Grundlagen unschlüssig, in ihrem Effekt marginal und unkontrollierbar und in ihren Auswirkungen geeignet, ein für das rechtsstaatliche Profil der deutschen Strafrechtspflege zentrales Thema einfach von der Bildfläche verschwinden zu lassen.

a) Daß die »Anstiftung durch den polizeilichen agent provocateur in der Regel die Schuld des Täters mindert«, kann auf der Basis des geltenden Tatschuldbegriffs nicht anerkannt werden. Daß der Täter zu seiner Tat angestiftet worden ist, kann ihm nur bei einer korrespondierenden Einschränkung seiner Handlungs- und Motivationsfreiheit zugute kommen (arg. §§ 20, 21, 35 StGB), also nur in den seltenen Fällen einer von dem Lockspitzel ausgehenden Nötigung zur Tatbegehung. Und da der Täter die wirkliche Rolle des Lockspitzels nicht kennt, wird durch sie (worauf noch zurückzukommen ist) unmittelbar nur die Sozialwidrigkeit und damit das Unrecht, die Schuld dagegen lediglich mittelbar tangiert. Von der reinen Strafzumessungslösung bleibt deshalb lediglich die „Berücksichtigung des Umstands" übrig, „daß der im staatlichen Auftrag Provozierte dem öffentlichen Interesse über die Verbrechensaufklärung und -bekämpfung dienstbar gemacht wird", was der 1. und der 2. Strafsenat (ausschließlich) solchen Personen strafmildernd anrechnen möchten, „die aus mehr oder weniger starken Bedenken gegenüber strafbarem Tun nicht von vornherein tatbereit sind". Dem BGH schwebt hierbei offenbar vor, daß der Provozierte seine Freiheit gewissermaßen im Interesse der staatlichen Kriminalitätsbekämpfung zu Markte trägt und wegen dieser „Aufopferung" einen Strafrabatt bekommen muß, womit er sich aber in eine doppelte Aporie verstrickt. Denn der Gesichtspunkt der Aufopferung trifft für den an sich Tatbereiten oder sich nur aus „Vorsicht oder Berechnung" Zurückhaltenden genauso zu wie auf den „nicht von vornherein Tatbereiten", so daß die vom BGH verordnete Differenzierung in seinem eigenen dogmatischen Kontext nicht ableitbar ist. Und darüber hinaus scheint die Idee eines Aufopferungsausgleiches wegen einer im „öffentlichen Interesse angesonnenen Verstrickung in Schuld und Strafe" überhaupt.in einen vitiösen Zirkel hineinzuführen, weil entweder (im Sinne eines vollen Ausgleichs) auf Strafe überhaupt verzichtet oder aber (wie bei der allgemeinen Begründung der Strafe durch Generalprävention) die im Präventionsinteresse notwendige Verhängung der (vollen) Strafe gegenüber dem davon Betroffenen durch das Schuldprinzip gerechtfertigt werden kann und muß[19].

19 Zur Legitimationswirkung des Schuldprinzips vgl. nur meinen Beitrag in Schünemann (Hrsg.), Grundfragen des modernen Strafrechtssystems, 1984, S. 153 ff. Im übrigen ist darauf hinzuweisen, daß eine Verführung des Täters durch andere selbstverständlich im Rahmen des § 46 Abs. 2 StGB („Beweggründe des Täters" etc.) eine schlichte Strafzumessungserwägung abzugeben vermag; diese berührt aber nicht die Tatschuld und ist auch völlig unabhängig davon, ob der Tä-

b) Die reine Strafzumessungslösung trägt deshalb alle Insignien eines halbherzigen, dogmatisch inkonsequenten *Beruhigungs-Kompromisses*. Daß sie auch unter praktischen Aspekten Steine statt Brot gibt und deshalb abzulehnen ist, lehrt ein Blick auf die *Realität der Strafzumessung*, die immer noch von weiten Ermessensspielräumen des Tatrichters und großen regionalen Unterschieden geprägt ist[20]. Speziell bei den Rauschgiftdelikten – dem heutzutage im Vordergrund stehenden Einsatzfeld des polizeilichen Lockspitzels – sind die Strafrahmen der §§ 29 Abs. 1 und 3, 30 Abs. 1 und 2 BtMG so weit gespannt, daß in Ermangelung einer hinreichend intensiven Revisionskontrolle über Effektivität und Ausmaß der Strafmilderung im Alltag der Strafjustiz eine *Marginalisierung* der reinen Strafzumessungslösung zu besorgen ist.

c) Der hierdurch drohende rechtspolitische Schaden wäre unabsehbar: Die Tatrichter könnten sich veranlaßt sehen, auf Beweisanträge zur Rolle des Lockspitzels mit einer Ablehnung durch Wahrunterstellung zu reagieren, für deren *Revisionssicherheit* in den meisten Fällen wohl schon eine symbolische Strafmilderung in den Urteilsgründen genügen würde; die für das rechtsstaatliche Profil der Strafrechtspflege so heikle *Grauzone des catch as catch can* bei der Verbrechensbekämpfung würde von der Justiz vielleicht gelegentlich noch am Rande registriert, aber keinesfalls mehr domestiziert werden. Die Auskunft des 2. Strafsenats, daß „ein etwaiges Fehlverhalten (scil. des Lockspitzels) mit straf-, disziplinar- oder arbeitsrechtlichen Maßnahmen zu beantworten“ sei, bietet demgegenüber nicht einmal einen schwachen Trost, weil die auf die Tätigkeit ihrer V-Leute angewiesene Polizei diesen gegenüber notwendigerweise großzügig sein muß und sich mangels eines Klägers für den geheimgehaltenen V-Mann auch kein Richter finden wird, ganz abgesehen davon, daß die Feststellung eines „Fehlverhaltens“ ja die vorherige Klärung der Grenzen des polizeilichen Lockspitzeleinsatzes voraussetzt, die die Strafjustiz mit dem Bekenntnis zur reinen Strafzumessungslösung verabsäumt und die von anderen Instanzen erst recht nicht zu erwarten ist.

d) Die reine Strafzumessungslösung vermag deshalb weder von ihren theoretischen Prämissen noch von ihren praktischen Folgerungen her zu überzeugen und würde in letzter Konsequenz darauf hinauslaufen, daß das strafprozessuale

---

ter von einem polizeilichen agent provocateur oder in anderer Weise zur Tat verführt worden ist, steht also in keinem spezifischen Zusammenhang mit der Lockspitzelproblematik.

20 Vgl. Exner, Studien über die Strafzumessungspraxis der deutschen Gerichte, 1931; Schiel, Unterschiede in der deutschen Strafrechtsprechung, 1969; H.-J. Albrecht, in: Kerner-Kury-Sessar, Deutsche Forschungen zur Kriminalitätsentstehung und Kriminalitätskontrolle, 1983, S. 1297 ff.; Burgstaller, ÖJZ 1985, 43 ff.; Streng, Strafzumessung und relative Gerechtigkeit 1984, S. 5 ff.

Ermittlungsverfahren der Kontrolle durch die Gerichte entgleitet und seine Justizförmigkeit verliert.

IV. Kritische Analyse der Argumentationstopoi

1. Freilich müßte sie trotz ihrer fundamentalen Mängel vielleicht doch als Notanker nolens volens akzeptiert werden, falls sich die Kritik als durchgreifend erweisen sollte, die der Vorlagebeschluß in den Fußstapfen des (seinerseits wieder an die Überlegungen *Seelmanns* und *Foths* anknüpfenden) *1. Strafsenats*[21] an den drei anderen rivalisierenden Konzepten (*Verfahrenshindernis*, *Strafausschließungsgrund* oder *Beweisverbot* als Folge unerlaubter Lockspitzeltätigkeit) geübt hat. Weil der 2. Strafsenat auffallenderweise aus der Fülle der Argumentationsgesichtspunkte, die von *Seelmann* und *Foth* angesprochen und sodann vom 1. Strafsenat in bemerkenswert konziser Form weiterentwickelt worden sind und ihren Eindruck auf die Strafprozeßrechtswissenschaft nicht verfehlt haben[22], dadurch nur einen kleinen Teil herausgreift, daß er die Vorlegungsfrage auf eine einzige rivalisierende Lösungsalternative (Annahme eines Verfahrenshindernisses) beschränkt und aus dem vom 1. Strafsenat geschaffenen Arsenal der Kritik nur Praktikabilitätsargumente aufgeboten hat[23], wird die *kritische Überprüfung der Kritik* über den Inhalt des Vorlagebeschlusses hinausgreifen müssen, wenn nicht durch eine Isolierung unselbständiger Teile eines dogmatischen und kriminalpolitischen Gesamtzusammenhanges ein lückenhaftes und in seiner Einäugigkeit *schiefes* Ergebnis geradezu vorprogrammiert werden soll.

2. Tatsächlich besitzen die im Vorlagebeschluß aus der Gesamtkritik des 1. Strafsenats an der Verfahrenshindernis-Lösung isolierten Praktikabilitätsargumente für die Beantwortung der kriminalpolitischen Grundfrage („Bestrafung oder Nichtbestrafung des von einem Lockspitzel Verleiteten“) das relativ geringste Gewicht. Zwar trifft es ohne Frage zu, daß in der bisherigen Rspr. die Grenzen für die Zulässigkeit eines polizeilichen Lockspitzeleinsatzes nur recht allgemein und unpräzise beschrieben worden sind und danach vielfach Nuancen und Zufälligkeiten der tatsächlichen Gestaltung über die Strafbarkeit entscheiden[24], aber

21 Vgl. BGH (2. StrS) StrVert 1985, 309ff.; BGHSt 32, 345ff. (1. StrS) = StrVert 1984, 321; Foth, NJW 1984, 221ff.; Seelmann, a.a.O. (Fn. 17), S. 820ff.

22 Vgl. etwa Rieß, JR 1985, 45ff., sowie dens., in: Löwe-Rosenberg, StPO, 24. Aufl. 1984, § 200a Rdnr. 57a; kritisch dagegen Taschke und Lüderssen, a.a.O. (Fn. 17).

23 StrVert 1985, 310f.

24 So der 2. StrS auf S. 13, 15 und 16 des vollständigen Entscheidungstextes (= StrVert 1985, 310f.).

diese (angesichts der Schwierigkeit der Materie vorerst noch verständliche) Unklarheit und Unsicherheit bezüglich des materiellen Ergebnisses „Bestrafung oder Nichtbestrafung" besagt für die dogmatische Konstruktion „Verfahrenshindernis oder Strafausschließungsgrund" zunächst einmal überhaupt nichts. Anders wäre es nur, wenn das ursprünglich in anderem Zusammenhang vom 2. Strafsenat vorgebrachte[25] und von *Seelmann*, dem 1. Strafsenat sowie nunmehr auch dem 2. Strafsenat[26] auf die Problematik des Lockspitzeleinsatzes übertragene Argument zuträfe, daß Prozeßhindernisse der Anknüpfung an bestimmte Tatsachen bedürften, die ohne wertende Betrachtung festzustellen seien. Aber das ist stricto sensu methodisch naiv (auch beim Lockspitzel geht es um „bestimmte Tatsachen", die nicht etwa zusätzlich „bewertet", sondern lediglich der – freilich unpräzisen – Rechtsnorm über die Folgen unzulässigen Lockspitzeleinsatzes subsumiert werden) und bei sinngemäßem Verständnis („Prozeßvoraussetzungen müssen simpel strukturiert und leicht feststellbar sein") sonderbar formalistisch und vordergründig (soll etwa eine schreiend ungerechte Verurteilung in Kauf genommen werden, nur weil die die Ungerechtigkeit begründenden Umstände komplexer Natur waren und intensive Ermittlungen erforderten?). Und außerdem ist das „Simplizitätsargument" äußerstenfalls differential-diagnostisch brauchbar, wenn also das Ergebnis der Straflosigkeit bereits aus Sachgründen hergeleitet worden und lediglich noch systematisch zu rubrizieren, das heißt dem materiellen Recht (*Strafausschließungsgrund*) oder dem Prozeßrecht (*Prozeßhindernis*) zuzuordnen ist. Der Versuch des BGH, systematische Einordnungsschwierigkeiten zum Abblocken der Sachfrage zu verwenden, ist deshalb methodisch unhaltbar und läuft auf eine petitio principi hinaus.

Auch der zusätzliche Hinweis auf die *Vermischung* von Schuldfrage und Prozeßvoraussetzung bei der Verfahrenshindernis-Lösung[27] verschlägt deshalb nicht, zumal daraus etwa abzuleitende Praktikabilitätsprobleme vom 2. Strafsenat durch den weiteren Hinweis ausgeräumt werden, daß wegen der *Doppelfunktionalität* der für die Schuldfrage und das Prozeßhindernis relevanten Tatsachen die Feststellungen des Tatrichters nur über § 337 StPO angreifbar sind und das Revisionsgericht nicht etwa das gesamte Tatgeschehen noch einmal im Wege des Freibeweises aufzuklären hätte[28].

3. Die im Vorlagebeschluß ausgewählten Argumente vermögen somit zur Lösung der zentralen Sachfrage des polizeilichen Lockspitzeleinsatzes – Bestrafung

---

25 in BGHSt 24, 239, 240.

26 Vgl. Seelmann, a.a.O. (Fn. 17), S. 831 (unter Hinweis auf Volk, Prozeßvoraussetzungen im Strafrecht, 1978, S. 228 f.); BGHSt 32, 351 f. (1. StrS) = StrVert 1984, 321. StrVert 1985, 311 (2. Str5).

27 Foth, a.a.O. (Fn. 17), S. 222; BGHSt 32, 351 = StrVert 1984, 321; BGH StrVert 1985, 310 f.

28 BGH StrVert 1985, 311 sub b.

oder Nichtbestrafung des Verleiteten – nichts Wesentliches beizutragen. Das Gewicht der vom BGH an den drei Varianten der Nichtbestrafungs-Lösung geübten Kritik hängt deshalb entscheidend von den weiteren vom 1. Strafsenat vorgebrachten, wenn auch im Vorlegungsbeschluß nicht übernommenen Argumenten ab, die sich – was in dem bisher noch nicht überwundenen „heuristischen" Stadium methodisch durchaus kein Mangel ist – aus den verschiedensten Quellen speisen und deshalb ohne systematisches Präjudiz der Reihe nach zu betrachten sind.

a) Das gehaltvollste Argument besteht m.E. in der von *Foth* angestoßenen und vom 1. Strafsenat weiter verfolgten Überlegung, daß selbst dienstliche Anordnungen und Befehle zur Begehung von Straftaten gem. den §§ 56 Abs. 2 S. 3 BBG, 38 Abs. 2BRRG, 11 Abs. 2 SoldG u. a. die Strafbarkeit des Untergebenen nicht ausschlössen, weshalb die Nichtbestrafungs-Lösung (insbes. in ihrem Rückgriff auf den Verwirkungsgedanken) „auf einer unzulässigen Gleichsetzung des Staates mit dem pflichtwidrig die Tat provozierenden Lockspitzel" beruhe[29]. Die daran von *Taschke* und *Bruns*"[30] geübte Antikritik, daß ja nicht die Verleitung zu Straftaten durch ein Staatsorgan als solche, sondern nur die von vornherein arglistig zum Zwecke der Strafverfolgung erfolgte Verleitung das venire contra factum proprium begründe (so daß der BGH das tertium comparationis verwechsele), scheint zwar zunächst die Deduktion des BGH zu demolieren, trifft aber bei genauer Betrachtung nur deren Schale und legt darunter einen sprengstoffartigen, vielleicht den 1. Strafsenat selbst überraschenden Kern bloß, der auf eine *kopernikanische Wende* der gesamten bisherigen Diskussion hinausläuft: Wenn der Verwirkungsgedanke zur Voraussetzung hat, daß die Verleitungshandlung dem Staat selbst und nicht lediglich einzelnen, selbst delinquierenden Amtsträgern oder V-Leuten zugerechnet wird, so muß der Kristallisationskern der Nichtbestrafungs-Lösung gerade nicht – wie es der im Schrifttum mit Zustimmung aufgenommenen st. Rspr. des BGH entsprach[31] – im Exzeß, sondern in der »normalen«, vom BGH bisher tolerierten Tätigkeit des agent provocateur gefunden werden!

b) Vielleicht hängt es mit dieser verborgenen Brisanz des Verwirkungsgedankens zusammen, daß der 1. Strafsenat zu seiner Bekämpfung drei zusätzliche Argumente aufgeboten hat: Er sei mit der Grundstruktur des deutschen Strafrechts nicht zu vereinbaren, es fehle dem zu einer Straftat Verleiteten an einem schutzwürdigen Vertrauen, und die zu verwandten angloamerikanischen Rechtsinstituten gezogenen Parallelen seien wenig ergiebig[32].

---

29 Foth, a.a.O. (Fn. 17), S. 222; BGHSt 32, 354 = StrVert 1984, 321.

30 Taschke, StrVert 1984, 178; Bruns, StrVert 1984, 392.

31 Vgl. die zahlr. N. bei BGHSt 32, 348ff. = StrVert 1984, 321; Bruns, NStZ 1983, 49ff.; Rieß, in: Löwe-Rosenberg, § 200a Rdnr. 57.

32 BGH StrVert 1984, 321ff.

Das ist für sich genommen alles überzeugend, vermag die Nichtbestrafungslösung in ihrem Kern aber nicht zu treffen. Denn wenn auch die Idee einer „Verwirkung des materiellen staatlichen Strafanspruches“ auf eine erneute dubiose „Unterwerfung des Strafrechts unter das zivilistische Denken“ hinauslaufen würde und die Einfügung des im Zivilrecht entscheidenden Vertrauensmomentes – wie der 1. Strafsenat scharfsichtig erkennt – nur noch in allgemein-nichtssagender Weise möglich wäre, so bleibt doch auch nach der Kritik des BGH völlig offen, ob das für die Zulässigkeit der staatlichen Strafe unverzichtbare *Präventionsbedürfnis* in den Provokationsfällen überhaupt entstanden ist oder ob der Verwirkungsgedanke im Strafprozeßrecht nicht zumindest in Gestalt eines *Beweisthemaverbotes* Bedeutung behalten kann. Gerade diese letztere, von *Lüderssen* in seinem für die ganze Problematik grundlegenden Beitrag zur Peters-Festschrift[33] entwickelte Lösung ist aber nicht nur in der bisherigen Diskussion unverdient in den Hintergrund getreten, sondern wird auch vom 1. Strafsenat nur am Rande berührt, nicht aber mit einer fundierten Kritik konfrontiert[34]. An dieser Stelle wirkt sich deshalb die Methode des 1. Strafsenats, die drei konstruktiven Varianten der Nichtbestrafungs-Lösung jeweils zu isolieren und „getrennt zu schlagen“, besonders unglücklich aus, weil der Gesichtspunkt des *fair trial*, der zur Begründung eines *Verfahrenshindernisses* mit Recht für nicht zureichend erklärt wird[35], als Fundament eines *Beweisverbotes* durchaus nicht leichthin zurückzuweisen wäre und weil der amerikanischen *»doctrine of entrapment«* als spezieller Ausprägungsform des »*estoppel*-Prinzips« ungeachtet ihrer schwankenden Abgrenzung durch den Supreme Court der USA und ihrer vom BGH etwas voreilig verneinten Zwitterstellung zwischen dem materiellen Recht und Prozeßrecht die Konstruktion eines – in das deutsche Strafprozeßsystem fugenlos einfügbaren – Beweisverbots durchaus entsprechen würde[36].

---

33 a.a.O. (Fn. 17).

34 Denn die in BGHSt 32, 355 vorgenommene Verweisung auf die Kritik der Strafausschließungs-Lösung verschlägt gegenüber der von Lüderssen auf § 136a StPO gestützten Deduktion gerade nicht.

35 BGHSt 32, 350 f.

36 Denn die „Verführungsdoktrin“ als Anwendungsfall des „Verwirkungs-Prinzips“ weist trotz der wechselhaften Rechtsprechung der amerikanischen Gerichte vom Ergebnis her eine bemerkenswerte Verwandtschaft mit der bisherigen Rechtsprechung des BGH auf; sie läßt sich entgegen BGHSt 32, 352 schon wegen der im anglo-amerikanischen Recht kaum ausgeprägten Unterscheidung zwischen materiellem Recht und Prozeßrecht schwerlich allein dem materiellen Recht zuordnen und schließlich als Anschauungsmodell einesechtsstaatlichen Strafverfahrens auch nicht dadurch desavouieren, daß – worauf BGHSt 32, 356 hinweist – das Verbot des Lockspitzeleinsatzes in England und Österreich (aber nicht in den USA und nicht in der Schweiz, s. Strafger. Basel-Stadt, StrVert 1985, 318 ff.!) als eine prozessuale lex imperfecta behandelt wird (vgl. näher Vol-

c) Der eigentliche Grund, weshalb der 1. Strafsenat ein deutsches Pendant zur amerikanischen „Verführungsdoktrin" nicht akzeptabel findet, wird am Ende des Urteils vom 23. 5. 1984 ausgeführt, wo das „verständliche Ziel, ungesetzliche Maßnahmen der Polizei ineffektiv zu machen", als außerhalb der Zwecke des an die *Schuld* des Angeklagten anknüpfenden deutschen Strafverfahrens liegend bezeichnet, seine Verfolgung durch eine Nichtbestrafungs-Lösung als *untauglich* und die Disziplinierung der Polizei in den Kompetenzbereich der *Staatsanwaltschaft* und notfalls des Gesetzgebers verwiesen wird[37]. Aber das trifft nur eine unglückliche Formulierung des Regelungszieles, nicht die entscheidende Sachfrage: Selbstverständlich kann die Nichtbestrafungs-Lösung nicht etwa durch den prozeßtranszendenten, quasi generalpräventiven Abschreckungseffekt gegenüber *künftigen* Lockspitzelexzessen gerechtfertigt werden, sondern nur durch den an sich allgemein anerkannten, prozeßimmanenten Grundsatz, daß der Staat den Schuldigen nicht mit allen Mitteln und um jeden Preis, sondern nur in *justizförmiger* Weise zur Verantwortung ziehen darf — was in der Reichsstrafprozeßordnung von allem Anfang an dadurch zum Ausdruck gekommen ist, daß ein auf einem Verfahrensfehler beruhendes Urteil für revisibel erklärt wurde, und was mit der Anerkennung zahlreicher Beweisverbote evident geworden ist[38]. Ob die Nichtbestrafungs-Lösung auch zu einer effektiven Unterbindung dubioser V-Mann-Praktiken tauglich wäre, ist deshalb entgegen der Auffassung *Seelmanns* und des 1. Strafsenats irrelevant, wobei aber nicht verschwiegen werden soll, daß deren Skepsis übertrieben erscheint und daß ein Präventionseffekt als Nebenfolge der Justizförmigkeit dogmatisch unbedenklich und angesichts des bisherigen totalen Versagens von Staatsanwaltschaft und Gesetzgeber[39] rechtspolitisch höchst willkommen wäre.

d) Das letzte Argument des 1. Strafsenats ist in dogmatischer Hinsicht am wenigsten elaboriert, aber gleichwohl am überzeugendsten. Es besteht in der simp-

---

ler, Der Staat als Urheber von Straftaten pp., Tübinger Jur. Diss. 1983, S. 46 ff.; Mache, Die Zulässigkeit des Einsatzes von agents provocateurs und die Verwertbarkeit der Ergebnisse im Strafprozeß, 1984, S. 233 ff.). Außerdem ist zu bemerken, daß sowohl Lüderssen (FS f. Peters, S. 354 f.) als auch Bruns (NStZ 1983, 53; StrVert 1984, 390) die amerikanischen Doktrinen lediglich als Anschauungsmaterial, nicht aber als inhaltliches Argument eingesetzt haben.

37 BGHSt 32, 355 f. unter Berufung auf Seelmann, a.a.O. (Fn. 17), S. 825 ff.

38 Vgl. im vorliegenden Zusammenhang bereits Lüderssen, FS f. Peters, S. 359 f., sowie allgemein Roxin, a.a.O. (Fn. 9), S. 2 ff.

39 Denn von der Bestrafung eines agent provocateur ist in letzter Zeit nur sehr selten etwas bekannt geworden (vgl. Ostendorf/Meyer-Seitz, StrVert 1985, 73, 75 f., 80), und legislatorische Initiativen sind weder vorhanden noch angesichts der Zufriedenheit der Strafverfolgungsbehörden mit der gegenwärtigen Grauzone (symptomatisch Rebmann, NJW 1985, 1 ff., 6) ohne eine (nur dem BGH und dem BVerfG mögliche) zwingende Veranlassung zu erwarten.

len, an das Rechtsgefühl appellierenden reductio ad absurdum, daß die Nichtbestrafungs-Lösung etwa bei Tötungsdelikten (mit dem Menetekel der NS-Gewalttaten), aber auch bei Raub und Diebstahl zu unhaltbaren Konsequenzen führe[40]. Entgegen *Taschke*[41] halte ich es für unbestreitbar, daß die Strafverfolgung wegen der Verletzung von Individualrechtsgütern auch bei arglistiger und übergewichtiger Provokation seitens oder im Auftrage eines staatlichen Amtswalters nicht prinzipiell unterbleiben darf, weil der gesetzlich garantierte Rechtsgüterschutz eben gerade nicht zur Disposition einzelner Amtsträger steht. Andererseits bedeutet das nicht, daß die Nichtbestrafungs-Lösung in toto falsch sein muß, sondern bringt zunächst nur eine – zuvor übersehene – *Differenzierung nach Deliktskategorien* zur Sprache, deren teleologischer Grundlage und Reichweite weiter nachgegangen werden muß.

V. Die materiellrechtliche Lösung aus dem Rechtsgüterschutzprinzip

Versucht man, nach dieser *Kritik der Kritik* Bilanz zu ziehen und aus der Summe der Antithesen die Grundzüge einer neuen Synthese zu entwickeln, so wird man festhalten müssen, daß der 1. und 2. Strafsenat des BGH wesentliche Mängel der zuvor in verschiedenen Fassungen herrschenden Nichtbestrafungs-Lösung herausgestellt, nicht aber schon deren Grundidee widerlegt haben; vielmehr enthält die Kritik sogar einige entwicklungsfähige Ansätze für eine die Schwächen aller bisherigen Entwürfe vermeidenden prinzipiellen *Neuorientierung*.

1. Daß der von der zuvor herrschenden Rspr. verfolgte Pfad in eine Sackgasse geführt hat, zeigt sich *sowohl* an ihren unbehebbaren inneren Widersprüchen (**1.** Ein dem Staat voll zurechenbares Verhalten als Grundlage des venire contra factum proprium liegt eigentlich gerade nicht beim verbotenen Exzeß, sondern bei rechtmäßigem Handeln des Lockspitzels vor. **2.** Für die Idee des venire contra factum proprium nach Straftatprovokation spielen die Modalitäten der Provokation eigentlich überhaupt keine Rolle. 3. Es fehlt an einem berechtigten Vertrauen beim Provozierten) *als auch* an der Verschwommenheit und Konturenlosigkeit der Allerweltskriterien, mit denen sie arbeitet („Art und Ausmaß des gegen den Täter bestehenden Verdachts, Gefährlichkeit der aufzuklärenden Straftat und Umfang der Aufklärungsschwierigkeiten, Art, Umfang und Zweck der Einwirkungen durch den Lockspitzel, Tatbereitschaft und eigene, nicht fremdgesteuerte Aktivitäten

40 BGHSt 32, 353 im Anschluß an Foth, a.a.O. (Fn. 17), S, 222.
41 StrVert 1984, 179.

des Provozierten oder unvertretbares Übergewicht des Lockspitzels"[42]) und die notwendig in eine kriminalpolitisch diffuse, rein kasuistische Billigkeitsjudikatur hineinführen. Der Kardinalfehler dürfte bereits in der Übernahme des von *Franzheim*[43] formulierten, aber mit einem anderen Ziel verknüpften Basissatzes liegen, daß die entscheidende Grenze dort zu finden sei, wo der Tatprovozierte „zum Objekt staatlichen Handelns herabgewürdigt" werde. Denn diese Anleihe beim Pathos der idealistischen Philosophie, die schon in der Strafzweckdiskussion viel Verwirrung gestiftet hat, würde – auf den Lockspitzeleinsatz angewendet – allemal dessen kategorische Untersagung bedeuten, weil der Provozierte hier aus der Natur der Sache heraus notwendig Objekt staatlicher Manipulation ist, so daß die Heranziehung der genannten Formel zur Begründung einer differenzierenden Lösung ungeeignet ist. Zugleich ist dadurch die gebotene Entwicklung kriminalpolitisch relevanter Kriterien von Anfang an blockiert und eine Ausschöpfung der materiellrechtlichen Lösungsressourcen so gründlich verhindert worden, daß, um *Bruns*[44] zu zitieren, der Gesichtspunkt eines materiellrechtlichen Strafausschließungsgrundes lediglich „vom 5. Senat ganz oberflächlich angesprochen worden" ist, aber „theoretisch und praktisch keine große Rolle spielt", zumal für ihn „kaum noch jemand plädiert".

2. Tatsächlich scheint es mir nun aber evident zu sein, daß die materiellrechtlichen Lösungsmöglichkeiten den prozessualen vorangehen (weil sich Verfahrensfragen bei Verneinung der Strafbarkeit überhaupt nicht mehr stellen), daß die hier schlummernden Ressourcen in der bisherigen Diskussion bei weitem unterschätzt worden sind und daß ihre Erschließung gerade auch durch die Kritik des 1. und 2. Strafsenats nahegelegt wird, weil die denkbare Differenzierung nach *Deliktskategorien* (etwa Mord einerseits, Handeltreiben mit Betäubungsmitteln andererseits) direkt auf das materielle Recht verweist, vor dessen Kriterien die Zuläs-

---

42 Vgl. die Nachweise in Fn. 31 sowie bei Körner, Betäubungsmittelgesetz, 1982, § 31, Rdnr. 42; ferner die vorerst letzte Entscheidung des 2. Strafsenats im »alten« Duktus, NStZ 1985, 361, 362 = StrVert 1985, 227; Pfeiffer/ Miebach, NStZ 1983, 209.

43 Franzheim, NJW 1979, 2015, wo das „kantische" Argument aber noch – in sich konsequent – auf alle Provokationsfälle angewendet wurde.

44 StrVert 1984, 392 unter Anspielung auf BGH StrVert 1984, 58. Für einen Ausbau der Strafausschließungs-Lösung setzt sich dagegen Seelmann (– Fn. 17 –, S. 831) ein, der aber andererseits ibid., S, 819, 826f., den Umfang der hier schon für eine Tatbestandsreduktion schlummernden Ressourcen unterschätzt und deshalb letztlich eine eindeutige Verankerung in der Strafrechtssystematik schuldig bleibt, ohne die die seinerzeit von Niese propagierte Emanzipation der prozessualen Betrachtungsweise bei „doppelfunktionellen Prozeßhandlungen" (im vorl. Zusammenhang dazu krit. Lüderssen, FS f. Peters, S. 359f.) zu einer „Lückenbüßerfunktion" des materiellen Rechts zu eskalieren droht.

sigkeit des Lockspitzeleinsatzes (als Voraussetzung der Staatszurechnung) doch wohl *zuvörderst* Bestand haben muß.

Weil der Gesetzgeber die Rechtsfolgen des Lockspitzeleinsatzes weder ausdrücklich klargestellt noch durch „beredtes Schweigen" bei der Schaffung von Straftatbeständen und des Allgemeinen Teils des StGB bewußt implizit geregelt hat, muß zunächst anhand der allgemein anerkannten Grundsätze über den Zweck des Strafrechts entschieden werden, ob die Verursachung einer Straftat durch einen polizeilichen Lockspitzel eine Ungleichbehandlung gegenüber „normalen" Straftaten erfordert, woran sich bejahendenfalls die weitere Frage knüpft, ob dies bereits de lege lata oder erst de lege ferenda realisiert werden kann. Wegen der heute unstreitigen Aufgabe des Strafrechts, *Verletzungen von Rechtsgütern des einzelnen und der Allgemeinheit zu verhindern*, ist der Lockspitzeleinsatz bei Verletzungsdelikten und konkreten Gefährdungsdelikten[45] vorbehaltlich des Eingreifens anerkannter Rechtfertigungsgründe nicht geeignet, das Strafbarkeitsbedürfnis zu beseitigen, weil die Rechtsgüter des Straftatopfers ohne gesetzliche Grundlage nicht zur Disposition staatlicher Amtsträger stehen. Etwas anderes gilt dagegen für **abstrakte Gefährdungsdelikte**, die in Gestalt des § 29 BtMG heute im Zentrum des polizeilichen Lockspitzeleinsatzes stehen: Bei ihnen führt *zum ersten* schon eine konventionelle *restriktive Tatbestandsinterpretation*, die wegen ihrer problematischen Vereinbarkeit mit dem Rechtsgüterschutzprinzip hier ohnehin in der Regel angebracht ist, zu einer Ausfilterung vieler Provokationsfälle — so wenn etwa der einmalige Verkauf von Rauschgift an den V-Mann nicht unter das Tatbestandsmerkmal des „Handeltreibens" gem. § 29 BtMG subsumiert wird[46]. *Zum zweiten* findet die seit langem in der Diskussion befindliche Theorie, daß ex ante *absolut ungefährliche Verhaltensweisen* im Wege einer *teleologischen Reduktion* generell aus dem Anwendungsbereich der abstrakten Gefährdungsdelikte auszuscheiden sind[47], in den Lockspitzelfällen ein weitgespanntes

45 Wobei die konkreten Gefährdungsdelikte i.S.d. normativen Gefahrbegriffs zu interpretieren sind, der immer dann erfüllt ist, wenn eine naheliegende Rechtsgüterverletzung nur wegen eines in das Rechtsgüterschutzsystem nicht einplanbaren „Zufalls" ausgeblieben ist (vgl. dazu bereits Schünemann, JA 1975, 796 f. und daran anknüpfend Demuth, Der normative Gefahrbegriff, 1980). Natürlich kann es im Einzelfall gerade auch wegen der polizeilichen Überwachung u.U. an der konkreten Gefährdung fehlen, so daß dann aus diesem Grunde der Tatbestand nicht erfüllt ist.

46 Vgl. BGH StrVert 1981, 549; zust. Seelmann, a.a.O. (Fn. 17), S. 819.

47 Grundlegend Schröder, ZStW 81 (1969), 15 ff,; vgl. ferner Schönke-Schröder/Cramer, Strafgesetzbuch, 21. Aufl. 1982, Rdnr. 33, 4 vor § 306; Horn in: SK-StGB, 4. Aufl., Rdnr. 17 vor § 306; Arzt-Weber, Strafrecht Besonderer Teil, LH 2, 1983, S. 17; offen gelassen in BGHSt 26, 121; abl. Franzheim, NJW 1979, 2016. Mein eigener Vorschlag, auch bei absoluter objektiver Ungefährlichkeit jedenfalls bei subjektiver Sorgfaltswidrigkeit des Täters aus dem abstrakten Gefährdungstatbestand zu bestrafen (in JA 1975, 798), impliziert letztlich eine Strafbarkeit für einen untauglichen

und geradezu modellartiges Anwendungsfeld, weil hier **(a)** häufig die polizeiliche Überwachung eine optimale Garantie für das Ausbleiben von Rechtsgüterverletzungen liefert, **(b)** die beteiligten V-Leute nicht die gefährdete Öffentlichkeit repräsentieren, so daß viktimo-dogmatische Argumente unterstützend hinzukommen[48], und weil schließlich **(c)** das von der Polizei gesteuerte Gefahrenpotential auch dort, wo es nicht vollständig beherrscht wird (beispielsweise mag das Risiko bestehen, daß der zum Rauschgifterwerb Provozierte eine anderweitige Verkaufsmöglichkeit vorzieht), doch zumindest gegenüber dem hypothetischen Geschehensverlauf ohne polizeiliche Maßnahmen besser kontrolliert wird, so daß auch in diesen Fällen der polizeilich provozierte Betäubungsmittelbesitz im Wege einer teleologischen Reduktion aus dem Straftatbestand herausgehalten werden kann.

Zwar führt diese Konstruktion für den Provozierten noch nicht eo ipso zur Straflosigkeit, sondern nur zur Annahme eines untauglichen Versuches, der an sich gem. § 29 Abs. 2 BtMG i.V.m. §§ 22, 23 StGB mit Strafe bedroht ist. Die Möglichkeiten für eine der Lockspitzelsituation angepaßte, kriminalpolitisch vernünftige teleologische Reduktion der Strafbarkeit setzen sich hier aber fort, weil die Strafbarkeit des untauglichen Versuches nach heute herrschender Meinung (nur) durch die sogenannte *Eindruckstheorie*[49] vernünftig erklärt werden kann und infolgedessen auch nach ihren Maximen begrenzt werden muß — mit der Folge, daß ein vom Staat in seinem Interesse veranstalteter und kontrollierter „**Legalitätstest**“ anders als ein spontaner untauglicher Versuch kein Strafbedürfnis auslöst, weil er das Vertrauen der Allgemeinheit in die Geltung der Rechtsordnung nicht zu erschüttern vermag, sondern eher bestärkt.

3. Die bisher vernachlässigte materiellrechtliche Analyse derjenigen Handlungen, die aufgrund einer von einem Amtsträger verübten oder initiierten Anstiftung begangen wurden, in einem aus dem Rechtsgüterschutzprinzip entwickelten, *deliktstypenspezifischen Bezugsrahmen* führt deshalb zu dem Ergebnis, daß

Versuch, die in den Lockspitzelfällen aus den im Text anschließend dargelegten Gründen nicht angebracht erscheint.

48 Darauf hat bereits Seelmann (-Fn. 17-, S. 828f.) in allerdings nur fragmentarischer Auswertung der viktimo-dogmatischen Ansätze und ohne genügende Berücksichtigung ihrer Relevanz bereits für die Tatbestandsauslegung hingewiesen (vgl. hierzu meine Beiträge in: Schneider – Hrsg. –, Das Verbrechensopfer in der Strafrechtspflege, 1982, S. 407ff.; FS f. Faller, 1984, S 361ff. m.w.N.).

49 Näher dazu Schönke-Schröder/Eser, Rdnr. 23 vor § 22; Rudolphi, in SK-StGB, 4. Aufl., Rdnr. 13f. vor § 22; Jescheck, Strafrecht Allgemeiner Teil, 3. Aufl. 1978, S. 416; alle m.w.N, Selbstverständlich gilt diese Argumentation aber nur für die echten Lockspitzelfälle und nicht für die bloße verdeckte Observation, auch wenn deren Abgrenzung gegeneinander in Grenzfällen schwierig ist (vgl. BVerfG StrVert 1985, 177f. m. abl. Anm. v. Lüderssen) und hier nicht thematsiert werden kann.

der (für Anstifter und Angestifteten gleiche) Straflosigkeitsbereich bei den abstrakten Gefährdungsdelikten weitaus größer ist, als bisher angenommen wurde. Wo die Schwelle zur Rechtsgüterverletzung oder konkreten Gefährdung überschritten wird oder die abstrakte Gefahr der polizeilichen Kontrolle entgleitet, ist der Lockspitzel dagegen ebenso strafbar wie der Angestiftete, so daß sein vom Staat untersagtes Verhalten dem Staat ebenso wenig wie etwa eine Rechtsbeugung durch den Strafrichter zugerechnet werden kann (arg. § 362 Nr. 3 StPO, wo bei einer strafbaren Verletzung der Amtspflicht durch den Richter sogar eine Wiederaufnahme zuungunsten des Angeklagten vorgesehen wird). Der der Verfahrenshindernis-Lösung zugrunde liegende Verwirkungsgedanke versagt deshalb, und auch ein Beweisthemaverbot analog § 136a StPO halte ich im Gegensatz zu *Lüderssen*[50] für die provozierte Straftat für nicht herleitbar: Die strafbare, von der Rechtsordnung verbotene Beteiligung des agent provocateur kann mit der Vernehmungssituation, an die § 136a StPO anknüpft, von vornherein nicht verglichen werden, und die schuldhafte Erfüllung eines Straftatbestandes durch den Angestifteten, zu deren Ahndung das Rechtsgüterschutzprinzip den Staat verpflichtet, weist keine Ähnlichkeit mit der durch § 136a Abs. 3 StPO für unverwertbar erklärten Aussage auf, so daß es an der *Analogiebasis fehlt*.

4. Zu beachten bleibt lediglich der Grundsatz des *fair trial*, bei dem nun aber nicht mehr an eine den Staat treffende Zurechnung, sondern gerade umgekehrt an die Strafbarkeit des Lockspitzelverhaltens anzuknüpfen ist: Wenn ein hinreichender Tatverdacht bezüglich der Anstiftung durch den Lockspitzel besteht, so verwandelt sich (wegen der manifesten Gefahr einer Benachteiligung des Verleiteten bei isolierter Aburteilung) die gem. §§ 2,3 StPO bestehende Möglichkeit der gemeinsamen Aburteilung in eine aus dem Fairneßprinzip folgende *Rechtspflicht*, deren Verletzung einen gem. § 337 StPO revisiblen Verfahrensmangel bedeuten würde (und die seitens des Gerichts gegenüber der StA nach dem Muster des § 154d StPO durchzusetzen wäre)[51].

5. Wenn man diese (aus dem fair-trial-Prinzip rechtsschöpferisch zu konkretisierende) Verpflichtung der Strafjustiz, den Anstifter und den Angestifteten gleich

50 Lüderssen, FS f. Peters, S. 361 ff.

51 Die Einzelheiten einer solchen »Verbindungspflicht« wie auch ihre detailliertere Begründung müssen einer späteren Gelegenheit vorbehalten bleiben. Wenn die StA sich trotz hinreichenden Tatverdachts weigert, den agent provocateur ebenfalls anzuklagen, so läuft auch die hier skizzierte Lösung auf eine Einstellung des Verfahrens gegen den Angestifteten hinaus; sie vermeidet aber jedenfalls den bei der uneingeschränkten Verfahrenshindernis-Lösung drohenden, kriminalpolitisch unannehmbaren Automatismus und löst die in-dubio -Frage in der m.E. angemessenen Weise zu Lasten des strafbaren Täters, wodurch die Bedenken von Foth (-Fn. 17-, S. 222} zerstreut werden.

zu behandeln, auch auf eine etwaige Opportunitätseinstellung gem. §§ 153 ff. StPO erstreckt, so hat man nicht nur eine optimale Erfüllung des materiellrechtlichen Programmes sichergestellt (das ja im Interesse des Rechtsgüterschutzes gerade auch eine Verfolgung des Anstifters erheischt), sondern auch als durchaus erwünschte Nebenfolge jene Disziplinierung der Strafverfolgungsorgane garantiert, über deren anderweitige Herstellung man bei der gegenwärtigen Praxis nur mit einem Augurenlächeln orakeln kann. Daß die Ermittlungsbehörden wegen der hierdurch drohenden »Hineinspülung« des anstiftenden V-Mannes als Mitangeklagten in den Prozeß gegen den Verleiteten so weitgehend wie möglich versuchen werden, die provozierte Tat gem. § 154 StPO u.ä. unverfolgt zu lassen, bringt das bisher skizzierte Konzept nicht etwa durcheinander, sondern vervollkommnet es geradezu, weil dadurch die prozessualen Folgen des Lockspitzeleinsatzes auf jenes kriminelle Umfeld konzentriert werden, um dessen Aufhellung es bei dem Einsatz verdeckter Ermittlungsmethoden zentral geht und gegenüber dem die provozierte Straftat eine periphere, häufig unwillkommene, aber unter kriminalistischen Aspekten unvermeidbare Begleiterscheinung ist[52].

6. Die Problematik verschiebt sich damit auf die *Verwertbarkeit* der vom Lockspitzel anläßlich seiner Aktivitäten gewonnenen oder vermittelten Erkenntnisse *über andere Straftaten* und damit auf die Anwendbarkeit des § 136a StPO auf diejenigen Erkenntnisse, die der Beschuldigte dem Lockspitzel als *under-cover-agent* infolge einer Irreführung über dessen wahre Funktion anvertraut hat oder die der Agent im Zusammenhang mit seiner „Vertrauensstellung" beim Beschuldigten selbst in Erfahrung bringen konnte. Die Antwort hängt wiederum davon ab, ob man in § 136a StPO den Ausdruck des allgemeinen rechtsethischen Prinzips der peinlichen Korrektheit, Aufrichtigkeit und Manipulationsfreiheit der Strafverfolgung versteht – wie es seiner Entstehungsgeschichte und der vor 1933 anzutreffenden negativen Einstellung der Strafjustiz zum Lockspitzel entspricht[53]–, oder

---

52 Vgl. Seelmann, a.a.O. (Fn. 17), S. 826, sowie die in der bisherigen Rspr. des BGH genannte Zulässigkeitsvoraussetzung für den Lockspitzeleinsatz, daß es auf Art und Ausmaß des gegen den Täter bereits bestehenden Verdachtes (scil. einer früheren Straftat) sowie auf die Gefährlichkeit der aufzuklärenden Straftat und den Umfang der Aufklärungsschwierigkeiten ankomme (exemplarisch BGH NStZ 1981, 70; StrVert 1981, 276; 1984, 4).

53 Denn § 136a StPO ist – wodurch die Rigidität dieser Vorschrift erklärt wird – als Antwort auf die Ermittlungsmethoden der Gestapo in die Strafprozeßordnung eingefügt worden (vgl. nur Eb. Schmidt, Lehrkommentar Teil II, § 136a Rdnr, 3), und nachdem vor 1933 das RG in einem Urteil vom 20. 1. 1912 die Tätigkeit des Lockspitzels für „sittlich zu mißbilligen und mit der bestehenden Rechtsordnung unvereinbar" erklärt und ausgesprochen hatte, daß die Anwendung selbst von bloßen Scheinaufforderungen sich im Strafverfahren unter allen Umständen verbiete, weil es unaufrichtig und jedenfalls mit dem Ansehen der Behörden der Strafrechtspflege unvereinbar sei, wenn deren Beamte sich dazu hergäben, in gefährlicher Weise zum Verbrechen anzulocken und ob man mit der neueren Rspr. die Wertentscheidung des § 136a StPO im Lockspitzelbereich praktisch ebenso ignoriert wie die in eine ähnliche Richtung weisenden, letztlich ein argumentum a fortiori zu § 136a StPO ergebenden Überlegungen des Schrifttums, daß eine Ausspähung durch under-cover-agents die Grundrechte des Betroffenen tangiert und deshalb in Ermangelung einer Eingriffsgrundlage de lege lata verboten und prozeßordnungswidrig ist[54]. Die räumliche und (vom Vorlagebeschluß des 2. Strafsenats her vorgegebene) thematische Beschränkung dieser Rezension verbietet es, auf diese Frage hier eine endgültige Antwort zu versuchen; daß die Anknüpfung an bloße Sachzwänge der Kriminalistik und an wiederum nur daran anknüpfende eigene Entscheidungen der Strafjustiz – worauf sich die Rspr. bisher beschränkt hat[55] – eine rechtsstaatskonforme Ermächtigungsgrundlage nicht zu bezeichnen vermag und eine solche deshalb bis heute nicht namhaft gemacht worden ist, läßt sich aber jedenfalls nicht ernsthaft bestreiten.

VI. Ergebnis

1. Als *Resultat* dieser Überlegungen bleibt festzuhalten, daß die Ablehnung der bisherigen Rspr. in dem rezensierten Vorlagebeschluß im Ergebnis *begründet* ist, aber nicht wegen Richtigkeit der vom 2. Strafsenat selbst verfochtenen reinen Strafzumessungslösung, sondern wegen der Notwendigkeit einer *grundsätzlichen Neubestimmung* der Rechtsfolgen des polizeilichen Lockspitzeleinsatzes. Soweit dieser nicht – wie in weitem Umfange bei abstrakten Gefährdungsdelikten – zur Straflosigkeit auch des Angestifteten führt, kann die Strafbarkeit und die Verfolgbarkeit der provozierten Tat nicht bestritten, in einem fairen Prozeß aber nur gemeinsam mit der Aburteilung des Anstifters realisiert werden. Unberührt bleibt

---

Täuschung oder sonstige unlautere Mittel in den Dienst der Rechtspflege zu stellen (mitgeteilt bei Kohlrausch, ZStW 33 – 1912 –, 694 f.), hat der BGH erstmals im Jahre 1975 (BGH GA 1975, 333) die polizeiliche Straftatprovokation im Rahmen der Bekämpfung besonders gefährlicher oder schwer aufklärbarer Straftaten für nicht zu mißbilligen erklärt (wobei die hinzugefügte Behauptung, dies entspreche anerkannten Rechtsgrundsätzen, auf Irrtum beruhte, vgl. nur Voller, a.a.O. Fn. 36, S. 16 f.).

54 Zum Eingriffscharakter vgl. Lüderssen, FS f. Peters, S. 363 {f.; Krüger, JR 1984, 490 ff.; Dencker, FS f. Dünnebier, S. 455 f.; Voller, a.a.O. (Fn. 36), S. 61 ff.; zur Einschlägigkeit des § 136a StPO auch Hanack, in: Löwe-Rosenberg, § 136a Rdnr. 4 m.w.N.

55 Dies tritt bereits in der ersten einschlägigen Entscheidung des BGH hervor – vgl. oben Fn. 53 – und wird im Folgenden ohne Angabe von Sachgründen zu einer „gefestigten Rspr. des BGH" fortgeführt (vgl. die Nachw. bei Dencker, a.a.O. (Fn. 54), S. 451 f.), die sich nur noch um die Begrenzung, nicht aber um die Begründung der Zulässigkeit des Lockspitzeleinsatzes kümmert.

die Verfolgung des kriminellen Umfeldes, bei der aber Beweisverbote aufgrund einer im einzelnen noch näher zu bestimmenden analogen Anwendung des § 136a StPO zu beachten sind.

2. Daß diese Grundsätze die Gefahr bergen, daß die Tätigkeit von Lockspitzeln und under-cover-agents de lege lata zu einer brotlosen Kunst wird, und daß sie bei der bisher stark auf kriminalistische Sachzwänge fixierten Rspr. prima facie auf wenig Gegenliebe stoßen werden, ist mir bewußt. Vielleicht ist aber die Hoffnung doch nicht ganz eitel, daß der BGH – wohl eher noch als das in Strafrechtsproblemen mit einer gewissen Naivität gegenüber den praktischen Implikationen urteilende BVerfG[56] – durch den zwischen seinen Senaten ausgebrochenen Dissens aus der Rechtsprechungsroutine im Feld des Lockspitzeleinsatzes heraustritt und seine schlechthin epochale Verantwortung bei der Lösung der damit zusammenhängenden Rechtsprobleme erkennt, ergreift und ihr gerecht wird. Es geht – wenn man sich durch den Pulverdampf des dogmatischen Sperrfeuers den Blick auf das auf dem Spiel stehende Profil unserer Strafrechtspflege und die Machtverteilung in unserer Demokratie nicht vernebeln läßt – darum, ob seitens der Justiz kriminalistischen Sachzwängen im Bewußtsein dessen nachgegeben werden soll, daß die bisher als Kautel hinzugefügte Abwägungsklausel mit Sicherheit keine flächendeckende Kontrolle des polizeilichen Machtzuwachses zu garantieren vermag, und damit um die Frage der Verteidigung des von der Justiz dominierten Rechtsstaates oder des partiellen Rückschrittes in einen Polizeistaat. So unbestreitbar mir die von der Rspr. gebilligten Grundanliegen der Strafverfolgungsbehörden erscheinen, daß der Schutz der Rechtsgüter des Bürgers und der Allgemeinheit gegenüber den modernen Formen organisierter Kriminalität nur mit Hilfe verdeckter Ermittlungsmethoden weiterhin gewährleistet werden kann und ein unterschiedsloses Verbot dieser Methoden deshalb rechtspolitisch nicht in Betracht kommt. Für genauso evident halte ich doch andererseits die ungeheuren Gefahren dieser Kriminalitätsbekämpfungsform für die bürgerliche Freiheit und infolgedessen die Notwendigkeit, ihre Einsatzvoraussetzungen gesetzlich festzulegen und gegenüber naheliegenden Mißbräuchen wirksame institutionelle Vorkehrungen zu treffen.

3. Nicht nur wegen des schwer zu leugnenden materiellen Eingriffscharakters verdeckter Ermittlungen und im Hinblick auf das vom BVerfG freilich nicht immer

---

56 Die (womöglich nur prätendierte?) Lebens- und Praxisfremdheit des (sich auf anderen Gebieten durch eine staunenswerte rerum notitia auszeichnenden) BVerfG speziell im Strafprozeß belegen exemplarisch seine Entscheidungen zu dem KOMM-Verfahren und zur Erstattung der Verteidigerkosten (NJW 1982, 29 f.; BVerfGE 68, 237 f.), wo die Gefahren von „Fließband-Haftbefehlen" ebenso wenig erkannt werden wie die Unmöglichkeit einer engagierten Verteidigung in Wirtschaftsstrafsachen zu BRAGO-Sätzen.

ganz geradlinig behandelte *Wesentlichkeitsprinzip*[57], sondern vor allem auch wegen der eindeutigen Unzulänglichkeit des zur Zeit einzigen Sanktionsinstrumentes gegenüber unvertretbaren verdeckten Ermittlungsmethoden (der u.U. bestehenden, aber im „Insichgeschäft“ der Polizei kaum realisierbaren Strafbarkeit), ist ein Gesetz unerläßlich, das die Voraussetzungen von verdeckten Ermittlungen regelt und vor allen Dingen die Einrichtung neuer Kontrollinstitutionen vorsieht. Wie ein Blick auf die in vieler Hinsicht vergleichbare, letztlich aber weitaus harmlosere Parallele der Aushorchung des Beschuldigten durch Überwachung des Fernmeldeverkehrs zeigt, muß die Anordnung verdeckter Ermittlungsmethoden dem Richter vorbehalten und eine nachlaufende Kontrolle entweder entsprechend § 101 StPO oder in Anlehnung an Art. 1 § 9 G 10 institutionalisiert werden. Weil man sich weiterhin darüber im Klaren sein muß, daß verdeckte Ermittlungen wegen ihrer Eigendynamik nicht lückenlos aus der richterlichen Amtsstube heraus gesteuert werden können, ihre Anordnung mithin auf ein „Notstandsstrafverfahren“ hinausläuft, muß ihre Zulässigkeit über die in § 100a StPO vorgebildete Beschränkung auf schwere Deliktsformen hinaus auf die Bekämpfung der organisierten Kriminalität begrenzt werden, die sich von den herkömmlichen Formen des abweichenden Verhaltens qualitativ unterscheidet und, wie die Verhältnisse in Italien und den USA lehren, unter der Voraussetzung einer ähnlich angewachsenen Virulenz die Verschärfung des „Bürgerstrafrechts« zu einem „Bürgerkriegsstrafrecht“ notwendig machen und allein auch rechtfertigen können. Daß die Entscheidung über das Eintreten eines derartigen „Verteidigungsfalles“ wie auch die Kontrolle über die dabei ergriffenen Maßnahmen aus den Händen der mit ihrer Durchführung befaßten Polizei, die hier gegenwärtig in einzigartiger Gewaltenhäufung tätig wird, herausgenommen werde, ist ein dringendes und unverzichtbares Postulat des Rechtsstaates. Daß der Große Senat für Strafsachen, wenn er entsprechend den hier angestellten Überlegungen mangels Entscheidungserheblichkeit der Vorlagefrage schon keine Kognitionsbefugnis zu einer auf dieses Ziel hinarbeitenden Entscheidung besitzt, sich ihm doch wenigstens nicht in den Weg stellt, bleibt zu hoffen.

---

57 Vgl. einerseits BVerfGE 45, 400, 410f.; 47, 46/47, 80 ff,, andererseits 49, 89, 124ff.; 68, 1, 108f.

FÜNFTER TEIL Die Etablierung der Rügeverkümmerung durch den BGH und deren Tolerierung durch das BVerfG: 140 Jahre Rechtsprechung werden zu Makulatur

I. Problemstellung

1. Dass es die Strafprozessordnung in § 274 verbietet, das Hauptverhandlungsprotokoll nach Erhebung einer darauf gestützten Revisionsrüge nachträglich unter „Verkümmerung" dieser Rüge zu berichtigen, hat nicht nur seit den ersten Tagen des Reichsgerichts[1] einen unumstößlichen (nur in der nationalsozialistischen Zeit kurzfristig unterdrückten) Eckstein der von *Eberhard Schmidt* sogenannten Justizförmigkeit des Strafverfahrens[2] gebildet, sondern war auch schon für das preußische Recht, dessen Modell die Schöpfer der RStPO in diesem Punkt mit lückenlosem Problem- und Regelungsbewusstsein übernommen haben[3], in der Judikatur des preußischen Obertribunals anerkannt[4], also seit rund 140 Jahren in Geltung, als der 1. Strafsenat mit seinem Vorlagebeschluss vom 23.8.2006[5] den radikalen Umschwung einleitete. Nachdem der Große Senat für Strafsachen gut ein Jahr zuvor zur vermeintlich notwendigen Aufrechterhaltung der Funktionstüchtigkeit der Strafrechtspflege die Zerstörung der Grundstruktur der Strafprozessordnung durch Einführung der Urteilsabsprachen als richterliche Rechtsfortbildung toleriert hatte[6], konnte freilich mit dessen Bereitschaft gerechnet werden, Grundentscheidungen des Gesetzgebers von 1877 richterrechtlich über den Haufen zu werfen und durch die heutzutage für richtig und praktikabel gehaltenen Regelungen zu ersetzen; und das hat der Große Strafsenat dann ja auch durch Einkassierung des Verbots der Rügeverkümmerung erwartungsgemäß getan[7].

---

1 Der Große Strafsenat (BGHSt 51, 298, 304) zitiert RGSt 2, 76 und 43, 1; ebenso aber auch RGSt 3, 47; 8, 141; 9, 367; 21, 200; RG Rspr. 5, 451. Da sich später der OGH (OGHSt 1, 277 ff.) und der BGH in st. Rspr. (bereits BGHSt 2, 125; in BGHSt 51, 298, 305 zitiert der GrS selbst 18 anschließende, diesen Standpunkt bekräftigende BGH-Entscheidungen) angeschlossen haben, wird man kaum einen zweiten Grundsatz finden, der in der höchstrichterlichen Judikatur so fest und so dauerhaft anerkannt gewesen ist.

2 Lehrkommentar zur StPO und zum GVG, Teil I, 2. Aufl. 1964, S. 17 ff.

3 Der dem heutigen § 274 StPO entsprechende § 314 des Entwurfs hat sich ausdrücklich „im Einklang" mit der preußischen (und der weitaus überwiegenden sonstigen partikularen) Gesetzgebung gesehen und die Möglichkeit, den Beweis über die Förmlichkeiten der Hauptverhandlung nachträglich (!) durch (gar amtseidliche) Erklärung der Gerichtsmitglieder zu führen, ausdrücklich verworfen, s. Hahn, Die gesamten Materialien zu den Reichs-Justizgesetzen, Band 3 Abteilung 1, 2. Aufl. 1885, S. 256.

4 Pr. Obertribunal in Oppenhoff X, 562 = GA 1869, 796; GA 1870, 262; 1874, 67 zu Art. 78 des pr. Gesetzes vom 3.5.1852, der dem heutigen § 274 StPO entspricht.

5 BGH NJW 2006, 3582 ff.

6 Durch Beschluss vom 3.3.2005, BGHSt 50, 40 ff., vgl. zur Kritik nur Roxin/Schünemann, Strafverfahrensrecht, 26. Aufl. 2009, § 17 Rdn. 19 ff.

7 BGHSt 51, 298 ff.

https://doi.org/10.1515/9783110650563-006

2. Dass das BVerfG mit denkbar knapper Mehrheit[8] darin „die verfassungsrechtlichen Grenzen der richterlichen Rechtsfindung“ gewahrt gesehen hat[9], beruht entscheidend darauf, dass die Richtermehrheit eine fehlerhafte dogmatische Prämisse der BGH-Rechtsprechung für „verfassungsrechtlich nicht zu beanstanden“ erklärt hat – nämlich dass eine „planwidrige Regelungslücke“ des Gesetzes vorliege[10]. Generell ist diese Zurückhaltung der Senatsmehrheit bei der Überprüfung der von den ordentlichen Gerichten erzielten Auslegungsergebnisse zu billigen, denn sonst würde sich das BVerfG in der Tat, wie in dem in der Begründung abweichenden Sondervotum des Verfassungsrichters *Gerhardt* herausgestellt (BVerfGE 122, 302f. = Tz. 148), in die ihm nicht zukommende Rolle eines Superrevisionsgerichts hineinbegeben, weil stricto sensu jede letztlich unrichtige Auslegung eine Missachtung des Gesetzes und damit eine Usurpation legislatorischer Gewalt durch die Justiz bedeuten würde. Aber beim Verbot der Rügeverkümmerung ging und geht es (ähnlich wie übrigens in dem noch eklatanteren Fall der Urteilsabsprachen) in doppelter Hinsicht um eine Sonderkonstellation, die dem BVerfG als Wächter der Gesetzesbindung der Justiz jene akribische Nachprüfung abverlangte, die erst in dem abweichenden Votum der drei Richter geleistet worden ist: *Zum ersten* ist ja nicht irgendein kontroverses Auslegungsproblem entschieden worden, sondern es ist mit einer seit Schaffung der RStPO anerkannten und praktizierten *Strukturentscheidung* des Gesetzgebers gebrochen worden; und *zum anderen* ging es hierbei nicht um die Aufgabe der Rechtsprechung zur Streitentscheidung als unbeteiligter Dritter[11], sondern es ging um diejenigen Regeln, die das *eigene Verhalten* der Rechtsprechung selbst betreffen. Wenn die Strafgerichte aber Normen der Strafprozessordnung anwenden oder einkassieren, die ihr eigenes Procedere regeln, so handeln sie gerade nicht als unbeteiligter Dritter, sondern in eigener Sache. Diese strukturelle Kontaminierung durch eigene Interessenverfolgung ist allenthalben auch „an ihren Früchten“ greifbar – etwa in der rechtssoziologisch eindeutig belegten Verfolgung eigener bürokratischer Interes-

---

8 Die Verfassungsrichter Voßkuhle, Osterloh und Di Fabio haben ein im Ergebnis abweichendes Sondervotum abgegeben, während der Verfassungsrichter Gerhardt nur im Ergebnis zugestimmt hat.

9 BVerfGE 122, 248ff.

10 So BVerfGE 122, 258 = Tz. 39; der Große Strafsenat spricht in BGHSt 51, 298, 302 in Tz. 16 davon, dass Zulässigkeit und Beachtlichkeit einer Protokollberichtigung „im Strafprozessrecht nicht ausdrücklich geregelt“ seien, sowie auf S. 304 in Tz. 20 von einer „auslegungsbedürftigen Gesetzeslücke“.

11 Zum verfassungsrechtlichen Kernbegriff der rechtsprechenden Gewalt gemäß Art. 92 GG ist die Formel der „Streitentscheidung in einem förmlichen Verfahren am Maßstab des Rechts durch einen unbeteiligten und unabhängigen Dritten“ allgemein anerkannt, vgl. Schulze-Fielitz, in: H. Dreier (Hrsg.), Grundgesetz, Band 3, 2000, Art. 92 Rdn. 25 m.w.z.N.

sen der Justiz bei der Einführung der Urteilsabsprachen[12] wie auch etwa bei einer Gegenüberstellung der vom GrS eröffneten Möglichkeit, Protokollfehler des Tatrichters unbegrenzt zu korrigieren, mit der ständigen, die gesetzlichen Anhaltspunkte vollständig überreizenden (notabene abermals innerhalb des BGH vom 1. StS angeführten) Steigerung der formellen Anforderungen an die Revisionsbegründung, bei der dem Revisionsführer (meistens dem Verteidiger) jede Nachbesserung verwehrt wird[13]. Wenn die ordentlichen Gerichte[14] eine bei der Kodifikation geschaffene und mehr als ein Jahrhundert respektierte Verfahrensstruktur kraft Richterrechts in einer Weise verändern, die ihre eigenen Handlungsmöglichkeiten erweitert, darf es deshalb keine Einschränkung der verfassungsgerichtlichen Kontrolldichte geben[15].

3. Weil der Beschluss des GrS und/oder die Entscheidung des BVerfG nicht nur im strafprozessualen Schrifttum[16], sondern auch in dem Sondervotum der

12 Dazu habe ich mich unter Auswertung der empirischen Befunde wie auch der soziologischen Verfahrenstheorie bereits in meinem Juristentagsgutachten „Absprachen im Strafverfahren", 1990, S. 27 ff., 50 ff.; ferner in Fs f: Heldrich, 2005, S. 1177 ff., detailliert geäußert; dass gerade diese empirisch abgesicherten Erkenntnisse bei der Diskussion der Absprachen von den interessierten Kreisen mit Stillschweigen übergangen worden sind, kann ich nur mit der klassischen Erkenntnis „cum tacent, clamant" quittieren.

13 Nachweise bei Roxin/Schünemann (Fn. 6), § 45 Rdn. 9 f., § 55 Rdn. 37, 47, zur Aushöhlung der Verfahrensgarantien durch überzogene Anforderungen an die Substantiierungs- und Rügelast. Weit. Nachw. zur signifikant höheren Abweisungsquote in Bezug auf Revisionen der Verteidigung speziell beim 1. Strafsenat unter dem Vorsitz von Nack bei Barton, FS f. Fezer, 2008, S. 333 ff., und zu dem für diesen typischen „qualifizierten Begründungsfehler" als Indikator einer „Verschärfungsattitüde" bei Schünemann, FS f. Mehle, 2009, S. 613 ff.

14 Dasselbe gilt natürlich auch für die anderen Gerichtszweige. Ich möchte nur bewusst vermeiden, zur Abgrenzung von den Verfassungsgerichten von „einfachen Gerichten" zu sprechen, was international schon zu manchem peinlichen Missverständnis geführt hat, wenn es vom Dolmetscher mit „simple courts" übersetzt wird.

15 Zwar hat die Mehrheitsmeinung der BVerfG-Entscheidung den Standpunkt des GrS, dass Zulässigkeit und Beachtlichkeit einer Protokollberichtigung im Strafprozessrecht „nicht ausdrücklich geregelt" seien (BGHSt 51, 302 Tz. 16) und dass deshalb die Rechtsprechung „insoweit eine auslegungsbedürftige Gesetzeslücke" angenommen hätte (BGHSt 51, 304 Tz. 20), nicht allein unter Hochstilisierung zu einer „planwidrigen Regelungslücke" (BVerfGE 122, 258 = Tz. 39) schlicht übernommen, sondern in E 122, 258 ff. = Tz. 40–48 einer gewissen Prüfung unterzogen, sich dabei aber vollständig in den – wie noch darzulegen ist: notwendig in die Irre führenden – Gedankengang des GrS einbinden lassen und dadurch in der Sache keine kritische verfassungsrechtliche Nachprüfung, sondern eine Art Akklamation vollzogen.

16 Beulke, FS. f. Böttcher, 2007, S. 17 ff.; Fezer, FS f. Otto, 2007, S. 901 ff.; Momsen, FS f. Egon Müller, 2008, S. 457 ff.; Dehne-Niemann, ZStW 121 (2009), 321 ff.; w. N. b. Gemählich, FS f. Stöckel, S. 225, 234 Fn. 53, freilich selbst mit der Übernahme der irrigen Auffassung, das Gesetz sage zu der Frage nichts (S. 235), und am Ende mit dem außerhalb jeder dogmatischen Relevanz liegenden Argument der „Sparzwänge der öffentlichen Haushalte" (S. 243).

dissentierenden Richter bereits eine eingehende kritische Würdigung erfahren haben[17], kann es nicht Aufgabe dieser Rezension sein, die Details der Kontroverse ein weiteres Mal zu wiederholen. Nachfolgend soll deshalb nur und vor allem an denjenigen Punkten eingehakt werden, an denen im Vorlagebeschluss des 1. StS und anschließend im Beschluss des GrS die Problemanalyse durch eine methodisch falsche Weichenstellung von vornherein auf ein falsches Gleis gerät.

II. Keine Gesetzeslücke, sondern eindeutiges gesetzliches Verbot der Rügeverkümmerung

1. Den Ausgangspunkt sowohl für den Vorlagebeschluss des 1. StS als auch für den Beschluss des GrS bildet die in der Entscheidung des BVerfG zur „planwidrigen Regelungslücke" hochstilisierte Annahme, der Gesetzgeber habe vom Erlass der RStPO bis heute bezüglich des Verbots der Rügeverkümmerung gar keine eigene, klar feststellbare Entscheidung getroffen, vielmehr beruhe der Grundsatz auf Rechtsprechung und könne „durch Rechtsprechung geändert werden" (BGHSt 51, 308, Tz. 39). Dass diese Annahme „nicht nachvollziehbar" ist, haben bereits die drei dissentierenden Bundesverfassungsrichter in ihrem Sondervotum nachgewiesen (wörtlich E 122, 287 = Tz. 107). An dieser Stelle brauchen deshalb nur die drei methodischen Fehlgriffe herausgearbeitet zu werden, die für dieses falsche Ergebnis verantwortlich sind.

a) Bereits im Vorlagebeschluss des 1. StS findet sich die erste falsche Weichenstellung in Gestalt des rhetorischen Kunstgriffs, das Verbot der Rügeverkümmerung als das eigentliche Problem zunächst einmal hintanzusetzen und sich zuvor auf die „Zulässigkeit der – unbefristeten – Protokollberichtigung" als abstrakter, aus dem konkreten Verfahrenszusammenhang gelöster Kategorie zu berufen (BGH NJW 2006, 3582, 3583 Tz. 14). Der GrS hat dies übernommen (BGHSt 51, 304 = Tz. 20/21), und die Mehrheitsmeinung in der BVerfG-Entscheidung hat daraus gar gefolgert, der angegriffenen Entscheidung[18] liege eine „ständige Rechtsprechung der Revisionsgerichte in Strafsachen zugrunde, derzufolge eine nachträgliche Protokollberichtigung ohne zeitliche Beschränkung möglich und geboten ist" (E 122, 258 = Tz. 39). In Wahrheit ist die ständige Rechtsprechung genau umgekehrt verlaufen, indem sie der StPO eine klare Entscheidung des Gesetzgebers für das Verbot der Rügeverkümmerung durch Protokollberichtigung ent-

17 BVerfGE 122, 282ff.

18 Bei der es sich prozessual natürlich weder um den Vorlagebeschluss noch um den Beschluss des GrS, sondern um die daraufhin vom 1. StS am 23.8.2007 beschlossene Revisionsverwerfung (NStZ 2007, 719) handelte.

nommen und lediglich eine rügebestätigende Protokollberichtigung nach einigem Schwanken in Form einer teleologischen Reduktion des Gesetzes zugelassen hat. Indem der 1. StS, der GrS und die Mehrheitsmeinung der BVerfG-Entscheidung zunächst von der Regel einer unbefristeten Korrigierbarkeit des Protokolls ausgegangen sind und erst danach die Frage nach einer Ausnahme erörtert haben, haben sie ein von der StPO überhaupt nicht geregeltes Institut (die Protokollberichtigung) gewissermaßen als trojanisches Pferd zur Konstruktion einer Gesetzeslücke benutzt, in der man sodann natürlich vergebens nach der ausdrücklichen Statuierung einer Ausnahme durch den Gesetzgeber suchen musste – während genau umgekehrt das Verbot der Rügeverkümmerung auf einer im Gesetz klar zum Ausdruck gekommenen und bewussten, sogleich i.E. zu belegenden legislatorischen Entscheidung beruht, die man also nicht etwa erst (und dann ab ovo vergeblich) in dem „schwarzen Loch" des der StPO nicht bekannten Instituts „Protokollberichtigung" suchen müsste.

b) Des weiteren wird die Auffindung der legislatorischen Entscheidung durch die nächste falsche Weichenstellung zumindest erschwert, die sich abermals bereits im Vorlagebeschluss des 1. StS in Gestalt der Formulierung des traditionellen Grundsatzes findet, „dass eine Protokollberichtigung einer zu Gunsten des Angeklagten (sic!) erhobenen Verfahrensrüge nicht den Boden entziehen darf"[19]. Denn es geht bei diesem Institut nicht um eine Vorschrift zum Schutz des Angeklagten, sondern um ein *Strukturprinzip* des Revisionsverfahrens, das bekanntlich nicht nur vom Angeklagten, sondern auch von der Staatsanwaltschaft (§ 301 StPO) oder dem Nebenkläger (§ 400 StPO) zu Lasten des Angeklagten betrieben werden kann. Wie noch zu zeigen ist, vereitelt diese Verschiebung von einer Strukturregelung zu einer Schutzvorschrift das zutreffende Verständnis der legislatorischen Entscheidung und verleitet darüber hinaus zum Einsatz deplazierter Argumentationstopoi wie etwa des Opferschutzes.

c) Dass die ständige Rechtsprechung vom Tage des Inkrafttretens der RStPO bis zum Jahre 2006 entgegen der vom GrS wörtlich übernommenen These im Vorlagebeschluss des 1. StS[20] nicht etwa der Meinung war, das Verbot der Rügeverkümmerung beruhe „auf Rechtsprechung" (sei also erst von ihr erfunden worden) und könne „durch Rechtsprechung geändert werden", sondern genau umgekehrt eine stringent aus dem Gesetz abzuleitende Norm angenommen hat – und das mit Recht! –, wird unmissverständlich durch die Entscheidung der Vereinigten Strafsenate des Reichsgerichts vom 13.10.1909[21] belegt. Um das Gewicht dieser Ent-

19 BGH NJW 2006, 3582, 3583 Tz. 15.
20 BGH NJW 2006, 3585 Tz. 39 (1. StS); BGHSt 51, 308 Tz. 39 (GrS).
21 RGSt 43, 1ff.

scheidung angemessen einzuschätzen, muss man sich vor Augen führen, dass die Vereinigten Strafsenate des RG nicht wie der GrS aus einem Richterausschuss von 11 Mitgliedern (§ 132 Abs. 5 Satz 1 GVG) bestanden, sondern im Jahr 1909 aus allen Richtern der 5 Strafsenate, also mit 35 Richtern[22] und also mit mehr als der dreifachen Richterzahl besetzt waren. Bei oberflächlicher Lektüre scheinen die Vereinigten Strafsenate zwar ebenfalls davon ausgegangen zu sein, dass das Gesetz „hier für seine Anwendung eine Lücke zeigt, die durch Auslegung ausgeführt werden muss" (RGSt 43, 4). Eine sorgfältige Lektüre der Entscheidung zeigt aber auf der Stelle, dass damit nur die simple Stufe der sog. grammatischen Auslegung[23] gemeint gewesen war, denn die Vereinigten Strafsenate lassen keinen Zweifel daran, dass „trotz des Mangels einer ... ausdrücklichen Vorschrift des Gesetzes ... aus seinen Bestimmungen eine Rechtsnorm dahin entnommen werden muss (!), dass dem Beschwerdeführer (sic!) ein prozessuales Recht auf unveränderte Beibehaltung der Grundlage seiner Rüge für die Revisionsinstanz eingeräumt und demzufolge auch der Revisionsrichter nicht berechtigt sein soll, Berichtigungen des Hauptverhandlungsprotokolls, durch die einer bereits erhobenen und durch das Protokoll bestätigten Rüge die Grundlage entzogen würde, zu berücksichtigen" (RGSt 43, 9). Die zur Begründung angeführte, zentrale „Erwägung" wird von den Vereinigten Strafsenaten ausdrücklich als „zwingend" bezeichnet und beschreibt eine logisch-systematische Auslegung, die genau so eine Rechtsfindung secundum legem bedeutet wie die grammatische Auslegung[24] und nur in Unkenntnis der juristischen Methodenlehre mit einer Lückenfüllung durch Richterrecht verwechselt werden kann. Sie lautet: „Das Gesetz, das dem Beschwerdeführer die ausschließliche und unwiderlegliche Grundlage für die Anbringung und Durchführung seiner Rüge bieten will, kann nicht wollen, dass sie ihm, nachdem er bereits bestimmungsgemäßen Gebrauch von ihr gemacht hat, wieder entzogen werden dürfte... Es bedürfte eines ganz bestimmten Anhalts, um als Willen des Gesetzes annehmen zu können, dass die also entstandene Prozesslage durch eine Berichtigung des Protokolls zu Ungunsten des Beschwerdeführers

---

22 Denn gemäß § 140 GVG a.F. entschieden die Senate des RG in der Besetzung von 7 Richtern.

23 Diese traditionelle Bezeichnung (Engisch, Einführung in das juristische Denken, 7. Aufl. 1977, S. 77ff.) ist natürlich genauso ungenau wie die Rede vom „Wortlaut als Ausgangspunkt" (Rüthers, Rechtstheorie, 4. Aufl. 2008, S. 445), denn es geht um die Bedeutung eines Wortes im allgemeinen Sprachgebrauch (Larenz/Canaris, Methodenlehre der Rechtswissenschaft, 3. Aufl. 1995, S. 141), weshalb man präziser von „alltagssemantischer" Interpretation sprechen sollte (Schünemann, FS f. Klug, 1983, S. 169, 182; ähnlich Puppe, Kleine Schule des juristischen Denkens, 2008, S. 64; zu meinem eigenen Standpunkt s. jetzt näher Schünemann, Rechtsfindung im Rechtsstaat und Rechtsdogmatik als ihr Fundament, Gesammelte Werke Bd. 1, 2020, S. 51ff., 74ff., 303ff.

24 Unstr., vgl. nur Engisch (Fn. 23), S. 78ff.; Schünemann, Rechtsfindung (Fn. 23), S. 65f.

abänderbar sein sollte. Ein solcher Anhalt ist nicht zu finden, wohl aber ein sehr bestimmter für das Gegenteil... Das Gesetz legt dem Beschwerdeführer durch die §§ 344, 345 und 352 StPO[25] hinsichtlich der Anbringung von Prozessrügen gewisse Schranken auf. Es könnte doch unmöglich dem Willen des Gesetzes entsprechen, dass zwar der Beschwerdeführer sich über die Anbringung oder Nichtanbringung einer Prozessrüge und die hierfür maßgebenden Tatsachen innerhalb der ihm gestellten Frist Klarheit verschaffen und sich schlüssig machen müsste, den Urkundspersonen aber unbeschränkt – auch nach Ablauf jener Frist – gestattet sein sollte, einen im Protokoll beurkundeten Sachverhalt, nachdem sich der Beschwerdeführer für seine Zwecke bereits darauf berufen hat, noch mit Beweiskraft im Sinne des § 274 StPO zu ändern" (RGSt 43, 9).

Es geht also, wie die Vereinigten Strafsenate zutreffend erkannt haben, beim Verbot der Rügeverkümmerung um eine sich aus dem Zusammenspiel der §§ 274, 344, 345 und 352 StPO zwingend ergebende *Strukturregelung des Revisionsverfahrens*; und diese korrespondiert mit einem klar gebildeten und ebenso klar ausgedrückten Willen des Gesetzgebers, der im Sondervotum der dissentierenden drei Verfassungsrichter präzise herausgearbeitet worden ist[26]. Weil die Beratungen der RStPO in der Reichstagskommission und im Plenum des Reichstages gegenüber dem Entwurf in diesem Punkt zu keiner sachlichen Diskussion oder Veränderung, sondern nur zu einer redaktionellen Anpassung geführt haben[27], geht das Konzept des Gesetzgebers aus den „Motiven zum Entwurf einer Strafprozessordnung" hervor. Insoweit ist zunächst zu § 313, der vollständig dem heutigen § 352 StPO entspricht, ausgeführt, dass die Beschränkung des Revisionsgerichts auf die Berücksichtigung der vom Revisionsführer zur Begründung der Verfahrensrüge vorgetragenen Tatsachen in enger Verbindung mit der (heute in § 344 Abs. 2 StPO eingestellten) Pflicht zum Vortrag der rügebegründenden Tatsachen gesehen werden müsse[28], was direkt durch die heute in § 274 StPO zu findende Vorschrift des § 314 des Entwurfs ergänzt wird, dass die als Revisionsgründe geltend gemachten Mängel der Hauptverhandlung (spätere redaktionelle Fassung: „die Beobachtung der für die mündliche Verhandlung vorgeschriebenen Förmlichkeiten") ausgenommen den Fall der Fälschung nur durch das Protokoll bewiesen werden können. Die anschließende ausführliche Begründung dieser Regelung[29] lässt klar erkennen, dass hiermit eine *unwiderlegliche Vermutung* zwecks

25 Natürlich zitierte das Reichsgericht nach der damaligen Zählung der StPO, also die §§ 384, 385, 392.
26 BVerfGE 122, 286 ff. = Tz. 107 ff.
27 Hahn (Fn. 3), S. 1039.
28 Hahn (Fn. 3), S. 253 f.
29 Hahn (Fn. 3), S. 156 – 158.

Freihaltung des Revisionsverfahrens von Kontroversen über den Hergang der tatrichterlichen Hauptverhandlung geschaffen werden sollte, und zwar vor allem auch *zu Lasten des Revisionsführers und demzufolge a fortiori auch zu dessen Gunsten*. Grundlegend war ausdrücklich die „Erwägung, dass Formverletzungen, welche in der Hauptverhandlung vorfallen konnten, ohne von einem der Mitwirkenden bemerkt zu werden, in der Regel (sic!) auch nachträglich nicht mit Zuverlässigkeit festgestellt werden können“[30]. Der Gesetzgeber wollte also ausdrücklich auch dann, wenn eine solche Feststellung ausnahmsweise mit Zuverlässigkeit möglich sein sollte, diese Frage aus dem Revisionsverfahren heraushalten, weil die Zulassung von Beweisen gegen den Protokollinhalt dem Angeklagten die Möglichkeit gewähren würde, die Rechtsbeständigkeit des Verfahrens „durch leere Ausflüchte für geraume Zeit in Frage zu stellen“ – also um derartige das Revisionsverfahren belastende und verzögernde Streitigkeiten durch eine Form der *innerprozessualen Rechtskraftwirkung* auszuschließen. Dass diese unwiderlegliche Vermutung a fortiori gelten muss, wenn sie sich zu Gunsten des Revisionsführers auswirkt, folgt sowohl aus der in den Motiven herausgestellten und nach wie vor in § 352 StPO angeordneten Beschränkung der revisionsgerichtlichen Überprüfung auf die vom Revisionsführer bei Anbringung der Revisionsanträge bezeichneten Tatsachen als auch aus der bereits erwähnten, rein redaktionell gemeinten Umformulierung, dass „die Beobachtung der vorgeschriebenen Förmlichkeiten“ nur durch das Protokoll bewiesen werden könne – womit das Schweigen des Protokolls ausdrücklich zu Gunsten des Beschwerdeführers festgeschrieben wird.

d) Dieses a fortiori-Argument, wenn sich die unwiderlegliche Beweiskraft des Protokolls einmal zu Gunsten des Revisionsführers auswirkt, ist von der Mehrheitsmeinung des BVerfG in E 122, 261 f. = Tz. 46 verkannt worden, wenn diese eine schlichte Gegenerklärung von Vorsitzendem und Urkundsbeamtem zur Rügeverkümmerung ausreichen lassen zu können glaubt und dadurch den von ihm selbst zitierten Willen des Gesetzgebers, Angriffen des Angeklagten gegen das Protokoll selbst bei diese bestätigenden „amtseidlichen Erklärungen der Gerichtsmitglieder“[31] den Erfolg zu versagen, geradezu auf den Kopf stellt. Und noch weniger lässt sich gegen die klare Entscheidung des Gesetzgebers zum Ausschluss eines Gegenbeweises gegen das Protokoll die rein sprachlich-rechtstechnische Umformulierung anführen, es gehe ja nicht um einen Gegenbeweis, sondern um

30 Hahn (Fn. 3), S. 257.

31 Denn die Verneinung einer amtseidlichen Erklärung der Gerichtsmitglieder als ein geeignetes Mittel zur Feststellung des Hergangs laut den Motiven bei Hahn, S. 258, bezieht sich auch laut BVerfGE 122, 262 = Tz. 46 a.E. gerade auf den Zweck der Vermeidung eines Missbrauchs von durch das Protokoll nicht abgedeckten Verfahrensrügen.

etwas ganz anderes, nämlich die Protokollberichtigung mit „grundsätzlichem Übergang der Beweiskraft auf die berichtigte Protokollfassung“[32]. Genau diesen Übergang hatte der GrS übrigens gar nicht im Sinn[33]. Vielmehr soll nach dessen Beschluss die Richtigkeit der Protokollberichtigung vom Beschwerdeführer in Frage gestellt werden können, woraufhin „erforderlichenfalls weitere dienstliche Erklärungen und Stellungnahmen der übrigen Verfahrensbeteiligten einzuholen sind“ (BGHSt 51, 316 Tz. 63), bis dann letztlich die Richtigkeit der Protokollberichtigung vom Revisionsgericht im Freibeweisverfahren zu überprüfen sei (BGHSt 51, 317 Tz. 65). Worin dieses Verfahren sich von dem vom Gesetzgeber eindeutig abgelehnten Beweisverfahren über die Richtigkeit des Protokolls unterscheiden soll, ist fürwahr, um die Wortwahl der dissentierenden Verfassungsrichter zu benutzen, „nicht nachzuvollziehen“.

e) Die logisch-systematische wie die historische Auslegung führen deshalb übereinstimmend zu dem Ergebnis, dass der Gesetzgeber in § 274 StPO eindeutig das *Verbot der Rügeverkümmerung als Strukturprinzip des Revisionsverfahrens* statuiert hat. Es ist deshalb gerade umgekehrt die Zulassung einer Protokollberichtigung zugunsten des Revisionsführers durch die anfänglich in dieser Hinsicht durchaus schwankende Rechtsprechung[34], die sich nicht auf einen Willen des Gesetzgebers berufen kann und deshalb als eine teleologische Reduktion darstellt, die keinen grundsätzlichen Bedenken begegnet, wenn sie sich zu Gunsten einer für den Angeklagten eingelegten Revision auswirkt, nicht aber bei einer zu dessen Nachteil von Staatsanwaltschaft oder Nebenkläger eingelegten Revision, was freilich – soweit ersichtlich – die Rechtsprechung bisher noch nicht beschäftigt hat.

f) Zu (un)guter Letzt wird die Verzeichnung des legislatorischen Willens durch die neue Rechtsprechung dadurch auf die Spitze getrieben, dass aus der Gesetzgebung seit Inkrafttreten der RStPO vom GrS wie vom BVerfG nur das für § 274 StPO überhaupt nicht einschlägige Gesetz zur Entlastung der Landgerichte und zur Vereinfachung des gerichtlichen Protokolls vom 20.12.1974 bedacht worden ist[35], nicht aber die direkt einschlägige Einfügung der §§ 273 Abs. 4 und 271 Abs. 1 Satz 2 StPO durch das StPÄG 1964. Die Vorschrift des § 273 Abs. 4 StPO, dass das Urteil nicht zugestellt werden darf, bevor nicht das Protokoll fertig ge-

---

32 BVerfGE 122, 260 = Tz. 44.

33 So ausdrücklich BGHSt 51, 317 Tz. 65; richtig gesehen von der Mehrheitsmeinung der BVerfG-Entscheidung in E 122, 265 = Tz. 52, weshalb die dazu in Widerspruch stehende Annahme in E 122, 260 = Tz. 44, es gebe einen „grundsätzlichen Übergang der Beweiskraft auf die berichtigte Protokollfassung“, Rätsel aufgibt.

34 Noch klar ablehnend etwa RGSt 8, 141.

35 BGHSt 51, 303 Tz. 19; vollständig in dessen Kielwasser BVerfGE 122, 259f. = Tz. 41f.

stellt worden ist, zielt nämlich direkt auf den Lauf der Frist zur Begründung der Revision in § 345 Abs. 1 Satz 2 StPO[36] und soll damit genau das sicherstellen, worin die Vereinigten Strafsenate des Reichsgerichts einen zwingenden Grund für das Verbot der Rügeverkümmerung gefunden haben: Der Revisionsführer soll das Protokoll als sichere Grundlage für die Ausarbeitung seiner Verfahrensrügen besitzen, was aber nicht der Fall wäre, wenn diese Grundlage hinterher durch eine Protokollberichtigung wieder entzogen werden könnte. Auch im Wortlaut des Gesetzes hat das einen deutlichen Anhalt in Gestalt des hier verwendeten Begriffs der „Fertigstellung" gefunden, weil der Ausdruck „fertig" eine Endgültigkeit und damit die *innerprozessuale Bindungswirkung* assoziiert, was schließlich auch noch dadurch unterstrichen wird, dass gem. § 271 Abs. 1 Satz 2 StPO sogar der Tag der Fertigstellung im Protokoll angegeben werden muss. Weil § 273 Abs. 4 StPO also nahtlos die Gesetzesinterpretation der Vereinigten Strafsenate des RG bestätigt, hätte der GrS dessen Einfügung in die StPO nicht mit Stillschweigen übergehen dürfen[37].

2. Die zentrale Prämisse sowohl des Vorlagebeschlusses als auch der Entscheidung des GrS, dass das Verbot der Rügeverkümmerung eine richterrechtliche Erfindung zur Lückenschließung gewesen sei und deshalb auch durch Richterrecht wieder einkassiert werden könne, hat sich deshalb als *schlechthin unhaltbar* erwiesen. Auf die innere Überzeugungskraft der Argumentationstopoi, die der 1. StS zur Begründung einer Rechtsprechungsänderung in die Waagschale geworfen hat und die sich im Kielwasser des Vorlagebeschlusses in der Entscheidung des GrS wiederfinden, kommt es deshalb nicht mehr an. Im Hinblick auf die eingangs getroffene Feststellung, dass der BGH zunehmend den Inhalt der in der

36 BGHSt 27, 80, 81.

37 Noch unzulänglicher ist die Erwägung im Vorlagebeschluss des 1. StS, dass es der im Beschluss des 4. StS zumindest für erforderlich erklärten erneuten Urteilszustellung (BGH NStZ-RR 2006, 273, Tz. 11; notabene hatte der 4. StS dies nur zusätzlich als Bedenken gegenüber der Zulässigkeit des Anfrageverfahrens geltend gemacht und im Kern am Verbot der Rügeverkümmerung festgehalten) deshalb nicht bedürfe, weil auch ein mangelhaftes Protokoll nach Vollzug der Unterschriften „fertig gestellt" sei (BGH NJW 2006, 3587 Tz. 51). Der in der Entscheidung der Vereinigten Strafsenate des Reichsgerichts hervorgehobene systematische Zusammenhang zwischen dem Protokollinhalt und der Begründung der Verfahrensrevision wird dabei ebenso übersehen, wie die berechtigten Interessen des Revisionsführers beiseite geschoben werden, der gerade auch nach der Rechtsprechung des 1. StS bei größeren Prozessen für die Ausführung der Verfahrensrügen mitsamt sämtlichen sog. Negativtatsachen (Nachw. b. Roxin/Schünemann, Strafverfahrensrecht, § 55 Rdn. 47) innerhalb eines Monats zu einer Beschränkung des Vortrages nach dem Maß der Erfolgschancen gezwungen ist und deshalb zumindest die Möglichkeit haben müsste, eine ihm durch Protokollberichtigung verkümmerte, ex ante erfolgversprechende Verfahrensrüge durch weniger aussichtsreiche und deshalb zunächst zurückgestellte Rügen zu ersetzen.

RStPO vorgenommenen Kodifikation nach eigenem Gutdünken beiseite schiebt und hierbei in Umkehrung der Hierarchieregeln unserer Demokratie in den gesetzgebenden Gremien willige Gefolgschaft findet[38], erscheint es jedoch nicht überflüssig, auch die intrasystematische Schlüssigkeit der vom BGH angeführten Sachargumente zu überprüfen.

III. Die Unbehelflichkeit des Arguments aus der materiellen Wahrheitsfindung

Das zentrale Sachargument für die Einkassierung des Verbots der Rügeverkümmerung besteht nach Auffassung des Vorlagebeschlusses darin, dass auch die Revisionsgerichte der Wahrheit verpflichtet seien, weshalb es nicht mehr akzeptabel sei, Urteile aufgrund eines fiktiven Sachverhalts wegen eines Verfahrensfehlers aufzuheben, der nach dem Inhalt des berichtigten Protokolls tatsächlich nicht vorliege[39]. Aber diesem Argument ist bereits vom 4. StS mit Recht entgegen gehalten worden, dass es zirkulär ist (weil es die unwiderlegliche Vermutung des § 274 StPO, die eine Beweiserhebung gerade abschneidet, mit der Voraussetzung der Unrichtigkeit des Protokolls widerlegen will) und dass es das nur eingeschränkte Prüfungsrecht im formenstrengen Revisionsrecht verkennt[40]. Darüber hinaus ist abermals „nicht nachzuvollziehen", wie die rügeverkümmernde Protokollberichtigung mit dem Prinzip der materiellen Wahrheit legitimiert werden kann, wenn gleichzeitig der Ausschluss des Unrichtigkeitsnachweises durch § 274 StPO, der ja die materielle Wahrheit ebenso beiseite schiebt, nicht beanstandet wird. Am Verblüffendsten ist aber, dass das Argument von der Verpflichtung der Revisionsgerichte auf die Wahrheit dem BGH so leicht von den Lippen geht, nachdem er selbst in neuerer Zeit durch die Entwicklung zahlreicher der StPO unbekannter Institute wie der Widerspruchslösung, der Konnexität bei Beweisanträgen und des Vortrages von Negativtatsachen in der Revisionsbegründung[41] dafür gesorgt hat, dass der Erfolg einer Verfahrensrevision nur noch wenig von der Wahrhaftigkeit eines für das Urteil kausalen Verfahrensfehlers und weitaus mehr vom Scheitern

38 Besonders eklatant in Gestalt des Verständigungsgesetzes vom 3.8.2009 (BGBl. I S. 2353), das in seinem § 257 c StPO sogar noch hinter den faute de mieux vom 4. StS geforderten Minimalkautelen zurückbleibt, siehe Fischer, StraFO 2009, 177 ff.; Schünemann, ZRP 2009, 104 ff.; Roxin/Schünemann, Strafverfahrensrecht, § 44 Rdn. 64 f.

39 BGH NJW 2006, 3585 Tz. 36 f.; übernommen vom GrS in BGHSt 51, 309 Tz. 42.

40 BGH NStZ-RR 2006, 273 Tz. 21.

41 Nachw. b. Roxin/Schünemann, Strafverfahrensrecht, § 24 Rdn. 34, § 45 Rdn. 10, § 5 Rdn. 47.

des Revisionsführers an den von der Rechtsprechung immer spitzer ausgebauten formellen Klippen abhängt.

IV. Die Unbehelflichkeit der auf die Moral der Verfahrensbeteiligten abzielenden Argumente

1. Nach Meinung des 1. StS soll die über ein Jahrhundert gültige Rechtsprechung letztlich „von einem nicht gerechtfertigten Misstrauen in die Redlichkeit der Urkundspersonen getragen" worden sein[42]. Aber diese Unterstellung ist durch nichts begründet, wie beispielsweise die Stellungnahme des Oberreichsanwalts vor den Vereinigten Strafsenaten belegt, die in bemerkenswerter Objektivität folgendes hervorhebt: „Für die bisherige Ansicht spreche endlich auch ein wichtiges psychologisches Moment ... Da die Urkundspersonen bei der Fülle der von ihnen wahrzunehmenden Termine in die Notwendigkeit versetzt würden, fortgesetzt amtliche Zeugnisse über gleichliegende und ähnliche Fälle auszustellen, könne ihre Erinnerung nur eine unsichere sein, und es könne sich dann unbewusst und ungewollt die Folgerung einstellen, der gerügte Prozessverstoß sei, weil in so viel anderen Sachen nicht begangen ..., auch vorliegend nicht begangen... Ihre Beachtung leite sich aus der menschlichen Natur überhaupt her, nicht aus einem Misstrauen gegen die Pflichttreue der Urkundsperson." (RGSt 43, 3).[43]

2. Im Gegensatz zu der untadeligen Einstellung der Urkundspersonen glaubt der GrS „in einer veränderten Einstellung der Strafverteidiger zu der Praxis, auf unwahres Vorbringen Verfahrensrügen zu stützen", einen Grund dafür gefunden zu haben, „die Zurückhaltung bei der Berücksichtigung der Protokollberichtigung aufzugeben"[44]. Aber das ist erstens ein weiterer Zirkelschluss, weil die Frage, ob unwahres Vorbringen vorliegt, durch § 274 StPO ja gerade abgeschnitten wird; und zweitens heißt es, das Kind mit dem Bade ausschütten, wenn wegen

42 NJW 2006, 3585 Tz. 38.

43 Die Verteidigung der Redlichkeit der Urkundspersonen wird im Vorlagebeschluss in Tz. 57 abschließend „nochmals" betont. Dem Hinweis auf die nachlassende Erinnerungskraft wird in Tz. 39 entgegengehalten, er stamme „aus einer Zeit, als es die Vorschrift über die Urteilsabsetzungsfristen noch nicht gab" – difficile est, satiram non scribere, wenn man sich vor Augen führt, dass der Hinweis ja aus den 70er und 80er Jahren des 19. Jahrhunderts stammt, als die Urteile nicht selten komplett ins Sitzungsprotokoll aufgenommen wurden und regelmäßige monate- oder jahrelange Hauptverhandlungen, wie sie heute häufig sind, ins Reich der Fabel verwiesen worden wären, von den vom Gesetzgeber in geradezu rechtsstaatswidriger Weise eröffneten Unterbrechungsmöglichkeiten im heutigen § 229 StPO (dazu Roxin/Schünemann, Strafverfahrensrecht, § 44 Rdn. 8 f.) ganz abgesehen.

44 BGHSt 51, 311 ff., Tz. 48–54.

möglicher Missbrauchsfälle, die nach dem eigenen Eingeständnis des GrS „allerdings regelmäßig nicht leicht nachweisbar sind" (Tz. 55), und für die außerdem auch schon andere, in ihrer Berechtigung hier nicht weiter zu untersuchende Rechtsfolgen vorgesehen worden sind[45], auch für die viel zahlreicheren Fälle, in denen kein Missbrauch vorliegt, im Ergebnis dieselbe Rechtsfolge proklamiert wird. Im Übrigen hätte den GrS ein Studium der o. Fn. 4 nachgewiesenen Entscheidungen des preußischen Obertribunals darüber belehrt, dass die Gründung von Revisionsrügen auf den (sei es auch noch so unwahrscheinlichen, aber eben mit absoluter Beweiskraft ausgestatteten) Protokollinhalt selbst in der preußischen Monarchie für die Verteidiger selbstverständlich war, so dass offenbar deren Einstellung seit 140 Jahren unverändert ist.

V. Die Unbehelflichkeit der Zusatzargumente aus dem Beschleunigungsgrundsatz und dem Opferschutz

1. Offenbar hat bereits der 1. StS im Vorlagebeschluss das Argument aus der Wahrheitspflicht für nicht allein ausreichend angesehen, denn er hat hinzugefügt, dass diese Verpflichtung dadurch zusätzliches Gewicht erhalte, dass das BVerfG die Verfahrensverlängerung wegen Korrektur eines der Justiz anzulastenden Verfahrensfehlers bei der Berechnung der Überlänge eines Verfahrens mitberücksichtige, zumal es wegen des Gebots der Beschleunigung des Verfahrens insbesondere in Haftsachen nicht mehr akzeptabel sei, Urteile aufgrund eines tatsächlich nicht vorliegenden Verfahrensfehlers aufzuheben[46]. Der Sprengstoff, der in diesem Argument für das rechtsstaatlich-liberale Strafverfahren steckt, kann gar nicht explosiv genug veranschlagt werden, denn es ist offensichtlich, dass jede Minimierung oder gar Abschaffung einer Kautel für die Beschleunigung des Verfahrens sorgt, welches als Standgerichtsverfahren die allerschnellsten Ergebnisse zeitigen würde. Das ist auch keine Geisterseherei, denn das Beschleunigungsargument droht neuerdings den Topos der Funktionsfähigkeit der Strafrechtspflege bei der restriktiven Bestimmung verfahrensrechtlicher Kautelen noch zu übertrumpfen. Die Widerlegung scheint sich mir abermals bereits im Beschluss des 4. StS zu finden, wenn es dort heißt: „Der Beschleunigungsgrundsatz... findet dort seine Grenze, wo das insgesamt ausgewogene – gerade auch dem Schutz des Angeklagten dienende – Rechtsmittelrecht der Rechtskraft der

45 Nachweise ebenfalls in Tz. 55.

46 NJW 2006, 3585 Tz. 36 f.; der Satz in Tz. 37 ist freilich grammatisch misslungen und deshalb im Text in dem von mir vermuteten Sinn wiedergegeben worden.

Entscheidung entgegensteht"[47]. Und was die Sorge um die Beschleunigung in Haftsachen anbetrifft, so hat es ja der Angeklagte als Revisionsführer in der Hand, im Interesse der Beschleunigung auf seine Revisionsrüge zu verzichten[48], ganz abgesehen davon, dass ein Justizsystem, das sich um die Beschleunigung in Haftsachen ernsthafte Sorgen macht, die sog. elektronische Fußfessel aber bis heute blockiert[49], bei der Propagierung der Einschränkung von Verfahrenspositionen aus Sorge um die Haftdauer nicht besonders überzeugend wirkt.

2. Der GrS hat sich dem Vorlagebeschluss nicht nur hinsichtlich des Beschleunigungsgebots angeschlossen (BGHSt 51, 310 Tz. 46), sondern sogar gemeint, mit dem Argument des Opferschutzes noch draufsatteln zu können (Tz. 47). Nachdem bereits der Gesetzgeber in immer neuen Opferschutz- und Opferrechtsreformgesetzen die Rechtsstellung und vor allem auch die faktische Verfahrensposition des Beschuldigten immer stärker beschnitten hat[50], ist eine kumulative Zitierung des Opferschutzes als Begründung für die Einschränkung der Verfahrensposition des Beschuldigten durch die Rechtsprechung schlechterdings inakzeptabel. Das Argument ist außerdem schon in sich fehlschlüssig, weil die Einkassierung des Verbots der Rügeverkümmerung ja für alle Prozesse und nicht etwa nur für diejenigen mit besonders schutzwürdigen Opfern als Zeugen ausgesprochen worden ist.

VI. Zur Prüfungsdichte des BVerfG

1. Bemerkenswerter Weise hat das BVerfG, nachdem es eine verfassungswidrige Usurpation legislatorischer Gewalt durch den GrS (wie vorstehend dargelegt: zu Unrecht) verneint hat, in eingehender Weise zusätzlich geprüft, ob die Einkassierung des Verbots der Rügeverkümmerung nicht die Grundrechte auf effektiven Rechtsschutz und ein faires Verfahren aus Art. 2 Abs. 1 i.V.m. Art. 20 Abs. 3 GG verletzt habe (E 122, 270 ff. = Tz. 65 – 94)[51]. Dass das BVerfG dabei in seiner „Ge-

47 BGH NStZ-RR 2006, 273, Tz. 21.

48 Zutreffend Momsen, Egon Müller-FS, (Fn. 16), S. 457, 464 f.

49 Dazu Roxin/Schünemann, Strafverfahrensrecht, §§ 30 Rdn. 3; 69 Rdn. 8

50 Dazu Roxin/Schünemann, Strafverfahrensrecht, Rdn. 4 vor § 63; Schünemann, FS f. Hamm, 2008, S. 687 ff.

51 Bezüglich der Garantie des effektiven Rechtsschutzes zitiert es dabei seine eigene Rechtsprechung, wonach die Rechtsschutzgarantie zwar keinen Anspruch auf einen Instanzenzug gewährleiste, aber dann, wenn er eröffnet sei, wirksamen Rechtsschutz in allen Instanzen gebiete. Dass diese Zickzack-Argumentation als solche nicht überzeugt, soll wegen des billigenswerten Ergebnisses hier nicht weiter kritisiert werden. Doch sei immerhin angemerkt, dass es wenig einleuchtet, dass der Gesetzgeber dann, wenn er gar keinen Rechtsschutz zur Verfügung zu stellen

samtschau" eines rechtsstaatlichen Strafverfahrens auch die Erfordernisse einer funktionstüchtigen Strafrechtspflege in den Blick nehmen will (E 122, 272 = Tz. 72), erscheint trotz der im Schrifttum einflussreichen Kritik[52] im Prinzip sachgerecht[53]. Zu dieser funktionstüchtigen Strafrechtspflege gehört freilich auch, um eine rechtsstaatswidrige Engführung zu vermeiden, die Sicherstellung einer *funktionstüchtigen Strafverteidigung*, die die vom sog. Perseveranzeffekt drohende Einseitigkeit der in der Hauptverhandlung stattfindenden Beweiswürdigung zu kompensieren vermag[54]. Auch das vom BVerfG in diesem Zusammenhang durchaus mit Recht zitierte Beschleunigungsgebot (E 122, 273 = Tz. 73) ist ja nicht nur unter dem Gesichtspunkt einer „Durchsetzung des staatlichen Strafanspruchs innerhalb kurzer Zeit" zu sehen, sondern auch als Anspruch des Beschuldigten, was etwa bei Untersuchungshaft und unabweisbar länger dauerndem Verfahren die Einführung der elektronischen Fußfessel m.E. zu einem *verfassungsrechtlichen und deshalb vom BVerfG durchzusetzenden Erfordernis* macht. Die als regulatives Prinzip wirkende und nicht nur in Art. 6 Abs. 2 EMRK, sondern auch im Rechtsstaatsprinzip verankerte Unschuldsvermutung[55] gebietet deshalb, in der notwendigen ex ante-Perspektive des Strafverfahrens dem Interesse an der „Durchsetzung des staatlichen Strafanspruchs"[56] als Zwilling immer sogleich das sowohl dem Beschuldigten als auch dem Rechtsstaat eigene Interesse der Freisprechung des zu Unrecht Verdächtigten beizugesellen, ebenso wie der vom BVerfG zum Glück nur beiläufig aufgegriffene Gesichtspunkt des Opferschutzes (E 122, 274 = Tz. 75) jeder Zeit dadurch relativiert werden muss, dass der Verletzte vor Rechtskraft stets nur die Verfahrensposition eines *Opferprätendenten* haben kann.

2. Wenn in der geschilderten Weise eine Engführung der vom BVerfG benutzten Abwägungsprinzipien vermieden wird, lässt sich deshalb m.E. gegen die Handhabung dieser Prüfungsstufe durch die Mehrheitsmeinung nichts einwen-

---

braucht, im Falle einer großzügigeren Gewährung plötzlich zu völliger Effektivität gezwungen sei; während umgekehrt die Natur des Strafverfahrens als eines vom Staat betriebenen Eingriffsverfahrens ebenso wie die Garantie eines Instanzenzuges in der Strafjustiz durch Art. 14 Abs. 5 des Internationalen Paktes über bürgerliche und politische Rechte massiv dafür sprechen, dass in einem Rechtsstaat ein Instanzenzug in Strafsachen unverzichtbar ist.

52 Riehle, KritJ 1980, 316; Hassemer, StV 1982, 275; Wolter, Meyer-GS, 1990, 493; Kühne, Strafprozessrecht, 8. Aufl. 2010, Rn. 406.1; differenzierend und im Ganzen positiver Niemöller/Schuppert, AöR 107 (1982), 387; Roxin,in: Jauernig/Roxin (Hrsg.), 40 Jahre BGH, 1991, S. 66.

53 Die Renaissance dieses in der Rspr. des BVerfG eine Zeit lang in den Hintergrund getretenen (Nachw. b. Roxin/Schünemann, Strafverfahrensrecht, § 1 Rdn. 7) topos ist im Anschluss an den Aufsatz von Landau, NStZ 2007, 121, zu registrieren.

54 Dazu näher Roxin/Schünemann, Strafverfahrensrecht, § 1 Rdn. 16 und eingehend u. S. 239 ff.

55 Vgl. nur BVerfGE 35, 311, 320; 82, 106, 114.

56 BVerfGE 122, 273 f. = Tz. 73 und 75.

den. In der Sache unterscheidet sich die Kontrolle auf dieser Stufe ja nicht von der Kontrolle von Gesetzen auf ihre Verfassungsmäßigkeit, und es ist zweifellos nicht Aufgabe des BVerfG, aus Generalklauseln wie dem fair trial eine minutiöse Kodifikation ableiten zu wollen. Zutreffend ist auch die Beobachtung in E 122, 276 = Tz. 82, dass eine Tendenz der Rechtsprechung erkennbar ist, „den Einfluss von Verfahrensrügen zu begrenzen", dass aber das Prüfungsprogramm durch die Ausweitung der sog. Darstellungsrüge auch „erheblich ausgedehnt" worden ist. Unter dem Aspekt des effektiven Rechtsschutzes wirkt sich das per saldo eher zu Gunsten des Revisionsführers aus, so dass der fair trial dadurch nicht eo ipso verletzt worden ist, wohl aber insoweit, als der Beschuldigte dadurch benachteiligt wird – so dass sich die hier nicht weiter zu verfolgende Frage einer abermaligen Usurpation rechtsetzender Gewalt in malam partem stellt[57].

3. Unbeschadet der dem BGH fehlenden Legitimation zur Rechtsfortbildung contra legem durch Einkassierung des Verbots der Rügeverkümmerung würde man deshalb eine derartige (allein dem Gesetzgeber zustehende!) Rechtsänderung inhaltlich nicht als Verletzung des Rechtsstaatsprinzips qualifizieren können, sofern dem „Revisionsführer effektiver Schutz vor unberechtigten Protokollberichtigungen" gewährt wird, was das BVerfG „durch ein zu beachtendes Berichtigungsverfahren und eine Prüfungspflicht des Revisionsgerichts" für gesichert hält (E 122, 274 = Tz. 76). Freilich könnte man sich wirksamere Absicherungen vorstellen wie etwa eine als Kontrollinstrument mitlaufende Videoaufzeichnung der Hauptverhandlung. Unter dem Aspekt des „Einsatzes der modernen Technik nicht nur zu Perfektionierung der strafprozessualen Eingriffsmaßnahmen, sondern auch zum Schutz des Angeklagten"[58] spricht auch vieles für eine derartige Anforderung, doch lässt sich nicht bestreiten, dass hierbei so zahlreiche rechtliche und praktische Fragen zu berücksichtigen sind, dass dem Gesetzgeber bei der Durchführung ein erheblicher Gestaltungsspielraum zusteht. Unbeschadet dessen ist zu hoffen, dass das BVerfG in Zukunft aus den von ihm anerkannten und beifallswürdigen rechtsstaatlichen Anforderungen an den fair trial, vergleichbaren Vorbildern auf anderen Rechtsgebieten folgend, einen *Gesetzgebungsauftrag* ableiten wird, die in den letzten Jahren und Jahrzehnten unleugbare Verstärkung der Strafverfolgungsmacht im Strafverfahren durch einen kompensierenden Ausbau der Verteidigungsrechte *auszubalancieren*. Dies gilt natürlich auch für den wichtigsten Schauplatz der Demontage des von der StPO kodifizierten Strafverfahrens, die Urteilsabsprachen, bezüglich derer sich das

57 Vgl. dazu Roxin/Schünemann, Strafverfahrensrecht, § 55 Rdn. 32.

58 Zu dieser Forderung Schünemann, in: DAV-FS „Strafverteidigung im Rechtsstaat", 2009, S. 827, 844.

BVerfG in der Vergangenheit noch nicht festzulegen brauchte[59] und hoffentlich in nicht allzu ferner Zeit eine Gelegenheit bekommen und auch ergreifen wird, die einseitige Ausrichtung des Verständigungsgesetzes an vordergründigen Praktikabilitätsfragen rechtsstaatlich zurecht zu rücken.

59 Denn die hierzu vor über 20 Jahren ergangene Kammerentscheidung in NStZ 1987, 419 ist in jeder Hinsicht vorsichtig und ambivalent formuliert (Schünemann, Absprachen – Fn. 12 –, S. 143 ff.), ganz abgesehen davon, dass sie eine Senatsentscheidung ohnehin nicht präjudizieren würde.

SECHSTER TEIL **Kognition, Einstellung und Vorurteil bei der Rechtsfindung**

I. Themenabgrenzung

Umfang und Komplexität meines Themas zwingen mich zu einer inhaltlichen Beschränkung, wenn ich in dem vorgegebenen Rahmen mehr als eine tour d'horizon der zahllosen, für einen Juristen fast schon nicht mehr überschaubaren psychologischen Hypothesen und Theorien bieten will, die in irgendeiner Weise etwas zur Erklärung der Rechtsfindung beitragen können.

1. Ich beschränke mich deshalb *erstens* auf die Rechtsfindung durch den *Richter*. Zwar ist nicht zu bezweifeln, daß diese traditionelle Fokussierung eine die Erarbeitung eines Gesamtmodells ausschließende Blickverengung darstellt, weil der Spruch des Richters immer ein Produkt der Interaktion mit anderen Agenten der Rechtsfindung bedeutet, und ich werde diesem Interaktionsprozeß deshalb auch eine nachdrückliche Aufmerksamkeit zuwenden. Auf eine eigenständige Thematisierung der übrigen Rechtsfindungsrollen muß ich aber verzichten.

2. *Zweitens* beschränke ich mich auf die richterliche Tatsachenfeststellung, d.h. auf die Ermittlung der dem Urteil zugrunde zu legenden und zugrunde liegenden Fakten. Hierbei verkenne ich nicht, daß die hermeneutische These der untrennbaren Verschlingung von Norm und Sachverhalt[1] für die richterliche *Heuristik* durchaus zutrifft. d.h. daß sie das tentative Vorgehen des Norm und Sachverhalt assimilierenden Richters adäquat beschreibt. Weiterhin will ich auch nicht bestreiten, daß in der Praxis dergestalt eine Art Isomorphie von Tatfrage und Rechtsfrage vorkommt, daß der Richter die Entscheidung schwieriger Rechtsfragen mehr oder weniger bewußt durch abweichende Tatsachenfeststellungen umgeht. Beides ändert aber nichts daran, daß Rechtsfrage und Tatfrage entgegen der landläufigen gegenteiligen Behauptung[2] in logischer Hinsicht eindeutig trennbar sind, nämlich mit Hilfe der sprachphilosophischen Unterscheidung von deskriptiver und präskriptiver Sprache[3], so daß meine thematische Beschränkung auf die richterliche Tatsachenfeststellung im Prinzip durchführbar ist, auch wenn deshalb naturgemäß auf die in einem Vortrag ohnehin nicht zu leistende Gewin-

---

1 Vgl. nur W. Hassemer, Tatbestand und Typus, 1968, S. 103ff.; Hruschka, Das Verstehen von Rechtstexten, 1972, S. 70f.

2 So etwa Schwinge, Grundlagen des Revisionsrechts, 2. Aufl. 1960, S. 52f. ; Hanack, Der Ausgleich divergierender Entscheidungen in der oberen Gerichtsbarkeit, 1962, S. 138ff.; Warda, Dogmatische Grundlagen des richterlichen Ermessens im Strafrecht, 1962, S. 69; Kuchinke, Grenzen der Nachprüfbarkeit tatrichterlicher Würdigung und Feststellungen in der Revisionsinstanz, 1964, S. 67ff., 78ff.; zutr. dagegen die neuere Auffassung, vgl. zuletzt Gottwald, Die Revisionsinstanz als Tatsacheninstanz, 1975, S. 139f. m.w.N.

3 Vgl. nur Schünemann, FS f. Ulrich Klug 1, 1983, S. 178f., sowie eingehend in diesem Band, oben S. 45ff.

https://doi.org/10.1515/9783110650563-007

nung einer allgemeinen Theorie des richterlichen Handelns verzichtet werden muß.

3. Die *dritte* Beschränkung betrifft meine Rezeption der psychologischen Befunde und Erklärungsansätze, von denen ich nachfolgend diejenigen auswähle, die erstens empirisch gut bewährt, zweitens in den einschlägigen Fachkreisen anerkannt und drittens für eine psychologische Theorie der richterlichen Tatsachenfeststellung offensichtlich einschlägig und besonders fruchtbar sind. Allein durch diese Selektion kann sichergestellt werden, daß die Psychologie der richterlichen Tatsachenfeststellung nicht lediglich das Schlachtfeld der in unterschiedlichen Paradigmata verwurzelten, kontroversen sozialwissenschaftlichen Ansätze und Theorien bildet und daß die Generierung inhaltlicher Hypothesen darüber nicht auf der Strecke bleibt.

II. Untauglichkeit naiver Konzepte

Auch nach dieser Beschränkung muß, um das Ergebnis in abstracto vorwegzunehmen, eine psychologische Theorie der richterlichen Tatsachenfeststellung hochkomplex sein, weil eine ganze Anzahl von für sich allein nur begrenzt erklärungsträchtigen sozialwissenschaftlichen Ansätzen integriert und eine Fülle von Randbedingungen berücksichtigt werden müssen. Das läßt sich am besten verdeutlichen, wenn als Hintergrund bzw. als Gegenbild zunächst ein naives Konzept der richterlichen Tatsachenfeststellung skizziert wird, so wie es den geltenden Prozeßordnungen unzweifelhaft zugrunde liegt und wie es sich auch bei einer gewissermaßen eindimensionalen Ausdeutung meiner drei Schlüsselbegriffe „Kognition, Einstellung und Vorurteil“ ergibt, und wenn diese Skizze sodann durch eine ausdifferenziertere und realitätsnähere Darstellung al fresco übermalt wird.

1. Der bei Erlaß der Reichsjustizgesetze herrschende, in einen naturwissenschaftlichen und juristischen Positivismus eingebettete Kausalmonismus[4] gipfelte in der Vorstellung, daß die Welt von Kausalgesetzen beherrscht wird, durch deren Erforschung eine objektive Erkenntnis der Wirklichkeit möglich sei. Richterliche Tatsachenfeststellung bedeutet dann: *Kognition der Wirklichkeit*[5], die sich in diesem Kontext von non-kognitiven Urteilen wie z. B. einem irrationalen

---

4 Zu dessen dominierendem Einfluß auch in der Strafrechtsdogmatik vgl. Schünemann, in: ders. (Hrsg.), Grundfragen des modernen Strafrechtssystems, 1984, S. 19ff. m.w.N.

5 Das Prinzip der freien Beweiswürdigung wurde von der deutschen Prozessrechtslehre, als es sich im 19. Jahrhundert endgültig durchsetzte, nicht mehr im Sinne einer reinen Subjektivität nach dem Muster der „conviction intime“, sondern als Medium einer rationalen Erkenntnis der

Glauben oder einer Wertüberzeugung klar abheben lässt. Richterliche *Einstellungen*, hier zunächst als *fundamentale Werteorientierungen* im Sinne der amerikanischen Attitüdenforschung verstanden[6], sind danach für die Tatsachenfeststellung funktionslos und unschädlich, weil der richterliche Rückschluß von dem Inbegriff der Beweisaufnahme auf die normrelevante Wirklichkeit in dem deduktiv-nomologischen Erklärungsmodell des Hempel-Oppenheim-Schemas nur aus logischen und empirischen Elementen besteht und keine zusätzlichen Wertungen erfordert[7].

Die Wahrheit der richterlichen Tatsachenfeststellung erscheint unter diesen Aspekten nur dann gefährdet, wenn der Richter mit *Vorurteilen* an seine Aufgabe herangeht, d. h. mit einer nicht anhand von Tatsachen überprüften, die Wirklichkeit verzerrenden und extrem änderungsresistenten Vorausbeurteilung des zu entscheidenden Falles oder seiner einzelnen Komponenten[8]. Weil der Richter in solchen Fällen dann aber nach allen Prozessordnungen wegen Besorgnis der Befangenheit abgelehnt werden kann[9], scheinen die Einflußmöglichkeiten der Parteien die Wahrheitsfindung stabilisieren und dadurch zugleich die heile Welt eines den Ideen der Wahrheit und Gerechtigkeit verpflichteten Prozesses garantieren zu können. Ein in tatsächlicher Hinsicht unrichtiges Urteil wird in diesem Verständnis zum *Ausnahmefall*, der in der Justiztradition wie auch im gesellschaftlichen Kontext vollends marginalisiert wird. Denn das Institut der *Rechtskraft* schneidet in Verbindung mit der homöopathischen Dosierung der Verfahrenswiederaufnahme durch die Justiz dem Betroffenen eine Berufung auf die

---

historisch-empirischen Wirklichkeit verstanden, vgl. Planck, Lehrbuch des deutschen Civilprozeßrechts Bd. 2, 1896, S. 165: Küper FG f. Karl Peters, 1984, S. 34ff. m.z.w.N.

6 Zu diesem (der üblichen sozialpsychologischen Terminologie nicht ganz entsprechenden) Sinn des Attitüdenbegriffs vgl. etwa Rottleuthner, Richterliches Handeln, 1973, S. 80.

7 Zum H-O-Schema des deduktiv-nomologischen Erklärungsmodells vgl. allgemein Stegmüller, Probleme und Resultate der Wissenschaftstheorie und Analytischen Philosophie I, 1974, S. 75ff. Die Kritik von Rottleuthner an der Anwendung des D-N-Erklärungsmodells (a.a.O. – Fn. 6 –, S. 84f.) scheint eine Vermischung von der Erklärung richterlichen Handelns mit der Erklärung des Beweisergebnisses seitens des Richters durch den Schluss auf die Tat darzustellen: Die „Narrativität" der Sachverhaltsmerkmale (a.a.O., S. 85) betrifft erstens die Erklärung der Beweisaufnahme seitens des Richters durch die Überzeugung von der Tat und ist zweitens eine bloße Umschreibung der Tatsache, daß hierfür naturgemäß eine ganze Anzahl von Randbedingungen zusammenkommen müssen. Hingegen betrifft die Voraussagbarkeit des Verhaltens von Richtern in anderen Fällen (a.a.O. S. 84) die Erklärung richterlichen Handelns, die aber naturgemäß nicht mit der vom Richter selbst vorgenommenen Erklärungs-Tätigkeit verwechselt werden darf.

8 Zu dieser vorläufigen Definition_vgl. die Zitate bei Schäfer-Six, Sozialpsychologie des Vorurteils, 1978, S. 14–16.

9 Vgl. §§ 42ff. ZPO, 24ff. StPO, 173 VwGO.

Unrichtigkeit des Urteils regelmäßig ab[10], und dass auch die Gesellschaft der rechtskräftig unterlegenen Prozeßpartei keine Kränze flicht, wissen wir nicht erst seit *Luhmanns* systemtheoretischen Überlegungen zur Legitimation durch Verfahren[11].

2. Die Wirklichkeit der richterlichen Tatsachenfeststellung wird dem skizzierten, geradezu hagiographischen Modell freilich nur sehr bedingt gerecht, weil die darin unterstellte Möglichkeit einer objektiven Informationsverarbeitung erstens die besonderen Probleme des prozessualen Erkenntnisgegenstandes und zweitens der prozessualen Erkenntnismittel vernachlässigt, weil sie drittens die allgemeinen anthropologischen Schranken der Informationsverarbeitung übersieht, weil viertens aus der Richterrolle und fünftens aus der Prozeßstruktur spezifische Hemmnisse und Verzerrungen der Informationsverarbeitung erwachsen und weil schließlich sechstens die Interaktion zwischen Sender und Empfänger unberücksichtigt geblieben ist.

3. Ich will versuchen, die dieserhalb notwendigen Modellkorrekturen, die letztlich in ein neues Konzept der richterlichen Tatsachenfeststellung integriert werden müssen, so konzentriert wie möglich zu entwickeln, wobei die in meinem Thema angesprochenen psychologisch verankerten Beschränkungen der Wahrheitsfindung im Vordergrund stehen sollen.

III. Konditionalprogramm und Zweckprogramm, harte und weiche Fakten

Der richterliche *Erkenntnisgegenstand* besteht je nach dem, ob die anzuwendende Norm ein Konditionalprogramm oder ein Zweckprogramm enthält, in einem Ereignis der Vergangenheit oder in einer Zukunftsprognose.

1. Ein historischer Vorgang bietet vom Erkenntnisgegenstand her keine spezifischen Probleme, wenn es sich bei ihm um ein *hartes Faktum* handelt, d. h. um einen physikalisch oder biologisch beschreibbaren und präzise abgrenzbaren Wirklichkeitsausschnitt. Überall dort, wo der normrelevante Sachverhalt sinnerfüllt, d. h. durch menschliche *Kommunikation* konstituiert ist, steht eine historische Rekonstruktion dagegen vor kaum überwindbaren Schwierigkeiten, die ich als *hermeneutische Unschärferelation* bezeichnen möchte. Eine durch menschliche Kom-

---

10 Zu den Möglichkeiten einer Wiederaufnahme des Verfahrens vgl. §§ 578 ff. ZPO, 359 ff. StPO, 153 VwGO sowie zu der starken Restriktion, die die vergleichsweise extensive strafprozessuale Regelung durch die h.M. erfährt, zuletzt Wasserburg, ZStW 94 -1982-, 314 ff., aber auch meine Kritik in ZStW 84 – 1972 –, 871 ff.

11 Vor allem in: Luhmann, Legitimation durch Verfahren, 3. Aufl. 1978, S. 122f.

munikation und Interaktion konstituierte Gesamtheit wie etwa die Zerrüttung einer Ehe, die Täuschung des Vertragspartners oder die Wehrdienstverweigerung aus Gewissensgründen wird in der rekonstruierenden Kommunikation notwendig *neu konstituiert*, so daß eine scharfe analytische Trennung von Sachverhalt und Beweisführung unmöglich ist und der Horizont der Umgangssprache die Sachverhaltsrekonstruktion ontologisch unaufhebbar begrenzt. Weiterhin folgt daraus, daß fehlerhafte Prozesse bei dem Informationssender (der Beweisperson) und dem Informationsempfänger (dem Richter) überhaupt nicht mehr oder allenfalls unter sehr großen Mühen korrigiert werden können, weil die kommunikative Kompetenz der Beweisperson in diesem Fall die Rekonstruktion nicht nur methodisch, sondern ontologisch beschränkt, ähnlich wie auf der anderen Seite Urteilsverzerrungen, die beim Richter auf Grund der sogleich noch näher zu betrachtenden Einstellungsstereotypen, Vorurteile und Fehlattributionen auftreten, von selbst quasi zu einer neuen Wirklichkeit gerinnen und deshalb besonders änderungsresistent sind. Überall dort, wo das normative Konditionalprogramm nicht an biophysikalische und deshalb harte, sondern an durch Kommunikation konstituierte und in diesem Sinne weiche Fakten anknüpft, bleibt die richterliche Tatsachenfeststellung deshalb dem Alltagshandeln verhaftet und kann sich von den für die Wirklichkeitserkenntnis hier geltenden einschränkenden Bedingungen nicht prinzipiell emanzipieren.

2. Wieder andere, aber nicht minder schwerwiegende Probleme wirft die Entscheidungsfindung im *Zweckprogramm* auf, weil die hier geforderte Prognose zwar die gleiche logische Struktur wie die wissenschaftliche Erklärung aufweist[12], bei der praktischen Anwendung aber unvergleichlich größere Schwierigkeiten bereitet, weil anstelle der bei der historischen Rekonstruktion häufig möglichen *Reduktion* der intervenierenden Variablen bei der Prognose mit deren *Explosion* zu rechnen ist. *Prognosen ohne* laufende *Rückmeldungen* sind deshalb ein eigentlich dilettantisches Unterfangen, so daß der Richter in Ermangelung einer prozessual institutionalisierten Zukunftskontrolle über seine Prognose[13] zu *Immunisierungen* gedrängt wird, die in seiner Funktion als Informations*empfänger* zu *Stereotypenbildung*, in seiner Funktion als Informations*sender* dagegen zum *Pygmalion-Effekt*, d.h. zu self-fulfilling prophecies führen[14].

---

12 Näher dazu Stegmüller a.a.O. (Fn 7), S. 153 ff.

13 Ein Beispiel bietet die Kriminalprognose, deren kümmerliche, von vorurteilsbehafteten Alltagstheorien regierte forensische Wirklichkeit selbst durch die Verbesserungsvorschläge von Frisch (in: Prognoseentscheidungen im Strafrecht, 1983, S. 49 ff. und passim) nicht von dem beschriebenen Grunddefekt geheilt würde.

14 Zum Pygmalion-Effekt als Illustrationsfall einer self-fulfilling prophecy vgl. Rosenthal-Jacobsen, Pygmalion in the classroom, New York 1968; Casparis, Zeitschr. Sozialpsych. 1980, 124 ff.; Westhoff-Berka, ibid., S. 129 f.

IV. Irrtums-Lügen-Parallelogramm und sozio-linguistischer Graben

Die spezifische Problematik der prozessualen *Erkenntnismittel* möchte ich am *Zeugenbeweis* exemplifizieren, der im Zivilprozeß und noch mehr im Strafprozess dominiert und dessen Zuverlässigkeit infolgedessen eine ganz wesentliche Prämisse korrekter Rechtsfindung abgibt. Insoweit sticht schon auf den ersten Blick ins Auge, daß die für den Richter noch zu erörternde Gefahr einer *selektiven* und asymmetrischen *Informationsverarbeitung* beim Zeugen natürlich mindestens im gleichen Ausmaße existiert bzw. mangels einer normativen Bindung des Zeugen in den der Aussage vorausgehenden Informationsverarbeitungsphasen sogar noch erheblich größer sein dürfte. Die psychologischen Prozesse der Informations-Deformation treten beim Zeugenbeweis infolgedessen in multiplikativer und bei dem berüchtigten Zeugen vom Hörensagen[15] sogar in potenzierter Form auf und werden durch zwei weitere Effekte spezifisch vitalisiert und malignisiert, die ich als das *Irrtums-Lügen-Parallelogramm* und den *sozio-linguistischen Graben* bezeichnen möchte.

1. Den Ausgangspunkt des Irrtums-Lügen-Parallelogramms bilden die wahrnehmungs- und gedächtnis-psychologischen Erkenntnisse, daß die unverzerrte und vollständige Verarbeitung, Speicherung und Abrufbarkeit eines Sinneseindruckes von der Aufmerksamkeit des Wahrnehmenden und seinen kognitiven Erwartungen auf der einen sowie von der Elaboriertheit der Verarbeitung auf der anderen Seite abhängen[16]. Verarbeitung, Speicherung und Reproduktion von Zufallsbeobachtungen weisen deshalb ein geradezu miserables Niveau auf und erbringen etwa bei Personenidentifizierungen nach neueren amerikanischen Untersuchungen nicht mehr als die Zufalls-Trefferquote[17]. Weil der Informations-

---

15 Vgl. dazu aus der neuesten strafprozessualen Diskussion BVerfGE 57, 250; BGH NJW 1980, 2088; NStZ 1981, 270; Backes, FS f. Klug II, 1983, S. 447ff.; Rebmann, NStZ 1982,315ff.; Seebode-Sydow, JZ 1980, 506ff.; Meyer, ZStW 95 (1983), 834ff.; Tiedemann-Sieber, NJW 1984, 753ff.

16 Vgl. einstweilen nur Wessells, Kognitive Psychologie, 1984, S. 90ff., 152ff.; Neisser, Kognition und Wirklichkeit, 1979, S. 68 ff

17 Näher dazu Sporer, in: Kerner-Kury-Sessar, Deutsche Forschungen zur Kriminalitätsentstehung und Kriminalitätskontrolle 6/2, 1983, S. 1200 m. w. N, ; Saks-Hastie, Social Psychology in Court, New York 1978, S. 171ff.; Penrod-Loftus-Winkler, in: Kerr-Bray (Eds.), The Psychology of the Courtroom, New York 1982, S. 149ff. Die Meinung von Undeutsch (in: FG f. Peters, 1984, S. 461), daß der Zeuge trotz seiner wohlbekannten Unvollkommenheiten im allgemeinen ein brauchbares Beweismittel darstelle, zeugt demgegenüber von einer für einen Aussagepsychologen erstaunlichen Naivität und führt sich im Grunde selbst ad absurdum, weil die Fehlerquellen eines Beweismittels durch seine Überschätzung seitens der mit seiner Beurteilung professionell befassten Rollenträger noch potenziert werden; weitaus realistischer dagegen Köhnken, Forensia abruf durch einen *Rekonstruktionsprozeß* erfolgt, nämlich durch eine Bewertung der im Gedächtnis gespeicherten Items bei gleichzeitiger Evaluation des Kontextes[18], der durch die Erwartungen des Individuums zum Zeitpunkt des Abrufes und hierüber wiederum von den plausiblen Schlußfolgerungen in der Aussagesituation gesteuert wird, muß bei allen *unbeteiligten* und deshalb i. d. R. Zufallswahrnehmungen wiedergebenden Zeugen von einer systematischen Verzerrung durch *Konfabulation* in Richtung auf den von dem Zeugen vermuteten Verfahrensstand ausgegangen werden. Bei der Gegengruppe der am Prozessgegenstand *interessierten* Zeugen wird aus ähnlichen Gründen eine systematische Verzerrung in Richtung auf ihr Interessenziel stattfinden, die durch nach meiner Beurteilung als ubiquitär anzusehende bewußte Falschaussagen noch wesentlich verstärkt wird. Denn mit dem Fortfall der ursprünglich im Meineidstatbestand aufgegriffenen transzendenten Rückbindung[19], mit der im gesamten gesellschaftlichen Leben zu beobachtenden Ersetzung moralischer durch monetäre Motive und mit der aus der Kriminalstatistik ablesbaren totalen Marginalisierung der Strafverfolgungstätigkeit bei Aussagedelikten[20] hat sich die Zeugenrolle wieder weitgehend in diejenige des mittelalterlichen *Eideshelfers*[21] zurückverwandelt, dergestalt daß die Aussage des am Rechtsstreit interessierten Zeugen eher Demonstration von group support als ein Medium der Wahrheitsfindung ist.

1984, 1ff., dessen Vorschläge zur Beseitigung von Fehlerquellen in der Wahlgegenüberstellung (etwa a.a.O. S. 4: Vergrößerung der Kulisse auf mindestens 20 Personen) in der Praxis freilich kaum durchsetzbar erscheinen – ganz abgesehen davon, daß bei ihrer Realisierung die gegenwärtige Misere des Zeugenbeweises nur in einem einzigen Punkt behoben würde.

18 Vgl. Wessells, a.a.O. (Fn. 16), S. 203ff. m.w.N.

19 Dieser im gesellschaftlichen Kontext schon seit längerem vollzogene Bedeutungswande ist in der neueren Rspr. auch normativ rezipiert worden (vgl. BGHSt -GrS- 8. 309ff.; BVerfGE 33, 239), ohne dass den dadurch ausgelösten dogmatischen Aporien (ein säkularisierter Eid bei Anrufung Gottes ist eine contradictio in adiecto, und die Strafrahmen der §§ 154, 160 StGB sind hoffnungslos widersprüchlich) im vorliegenden Zusammenhang nachgegangen zuwerden braucht.

20 Die Addition sämtlicher vor den ordentlichen Gerichten, Arbeitsgerichten, Verwaltungsgerichten, Sozialgerichten und Finanzgerichten im Jahre 1981 anhängigen Verfahren ergibt die hohe Zahl von 6.104.664 (Quelle: Statistisches Jahrbuch des Statistischen. Bundesamtes, 1984), der im gleichen Zeitraum 6.225 abgeurteilte Aussagedelikte gegenüberstehen (Quelle: Statistisches Bundesamt, Rechtspflege, Fachserie 10, Reihe 3, Strafverfolgung, 1981). Auch angesichts der Ungewißheit über die Zahl der im gleichen Zeitraum vor Gericht erstatteten Zeugenaussagen überhaupt und der unrichtigen Zeugenaussagen insbesondere dürften schon diese Basisdaten dafür sprechen, daß das Sanktionierungsrisiko einer unrichtigen Zeugenaussage verschwindend gering ist.

21 Vgl. dazu Eb. Schmidt, Einführung in die Geschichte der deutschen Strafrechtspflege, 3. Aufl. 1965, S. 83.

2. Die Ressourcen für die Tatsachenfeststellung, die nach diesem Irrtums-Lüge-Parallelogramm des Zeugenbeweises noch übrig bleiben, werden weiterhin durch die Überquerung des sozio-linguistischen Grabens zwischen Zeuge und Richter bzw. – informationstheoretisch gesprochen – durch die Informationsverluste infolge Unterschiedlichkeit der benutzten Codes dezimiert. Die vor allem für das Strafverfahren empirisch belegten, sprachlich bedingten Verständigungschwierigkeiten zwischen den juristisch gebildeten und den nicht juristisch gebildeten, insbesondere den einer anderen sozialen Schicht angehörenden Prozeßakteuren[22] können zwar mit Hilfe von Übersetzungstechniken überwunden werden, liefern aber in jedem Falle einen optimalen Nährboden für eine verzerrte und selektive Informationsverarbeitung durch den Richter.

3. Der Zeugenbeweis stellt sich damit als Prototyp eines „weichen"' Forschungsinstrumentes dar, das im Gegensatz zu „harten" Beweismitteln nach dem Muster einer Blutalkoholbestimmung oder einer technischen Unfallrekonstruktion keine verläßlichen Rückschlüsse auf den normrelevanten Sachverhalt zuläßt, sondem ein aussageschwaches, formbares und interpretationsbedürftiges Rohmaterial in den Händen des Richters abgibt. Der Frage nach dem allgemein menschlichen und spezifisch richterlichen Vermögen, mit Hilfe solchen Rohmaterials als Hauptprodukt der Beweisaufnahme zur Wirklichkeitserkenntnis zu gelangen, kommt deshalb für die Analyse und Beurteilung der richterlichen Tatsachenfeststellung eine Schlüsselfunktion zu.

V. Das Gefahrenviereck der Informations-Deformation

Die anthropologischen Schranken und Gefährdungen objektiver Wirklichkeitserkenntnis, die hiernach für eine empirische Theorie der richterlichen Tatsachenfeststellung von zentraler Bedeutung sind, kann ich ebenfalls nur exemplarisch thematisieren. Ich greife unter Orientierung an dem Grad ihrer Wichtigkeit und dem Inhalt des vorgegebenen Themas vier Komplexe heraus: erstens die Struktur und Hantierbarkeit der Obersätze; zweitens die Kapazität der Informationsverarbeitung; drittens systematische Verzerrungen, insbesondere auf Grund von Einstellungen und Vorurteilen; und viertens die Beurteilungs-Perseveranz.

1. a) Weil das im Hempel-Oppenheim-Schema im Explanans vorausgesetzte allgemeine Naturgesetz bei der richterlichen Tatsachenfeststellung niemals in ei-

22 Dazu etwa Leodolter, Das Sprachverhalten von Angeklagten bei Gericht, 1975; Schumann-Winter, in: Jahrbuch für Rechtssoziologie und Rechtstheorie 3, 1974, S. 529ff.; Dürkop, Der Angeklagte, 1977, S. 168ff.; vgl. ferner Boy/Lautmann, Oksaar und Neuland, in: Wassermann (Hrsg.), Menschen vor Gericht, 1979, S. 41ff., 83ff., 141ff.

ner alle Randbedingungen erfassenden Form zur Verfügung steht, muß der Richter mit *probabilistischen Obersätzen* auskommen, mit anderen Worten anstatt einer deduktiv-nomologischen eine induktiv-statistische Erklärung[23] ansteuern, deren besondere Schwierigkeit darin begründet liegt, daß die benötigten probabilistischen Obersätze zumeist nur in der rudimentären Form qualitativer Altagstheorien zur Verfügung stehen. Hieraus folgt als erstes, daß die richterliche Tatsachenfeststellung hinter jenem höchsten Wahrscheinlichkeitsgrad, den die auf die Beobachtungsevidenz gestützten Naturwissenschaften zu liefern vermögen und den im sozialen Kontext als Gewißheit zu bezeichnen ich mich nicht scheuen würde, so gut wie niemals erreichen kann, so daß das geläufige Verständnis der richterlichen Überzeugung als eines „Fürwahrhaltens ohne Zweifel“[24] weder normativ noch empirisch sinnvoll ist, gerade dadurch aber – worauf ich noch zurückkomme – für die Attitüdenforschung einen wichtigen Fingerzeig liefert. Zweitens läßt sich aus der Diagnose das Postulat ableiten, daß Menschen allgemein und Richter speziell überhaupt in der Lage sein müssen, auf einem diffusen Feld mit überwiegend vorwissenschaftlichen Methoden, insbesondere dem Gebrauch des common sense, zu vernünftigen und sozial akzeptierbaren Tatsachenfeststellungen zu gelangen. Das ist aus sozialwissenschaftlicher Sicht oft genug polemisch bestritten worden, indem die vom Richter hierbei als Obersätze benutzten Alltagstheorien prinzipiell ridikülisiert worden sind und dem Ergebnis jeglicher Wahrheitswert a priori abgesprochen wurde[25]. Tatsächlich war eine derart peiorative Sicht des aus der Alltagserfahrung gespeisten richterlichen Handelns aber schon im Augenblick ihrer Etablierung in Deutschland überholt, weil die seit dem Aufstieg der Attributionstheorie dominierenden kognitiven Ansätze in der Sozialpsychologie die rationale, einem wissenschaftlichen Vorgehen analoge Struktur des Alltagshandelns betonen und in ihrer schärfsten Ausprägung durch *Kruglanski* sogar jeglichen relevanten Unterschied zwischen wissenschaftlichen Erklärungen und Alltagstheorien leugnen[26]. Wenn diese Zuspitzung auch, wie ich hier im einzelnen nicht darlegen kann, über das Ziel hinausschießt, so läßt sich doch nicht leugnen, daß die kognitive Sozialpsychologie der letzten 15

23 Zu deren logischer Struktur im einzelnen Stegmüller a.a.O. (Fn 7), S 657 ff.

24 So die h. M. u. st. Rspr., vgl. für den Strafprozeß BGHSt 10, 209; Henkel, Strafverfahrensrecht, 2. Aufl. 1968, S. 351; Gollwitzer, in: Löwe- Rosenberg, Die Strafprozessordnung und das Gerichtsverfassungsgesetz, 23. Aufl. 1978, § 261 Rn. 6 m.w.N.; allgemein zur Rspr. Walter, Freie Beweiswürdigung, 1979, S. 88 ff.

25 Zur Kritik der richterlichen Alltagstheorien vgl Opp-Peuckert, Ideologie und Fakten in der Rechtsprechung, 1971, S. 98 ff., 116 ff.; Lautmann, Justiz – Die stille Gewalt 1972, S. 57 ff.: Rottleuthner, a.a.O. (Fn. 6), S. 83 ff.

26 In: Zeitschr. Sozialpsych. 1982, 150 ff. m.w.N.

Jahre den Nachweis der grundsätzlich rationalen Struktur der sozialen Informationsverarbeitung erbracht und das pauschale Verdikt über alltagstheoretisch strukturierte Tatsachenfeststellungen als selbst unwissenschaftlich dekuvriert hat[27].

b) Freilich ist damit noch nicht gesagt, daß das alltagstheoretische Vorgehen auch komplizierteren probabilistischen Abschätzungsaufgaben gewachsen ist und deshalb auch unter den zuvor geschilderten, schwierigen Bedingungen des Gerichtsverfahrens zu Tatsachenfeststellungen führt, die als objektive Wirklichkeitserkenntnis akzeptiert werden können. Tatsächlich muß nämlich die dafür erforderliche Fähigkeit des common sense, zumindest intuitiv mit mehreren probabilistschen Obersätzen gleichzeitig hantieren zu können, auf Grund von zwei *systematischen Attributionsfehlern* verneint werden, die durch zahlreiche sozialpsychologische Experimente belegt sind und die Überforderung des Alltagsverstandes durch komplexe probabilistische Fragestellungen beweisen. Alltagstheoretische Wahrscheinlichkeitsabschätzungen sind danach durch eine weitgehende *Vernachlässigung* der sog. *Basisraten* zugunsten einer *Repräsentativitäts-Heuristik* sowie bei einander überlagernden Wahrscheinlichkeiten durch eine systematische *Verfehlung* des vom Bayes-Theorem vorgezeichneten Ergebnisses gekennzeichnet.

aa) In einem bekannten Experiment von *Kahnemann* und *Tversky*[28] hatten Versuchspersonen die Wahrscheinlichkeit von Berufszugehörigkeiten zu beurteilen, wobei sie als Basisinformation die statistische Verteilung der in Betracht kommenden beiden Berufe und als Zusatzinformation eine kurze Persönlichkeitsbeschreibung der Stimulus-Person erhielten. Hierbei zeigte sich, daß die Versuchspersonen sich gänzlich auf die Persönlichkeitsbeschreibung verließen und die Basisraten vollständig ignorierten, was auch bei vielen Nachfolgeexperimenten dieser Art bestätigt wurde. Offensichtlich basiert die soziale Informationsverarbeitung also auf einer Repräsentativitäts-Heuristik, wonach die Wahrscheinlichkeit, mit der eine Person, ein Objekt oder ein Ereignis einer bestimmten Kategorie angehören, nach der Ähnlichkeit mit einem vorgestellten Idealtyp beurteilt wird und Informationen über die zugrunde liegende Häufigkeitsverteilung ignoriert oder nur ungenügend berücksichtigt werden[29].

bb) Der zweite systematische Attributionsfehler bei der Beurteilung von Wahrscheinlichkeiten läßt sich an dem Fall demonstrieren, daß die Verläßlich-

27 Vgl. nur Frey, Six und Strack, in: Frey /Greif (Hrsg.), Sozialpsychologie, 1983, S. 58f., 129, 306f.; Meyer-Schmalt, in: Frey (Hrsg.), Kognitive Theorien der Sozialpsychologie, 1978, S. 100 m.w.N.

28 In: Psychological Review 80, 237ff.

29 Vgl. dazu Schwarz, in: Frey/Greif a.a.O. (Fn. 27), S. 356ff.; Fiedler, Zeitschr. Sozialpsych. 1980, 25ff.; beide m.w.N.

keit einer Durchleuchtung der Brust mit Röntgenstrahlen zur Entdeckung bzw. zum Ausschluß einer TBC bei lungenkranken Personen 90 % und bei gesunden Personen 99 % betragen möge. Wenn jetzt aus einer großen Bevölkerung mit 1 Promille Lungenkranken eine Person durchleuchtet und als TBC-Träger eingestuft worden ist, so beträgt die Wahrscheinlichkeit, daß sie auch tatsächlich lungenkrank ist, nach dem in seinen mathematischen Grundlagen hier nicht weiter darzulegenden Bayes-Theorem[30] rund 8,3 %, während man bei einer Vernachlässigung der Basisrate auf 99 %, bei der alltagstheoretisch nicht unplausibel erscheinenden Multiplikation der Wahrscheinlichkeiten dagegen auf rund 1 Promille kommen würde. Eine auch nur annähernd korrekte Zusammenschau mehrerer probabilistischer Daten ist dem Alltagsverstande deshalb offensichtlich nicht möglich[31], wobei weitere Experimente dafür sprechen, daß speziell im Gerichtsverfahren eine Wahrscheinlichkeit nach dem heuristischen Prinzip der *„besten Trefferchance"* in subjektive Gewißheit verwandelt wird[32].

2. Die hiernach auf der Hand liegenden, ebenso grundsätzlichen wie gravierenden Vorbehalte gegenüber jeder richterlichen Tatsachenfeststellung könnten freilich dann im Ergebnis ausgeräumt werden, wenn das intuitive Fürwahrhalten des Richters in der Praxis durchweg mit so hohen und multiplen Wahrscheinlichkeiten korreliert wäre, daß die Verfehlung des Bayes-Theorems unter der Relevanzschwelle bliebe. Dies hängt aber wiederum davon ab, wieviele inhaltlich selbständige Gesichtspunkte im Rahmen ein und derselben Beweiswürdigung kraft der Kapazität des Informationsverarbeitungssystems berücksichtigt werden können. Während eine vollständige Berücksichtigung aller relevanten Daten sowohl nach dem Prinzip der maximalen Bestimmtheit bei induktiv-statistischen Erklärungen[33] als auch nach der mit der Konsensustheorie der Wahrheit intendierten idealen Kommunikationssituation[34] zur Wahrheitsfindung unerläßlich ist, haben entscheidungspsychologische Untersuchungen für hochkomplexe Entscheidungssituationen das

30 Näher dazu Sachs, Angewandte Statistik, 6. Aufl. 1984, S. 36 ff. (mit Erläuterung des Textbeispiels auf S. 38); Bender-Röder-Nack, Tatsachenfeststellung vor Gericht I, 1981, S. 191 ff.; Deinet und Perret, in: Kube-Störzer- Brugger (Hrsg.), Wissenschaftl. Kriminalistik 2, 1984, S. 201 ff., 219 ff.; Nack, in: Schmidt-Huber/Wassermann (Hrsg.), Justiz und Recht, 1983, S. 263 ff.

31 Die Behauptung von Bender-Röder-Nack, a.a.O. (Fn. 30), S. 192, daß auch ein „einfacher Polizeibeamter" das Bayes-Theorem intuitiv anwende, geht deshalb fehl und berücksichtigt insbesondere auch nicht die Entscheidungssituation des Richters, der auf Grund der Anklageerhebung regelmäßig von einer hohen Ausgangswahrscheinlichkeit ausgehen wird.

32 Vgl. Goldsmith, in: Scandinavian Journal of Psychology 1978, 103 ff., 108; ders., in: Acta psychologica 45 (1980), S. 211 ff.

33 Vgl. dazu Stegmüller. a.a.O. (Fn. 7), S. 664 ff.

34 Grundlegend Habermas, in: FS f. W. Schulz, 1973, S. 220 ff.; vgl. auch die instruktive Darstellung bei Alexy, Theorie der juristischen Argumentation, 1978, S. 134 ff.

Gesetz der unvollkommenen Informationsnachfrage bestätigt[35], das wiederum eine Konsequenz der aus der Wahrnehmungspsychologie bekannten *Begrenzung der menschlichen Informationsverarbeitungskapazität* darstellen dürfte. Weil nur eine beschränkte Anzahl von Items in einer bestimmten Zeiteinheit verarbeitet werden kann[36], muß selbst bei Unterstellung einer vollständigen Speicherung aller relevanten Prozeßdaten ihre lückenlose Abrufung und Verknüpfung bei der Entscheidungsfindung als unmöglich angesehen werden. Infolgedessen kann man aber auch nicht davon ausgehen, daß die systematischen Fehler bei der Agglomeration von Wahrscheinlichkeiten durch eine Überkompensation bei der Anzahl der verarbeiteten Informationen notwendig geheilt würden.

3. Diese somit anthropologisch vorgegebene Begrenzung der Informationsverarbeitungskapazität wirft die weitere Frage auf, wodurch die offensichtlich unvermeidbare Selektion der verarbeiteten und berücksichtigten Fakten gesteuert wird. Ist diese Selektion der Informationsverarbeitung und die daraus resultierende Verzerrung der Tatsachenfeststellung zufallsbedingt oder in irgendeiner Weise systematisch erklärbar? Um dies zu beantworten, kann man auf eine ganze Anzahl wahrnehmungs- und sozialpsychologischer Ansätze zurückgreifen, die teils in einem kognitiven, teils in einem motivationalen Paradigma verankert sind. Auf einige der wichtigsten möchte ich hier kurz eingehen.

a) Als umfassender Erklärungsansatz ist die Hypothesentheorie der Wahrnehmung anzusehen, die von *Bruner* und *Postman*[37] 1950 konzipiert wurde und von der zentralen Annahme ausgeht, daß die Wahrnehmung nicht durch die tatsächliche, sondern durch die erwartete Reizsituation determiniert wird, und die damit auffällig mit dem Dictum *Karl Poppers* korrespondiert, daß schon die Beobachtung selbst theoriegeleitet sei[38]. Wahrnehmung ist danach also nicht eine sichere Einsicht in dasjenige, was objektiv existiert, sondern eine Voraussage, die sich bewähren kann oder korrigiert werden muß[39]. Die bei einer Wahrnehmung dominante Erfahrung,

---

35 Siehe Gäfgen, Theorie der wirtschaftlichen Entscheidung, 1974, S. 207 f.; Kirsch, Einführung in die Theorie der Entscheidungsprozesse, Bd. I, 2. Aufl. 1977, S. 88 ff. m.w.N.; Witte, Das Informationsverhalten in Entscheidungsprozessen, 1972, S. 61 ff.

36 Vgl. nur Wessells, a.a.O. (Fn. 16), S. 145, sowie zur begrenzten Abrufbarkeit der abgespeicherten urteilsrelevanten Informationen Strack, in: Frey/Greif, a.a.O. (Fn. 27), S. 309; Wimmer/Perner, Kognitionspsychologie, 1979, S. 152 ff.

37 Grundlegend Bruner/Postman, in: Dennis/Lippitt (Eds.), Current Trends in social psychology, Pittsburgh 1951, S. 71 ff.; vgl. ferner Lilli in: Frey, a.a.O. (Fn. 27), S. 19 f.; ders., in: Frey/ Greif a.a.O. (Fn. 27), S. 192 ff.

38 Logik der Forschung, 5. Aufl. 1973, S. 76. **Ergänzung 2020:** Mittlerweile liefert die Theorie des *predictive processing* (vorausschauende Verarbeitung) hierfür sogar eine *hirnphysiologische* Erklärung, s. etwa Pagnoni, Progress in Brain Research 244 (2019), 299 ff.

39 Irle, Lehrbuch der Sozialpsychologie, 1975, S. 77.

die wir in der Terminologie der kognitiven Psychologie als Einstellung bezeichnen können, führt deshalb zu einer Selektivität der Aufmerksamkeit bei der Informationssuche[40], wobei ein Übermaß an Information zur selektiven Abspeicherung der am stärksten einstellungsbezogenen Merkmale führt[41]. Systematisch verknüpfte Einstellungen bilden *kognitive Schemata*, deren Benutzung von dem Grad ihrer Zugänglichkeit abhängt, die wiederum durch die zeitliche Nähe der letzten Aktivierung gesteigert wird[42]. Diese kognitiven Schemata steuern ferner nicht nur die Informations*verarbeitung*, sondern auch bei der späteren Abgabe von Urteilen den Vorgang des *Abrufens* der urteilsrelevanten Informationen[43] und entfalten damit eine durch *Rückkoppelung verdoppelte Filterwirkung*.

Eine Einstellung schließlich, die bei einer bestimmten Person permanent vorhanden ist, wird in der kognitiven Psychologie als *Attitüde* bezeichnet[44] und übt vermöge ihrer zeitlichen Dauer einen gleichbleibenden, systematisch erklärbaren Einfluß auf die Informationsverarbeitung und das Urteilsverhalten einer bestimmten Person aus.

Mit dieser Einsicht in die Wirkungsweise von Einstellungen und Attitüden ist nun allerdings noch nicht gesagt, daß ihr Einfluß für das Ziel einer objektiven Erkenntnis immer negativ sein muß, denn die durch die Attitüde bewirkte Selektion führt ja nur dann auch zu einer Verzerrung, wenn relevante Items ausgeschieden werden, nicht aber dann, wenn dadurch eine Konzentration auf die wesentlichen Punkte bewirkt wird. In den neueren kognitions-psychologischen Arbeiten wird immer wieder zu Recht betont, daß die Existenz von Einstellungen und einstellungsbedingten Selektionen nicht per se erkenntnisbehindernd, sondern zunächst einmal zur Komplextitätsreduktion unerläßlich ist und überhaupt erst die Orientierung des Menschen in einer anderenfalls für ihn chaotischen Umwelt ermöglicht[45]. Zu einer Gefahr für die unverzerrte Informationsverarbeitung werden deshalb erst *Einstellungsstereotype*, die die Aufmerksamkeit des Informationsempfängers auf bestimmte Klassen von Informationen richten und von anderen wegrichten, die also kurz gesagt zu einer Urteils-*Simplifizierung* führen[46]. Die Ste-

40 Lilli, in: Frey/Greif, a.a.O. (Fn. 27), S. 195.
41 Strack, in Frey/Greif a.a.O. (Fn 21), S. 195 .
42 Vgl. dazu Strack, a.a.O. (Fn. 41), sowie zu der damit zusammenhängenden „Heuristik der Verfügbarkeit“ Schwarz, in: Frey/Greif, a.a.O. (Fn. 27), S. 357f.
43 So Strack, a.a.O. (Fn. 41).
44 Irle a.a.O. (Fn. 39), S. 78.
45 Vgl. z.B. Lilli, Soziale Akzentuierung, 1975, S. 68, 83; Rohracher, Einführung in die Psychologie, 10. Aufl. 1971, S. 395f.; Graumann, in: Metzger (Hrsg.), Allgemeine Psychologie I 1 (Hdb. d. Psych. I 1), 1966, S. 1074f.
46 Näher dazu Irle, a.a.O. (Fn. 39), S. 105.

reotypisierung führt zur sozialen *Akzentuierung*, nämlich zu einer systematischen *Überschätzung* der sog. *Zwischenvarianz*, d.h. der Unterschiede zwischen den bei der Stereotypisierung gebildeten Klassen, und zu einer systematischen *Unterschätzung* der *Binnenvarianz* , d.h. der Unterschiede der zu ein und derselben Klasse gehörenden Stimuli[47], wobei diese Akzentuierung umso größer ist, je stärker die attribuierten Wertunterschiede zwischen den Klassen sind[48].

b) Dieser Gesichtspunkt leitet über zu *motivationalen* Erklärungen der Informationsselektion, für die ich exemplarisch die Theorie des *sozialen Vorurteils* herausgreifen möchte, wobei unter Vorurteil in diesem Sinne eine stereotype und gegen Änderungen extrem *resistente soziale Attitüde*[49] zum Zwecke der Abgrenzung und Aufwertung der Eigengruppe gegenüber Fremdgruppen, der Stärkung von Solidarität und Gleichgewicht in der Eigengruppe und der Aufrechterhaltung bestehender Machtverhältnisse zwischen Gruppen[50] zu verstehen ist. In sozialpsychologischen Experimenten ist hierzu beispielsweise nachgewiesen worden, daß der *Interklasseneffekt*, d.h. die Überschätzung der Zwischenvarianz, bei Personen mit starken Vorurteilen gegenüber Afroamerikanern in der Form zu einer Fehlverarbeitung optisch dargebotener Informationen führt, daß Afroamerikaner schwärzer wahrgenommen werden, als sie tatsächlich sind, so daß also bei Existenz eines Vorurteils selbst harte Informationen einer Verarbeitungsverzerrung unterliegen[51]. Der deformierende Einfluß eines Vorurteils auf die Verarbeitung weicher Informationen folgt hieraus a fortiori und bedarf wohl keiner weiteren Erläuterung.

c) Mit Rücksicht auf den beschränkten Raum möchte ich darauf verzichten, noch andere Erklärungsmöglichkeiten für Selektions- und Verzerrungseffekte vorzuführen, wie etwa den informations-psychologischen *Redundanz-Effekt*[52] oder die Theorie der *kognitiven Dissonanz*, auf die ich sogleich noch in anderem Zusammenhange eingehen werde. Statt dessen will ich mich der für mein Thema weitaus wichtigeren Frage zuwenden, ob Grund zu der Annahme besteht, daß bei Richtern gleichgerichtete Prozesse der Stereotypisierung und Vorurteilsbildung ablaufen und infolgedessen eine allgemeine Erklärung von in Gerichtsverfahren stattfindenden Informations-Deformationen möglich ist.

---

47 Irle, a.a.O. (Fn. 39), S. 106f.; Lilli, a.a.O. (Fn. 45), S 69ff.: ders., Grundlagen der Stereotypisierung, 1982, S. 12ff., 124; Etzel, Zeitschr. Sozialpsych. 1977, 234ff.; Rosch, ibid., 1980, 274ff.

48 Vgl. Irle, a.a.O. (Fn. 39), S. 108; Schäfer/Six, a.a.O., (Fn. 8), S. 47.

49 So die Definition von Irle, a.a.O. (Fn. 39), S. 385f.

50 So Six, in: Frey/Greif, a.a.O. (Fn. 27), S. 366, wodurch die hier gegebene Definition aus kognitions- und motivationspsychologischen Elementen zusammengesetzt wird.

51 Vgl. dazu Irle, a.a.O. (Fn. 39), S. 109.

52 Vgl. dazu m. zahlr. Nachw. meinen früheren, an die richterliche Aktenkenntnis anknüpfenden Ansatz in Schünemann GA 1978, 171ff.

Für den Fall, daß diese Frage zu bejahen ist, wird das – außer dem darin eo ipso steckenden theoretischen Fortschritt – weitreichende praktische Folgerungen für die Justizorganisation zeitigen, weil eine systematische Verzerrung der Wirklichkeit durch die Justiz offensichtlich normativ nicht legitimiert werden kann. Auch eine negative Beantwortung der von mir formulierten Frage wird aber nicht zur Marginalisierung des ganzen Problems führen, weil zumindest das von den Verfahrensordnungen zu befriedigende praktische Bedürfnis übrig bleibt, individuelle Stereotypisierungen und Vorurteile des einzelnen Richters erkennbar und korrigierbar zu machen.

Wegen der hier vorgenommenen Erklärung von Informationsverzerrungen durch Stereotypisierungen und Vorurteile hängt die Existenz von richtertypischen Informations-Deformationen offensichtlich von den Ursachen der Stereotypen- und Vorurteilsbildung ab. Diese Fragestellung wird durch den gescheiterten Versuch der amerikanischen Attitüdenforschung, einen Zusammenhang zwischen Einstellungen und richterlichem Handeln nachzuweisen, nicht diskreditiert, weil die angesprochenen Untersuchungen mit einem unspezifischen Attitüdenbegriff gearbeitet, das Explanans mit dem Explanandum vermengt und als Handeln die Entscheidung normativer Fragen verstanden haben[53], während im vorliegenden Kontext der Einfluß von Stereotypen und Vorurteilen auf die Informationsverarbeitung als solcher bereits nachgewiesen ist, so daß zum Explanandum nur noch der Erwerb dieser Parameter der Informations-Deformation gehört. Die These, daß dieser Erwerb durch gruppenspezifische Sozialisation erfolgen kann, wird vermutlich ebenso wenig auf Widerspruch stoßen wie die mich in diesem Zusammenhang angemessen dünkende Unterscheidung einer im Elternhaus zentrierten Primär-, einer in der Universität zentrierten Sekundär- und einer in der Justiz zentrierten Tertiär-Sozialisation als den drei möglichen Quellen richterspezifischer Stereotypen- und Vorurteilsbildung.

aa) Die bekannte Untersuchung von *Kaupen*, die der *Primär-Sozialisation* der Richter entscheidende Prägewirkung zuwies[54], darf auf Grund der vielfach gerügten methodischen Mängel, mit denen sie behaftet war, sowie angesichts neuerer Untersuchungen zu dem gleichen Thema als widerlegt[55], zumindest aber als für

53 Zur Kritik der in einem motivationspsychologischen Paradigma angesiedelten Attitüdenforschung vgl. Rottleuthner, a.a.O. (Fn 6), S. 66ff.; dens., Rechtswissenschaft als Sozialwissenschaft, 1973, S. 104; Friedman, Das Rechtssystem im Blickfeld der Sozialwissenschaften, 1981, S. 184; Meinefeld, Einstellung und soziales Handeln, 1977, S. 67ff., 188ff.

54 Die Hüter von Recht und Ordnung, 1968, S. 63ff. und passim; s. ferner Kaupen-Rasehorn , Die Justiz zwischen Obrigkeitsstaat und Demokratie, 1971, S. 552ff.

55 Vgl. W. Richter, Zur Bedeutung der Herkunft des Richters für die Entscheidungsbildung, 1973; Naucke, Über die juristische Relevanz der Sozialwissenschaften, 1972, S. 11 Fn. 12; Rottleuthner,

die richterliche Tatsachenfeststellung irrelevant gelten, weil es sich bei den durch den Herkunftsindikator erklärten Attitüden ausschließlich um allgemeine Wertüberzeugungen handelt, die als Explanans von Informations-Deformationen wenig ergiebig sind.

bb) Auch Überlegungen zur *Sekundär-Sozialisation* versprechen aber keinen reicheren Ertrag, und zwar unabhängig davon, ob man die einen begrenzten Sozialisationseffekt des juristischen Studiums bestätigende Untersuchung von *Heldrich* und *Schmidtchen*[56] als hinreichend konsistent und methodisch tragfähig ansieht oder aber skeptisch beurteilt[57]. Denn irgendein auf die Faktenverarbeitung bezogener Lernerfolg kann durch das juristische Studium bei seiner heutigen Anlage schwerlich vermittelt werden, und die von *Heldrich* und *Schmidtchen* bestenfalls belegte Änderung allgemeiner Werthaltungen läßt auch mittelbare Beeinflussungen als spekulativ erscheinen.

cc) Als entscheidende sedes materiae bleibt deshalb allein die *Tertiär-Sozialisation* in der Justiz übrig, über die bisher aber erstaunlich wenig gesicherte sozialwissenschaftliche Daten vorliegen[58]. Die unter einmalig günstigen, heute wohl nicht mehr wiederholbaren Forschungsbedingungen zustande gekommene teilnehmende Beobachtung *Lautmanns* sowie die organisationssoziologische Studie von *Werle* liefern zwar eine Anzahl wertvoller Fingerzeige, aber keine wirklich gesicherten und verallgemeinerungsfähigen Ergebnisse. So läßt etwa die von *Lautmann* berichtete Stilisierung und Akzentuierung der Informantenrolle[59] zwar ebenso ein entscheidungserleichterndes Stereotyp erkennen, wie die konstatierte Bereitschaft zur Abstraktion und Hinnahme fremder Faktenselektion[60] eine gleichbleibend unvollkommene Informationsnachfrage und die Polarisierung von Alternativen[61] eine simplifizierende Überschätzung einer einzelnen Wahrscheinlichkeit belegen könnten. Abgesehen von der bei *Lautmanns* Methode fehlenden Verallgemeinerungsfähigkeit sind seine Aperçus aber auch deshalb zum Nachweis richterspezifischer Praktiken der Informations-Deformation ungeeignet, weil von ihm das vom formellen Programm vorgegebene richterliche Verhal-

---

ZfRSoz 1982, 82 ff.; Enck, ZfRSoz 1982, 150 ff.; differenzierend Heldrich/Schmidtchen, Gerechtigkeit als Beruf, 1982, S. 9 ff., 173 ff.; Werle, in: Kaupen-Werle (Hrsg.), Soziol. Probleme jurist. Berufe, 1974, S. 119 ff.

56 AaO. (Fn. 55), S. 44 ff., 127 ff.

57 Dazu Blankenburg, ZfRSoz 1982, 308 ff. einer-, Enck, a.a.O. (Fn. 55) andererseits.

58 Die jüngste Untersuchung von Heldrich/Schmidtchen, a.a.O. (Fn. 55), S. 190 ff., liefert nur einige verschwommene Ergebnisse zu Richterattitüden im motivationspsychologischen Sinn.

59 AaO. (Fn. 25), S. 53.

60 AaO. (Fn. 25), S. 61, 63.

61 AaO. (Fn. 25), S. 69.

ten nicht zuvor subtrahiert wurde und deshalb normative und faktische Selektion vermischt worden sind.

Die organisationssoziologische Studie von *Werle* hat die Prägung des richterlichen Selbstverständnisses durch die Justizorganisation, insbesondere durch das von *Werle* angenommene Organisationsziel der Gewährleistung einheitlicher und gleichmäßiger Rechtsprechung, insgesamt plausibel gemacht, ohne allerdings starke Einzeleffekte nachweisen zu können[62]. Tatsächlich wird man auf Grund der allgemeinen Erkenntnisse über die tertiäre Sozialisation in beruflichen Organisationen mit dem nach wie vor schrecklichen Menetekel des *Milgram*-Experiments[63] eine intensive Prägung des Richters durch die von ihm übernommene Rolle nicht in Zweifel ziehen können, da die normativ verordnete Unabhängigkeit den Organisationseinfluß zwar schwächt, aber, wie die Arbeit von *Werle* zeigt, durchaus nicht völlig paralysiert. Für das Verhältnis des Richters zu der Justizorganisation erscheint deshalb ein interaktionistisches Rollenmodell besonders angemessen, weil es die Möglichkeit der Rollenspieler zur Befriedigung eigener Bedürfnisse anerkennt und gleichwohl die zumindest teilweise erfolgende, kompromißhafte Anpassung an die in der Rolle institutionalisierten Erwartungen zu erklären vermag. Weiterhin wird als Hauptziel der Justizorganisation die Sicherung einer einheitlichen Rechtsprechung akzeptiert werden können, weil sich hier das normative Programm mit den Überlebensbedürfnissen der Organisation paart.

d) Infolgedessen halte ich es aber für hoch plausibel, daß die *Überschätzung von Wahrscheinlichkeiten* gewissermaßen das grundlegende, *richterspezifische* formale *Basis-Stereotyp* darstellt, weil es nämlich das einfachste Mittel ist, um in der Faktenbeurteilung Konsens zu erzielen und dadurch die Einheitlichkeit und Entscheidungsfähigkeit der Justiz zu erhalten. Als weiteres Indiz dafür möchte ich die schon vorhin erwähnte Forderung der höchstrichterlichen Rechtsprechung

---

62 Justizorganisation und Selbstverständnis der Richter, 1977, S. 75ff. und passim; vgl. ferner Jacob, in: Friedman/ Rehbinder (Hrsg.), Zur Soziologie des Gerichtsverfahrens (Jb. f. Rechtssoziologie u. Rechtstheorie IV), 1976, S. 155ff.

63 Zur (tertiären) Erwachsenen-Sozialisation, vor allem durch die Einfügung in eine berufliche Organisation, vgl. allg. Nave-Herz (Hrsg.), Erwachsenensozialisation, 1981; Brim-Wheeler, Erwachsenensozialisation, 1974; Lüscher, Der Prozeß der beruflichen Sozialisation, 1968; Porter-Lawler-Hackman, Behavior in Organizations, New York 1975; Althauser, Entwurf einer Theorie organisationaler Sozialisation, Mannheimer wirtschaftswiss. Diss. 1982; Türk (Hrsg.) Organisationstheorie, 1975; Lenk, in: Blankenburg-Lenk (Hrsg.), Organisation und Recht (Jb. f. Rechtssoziol. u. Rtheorie 7), 1980, S. 254ff.; Kieser u.a., Die Eingliederung neuer Mitarbeiter in die Unternehmung, unveröff. Bericht aus dem SFB 24, Mannheim 1982. Zum Milgram-Experiment vgl. Milgram, Das Milgram-Experiment, 1974; Günther, in: Frey/Greif, a.a.O. (Fn. 27), S. 445ff. Vgl. ferner Luhmann, Funktionen und Folgen formaler Organisation, 3. Aufl. 1976.

anführen, daß der Richter die festgestellten Tatsachen ohne Zweifel für wahr halten müßte, die, wie die restriktive Wiederaufnahmepraxis lehrt, keinesfalls nur dem Schutz der Parteien dient, sondern den Richter geradezu zu einer Informations-Deformation zwingt, die er nur durch eine systematische Überschätzung der relativ besten Wahrscheinlichkeit leisten kann. Daß es weitere generelle richterspezifische Muster der Informations-Deformation gibt, möchte ich bezweifeln; ich vermute, daß statt dessen in den einzelnen *Rechtsprechungszweigen* gewisse gleichförmige Handlungsmuster über die Rollenerwartungen introduziert werden. Als Beispiel mag die Strafjustiz dienen, die nach ihrem in den Terroristenprozessen wieder nachdrücklich manifestierten Selbstverständnis nicht eine Instanz der *Streitentscheidung*, sondern eine *Agentur der sozialen Verteidigung* ist und infolgedessen gegenüber der Feind-Gruppe der Delinquenten mit einer ganzen Anzahl von Stereotypen und Vorurteilen arbeiten dürfte, deren Zusammenstellung und Analyse einen eigenen Vortrag erfordern würde.[64]

4. Wegen des beschränkten Raumes muß ich meine Bemerkungen zur systematischen Urteilsverzerrung durch richterspezifische Stereotype und Vorurteile damit abschließen und mich dem vierten Punkt der *Urteils-Perseveranz* zuwenden. Ich meine damit das empirisch sehr gut bestätigte Phänomen, daß Richter in einem außerordentlich großen Ausmaße an einmal getroffenen Vor-Entscheidungen festhalten und nur unter großen Schwierigkeiten zur Revision eines einmal eingenommenen Standpunktes bewegt werden können[65]. Zur Erklärung möchte ich nicht die hierfür im Schrifttum angeführte Motivation des Urteilers heranziehen, Wege zu Zielen selbständig zu strukturieren, um sich als Quelle eigenen Handelns fühlen zu können[66], weil die darin steckende, sehr starke motivationale Prämisse mit dem gerade durch seine Rolle vermittelten Selbstverständnis des Richters kaum vereinbar ist. Statt dessen halte ich die von *Festinger* konzipierte und von *Irle* reformulierte *Theorie der kognitiven Dissonanz*[67] nach wie vor für den

---

64 Vgl. nur die Untersuchungen von Opp-Peuckert, a.a.O. (Fn. 25); D. Peters, Richter im Dienst der Macht, 1973; Brauweiler-Wörfel, ZfRSoz 1982, 120 ff.; Maisch, NJW 1975, 566 ff. Inwieweit die in der Rspr. dominierenden Stereotypen nur Replikationen gesamtgesellschaftlicher Vorurteile sind (vgl. am Beispiel von Delinquenztheorien Brandstädter-v. Eyer-Müller, Psycholog. Beiträge 1981, 171 ff.), kann ebenso wenig weiter verfolgt werden wie die Frage, ob der Gesetzgeber durch eine Überforderung der Justiz mit nicht zu leistenden Folgenabschätzungen für die justitielle Vorurteilsbildung selbst die Verantwortung trägt (dazu W. Hassemer, in: FS f. Helmut Coing I, 1982, S. 518 ff.).

65 Vgl. Lautmann, a.a.O. (Fn. 25), S. 157 ff.; Haisch, Archiv f. Psychologie 1977, 110 ff.; ders., MschrKrim 1979, 157 ff.; H. W. Schunemenn DRiZ 1976, 371 ff.; ferner die Nachw. in Fn 68.

66 So Haisch, in: Seitz (Hrsg.), Kriminal- und Rechtspsychologie, 1983, S. 170.

67 Grundlegend Festinger, A Theory of cognitive dissonance, Stanford 1957; Irle/Möntmann, in: Festinger, Theorie der kognitiven Dissonanz, 1978, S. 274 ff.; s. ferner Frey, in: Frey, a.a.O. (Fn 27), S. 243 ff.

besten Ansatz zur Erklärung der Urteilsperseveranz, weil sie in motivationaler Hinsicht weitaus weniger, nämlich nur das hoch plausible und empirisch gut bestätigte Bedürfnis des Individuums nach kognitiver Konsonanz voraussetzt und weil die in ihrem Bezugsrahmen konstruierten Laborexperimente ebenso wie die von mir daraus in den letzten Jahren entwickelten Experimente unter Feldbedingungen durchweg den für die Perseveranzhypothese wesentlichen *Inertia-Effekt* bestätigt haben, wonach die nach einer Vor-Entscheidung noch erhobenen Fakten systematisch überschätzt werden, wenn sie zu der Maxime der Vorentscheidung konsonant sind, während sich die dazu dissonanten Fakten eine systematische Abwertung gefallen lassen müssen[68].

VI. Rückkoppelungseffekte

Während die bisherige Analyse der richterlichen Tatsachenfeststellung von einem statischen Informationsmodell ausging, muß diese gewissermaßen eindimensionale Betrachtungsweise nunmehr durch eine exemplarische Beleuchtung jener *Rückkoppelungseffekte* ergänzt werden, die für Kommunikationsprozesse typisch sind und die deshalb in einem auch nur einigermaßen realitätsgerechten Modell niemals vernachlässigt werden dürfen. So funktioniert etwa die Steigerung der Änderungsresistenz von Stereotypen und Vorurteilen ganz wesentlich durch Rückkoppelungsprozesse, indem nämlich selektive Informationsverarbeitungen das unrichtige kognitive Schema scheinbar bestätigen und deshalb zunehmend gegen neue, bessere Einsicht immunisieren[69]. Noch wichtiger für die richterliche Tatsachenfeststellung dürfte freilich jener Regelkreis sein, den die Kommunikation zwischen Richter und Beweisperson bei der Zeugenvernehmung bildet und der die richterliche Einstellung zu Beginn der Vernehmung nicht selten zu einer self-fulfilling prophecy avancieren läßt. Psychologische Untersuchungen zu polizeilichen Zeugenvernehmungen haben den enormen Anteil belegt, den die Ausgangshypothesen des Vernehmungsbeamten an dem schließlich protokollierten Inhalt der Zeugenaussage besitzen[70], und die jedem Praktiker geläufige Steuerung einer Zeugenaussage durch die Vernehmungsperson ist auch in *Lautmanns*

---

68 Grundlegend Kozielecki, in: Int. Congress of Psychology, Symposium 25, Moskau 1966; zum Nachweis im Strafverfahren Schünemann, in: Kerner-Kury-Sessar, a.a.O. (Fn. 17), S. 1109 ff. m.w.N.

69 Vgl Irle, a.a.O. (Fn. 39), S. 109; B. und M. Six, in: Frey/Greif, a.a.O. (Fn. 27), S. 131, 368; Bergler/Six, in: Graumann (Hrsg.), Sozialpsychologie 2 (Hdb. d. Psych. VII), S. 1416 f.

70 Banscherus, Polizeiliche Vernehmung: Formen, Verhalten, Protokollierung, 1977, S. 77 f., 260 u. ö.; Gundlach, Die Vernehmung des Beschuldigten im Ermittlungsverfahren, 1984, S. 145 f.

teilnehmender Beobachtung nicht unbemerkt geblieben[71]. Zur Erklärung kann auf den bereits erwähnten, in der Sozialpsychologie wohlbekannten *Pygmalion-Effekt* verwiesen werden[72], der seinerseits wiederum in das Paradigma des symbolischen Interaktionismus, aber etwa auch in einen attributionstheoretischen Ansatz eingebettet werden kann. Insgesamt ergibt sich daraus die Möglichkeit des Richters, die Tatsachenfeststellung nicht erst bei der Beweiswürdigung, sondern bereits in der Beweisaufnahme konform zur Ausgangshypothese zu steuern, soweit keine Kontrolle seitens der Parteien[73] oder Reaktanz seitens der Beweisperson in Erscheinung tritt.

VII. Die Abhängigkeit von der Prozessstruktur

Abschließend möchte ich noch einige Bemerkungen zur Abhängigkeit der richterlichen Tatsachenfeststellung von der Variablen „*Prozeßstruktur*" machen, die freilich selbst bei oberflächlicher Analyse einen eigenen Vortrag erfordern würde.

1. Es ist leicht zu sehen, daß von der Prozeßstruktur sowohl der Gegenstand als auch die dominierenden Methoden der Tatsachenfeststellung abhängen und auch der Wahrscheinlichkeitsgrad von informationsdeformierenden Richterstereotypen und -vorurteilen beeinflußt wird. Zur Erläuterung möchte ich die Hypothese aufstellen, daß für die Entscheidung *öffentlich-rechtlicher* Streitigkeiten ein explizites oder verdecktes *Zweckprogramm* ebenso typisch ist wie die Benutzung harter Methoden der Wahrheitsfindung, also die Heranziehung von Urkunden, Augenschein sowie technischen oder medizinischen Sachverständigen. Weil die Resistenz von Vor-Entscheidungen gegenüber harten Erkenntnismethoden vergleichsweise gering ist, bedeutet die durch die Kenntnis der behördlichen Akten beim Verwaltungsgericht gem. § 99 VwGO vermittelte Einstellung regelmäßig keine besondere Gefahr für eine unverzerrte Informationsverarbeitung und ist deshalb im Interesse einer möglichst umfassenden Unterbreitung aller relevanten Gesichtspunkte durchaus zweckrational. Ganz anders verhält es sich dagegen im *Strafverfahren*, bei dem das hier im Vordergrund stehende *Konditionalprogramm* regelmäßig mit *weichen* Methoden der Wahrheitsfindung, nämlich durch die Vernehmung von Zeugen und Psycho-Sachverständigen, realisiert werden muß und für das deshalb die Urteilsperseveranz eine tödliche Gefahr darstellt. Die gegenwärtige Konstruki-

---

71 AaO. (Fn. 23), S. 65f.

72 Vgl. die Nachw. o. in Fn. 14.

73 Zu ersten Überlegungen in diese Richtung vgl. Schünemann GA 1978, 161ff.; ders., a.a.O. (Fn. 68). Weiterer Prüfung bedürfen auch die argumentations- und konsenstheoretischen Überlegungen von Hetzer (Wahrheitsfindung im Strafprozeß, 1982).

on des deutschen Strafverfahrens, derzufolge der Richter bereits vor der Hauptverhandlung nach dem Studium der Ermittlungsakten im sog. Eröffnungsbeschluss die Wahrscheinlichkeit der später von ihm selbst (!) auszusprechenden Verurteilung attestiert, bildet geradezu den Idealtyp einer self-fulfilling prophecy, weshalb die mit Hilfe psychologischer Untersuchungen zu beantwortende Frage, wie man den Inertia-Effekt hier abschaffen oder kompensieren kann[74], für die Überlebensfähigkeit dieses Prozeßtyps im Rechtsstaat schlechthin ausschlaggebend ist. Der *Zivilprozeß* wiederum arbeitet mit ähnlich weichen Wahrheitsfindungsmethoden wie der Strafprozeß, ist aber gegen die dort virulenten Gefahren dadurch gefeit, daß der Zivilrichter durch den Prozeßverlauf ebenso wie durch sein hier ungebrochenes Selbstverständnis als Streitentscheider für systematische Informations-Deformationen von vornherein nicht disponiert ist.

2. Von der Prozeßstruktur hängt auch das Ausmaß der *Kontrolle* des Richters durch die Parteien und damit die Möglichkeit zu einer interaktionistischen Korrektur richterlicher Informations-Deformationen ab. *Thibaut* und *Walker* haben in einer vielbeachteten Studie den Kontrollaspekt sogar zum Eckpfeiler einer sozialwissenschaftlichen Verfahrenstheorie zu nehmen versucht, wobei sie allerdings bei der Exemplifizierung am Akkusations- bzw. Inquisitionsmodell insoweit fehl gegriffen haben, als sie das (im deutschen Strafprozess verwirklichte) autokratische Inquisitionsmodell mit der richterlichen Herrschaft sowohl über die Beweiserhebung als auch über die Beweiswürdigung als sichersten Garanten der Wahrheitsfindung zu erkennen vermeinten[75]. Denn auf Grund der hier dargestellten Zusammenhänge, insbesondere auch wegen der interaktionistischen Steuerung der Beweisinhalte durch den Richter und der dadurch auftretenden Rückkoppelungen, kann kein Zweifel daran bestehen, daß die Qualität der Tatsachenfeststellungen mit der *Intensität der Kontrolle* durch die Parteien *positiv korreliert* ist. Die Sonderentwicklung des deutschen Strafprozesses, der in der Hauptverhandlung das Inquisitionsmodell mit einer vorgeblendeten akkusatorischen Fassade versieht[76], wird deshalb durch eine sozialpsychologische Analyse besonders schonungslos dekonstruiert, weil danach die Tätigkeit der *Staatsanwaltschaft* in der Hauptverhandlung nicht mehr und nicht weniger als eine *Paralysierung* der der Verteidigung zugedachten Kontrollfunktion bedeutet: Wie durch eine Analyse des Antrags- und Entscheidungsverhaltens von Staatsanwalt und Richter bei der

74 Siehe dazu die Nachw. in Fn. 73.

75 California Law Review 1978, 541, 547 ff.

76 Zur Struktur des deutschen Strafverfahrens vgl. nur Roxin, Strafverfahrensrecht, 18. Aufl. 1983, S. 84 f.

Strafzumessung belegt[77] und durch die *Theorie der sozialen Vergleichsprozesse*[78] erklärt wird, vermag der Richter Unsicherheiten, die als Folge von weichen Gegenständen und Methoden der Tatsachenfeststellung auftreten, durch eine Orientierung an dem Verhalten des Staatsanwaltes zu kompensieren, dem er gleiche Ziele attribuiert und den er deshalb im Unterschied zum Verteidiger regelmäßig als relevante Vergleichsperson akzeptiert. Da der Staatsanwalt wiederum in der Hauptverhandlung zwar nicht nach dem formellen Programm, wohl aber nach seiner sozialen Rolle primär den Widerpart des Verteidigers spielt, ziehen sich Richter und Staatsanwalt im Ergebnis durch ihren *Schulterschluß* gemeinsam am eigenen Schopf aus dem Sumpf der kognitiven Unsicherheit und schaffen vermutlich erst dadurch jene Entscheidungsrobustheit, die angesichts der vielfach zerstörerischen Urteilsfolgen einerseits und der weichen Beweisführungsmethoden andererseits bei oberflächlicher Betrachtung rätselhaft anmuten müßte.

VIII. Schlussbemerkung

Damit bin ich am Ende meiner Überlegungen angekommen. Eine vollständige psychologische Theorie der richterlichen Tatsachenfeststellung habe ich hier naturgemäß nicht vorzustellen vermocht. Ich habe aber hoffentlich zeigen können, daß psychologische Ansätze zur Erklärung richterlichen Handelns Wesentliches beizutragen vermögen und daß ihnen für praktische Erkenntnisinteressen wie für die Struktur des Strafverfahrens oder etwa auch für die an dieser Stelle nicht gestellten Fragen nach Legitimation, Organisation und Reform der Rechtsprechung überhaupt geradezu eine Schlüsselfunktion zukommt.

77 Nach einer vom mir durchgeführten empirischen Untersuchung übt der Strafantrag der Staatsanwaltschaft in Zweifelsfällen einen prägenden Einfluß auf das Strafzumessungsverhalten des Gerichts aus, obwohl er in prozeßrechtlicher Hinsicht keinerlei Bindungswirkung besitzt. (Publiziert in: Kaiser/Kury/Albrecht (Hrsg.), Kriminologische Forschung in den 80er Jahren, 1988, Band 35/I, S. 265ff.).

78 Vgl. dazu Haisch/Frey, in: Frey, a.a.O. (Fn. 27), S. 75ff.; Stroebe, in: Frey /Greif, a.a.O. (Fn. 27), S. 330ff.

SIEBENTER TEIL **Der Richter im Strafverfahren als manipulierter Dritter? – Zur empirischen Bestätigung von Perseveranz- und Schulterschlusseffekt**

I. Einleitung

1. In der Rechtsethnologie wird der Rechtsbegriff in deutlicher Abweichung etwa vom Rechtsbegriff *Max Webers*[1] an die öffentliche Regelkommunikation geknüpft, also an einen in der Öffentlichkeit der Gruppe oder des Stammes stattfindenden Disput zweier Streitparteien, der in den akephalen Gesellschaften von einem Dritten organisiert und moderiert wird[2]. Schon diese Rolle konstituiert den „übermächtigen Dritten“, dessen Machtposition in den staatlich verfassten, dem Rechtsbegriff *Max Webers* subsumierbaren Gesellschaften zur autoritativen, notfalls gewaltsam durchsetzbaren Streitentscheidung ausgebaut wird. Dass der übermächtige auch ein *unbeteiligter*, also streng neutraler und in der Sache selbst unbefangener Dritter sei, zählt nach den Gerechtigkeitsüberzeugungen der modernen Gesellschaften zu den unerlässlichen Legitimationsvoraussetzungen seiner Rolle, für deren rechtliche Absicherung das positive Recht regelmäßig eine umfangreiche Vorsorge trifft, beispielsweise durch das Institut des gesetzlichen Richters (Art. 101 GG), die Unvereinbarkeit von Parteirolle und Richterrolle sowie die Ablehnbarkeit eines Richters wegen Besorgnis der Befangenheit (§§ 41ff. ZPO, 22ff. StPO). Ausgerechnet in der Strafrechtspflege, in der es um die brutalsten Rechtsfolgen überhaupt geht und die man deshalb früher mit einem weniger euphemistischen Ausdruck auch treffend als Halsgerichtsbarkeit bezeichnet hat, ist dieses Rollenverständnis aber in Kontinentaleuropa seit Jahrhunderten verschüttet und auch im modernen Recht nur in einer eigenartigen, teils verkrüppelten und teils fassadenhaften Weise realisiert worden. Denn in dem hier bis ins 19. Jahrhundert hinein praktizierten sog. *Inquisitionsprozess* war der Richter mit dem Untersuchungsführer identisch.[3] Der seither eingeführte *reformierte Strafprozess*[4] hat zwar die Untersuchungsführung auf die neugeschaffene und mit der Figur des Anklägers verschmolzene Rolle des Staatsanwalts übertragen,[5] ist aber ausgerechnet für die Hauptverhandlung als dem Entscheidungszentrum des Strafverfahrens beim alten Inquisitionsprozess stehengeblieben. Nach unserer

---

1 *M. Weber* Wirtschaft und Gesellschaft, 5. Aufl. 1980, 1. Teil, 1. Kap. § 6 = Rechtssoziologie, 2. Aufl. 1967, S. 71 u. ö.

2 *Holtwick-Mainzer* Der übermächtige Dritte, 1985, passim; zur Bedeutung für die Bestrafung der NSG- und SED-Verbrechen *Schünemann,* in: Pawlowski/Roellecke (Hrsg.), Der Universitalitätsanspruch des demokratischen Rechtsstaates, ARSP-Beiheft Nr. 65, 1996, S. 97, 112 ff; zu mehr an *Weber* angelehnten Konzepten *Wesel,* Frühformen des Rechts in vorstaatlichen Gesellschaften, 1985, S. 67f., 326.

3 *Eb. Schmidt,* Einführung in die Geschichte der deutschen Strafrechtspflege, 3. Aufl. 1965, S. 70ff., 187ff.; *ders.* NJW 69, 1137f.; *Roxin* Strafverfahrensrecht, 25. Aufl. 1998, S. 525.

4 *Roxin* (Fn. 3), S. 528; *Achenbach* OLG Oldenburg-Festschrift, 1989, S. 177ff.

5 *Roxin* DRiZ 1997, 114 ff; *Wohlers* Entstehung und Funktion der Staatsanwaltschaft, 1994.

https://doi.org/10.1515/9783110650563-008

Strafprozessordnung geht die Verfahrensherrschaft mit der Anklage vom Staatsanwalt auf den Richter über, der nunmehr die gesamten Ermittlungsakten in die Hand bekommt und auf ihrer Grundlage zunächst einmal zu entscheiden hat, ob der von der Staatsanwaltschaft Beschuldigte der Tat hinreichend verdächtig, d. h. wahrscheinlich zu verurteilen sein wird. In diesem Fall erlässt er den Eröffnungsbeschluss (§ 203 StPO) und führt anschließend die Hauptverhandlung in der Weise durch, dass er die aus den Ermittlungskaten ersichtlichen Beweise noch einmal in mündlicher Form erhebt, ihre Vollständigkeit sicherstellt (§ 244 Abs. 2 StPO) und sodann das endgültige Urteil fällt. Der Staatsanwalt und der Angeklagte mitsamt seinem Verteidiger wirken hierbei mit, haben aber eine reine Ergänzungsfunktion, die die dominierende inquisitorische Stellung des sowohl die Untersuchung führenden als auch autoritativ entscheidenden Richters nicht aufhebt.

2. Dass diese Rollen*kumulierung* infolge naheliegender Rollenkonflikte für den Richter zu einer Rollen*überforderung* führt, ist von der Prozesswissenschaft und von den Verteidigern häufig geltend gemacht,[6] von Richtern unter Hinweis auf ihre professionelle Erziehung zur Objektivität aber stets vehement zurückgewiesen worden. Simpel gesprochen geht es darum, ob der Richter durch die Aktenkenntnis, durch den Eröffnungsbeschluss, durch die inquisitorische Tätigkeit in der Hauptverhandlung und durch die dadurch de facto erlangte Parteistellung gegen den leugnenden Angeklagten nicht an einer unbefangenen Beurteilung im Sinne einer optimalen Informationsverarbeitung und gehindert und stattdessen weitgehend auf die Marschroute der Ermittlungsakten festgelegt ist, die in der Regel einseitig, nämlich kaum von der Verteidigung,[7] sondern ganz überwiegend nur von der Polizei beschickt werden und deshalb ein aus der Polizeiperspektive gezeichnetes und dadurch objektiv selektiertes Tatbild widerspiegeln. Während ich diese Hypothese in den 70er Jahren zunächst durch die Einordnung in einen informationstheoretischen Bezugsrahmen plausibel zu machen versuchte,[8] habe ich mich in den 80er Jahren[9] darum bemüht, die Vorteilshypothese, wie ich sie zunächst ganz pauschal kennzeichnen möchte, im Bezugsrahmen der *Theorie der kognitiven Dissonanz* präziser zu formulieren und in einer Reihe von sozialwissen-

---

6 Eingehende Darstellung der schon im 19. Jahrhundert geführten Diskussion bei *Herrmann* Die Reform der deutschen Hauptverhandlung nach dem Vorbild des anglo-amerikanischen Strafverfahrens, 1971, S. 55ff., 75ff., 361ff., w.N.b. *Schünemann* GA 1978, 161, 162f.; *Roxin* (Fn. 3), S. 354f.; *Sessar* ZStW 92 (1980), 698, 701ff.

7 *Barton* Mindeststandards der Strafverteidigung, 1994; *ders.* StV 1984, 394ff.

8 *Schünemann* GA 1978, 161ff.

9 Angeregt u. a. durch die Arbeiten von *Thibaut & Walker* A theory of procedure, California Law Review, 1978, 541ff., und von *Haisch* Archiv für Psychologie, 1977, 110ff.; *ders.* MschrKrim 1979, 157ff.

schaftlichen Experimenten zu überprüfen, in denen die Feldbedingungen des deutschen Strafverfahrens so weitgehend wie möglich nachgebildet werden sollten.[10] Nachfolgend möchte ich über das umfangreichste Experiment, das mit einer computergestützten Simulation der Hauptverhandlung arbeitete, etwas ausführlicher berichten und im Rahmen der Interpretation seiner Ergebnisse kurz auf ergänzende Untersuchungen in Gestalt eines weiteren Experimentes und einer Dokumentenanalyse (Untersuchung von Original-Strafverfahrensakten) eingehen.[11]

II. Das computergestützte Hauptverhandlungs-Experiment: Hypothesen und Untersuchungsplan

1. Hypothesen

Der deutsche Richter unterscheidet sich etwa von der amerikanischen Jury durch seine Kenntnis der Ermittlungsakten und durch seine inquisitorische, d.h. aktiv nach Informationen suchende Rolle in der Hauptverhandlung.[12] Nach der von *Festinger* begründeten Theorie der kognitiven Dissonanz in der von *Irle* reformulierten Fassung[13] erstrebt jeder Mensch ein Gleichgewicht in seinem kognitiven System, d.h. widerspruchsfreie Beziehungen zwischen seinem Wissen und seinen Meinungen, woraus wiederum beim Auftreten kognitiver Dissonanz eine Motivation entsteht, diese zu reduzieren und wieder Konsonanz herzustellen, also die Widersprüche aufzulösen. Hieraus ergeben sich u.a. zwei Effekte: Nach dem sog. *inertia-* oder *Perseveranz-Effekt* (Trägheitseffekt oder Mechanismus der Selbst-

10 *Schünemann* in: Kerner/Kury/Sessar (Hrsg.), Deutsche Forschungen zur Kriminalitätsentstehung und Kriminalitätskontrolle, 1983, S. 1109ff.; *ders,* in: Lampe (Hrsg.) Beiträge zur Rechtsanthropologie, ARSP-Beiheft Nr. 22, 1985, S. 68ff.; *ders.* in: Kaiser/Kury/Albrecht (Hersg.), Kriminologische Forschung in den 80er Jahren, 1988, S. 265ff.; *Schünemann/Bandilla* in: Wegener/Lösel/Haisch (Hrsg.), Criminal behavior and the justice system, 1989, S. 181ff.; *Schünemann* Ztschr. F. Sozialpsych. 17 (1986), 50ff.

11 Die Untersuchungen sind seinerzeit von der Deutschen Forschungsgemeinschaft im Rahmen des DFG-Schwerpunktprogrammes „Empirische Sanktionsforschung – Genese und Wirkung von Sanktionsnormen und Sanktionen" finanziert und von Herrn Dr. *Wolfgang Bandilla* und Herrn Dipl. Psych. *Volker Groß* durchgeführten worden, denen ich auch an dieser Stelle herzlich danke.

12 *Herrmann* (Fn. 6), S. 389ff., 397ff.; *Roxin* (Fn. 3), S. 94f.

13 *Festinger* A theory of cognitive dissonance, 1957; ders. Theorie der kognitiven Dissonanz, 1978; *Frey* in: Frey (Hrsg.), Kognitive Theorien der Sozialpsychologie, 1978; S. 243ff.; *Irle* Kursus der Sozialpsychologie, Band II, 1978, S. 304ff.; *Irle/Möntmann* in: Festinger, Theorie der kognitiven Dissonanz, 1978, S. 274ff.

bestätigung von Hypothesen)[14] werden Informationen, die eine zuvor schon einmal für richtig gehaltene Hypothese bestätigen, systematisch überschätzt, während entgegengesetzte, zu der ursprünglich akzeptierten Hypothese dissonante Informationen systematisch unterschätzt werden. Und nach dem Prinzip der *selektiven Informationssuche* wird, wenn einmal eine bestimmte Hypothese akzeptiert („in das Selbst aufgenommen") worden ist, bevorzugt nach bestätigenden Informationen gesucht, sei es in Form von konsonanten Informationen oder leicht widerlegbaren und deshalb ebenfalls bestätigend wirkenden dissonanten Informationen.[15] Angewandt auf die Position und Funktion des deutschen Richters in der Hauptverhandlung, heißt das: Da er sich durch die Lektüre der Ermittlungsakten ein bestimmtes Tatbild geformt hat, ist zu vermuten, dass er hieran tendenziell festhalten und deshalb in der Hauptverhandlung nach Bestätigungen suchen, konsonante Informationen tendenziell überschätzen und dissonante Informationen tendenziell unterschätzen wird. Hieraus lassen sich dann folgende Hypothesen ableiten:

H 1: Haben Strafrichter vor der Hauptverhandlung Kenntnis von den Ermittlungsakten, so verurteilen sie häufiger als bei fehlender Aktenkenntnis. Dieser Effekt wird durch die Möglichkeit zur Befragung der Beweispersonen verstärkt.

H 2: Bei vorhandener Aktenkenntnis werden bei der Speicherung von Informationen in der Hauptverhandlung, die mit den Ermittlungsakten nicht übereinstimmen, mehr Fehler gemacht als bei fehlender Aktenkenntnis.

H 3: Die geringere Fehlerquote bei fehlender Aktenkenntnis wird weiter gemindert, wenn die Möglichkeit zur Befragung der Beweispersonen besteht.

H 4: Bei vorhandener Aktenkenntnis werden in der Hauptverhandlung mehr Fragen an die Beweispersonen gestellt als bei fehlender Aktenkenntnis.

Die beiden ersten Hypothesen thematisieren also das Festhalten an dem aus den Ermittlungsakten übernommenen Tatbild und die bevorzugte Apperzeption und Speicherung der damit übereinstimmenden und deshalb *redundanten Informationen*,[16] während die dritte Hypothese von der besseren Apperzeption und Speicherung von Informationen in Abhängigkeit von der bei eigener Befragung gesteigerten Aufmerksamkeit ausgeht. Die vierte Hypothese thematisiert die durch das

---

14 Dazu grundlegend im Laborexperiment *Kozielecki* International Congress of Psychology, Moskau, Symposium 25, 1966; für das Strafverfahren *Schünemann* in: Kerner/Kury/Sessar (Fn. 10), S. 1119, 1131ff.

15 *Frey/Gaska* in: Frey/Irle (Hrsg.), Theorien der Sozialpsychologie, Band I, Kognitive Theorien, 2. Aufl. 1993, S. 295f.

16 Auf diesen Vorzug redundanter Informationen habe ich in GA 1978, 161, 170ff. besonders abgehoben. Er tritt selbständig neben den Inertia-Effekt und verstärkt diesen.

bereits vorhandene Tatbild stimulierte intensivere Suche nach bestätigenden Informationen, wobei es in Verbindung mit der zweiten Hypothese um die Vermutung geht, dass die quantitativ intensivere Informationssuche wegen ihrer Einseitigkeit keinesfalls eine qualitative Verbesserung der Informationsverarbeitung nach sich zieht.

2. Versuchsdesign

Zur Überprüfung dieser Hypothesen wurde ein Versuchsaufbau gewählt, bei dem als *unabhängige Variablen* die „Aktenkenntnis" (vorhanden/nicht vorhanden) und die „Fragerechte in der Hauptverhandlung" (Möglichkeit zur Zeugenvernehmung: ja/nein) systematisch variiert wurden. Das *Stimulusmaterial* wurde aus einem realen Strafverfahren wegen Gefangenenbefreiung (§ 120 StGB) entwickelt, das auf des Messers Schneide gestanden hatte und ohne Kunstfehler sowohl eine Verurteilung als auch einen Freispruch zuließ. Die in konzentrierter Form aufbereitete Ermittlungsakte lag schriftlich vor, während das Hauptverhandlungsprotokoll auf dem Bildschirm präsentiert wurde, und zwar – und das ist für die Vergleichbarkeit der Ergebnisse ganz entscheidend – allen Versuchspersonen in einer vom *Gesamtinhalt* der Informationen *identischen* Form. Lediglich der *Ablauf* der Informationspräsentation wurde danach variiert, ob die Versuchsperson die Möglichkeit zur eigenen Zeugenbefragung hatte oder nicht. Wenn diese Möglichkeit bestand, so wurde zunächst nur die eigene Schilderung des Zeugen, der sog. Bericht, eingespielt, und die Versuchsperson hatte nunmehr die Möglichkeit, eigene Fragen an den Zeugen zu formulieren, auf die der Zeuge dann auch über den Bildschirm antwortete, weil der Versuchsleiter nämlich aus dem im Computer gespeicherten Frage- und Antworten-Pool die vorgesehene Antwort produzierte. Wenn die Versuchsperson ihre Befragung abgeschlossen hatte, wurden sodann alle noch nicht gestellten und beantworteten Fragen aus dem Pool abgerufen und als Zeugenvernehmung durch die übrigen Verfahrensbeteiligten auf dem Bildschirm präsentiert. Die Versuchspersonen ohne eigene Fragemöglichkeit bekamen von vornherein den gesamten Frage- und Antworten-Pool in dieser Form präsentiert. Hierdurch wurde sichergestellt, dass sämtliche Versuchspersonen eine identische inhaltliche Beurteilungsgrundlage hatten, so dass ein unterschiedliches Urteilsverhalten nicht durch eine unterschiedliche Faktenbasis, sondern nur durch die unterschiedliche Rolle der Versuchsperson erklärt werden kann. Von der realen Hauptverhandlung unterschied sich der Versuchsaufbau nur dadurch, dass das Medium der Mündlichkeit durch dasjenige der Schriftlichkeit ersetzt wurde, wobei der konkrete Ablauf zeigte, dass das Ziel dieser Simulation optimal erreicht wurde, weil die Versuchspersonen mit den auf dem Bildschirm auftretenden Zeugen ganz natürlich kommunizierten bis hin zu Wutanfällen bei allzu renitenten Antworten.

Während der Versuchsdurchführung wurde die Anzahl von der Versuchsperson an die Zeugen gestellten Fragen registriert. Am Ende der Hauptverhandlung war ein Urteil zu fällen und zu begründen, und anschließend wurde durch eine Reihe bestimmter Fragen getestet, wie präzise die Versuchspersonen den Inhalt der Hauptverhandlung aufgenommen und gespeichert hatten.

3. Untersuchungsteilnehmer

Als Teilnehmer fungierten 58 Strafrichter und Staatsanwälte aus dem ganzen Bundesgebiet, die nach dem Zufallsprinzip auf die einzelnen Versuchsbedingungen verteilt wurden. Der Versuchsaufbau und die Zellenbildung können zusammenfassend der *Abb. 1* entnommen werden.

Abb. 1

	Möglichkeit der Zeugenvernehmung vorhanden	Möglichkeit der Zeugenvernehmung nicht vorhanden
Ermittlungsakte und Hauptverhandlung	14 (davon Richter 8, StA 6)	14 (davon Richter 9, StA 5)
nur Hauptverhandlung	17 (davon Richter 11, StA 6)	13 (davon Richter 7, StA 6)

4. Untersuchungsergebnisse

a) Die erste Hypothese zum Urteilsverhalten der Strafrichter, konkret zur Perseveranz des durch die Aktenkenntnis vermittelten tentativen Urteils über die Schuld des Angeklagten, wurde durch einen Vergleich des Urteilsausspruches „Verurteilung oder Freispruch“ überprüft. Das Ergebnis der Richter als Versuchspersonen zeigt die *Abb. 2*.

Abb. 2

	Möglichkeit der Zeugenvernehmung vorhanden		Möglichkeit der Zeugenvernehmung nicht vorhanden	
	Richter	StA	Richter	StA
Ermittlungsakte und Hauptverhandlung	8 V 0 F	2 V 4 F	9 V 0 F	1 V 4 F
Nur Hauptverhandlung	3 V 8 F	1 V 5 F	5 V 2 F	1 V 5 F

Anmerkung: V: Verurteilung, F: Freispruch

Danach haben alle 17 Richter, die die Ermittlungsakte kannten, auch verurteilt, während die nicht mit Aktenkenntnis ausgestatteten Richter höchst ambivalent geurteilt haben, nämlich achtmal verurteilt und zehnmal freigesprochen haben. Das höchste Signifikanzniveau besitzt dieser Unterschied in der Versuchsbedingung „Möglichkeit der Zeugenvernehmung vorhanden“, wo ausweislich der linken Spalte mit Aktenkenntnis achtmal verurteilt und keinmal freigesprochen wurde, während ohne Aktenkenntnis nur dreimal verurteilt und achtmal freigesprochen wurde, was bei einer Berechnung nach dem Fisher's Exact-Test einen hochsignifikanten Unterschied auf einem Signifikanzniveau von $p<.002$ ausmacht. Wenn man weitere Ergebnisse wie etwa die auffallend kritischere Beurteilungsart der Staatsanwälte und die nochmalige Verstärkung der Urteilsverzerrung bei den Richtern ohne Fragemöglichkeit im vorliegenden Rahmen beiseite lässt, so muss jedenfalls **Hypothese 1 als bestätigt** gewertet werden: Die Kenntnis der tendenziell belastenden Ermittlungsakte führt den Richter dazu, auch nach einer ambivalenten Hauptverhandlung, die (wegen des Rechtsprinzips *in dubio pro reo*) eigentlich einen Freispruch nahelegt, durchgehend zu verurteilen.

b) Die Überprüfung der **Hypothese 2** macht deutlich, wie sich dieser inertia-Effekt (die „Entscheidungsperseveranz“) im Einzelnen vollzieht. Versuchspersonen mit Aktenkenntnis erinnerten bei insgesamt 11 gestellten Fragen im Durchschnitt nur 6,59 Zeugenaussagen zutreffend, während die Gruppe ohne Aktenkenntnis 7,69 richtige Antworten gab; der Unterschied ist signifikant ($p<.05$). Der Unterschied wird sogar noch größer, wenn man die Verurteiler mit Aktenkenntnis den Freisprechern ohne Aktenkenntnis gegenüberstellt, die im Mittel 7,63 richtige Antworten gaben gegenüber nur 6,35 bei den Verurteilern. Hier hat sich also der inertia-Effekt in der Weise ausgewirkt, dass die Richter mit Aktenkenntnis den Entlastungsgehalt der Hauptverhandlung gar nicht richtig wahrgenommen und gespeichert hatten, weil sie bevorzugt die ihnen bereits aus der Ermittlungsakte bekannten („*redundanten*“) belastenden Informationen apperzipierten und später erinnerten.

c) Mit der **dritten Hypothese** wurde der Frage nachgegangen, ob die Reduzierung des Richters auf eine völlig passive Rolle analog der Jury des angloamerikanischen Strafverfahrens die Informationsverarbeitung verbessert oder verschlechtert. Tatsächlich reduziert die fehlende Möglichkeit zu einer eigenen Zeugenbefragung die Aufmerksamkeit offenbar so weit, dass die Gedächtnisleistungen entscheidend nachlassen, nämlich bei im Mittel nur 6,33 richtigen Antworten gegenüber 8,65 ($p<.01$). In diesem Zusammenhang ist auch relevant, dass die Gruppe der freisprechenden Richter ohne Aktenkenntnis, aber bei eigener Vernehmungsmöglichkeit bei 11 Fragen im Mittel 9,25 richtig beantwortete, also mit weitem Abstand die beste Gedächtnisleistung überhaupt aufwies. Auch **Hypothese 3 ist also bestätigt** worden.

d) Die letzte hier zu diskutierende **Hypothese 4** betraf die *Anzahl* der Fragen, die je nach der Versuchsbedingung oder dem Urteilsverhalten gestellt wurden.

Abb. 3: Anzahl der Fragen an die Zeugen bei vorhandener bzw. nicht vorhandener Aktenkenntnis

Ermittlungsakte und Hauptverhandlung	nur Hauptverhandlung
V: Mw. = 11,4	V: Mw. = 7,25
F: Mw. = 4,75	F: x = 2,69
Anm.: V: Verurteilter, F: Freisprecher, Mw: Mittelwert	

Ausweislich der in *Abb. 3* wiedergegebenen Ergebnisse sind die meisten Fragen von den Verurteilern mit Aktenkenntnis und die wenigsten von den Freisprechern ohne Aktenkenntnis gestellt worden, wobei daran zu erinnern ist, dass diese Gruppe mit den wenigsten eigenen Fragen zugleich die höchste Gedächtnisleistung (d. h. hinsichtlich der insgesamt gestellten, für alle Gruppen ja in der Summe gleichen Fragen) gezeigt hat, während umgekehrt die Gruppe mit den meisten Fragen im Gedächtnistest am schlechtesten abgeschnitten hat. Man darf daraus folgern, dass die Quantität der Fragen nichts mit der Qualität der Informationsverarbeitung zu tun hat und dass die Stellung von Fragen bei Aktenkenntnis eher der Selbstbestätigung der Ausgangshypothese als der Verbesserung der Informationsverarbeitung dient.

III. Untersuchungen zum Schulterschlusseffekt

Bevor eine Bewertung der Ergebnisse unternommen wird, ist noch ganz knapp über die Resultate zweier weiterer empirischer Untersuchungen zu berichten, die zur Überprüfung und Abrundung des Hauptexperiments durchgeführt wurden.

1. Das Experiment „Anklage versus Eröffnungsbeschluss"

a) Die aus den mitgeteilten Ergebnissen ersichtliche, unkritische Einstellung speziell der Richter gegenüber dem Inhalt der Ermittlungsakten weckte die Vermutung, dass sich die Richter in der Hauptverhandlung schlicht darauf verlassen, dass bereits der Staatsanwalt das Ergebnis des Ermittlungsverfahrens geprüft und als ausreichend für den Schuldnachweis befunden hat. Nach der *Theorie der sozialen Vergleichsprozesse*[17] kann das Verhalten des Richters dann auch dadurch erklärt werden, dass er sich in einer unklaren Situation einfach an deren vorangegangener Beurteilung durch eine von ihm als kompetent akzeptierte Vergleichsperson orientiert. Zur Überprüfung dieser Hypothese wurde eine Originalermittlungsakte wegen Betruges (§ 263 StGB) ausgesucht, die von ihrem Inhalt her erneut ambivalent war, also ohne Kunstfehler sowohl zur Grundlage einer Anklage bzw. eines Eröffnungsbeschlusses wie auch zu deren Ablehnung genommen werden konnte. Diese Akte wurde nun Staatsanwälten und Strafrichtern als Versuchspersonen präsentiert, und zwar der einen Hälfte zur Entscheidung über die Frage der Anklage, der anderen Hälfte mit einer bereits beigefügten Anklage der Staatsanwaltschaft zur Entscheidung über die Eröffnung des Hauptverfahrens. Für beide Entscheidungen gilt der *gleiche Maßstab*, nämlich die Wahrscheinlichkeit der späteren Verurteilung.[18] Zwar wird aus der Praxis berichtet, dass die Eröffnung des Hauptverfahrens häufig als reine Routineangelegenheit beschlossen wird,[19] durch den Inhalt der benutzten Ermittlungsakte wurde den Versuchspersonen aber nachdrücklich vor Augen geführt, dass bereits die Verfahrenseröffnung für den Beschuldigten mit äußerst nachteiligen beruflichen Konsequenzen verbunden war und dass deshalb keinesfalls eine bloße Routineentscheidung getroffen werden durfte.

---

17 *Haisch/Frey* in: Frey (Hrsg.) Kognitive Theorien der Sozialpsychologie, 1978, S. 75ff.; *Stroebe* in: Frey/Greif (Hrsg), Sozialpsychologie, 4. Aufl. 1997, S. 330ff.

18 KK-StPO/*Müller*, 4. Aufl. 1999, § 170 Rn. 3; LR-StPO/*Rieß*, 24. Aufl. 1989, § 203 Rn. 2; *Kleinknecht/Meyer-Goßner* StPO, 44. Aufl. 1999, § 170 Rn. 1.

19 *Hamm* in: Hamm/Lohberger (Hrsg.), Beck'sches Formularbuch für den Strafverteidiger, 3. Aufl. 1998, S. 245; *Wolter* SK-StPO, vor § 151 Rn. 60f.

b) Weil nicht alle Versuchspersonen den zur Bearbeitung des Materials erforderlichen, erheblichen Arbeitsaufwand zu leisten vermochten, sind die Zellen nicht völlig gleichmäßig besetzt, was aber wegen der insgesamt großen Teilnehmerzahl nicht ins Gewicht fällt.

Abb. 4

Tabelle 1	Entscheidung über Anklage		Entscheidung über Eröffnung	
	ja	nein	ja	nein
Staatsanwälte	6	19	20	17
Strafrichter	13	18	23	18

Tabelle 2	Kenntnis einer Vorbewertung nicht vorhanden (Entscheidung über Anklage)	Kenntnis einer Vorbewertung vorhanden (Entscheidung über Eröffnung)
Entscheidung: Hinreichender Verdacht	19	43
Entscheidung: Kein hinreichender Tatverdacht	37	35

Anmerkung: $chi^2 = 5.89$; $p<.015$

Die Zellenverteilung ergibt sich im Einzelnen aus der oberen Tabelle 1 in *Abb. 4*. Wie die darunter befindliche Tabelle 2 zeigt, haben die Versuchspersonen der ersten Gruppe die Anklageerhebung mit einer Zweidrittelmehrheit abgelehnt, während diejenigen der zweiten Gruppe dagegen auf die ihnen unterbreitete Anklageerhebung hin ganz überwiegend die Eröffnung des Hauptverfahrens beschlossen. Der Unterschied ist signifikant und bestätigt die Hypothese, dass bei völlig identischer Informationslage allein die Orientierung an dem Urteil einer kompetenten Vergleichsperson, nämlich der bereits erfolgten Anklageerhebung der Staatsanwaltschaft, zu einer für den Angeklagten nachteiligen Beurteilung des Tatverdachts führt.

c) Schließlich belegt noch *Abb. 5*, in der die Werte aus Abb. 4, Tab. 1 oben links und unten rechts miteinander konfrontiert werden, dass die Beurteilungsregeln von Staatsanwälten bei der Anklageerhebung und von Strafrichtern beim Eröffnungsbeschluss völlig unterschiedlich sind:

Abb. 5

	Hinreichender Tatverdacht: ja	Hinreichender Tatverdacht: nein
Staatsanwälte	6	19
Strafrichter	23	18
Anmerkung: chi² = 6,49: p=.001		

Während die Staatsanwälte mit 19 zu 6 eine Anklageerhebung eindeutig ablehnten, entschieden sich die Strafrichter mit 23 zu 18 im Falle einer Anklageerhebung für die Eröffnung, was einen hochsignifikanten Unterschied ausmacht (p=.011). Anders formuliert: Wenn der Staatsanwalt in einer ambivalenten Beurteilungssituation eine zweifelhafte Entscheidung trifft, wird diese anschließend vom Richter in der Regel nicht korrigiert, sondern fortgesetzt.

2. Die Aktenanalyse zur Strafzumessung

Diese Erklärung des richterlichen Verhaltens mit der Theorie der sozialen Vergleichsprozesse bewährt sich noch in einem anderen Zusammenhang, nämlich bei der Erklärung des Strafausspruches. Aufgrund einer Aktenanalyse konnte festgestellt werden, dass die Varianz bei der richterlichen Strafzumessung zum größten Teil durch den staatsanwaltschaftlichen Strafantrag erklärt wird, so dass also auch hier die Orientierung des Richters am Verhalten des Staatsanwalts einen dominierenden Einfluss auf sein Entscheidungsverhalten ausübt.[20]

IV. Interpretation der Ergebnisse

1. Wenn ich mich abschließend einer Bewertung der Versuchsergebnisse zuwende, so möchte ich zunächst behaupten, dass wir vier Effekte feststellen konnten: den Perseveranzeffekt, den Redundanzeffekt, den Aufmerksamkeitseffekt und den Schulterschlusseffekt. Der Richter hält tendenziell an dem Tatbild fest, das er aus den Ermittlungsakten übernommen hat; dazu dissonante Informationen unterschätzt er nicht nur, wie es der Dissonanztheorie entspricht, sondern er nimmt

20 Eingehend dazu *Schünemann* in: Kaiser/Kury/Albrecht (Fn. 10), S. 267, 271, 276 f.

sie häufig nicht einmal wahr, was informationspsychologisch durch die bevorzugte Apperzeption und Speicherung redundanter (bereits bekannter) Informationen erklärt werden kann.[21] Besonders negativ wirkt es sich für die Informationsverarbeitungsleistung des Richters aus, wenn er keine eigene Möglichkeit zur Fragestellung und damit zur Steigerung seiner Aufmerksamkeit besitzt. Und schließlich kann man allenthalben eine Orientierung des Richters an der zuvor vom Staatsanwalt abgegebenen Beurteilung feststellen und damit einen Effekt, den ich den **Schulterschlusseffekt** nennen möchte und der durch die Theorie der sozialen Vergleichsprozesse erklärt wird.

Dagegen lässt sich auch nicht einwenden, dass Richter das Zwischenverfahren nicht ernst nehmen und den Eröffnungsbeschluss quasi routinemäßig erlassen würden. Denn nachdem die Freispruchsquote mittlerweile auf unter 4 % gesunken ist,[22] lässt sich offenbar der Effekt, der von der Aktenkenntnis im Zwischenverfahren ausgelöst wird, so oder so nicht bestreiten.

2. a) Diese Ergebnisse bedeuten eine erstmals mit den Methoden der experimentellen Sozialwissenschaften und zudem auf einem hohen Signifikanzniveau erzielte, eindrucksvolle Bestätigung praktischer forensischer Erfahrung: Perseveranzeffekt, Redundanzeffekt und Aufmerksamkeitseffekt decken sich vollständig mit meinen eigenen Erfahrungen im Strafverfahren wie auch mit zahllosen anekdotischen Berichten aus Praktikerkreisen. Es ist eine häufige Alltagserfahrung des Verteidigers, dass sich das Beweisergebnis der Hauptverhandlung erheblich vom Inhalt der Ermittlungsakten unterscheidet, weil diese eben nur aus der Polizeiperspektive gestaltet und wegen der meist inferioren Rolle der Verteidigung im Ermittlungsverfahren an keiner Stelle kritisch hinterfragt worden sind;[23] dass dementsprechend der Verteidiger aus seiner Perspektive bereits den völligen Zusammenbruch der Anklage konstatieren zu können glaubt, während beim Richter noch nicht einmal ein Zweifel zu erkennen ist; und dass dadurch in der Hauptverhandlung der Rechtsgrundsatz „in dubio pro reo" de facto gewissermaßen auf den Kopf gestellt wird, weil der Verteidiger die Unrichtigkeit der Anklage beweisen muss, wenn er wirklich einen Freispruch erreichen will. Weiterhin zählt es zu

21 Näher *Schünemann* GA 1978, 161, 171.

22 Statistisches Bundesamt, Rechtspflege, Strafverfolgung 1997, S. 42f.; *Eisenberg* Kriminologie, 4. Aufl. 1995, S. 484f.

23 Vgl. *Wulf* Strafprozessuale und kriminalpraktische Fragen der polizeilichen Beschuldigtenvernehmung auf der Grundlage empirischer Untersuchungen, 1984; *Gundlach* Die Vernehmung des Beschuldigten im Ermittlungsverfahren, 1984; *Banscherus* Polizeiliche Vernehmung, Formen, Verhalten, Protokollierung, 1977. Zur psychologischen Überforderung der Polizei, wenn sie bei dem Versuch, den Hauptverdächtigen zu überführen, gleichermaßen die Entlastungsgesichtspunkte zur Geltung bringen soll, siehe *Schünemann* Kriminalistik 1999, 74, 148f.

den Alltagserfahrungen, dass Richter einerseits und Verteidiger andererseits den Inhalt der Zeugenaussagen häufig völlig unterschiedlich erleben und später auch unterschiedlich wiedergeben, der Richter aus der Belastungsperspektive, der Verteidiger aus der Entlastungsperspektive. Und schließlich ist es alltäglich zu beobachten, wie die Aufmerksamkeit des Richters schlagartig nachlässt, wenn er das Verhör beendet hat und der Verteidiger seine Zeugenbefragung beginnt, und wie dann die auf Frage des Verteidigers vom Zeugen gegebenen Antworten im späteren Urteil überhaupt nicht mehr auftauchen.

b) Überraschend könnte dagegen die kritischere Einstellung der Staatsanwälte und die Bestätigung des Schulterschlusseffektes wirken, weil erstens der Staatsanwalt nach seiner Rechtsstellung in der Hauptverhandlung keinerlei Verfahrensherrschaft mehr ausübt und damit eigentlich nur noch eine periphere Figur ist, weil zweitens die richterliche Unabhängigkeit gerade nach dem richterlichen Selbstverständnis zu den herausragenden Insignien dieses Berufes zählt und weil schließlich in der Hauptverhandlung zu beobachten ist, dass der Staatsanwalt häufig selbst dann noch eine Verurteilung zu beantragen pflegt, wenn er (selten genug) bereits nach allgemeiner Einschätzung auf verlorenem Posten steht. Dennoch sind die Befunde bei genauerer Überlegung durchaus mit praktischen Erfahrungen zu vereinbaren. Das bei der Strafzumessung inszenierte Rollenspiel zwischen Richter und Staatsanwalt, wonach der Richter in der Regel etwas milder urteilt, als es dem Antrag des Staatsanwaltes entspricht, gilt offenbar ganz allgemein für die Hauptverhandlung, in der die richterliche inquisitorische Tätigkeit durchaus in den Fußstapfen der vom Staatsanwalt formulierten Anklageschrift verläuft und in der der Staatsanwalt also nach den Regeln dieses Rollenspiels ungeachtet seiner rechtlich schwachen Position faktisch die Aufgabe des Wegweisers zu übernehmen hat.[24] Dass Staatsanwälte ambivalente Ermittlungsverfahren zum größten Teil einstellen und hier also durchaus kritische Arbeitsstile praktizieren, entspricht ebenfalls einer überall verbreiteten Erfahrung.[25] Die auf den Richter zentrierte dogmatische Betrachtungsweise des Strafverfahrensrechts hat also vermutlich längere Zeit den Blick darauf verstellt, dass der faktische Einfluss des Staatsanwalts von der Rechtslage unabhängig und auch in der Hauptverhandlung noch enorm ist. Hierzu passt auch die neuerdings nicht nur am Stammtisch, sondern sogar im Schrifttum zu findende Behauptung aus Richtermund, dass das Obstruktionsverhalten der Verteidiger den Hauptanteil an der heute prekären Situation der Verfahrensflut und überlangen Verfahrensdauer ha-

24 Vgl. *Schünemann* in: Kaiser/Kury/Albrecht (Fn. 10), S. 267, 271, 276 f.; *Wolter* Aspekte einer Strafprozessrefom bis 2007, 1991, S. 56.

25 *Eisenberg* (Fn. 22), S. 366 ff., 484; *Göppinger* Kriminologie, 5. Aufl. 1997, S. 644.

be.[26] Hierin kommt ebenfalls zum Ausdruck, dass der Richter nicht den Verteidiger, sondern nur den Staatsanwalt als relevante Vergleichsperson akzeptiert.

3. a) Für die Frage der **Prozessreform** bleibt festzuhalten, dass ausgerechnet diejenige Richterfigur die besten Ergebnisse im Bereich der Informationsverarbeitung vorzuweisen hat, die weder für das amerikanische noch für das deutsche Prozessmodell idealtypisch ist: nämlich der nicht mit Aktenkenntnis, aber mit eigenem Fragerecht ausgestattete Richter. Genau diese Rechtsstellung besitzt zwar der Schöffe im deutschen Strafverfahren, über dessen Einfluss und Leistungsfähigkeit aber bis heute keine wirklich aussagekräftigen empirischen Untersuchungen vorliegen.[27] Die praktische Erfahrung spricht eher dafür, dass die Schöffen jedenfalls in der Vergangenheit von ihrem Fragerecht so wenig Gebraucht zu machen wagen, dass sie als ernsthafte Bewährungsprobe für das vorgenannte Richtermodell bisher nicht in Frage kommen.

b) Dagegen verspricht das von Roxin und Schöch mit Unterschieden im Einzelnen entwickelte sog. Passivrichtermodell, bei dem der für die Urteilsfällung zuständige Richter die Beweiserhebung primär dem Staatsanwalt und Verteidiger oder einem speziellen richterlichen Verhandlungsleiter überlässt,[28] keine Kompensation, sondern nur eine Verschleierung des Perseveranz- und Schulterschlusseffekts, weil die für dessen Auslösung ausschlaggebende Akteneinsicht erhalten bleibt und lediglich in ihren Auswirkungen, nämlich der asymmetrischen Informationsverarbeitung, während der Hauptverhandlung durch den Rückzug des Richters in die passive Beobachterrolle zur Gänze unkenntlich gemacht wird – womit sich sogar die Chancen der Verteidigung auf eine erfolgreiche Gegensteuerung verschlechtern.[29] Die Einführung des Wechselverhörs oder eines Verhandlungsleiters bei fortdauernder Aktenkennntnis des erkennenden Gerichts wäre deshalb nach den Ergebnissen meiner Untersuchung geradezu kontraproduktiv. Aus dem gleichen Grunde muss auch der neuerdings vordringenden Tendenz, den Schöffen entgegen der traditionellen Rechtsprechung ein Recht auf

---

26 *Dölp* NStZ 1993, 419 f. und dagegen *Schünemann* StV 1993, 607 ff.; zum ganzen *Schünemann* in: Festschrift für Gerd Pfeiffer, 1988, S. 461, 481 f.

27 Ansätze bei *Kronenberger* in: Jung (Hrsg.), Alternativen zur Strafjustiz und die Garantie individueller Rechte der Betroffenen, 1989, S. 185 ff.; *Renning* Die Entscheidungsfindung durch Schöffen und Berufsrichter in rechtlicher und psychologischer Sicht, 1993.

28 *Roxin* (Fn. 3), S. 355 f.; *ders.* Festschrift für Schmidt-Leichner, 1977, S. 145, 149; *ders.* Festschrift für Jauch, 1990, S. 183, 198 f.; *Schöch* in: Schreiber (Hrsg.), Strafprozess und Reform, 1979, S. 52, 68 ff.

29 Darauf habe ich in GA 1978, 161, 178 f. besonders abgehoben und daraus Konsequenzen für eine gebotene Verbesserung der Kommunikationsstruktur als Reformforderung abgeleitet, die bei der Antikritik von Roxin (Fn. 3), S. 336, nicht genügend beachtet wird.

Einsicht in die Gerichtsakten zuzuerkennen,[30] mit aller Entschiedenheit widersprochen werden: Man würde dadurch gerade den Hauptvorzug der Schöffenrolle zerstören, der in der Unempfindlichkeit gegenüber dem durch die Aktenkenntnis ausgelösten Perseveranzeffekt besteht.

4. Die Ergebnisse dürften damit auch einen Beitrag zur Diskussion um die Verfahrensgerechtigkeit (procedural justice) erbringen. In den grundlegenden Arbeiten von Thibaut und Walker ist angenommen worden, dass ein inquisitorisches oder „autokratisches" Modell, bei dem der Entscheidungsträger auch die Beweiserhebung kontrolliert, zwar unter dem Aspekt der Wahrheitsfindung die besten Ergebnisse liefere, unter dem Aspekt der „Verfahrensgerechtigkeit" aber dem sog. adversary system unterlegen sei, bei dem der Verfahrensablauf selbst der Herrschaft der Parteien untersteht.[31] In neueren Forschungen wird dieses Ergebnis insoweit zugleich relativiert und erweitert, als die Verfahrensgerechtigkeit (als wichtigster Faktor für die Legitimität einer Entscheidung in den Augen der Betroffenen) vor allem von der Neutralität des Entscheidungsträgers, dem ihm entgegengebrachten Vertrauen und der Respektierung der Bürgerrechte abhängt.[32] Offensichtlich kommt nun das deutsche Strafverfahrensmodell dem inquisitorischen Typus am nächsten, während das amerikanische Strafprozessmodell eine fast idealtypische Ausprägung des adversary systems ist. Nach den hier mitgeteilten Ergebnissen müssen nun sogar die Vorzüge, die Thibaut und Walker dem inquisitorischen Modell zuschreiben, nämlich die maximale Garantie für objektive Wahrheitsfindung, stark relativiert werden, weil der Perseveranz-, der Redundanz- und der Schulterschlusseffekt zu einer systematischen Verzerrung der Informationsverarbeitung in der Hauptverhandlung zu Lasten des Angeklagten führen und damit also eine maximale Garantie für eine objektive Wahrheitsfindung in der deutschen Hauptverhandlung gerade nicht besteht.

5. Abschließend möchte ich versuchen, die meinem Beitrag provozierend vorangestellte Frage, ob der ehemals „übermächtige Dritte" im deutschen Strafverfahren nur noch ein „manipulierter Dritter" ist, zwar nicht definitiv zu beantworten, aber doch ein wenig weiter auszuspinnen. Viele Befunde sprechen dafür,

---

30 So *Rieß* JR 1987, 389, 391 ff.; *Terhorst* MDR 1988, 809; *Schreiber* Festschrift für Welzel, 1974, S. 941, 956; *Volk* Festschrift für Dünnebier, 1982, S. 373, 382 f.; *Hillenkamp* Festschrift für Kaiser, 1998, S. 1437 ff.; anders die Rspr. seit RGSt 69, 120, 124; BGHSt 5, 261 f.; 13, 73 f.; einschränkend nunmehr BGHSt 43, 36 ff.

31 *Thibaut & Walker* s. Fn. 9.

32 *Lind & Tyler* The social psychology of procedural justice, 1988; *Tyler* Zeitschrift für Rechtssoziologie, 1993, 47 ff.; *Lind* in: Bierbrauer/Gottwald/Birnreier-Stahlberger (Hrsg.), Verfahrensgerechtigkeit, 1995, S. 3 ff.

dass die in der Strafprozessordnung erfolgte Proklamation der Hauptverhandlung zum Entscheidungszentrum des Strafverfahrens für viele Fälle nur noch ideologische Bedeutung hat, indem der Richter, ihm selbst in der Regel unbewusst, nur noch die aufwendig inszenierte Absegnung des von der Staatsanwaltschaft bereits antizipierten Ergebnisses betreibt.[33] Die sozialpsychologischen Befunde würden dann für den engeren Bereich der Hauptverhandlung in Strafsachen Luhmanns[34] allgemeine soziologische These konkretisieren und bestätigen, dass es im Verfahren nicht primär um Wahrheitsfindung, sondern um Beschaffung von Legitimation durch Vereinzelung von Protest geht. Und es wäre auch hier wieder der bloße Glaube an die Heiligkeit und Unverbrüchlichkeit der die Prozessfassade bildenden Rechtsprinzipien, durch den ganz im Sinne von Popiz[35] diese Legitimationswirkung ermöglicht würde. Andererseits ist auch die in der Rolle des Verteidigers institutionalisierte soziale Gegenmacht durch die Überlastung der Justiz infolge von Verfahrensflut und überlanger Verfahrensdauer gestärkt worden,[36] worauf die Justiz, wie ich hier nicht weiter ausführen kann, durch die Installierung des informellen plea bargaining, also der Aushandlung des Urteilsspruches zwischen den Beteiligten, geantwortet hat.[37] Das bedeutet, dass alle traditionellen Prozessrollen in Bewegung geraten sind und dass der Richter als soeben noch durch die Ermittlungsakten unbewusst manipulierter Dritter nunmehr durch eine überraschende Rochade den Schulterschluss zur Verteidigung herstellen kann und wird, wenn der Prozess mehr als einen bürokratisch vertretbaren Aufwand zu absorbieren droht. Unbeschadet dieser „neuen Unübersichtlichkeit“ im Strafverfahren bleibt aber für alle diejenigen Prozesse, die noch im klassischen Rahmen

---

33 *Wolter* (Fn. 24), S. 56; *Schünemann* (Fn. 10), S. 268, 276 ff.

34 *Luhmann* Legitimation durch Verfahren, 2. Aufl. 1983, passim.

35 *Popitz* Die Präventivwirkung des Nichtwissens, 1968, S. 15 ff.

36 Eingehend zur Rolle des Verteidigers LR-*Lüderssen*, vor § 137, Rn. 93 ff.

37 Dazu in allen Einzelheiten *Schünemann*, Absprachen im Strafverfahren? Grundlagen, Gegenstände und Grenzen, Gutachten B zum 58. Deutschen Juristentag München 1990; *Wolter* (Fn. 24), S. 65 ff.; *Schünemann* in: Festschrift für Jürgen Baumann, 1992, S. 361 ff.; *ders.* StV 1993, 657 ff. Die jüngste umfassende Kritik der Absprachenpraxis, die meine eigenen, vorgenannten Arbeiten aufgreift und weiterführt, findet sich bei *Friehe* Der Verzicht auf Entschädigung für Strafverfolgungsmaßnahmen – Zugleich ein Beitrag zur Problematik strafprozessualer Absprachen, 1997, passim. Ob die Rechtsprechung mit ihrem Versuch, die eindeutig contra legem etablierten Absprachen zu „domestizieren“ (als Grundsatzentscheidung versucht in BGHSt 43, 195 ff.), Erfolg haben und daran festhalten wird, bleibt weiterhin zu bezweifeln, weil nach allen Berichten aus der Praxis die Absprachenwirklichkeit von den Regeln der Revisionsgerichte weitgehend entfernt bleibt und der 3. Strafsenat auf die Rspr. des 4. Strafsenats nach wie vor nicht eingeschwenkt ist (zuletzt StV 1999, 407).

durchgeführt werden, die heimliche Demontage der Rolle des deutschen Strafrichters vom übermächtigen zum partiell manipulierten Dritten eine rechtspolitisch äußerst wichtige und methodisch zuverlässig abgesicherte Entdeckung rechtspsychologischer Forschung.

V. Zusammenfassung

Die Entwicklung des Rechts, die von der öffentlichen Regelkommunikation zur staatlich institutionalisierten Zwangsordnung führt, ist nicht ohne einen zwischen den streitenden Parteien ursprünglich vermittelnden und später autoritativ entscheidenden „übermächtigen Dritten“ denkbar, dessen Rolle allerdings im kontinentaleuropäischen Strafprozess durch die Personalunion von Untersuchung und Entscheidung weitgehend denaturiert wurde. Die Restituierung des unbeteiligten Dritten durch Einrichtung der Staatsanwaltschaft als Untersuchungs- und Anklagebehörde hat vor der Hauptverhandlung in Strafsachen Halt gemacht, in der der Richter weiterhin als mit der Kenntnis der Ermittlungsakten ausgestattete Untersuchungs- und Entscheidungsinstanz fungiert. Die im Schrifttum immer wieder vermutete, aber lange Zeit nicht methodisch nachgewiesene Hypothese der Rollenüberforderung des Strafrichters und seiner Stereotypisierung durch das Tatbild der Ermittlungsakten wurde in Experimenten und Aktenuntersuchungen überprüft, in denen im theoretischen Bezugsrahmen der Informationspsychologie, insbesondere der Theorie der kognitiven Dissonanz und der Theorie der sozialen Vergleichsprozesse, konkrete Hypothesen über den Einfluss der Ermittlungsakten und des richterlichen Verhaltens in der Hauptverhandlung auf die Informationsverarbeitung und das Urteilsverhalten des Richters aufgestellt und getestet wurden. Das Versuchsdesign wurde hierbei möglichst weitgehend an die Feldbedingungen angenähert, indem mit der computergestützten Simulation einer Hauptverhandlung gearbeitet wurde und die Versuchspersonen aus Richtern und Staatsanwälten rekrutiert wurden. Die Ergebnisse waren in den wesentlichen Punkten hypothesenkonform und lassen sich schlagwortartig durch **den Perseveranzeffekt, den Redundanzeffekt, den Aufmerksamkeitseffekt und den Schulterschlusseffekt** kennzeichnen. Insgesamt wird dadurch die richterliche Informationsverarbeitung in Richtung auf das selektierte Tatbild der Ermittlungsakten und deren Beurteilung durch die Staatsanwaltschaft hin verzerrt, wobei dissonante Beweisergebnisse weniger gut apperzipiert und gespeichert und die eigenen Fragemöglichkeiten nicht zur Verbesserung der Informationsverarbeitung, sondern in Richtung auf eine Selbstbestätigung der Ausgangshypothesen genutzt werden. In sozialpsychologischer Perspektive stimmt die Rolle des Richters infolgedessen nicht mit der prozessrechtsdogmatischen Zuweisung überein. Die hieraus abzuleitenden praktischen

Konsequenzen für eine Reform des Strafverfahrens werden allerdings schon heute durch noch einschneidendere Wandlungen des gesamten Rollen- und Handlungsgefüges in Gestalt der Etablierung der informellen Aushandlung des Schuldspruches überdeckt.[38]

38 Vgl. dazu *Schünemann* StV 1993, 657 ff. m.z.N. der bis dahin geführten Diskussion. Dass die Absprachen mit der Prozessstruktur und Prozesskultur des europäischen Strafverfahrens nichts gemein haben und deshalb einen tieferen Einschnitt darstellen, als es die Etablierung des reformierten Strafprozesses bedeutete, und dass sie deswegen nur in einen grundsätzlich neu konzipierten Strafprozess eingebaut werden könnten, ist entgegen der hagiographischen Tendenz der bereits erwähnten Entscheidung BGHSt 43, 195 zuletzt wieder von *Friehe* (Fn. 37) umfassend dargelegt worden. Das bescheidene Niveau, auf dem dieses Thema in der Regel in der Grundrissliteratur diskutiert wird (paradigmatisch etwa *Hellmann* Strafprozessrecht, 1998, S. 210 ff.), scheint mir allerdings zu belegen, dass die postmoderne Beliebigkeit der Gegenwartskultur auch das Verständnis für die nicht durch bloßen Gerichtsgebrauch dispensierbaren Minimalia des rechtsstaatlich-liberalen Strafverfahrens der im Kern ja seit 1877 unveränderten RStPO paralysiert hat. Jede Zeit hat eben das Strafverfahren, das sie verdient.

ACHTER TEIL **Wohin treibt der deutsche Strafprozeß?**

A. Die Entwicklung der letzten 125 Jahre

I. Prozessreform als Wissenschaft oder die Quadratur des Kreises

Nachdem wieder einmal eine Bundesregierung die Gesamtreform des Strafverfahrens auf ihre Agendaliste gesetzt hat, scheint mir die Strafprozessrechtswissenschaft gut beraten zu sein, wenn sie nicht allein auf jede einzelne These mit einer Gegenthese reagiert[1], sondern sich auch einmal darüber vergewissert, wohin es das deutsche Strafverfahren und die Diskussion darüber seit Erlaß der Reichsstrafprozessordnung vor 125 Jahren getrieben hat – wobei ich das wörtlich meine, denn für viele Teile und erst recht das Ergebnis dieser Entwicklung kann kein bestimmter Akteur ausgemacht werden, und auch der zunehmend hektischer reagierende Novellengesetzgeber ist mehr ein Getriebener denn ein Treibender. Freilich ist das eine herkulische Aufgabe, denn was sich seit Inkrafttreten der Strafprozeßordnung an Änderungen der Gesetzgebung und der Verfahrenswirklichkeit ereignet hat, was von den gesetzgebenden Instanzen und Landesjustizverwaltungen, von der Rechtswissenschaft und den mit der Strafrechtspflege befaßten Berufsorganisationen sowie schließlich auch von gesellschaftlichen Interessenverbänden an einzelnen Reformvorschlägen über ausgearbeitete Konzepte bis hin zu ausformulierten Gesetzesentwürfen zusammengetragen worden ist, ist bewundernswert und beängstigend zugleich. Allein mit der bloßen Aufzählung der Gesetzesnovellen zur Strafprozeßordnung und zum strafprozeßrelevanten Teil des Gerichtsverfassungsgesetzes könnte man eine Abhandlung füllen, mit ihrer vollständigen Inhaltsschilderung eine Monographie, mit den konkurrierenden oder gescheiterten Gesetzgebungsvorschlägen ein Handbuch und mit der Reformliteratur ein kleine Bibliothek.[2] Zwar ist es in der deutschen Rechtskultur infolge ihres Differenzierungsgrades und Publikationsreichtums[3] kein seltener Eindruck, daß alle relevanten Gesichtspunkte schon einmal vorgebracht worden

---

1 Vgl. dazu die Stellungnahme eines Arbeitskreises der Strafrechtslehrer zum „Eckpunktepapier", GA 2002, 82.

2 Vgl. nur die Übersicht in LR/*Rieß* , 25. Aufl. (Stand 1. 8. 1998), Einl. Abschnitt E, auf 86 Seiten. Seitdem haben sich sowohl der 62. DJT 1998 mit dem Thema des Zeugenschutzes (Gutachten von *Weigend*, dazu *Schünemann*, StV 1998, 391ff) als auch der 63. DJT 2000 mit der Reform des Instanzenzuges befasst (Gutachten von *Lilie*, vgl. *Kerscher*, ZRP 2000, 533ff; *Laufhütte*, NStZ 2000. 449ff), von der übrigen hinzugekommenen Reformliteratur ganz zu schweigen.

3 Als „Überfeinerung der Rechtsdogmatik" und „Netzstruktur" bezeichnet bei *Schünemann*, FS Roxin, 2001, S. 1, 2ff.

https://doi.org/10.1515/9783110650563-009

sind und die sich gleichwohl fortzeugenden Diskussionsbeiträge sich weniger durch ihre Innovationen als durch die Art der Selektion des in seiner Gesamtheit kaum noch überschaubaren Argumentationsmaterials voneinander unterscheiden. Im Strafprozeß trifft man aber – weit mehr als im materiellen Recht – zusätzlich auf eine gewissermaßen zu einer Exponentialkurve führende Kombinatorik, weil die Vielfalt der regelungsbedürftigen Fragen auf eine jeweilige Vielfalt von Lösungsmöglichkeiten trifft, die man dann ihrerseits in einer fast nicht mehr überschaubaren Vielfalt kombinieren kann, und zwar – anders als im Besonderen Teil des Strafrechts – nicht in Form einer bloßen Aneinanderreihung, sondern im Verhältnis permanenter Interdependenz. Daraus entsteht für jeden neuen Beitrag zur Strafverfahrensreform ein streng genommen unlösbares Dilemma, weil eine über eine bloße Zitatensammlung hinausgehende, echte Berücksichtigung der bisherigen Diskussion in einer räumlich begrenzten Abhandlung nur auf einem thematisch engen Feld möglich ist, auf dem dann aber auch nur ein enges Konzept entwickelt werden kann, welches ohne eine Einfügung in das Gesamtsystem ohne archimedischen Punkt bleiben und deshalb vielfältiger Kritik ausgesetzt sein muß, während umgekehrt ein Gesamtkonzept nur in den allergröbsten Strichen skizziert werden kann und dann gerade wegen der hochselektiven Verwertung der bisherigen Diskussion und der Vernachlässigung ihrer Feinheiten angreifbar ist.

II. Die Gesamtreform als Sisyphosaufgabe

Dieser Kalamität hat auch der bundesdeutsche Gesetzgeber Tribut zollen müssen, indem er von den zweimaligen Ansätzen zu einer „Großen Strafprozeßreform"[4] zunächst zu einer „Strafprozeßreform in Raten" übergegangen ist[5] und auch diese bald zu Gunsten einer bloßen „reaktiven Krisenbewältigung"[6] fallen lassen mußte. Nunmehr hat die Regierungskoalition einen dritten Anlauf gestartet, der im-

4 Vgl. den Beschluß des Bundestages vom 13 11. 1964 über die Einsetzung einer Großen Strafverfahrenskommission (dazu LR/*Rieß*, Einl. E Rn. 96, 187; *Engelhard*, FS Rebmann [1989] S. 47 f) und zu dem Vorstoß des Bundesjustizministers Engelhard v. 29. 9. 1986 *Wolter*, Aspekte einer Strafprozessreform bis 2007 (1991), S. 11; *Roxin* Strafverfahrensrecht (25. Aufl. 1998), § 72 Rn. 27. Zum Scheitern *Rieß*, FS Friebertshäuser (1997), S. 103 ff.

5 Als „Reform durch Teilgesetze" bezeichnet bei *Rieß*, FS Schäfer (1980), S. 165, 168; *Wolter* (Fn. 4), S. 10 f; LR/*Rieß*, Einl. E Rn. 107; als „Strafprozessreform in Raten" bei *Baumann*, ZRP 1975, 38 ff.; *Rieß*, FS Pfeiffer (1988), S. 155 ff; *Brüssow*, FS Koch (1989), S. 57 ff.

6 *Rieß*, ZRP 1977, 69; *Schreiber*, in: Schreiber/Wassermann (Hrsg.), Gesamtreform des Strafverfahrens (1987), S. 7, 9.

merhin schon ein „Eckpunktepapier" gezeitigt hat,[7] um das mittlerweile die Diskussion bereits entbrannt ist.[8] Auch wenn sich das weitere Schicksal dieser „Eckpunkte" trotz der erkennbaren Entschlossenheit der Bundesjustizministerin, dieses Mal nicht so frühzeitig stecken zu bleiben wie bei den vorangegangenen Versuchen einer Gesamtreform,[9] jeder verläßlichen Prognose entzieht, ist ihre Analyse vor dem Hintergrund der Entwicklung, den der deutsche Strafprozeß im letzten Jahrhundert genommen hat, schon deshalb ebenso lohnend wie dringlich, weil die Landesjustizverwaltungen inzwischen eine Art Gepflogenheit entwickelt haben, die Schraube der „reaktiven Krisenbewältigung" immer weiter zu drehen, indem wirkliche oder vermeintliche Beeinträchtigungen der „Funktionstüchtigkeit der Strafrechtspflege" regelmäßig durch eine Reduzierung der Rechtsposition des Beschuldigten und seiner Verteidigung abgewendet werden sollen, wobei die Erfahrung lehrt, daß Vorschläge, die gestern noch als „Horrorliste" in Verruf standen,[10] im zweiten oder dritten Anlauf mehrheitsfähig werden.[11] Die „Eckpunkte" könnten deshalb gegenüber den heranwogenden Vorschlägen der Landesjustizverwaltungen wenigstens die Funktion einer „Eindeichung" übernehmen, selbst wenn sie als Grundlage eines Konzepts für die Gesamtreform des Strafverfahrens unzulänglich sein sollten.

---

7 StV 2001, 314 ff. (dort fälschlich als Beschluß der Bundesregierung bezeichnet, zur Richtigstellung s. *Däubler-Gmelin*, StV 2001, 359 Fn. 1).

8 Durchweg krit. *Salditt*, StV 2001, 311 ff; *Bittmann*, ZRP 2001, 441 ff; *Gräfin von Galen/Wattenberg*, ZRP 2001, 445 ff; Deutscher Richterbund, Stellungnahme von Juni 2001; Arbeitskreis der Strafrechtslehrer, GA 2002, 82.

9 *Däubler-Gmelin*, StV 2001, 359 ff.

10 Vgl. die von der Konferenz der Justizminister und -senatoren des Bundes und der Länder (JuMiKo) im Jahr 1982 präsentierten Vorschläge und die Diskussion dazu auf dem 7. Deutsche Strafverteidigertag 1983, Bericht von *Plottnitz*, KJ 1983, 301 ff.; 11. Deutsche Strafverteidigertag 1987, Bericht von *Klein*, NJW 1987, 1925; ferner die Kritik der Vereinigung hessischer Strafverteidiger, StV 1982, 392 ff.; *Bandisch*, StV 1994, 153.

11 Vgl. das Gesetz zur Entlastung der Rechtspflege vom 11.1.1993, BGBl I 50, sowie den Kampf dagegen in der Anhörung des Rechtsausschusses am 29. 4. 1992; *Asbrock*, ZRP 1992, 11; *Hamm*, StV 1991, 530, *Meyer-Goßner*, NStZ 1991, 167; *Schoreit*, DRiZ 1991, 404; *Weider*, StV 1991, 326; BRAK und DAV AnwBl 1991, 308 f; DRB, DRiZ 1991, 294. Ferner Verbrechensbekämpfungsgesetz (VBG) vom 28.10.1994, BGBl I 3186; Strafverfahrensänderungsgesetz vom 17.3.1997, BGBl I 534; Gesetz zur Verbesserung der Bekämpfung der Organisierten Kriminalität vom 4.5.1998, BGBl I 845; zu weit. Beispielen s. u. Fn. 42.

III. Die Strafprozessordnung vom 1. Februar 1877

Mit dieser Gesamtreform des deutschen Strafverfahrens ist es nämlich so eine Sache. Kaum 20 Jahre nach dem Inkrafttreten der Reichsstrafprozeßordnung von 1877[12] wurde schon eine Reformkommission eingesetzt[13], obwohl man die RStPO trotz oder vielleicht sogar wegen der in ihr zu findenden, zahlreichen Kompromisse zwischen den etatistischen Bestrebungen des Bundesrates und den liberalen Bestrebungen des Reichstages als den würdigen Abschluß eines auch für die Strafprozeßrechtswissenschaft und –gesetzgebung großen Jahrhunderts bezeichnen muß. Wenn man bedenkt, daß am Anfang des 19. Jahrhunderts noch in allen deutschen Territorien der Inquisitionsprozeß geherrscht hatte[14], daß die Inspiration durch die französischen (linksrheinisch auch nach 1815 in Kraft gebliebenen) Reformen mit dem „Kampf um das Schwurgericht" eines der großen Themen des Liberalismus im Vormärz gebildet hat[15] (wobei die nach dem Hambacher Fest angestrengten Strafverfahren die gewaltige Bedeutung dieses Themas für die bürgerliche Freiheit schlagend unter Beweis stellten[16]), daß der Geist der Strafpro-

12 Vom 1. Februar 1877, RGBl. S. 253ff., in Kraft getreten gem. § 1 EGStPO i.V.m. § 1 EGGVG am 1. Oktober 1879.

13 Vgl. dazu *Engelhard* (Fn. 4), S. 45; Protokolle der Kommission für Strafprozeßrecht, 1905; *Aschrott* (Hrsg.), Reform des Strafprozesses, 1906.

14 Zum ganzen grundlegend *Zachariä*, Die Gebrechen und die Reform des deutschen Strafverfahrens, 1846; *ders.*, Handbuch des deutschen Strafprozesses Band I und II, 1861, 1868; *Mittermaier*, Die Mündlichkeit, das Anklageprinzip, die Öffentlichkeit und das Geschworenengericht, 1845; knappe Darstellung bei *von Kries*, Lehrbuch des Deutschen Strafprozeßrechts, 1892, S. 49ff.; *Schwinge*, Der Kampf um die Schwurgerichte bis zur Frankfurter Nationalversammlung, 1926; *Achenbach*, FS OLG Oldenburg, 1989, S. 177ff.

15 Vgl. die Nachweise in Fußnote 14, ferner *Gneist*, Die Bildung der Geschworenengerichte in Deutschland, 1849; *H. Meyer*, Tat- und Rechtsfrage im Geschworenengericht, 1860; *Glaser*, Schwurgerichtliche Erörterungen, 2. Aufl. 1875; *Schwarze*, Geschworenengericht und Schöffengericht, 1864; *ders.*, Das deutsche Schwurgericht und dessen Reform, 1865; *Mittermaier*, Das englische, schottische und nordamerikanische Strafverfahren, 1851, S. 346ff.; zu der seinerzeit fast unübersehbaren, heute weitgehend in Vergessenheit geratenen Literatur zu dieser Zentralfrage der Strafprozeßreform im 19. Jahrhundert die Nachweise bei *von Kries* (Fn. 14), S. 126f., 603.

16 Weil nämlich die Hochverratsanklagen vor dem Schwurgericht mit einem Freispruch, diejenige wegen Verletzung des Versammlungsrechts vor dem mit Berufsrichtern besetzten Bezirksgericht dagegen mit langjährigen Freiheitsstrafen endeten, s. dazu *Wirth*, Das Nationalfest der Deutschen zu Hambach, Nachdruck 1977; *Bühler*, Das Hambacher Fest, 1932; *Valentin*, Das Hambacher Nationalfest, 1932; *Herzberg*, Das Hambacher Fest, 1908; *Suhrmann*, Beiträge zur Geschichte des Hambacher Festes 1832, 1930; *Baumann* (Hrsg.), Das Hambacher Fest, 1982; *L. Hoffmann* (Hrsg.), Vollständige Verhandlungen vor dem königlich-bayerischen Appellationsgerichte des Rheinkreises pp., Zweibrücken 1833; Anklage-Act gegen Dr. Wirth, Dr. Siebenpfeiffer etc., Zweibrücken 1833; *Hülle* ZStW 89 (1977), 899ff.

zeßreform schon vor der deutschen Einigung in dreifacher Weise über ganz Deutschland ausgegossen wurde (nämlich in Gestalt des der monarchischen Staatsgewalt abgerungenen reformierten Strafprozesses[17], in Gestalt von monumentalen Beiträgen der namentlich auch die Rechtsvergleichung intensiv pflegenden Strafprozeßrechtswissenschaft[18] und schließlich in Gestalt der in dieser Hinsicht weit über das Grundgesetz hinausgehenden Strafprozeßartikel der Paulskirchenverfassung[19]), daß *Bismarck* den durchaus respektablen (Bundesrats-)Entwurf einer Strafprozeßordnung dem Reichstag bereits weniger als 4 Jahre nach der Reichsgründung, nämlich am 29.10.1874, vorlegen konnte[20], daß dieser Entwurf sodann in einer Reichstagskommission eingehend beraten und vielfältig abgeändert wurde, der mit *Miquél* und *Lasker* die Führer der Nationalliberalen Partei und mit *Schwarze* ein Prozeßpraktiker und Strafrechtstheoretiker von Format angehörten[21], daß die Strafprozeßordnung bereits 2 ¼ Jahre später nach einer

17 Vgl. die Nachweise in Fn. 14 und 15 sowie *von Kries* (Fn. 14), S. 60 ff.; *Planck*, Systematische Darstellung des deutschen Strafverfahrens, 1857; *Mittermaier*, Die Gesetzgebung und Rechtsübung über Strafverfahren nach ihrer Fortbildung, 1856; *Heffter*, Lehrbuch des gemeinen deutschen Strafrechts, 6. Aufl. 1857, S. 525 ff.

18 Vgl. außer den Nachweisen in den Fn. 14, 15 und 17 bereits *Feuerbach*, Betrachtungen über die Öffentlichkeit und Mündlichkeit der Gerechtigkeitspflege II (Über die Gerichtsverfassung und das gerichtliche Verfahren Frankreichs), 1825; *Biener*, Das englische Geschworenengericht, 1852 bis 1855; *Gneist*, Vier Fragen zur deutschen Strafprozeßordnung, 1874; *Binding*, Die drei Grundfragen der Organisation des Strafgerichts, 1876.

19 Siehe die Garantie der Öffentlichkeit und Mündlichkeit, des Anklageverfahrens und der Schwurgerichtsverfassung jedenfalls in schweren und politischen Strafsachen in Art. 10, §§ 178 und 179.

20 Siehe *Hahn*, Die gesammten Materialien zur Strafprozeßordnung und dem Einführungsgesetz zu derselben vom 01. Februar 1877, Band I 1880, S. 3. Zur Vorgeschichte des Entwurfs, der bis auf einen Beschluß des Reichstags des Norddeutschen Bundes vom 18.04.1868 und auf den im November 1870 fertiggestellten Entwurf Friedberg zurückgeht, siehe *Löwe/Hellweg*, Die Strafprozeßordnung für das Deutsche Reich, 12. Aufl. 1907, Einleitung S. XV; *von Kries* (Fn. 14), S. 63 f.

21 Wobei der zeitliche Ablauf einmal festgehalten zu werden verdient: Im Juli 1869 ersucht der Bundeskanzler des Norddeutschen Bundes den Preußischen Justizminister um die Aufstellung eines StPO-Entwurfs, der als Entwurf des damaligen Geheimen Ober-Justizrates *Friedberg* im November 1870 vorliegt und im Sommer 1871 im Preußischen Justizministerium überarbeitet, aber erst Anfang 1873 veröffentlicht wird; im März 1873 bildet der Bundesrat zur Überarbeitung dieses I. Entwurfs eine Kommission von 11 Juristen, der seitens der Wissenschaft *Zachariä* angehört, ferner führende Mitglieder der Justizverwaltungen der Länder, namentlich Preußens, aus Sachsen bereits Generalstaatsanwalt *Schwarze* und übrigens nur ein Rechtsanwalt; die Kommission hält zwischen dem 17. April und dem 03. Juli 1873 39 Sitzungen ab (also jeden zweiten Tag eine) und legt den II. Entwurf vor, der im Frühjahr 1874 dem Bundesrat vorgelegt wird und von diesem unter Wiederherstellung der zuvor gestrichenen Schwurgerichtsverfassung (!) als III. Entwurf im Oktober 1874 dem Reichstag vorgelegt wird; die von diesem eingesetzte Reichsjustizkommission mit 28 Mitgliedern (27 Juristen und einem „Irrenarzt") wurde eigens durch zwei Reichsgesetze auch für auf einem beeindruckenden Niveau stehenden Auseinandersetzung zwischen Reichstag und Reichsregierung[22] in einer den ursprünglichen Entwurf im Geiste des Liberalismus vielfältig abändernden Fassung vom Reichstag verabschiedet wurde, so kann man nicht daran zweifeln, daß die Reichsstrafprozeßordnung zu den großen liberalen Denkmälern des 19. Jahrhunderts gehört und von ihrer inneren Substanz her beileibe nicht schon im Jahre 1903 zur Totalreform anstand. Beispielhaft verdient festgehalten zu werden, daß bei der Vorstellung des vom Bundesrat beschlossenen Gesetzesentwurfs im Reichstag durch den württembergischen Justizminister die zentralen Prinzipien bzw. „Prozeßmaximen", wie sie auch heute noch (etwa in Gestalt des Anklage- und des Mündlichkeitsprinzips) in den Lehrbüchern zum Strafverfahren und in der Staatsprüfung eine dominierende Rolle spielen, als Fundament des Entwurfs namhaft gemacht wurden[23]; und daß, um nur ein einziges Beispiel für das streng rechtsstaatliche Denken in der Kommission anzuführen, der Abgeordnete (inzwischen *von*) *Schwarze* auf die Besorgnis hin, das Verbot der Verwertung der früheren Aussage eines erst in der Hauptverhandlung sein Zeugnis befugt verweigernden Zeugen durch Verlesung des früheren Vernehmungsprotokolls (§ 252 StPO) könne durch Vernehmung der Verhörsperson als Zeuge umgangen werden, kategorisch erklärte: „Wenn das zulässig ist, daß durch derartige Manipulationen, wie sie der Herr Kollege *Lenz* uns vorgeführt hat, der Gedanke und die Vorschrift des Gesetzes illusorisch gemacht werden kann und darf, da hört jede Gesetzgebung auf."[24] – was gleichwohl die

---

die Zeit zwischen den ordentlichen Reichstagssessionen installiert und tagte, mit *Miquél* als Vorsitzendem und *Schwarze* als einem seiner Stellvertreter, vom Januar 1875 bis Anfang Juli 1876 in 160 Sitzungen (also fast 10 im Monat), wobei noch mehr als 80 Sitzungen der Redaktionskommission unter dem Vorsitz *Schwarzes* hinzukamen. Die Ergebnisse der zweiten Lesung im Reichstag vom 27. November bis 02. Dezember 1876 wurden vom Bundesrat in einer Reihe von Punkten für unannehmbar erklärt, woraufhin in vertraulichen Verhandlungen zwischen einer Anzahl von Reichstagsmitgliedern und den Vertretern des Bundesrats die sog. Kompromißanträge ausgearbeitet wurden, die in der dritten Lesung vom 18. bis 21. Dezember 1876 ohne größere Modifikationen angenommen wurden.

22 Das außerordentliche Niveau der Beratungen ist in der Materialiensammlung von *Hahn* (Fn. 20) dokumentiert, die bis heute eine Fundgrube für jede dogmatische oder rechtspolitische Arbeit über das Strafprozeßrecht eines liberalen Rechtsstaates darstellt.

23 *Hahn* (Fn. 20) Band 1 S. 497 ff.

24 Zweite Beratung im Plenum, in: *Hahn* (Fn. 20) Band II 1881, S. 1881; zu Recht hervorgehoben von *Keller*, Die Strafprozess-Ordnung pp. (2. Aufl. 1882), S. 660, und um schlechthin stringente teleologische Erwägungen ergänzt bei *Löwe/Hellweg* (Fn. 20), § 251 Nr. 3, weshalb die fast einhellige h.L. mit Recht von Anfang an § 252 StPO als ein umfassendes Verwertungsverbot interpretiert hat, vgl. die zahlreichen Nachweise bei *Löwe/Hellweg*, a.a.O.

Rechtsprechung des RG wie auch des BGH nicht gehindert hat, just „derartige Manipulationen“ zum Prinzip zu erheben[25].

IV. Überblick über Reformbemühungen und Novellengesetzgebung

1. Es war deshalb mit Sicherheit weder der Ungunst der politischen Verhältnisse zuzuschreiben noch gar ein Zufall, daß weder der Reformentwurf von 1909 noch derjenige von 1919 (der sog. Entwurf *Goldschmidt*) einen parlamentarischen Erfolg gehabt haben[26]. Vielmehr fehlte es einfach an einem besseren und zugleich

---

25 Bereits RG Rspr. 3, 449; RGSt. 5, 143; RG Rspr. 4, 271; 7, 278; RGSt. 16, 119 (wobei bemerkenswerterweise die im Text erwähnte Diskussion im Plenum des Reichstages in RGSt. 5, 144 zitiert und mit der unzutreffenden Behauptung kommentiert wird, daß sich „die Absicht des Gesetzgebers, dem [§ 252 n.F.] eine solche über seinen Wortlaut hinausreichende Bedeutung beizulegen, aus der Entstehungsgeschichte der fraglichen Gesetzesstelle nicht nachweisen lasse“, was insoweit unzutreffend ist, als der Abgeordnete *Lenz* die mittelbare Einführung durch Vernehmung des Vernehmungsbeamten als Möglichkeit zur Umgehung des Verlesungsverbots ausdrücklich angeführt und ihm *von Schwarze* nicht nur die oben wörtlich zitierte Äußerung, sondern auch die Unglaubwürdigkeit eines mit seiner Aussage taktierenden Zeugen als Grund der Vorschrift entgegengehalten hatte und daraufhin aus dem Plenum mit dem Zwischenruf „Es ist genug!“ zum Verzicht auf weitere Ausführungen veranlaßt worden war, woraufhin die Vorschrift des heutigen § 252 mit der „großen Majorität des Hauses“ angenommen wurde [*Hahn* II S. 1883]). Die Kompromißidee des BGH, die Vernehmung (lediglich, aber immerhin) des richterlichen Vernehmungsführers zuzulassen (BGHSt. 2, 99; 7, 195; 11, 338; 13, 394; 17, 324; 18, 146; 21, 218; 32, 25, 29; 36, 384f.; 45, 342, 345; zum Streitstand *Meyer-Goßner*, Strafprozeßordnung, 25. Aufl. 2001, § 252 Rn. 14; *Roxin* [Fn. 4], S. 376f.), heilt die Mängel der reichsgerichtlichen Rechtsprechung nicht, weil die ursprünglich als Grund für die Differenzierung genommene Belehrungspflicht nur des Richters seit dem StPÄG 1964 auch die anderen Vernehmungspersonen trifft (§§ 163 a III, IV; 136 I StPO), weil mittlerweile die sofortige Vorführung eines belastungswilligen Angehörigen vor den Ermittlungsrichter eine Standardmaßnahme der Ermittlungspraxis darstellt, so daß die Differenzierung des BGH weitgehend leerläuft, und weil schließlich die Gedächtnisleistung des Ermittlungsrichters von allen Beteiligten regelmäßig die allerschlechteste ist, denn die periphere Befassung mit einem Ermittlungsverfahren in der Fließband-Tätigkeit des Ermittlungsrichters prägt sich ihm nicht ein, so daß er wenig mehr als seine habituelle Redlichkeit bei der Protokollierung bekunden und damit letztlich nur wieder aufs Protokoll zurückverweisen kann (dies in Ergänzung *meiner* Kritik in: FS Meyer-Goßner, [2001], S. 385, 400f.).

26 Trotz der vollmundigen Begründung, unter den Reichsjustizgesetzen des Jahres 1877 habe die Strafprozeßordnung von Anfang an am wenigsten befriedigt (Verhandlungen des Reichstages Band 254, Drucksache Nr. 1310, auch in: Materialien zur Strafrechtsreform Band 12, Bonn 1960; *Schubert/Regge*, Entwürfe einer StPO und Novelle zum GVG nebst Begründung [Berlin 1908 – 1909], 1991, Begründung S. 5). Siehe dazu Bericht der 7. Kommission des Reichstages 1909 bis 1911, publiziert von *Schubert/Regge*, 1991; *Engelhard*, Rebmann-FS (Fn. 12), S. 45f. Zur Kritik am politisch durchsetzbaren Gesamtkonzept, an dessen Stelle es eigentlich immer nur um Detailfragen ging, die die Grundprinzipien unangetastet ließen, nämlich: Prozeßziel der materiellen Wahrheit, Akkusationsprinzip mit Trennung von Ermittlungsverfahren und Hauptverfahren, Objektivitätspflicht der Strafverfolgungsbehörden, Öffentlichkeit, Mündlichkeit, Waffengleichheit und gerichtliche Aufklärungspflicht[27] als Speerspitze einer inquisitorischen Stellung des Gerichts in der Hauptverhandlung[28], verfahrensinterne Kontrolle durch ein differenziertes System von Rechtsbehelfen und Rechtsmitteln.

2. Zwar gab es durchaus konstruktive einzelne Ansätze wie etwa die Stärkung der Verteidigung im Ermittlungsverfahren durch Ausdehnung ihrer Anwesenheitsrechte im Entwurf *Goldschmidt*, aber diese blieben schon vor der in der nationalsozialistischen Zeit durchgeführten Demontage des rechtsstaatlichen Strafverfahrens auf der Strecke zugunsten einer rein destruktiven Reform in Gestalt der Abschaffung des echten Schwurgerichts durch die *Emmingersche Notverordnung* vom 04.01.1924[29]. Wenn man diese „Reform" etwas genauer ins Auge faßt, so wirkt sie geradezu wie ein Menetekel für jene spezifische „Reformgesetzgebung", die sich seit knapp 30 Jahren über die StPO ergießt und, beginnend mit dem EGStGB vom 02.03.1974[30] bis hin zum Strafverfahrensänderungsgesetz 1999 vom 02.08.2000[31] (von seitdem hinzugekommenen Kleinigkeiten abgesehen) pro Jahr durchschnittlich mehr als 2 ½ Änderungsgesetze gebracht hat, was gegenüber dem knappen Jahrhundert davor eine Verfünffachung der Änderungsfrequenz bedeutet. Zwar war die Abschaffung des Schwurgerichts nicht erst eine Erfindung der Emminger-Verordnung, sondern sogar ein ständiges Thema der Reformdiskussion, aber die

---

Entwurf Goldschmidt s. *Bendix*, Die Neuordnung des Strafverfahrens, 1921; zum ganzen ferner *Rieß*, in: Vom Reichsjustizamt zum Bundesministerium der Justiz (1977) S. 377 ff.; *ders.*, FS Schäfer (1980), S. 156 ff.; LR-*Rieß*, Einleitung E Rn. 18 ff.; *Schreiber*, in: AK-StPO, Band 1, 1988, Einleitung I Rn. 3 ff.

27 Die heute in § 244 Abs. 2 StPO geregelte gerichtliche Aufklärungspflicht wurde bereits in § 243 Abs. 3 StPO a.F., der dem Wortlaut nach nur die Befugnis des Gerichts zur Ausdehnung der Beweisaufnahme regelte, hineingelesen, s. RGSt. 6, 135, 136; 13, 158, 159; *Löwe/Hellweg* (Fn. 20), § 243 Nr. 7a.

28 Die heute in § 238 Abs. 1 StPO enthaltene Vorschrift findet sich wortgleich bereits in § 237 Abs. 1 RStPO von 1877.

29 Verordnung über Gerichtsverfassung und Strafrechtspflege, RGBl. I S. 15. Zwar wurden auch einige Verbesserungen gesetzlich durchgesetzt, namentlich durch die sog. Lex Höfle vom 27.12.1926 (RGBl. I, S. 529) über eine gerichtliche, u.U. sogar mündliche Haftprüfung, aber das hatte damals nicht die gleiche Bedeutung wie heute, weil die Untersuchungshaft vor Erhebung der öffentlichen Klage (die freilich auch durch Antrag auf gerichtliche Voruntersuchung erhoben werden konnte, § 168 Abs. 1 StPO a.F.) gem. § 126 RStPO maximal 4 Wochen dauern durfte.

30 BGBl. I S. 469, 502.

31 BGBl. I S. 1253.

nunmehr für die plötzliche Abschaffung gegebene Begründung, die Art der Durchsetzung und die Einseitigkeit der Perspektive dokumentieren einen Niedergang des die Auseinandersetzungen im 19. Jahrhundert beherrschenden rechtsstaatlich-liberalen Gedankenguts, der sich (nach einer kurzen Renaissance zwischen dem Gesetz zur Wiederherstellung der Rechtseinheit pp. vom 12.09.1950[32] und dem StPÄG vom 19.12.1964[33]) in den letzten drei Jahrzehnten in der Novellengesetzgebung zum Strafverfahren fortgesetzt hat: Die Finanznot des Deutschen Reiches als Grund für eine Vereinfachung der Strafrechtspflege zu nehmen[34], impliziert einen Vorrang fiskalischer vor rechtsstaatlichen Gesichtspunkten im Strafverfahren, was wie eine einmalige Notmaßnahme klingt (und deshalb nur die Interimsänderungen in den §§ 44 – 46 der Verordnung gedeckt hätte[35], aber nicht nur im Recht der notwendigen Verteidigung und im Kostenrecht bis heute zu finden ist[36], sondern auch nach der Wiedervereinigung ausdrücklich als Grund für das Rechtspflege-Vereinfachungsgesetz vom 17.12.1990[37] und für das Gesetz zur Entlastung der Rechtspflege vom 11.01.1993[38] angeführt worden ist.[39] Die nächste Ungeheuerlichkeit bestand

---

32 BGBl. I S. 455, 629.

33 BGBl. I S. 1067.

34 *Drucker*, JW 1924, 241, 242; *Heilberg*, JW 1924, 443; *Bender*, JW 1924, 1651; *Lobe*, DJZ 1924, 81f.; *Rittweger*, DJZ 1924, 196ff.; *v. Staff*, DRiZ 1924, 33, 37f.; *Kronecker*, ZStW 45 (1925), 421, 424ff.; vgl. zur zeitgenössischen Kritik i. ü. die Übersicht in der vorzüglichen Darstellung von *Vormbaum*, Die Lex Emminger vom 4. Januar 1924 (1988), S. 74ff.

35 Dazu *Vormbaum* (Fn. 34), S. 43.

36 Indem die StPO die Verteidigung in § 140 nur ausnahmsweise für notwendig erklärt und eine Bestellung „im Armenrecht" überhaupt nicht vorsieht, verzichtet sie letztlich aus fiskalischen Gründen auf die nach ihrer Struktur (worauf zurückzukommen ist) unverzichtbare Garantie einer ausnahmslos rechtskundigen Wahrnehmung der Interessen des Angeklagten. Rein fiskalisch ist auch die Kostentragungspflicht des Verurteilten motiviert (KMR-*Paulus*, § 464 Rn. 33, 41), die zwar nach h.M. verfassungsmäßig ist (vgl. nur die Nachweise bei *Paulus*, a.a.O., Rn. 33), aber in ihrer Einzelausgestaltung nur mit Schwierigkeiten konsistent begründet werden kann (vgl. abermals *Paulus*, a.a.O., Rn. 34 – 40, dessen eigenes Kriterium des „objektiv zurechenbaren Negativ-Verhaltens" keine Vorteile gegenüber dem von der h.M. bevorzugten und von *Paulus* mit Recht kritisierten Veranlassungsprinzip bieten dürfte) und wegen ihrer unbestreitbaren de-facto-Wirkung als Nebenstrafe kriminalpolitisch verfehlt und deshalb zu beseitigen ist (zutr. bereits *von Hippel*, Der deutsche Strafprozeß, 1941, S. 692f.; *Eb. Schmidt*, Lehrkommentar zur StPO II, Rn. 8 vor § 464; eingehend *W. Hassemer*, ZStW 85 (1973), 651, 671; Roxin, Strafverfahrensrecht [Fn. 4], § 57 Rn. 5; die Antikritik von *Paulus* [a.a.O., Rn. 44] untergräbt ihre Überzeugungskraft dadurch selbst, daß sie „zwar" eine Beeinträchtigung der Resozialisierung einräumt, hierauf jedoch keinen Satz mit „aber" mehr folgen lässt).

37 BGBl. I S. 2847.

38 BGBl. I S. 50.

39 Wobei die Eliminierung des dritten Berufsrichters in der Großen Strafkammer kraft des Rechtspflege-Entlastungsgesetzes, die von den Bundesländern ausdrücklich zur Bedingung ihrer darin, daß die Emminger-Verordnung auf ein Notverordnungsrecht der Reichsregierung kraft des Ermächtigungsgesetzes vom 08.12.1923[40] gestützt war, dessen Voraussetzung, dass die Maßnahmen „im Hinblick auf die Not von Volk und Reich erforderlich und dringend" erachtet werden konnten, für eine prinzipielle und langfristige Umgestaltung des gesamten Strafverfahrens evidentermaßen keine Basis bilden konnte,[41] so daß der traurige Befund übrig bleibt, daß eine fast ein ganzes Jahrhundert lang gegen monarchische Diktatur von der Volksvertretung erkämpfte Gestalt des Strafverfahrens durch eine Abdankung der Volksvertretung zugunsten einer Regierungsdiktatur zerschlagen wurde. Die Parallelen zur Gesetzgebung der letzten drei Jahrzehnte betreffen naturgemäß nicht die formale Seite der Kompetenzusurpation, wohl aber den Verweis auf eine (angebliche) Not als Legitimationsgrundlage, denn bei dem größten Teil der Strafprozeßnovellen hat es sich um „*Bekämpfungsgesetze*" gehandelt – zunächst um die Bekämpfung des Terrorismus und sodann um die Bekämpfung der organisierten Kriminalität.[42] Zwar ist

---

Mitwirkung beim Neuaufbau der Justiz in der ehemaligen DDR gemacht worden war, zwar nach der zweiten Verlängerung durch Gesetz vom 22.12.1997 (BGBl. I S. 3223) bis zum 31.12.2000 in § 76 Abs. 2 GVG inzwischen außer Kraft getreten, die Verlagerung der Berufungszuständigkeit in Schöffengerichtssachen auf die Kleine Strafkammer gem. § 76 Abs. 1 Satz 1 GVG aber bestehen geblieben ist. Die Eliminierung des dritten Berufsrichters, derzufolge in der Hauptverhandlung nur der Vorsitzende und der Berichterstatter aus dem Zwischenverfahren übrig blieben, hatte damit die Linie der Emminger-Verordnung fortgesetzt, die die bis dahin in § 23 Abs. 3 StPO angeordnete Ausschließung des beim Eröffnungsbeschluß fungierenden Berichterstatters von der Hauptverhandlung aufhob (in § 21 Abs. 1 Emminger-VO) und damit den einseitigen Einfluß der Aktenkenntnis auf die richterliche Informationsverarbeitung wesentlich verstärkte, worauf unten zurückzukommen ist.

40 RGBl. S. 1179.

41 Wobei die auf weniger als 2 Seiten erfolgte Bestätigung der „Rechtsgültigkeit" der Emminger-Verordnung in RGSt. 58, 120f. in Wahrheit nichts anderes als den Verfall des demokratischen Rechtsstaates bestätigt.

42 Gesetz zur Ergänzung des Ersten Gesetzes zur Reform des Strafverfahrensrechts vom 20.12.1974 (BGBl. I S. 3636), kritisch dazu *Schmidt-Leichner*, NJW 1975, 417; *Groß*, NJW 1975, 422; *Zuck*, NJW 1975, 434; *Ulsenheimer*, GA 1975, 103; *Baumann*, ZRP 1975, 38; *Dünnebier*, NJW 1976, 1; *Rudolphi*, ZRP 1976, 165, 167f.;- Gesetz zur Änderung des StGB, der StPO, des GVG, der BRAO und des StVollzG vom 18.8.1976 (BGBl. I S. 2181) (sog. „Anti-Terrorismusgesetz"), kritisch dazu *Dahs*, NJW 76, 2145; *Jung*, JuS 1976, 760.;- Gesetz zur Änderung des EGGVG vom 30.9.1977 (BGBl. I S. 1877) (sog. „Kontaktsperregesetz"), kritisch dazu Fachgruppe Richter und Staatsanwälte in der Abteilung Justiz der ÖTV Berlin, KJ 1978, 178; *Hannover*, DuR 1979, 184; *Hassemer*, ZRP 1980, 326, 330; *Göddeke*, DuR 1981, 192; Deutscher Anwaltsverein, AnwBl 1983, 97ff.;-Gesetz zur Änderung der StPO vom 14.4.1978 (BGBl. I S. 497), kritisch dazu *Riegel*, BayVBl 1978, 589; *Rudolphi*, JA, 1979, 1, 5ff.; *Suden/Weitemeier*, Die Polizei, 1980, 333;- Passgesetz und Gesetz zur Änderung der StPO vom 19.4.1986 (BGBl. I S. 537), kritisch dazu *Seifert*, KJ 1986, 42, 47ff.; *Marqua*, DRiZ 1986, 152; *Kühl*, NJW 1987, 737;- Gesetz zur Bekämpfung des Terrorismus vom 19.12.1986 (BGBl I S. 2566), kries natürlich nicht schon vom Ansatz her illegitim, auf die Eignung des Strafverfahrens zur effektiven Kriminalitäts*bekämpfung* zu achten, denn die Pflicht des Staates zum Grundrechtsschutz zwingt dazu, vom Strafrecht – wenn es wirklich die ultima ratio ist – auch Gebrauch zu machen[43], was ohne eine funktionstüchtige Strafrechtspflege nicht möglich ist, weshalb die Kritik[44] an dieser vom BVerfG aus dem Rechtsstaatsprinzip abgeleiteten Formel[45] in grundsätzlicher Hinsicht nicht über-

---

tisch dazu *Dencker*, KJ 1987, 36; *Dencker*, StV 1987, 117; *Kühl*, NJW 1987, 737; *Achenbach*, Kriminalistik 1987, 296; *Birkenmaier*, DRiZ 1987, 68.;-Gesetz zur Änderung des StGB und des Versammlungsgesetzes und zur Einführung einer Kronzeugenregelung bei terroristischen Straftaten vom. 9.6.1989 (BGBl. I S. 1059), kritisch dazu *Hassemer*, StV 1989, 79f.; *Krauß*, StV 1989, 315, 321f.; *Kunert/Bernsmann*, NStZ 1989, 449, 456ff.; *Denny*, ZStW 103 (1991), 269; *Lammer*, ZRP 1989, 248.;-Gesetz zur Änderung des AWG, des StGB und anderer Gesetze vom 28.2.1992 (BGBl. I S. 372), kritisch dazu *Hund*, NJW 1992, 2118; *Gusy*, StV 1992, 484; *Göhler*, wistra 1992, 133; *Michalke*, StV 1993, 262.;-Gesetz zur Bekämpfung des Rauschgifthandels und anderer Erscheinungsformen der Organisierten Kriminalität (OrgKG) vom 15.7.1992 (BGBl. I S. 1302), kritisch dazu *Hassemer*, KJ 1992, 64; *Meertens*, ZRP 1992, 205; *Krüger*, Kriminalistik 1992, 594; *Eisenberg*, NJW 1993, 1033; *Stümper*, Kriminalistik 1994, 191;-Verbrechensbekämpfungsgesetz (Fn. 11), kritisch dazu *Scheffler*, NJW 1994, 2191; *Hamm*, StV 1994, 456; *Weber*, DRiZ 1994, 186; *Neumann*, StV 1994, 273; *Dahs*, NJW 1995, 553; *Krüger*, Kriminalistik 1995, 41; *Eßer*, StraFo 1996, 79; *Bürgle*, StV 1998, 514;- VerbOrgKG (Fn. 11) und Gesetz zur Änderung des GG (Art. 13 GG) vom 26.3.1998 (BGBl I S. 610), kritisch dazu *Dittrich*, NStZ 1998, 336; *Leutheusser-Schnarrenberger*, ZRP 1998, 87; *Momsen*, ZRP 1998, 459; *Krause*, Hanack-FS (1999), S. 221; *Denninger*, StV 1998, 401; *Zuck*, NJW 1998, 1919.

43 Wobei die bis auf die Aufklärung (*Beccaria* und *Hommel*) zurückgehende strafrechtliche Doktrin der Limitation auf Rechtsgüterschutz (= Verhütung von Sozialschäden) zugleich eine Legitimation darstellt und der modernen Grundrechtstheorie nicht nur historisch voraus- und damit zugrundeliegt, sondern auch wesentlich strengere Legitimationsanforderungen stellt und deshalb einem liberalen Rechtsstaat angemessener ist als die läßliche postmoderne verfassungsrechtliche Theorie des ius puniendi, wie sie neuerdings im Gefolge der Cannabis-Entscheidung BVerfGE 90, 145 propagiert wird, siehe nur *Schünemann* (Fn. 3), S. 1, 26ff.; *ders.*, in: ders. (Hrsg.), Strafrechtssystem und Betrug, 2002, S. 51ff.; vgl. im übrigen zur Pflicht des Staates, die Grundrechte der Bürger auch gegen gesellschaftliche Beeinträchtigungen zu schützen, BVerfGE 39, 1; 46, 160; 64, 261; 99, 185; *Starck* in *v. Mangoldt/Klein/Starck*, Bonner Grundgesetz Kommentar, Bd. 1 (4. Aufl. 1999), Art. 1 Rn. 158ff.; *Sachs* in ders., Grundgesetz Kommentar (2. Aufl. 1999), Vor Art. 1, Rn. 35ff., sowie *Murswiek* ibid., Art. 2, Rn. 27ff.

44 Grundlegend *Hassemer*, StV 1982, 275ff. Siehe auch *dens.*, KritV 1990, 260ff.; *Niemöller/Schuppert*, AöR 107 (1982), 237, 387, 443; *Frohn*, GA 1984, 554, 560ff.; *Wolter* Meyer-GS (1990), S. 493, 502; *Kiehl*, NJW 1993, 501ff.; *Lorenz*, GA 1992, 254, 275ff.; *Degenhardt*, Art. Gerichtsverfahren, in: Isensee/Kirchhof, Handbuch des Staatsrechts, Bd. III, 1988, § 76 Rn. 30ff.; *Naucke* FS Grünwald (1999), S. 403, 416.

45 Die in zahlreichen Entscheidungen benutzte Formel von der „Funktionstüchtigkeit der Strafrechtspflege" als Anforderung des Rechtsstaatsprinzips (z.B. BVerfGE 33, 367, 383; 34, 238, 248; 38, 105, 115f., 118; 38, 312, 321; 41, 246, 250; 44, 353, 374, 378; 46, 214, 222; 51, 324, 343) ist inzwischen ohne erkennbare Änderung in der Sache sprachlich modifiziert worden, s. BVerfGE 77, 65, 76; 80, 367, 375.

zeugt. Aber diese Formel ist natürlich kein Passepartout für beliebige „Bekämpfungsstrategien", sondern muß immer in der Balance zu den ebenfalls im Rechtsstaatsprinzip angelegten Grundsätzen eines fairen rechtsstaatlichen Strafverfahrens gesehen werden, und genau auf diese Balance wurde in der Emminger-Verordnung ebenso unzulänglich geachtet wie in einem großen Teil der Novellengesetzgebung der letzten 30 Jahre. Selbstredend kann diese Balance nicht einfach deduktiv aus allgemeinen Prinzipien, etwa den Prozeßmaximen, abgeleitet werden, sondern bedarf einer letztlich vom Gesetzgeber zu treffenden rechtspolitischen Entscheidung, die aber wiederum nur auf einem optimalen Informationsniveau rational getroffen werden kann, welches eine Kenntnis der empirischen Zusammenhänge, und das heißt konkret: der geübten Verfahrenspraxis und der hierbei wirksamen psychologischen Gesetzmäßigkeiten einschließt[46].

3. Das heißt konkret am Beispiel der Emminger-Verordnung: Wenn das Schwurgericht nicht mehr als ein Bollwerk der bürgerlichen Freiheit gegen die monarchische Obrigkeit gewesen wäre, wie es freilich bei der Auseinandersetzung im 19. Jahrhundert zeitweise den Anschein hatte, so hätte man allerdings in der Weimarer Republik an dessen Abschaffung denken können – auch wenn das selbst in diesem engen Bezugsrahmen voreilig gewesen wäre, weil die Justiz der 20er Jahre in ihrer Judikatur und überhaupt in ihrer Gedankenwelt noch längere Zeit der Monarchie verhaftet blieb[47]. Aber schon der Blick auf die USA, die das Schwurgericht in einer von Anfang an demokratischen Verfassung verankert haben, zeigt einen tieferen Hintergrund, der in der *Verhinderung jedes denkbaren Vorurteils aufgrund einer Vorbefassung mit dem Fall* besteht. Daß dieses Problem bei Schaffung der Reichsstrafprozeßordnung durchaus gesehen und ernstgenommen wurde, zeigt der bereits erwähnte Ausschluß des Berichterstatters des Zwischenverfahrens von der späteren Hauptverhandlung. Indem nun die Emminger-Verordnung sowohl die ganze Schwurgerichtsverfassung als auch ihre rudimentäre Entsprechung bei der Strafkammer (eben den Ausschluß des früheren Berichterstatters) abgeschafft hat, hat sie also genau umgekehrt die Vorbefaßtheit des Richters zum Prinzip erklärt und damit ein Krebsübel der deutschen Hauptverhandlung etabliert, nämlich die Festlegung des erkennenden Gerichts auf die

---

46 Daß eine Gesetzgebung ohne vorherige Vergewisserung über die sozialen Zusammenhänge einschl. der empirischen Gesetzmäßigkeiten nicht gelingen kann, ist inzwischen ein Gemeinplatz der Gesetzgebungslehre, s. *Büllesbach*, in: Kaufmann/Hassemer (Hrsg.), Einführung in Rechtsphilosophie und Rechtstheorie der Gegenwart (6. Aufl. 1994), S. 456 ff; *Starck*, ZG 1988, 1, 18 f; *Noll*, Gesetzgebungslehre (1973), S. 64 ff.

47 *Angermund*, Deutsche Richterschaft 1919–1945, 1990, S. 31ff.; *Sinzheimer*, Die Justiz – eine Chronik, 1968, S. 103ff.; *Wassermann*, Auch die Justiz kann aus der Geschichte nicht aussteigen, 1990, S. 62ff.

Marschroute der Ermittlungsakte, auf die noch zurückzukommen ist. An eine anderweitige Ausbalancierung ist nicht einmal gedacht worden, und genau diese Einseitigkeit der Gesetzgebung, mehr noch: dieser weitgehende Verlust des Verständnisses für die Notwendigkeit einer Ausbalancierung der Prozeßrollen bildet später den beherrschenden Zug in der Novellengesetzgebung der letzten drei Jahrzehnte.

4. Das 1. Gesetz zur Reform des Strafverfahrensrechts vom 09.12.1974[48] schafft mit der *gerichtlichen Voruntersuchung* ein weiteres Herzstück des im 19. Jahrhundert entwickelten reformierten Strafprozesses ab, ohne daß sich der Gesetzgeber oder die wenigen Autoren, die dieser Änderung Aufmerksamkeit schenken[49], überhaupt Rechenschaft darüber abgelegt hätten, welche Funktion die Voruntersuchung für die Balance des Strafverfahrens besessen hatte und welches Äquivalent deshalb zumindest an deren Stelle hätte treten müssen. Auch wenn es zutrifft, daß sich die gerichtliche Voruntersuchung als eigener Verfahrensabschnitt zwischen dem von der Staatsanwaltschaft beherrschten Ermittlungsverfahren und der Hauptverhandlung in der Praxis immer geringerer Wertschätzung erfreute, so daß sie 1974 ebenso obsolet erscheinen mochte wie 1924 das im Rechtsbewußtsein der breiten Bevölkerung niemals so richtig verankerte Schwurgericht, hätte man doch bei einer sorgfältigen Beachtung der Prozeßstruktur nicht übersehen dürfen, daß die Voruntersuchung in Kapitalstrafsachen als Ausgleich für die hier fehlende zweite Tatsacheninstanz fungierte, so daß ihre kompensationslose Abschaffung die Wahrheitsfindungskautelen bei der Vorbereitung der Hauptverhandlung wesentlich reduzierte und gleichzeitig die Machtstellung der Staatsanwaltschaft und der ihr funktional zugeordneten Polizei außerordentlich verstärkte, was wiederum in die gleiche Kerbe schlug, die die Emminger-Verordnung durch die von ihr etablierte Vorbefassung des erkennenden Gerichts (und damit dessen Prägung durch die Marschroute der Staatsanwaltschaft) der Strafverfahrensbalance bereits zugefügt hatte. Nimmt man noch die im gleichen Jahr durch das EGStGB in § 153 a StPO legalisierte Möglichkeit der Staatsanwaltschaft hinzu, das Ermittlungsverfahren gegen Auflage (in den meisten Fällen in Gestalt der Zahlung eines Geldbetrages) einzustellen (wenn auch nur mit Zustimmung des Beschuldigten und des Gerichts), so findet man knapp 100 Jahre nach Erlaß der Strafprozeßordnung eine gewaltig gesteigerte Machtstellung der Strafverfolgungsbehörden (Staatsanwaltschaft und Polizei), der nur eine relativ geringfügige Verbesserung der sogleich näher zu betrachtenden Rechtsstellung des Beschuldigten und der Verteidigung gegenübersteht.

---

48 BGBl. I S. 3393, 3533.
49 *Rieß*, NJW 1975, 81, 85; *Lampe*, NJW 1975, 195, 199; *Herrman*, JuS 1976, 413, 414.

V. Die Umgestaltung des Ermittlungsverfahrens

1. Versucht man, die Umgestaltung des deutschen Strafverfahrens, die Änderungsgesetze zur StPO wie auch die Änderungen der Verfahrenswirklichkeit in den letzten 125 Jahren herbeigeführt haben, in ihren wichtigsten Zügen zusammenzufassen, so ergibt sich als erstes: In dem Verfahren *vor der Hauptverhandlung* ist durch die weitgehende Etablierung des Opportunitätsprinzips im Bereich der Vergehen im technischen Sinne des § 12 StGB, durch die Möglichkeit einer Verfahrenseinstellung gegen Auflagen in § 153 a StPO und durch die Abschaffung der Voruntersuchung die *Machtstellung der Staatsanwaltschaft* enorm angewachsen, wobei die gleichzeitige Verlagerung der Masse der Ermittlungsverfahren auf die Polizeibehörden nur im Innenverhältnis Staatsanwaltschaft–Polizei zu einer Schwächung der ersteren führt, an dem Machtzuwachs der Strafverfolgungsbehörden insgesamt aber nichts ändert. Parallel hierzu haben die Ermittlungsorgane Schritt für Schritt alle modernen Zwangsmittel und Ermittlungstechniken zur Verfügung gestellt bekommen, die aus polizeilicher Sicht wünschenswert und nützlich erschienen, wobei die im Rahmen der „Bekämpfungsgesetze" etablierte Vernetzung der repressiven Strafverfolgung mit präventiv- und nachrichtenpolizeilicher Tätigkeit[50] zu einer quantensprungartigen Machtzusammenballung geführt hat, wie sie außerhalb von Polizeistaaten bis dahin nicht beobachtet werden konnte. Jede Stärkung der Sicherheits- und Nachrichtenpolizei bedeutet dadurch auch eo ipso einen Machtzuwachs des Strafverfolgungsapparates, so daß die unlängst im Tempo der früheren Notverordnungen des Reichspräsidenten durchgepeitschten sog. Sicherheitspakete I und II[51] zwar den Text der Strafprozeßordnung, nicht aber die Macht des Verfolgungsapparates unverändert gelassen haben.

2. Daneben haben auch die traditionellen, schon in der RStPO von 1877 vorgesehenen Zwangsmittel eine funktionale Erweiterung erfahren, die teils durch die gesetzliche Ausdehnung ihres Anwendungsbereiches, teils durch die Verfahrenspraxis etabliert worden ist. Die *Untersuchungshaft* ist ausgerechnet durch das an sich liberalem Geist entsprungene StPÄG von 1964 über den bloßen Zweck der Verfahrenssicherung hinaus ausgedehnt worden, indem mit dem Haftgrund der Wiederholungsgefahr (heute § 112 a StPO) präventivpolizeiliche Maßnahmen, die im

---

50 Eindringlich dazu *Wolter*, ZStW 107 (1995), 793 ff.; *Paeffgen*, in: Wolter (Hrsg.), Zur Theorie und Systematik des Strafprozeßrechts, 1995, S. 13 ff.; *P.-A. Albrecht*, StV 2001, 416; *Hefendehl*, StV 2001, 700.

51 Bei Gelegenheit des 6. StrRG hatte die jetzige Bundesjustizministerin noch ebenso drastisch wie treffend von einem „Schweinsgalopp" gesprochen, s. BT-Prot. 13/18438. Siehe nunmehr die Gesetze vom 4.12.2001 (BGBl. I S. 3319) und vom 9.1.2002 (BGBl. I S. 361); dazu *Denninger*, StV 2002, 96.

Rahmen des rechtsstaatlichen Polizeirechts geradezu unerhört gewesen wären, nämlich die *Vorbeugehaft*, wie ein trojanisches Pferd einfach in die Regelung der repressiven Strafverfolgung eingefügt wurden. Das gleiche gilt für den sog. Haftgrund der *Schwere der Tat* (§ 112 Abs. 3 StPO), der stricto sensu die Abwesenheit eines Haftgrundes bedeutet,[52] ebenso wie die Vorbeugehaft nationalsozialistischem Gedankengut entstammte[53] und ebenso wie diese die zaghaften Einhegungsbemühungen des BVerfG längst gesprengt hat: Hatte dieses die Vorbeugehaft zunächst mit der Überlegung für verfassungsmäßig erklärt, daß sie nur bei schweren Sexualdelikten und damit zum Schutz eines besonders hilflosen Personenkreises vorgesehen sei,[54] so ist davon im heutigen Katalog des § 112 a StPO nichts mehr zu spüren. Durch die Ausdehnung auf die schweren Fälle des Landfriedensbruches, der gefährlichen Körperverletzung, der besonders schweren Fälle des Diebstahls, der gewerbsmäßigen und Bandenhehlerei sowie allgemein des Betruges und zahlreicher Delikte nach dem Betäubungsmittelgesetz in § 112 a Abs. 1 Nr. 2 StPO ist die vom BVerfG vorgenommene Einschränkung geradezu verhöhnt worden, ebenso wie die für eine Vorbeugehaft in einem Staat freier und mündiger Bürger allein diskutable Prognosebasis, nämlich das triebdominierte und damit mehr oder weniger unfreie Verhalten bei schweren Sexualdelikten, vollständig preisgegeben worden ist. Und daß die Möglichkeit einer Untersuchungshaft ohne Haftgrund (§ 112 Abs. 3 StPO) nicht nur theoretisch zu einer Vollstreckung der Freiheitsstrafe vor Erlaß des Urteils mißbraucht werden kann, sondern diese Funktion in der Vergangenheit auch tatsächlich gelegentlich besessen hat, verdeutlicht die letzte Phase der Strafverfolgung nationalsozialistischer Gewalttaten, in der die naheliegenderweise hochbetagten Beschuldigten ohne ernstzunehmende Fluchtgefahr in Untersuchungshaft genommen wurden und dadurch de facto die drohende lebenslange, wegen ihres Alters jedoch nur auf wenige Jahre zu veranschlagende Freiheitsstrafe schon während des laufenden Verfahrens antreten mußten. Im Bereich der Wirtschaftskriminalität ist schließlich eine in der Verfahrens*praxis* ersonnene Umfunktionierung der Untersuchungshaft hinzugekommen, indem sie in Verbindung mit Angeboten zur Teileinstellung gem. § 154 StPO nicht nur zur Herbeiführung von Geständnissen, sondern auch von Aussagen über bisher unbekannte Taten eingesetzt wird, was mit der Firma „apokryphe Haftgründe"[55] im Schrifttum durchaus euphe-

---

52 Das BVerfG hat die Vorschrift dadurch vor der Verfassungswidrigkeit zu retten versucht, dass es eine Art Vermutung eines Haftgrundes hineingelesen hat, BVerfGE 19, 342, 350; BVerfG NJW 1966, 772.

53 Vgl. Art. 5 des Gesetzes zur Änderung von Vorschriften des Strafverfahrens und des Gerichtsverfassungsgesetzes vom 28.6.1935 (RGBl. I S. 844, 847).

54 BVerfGE 19, 342, 349 f.

55 Zu dem Begriff siehe *Münchhalffen*, StraFo 1999, 332, zur Sache *Volk*, NJW 1996, 879 ff.

mistisch umschrieben worden ist. Daß die Untersuchungshaft ferner in einem großen Teil der Fälle über die spätere Strafsanktion hinausgeht und sich also in der Praxis längst zu einem vom möglichen Verfahrensergebnis nicht mehr limitierten Mittel der „Verfahrensdurchpeitschung" entwickelt hat, hatte ich schon 1981 in einem Vortrag vor der Karlsruher Juristischen Studiengesellschaft über die Frage „Ist der deutsche Strafprozeß krank an Haupt und Gliedern?" dargelegt (und damit leidenschaftlichen Protest hervorgerufen);[56] es ist durch die später im Auftrag des Bundesjustizministeriums von *Schöch* durchgeführten, detaillierten empirischen Untersuchungen im wesentlichen bestätigt worden.[57]

3. Eine ähnliche Entwicklung haben in der Praxis die traditionellen Zwangsmittel der *Durchsuchung* und *Beschlagnahme* genommen. Pointiert ausgedrückt, konnte man dabei 1877 an die Durchsuchung des Kellers des Verdächtigen und die Auffindung der Leiche unter dem Kohlenhaufen denken. In der Praxis der Wirtschaftsstrafprozesse dominiert dagegen heute die Durchsuchung ganzer Wirtschaftsunternehmen und die Beschlagnahme ihrer kompletten Buchhaltung und Geschäftsunterlagen, was dann etwa in Verbindung mit der Inhaftierung der Geschäftsleitung für den (die) Beschuldigten geradezu einen unwiderstehlichen Zwang erzeugt, das Verfahren mit Hilfe der noch näher zu betrachtenden Urteilsabsprachen durch eine schon im frühen Stadium des Ermittlungsverfahrens erfolgende Unterwerfung zu beenden. Daß das Institut der für andere oder gänzlich neue Strafverfahren verwertbaren Zufallsfunde (§ 108 StPO) bei flächendeckenden Durchsuchungen und Beschlagnahmen eine ganz neue Dimension erfährt, liegt auf der Hand; ich möchte sie als den *Hydra-Effekt* bezeichnen, weil es für das weitere Ermittlungsverfahren nach einer die Ermittlungsbehörden ja ebenfalls tief ins „Obligo" (scil. eines zählbaren Ermittlungserfolges) stürzenden flächendeckenden Beschlagnahme zwangsläufig zu einer sich permanent ausweitenden Suche nach Straftaten kommt, die durch das beschlagnahmte Material beweisbar sind.

4. Ich will meine Betrachtungen zur Steigerung der Machtstellung der Strafverfolgungsbehörden durch die Umgestaltung des Ermittlungsverfahrens hier abbrechen, weil die aus Umfangsgründen ohnehin nicht mögliche weitere Detaillierung am Gesamtbild nichts ändern würde: Nach Gesetzestext und Verfahrenswirklichkeit haben wir, um es schlagwortartig zusammenzufassen, schon heute von den *Eingriffsmöglichkeiten* her das Ermittlungsverfahren eines *Polizeistaates*, was gerade derjenige nüchtern zu konstatieren verpflichtet ist, der – wie ich – eine Moderni-

56 Ich hatte schlicht anhand der Kriminalstatistik 1980 nachgewiesen, dass in 47,5 % aller Haftsachen später im Urteil nicht auf eine zu vollstreckende Freiheitsstrafe erkannt wurde.

57 *Gebauer*, Die Rechtswirklichkeit der Untersuchungshaft in der Bundesrepublik Deutschland, Neue Kriminologische Studien, Bd. 7, 1987, S. 193ff.; *Schöch*, FS Lackner (1987), S. 991, 1007 f; *ders*. Der Einfluß der Strafverteidigung auf den Verlauf der Untersuchungshaft (1997), S. 15f.

sierung des Ermittlungsverfahrens, d. h. eine Anpassung der Strafverfolgungsstrategien an die gewandelten Formen der Kriminalität, im Ansatz für notwendig und legitim hält[58] und – im Unterschied zur „Frankfurter Schule" und den ihr folgenden, zahlreichen Vertretern der deutschen Strafprozeßrechtswissenschaft[59] – nicht schon a priori auf der Unantastbarkeit eines wie auch immer zu definierenden „klassischen" Strafrechts und Strafverfahrens insistiert. Die polizeistaatliche Entwicklung des deutschen Ermittlungsverfahrens darf deshalb meiner Meinung nach weder ignoriert noch dämonisiert werden, sondern man muß sie als den Versuch begreifen, eine staatliche Kontrolle des abweichenden Verhaltens aufrechtzuerhalten, obwohl sich die Bundesrepublik von der tendenziell kleinbürgerlich-hermetischen, im Prinzip leicht zu kontrollierenden Gesellschaft der 50er Jahre zu einer mit vielfältigen Subkulturen durchsetzten, inhomogenen und infolge ihrer offenen Grenzen tendenziell unkontrollierbaren Gesellschaft entwickelt hat. Die seit Jahrzehnten im Zentrum der Kritik stehende „Verpolizeilichung des Ermittlungsverfahrens"[60], die man in dem hier skizzierten weiteren Rahmen in der Tat als die immer stärkere Entfaltung polizeistaatlicher Elemente im Ermittlungsverfahren charakterisieren muß, sollte deshalb keiner fundamentalistisch begründeten Pauschalablehnung verfallen, aber doch sehr streng auf die einzige Voraussetzung hin überprüft werden, die sie rechtsstaatlich akzeptabel machen könnte: nämlich auf den Einbau theoretisch ausreichender und praktisch effizienter *Kontrollmechanismen*. Denn der echte Polizeistaat, in dem die Polizei und niemand sonst herrscht, kennt gerade keine Kontrolle staatlicher Machtentfaltung, während diese für den Rechtsstaat auch in Form der früher so oft apostrophierten wehrhaften Demokratie[61] unerläßlich ist, und zwar beileibe nicht nur in Form des traditionellen Gewaltenteilungsschemas, sondern im Sinne einer *verfahrensspezifischen Gegenmacht*[62] gerade auch gegenüber der sonst zur „furchtbaren Gewalt" entartenden Justiz.[63]

---

58 S. *Schünemann*, GA 1995, 201, 214ff.

59 Nachw. b. *Schünemann*, GA 1995, 214 Fn. 43; ferner Institut für Kriminalwissenschaften Frankfurt a. M. (Hrsg.), Vom unmöglichen Zustand des Strafrechts, 1995; dass. (Hrsg.), Irrwege der Strafgesetzgebung, 1999; *P.-A. Albrecht*, StV 2001, 416.

60 *Schoreit*, StV 1989, 449; *König*, Die Entwicklung der strafprozessualen Zwangsmaßnahmen seit 1877, 1991, S. 157ff.; *Albrecht*, StV 2001, 416, 417ff.

61 BVerfGE 5, 85, 139; 13, 46, 50; 25, 44, 58; 25, 88, 100; 28, 36, 48ff.; 28, 51, 55; 30, 1, 19ff.; 39, 334, 349, 369; 46, 34, 48; 80, 244, 253.

62 Und nicht im Sinne einer allgemeinen gesellschaftlichen Gegenmacht, dazu *Holfort*, Der Verteidiger als soziale Gegenmacht, in *ders.*, Strafverteidiger als Interessenvertreter, 1979, S. 37ff; *Göddeke*, Die Einschränkung der Strafverteidigung, 1980, S. 65; zu den Möglichkeiten und Grenzen „kompensatorischer" Verteidigung *Jahn*, „Konfliktverteidigung" und Inquisitionsmaxime, 1998.

63 Mit der Beschränkung auf die verfahrensspezifische Gegenmacht im Rahmen dieser Abhandlung bleibt jene dritte Säule hier ausgeklammert, die vielleicht die allerwichtigste ist und der wir

5. Prozeßintern geht es um zwei Bereiche, die eine Einhegung der polizeistaatlichen Kompetenzen der Strafverfolgungsbehörden leisten können: die prozessuale Gegenmacht des Beschuldigten und seines Verteidigers (hier zusammenfassend als „Verteidigung" bezeichnet) sowie die Rechtsbehelfs- und Rechtsmittelzüge.

a) Die Stellung der *Verteidigung* ist seit 1877 erheblich ausgebaut,[64] in den letzten Jahrzehnten aber auch wieder stark beschnitten worden[65]. Eigenartigerweise hat es bis zum StPÄG 1964 gedauert, bis die im Grunde selbstverständliche Basis, nämlich die Pflicht zur Belehrung des Beschuldigten schon bei der ersten Vernehmung über sein Schweigerecht und sein Recht auf Konsultation eines Verteidigers (§§ 136, 163 a StPO), gesetzlich fixiert worden ist. Die verbleibenden Effizienzprobleme sind in der Rechtsprechung des BGH freilich nur teilweise gelöst worden,[66] worauf im Rahmen der Reformüberlegungen ebenso zurückzukommen ist wie auf die nach wie vor unzulänglich geregelte notwendige Verteidigung. Ähnliches gilt für das wichtigste Recht der Verteidigung, den Anspruch auf Einsichtnahme in die Ermittlungsakten, der nach § 147 a.F. StPO erst mit der Voruntersuchung begann und auch in seiner heutigen Ausdehnung auf das Ermittlungsverfahren vom Ermessen der Staatsanwaltschaft abhängt, mit einer im Haftverfahren vom BVerfG dekretierten Ausdehnung,[67] auf deren verbleibende Unzulänglichkeiten im Rahmen der Reformüberlegungen zurückzukommen ist.

b) Da die echten Beteiligungsrechte nur bei ermittlungsrichterlichen Vernehmungen existieren (§§ 168 c, d StPO) und auch hier ohne vorherige umfassende Akteneinsicht nicht sachgemäß wahrgenommen werden können, ferner eigene

---

es in der Hauptsache zu verdanken haben mögen, daß die Eingriffsmöglichkeiten des deutschen Ermittlungsverfahrens zwar inzwischen das normative Gerüst eines Polizeistaates erhalten haben, die Realität aber, von den erwähnten Ausnahmen abgesehen, nicht polizeistaatlich ist, sondern in den traditionellen Bahnen des rechtsstaatlich-liberalen Strafverfahrens verläuft: nämlich die Rolle der Medien und der kritischen Öffentlichkeit bei der Kontrolle der staatlichen Machtentfaltung.

64 Die besonders starke Stellung der Verteidigung in der Hauptverhandlung, wo sie ihre eigentliche Durchschlagskraft erreicht, wirkt sich naturgemäß reflexartig auf das Ermittlungsverfahren aus, insbesondere als Kriterium ihrer Machtposition bei der Aushandlung einer Urteilsabsprache.

65 Und zwar schon seit dem 1. Strafverfahrensrechtsreformgesetz von 1974, durch das die 1964 eingeführte Verbesserung des rechtlichen Gehörs vermittels der Einführung der Schlußanhörung bzw. des Schlußgehörs kassiert wurde.

66 Zum Verwertungsverbot bei fehlender Belehrung nur im Falle eines ausdrücklichen Widerspruchs, BGHSt 38, 214; 42, 15, 22; zur Pflicht der Polizei, bei Hinzuziehung eines Verteidigers behilflich zu sein, teilweise widersprüchlich, BGHSt 42, 15 und 42, 170; ablehnend zur Pflicht der Sachverständigen, den Beschuldigten über sein Schweigerecht zu belehren, BGH NJW 1968, 2297; NStZ 1997, 296.

67 BVerfG NJW 1994, 3219; StV 1994, 465.

Ermittlungen zwar zulässig, aber nicht durch eine Auskunftspflicht von Zeugen etc. rechtlich abgesichert sind, reduziert sich der Handlungsspielraum der Verteidigung im Ermittlungsverfahren nicht selten auf die Ergreifung von *Rechtsbehelfen*, die freilich in reicher und durch das BVerfG nochmals ausgebauter[68] Anzahl zur Verfügung stehen und auch im Zusammenhang mit der bei den meisten Zwangsmaßnahmen angeordneten Zuständigkeit des *Ermittlungsrichters* gesehen werden müssen, deren die Praxis lange Zeit beherrschende Aufweichung durch die Eilkompetenz der Strafverfolgungsbehörden vom BVerfG unterbunden worden ist.[69] Theoretisch existiert damit ein lückenloser gerichtlicher Rechtsschutz bereits im Ermittlungsverfahren, der in der Praxis aber weitgehend leerzulaufen droht. Die riesige Zahl der zu treffenden Entscheidungen und die eingebürgerte Routine, daß die Staatsanwaltschaft den Beschluß schon in fertiger, unterschriftsreifer Form vorlegt, droht den Ermittlungsrichter zu einer Art „*Urkundsbeamten der Staatsanwaltschaft*" zu denaturieren,[70] und auch das Landgericht als Beschwerdeinstanz hütet sich in der Regel, die Ermittlungsstrategien der Staatsanwaltschaft zu durchkreuzen.

6. Die verfahrensinternen Kontrollmechanismen im Ermittlungsverfahren müssen deshalb trotz des beträchtlichen Ausbaus, den sie im Vergleich zur RStPO von 1877 erfahren haben, unter Effizienzgesichtspunkten immer noch als schwach qualifiziert werden. Das ist deshalb prekär, weil, wie es heute gerne heißt, die Würfel meistens schon im Ermittlungsverfahren fallen und eine in diesem Stadium Platz greifende Fehlentwicklung in der Hauptverhandlung nur noch in Ausnahmefällen korrigiert werden kann.[71] Aber in Wahrheit ist das sogar noch eine viel zu enge Sicht, denn es geht nicht allein um die unzulänglichen Kontrollmöglichkeiten, sondern – weitaus radikaler – um das *Fehlen der kontradiktorischen Struktur*, die sich in jedem einzelnen Ermittlungsverfahren auswirkt, auch wenn es weder zu Zwangsmitteln noch zu sonstigen spektakulären Schritten noch überhaupt zu spezifischen Ermittlungsfehlern der Strafverfolgungsbehörden kommt. Denn wie eine Reihe von sozialwissenschaftlichen Untersuchungen zur polizeilichen Zeugenvernehmung ergeben hat, ist die protokollierte Aussage eines Zeugen mitnichten die bloße Wiedergabe seines Erinnerungsbildes (vergleichbar der Bildbeschreibung einer Photographie), sondern ein Interaktionsprodukt zwischen dem Zeugen und dem Vernehmungsbeamten, in das dessen

---

68 BVerfGE 96, 27; StV 1997, 505; EuGRZ 1997, 374; RdL 1997, 320; NJW 1998, 2131; 1998, 2432; 1999, 273; 1999, 3773.

69 Vgl. die Zahlen bei *Asbrock*, ZRP 1998, 18 und neuestens BVerfG NJW 2001, 1121.

70 Zutr. *Lilie*, ZStW 111 (1999), 807, 814 f.

71 Grundlegend bereits *E. Müller u.a.*, AnwBl 1986, 50 ff; *Richter II*, AnwBl 1985, 431; *Roxin* (Fn. 4), § 37 Rn. 1; Alternativ-Entwurf Reform des Ermittlungsverfahrens (2001), S. 27.

befragungsleitende Hypothesen massiv Eingang finden.[72] Wegen dieser „Plastizität“ einer Zeugenaussage weist jedes nur von einem Strafverfolgungsbeamten ohne kontradiktorische Kontrolle durch den Verteidiger aufgenommene Vernehmungsprotokoll also eine systematische Verzerrung in Richtung auf die vom Vernehmungsbeamten gehegten Tat- und Täterhypothesen auf, und zwar für diesen unbewusst und deshalb durch die bloße Statuierung von dessen Objektivitätspflicht (§ 160 Abs. 2 StPO) auch nicht eliminierbar. Und diese Asymmetrie zeugt sich prekärerweise durch den ganzen Prozeß „wie eine ewge Krankheit fort“. Der Grund liegt in der seinerseits problematischen Verfahrensrolle des deutschen Richters, der im Unterschied etwa zum amerikanischen Juryprozeß nicht nur die Beweise in der Hauptverhandlung selbst erhebt und dadurch also eine inquisitorische Rolle hat, sondern dies auch noch auf der Basis und Marschroute der ihm als Handlungsgrundlage dienenden staatsanwaltschaftlichen Ermittlungsakten tut, denen er überdies schon selbst im Eröffnungsbeschluß die Tauglichkeit zur Begründung einer hohen Verurteilungswahrscheinlichkeit attestiert hat. Diese Konstellation löst, wie eine Reihe von mir vor Jahren veranstalteter und hier nicht im einzelnen erneut darzustellender sozialpsychologischer Experimente bestätigt hat, den sog. *Inertia- oder Perseveranzeffekt* aus, kraft dessen der Richter das Beweisergebnis der Hauptverhandlung nicht mehr streng neutral, sondern in einer in Richtung der Anklagehypothese verzerrten, asymmetrischen Form beurteilen wird, wobei dieser Mechanismus, den man auch sehr treffend die Selbstbestätigung von Hypothesen genannt hat, unbewusst abläuft und deshalb abermals durch die Objektivitätspflicht nicht beseitigt werden kann.[73] Die strukturellen Verzerrungen der ohne kontradiktorische Mitwirkung zustande gekommenen Vernehmungsprotokolle wirken sich also bis ins Urteil aus und sind im Falle der (sogleich genauer zu betrachtenden) Urteilsabsprachen sogar noch gravierender, weil sich der Richter hierbei ja notgedrungen vollständig auf die Ermittlungsakten verlässt und ihnen gegenüber gar keine Korrekturmöglichkeiten besitzt.

---

72 Vgl. *Wulf*, Strafprozessuale und kriminalpraktische Fragen der polizeilichen Beschuldigtenvernehmung auf der Grundlage empirischer Untersuchungen, 1984; *Gundlach*, Die Vernehmung des Beschuldigten im Ermittlungsverfahren, 1984; *Banscherus*, Polizeiliche Vernehmung, Formen, Verhalten, Protokollierung, 1977. Zur psychologischen Überforderung der Polizei wenn sie bei dem Versuch, den Hauptverdächtigen zu überführen, gleichermaßen die Entlastungsgesichtspunkte zur Geltung bringen soll, siehe *Schünemann*, Kriminalistik 1999, 74, 148f.

73 *Schünemann*, in: Bierbrauer/Gottwald/Birnbreier-Stahlberger (Hrsg.), Verfahrensgerechtigkeit (1995), S. 215 ff; *ders.*, StV 2000, 159ff.

Der Einfluß des Ermittlungsverfahrens auf den Ausgang des gesamten Strafprozesses ist deshalb heute (in einer für die Väter der RStPO unvorstellbaren Weise) enorm, und das infolge der beschriebenen Asymmetrien in einer äußerst prekären Weise. Ich würde gleichwohl nicht so weit wie *Wolter* gehen, in dessen Worten das Ermittlungsverfahren „Kern und Höhepunkt" des Strafverfahrens sein soll.[74] Denn anders als die Hauptverhandlung kennt das Ermittlungsverfahren keinen Kern und keinen Höhepunkt, sondern kann eher mit einer Art Brei verglichen werden, der – um im Bilde zu bleiben – den in der Strafprozeßordnung eindeutig als solchen konzipierten und stilisierten Höhepunkt der Hauptverhandlung erstickt, wobei gerade die mosaikartige Struktur des Ermittlungsverfahrens dafür verantwortlich ist, daß sich dieser Einfluß auf eine Vielzahl einzelner kleinerer Schritte stützt und also nicht an einem einzelnen archimedischen Punkt dingfest gemacht werden kann.

VI. Das Schicksal der Hauptverhandlung

1. Freilich ist es noch nicht ausgemacht, dass die heimliche Dominanz des Ermittlungsverfahrens nicht in der Hauptverhandlung kompensiert werden kann (könnte), nämlich durch die Aktivität der Verteidigung, deren Einfluß hier unvergleichlich stärker ist als im Ermittlungsverfahren und sich auch im Vergleich zu 1877 bedeutend intensiviert hat, freilich mit einer abermaligen Abschwächung in den letzten Jahrzehnten. So ist das bedeutendste Recht der Verteidigung überhaupt, das Beweisantragsrecht, erst in der Rechtsprechung des Reichsgerichts im einzelnen herausgearbeitet[75] und 1950 in § 244 Abs. 3 bis 5 StPO positiviert worden;[76] und es ist in seinem Bestand im Zuge der „Bekämpfungsgesetze" nur in einem Punkt empfindlich angetastet worden, indem bei der Benennung von Auslandszeugen das Beweisantragsrecht praktisch auf die richterliche Aufklärungspflicht reduziert worden ist.[77] Mehrfach erneuerte, radikale Konzepte einiger Landesjustizverwaltungen, das Beweisantragsrecht allgemein auf die richterliche Aufklärungspflicht zu reduzieren,[78] konnten immer wieder erfolgreich zurückgewiesen werden. Eine erhebliche Einschränkung hat dagegen das Recht der Verteidigung zur Vorführung präsenter Beweismittel erfahren, dem in der ursprünglichen Kon-

---

74 Aspekte pp. (Fn. 4), S. 35.
75 Instruktiv *Wessels*, JuS 1969, 1f.
76 Durch das Vereinheitlichungsgesetz vom 12.9.1950 (BGBl I S. 455, 491).
77 S. § 244 Abs. 5 S. 2 StPO n.F.
78 Z. B. Beschluß der Justizminister und Justizsenatoren der Länder vom 24. April 1991 (BR-Dr. 314/91); dazu *Schulz*, StV 91, 354, 355ff.; *Werle* JZ 1991, 789, 792ff.

zeption der RStPO eine zentrale Bedeutung zukam[79] und das jetzt nur noch einen Annex zum Beweisantragsrecht darstellt.[80]

2. Insgesamt halten sich die *unmittelbaren* Abschwächungen, die sich die Position der Verteidigung in der Hauptverhandlung in der Reformgesetzgebung der letzten Jahrzehnte gefallen lassen mußte, also durchaus noch in Grenzen. Weitaus prekärer ist die *mittelbare* Abschwächung durch eine weitreichende Abschirmung gerade der zugleich zentralen und problematischen Zeugen gegenüber der ihre Glaubwürdigkeit auf die Probe stellenden Verteidigung. Diese „Aufrüstung“ des Zeugenbeweises gegen den Angeklagten, die das Grundprinzip der fairen, die materielle Wahrheit zugunsten des Angeklagten garantierenden Hauptverhandlung unterminiert, setzt in der Rechtsprechung schon sehr früh ein, nämlich mit der oben erwähnten Rechtsprechung des Reichsgerichts zur Vernehmung der Verhörspersonen über die frühere Aussage eines in der Hauptverhandlung von seinem Verweigerungsrecht Gebrauch machenden Zeugen. Ihre Fortsetzung, wenn nicht Steigerung findet diese Judikatur in der mittelbaren Einführung der Aussage eines von der Polizei planmäßig aus der Hauptverhandlung herausgehaltenen V-Mannes durch Vernehmung des (sogar nur polizeilichen !) Vernehmungsbeamten oder V-Mann-Führers,[81] was auffällig mit der Beschränkung auf die Vernehmung richterlicher Vernehmungspersonen bei der Verwertung der früheren Aussagen weigerungsberechtigter Zeugen kontrastiert. Die Gesetzgebung hat wiederum durch die Opfer- und Zeugenschutzmaßnahmen mit dem Effekt einer Abschirmung der Zeugenaussage des/der Verletzten (und üblicherweise Anzeigeerstatters/rin) „nachgelegt“, indem diese(r) zunächst durch das sog. Opferschutzgesetz vom 18. 12. 1986 mit Aktenkenntnis und einem in vielen Fällen vom Staat bestellten Zeugenbeistand ausgerüstet wurde (§§ 68 b, 406 e-g StPO) und seit dem Zeugenschutzgesetz vom 30. 4. 1998[82] in weiteren Fällen vor einer direkten Konfrontation mit dem Angeklagten bewahrt bleibt (§§ 58 a, 168 e, 247 a, 255 a StPO). Wenn man diese vier in der Regel isoliert diskutierten Verstärkungen der Anklageposition auf Kosten der Verteidigung einmal nebeneinander stellt und sich zugleich bewußt macht, daß es hier durchweg um die zentralen Zeugenaussagen

79 § 244 Abs. 1 StPO a.F. zwang das Gericht zur Vernehmung aller von der Staatsanwaltschaft oder der Verteidigung vorgeladenen Zeugen und Sachverständigen und hatte in der damaligen Systematik die Funktion, die heute dem Beweisantragsrecht zukommt, vgl. *Löwe/Hellweg* (Fn. 20), § 244 Nr. 1.

80 S. § 245 Abs. 2 StPO n.F.

81 BGHSt 17, 382, 383f.; 33, 178, 181; 36, 160; NJW 1991, 646; BVerfGE 57, 250; BVerfG NJW 1992, 168.

82 BGBl. I S. 820.

geht, mit denen die Anklage steht und fällt, so kann man das ganze Ausmaß der Gewichtsverschiebung gegenüber der RStPO von 1877 ermessen.

VII. Die Verfahrenswirklichkeit

Um in dieser Hinsicht eine Bilanz ziehen zu können, muß freilich die bisherige, auf die Gesetzgebung und die höchstrichterliche Rechtsprechung und damit gewissermaßen auf die normative Oberfläche beschränkte Darstellung der Wandlungen des deutschen Strafverfahrens um einen Blick auf die Verfahrenswirklichkeit ergänzt werden, weil Wandlungen in der Verfahrenshäufigkeit, in dem Verfahrensumfang und in den den Alltag beherrschenden Verfahrensroutinen die prozessuale Machtstellung und Einflußnahmemöglichkeiten der verschiedenen Prozeßsubjekte nicht weniger bestimmen als der normative Handlungsrahmen.

1. Die als Grund für Beschleunigungs- und Verfahrensvereinfachungsnovellen oft bemühte *Verfahrensflut* ist jedenfalls bis Ende der 80er Jahre für die Gerichte durch die Vermehrung der Richterstellen einigermaßen aufgefangen worden.[83] Schwieriger war die Situation schon immer bei der Staatsanwaltschaft, deren Anklagekapazität geradezu einen Flaschenhals der Strafverfolgung bildet. Es wird deshalb seit langem nur ein Bruchteil der laut Polizeilicher Strafverfolgungsstatistik aufgeklärten Fälle auch angeklagt.[84] Hierin liegt zweifellos die ausschlaggebende Erklärung für die permanente Ausdehnung des Opportunitätsprinzips, und gleichzeitig ist die Überlastung der Staatsanwaltschaft quasi die stärkste Waffe der Verteidigung, für die schon die wirkliche oder scheinbare Verkomplizierung des Falles die Chancen auf eine Einstellung wesentlich erhöhen dürfte.

2. Die *überlange Verfahrensdauer* schlägt vor allem in den erstinstanzlichen Strafkammersachen zu Buche.[85] Hauptauslöser sind dafür auf der einen Seite die

---

83 S. *Schünemann*, FS Pfeiffer (1988), S. 461, 463 ff; *ders.*, Absprachen im Strafverfahren ? (1990), S. 28 ff.

84 In 1998 wurden 3.376.524 Fälle aufgeklärt (Bundeskriminalamt [Hrsg.], Polizeiliche Kriminalstatistik Bundesrepublik Deutschland, Berichtjahr 1998, Tabelle 01, S. 1), aber nur 974.187 Personen wurden abgeurteilt (Statistisches Bundesamt, Rechtspflege – Strafverfolgung, 1998, S. 16). Für das Jahr 1976 sind die Zahlen jeweils 1.404.889 (Bundeskriminalamt [Hrsg.], Polizeiliche Kriminalstatistik Bundesrepublik Deutschland, Berichtjahr 1976, Tabelle 1, Bl. 1) und 838.069 (Statistisches Bundesamt, Rechtspflege – Strafverfolgung, 1976, S. 10). Auch wenn nichtstrafmündige Tatverdächtige herausgenommen werden, führten in 1998 nur 706.230 der 2.707.835 nichtstrassenverkehrsrechtlichen aufgeklärten Fälle zu einer Aburteilung, s. Bundesministerium des Inneren/Bundesministerium der Justiz, Erster Periodischer Sicherheitsbericht (2001), S. 343; *Heinz u. a.*, in: Geisler (Hrsg.), Das Ermittlungsverhalten der Polizei, 1999, S. 125 u. passim.

85 *Schünemann*, Absprachen (Fn. 82), S. 28 f.

für die forensische Reproduzierbarkeit zunehmend unglücklicher gefassten materiellrechtlichen Straftatbestände und auf der anderen Seite die (sich freilich aus zahllosen durchaus nicht gleichförmig ausgerichteten Details zusammensetzende) Entwicklung der Kriminalitätsformen : Kennzeichnend ist nicht mehr die eher selten gewordene Abenteurer- und Elendskriminalität, sondern die Wirtschafts- und Umweltkriminalität auf der einen Seite und die organisierte Kriminalität auf der anderen Seite, bei äußerst komplizierten, von legalen Vorgängen schwer abzugrenzenden Deliktsstrukturen in der ersten Gruppe und bei hermetischen Delinquenzräumen und entsprechend enormen Aufklärungs- und Verfolgungsproblemen in der zweiten Gruppe,[86] in beiden Fällen mit der prozessualen Konsequenz einer Überforderung der auf den Prinzipien der Mündlichkeit, Unmittelbarkeit und Konzentration konstruierten Hauptverhandlung.

3. Dem Wandel der Kriminalitätsformen entspricht, in einem schwer zu entwirrenden Knäuel von Ursachenketten und Rückkopplungen, ein gesellschaftlicher Einstellungswandel gegenüber Strafrecht und Strafjustiz, der in Verbindung mit der Art und Weise, wie der Staat auf die beschriebenen Probleme innerhalb des Strafjustizsystems reagiert hat, seit ca. 25 Jahren nach und nach einen erdrutschartigen Wandel des Strafverfahrens bewirkt hat, zunächst nur höchst diskret unter Eingeweihten praktiziert und mittlerweile, nachdem er ans Tageslicht gezerrt worden war, ganz unverblümt und selbstbewusst : Wenn der Staat das Vergeltungsstrafrecht durch das Präventionsstrafrecht ersetzt und den Strafprozeß, der ursprünglich die „zweckgelöste Majestät der Vergeltungsstrafe" (*Maurach*) hervorbringen sollte, in ein Kriminalitätsbekämpfungsinstrument umwandelt, wobei er konsequenterweise die prozessuale Machtstellung der Strafverfolgungsbehörden (Staatsanwaltschaft und Polizei) – verstärkt auf Kosten der Stellung des Beschuldigten und seiner Verteidigung wie auch derjenigen des Richters, der zwar formal und nach außen hin immer noch aufgrund der Hauptverhandlung das entscheidende Urteil spricht, de facto aber vielfach nur noch als Vollzugsorgan der Staatsanwaltschaft fungiert, wenn also die Vergeltungsstrafe der Zweckstrafe und das mit der Vergeltungsstrafe zwangsläufig verbundene, in *Kants* berühmtem Inselbeispiel[87] konsequent evozierte Legalitätsprinzip in weiten Bereichen dem Opportunitätsprinzip weicht, dann gerät zwangsläufig die Unverbrüchlichkeit des mit der Vergeltungsidee und dem Legalitätsprinzip verbundenen prozessualen Grundprinzips der materiellen Wahrheitsfindung ins Wanken, zumal wenn dessen Realisierung in den zum Alltag der Wirtschaftsstraf-

---

86 Vgl. nur *Sieber/Bögel* Logistik der organisierten Kriminalität (1993), *Militello/Arnold/Paoli* (Hrsg.), Organisierte Kriminalität als transnationales Phänomen (2000).

87 *Kant*, Die Metaphysik der Sitten, 1797, S. 199.

prozesse gewordenen Monsterverfahren kaum noch möglich erscheint, von den modernen philosophischen Unterminierungen der geradezu als naiv gescholtenen Vorstellung von der einen einzigen materiellen Wahrheit[88] ganz abgesehen. Diese und noch weitere, von mir an anderer Stelle analysierte Wandlungen der Gesellschaft und der in ihr stattfindenden *normativen* Verständigung[89] haben jedenfalls eine Entwicklung angestoßen, die ohne Rücksicht auf den in dieser Hinsicht unveränderten Buchstaben des Gesetzes in der Praxis herausgebildet worden ist und zu einer so fundamentalen Umstürzung eines großen Teils der Strafprozesse geführt hat, daß die zuvor betrachteten Veränderungen durch die Novellengesetzgebung im Vergleich damit geradezu marginal erscheinen. Ich meine damit natürlich die (Urteils-) *Absprachen im Strafverfahren*, die die in der Hauptverhandlung zu leistende Ermittlung der materiellen Wahrheit als Basis des Urteils durch den Konsens der Beteiligten, richtiger wohl: durch die *Unterwerfung* des Beschuldigten unter eine zuvor im einzelnen ausgehandelte, relativ milde oder zumindest vom Gericht als milde hingestellte Verurteilung ersetzen.[90] Nach-

88 *Freund*, Normative Probleme der „Tatsachenfestellung“, 1987, S. 103; *Volk* FS Salger (1993), S. 411 ff; *Schulz* Normiertes Misstrauen (2001), S. 267 ff.

89 *Schünemann*, GA 1995, 206 ff; *ders.*, in: Kühne/Miyazawa (Hrsg.), Alte Strafrechtsstrukturen und neue gesellschaftliche Herausforderungen in Japan und Deutschland (2000), S. 15 ff.

90 Um nur eine Auswahl aus der inzwischen immensen Literatur zu geben, möchte ich außer meinen eigenen Arbeiten (Absprachen im Strafverfahren ? [Fn. 80]; AnwBl 1989, 494 = NJW 1989, 1895; JZ 1989, 984; FS Baumann [1992] S. 361; StV 1993, 657; FS Rieß [2002], S. 525) herausgreifen : die so zahlreichen wie gewichtigen Arbeiten von *Weigend*, u. a. JZ 1990, 774; Absprachen in ausländischen Strafverfahren“ (1990); NStZ 1999, 57; in : 50 Jahre Bundesgerichtshof – Festgabe aus der Wissenschaft IV, 2000, S. 1011; ferner Ministerium für Justiz pp. Baden-Württemberg (Hrsg.), Verständigung im Strafprozeß (1987), mit Beiträgen von Schünemann, Schmidt-Hieber u. a.; *Dencker/Hamm*, Der Vergleich im Strafprozeß (1988); *Nestler-Tremel*, in : Lüderssen/Nestler-Tremel/ E. Weigend (Hrsg.), Modernes Strafrecht und ultima-ratio-Prinzip (1990), S. 159; *Rönnau*, Die Absprache im Strafprozeß (1990); *ders.*, wistra 1998, 49; *Eich*, Die tatsächliche Verständigung im Steuerverfahren und Steuerstrafverfahren (1992); *Siolek*, Verständigung in der Hauptverhandlung (1993); *Friehe*, Der Verzicht auf Entschädigung für Strafverfolgungsmaßnahmen – Zugleich ein Beitrag zur Problematik strafprozessualer Absprechen (1997), die mit Abstand gründlichste und scharfsinnigste, von der Rspr. aber leider bisher übersehene Dissertation zum Thema; *Weider* Vom Dealen mit Drogen und Gerechtigkeit (2000); *Sinner*, Der Vertragsgedanke im Strafprozeßrecht (1999); *Niemöller*, StV 1990, 34; *Zschockelt*, NStZ 1991, 305; *ders.*, FS Salger (1995), S. 435; *Küpper/Bode*, Jura 1999. 351, 393; *Kargl*, in : Pelikan (Hrsg.), Mediationsverfahren, 1999, S. 93; *Ranft*, Strafprozeßrecht (2. Aufl. 1995), S. 295 ff. ; KK/*Pfeiffer* (4. Aufl. 1999) Einl. Rdn. 29a ff.; *Herrmann*, JuS 1999, 1162; *Hamm*, FS Meyer-Goßner (2001), S. 44 (durchweg kritisch). Apologetisch *Widmaier*, StV 1986, 357 f.; *Dahs*, NJW 1987, 1318; *ders.* NStZ 1988, 153; die Vorträge von *Böttcher*, *Widmaier* und *Schäfer* im Sitzungsbericht L zum 58. DJT 1990; .*Böttcher*, FS Meyer-Goßner (2001), S. 49; *Böttcher/Dahs/Widmaier*, NStZ 1993, 375; *Kintzi*, DRiZ 1992, 245; *ders.*,, JR 1998, 245; *ders.*, FS Hanack (1999), S. 177; *Landau/Eschelbach*, NJW 1999, 321. Differenzierend *Schmidt-Hie-*

dem diese Absprachen schon zur Zeit der von mir darüber durchgeführten Repräsentativ-Umfrage Ende der 80er Jahre schätzungsweise ein Viertel bis ein Drittel der Strafprozesse erfaßt hatten und sich nach allen darüber aus der Praxis vorliegenden Berichten in dem letzten Jahrzehnt weiter ausgebreitet haben dürften, so daß man heute vermutlich bei der Hälfte aller Urteile und bei allen Verfahrenseinstellungen gem. § 153 a StPO von einer den Inhalt der Verfahrenserledigung betreffenden Absprache ausgehen darf, ferner wohl auch bei mindestens der Hälfte der erlassenen Strafbefehle, existieren gegenwärtig im Grunde genommen zwei völlig verschiedene Formen des Strafverfahrens in Deutschland nebeneinander: zum einen noch der nach den Regeln der StPO abgewickelte, sozusagen klassische deutsche Strafprozeß, und zum anderen eine von der Praxis für die Praxis zurechtgeschneiderte Prozeßform, bei der die in der StPO geregelten Rechtspositionen und Interaktionen nur noch die Verhandlungsmasse und das Spielmaterial für eine letztlich nach den Regeln der Austauschgerechtigkeit ablaufende Aushandlung der Unterwerfung des Beschuldigten unter ein bestimmtes Verfahrensergebnis darstellen.

Weil hierbei als Verhandlungsbasis das bisherige Ermittlungsergebnis dient – häufig nach Abschluß der von der Staatsanwaltschaft für erforderlich gehaltenen Ermittlungen, nicht selten aber auch ein früherer oder späterer Verfahrensstand, also etwa ein Ermittlungs-Zwischenergebnis oder auch ein schon erzieltes Hauptverhandlungs-Zwischenergebnis –, hängt die Annäherung des aufgrund einer Absprache erzielten Ergebnisses an das nach einer erschöpfenden Hauptverhandlung im „klassischen“ Strafverfahren gefundene Ergebnis von zwei selbständigen Prämissen ab: in welchem Maße schon das bisherige Verfahren Garantien für die Erzielung eines dem hypothetischen Ergebnis nach optimaler Hauptverhandlung gleichkommenden Resultats enthält; und in welchem Maße das eigentliche Aushandlungsgeschehen Garantien für eine gemeinsame Suche nach dem richtigen Ergebnis und Kautelen dagegen enthält, daß eine Partei von der anderen schlicht über den Tisch gezogen wird (wobei für diese Prozeßform bewußt von „Parteien“ gesprochen wird, weil dies die adäquate Bezeichnung für die Teilnehmer von Aushandlungsprozessen ist[91]). Das dritte Problem, welches lo-

---

ber Verständigung im Strafverfahren (1986); *ders.*, FS Wassermann (1985), S. 995; *ders.*, NJW 1990, 1884; *ders.*, DRiZ 1990, 321; *Lüderssen*, StV 1190, 415; *Gerlach*, Absprachen im Strafverfahren (1992); *Braun*, Die Absprache im deutschen Strafverfahren (1998); *Wolter* und *Schlüchter* in SK-StPO, Rdn. 66ff. vor § 151, Rdn. 23ff. vor § 213; LR/*Rieß*, Einl. G Rn. 58 ff; *Bottke*, GS Zipf (1999), S. 451 ff; *Schmitt*, GA 2001, 419; *Meyer-Goßner*, StraFo 2001, 73; *Kuckein/Pfister*, in : Geis u.a. (Hrsg.), 50 Jahre Bundesgerichtshof (2000), S. 641. Rechtssoziologisch *Bussmann*, Die Entdeckung der Informalität (1991).

91 Dazu näher *Schünemann*, Absprachen (Fn. 82), S. 47ff.

gisch natürlich sogar an erster Stelle steht, wird von der Frage gebildet, ob Absprachen überhaupt zugelassen werden können und sollen, so daß die rechtspolitische Problematik bei den Absprachen also auf drei Stufen zu behandeln ist : ob ein Strafprozeß in einem Rechtsstaat überhaupt auf Absprachenbasis geführt werden kann; welche Garantien für die Qualität des die Absprachenbasis bildenden Zwischenergebnisses des bisherigen Verfahrens existieren bzw. aufgestellt werden können; und welche Kautelen in dem Absprachegeschehen selbst unerläßlich sind. Daß eine solche dreistufige rechtspolitische Analyse angestellt werden muß, folgt daraus, daß die Versuche, die Absprachen in das geltende Recht zu integrieren, als gescheitert angesehen werden müssen: Das Konzept *Schmidt-Hiebers*, in der Absprache den bloßen Austausch hypothetischer Prognosen über künftiges Protestverhalten zu sehen,[92] also die von mir sog. *labilen Absichtserklärungen*,[93] war zwar dogmatisch stimmig, verfehlte aber die Realität der Absprachen[94] und mußte sie auch verfehlen, weil dem Angeklagten als dem üblicherweise durch die Ablegung eines Geständnisses vorleistenden Teil nach den Regeln der Austauschgerechtigkeit nicht zugemutet werden kann, sich ohne jede Garantie für die Verläßlichkeit der abgegebenen Prognose gewissermaßen bedingungslos zu unterwerfen.[95] Und der Versuch des 4. Strafsenats des BGH, eine Bindungswirkung (wenn auch nur für eine Obergrenze des Strafmaßes) aus dem im Prinzip des fair trial angesiedelten Gedanken des Vertrauensschutzes abzuleiten,[96] ist letztlich nur eine petitio principii, denn wenn es dem Gericht von der Prozeßordnung untersagt ist, überhaupt über das Ergebnis der Urteilsberatung nach Schluß der Beweisaufnahme Zusicherungen abzugeben, dann kann es darauf eben auch kein schutzwürdiges Vertrauen geben (von der Selbstverständlichkeit abgesehen, daß das Gericht, wenn es von seiner labilen Absichtserklärung aufgrund neuer Beratung und besserer Einsicht abweichen will, dies dem davon Betroffenen mitteilen und ihm Gelegenheit zur Stellungnahme geben muß[97]).

---

92 AaO. (Fn. 90).
93 *Schünemann*, Absprachen (Fn. 82), S. 74.
94 Näher *Schünemann*, FS Rieß (2002), S. 528 m.z.w.N.
95 Eingehend *Schünemann*, Absprachen (Fn. 82), S. 50 ff, 76 f; zur unverändert auf dieser Basis ablaufenden Praxis *Schmitt*, *Hamm* und *Weider* (Fn. 90).
96 BGHSt. 43, 195 ff.
97 Näher *Schünemann* (Fn. 94), S. 536 ff.

B. Die gegenwärtige Reformsituation

Nachdem damit, wenn auch notgedrungen nur in groben Strichen, die Ausgangssituation für die heutigen Reformarbeiten beschrieben worden ist, kann ich mich den derzeit im Vordergrund stehenden Reformfragen zuwenden, wie sie in den „Eckpunkten" der Bundesregierung zusammengestellt worden sind. Hierbei werde ich, dem Duktus der „Eckpunkte" entsprechend, zunächst versuchen, von den konkreten Problemen selbst auszugehen und nicht etwa aus abstrakten Leitprinzipien, die aus der Verfassung abgeleitet oder mit welcher Begründung auch immer vorausgesetzt werden, zu deduzieren – nicht, weil ich in einem so hochgradig interdependenten Regelungssystem wie der Strafprozeßordnung die Lösung eines einzelnen Problems allein durch eine Analyse dieses einen Problems für möglich halten und also einer rein topologischen Methode huldigen würde, sondern weil ich (umgekehrt) konkrete Probleme auf der ersten Stufe als heuristisches Material für die im Strafprozeß unentbehrliche Entwicklung allgemeiner Grundsätze als der zweiten Stufe benutzen möchte. Ich setze also zunächst einmal die traditionell als unverfügbar angesehenen Prozessgrundsätze voraus, wie sie erst unlängst wieder von *Weigend* mustergültig analysiert worden sind,[98] behalte mir aber deren Modifizierung an Hand der durch die konkreten Analysen zu gewinnenden Einsichten vor. Ferner gehe ich von der regulativen Idee einer *Prozessbalance* aus, derzufolge auf der einen Seite eine erfolgreiche Verfolgung und Aufklärung von Straftaten ebenso möglich sein muß wie eine erfolgreiche Verteidigung gegen einen unbegründeten Verdacht, wobei man den Prozeß als ein sich in der Zeit entwickelndes interaktionistisches Gefüge sehen muß, für dessen rechtliche „Domestizierung" das statische Normmodell des materiellen Rechts im Sinne der Begründung von einseitigen Rechten und Pflichten zumindest der Ergänzung durch dynamische Prinzipien bedarf in Gestalt einer direkten *„Kompensation von Prozesslagen"*, die ich nachfolgend exemplifizieren werde.

I. Die Stellung des Verletzten

1. Die Verbesserung der prozessualen Rechtsstellung des Verletzten steht in den von der Regierungskoalition beschlossenen „Eckpunkten" zweimal an erster Stelle[99], bemerkenswerterweise unter Ersetzung der von der StPO nach wie vor ver-

---

98 ZStW 113 (2001), 271ff.

99 Es heißt schon im zweiten Satz der Einleitung, Strafverfahren sollten zugleich „die Bedürfnisse der Kriminalitätsopfer deutlicher als bisher berücksichtigen", und bei dem Überblick über die wendeten prozessualen Kategorie des „Verletzten" durch den kriminologischen Begriff des „Opfers"[100]. Nun ist die Übernahme der Opferschutzdebatte, die seit 20 Jahren in Kriminologie und Kriminalpolitik Hochkonjunktur hat, in das Strafverfahren deshalb bedenklich, weil ja die Unschuldsvermutung zugunsten des Beschuldigten[101] als Kehrseite eine Art „Falschverdächtigungsvermutung" zu Lasten des angeblichen Verletzten transportiert, so daß man sich wohlweislich davor hüten muß, bei der Regelung der strafprozessualen Interaktion von der Prämisse auszugehen, das Opfer stehe schon fest und müsse unter allen Umständen geschützt werden. Genau diesen Eindruck erwecken aber die „Eckpunkte", wenn sie nicht nur die (erneute!) Verbesserung der Opferstellung in den Vordergrund rücken, sondern im folgenden auch in völlig anderen Regelungszusammenhängen noch neunmal den Opferschutz als Reformziel akzentuieren[102]. Zwar soll der Regierungskoalition nicht unterstellt werden, daß sie mit dieser fast schon ein wenig penetrant wirkenden permanenten Betonung des Opferschutzes wahltaktische Überlegungen verknüpft, weil sich nun einmal der überwältigend größte Teil der Bevölkerung als potentielles Opfer und nicht als potentieller Täter (streng genommen: Beschuldigter) definiert, denn die in den „Eckpunkten" damit verbundenen konkreten Änderungsvorschläge sind durchaus moderat. Sie ist jedoch für den Geist der gegenwärtigen Reformdiskussion im Strafprozeß in dem Sinne bezeichnend, daß die spezifisch prozessuale Denkweise, die vom Verdacht über den Beweis bis zum „Wahrspruch" („Verdikt") fortschreitet, durch eine kriminologisch-kriminalpolitische Betrachtung verdrängt wird, bei der nicht der Beitrag des „angeblichen" Verletzten zur Wahrheitsfindung im Vordergrund steht, sondern

„Inhalte" wird unter Nr. 1 bereits die „Verbesserung des Opferschutzes" aufgeführt, StV 2001, 314f.

100 Wobei man im Gedächtnis behalten sollte, daß das 1. Gesetz zur Verbesserung der Stellung des Verletzten im Strafverfahren vom 18.12.1986 den Terminus „Opfer" sorgfältig vermieden, sich freilich selbst den Untertitel „Opferschutzgesetz" zugelegt hat.

101 Auf deren Gehalt ich im vorliegenden Zusammenhang nicht näher eingehen kann, doch muß zu der neuesten Kontroverse zwischen *Stuckenberg* und *Schulz* (GA 2001, 226, 583) insoweit Stellung bezogen werden, als die von *Stuckenberg* zurückgedrängte individualschützende Funktion weitaus klarere „Opfergrenzen" zu ziehen erlaubt als der statt dessen akzentuierte Zweck, das Verfahren offenzuhalten, denn wenn man die Eingriffe des Strafverfahrens als Sonderopfer eines möglicherweise zu Unrecht Verdächtigten konstruiert, wird man mit der Rigorosität der Eingriffe insgesamt vorsichtiger zu Werke gehen, so wie auch eine zu starke Ausgestaltung der Verfahrensstellung des Verletzten zwar mit einem individualschützenden Verständnis der Unschuldsvermutung, aber schwerlich mit dem Grundsatz der Offenheit des Verfahrens kollidiert.

102 Nämlich in den Abschnitten über „Stärkung der Rechte der Verteidigung", „Anhörungstermin im Zwischenverfahren", „Verstärkte Verwertbarkeit von im Ermittlungsverfahren erhobenen Beweisen", „Transparente Hauptverhandlung (Verständigung)", „Optimierung des Berufungsverfahrens" und „Revision" (teilweise bereits mehrfach), siehe StV 2001, 315ff.

die materielle Schutzwürdigkeit des Opfers, bei der man also schon zu wissen glaubt, was im Ergebnis herauskommen wird und muß. Womöglich sind die ständigen verbalen, vom Ergebnis her eher moderaten Räsonnements über den Opferschutzgedanken in den „Eckpunkten" auch als eine elastische Verteidigungslinie gegenüber dem Gesetzentwurf des Bundesrates „Gesetz zur Stärkung der Verletztenrechte" vom 16.11.2000[103] zu verstehen, der in einer vollmundigen Rhetorik, die freilich durch die anschließenden konkreten Vorschläge bei weitem nicht eingelöst wird, auf eine „grundlegende Neubestimmung der Rolle des Verletzten im Strafprozeß" zu zielen behauptet und aus der grundgesetzlichen Pflicht des Staates, sich schützend und fördernd vor die Grundrechte der Verletzten zu stellen (was naturgemäß für alle Grundrechte zutrifft), die Notwendigkeit folgern will, „die Rolle der Verletzten von der eines (bloßen) Beweismittels zu der eines gleichberechtigten Prozeßbeteiligten weiter zu entwickeln, damit Verletzte in die Lage versetzt werden, ihre Interessen selbst und aktiv in das Prozeßgeschehen einzubringen"[104]. Das bedeutet in unverblümter Form die Einpflanzung eines Parteiprozesses des (angeblich) Verletzten in den Offizialprozeß des Staates gegen den Beschuldigten, und man muß deshalb dem Bundesrat fast dankbar dafür sein, daß er mit seinem Entwurf gewissermaßen ein Menetekel dafür an die Wand gemalt hat, zu welcher definitiven Zerstörung der Strafverfahrensbalance die seit den 80er Jahren so ungemein einflußreiche Opferbewegung zu führen droht. Vor dem Hintergrund des langen Atems, der für die Durchsetzung der liberal-rechtsstaatlichen Positionen der RStPO im 19. Jahrhundert erforderlich und auch vorhanden war, wird die Umgestaltung der Verletztenstellung, die sich parallel zu den „Bekämpfungsgesetzen" der letzten Jahrzehnte ereignet hat, besonders frappierend und zugleich auch besonders bezeichnend für die Sprunghaftigkeit der Gesetzgebung in der postmodernen Gesellschaft: Noch auf dem Hamburger Juristentag 1974 war vielfach die Abschaffung der Nebenklage (als der einzigen damals in der Praxis noch eine größere Rolle spielenden Prozeßposition des Verletzten) gefordert worden[105], weil sie in die damals vom Resozialisierungsgedanken geprägte Kriminalpolitik schlechterdings nicht hinzupassen schien. Die „Opferbewegung" setzte dann in den 80er Jahren parallel zum victims' rights movement in den Vereinigten Staaten ein, das dort auf der einen Seite vom Feminismus und auf der anderen Seite von dem Konzept des „war on crime" geprägt und dadurch von

103 BT-Drucks. 14/4663.

104 AaO. (Fn. 103), S. 1; der anschließend unter „B. Lösung" angeführte Maßnahmenkatalog ist freilich von der Etablierung des Verletzten als eines gleichberechtigten Prozeßbeteiligten noch ein gutes Stück entfernt.

105 Eingehend *Grünwald*, Gutachten C zum 50. DJT, S. 83 ff; ebenso die Referenten *Waldowski* und *Bruns*, Sitzungsbericht K, S. 56 f, 72.

politischen Bewegungen instrumentalisiert wurde, denen die Balance des Strafverfahrens herzlich gleichgültig war[106]. Es geriet deshalb aus dem Blick, daß die staatliche Strafrechtspflege, so wie sie sich über nahezu 1000 Jahre herausgebildet hat[107], ein im öffentlichen Interesse durchgeführtes Verfahren ist, das jedenfalls bei gravierenderen Straftaten früher die Auslöschung der physischen, heute jedenfalls der sozialen Existenz des Beschuldigten zum Ziel hat und deshalb mit strengen Kautelen zum Schutz vor einem Fehlurteil ausgestattet werden mußte, an ihrer Spitze die bestmöglichen Garantien zur Ermittlung der materiellen Wahrheit, von der jedenfalls nicht zu Lasten des Beschuldigten abgewichen werden sollte. Weil der Verletzte typischerweise die Anzeige erstattet und ein besonders wichtiger Zeuge ist (bei ganzen Deliktsgruppen wie etwa vielen Sexualdelikten sogar der einzige Zeuge), dessen Glaubwürdigkeit wegen seines eigenen Interesses am Ausgang des Verfahrens zugleich besondere Probleme aufwirft, muß die maximal mögliche Konservierung der Glaubwürdigkeit dieses heute sog. „Opferzeugen" unter dem Aspekt der materiellen Wahrheit höchste Priorität genießen, und das gleiche gilt unter dem Aspekt der Verfahrensfairneß in einem Prozeß, der für die Verurteilung nicht mehr die Aussage zweier glaubwürdiger Zeugen voraussetzt, sondern sich prinzipiell mit der Aussage des (angeblichen) Verletzten auch dann begnügt, wenn der Beschuldigte die Tat bestreitet.

2. Daraus folgt, daß die oben dargestellte „Abschirmung" des Opferzeugen gegenüber der Verteidigung, die das sog. Opferschutzgesetz und das Zeugenschutzgesetz gebracht haben, unter den Leitgesichtspunkten der materiellen Wahrheit und der Verfahrensfairneß schon jetzt zu weit gegangen ist.[108] Die weitere Aufwertung des „Opferzeugen" zu einer gleichberechtigten Partei, die ihre „Interessen in den Strafprozeß einbringt" (wie es der Bundesratsentwurf sogar als angeblich verfassungsrechtlich fundiertes Ziel benennt), würde der Verteidigung neben der in der Hauptverhandlung in typischer Weise de facto als Gegenpartei agierenden Staatsanwaltschaft und dem infolge der inquisitorischen Rolle ebenfalls notwendig in eine Frontstellung gegen den Angeklagten geratenden Richter eine dritte Partei gegenüberstellen, wobei es dann auch nicht mehr um eine bloße de-facto-Frontstellung, sondern um den direkten und rechtlich ungebändigten In-

---

106 Eingehend *Dubber*, in: Schünemann/Dubber (Hrsg.), Die Stellung des Opfers im Strafrechtssystem (2000), S. 15 ff; zu ähnlichen Hintergründen für die deutsche Entwicklung *P.-A. Albrecht*, ibid. S. 39 ff.

107 In drei großen Schüben durch die Gottes- und Landfriedensbewegung des Hochmittelalters, die Entwicklung in den italienischen Städten am Ende des Mittelalters und in der Aufklärung, dazu die Nachw. bei *Lüderssen*, Die Krise des öffentlichen Strafanspruchs (1989), S. 25 ff; *Schünemann* (Fn. 89), S. 19 f.

108 Näher *Schünemann*, NStZ 1986, 193; *ders.*, StV 1998, 391.

teressengegensatz ginge. Schon die alte Form der Nebenklage war (außerhalb ihres Einsatzes als Kontrollinstanz nach einem Klageerzwingungsverfahren) für die prozessuale Balance bedenklich genug; ihre Erstreckung auf alle Verletzten muß deshalb als schlechthin indiskutabel bezeichnet werden.

3. Aus ähnlichen Gründen darf man auch die Möglichkeiten für einen die Verfahrensstruktur ändernden Einbau des Täter-Opfer-Ausgleichs, wie er am konsequentesten vom „Alternativ-Entwurf Wiedergutmachung“ konzipiert worden ist,[109] nicht überschätzen. Die Berichte über den in der Praxis trotz der ausgesprochen TOA-freundlichen höchstrichterlichen Rechtsprechung[110] erreichten Anwendungsbereich lösen, obwohl oder gerade weil sie von Anhängern dieses Modells verfaßt sind und deshalb mit Sicherheit kein zu negatives Bild zeichnen[111], doch eher Ernüchterung aus und zeigen, daß es sich hierbei außerhalb des für eine Opportunitätseinstellung gem. § 153 a Abs. 1 Nr. 5 StPO geeigneten Bereichs um ein Nischenphänomen handelt, das für die große Masse der Kriminalität über die Berücksichtigung bei der Strafzumessung hinaus keine wesentliche Bedeutung erlangen wird. So bleiben Randbereiche übrig,[112] deren Wert nicht geschmälert werden soll, die es aber jedenfalls als ausgeschlossen erscheinen lassen, die „Verbesserung des Opferschutzes“ ernsthaft an die Spitze der Pläne für eine Gesamtreform des Strafverfahrens zu stellen. Auch der EU-Rahmenbeschluß über die Stellung des Opfers im Strafverfahren[113] kann hierfür nicht herhalten, denn die darin niedergelegten Anforderungen sind in Deutschland seit dem Opferschutzgesetz und dem Zeugenschutzgesetz längst erfüllt.

II. Die Umgestaltung des Ermittlungsverfahrens

1. Nach der eingangs angestellten Analyse zur Entwicklung des deutschen Strafverfahrens von 1877 bis heute kann kein Zweifel daran bestehen, daß nicht die Opferstellung, sondern das Verhältnis des Ermittlungsverfahrens zum Hauptverfahren und der enorm gesteigerte Einfluß der Strafverfolgungsbehörden auf das

---

109 Vorgelegt von *Baumann* u.a. (1992), wo die Ersetzung der Strafe durch Wiedergutmachung auf eine Straferwartung bis 1 Jahr Freiheitsstrafe beschränkt wird (S. 50).

110 Denn der BGH hat sogar bei opferlosen Delikten die Vorschrift des § 46 a StGB für anwendbar erklärt, siehe BGH NStZ 2000, 205.

111 Vgl. nur *Schöch*, FS Roxin (1991), S. 1045; *Rössner* und *Frehsee*, in: Schünemann/Dubber (Fn. 105), S. 105, 117.

112 Zur Zurückgewinnungshilfe s. *Achenbach*, NStZ 2001, 401; zum Adhäsionsverfahren s. *Bielefeld*, DRiZ 2000, 277.

113 Vom 15. März 2001, ABl. V. 22.3.2001, L 82/1.

Gesamtergebnis des Verfahrens den zentralen neuralgischen Punkt der Gesamtreform darstellen. Vier Bedürfnisse haben sich hier durch den historischen Rückblick als absolut dominant herausgeschält: Die durch die neuen Ermittlungstechniken in ihrer Dimension und Wirkung geradezu gigantisch angewachsene Ermittlungsmacht bedarf einer wirksamen Kontrolle; die Möglichkeiten der Verteidigung zu einer konstruktiven Einflußnahme auf das Ermittlungsverfahren müssen verbessert, im Grunde genommen überhaupt erst geschaffen werden; es fehlt an einer effizienten Kontrolle der Staatsanwaltschaft gerade in den Fällen, in denen sie die weitere Verfolgung aufgrund des Opportunitätsprinzips entfallen läßt; und die gegenwärtig praktizierte, von der Rechtsprechung mit allerlei Kunstgriffen fast einschränkungslos ermöglichte Transponierung von Ermittlungsergebnissen in die Hauptverhandlung muß, soweit man an der Hauptverhandlung als Entscheidungszentrum des Strafverfahrens festhalten will, zumindest stark eingeschränkt werden. In den „Eckpunkten" der Regierungskoalition wird nur ein Teil dieser Fragen thematisiert, wobei dieser Mangel nach meinem Urteil (noch) schwerer wiegt als die die „Eckpunkte" beherrschende Opferschutzrhetorik. Die Einseitigkeit ihrer Perspektive kommt explizit darin zum Ausdruck, daß an eine Verbesserung der Kontrolle gegenüber den Strafverfahrensbehörden mit keinem Wort gedacht wird, während die Verstärkung der Rechte der Verteidigung im Vorspruch als „stärkere Einbindung" bezeichnet wird, die es mehr als bisher ermöglichen werde, „Beweiserhebungen aus dem Ermittlungsverfahren in der Hauptverhandlung zu verwerten" – was man zusätzlich vor dem Einleitungssatz sehen muß, „Strafverfahren sollen künftig zügiger abgeschlossen werden können" –, während sodann unter der Rubrik „2. Stärkung der Rechte der Verteidigung" darauf hingewiesen wird, daß hierdurch „effizientere Ermittlungen" ermöglicht und auch dem Opferschutz gedient werde[114]. Es erscheint deshalb geboten, die zentralen Reformfragen des Ermittlungsverfahrens nicht anhand der „Eckpunkte" abzuzählen, sondern nach ihrem objektiven Gewicht zu analysieren und dabei jeweils die Position der „Eckpunkte" mit zu berücksichtigen.

2. Die *Kontrolle der Grundrechtseingriffe im Ermittlungsverfahren* obliegt gegenwärtig vollständig dem *Ermittlungsrichter*, teilweise in Form einer vorauslaufenden Kontrolle aufgrund der Anordnungszuständigkeit, teilweise aufgrund einer nachträglichen Befassung infolge eines Rechtsbehelfs des Beschuldigten etwa gemäß § 98 Abs. 2 Satz 2 StPO in direkter oder analoger Anwendung. Der von mir im historischen Abriß konstatierten Unzulänglichkeit dieser Kontrolle mag man entgegenhalten, daß ich dafür einen soliden empirischen Nachweis schuldig bleiben muß, doch kann ich an dessen Stelle eine höchst einfache indi-

---

114 StV 2001, 314, 315.

rekte Beweisführung antreten: Eine Kontrolle, die diesen Namen verdient, setzt selbstverständlich voraus, daß der Kontrollierende das gleiche Informationsniveau wie der Kontrollierte besitzt, m. a. W., daß der Ermittlungsrichter die gleiche Aktenkenntnis hat wie der beantragende Staatsanwalt. Nun zeigt schon das Zahlenverhältnis zwischen Ermittlungsrichtern und Staatsanwälten (am Beispiel des Amtsgerichts München und der mit der gleichen örtlichen Zuständigkeit ausgestatteten Staatsanwaltschaft bei dem Landgericht München I[115]), daß von der Ermittlungsrichtern nicht ernsthaft erwartet werden kann, in allen Verfahren, in denen sie Entscheidungen treffen, alle Akten vollständig und mit der gleichen Gründlichkeit wie die Staatsanwälte zur Kenntnis zu nehmen und auszuwerten. Dies liefert die Erklärung für die bei jeder praktischen Erfahrung evidente Situation, daß die Ermittlungsrichter nur eine Art summarischer Prüfung durchführen (selbstverständlich immer von besonderen Einzelfällen abgesehen).

a) Es wäre sicherlich überspitzt, deshalb von der ermittlungsrichterlichen Kontrolle als einem rechtsstaatlichen Feigenblatt zu sprechen, aber man wird nicht umhin können, die strukturelle Unzulänglichkeit dieser Instanz angesichts einer Eingriffsmacht der Strafverfolgungsbehörden festzustellen, die gegenüber der Erfindung des Ermittlungsrichters in der StPO von 1877 geradezu ein exponentielles Wachstum erfahren hat. Daß der chronisch überlastete Ermittlungsrichter in der gegenwärtigen Ausgestaltung die rechtsstaatlich notwendige Kontrolle dieser gewaltigen Macht des Strafverfolgungsapparates nicht leisten kann, wird vielleicht durch nichts besser illustriert als durch die Rhetorik des Alternativ-Entwurfs „Reform des Ermittlungsverfahrens“, der in § 162 das geltende Recht mit der einzigen, vermutlich sogar kontraproduktiven Modifikation übernimmt, daß (von eigenen richterlichen Untersuchungshandlungen abgesehen) nunmehr nur noch Ermittlungsrichter des am Sitz des Landgerichts gelegenen Amtsgerichts für zuständig erklärt werden (§ 162 Abs. 1 Satz 2 AE-EV). Wieso dadurch „die rechtsstaatliche Garantenrolle des Ermittlungsrichters stärker betont wird“, indem der „Ermittlungsverfahrensrichter stärker aus dem Schatten der Staatsanwaltschaft herausrückt“[116], ist angesichts der bloßen Umbenennung von „Ermittlungsrichter“ in „Ermittlungsverfahrensrichter“ wenig luzide. Auch was man anschließend dazu liest, beschränkt sich auf reine Rhetorik: Der AE-EV erkennt, daß das von ihm vorgeschlagene Modell „nur wenig originell ist“[117], meint aber, daß man die Lösung der unbestrittenen Schwächen des derzeitigen Kontrollsystems dadurch erreichen könne, die Position des Ermittlungsrichters prinzipiell aufzuwerten, um

115 8 Ermittlungsrichtern stehen 148 Staatsanwälte gegenüber.

116 *Bannenberg u.a.*, Alternativ-Entwurf Reform des Ermittlungsverfahrens (AE-EV), 2001, S. 111.

117 AE-EV (Fn. 116), S. 113.

ihm dadurch im Wechselspiel der Rollenträger zu mehr Durchschlagskraft zu verhelfen, was aber nicht etwa durch unterschiedliche Regelungen, sondern nur durch einen Hinweis auf das Modell des „juge des libertés" erfolgt, was als Wortschöpfung im Corpus iuris erfunden wurde und für eine „Nomenklatur" erklärt wird, die sicher nicht ohne Symbolkraft sei[118]. Irgendeine Verbesserung der gegenwärtigen Situation ist deshalb von den sprachlichen Petitessen des Alternativ-Entwurfs nicht zu erwarten. Auch der Vorschlag von *Lilie*, die vorlaufende Kontrolle des Ermittlungsrichters völlig abzuschaffen und ihn zum Rechtsbehelfsorgan zu machen,[119] beseitigt zwar die „Feigenblatt-Funktion" des Ermittlungsrichters, stärkt aber die Position der Staatsanwaltschaft noch mehr und weist deshalb in die falsche Richtung.

b) Statt dessen sehe ich *drei Möglichkeiten*, durch deren noch im einzelnen auszuarbeitende Kombination der Rechtsschutz im Ermittlungsverfahren verbessert werden könnte und müßte, um die oben dargestellte polizeistaatliche Aufrüstung der Strafverfolgung in den letzten Jahrzehnten durch eine entsprechende Aufrüstung der Kontrolle wieder in ein rechtsstaatliches Gleichgewicht zu bringen. Zum ersten könnte der gegenwärtigen Verfahrenswirklichkeit, daß der Ermittlungsrichter häufig nur als „Urkundsbeamter der Staatsanwaltschaft" agiert, schon durch die einfache praktische Maßnahme ein Ende bereitet werden, daß die Übersendung unterschriftsreifer Beschlußblankette durch die Staatsanwaltschaft untersagt wird, so daß der Ermittlungsrichter gezwungen ist, die Begründung für seine Entscheidung selbst zu verfassen, was wiederum ein entsprechendes Aktenstudium unerläßlich macht und damit faktisch erzwingt (im Unterschied zu einem bloßen Gebot, welches mißachtet werden kann). Zum zweiten könnte man den Rechtsschutzweg bis zum Oberlandesgericht, wie er in Haftsachen zur Verfügung steht, auf andere ähnlich gravierende Eingriffe ausdehnen. Hingegen dürfte die Erstzuständigkeit einer Strafkammer, wie sie beim Großen Lauschangriff gemäß § 100 c Abs. 1 Nr. 3 in § 100 d Abs. 2 StPO vorgesehen ist, schon wegen der damit verbundenen Nachteile[120] zwar als eine zusätzliche Maßnahme in Betracht kommen, den m.E. unerläßlichen dritten Schritt aber nicht er-

118 AE-EV (Fn. 116), S. 112 – 115.

119 ZStW 111 (1999), 816 ff.; z.T. and., aber in dieselbe Richtung *Bötticher/Landau*, in: Geis u. a. (Hrsg.), 50 Jahre Bundesgerichtshof, 2000, S. 555.

120 Bei der in § 100 d Abs. 2 StPO vorgesehenen Staatsschutzstrafkammer dürfte die Alltagsroutine der täglichen Befassung mit Strafverfahren, in denen die Strafverfolgung von der gesamten Palette des Überwachungsstaates Gebrauch macht, auf die Dauer für eine zu hohe Sensibilitätsschwelle sorgen, während eine Einschaltung der für die zukünftige Hauptverhandlung zuständigen Strafkammer schon in einem sehr frühen Verfahrensstadium den oben beschriebenen Perseveranzeffekt verstärken würde.

setzen: nämlich die Etablierung einer Kontrollebene außerhalb des Strafjustizsystems. Einzelheiten hierzu können naturgemäß im vorliegenden Zusammenhang nicht ausdiskutiert werden, doch wäre etwa an eine Kombination von regelmäßigen Berichten an einen eigens eingerichteten „Bürgerrechtsbeauftragten", einen Ausschuß der Rechtsanwaltkammer oder eine Juristische Fakultät in Verbindung mit überraschenden Stichprobenkontrollen durch diese zu denken. Der Gesetzgeber muß begreifen lernen, daß er in einer Gesellschaft, die sich noch als freiheitlich empfindet, nicht den Strafverfolgungsbehörden das gesamte rechtliche Instrumentarium eines Überwachungsstaates in die Hand geben darf, ohne als Kautel mehr als eine reine Insichkontrolle anzubieten, über die ja auch die Berichtspflicht an das Justizministerium gemäß § 100 e StPO nicht hinausgeht.

2. Daß die *Verstärkung der Verteidigung im Ermittlungsverfahren* überfällig ist, wird durch den historischen Überblick eindeutig belegt: Nach der RStPO von 1877 war das Ermittlungsverfahren wirklich nur ein Vorverfahren, welches in gravierenderen Strafsachen ziemlich rasch in die gerichtliche Voruntersuchung hineinführte, so daß für eine aktive Rolle der Verteidigung im Ermittlungsverfahren weder Raum noch Bedürfnis bestand. Mit der Machtausweitung der Staatsanwaltschaft, mit der weitgehenden Vorausdeterminierung der Hauptverhandlung durch das Ermittlungsverfahren, mit dem Abschluß zahlreicher Ermittlungsverfahren gemäß § 153 a StPO und schließlich erst recht mit dem Einzug der verfahrensbeendenden Absprachen auch schon in das Ermittlungsverfahren muß die Verteidigung aber schon in diesem Stadium eine aktive Rolle spielen können, um in derjenigen Phase des Verfahrens ein Gegengewicht bilden zu können, in der bereits die Würfel für das Endergebnis fallen. Freilich bereitet die technische Realisierung dieses Prinzips deshalb erhebliche Schwierigkeiten, weil die Verteidigung andererseits auch nicht in eine Position gebracht werden darf, von der aus sie die Aufklärung der Tat überhaupt vereiteln kann, und weil sich in abstracto nicht angeben läßt, wann eine Eingriffsmöglichkeit der Verteidigung gerade zur Sicherung der Wahrheitsfindung durch kontradiktorische Ausgestaltung der Beweiserhebung notwendig ist, wann sie dagegen die konkrete Gefahr einer definitiven Blockade der noch vorhandenen Aufklärungsmöglichkeiten birgt. Die „Eckpunkte" sind sich dieser Ambivalenz durchaus bewußt, wenn sie bei den einzelnen Inhalten der Reformpläne an zweiter Stelle die „Stärkung der Rechte der Verteidigung" und an dritter Stelle die „Stärkung der Stellung des Beschuldigten" nennen, aber auch die Grenze unterstreichen, die „die Erfordernisse einer effektiven Strafverfolgung bilden"[121]. Insoweit kommen vor allem drei Felder für eine Verbesserung der Verteidigungs- und Beschuldigtenposition in Betracht: In-

121 StV 2001, 315.

formations- und Akteneinsichtsrechte, Anwesenheits- und Mitwirkungsrechte sowie das Recht auf die Durchführung eigener Ermittlungen. Es geht also im Kern um die Ausdehnung von Rechten, die nach der RStPO erst in der gerichtlichen Voruntersuchung oder erst im Hauptverfahren erwuchsen, in das Ermittlungsverfahren hinein und nicht etwa um die Erfindung eines völlig neuen Prozeßtyps, weshalb die neuerdings beliebte und auch von den „Eckpunkten“ aufgegriffene Redeweise vom „partizipatorischen Verfahren“[122] etwas hochgestochen erscheint. Denn daß der Beschuldigte als Prozeßsubjekt am Verfahren mitwirkt und nicht nur dessen Objekt ist, war bereits die Errungenschaft des reformierten Strafprozesses in der Mitte des 19. Jahrhunderts.

Nun also zu den einzelnen Feldern:

a) Die Wirkung der *Informationsrechte* wird von den „Eckpunkten“ nur unter dem Gesichtspunkt einer möglichst frühen Information des Beschuldigten über die Verfahrenseinleitung gegen ihn erwähnt[123]. Eine besondere Effizienz darf man hiervon jedoch nicht erwarten, weil schon die bisherige Praxis bei der Ausübung des staatsanwaltschaftlichen Ermessens bei der Gewährung von Akteneinsicht vor Abschluß der Ermittlungen gezeigt hat, daß die Entscheidungsfreiheit des Staatsanwalts praktisch nicht begrenzt werden kann, so daß die Statuierung einer Pflicht zur möglichst frühzeitigen Information mehr ein Programmsatz als eine exekutierbare Norm darstellen würde. Im übrigen ist auch das Recht auf Akteneinsicht ungleich wichtiger, zu dem wir in den Eckpunkten nichts lesen, während der Alternativ-Entwurf immerhin bei Versagung der Akteneinsicht gegen die Staatsanwaltschaft einen Rechtsbehelf zum „Ermittlungsverfahrensrichter“ und gegen dessen Entscheidung sogar noch die sofortige Beschwerde vorsieht (§ 147 Abs. 5 AE-EV).Es ist jedoch ernsthaft zu bezweifeln, daß ein bloßer Rechtsbehelf zu einer Änderung der bisherigen Praxis führt, wenn das Kriterium für die Akteneinsicht im Ermittlungsverfahren – nämlich daß keine Gefährdung des Untersuchungszwecks zu besorgen ist – gleich bleibt. Da der Ermittlungsrichter nicht berechtigt ist, die Ermittlungsstrategie des Staatsanwalts durch eine von ihm für besser gehaltene zu ersetzen (das folgt schon aus dem in § 162 StPO niedergelegten und auch vom AE-EV übernommenen Grundsatz, daß von der Staatsanwaltschaft beantragte Zwangsmaßnahmen vom Ermittlungsrichter nur auf Rechtmäßigkeit, nicht aber auf Zweckmäßigkeit hin kontrolliert werden können), wird sich ein Ermittlungsrichter (von extremen Ausnahmefällen abgesehen) hüten, das Konzept des Staatsanwalts durch Anordnung der Akteneinsicht zu durchkreuzen.

---

122 StV 2001, 59; vom DAV bereits in einer früheren Stellungnahme (AnwBl 2001, 30) benutzt; siehe auch *Salditt* StV 2001, 311.
123 StV 2001, 315.

Wichtiger erscheint deshalb die Festlegung von Konstellationen, in denen das Interesse der Verteidigung an Akteneinsicht das fortdauernde Sekretierungsinteresse der Strafverfolgungsbehörden in abstracto überwiegt. Hier hat das BVerfG in einer mutigen und innovativen Rechtsprechung den ersten Schritt getan, indem es dem Beschuldigten im Falle seiner Inhaftierung einen Anspruch auf Kenntnis derjenigen Akten zugebilligt hat, die auch dem Haftrichter zur Verfügung stehen[124]. Man wird aber noch einen Schritt weitergehen müssen und vom Zeitpunkt der Inhaftierung an einen Anspruch auf Einsicht in die gesamten Ermittlungsakten zubilligen, weil dies erstens vom Fairneßgedanken geboten und zweitens von der Legitimation der Untersuchungshaft selbst nahegelegt wird. Durch die Inhaftierung wird die Verteidigung im Ermittlungsverfahren so gut wie lahmgelegt, mindestens enorm behindert, und sie löst nicht selten die Kapitulation der Verteidigung aus, die sich dann auf der Basis des lediglich „dringenden" Tatverdachts, also noch ohne Durchermittlung des Sachverhalts,[125] zu einer verfahrensbeendenden Absprache bereit findet. Wenn die Verteidigung aber durch die Untersuchungshaft weitgehend paralysiert wird, ist es ein Gebot der Fairneß, ihr durch Aktenkenntnis eine bessere Beurteilung der Verfahrenssituation und insbesondere auch der Ratsamkeit einer verfahrensbeendenden Absprache zu ermöglichen. Die bloße Einsichtnahme in die dem Ermittlungsrichter vorliegenden, möglicherweise unvollständigen Akten genügt als Grundlage für diese Beurteilung nicht und ist übrigens nicht einmal für die zweckentsprechende Rechtsverfolgung in der Haftprüfung ausreichend, weil es selbst bei von der Staatsanwaltschaft gutgläubig dem Ermittlungsrichter nicht vorgelegten Aktenteilen immer möglich ist, daß die Verteidigung mit Hilfe ihrer eigenen Erkenntnisse scheinbar beiläufige Fakten aus diesen Aktenteilen zu einem durchschlagenden Entlastungsbeweis zusammenfügen kann. Wird also so das berechtigte Interesse der Verteidigung an Akteneinsicht im Inhaftierungsfall übermächtig, schwindet auf der anderen Seite das staatliche Interesse an weiterer Sekretierung der Akten drastisch, weil bei einer auf den Haftgrund der Verdunkelungsgefahr gestützten Untersuchungshaft diese Gefahr ja gerade beseitigt wird (sonst wäre die Inhaftierung als ungeeignete Maßnahme gar nicht statthaft), während bei einer wegen Fluchtgefahr angeordneten Untersuchungshaft Verdunkelungsmaßnahmen des Beschuldigten von vornherein gar nicht mehr geplant werden können. Sind aber die bisherigen Ermittlungsergebnisse noch so unvollständig, daß sie unbedingt noch auf weitere überraschende Zwangsmaßnahmen angewiesen sind, die im Falle einer Akten-

124 Nachw. o. in Fn. 67 und zu dieser Judikatur *Walischweski*, Probleme des Akteneinsichtsrechts pp. (1999), S. 72ff.

125 Zu dieser „Zeitpunktbedingtheit" s. *Meyer-Goßner*, StPO, § 112 Rn. 6 m.w.N.; *Schulz* (Fn. 88), S. 603ff.

einsichtnahme durch den Verteidiger trotz der Inhaftierung des Beschuldigten in ihrem Erfolge gefährdet werden könnten, so liefert das ein starkes Argument dafür, daß der bisher nur existierende fragile Tatverdacht auch noch nicht „dringend“ genannt werden kann. Wenn man die Inhaftierung des Beschuldigten zum zwingenden Grund für die Gewährung vollständiger Akteneinsicht macht (vielleicht vorbehaltlich besonderer Ausnahmefälle, über die dann aber der Strafsenat des Oberlandesgerichts entscheiden müßte), würde durch diese Methode der *„Kompensation von Prozeßlagen“* zugleich eine wirksame Vorsorge gegen voreilige oder überflüssige Inhaftierungen getroffen, wie sie durch eine rein normative, quasi materiellrechtliche Abhängigkeit von bestimmten Anordnungsvoraussetzungen, die immer wieder erhebliche semantische Spielräume offenlassen, niemals geleistet werden könnte.

Der nächste neuralgische Punkt für die Gewährung von Akteneinsicht ergibt sich bei der Durchführung von Zeugenvernehmungen, bei denen der Verteidigung ein Anwesenheitsrecht zusteht bzw. nach den Reformplänen zugestanden werden soll (gegenwärtig bei ermittlungsrichterlichen Vernehmungen gem. § 168 c StPO, zukünftig ggf. auch bei staatsanwaltschaftlichen und polizeilichen Vernehmungen). Es bedarf keiner weiteren Darlegung, daß die Mitwirkung des Verteidigers nur auf einem niedrigen Niveau stattfinden kann, wenn er im Unterschied zum Staatsanwalt oder Ermittlungsbeamten die Akten nicht kennt und deshalb nicht in der Lage ist, diejenigen wichtigen Entlastungsfragen an den Zeugen zu stellen, die sich erst anhand der Aktenkenntnis formulieren lassen. Auch hier muß deshalb wieder die Strategie der „Kompensation von Prozeßlagen“ angewandt werden, indem der Transport von Resultaten des Ermittlungsverfahrens direkt in die Hauptverhandlung, auf den die „Eckpunkte“ ein außerordentliches Gewicht legen[126], von der Möglichkeit der Verteidigung zur Mitwirkung bei der Zeugenvernehmung nach vorheriger vollständiger Gewährung von Akteneinsicht abhängig gemacht wird – zumal es auch dem Fairneßgebot widerstreiten würde, eine mangels Aktenkenntnis nur rudimentäre Mitwirkung des Verteidigers bei einer Vernehmung im Ermittlungsverfahren dennoch als Grund dafür auszuschlachten, daß der betreffende Zeuge in der Hauptverhandlung nicht mehr auszusagen braucht, obwohl die Verteidigung nunmehr aufgrund der vollständi-

126 Die „Eckpunkte“ sprechen schon in ihrer Programmatik von einer „stärkeren Einbindung“ (!) der Verteidigung zum Zweck der Verwertung von Beweiserhebungen aus dem Ermittlungsverfahren in der Hauptverhandlung (StV 2001, 314) und wollen die „Stärkung der Rechte der Verteidigung“ ausdrücklich zu dem Zweck vornehmen, „aufgrund der späteren Verwertungsmöglichkeit (scil. von Vernehmungen in Anwesenheit des Verteidigers) wesentlich seltener als bisher Vernehmungen (scil. in der Hauptverhandlung) wiederholen zu müssen und dadurch die Hauptverhandlung verkürzen zu helfen“ (StV 2001, 315).

gen Aktenkenntnis ihre Aufgabe bei der Vernehmung zweifellos ungleich wirksamer wahrnehmen könnte als bei der früheren Vernehmung im Ermittlungsverfahren.

b) Sowohl von den „Eckpunkten" als auch vom Alternativ-Entwurf werden große Hoffnungen auf die bereits mehrfach erwähnten, erweiterten *Anwesenheitsrechte* der Verteidigung bei Ermittlungshandlungen im Ermittlungsverfahren gesetzt.[127] Die damit verbundenen Zielsetzungen sind freilich höchst unterschiedlich. Denn während die „Eckpunkte" darin vor allem ein Mittel zur Abkürzung der Hauptverhandlung und damit auch zur Verbesserung des „Opferschutzes" sehen, geht der Alternativ-Entwurf bei der von ihm in § 168 f AE-EV und den darin geregelten erweiterten Anwesenheitsrechten des Beschuldigten und des Verteidigers bei der nichtrichterlichen Vernehmung von Zeugen oder Sachverständigen davon aus, daß das geltende Recht angesichts der „prägenden Wirkung des Ermittlungsverfahrens den rechtsstaatlichen Kontrollbefugnissen nicht hinreichend Rechnung" trage[128]. Beide Perspektiven sind jedoch noch zu einseitig, und bei derjenigen der „Eckpunkte" kommt noch ein Pferdefuß hinzu, der aus ihnen allzu deutlich herausblickt. Wenn die Rechte der Verteidigung deshalb verbessert werden sollen, damit man sie besser in den Prozeß „einbinden" und die Hauptverhandlung nicht zuletzt auch im Interesse des Opfers abkürzen kann (so die „Eckpunkte"), dann manifestiert das eine grundsätzlich falsche Einstellung der Regierungskoalition zu den gegenwärtigen Problemen des Strafverfahrens und der bei einer Gesamtreform zu beachtenden Rang- und Reihenfolge der wichtigsten Parameter: Der im historischen Überblick beschriebene Funktionsverlust der Hauptverhandlung und die Aufwertung des von der Staatsanwaltschaft fast ohne Kontrolle beherrschten Ermittlungsverfahrens zur heimlichen Schaltzentrale des gesamten Strafverfahrens läßt die inferiore Stellung der Verteidigung im Ermittlungsverfahren, die für die RStPO von 1877 noch durchaus akzeptabel war, im heutigen Strafprozeß fast als ein Skandalon erscheinen, dessen Beseitigung bei

127 Die jetzt geplante Verbesserung der Anwesenheitsrechte des Beschuldigten und Verteidigers bei Zeugenvernehmungen im Ermittlungsverfahren war übrigens in der Reichsjustizkommission für die gerichtliche Voruntersuchung bereits eingehend diskutiert worden, und zwar sowohl im Interesse der Verteidigung als auch im übergeordneten Interesse der Wahrheitsfindung, weil der Untersuchungsrichter, wie es in den Motiven des Preußischen Entwurfs zu einer Strafprozeßordnung hieß, von dem Verteidiger und der Staatsanwaltschaft „für die Lösung der schwierigen Aufgabe, mit gleicher Sorgfalt auf alle für die Anklage wie für die Verteidigung erheblichen Umstände Bedacht zu nehmen, eine wesentliche Unterstützung erwarten darf" (Hahn I, S. 780 ff., 790). Der darauf zielende sog. Antrag *Eysoldt-Klotz-Herz* wurde allerdings nach äußerst eingehender und kontroverser Debatte (ohne Mitteilung des Abstimmungsverhältnisses) abgelehnt (*Hahn*, Materialien, Bd. I, S. 780 ff., 790).

128 AE-EV (Fn. 116), S. 133.

einer Gesamtreform allererste Priorität genießen muß, und zwar im Sinne einer Einräumung von Rechten und Optionen an die Verteidigung und nicht im Sinne einer „Einbindung", die eine aus Fairneßgründen gebotene Stärkung der Verteidigungsrechte vorwiegend als Instrument zur Verfahrensabkürzung und Opferschutz in den Blick nimmt. Demgegenüber ist die Perspektive des Alternativ-Entwurfs im Ansatz richtig, aber unvollständig, weil sie nur an „Kontrolle" denkt, während die kontradiktorische Mitwirkung der Verteidigung bei einer Vernehmung nicht nur diese negative, sondern auch die positive Funktion hat, die vom Vernehmungsbeamten infolge seiner Prägung durch bestimmte Ermittlungshypothesen übersehenen oder zu wenig akzentuierten Gesichtspunkte in die Vernehmungssituation einzubringen und damit jene Grundbedingung der materiellen Wahrheitsfindung zu realisieren, die in der amerikanischen Prozeßtheorie das „Gegnerprinzip" („adversary principle") genannt wird[129]. Man kann es geradezu als eine sachlogische Konsequenz aus den Grundbedingungen der materiellen Wahrheitsfindung bezeichnen, daß alle diejenigen Elemente des Ermittlungsverfahrens, die für das Endergebnis des Verfahrens einen *prägenden Charakter* haben (werden), *kontradiktorisch* gewonnen werden müssen, d. h. unter Mitwirkung der Verteidigung, wobei diese wiederum nur dann als gleichberechtigt und in diesem Sinne „echt" gelten kann, wenn der Verteidiger durch vorherige Akteneinsicht in den Stand gesetzt worden ist, alle in den Akten enthaltenen Gesichtspunkte in der aus seiner Sicht richtigen Verbindung zur Sprache zu bringen. Weil sich freilich, wie schon oben angesprochen, in abstracto nicht festlegen läßt, wann das Interesse an ungestörten Ermittlungen überwiegt, wann dagegen das Interesse an kontradiktorischer Mitwirkung zur materiellen Wahrheitsfindung, muß man das Dilemma abermals nach dem strategischen Prinzip der „Kompensation von Prozeßlagen" auflösen: Die Strafverfolgungsbehörden müssen selbstverständlich das Recht behalten, die Ermittlungsstrategie zu definieren und die Verteidigung von einer nach dieser Strategie verfrühten Mitwirkung an den Ermittlungshandlungen fernzuhalten. Sie müssen dann aber auch wissen, daß sie die einseitig gewonnenen Ergebnisse nicht in die spätere Hauptverhandlung transportieren können, und zwar auch nicht mittelbar (worauf sogleich zurückzukommen ist).

---

129 Grundlegend zur Entgegensetzung von inquisitorischem und „adversatorischem" System unter sozialpsychologischen Gesichtspunkten *Thibaut & Walker*, Procedural Justice: A psychological analysis, 1975; *dies.*, California Law Review 1978, 541 ff.; Zur Diskussion im 19. Jahrhundert umfassend *Herrmann*, Die Reform der deutschen Hauptverhandlung nach dem Vorbild des angloamerikanischen Strafverfahrens (1971), S. 55 ff, 361 ff. Zum Konfrontationsrecht vgl. BGHSt 46, 93 m. Bespr. *Neuhaus*, JuS 2002, 18 m.w.N.; *Schlesinger*, Konfrontation im Strafprozess, Basel 2001. Zur Bedeutung für die Hauptverhandlung *Schünemann*, StV 1993, 607.

Ein vollständig kontradiktorisches Ermittlungsverfahren wird es deshalb niemals geben, woraus wiederum das weder in den „Eckpunkten" noch im Alternativ-Entwurf behandelte Problem resultiert, welche verfahrensrechtlichen Auswirkungen die nicht-kontradiktorischen Vernehmungen haben sollen. Die Nichtbefassung mit dieser Frage soll offenbar heißen, daß alles beim alten bleibt, und das bedeutet dann: daß die nur von der Polizei oder Staatsanwaltschaft vernommenen Zeugen in der Hauptverhandlung erneut aussagen müssen, wenn kein Ausnahmefall des § 251 StPO vorliegt, daß aber die im Ermittlungsverfahren aufgenommenen Vernehmungsprotokolle in der Hauptverhandlung ohne Einschränkung im Wege des Vorhalts gegenüber dem Zeugen benutzt werden dürfen, und zwar nach der Rechtsprechung durchaus auch in Form des wörtlichen Zitats[130] und in der Praxis meistens mit dem Zusatz: „Haben Sie das vor der Polizei ausgesagt, so wie Sie es ja auch unterschrieben haben, oder hat der Polizeibeamte etwas Falsches ins Protokoll geschrieben? Und haben Sie damals vor der Polizei die Wahrheit gesagt oder haben Sie den Polizeibeamten angelogen?"

Weil man schwerlich einen Zeugen finden wird, der nach einem derartigen Vorhalt nicht die Richtigkeit seiner polizeilichen Aussage in der Hauptverhandlung bestätigen wird, was dann formal diese Bestätigung in der Hauptverhandlung[131], der Sache nach aber die alte polizeiliche Aussage direkt zur tauglichen Urteilsgrundlage avancieren läßt, liegt hier die Achillesferse jeder Stärkung der Verteidigungsrechte im Ermittlungsverfahren, denn die gleiche Vorhaltpraxis wird natürlich auch dann beobachtet, wenn sich etwa an eine polizeiliche Vernehmung eine spätere erneute Vernehmung unter Mitwirkung des Verteidigers anschließt. Ein Reformkonzept, das diese Achillesferse nicht sieht und dafür auch kein Heilmittel bereithält, muß deshalb ohne Umschweife als weitgehend wertlos bezeichnet werden. Ich selbst sehe zwei Heilungsmöglichkeiten. Nach der radikalen wäre ein totales Verwertungsverbot zu statuieren, das aber bei der gegenwärtigen Kräfteverteilung in der Reformdiskussion politisch auf absehbare Zeit nicht durchsetzbar erscheint. Aber auch hiervon ganz abgesehen, würde ein totales Verwertungsverbot hinsichtlich eines auf legalem Wege erzielten Ermittlungsergebnisses allein wegen der bei einer nicht-kontradiktorischen Vernehmung strukturell, jedoch nicht notwendig aktuell vorgegebenen Selektionstendenz in Richtung auf die ermittlungsleitenden Hypothesen auf eine für die materielle Wahrheitsfindung sogar schädliche Überkompensation hinauslaufen, denn die Vernehmung bleibt ja als Faktum auch in der Psyche des Zeugen aufgehoben. Die richtige, quasi alexandrinische Lösung dieses Knotens muß deshalb darin beste-

130 KK/*Diemer* (4. Aufl. 1999), § 249 Rn. 44 ff m.z.w.N.
131 KK/*Diemer* (Fn. 130), § 249 Rn. 42. m.w.N.

hen, daß die mögliche Existenz und Verwirklichungsweise einer Selektion erkennbar gemacht wird. Und genau dies leistet nun die andere Alternative einer elastischen Lösung, die man geradezu als den Stein der Weisen präsentieren könnte, weil sie die technologische Aufrüstung, die in den letzten Jahrzehnten ausschließlich zugunsten der Strafverfolgungsbehörden stattgefunden hat, nun einmal zugunsten der Verteidigung in die Waagschale werfen würde: Der höchst einfache Einsatz der modernen Technik zugunsten der Verteidigung bestünde nämlich darin, daß der gesamte Ablauf der amtlichen Vernehmung eines Zeugen lückenlos, und das heißt: vom ersten Augenblick seines Erscheinens zur Vernehmung an, auf Videoband aufgenommen wird. Dieses Band müßte sodann dem Verteidiger nach Gewährung vollständiger Akteneinsicht für eine bestimmte Zeit zur Analyse zur Verfügung stehen und würde damit die Möglichkeit eröffnen, folgenschwere Einseitigkeiten bei der Erstellung des Vernehmungsprotokolls aufzudecken und damit ex post eine quasi-kontradiktorische Vernehmungssituation herzustellen, ohne daß die ex ante notwendige ungestörte Initiative der Strafverfolgungsbehörden bei der Sachverhaltsaufklärung geschmälert würde. Es ist hier nicht der Ort, auf Details dieser technologischen Aufrüstung in der Rechtsstaatlichkeit des Ermittlungsverfahrens einzugehen, weshalb zu den zahlreichen Einwänden, deren Vorschützung mit Sicherheit zu erwarten ist, nur soviel gesagt werden soll: Die Kosten der notwendigen apparativen Ausstattung (die zum großen Teil ja für andere Zwecke bereits vorhanden ist) machen mit Sicherheit nur einen Bruchteil derjenigen Mittel aus, die soeben für die „Sicherheitspakete" zur Bekämpfung des internationalen Terrorismus innerhalb kürzester Frist zur Verbesserung einer Terrorismusbekämpfung zur Verfügung gestellt werden konnten, die seit den 70-er Jahren ohnehin schon permanent verbessert worden ist. Der anfallende Personalaufwand ist minimal, weil ja lediglich zu Beginn und am Ende der Vernehmung ein Knopf betätigt sowie die Videokassette archiviert werden muß. Daß sich die Polizei bei bestimmten formalisierten Akten ihrer Tätigkeit eine Videoaufzeichnung gefallen lassen muß, ist wegen der verfahrensprägenden Wirkung dieser Akte ohne weiteres zumutbar und eigentlich in einer Gesellschaft, die sich zunehmend an die Video-Dauerüberwachung ganzer Räume gewöhnt,[132] etwas fast Alltägliches. Und schließlich kann man auch problemlos allen Konstellationen, in denen etwa wegen Gefahr im Verzuge o. ä. ohne Einsatz des förmlichen Apparates gearbeitet werden muß, eine elastisch formulierte Freistellung konzedieren, ebenso wie nach Einstellung des Verfahrens oder im Falle des Ausbleibens substantiierter Rügen der Verteidigung innerhalb der festzulegenden Frist die Löschung der Video-Bänder von Amts wegen angeordnet werden kann.

---

132 Zur diesbezüglichen Realität und rechtlichen Problematik *Hefendehl*, StV 2000, 270 ff.

Aber wie derartige Einzelfragen auch zu behandeln sein mögen – die Einforderung des Einsatzes der modernen Technik, der bisher ausschließlich zugunsten der Strafverfolgungsbehörden erfolgt ist, zugunsten der Kontrollmöglichkeiten der Verteidigung, also das von mir sog. *homöopathische Prinzip*, ist ein ausgezeichneter Prüfstein dafür, ob das Ziel der Regierungskoalition, „die Strafverfahren künftig im Interesse aller Verfahrensbeteiligten ohne Einbuße an Rechtsstaatlichkeit effizienter" auszugestalten, damit sie „zügiger abgeschlossen werden können"[133], wirklich auch bezüglich der Bewahrung der Rechtsstaatlichkeit ernstgemeint ist oder – um bewußt ein etwas gewagtes Bild zu gebrauchen – nur die Utopie einer eierlegenden Wollmilchsau beschwören soll, in deren Fell sich das trojanische Pferd einer weiteren Steigerung der Macht der Strafverfolgungsbehörden verbirgt. Denn auch die „Eckpunkte" sehen ja unter 9. den umfassenden „Einsatz technischer Mittel" vor, wenn auch unter einer irritierenden Betonung der Beschleunigung des Verfahrens, der Entlastung der Praxis und dem Interesse des Opferschutzes, der am Ende dieses kurzen Abschnitts sogar noch zweimal wiederholt wird. Wenn die technische Aufrüstung von der Regierungskoalition aber sogar schon für „Sekundärzwecke" wie die Verfahrensbeschleunigung und den Opferschutz vorgesehen wird, so muß sie für den Primärzweck der materiellen Wahrheitsfindung erst recht Platz greifen.

c) Die vorstehenden Überlegungen zum Anwesenheitsrecht der Verteidigung lassen klar erkennen, daß eine kontradiktorische Ausgestaltung bereits des Ermittlungsverfahrens erhebliche Vorteile für die Wahrheitsfindung – u.U. mit dem Effekt, daß die Hauptverhandlung überflüssig wird – bieten kann, daß diese Alternative der Staatsanwaltschaft aber auch nicht oktroyiert werden darf, weil sonst die Balance nach der anderen Seite kippen würde: Weil der Verteidiger zwar keine Beweisquellen trüben darf[134], aber vermöge seiner Fürsprachepflicht immer nur die zugunsten des Beschuldigten sprechenden Gesichtspunkte zu thematisieren[135] und die von ihm erlangten Kenntnisse grundsätzlich auch dem Mandanten zu vermitteln hat[136], weil schließlich das Interesse jedes Beschuldigten, das gegen ihn geführte Verfahren so rasch wie möglich zur Einstellung zu bringen, ebenso manifest ist wie die (angesichts der Straflosigkeit der Selbstbegünstigung gem. § 258 Abs. 1 StGB) geringe Hemmschwelle gegenüber einem manipulativen Vorgehen, wird die frühzeitige Führung eines kontradiktorischen Ermittlungsverfahrens in vielen Fällen alles andere als ratsam sein. In derartigen Verfahren, die vermutlich auch in Zukunft die Mehrheit bilden werden, spielt die hier überhaupt

133 So wörtlich die Bundesjustizministerin *Däubler-Gmelin*, StV 2001, 359; in der Sache genauso die „Eckpunkte" der Regierungskoalition, StV 2001, 314.

134 *Roxin* (Fn. 4), S. 144.

135 In diesem Punkt unstr., s. nur *Roxin* (Fn. 4), S. 129.

136 Zu diesem Fragenkomplex eingehend *Walischewski* (Fn. 124), S. 156 ff m.z.w.N.

nicht praktisch werdende „Partizipation" keinerlei Rolle, vielmehr verbleibt einer aktiven Verteidigung dann nur die Möglichkeit, von dem *Recht auf eigene Ermittlungen* Gebrauch zu machen. Eigenartigerweise wird dieses Recht weder in den „Eckpunkten" noch im Alternativ-Entwurf thematisiert, vielleicht aus der Annahme heraus, daß es ja ohnehin allgemein anerkannt sei[137] und daß dem in der Praxis verbreiteten Mißtrauen gegenüber eigenen Ermittlungen des Verteidigers nicht mit legislatorischen Maßnahmen gesteuert werden könne. Dabei ist jedoch eine spezifische Schwäche des Ermittlungsrechts der Verteidigung übersehen worden, die bei einem Vergleich mit den USA besonders deutlich ins Auge springt: Anders als in den USA hat der deutsche Verteidiger nicht die Möglichkeit, einen Zeugen „sub poena" zur Aussage vor sich selbst zu zwingen[138], womit zwei unliebsame Konsequenzen verbunden sind: Der Verteidiger besitzt gar keine gesicherte Möglichkeit, eigene Zeugenvernehmungen durchzuführen, und aus diesem Grunde werden die Zeugen, die sich dem Verteidiger freiwillig zur Aussage zur Verfügung stellen, seitens der Justiz mit nicht unerheblichem Mißtrauen betrachtet.

An dieser, freilich auch im Alternativ-Entwurf „Reform des Ermittlungsverfahrens" übersehenen Stelle liegt deshalb ein neuralgischer Punkt der Verteidigung im deutschen Strafverfahren, ohne dessen Überwindung alle Versuche, zu einer entscheidenden Verfahrensabkürzung durch eine Anerkennung der Ergebnisse des Ermittlungsverfahrens seitens des Beschuldigten zu kommen (also das sogleich näher zu betrachtende Thema der Absprachen), von vornherein ad acta gelegt werden müßten, denn man kann fairerweise vom Beschuldigten die Anerkennung eines bestimmten Ermittlungsergebnisses nur unter der Voraussetzung erwarten, daß er dieses Ergebnis auf seine Richtigkeit und Solidität kraft eigenen Rechts zu überprüfen in der Lage ist.

d) Daß die nicht nur zum Schutz der Beschuldigteninteressen, sondern auch zur materiellen Wahrheitsfindung unverzichtbare Mitwirkung des Verteidigers, wie sie vorstehend im einzelnen entwickelt worden ist, den Verteidiger als eine in *allen Strafprozessen notwendige Figur* erweist, ist leider weder in den „Eckpunkten" noch im AE-EV erkannt worden. Jedenfalls verlieren die „Eckpunkte" zu ei-

---

137 Vgl. nur *Rückel*, FS Peters II (1984), S. 215; *König*, StraFo 1996, 98; *Baumann*, Eigene Ermittlungen des Verteidigers, 1999.

138 Zur Möglichkeit von Subpoena-Vorladungen durch den Verteidiger im Strafprozeßrecht einiger US-Bundesstaaten: *Kamisar/LaFave/Israel*, Modern Criminal Procedure (7th ed., 1990), S. 1149; *LaFave/Israel*, Criminal Procedure (1985), S. 740; *Schmid*, Das amerikanische Strafverfahren (2. Aufl. 1993), S. 64 f.; vgl. ferner z. B. die Bestimmungen in den Prozeßordnungen von Arizona, State Rules of Criminal Procedure, Rule 15.3(a)(2); Iowa, Rules of Criminal Procedure 12; New Mexico, District Court Rules of Criminal Procedure 5–503.

ner Ausweitung der bisher schon im Gesetz geregelten notwendigen Verteidigung kein Wort, und im AE-EV ist lediglich in § 115 b StPO die Erstreckung der bisher schon notwendigen Verteidigung auf den Fall der Inhaftierung vorgeschlagen worden[139].

Das zurückhaltende Schweigen der „Eckpunkte“ trotz der darin vorgeschlagenen „Einbindung“ des Verteidigers in die den „Eckpunkten“ offensichtlich am wichtigsten dünkende Beschleunigung der Strafrechtspflege ist überraschend. Denn eine Sicherstellung zumindest der Möglichkeit, daß sich der Beschuldigte verteidigen läßt, hätte in die Konzeption der Regierungskoalition schon deshalb hineingehört, weil eine „Einbindung“ der Verteidigung ja nur möglich ist, wenn diese existiert, wie auch das „Kontrollkonzept“ des Alternativ-Entwurfs eigentlich die Sicherstellung derjenigen Instanz voraussetzt, die die Kontrolle ausüben soll. Und über beide Teilaspekte hinausgreifend, folgt aus dem hohen Stellenwert des kontradiktorischen Prinzips für die materielle Wahrheitsfindung in Verbindung mit der prägenden Wirkung des Ermittlungsverfahrens für das Verfahrensendergebnis, dass weder eine Reform des Ermittlungsverfahrens, geschweige denn eine Gesamtreform des Strafverfahrens, wenn sie diesen Namen wirklich verdienen sollen, auf ein Konzept zur Behebung der manifesten Lücken und Gebrechen des gegenwärtigen Systems der Pflichtverteidigung verzichten können – so daß das Schweigen der „Eckpunkte“ und des Erläuterungsaufsatzes der Bundesjustizministerin in diesem Punkt die Zweifel bestärken, ob die jetzigen Reformpläne mehr darstellen als die rhetorisch geschickte Bemäntelung einer erneuten etatistischen Welle in der seit Jahrzehnten sattsam bekannten Dünung der „Jahresstrafprozeßreformgesetze“. In inhaltlicher Hinsicht möchte ich hierzu im vorliegenden Rahmen nur bemerken, daß die heutige Regelung der notwendigen Verteidigung im Kern immer noch § 140 RStPO von 1877 entspricht, freilich mit gewissen Ausdehnungen, deren wichtigste die Möglichkeit der Bestellung im Vorverfahren gem. § 141 Abs. 3 StPO ist. Für das Vorverfahren wurde zwar schon in § 124 des Bundesratsentwurfs die förmliche Verteidigung zugelassen – eine damals fast unerhörte, im Reich bis dahin nur in der revidierten Braunschweigischen Strafprozeßordnung vom 21.10.1858 bestehende Möglichkeit[140] –, ihre Notwendigkeit schon in diesem Stadium aber mit der Erwägung verneint, daß ja erst der „Schwerpunkt in der mündlichen Verhandlung ruht“[141]. Hierbei wurde schon in den Reichstagsberatungen „die Verteidigung als ein ganz notwendig gebotenes Element in einem gerechten Strafverfahren zur Feststellung der materiellen Wahr-

139 AE-EV (Fn. 116), S. 47 ff., obwohl insbesondere die Überlegungen auf S. 51 eine weitaus couragiertere Ausdehnung der notwendigen Verteidigung nahelegen.

140 Abgedruckt bei *Hahn* (Fn. 20), Band I, S. 19.

141 So wörtlich die Motive des Bundesratsentwurfs bei *Hahn* I (Fn. 20), S. 143.

heit“ qualifiziert[142], so daß es nur eine konsequente Weiterentwicklung dieser Konzeption ist, die Notwendigkeit der Verteidigung auf ein das Verfahrensendergebnis prägendes, modernes Ermittlungsverfahren zu erstrecken. Neben diese im einzelnen noch abzuklärende Ausdehnung der notwendigen Verteidigung[143] muß ferner in allen Strafverfahren von der Eröffnung der Beschuldigung an für den mittellosen Beschuldigten ein Anspruch auf Prozeßkostenhilfe zwecks Beauftragung eines Verteidigers geschaffen werden, wie es die §§ 397 a Abs. 2 und 406 g Abs. 2 StPO für den Nebenkläger und den nebenklageberechtigten Verletzten vorsehen, u.a. wenn diesem die alleinige eigene Wahrnehmung seiner Interessen nicht zuzumuten ist. Denn genau dies trifft für den in einem Strafverfahren Beschuldigten angesichts der Notwendigkeit einer kontradiktorischen Struktur des das Verfahrensendergebnis bereits prägenden Ermittlungsverfahrens generell zu, und dem (angeblichen) Verletzten und (potentiellen) Nebenkläger aus Opferschutzgründen die Prozeßkostenhilfe zu eröffnen, dem Beschuldigten aber zu verwehren und lediglich gem. § 140 Abs. 2 Satz 1 StPO für den Fall, daß dem Verletzten tatsächlich ein Rechtsanwalt beigeordnet wird, einen Fall notwendiger Verteidigung zu konstruieren, manifestiert geradezu eine Ignoranz gegenüber dem Umstand, daß das Verfahren nun einmal im öffentlichen Interesse gegen den Beschuldigten geführt wird und dieser also in seinen Möglichkeiten zur Einholung von Rechtsrat nicht schlechter gestellt sein kann als der (angeblich) Verletzte. Auch die unklare Vermengung, die sich in Art. 6 Abs. 3 lit. c) EMRK in diesem Punkt mit der Erforderlichkeit „im Interesse der Rechtspflege“ findet, kann erstens kein Hinderungsgrund für eine auf höherem Niveau zu treffende deutsche Regelung der Prozeßkostenhilfe sein und müßte im übrigen im Hinblick auf die obigen Feststellungen zur faktischen Bedeutung des Ermittlungsverfahrens und zur Notwendigkeit kontradiktorischer Strukturen für die materielle Wahrheitsfindung richtigerweise ebenfalls im Sinne eines umfassenden „Armenrechts“ ausgelegt werden.

---

142 So der Abgeordnete *von Schwarze* bei der Zweiten Beratung im Plenum, bei *Hahn* II (Fn. 20), S. 1821; ebenso erklärte auch der Abgeordnete *Eysoldt*, „daß die Verteidigung im Interesse der Erforschung der materiellen Wahrheit ein Recht des Angeklagten ist“, ibid. S. 1825.

143 Beachtliche Vorschläge finden sich bei: Arbeitskreis Strafprozeßreform, Die Verteidigung (1979), S. 59 ff., sind aber auch dort noch zu eng gefaßt, weil die Wichtigkeit einer Verteidigermitwirkung bereits im Ermittlungsverfahren aus Gründen der materiellen Wahrheitsfindung noch nicht erkannt worden ist; vorbildlich dazu BGHSt. 46, 93.

III. Grundlegende Reformfragen der Hauptverhandlung

Es fällt auf, daß in den „Eckpunkten" zwei Strukturfragen der Hauptverhandlung, die in den letzten Jahrzehnten in der Reformdiskussion eine beherrschende Rolle gespielt haben, nicht einmal mehr angesprochen werden: nämlich die Rolle des Richters und die Zweiteilung durch ein Tat- oder Schuldinterlokut.

1. Was die lange Zeit so eingehend diskutierte Frage der Einführung eines *Schuldinterlokuts* anbetrifft, so ist ihre Bedeutung naheliegenderweise so lange so hoch eingeschätzt worden, wie man von der Möglichkeit ausging, durch eine genaue Erforschung der Täterpersönlichkeit die seine Resozialisierung verbürgende, auf den individuellen Täter zugeschnittene Strafe ermitteln zu können.[144] Seitdem diese Euphorie verflogen ist und die Strafe doch wieder, wie es dem Tatschuldprinzip entspricht und im Grunde genommen die Praxis immer beherrscht hat, hauptsächlich aus den drei Parametern der objektiven Tatschwere, der kriminellen Energie (beides zusammen Tatproportionalität) und des etwaigen Rückfalls abgeleitet wird,[145] zählt die Einführung eines Tat- oder Schuldinterlokuts jedenfalls nicht mehr zu den wichtigsten und dringlichsten Reformthemen. Solange man an der Aktenkenntnis der Berufsrichter nicht rütteln will, halte ich die ganze Frage in der Tat für zweitrangig.

2. Von zentraler Bedeutung für die gesamte Struktur des Strafverfahrens ist und bleibt dagegen die *Rolle des Richters* in der Hauptverhandlung, und zwar unter drei Aspekten: Soll er wie bisher mit Aktenkenntnis ausgestattet sein, deren Verarbeitung ggf. weiterhin durch einen Eröffnungsbeschluß manifestiert wird, in dem die Wahrscheinlichkeit der Verurteilung festgestellt wird? Soll er wie bisher als Vorsitzender die Beweise erheben und also eine inquisitorische Rolle wahrnehmen? Und soll es wie bisher bei der Identität des Spruchkörpers u.U. schon von gewissen Entscheidungen im Ermittlungsverfahren über das Zwischenverfahren bis hin zum Urteil bleiben?

Die Rollenüberforderung des Vorsitzenden und die Gefährdung seiner Unbefangenheit bei der Informationsverarbeitung in der Hauptverhandlung sind schon oft festgestellt worden,[146] doch besteht über die daraus zu ziehenden Konsequenzen keine Einigkeit. Die empirischen Untersuchungen von *Schreiber* und *Schöch* haben Argumente für die Einführung eines „Passivrichtermodells" erbracht, bei dem die Beweisaufnahme zunächst dem Wechselverhör von Staats-

---

144 Instruktiv die Argumentation und Zitatenlage bei *Roxin* (Fn. 4), S. 356f.

145 Statt aller: *Hörnle*, Tatproportionale Strafzumessung (1999).

146 Zahlr. Nachw. b. *Schünemann*, GA 1978, 161, 162 f; besonders interessant ist, dass diese Fragen schon in der Reformdiskussion des 19. Jahrhunderts intensiv erörtert worden sind, s. die Nachw. b. *Herrmann* (Fn. 129), S. 55 ff, 75ff.

anwalt und Verteidiger überantwortet wird (was notabene die Verteidigung in der Hauptverhandlung allgemein notwendig macht), während das Gericht nur Zusatzfragen stellt, dabei allerdings die Aktenkenntnis und dementsprechend auch die richterliche Aufklärungspflicht (§ 244 Abs. 2 StPO) behält.[147] Nach *meinen* eigenen Untersuchungen ist dagegen bereits die Aktenkenntnis ausreichend, um eine asymmetrische Verarbeitung von aktenkonsonanten und aktendissonanten Informationen in der Hauptverhandlung auszulösen, so daß der Passivrichter vor einer einseitigen Informationsverarbeitung also nicht geschützt, die Verteidigung aber nunmehr außerstande wäre, die beim Aktivrichter nach außen hervortretende Tendenz der Informationsverarbeitung zu erkennen und danach die Verteidigung mit dem Ziel einer Gegensteuerung einzurichten.[148] Ich habe bereits vor 24 Jahren das umgekehrte Modell propagiert, daß der Richter durch eine (natürlich vom Zeugen zu genehmigende) Zusammenfassung des wesentlichen Inhalts der Zeugenaussage im Hauptverhandlungsprotokoll, u.U. auch durch zusätzliche Erläuterungen auf Antrag der Beteiligten, die bei ihm stattfindende Informationsverarbeitung den Prozeßbeteiligten deutlich macht und diese dadurch zu einer Gegensteuerung, etwa durch Akzentuierung der vom Richter übergangenen Teile der Zeugenaussage oder durch Beweisanträge, ertüchtigt.[149] Auch der Deutsche Anwaltverein hat im Jahre 1993 einen ausgearbeiteten Gesetzesentwurf zur Tonaufzeichnung der Hauptverhandlung in Strafsachen vorgelegt.[150] Doch liegt – abgesehen davon, daß nach der modernen Technik an deren Stelle die Video-Aufzeichnung zu treten hätte – liegt der Wert einer Video-Dokumentation vor allem bei nicht-kontradiktorischen Vernehmungen im Ermittlungsverfahren, während bei kontradiktorischen Vernehmungen und also bei der gesamten Beweisaufnahme in der Hauptverhandlung ein vom Vernehmenden diktiertes und vom Zeugen zu billigendes, konzentriertes Inhaltsprotokoll weitaus mehr leistet, nämlich zugleich eine von allen Beteiligten akzeptierte Interpretation des wesentlichen Inhalts einer in concreto ja häufig diffusen und konfusen Zeugenaussage.

---

147 Dazu *Schöch*, in: Schreiber (Hrsg.), Strafprozeß und Reform (1979), S. 52; *Weißmann*, Die Stellung des Vorsitzenden in der Hauptverhandlung (1982), *Roxin*, in: Probleme de Strafprozeßreform (1975), S. 52 ff; *ders.*, FS Schmidt-Leichner (1977), S. 145 ff; *ders.* (Fn. 4), S. 354 ff.; *Arbeitskreis AE* (Hrsg.), Alternativ-Entwurf – Novelle zur Strafprozessordnung – Reform der Hauptverhandlung (1985), S. 67 ff.

148 *Schünemann*, in: Kerner/Kury/Sessar (Hrsg.), Deutsche Forschungen zur Kriminalitätsentstehung und Kriminalitätskontrolle (1983, Teilband 2), S. 1109 ff.; *ders./Bandilla*, in: Wegener/Lösel/Haisch (Hrsg.), Criminal Behavior and the Justice System. Psychological Perspectives (New York-Berlin 1989), S. 181 ff.; *ders.*, in: Bierbrauer/Gottwald/Birnbreier-Stahlberger (Hrsg.), Verfahrensgerechtigkeit, 1995, S. 215 ff.

149 *Schünemann*, GA 1978, 161, 177 ff.

150 AnwBl. 1993, 328.

Mein zum Inhaltsprotokoll hinzukommender Vorschlag gerichtlicher Zwischen-Statements[151] ist in jüngster Zeit wieder vermehrt in die Diskussion geraten,[152] und wenn man den „Eckpunkt" Nr. 8 „Transparente Hauptverhandlung" einer benigna interpretatio zuführt, scheint sich ihm auch die Regierungskoalition verschreiben zu wollen. Freilich zielen die „Eckpunkte" wohl letztlich nicht bloß auf harmlose „Transparenz", sondern auf harte Absprachen, denn wenn auch die „Eckpunkte" diesen Pferdefuß nur mit der euphemistischen Wendung hervorschauen lassen, daß eine Mitteilung des Gerichts über „seine vorläufige Beurteilung des jeweiligen Verfahrensstandes... in geeigneten Fällen Gelegenheit bietet, mit allen Verfahrensbeteiligten in Erörterungen über die Frage einzutreten, ob und ggf. in welcher Weise die Hauptverhandlung abgekürzt werden kann",[153] wird die Bundesjustizministerin mit der unverblümten Überschrift „Gesetzliche Regelung des Deals"[154] deutlicher. In der Tat: Wenn man den Aufsatz von *Däubler-Gmelin* als Interpretationshilfe nimmt, um hinter den über das Eckpunkte-Papier kunstvoll gebreiteten euphemistischen Schleier zu blicken, so wird deutlich, worin die Regierungskoalition offenbar das Allheilmittel der großen Strafprozeßreform sieht: in der endgültigen Etablierung der verfahrenserledigenden Absprachen im Gesetz und damit – ohne es offenbar selbst zu bemerken – in der endgültigen Zerstörung des rechtsstaatlich-liberalen Strafverfahrens von 1877, hinter dessen stehenbleibenden Potemkinschen Fassaden das Prozeßergebnis ausgehandelt, und das heißt, entsprechend den realen Machtverhältnissen bestimmt wird. Darauf ist sogleich zurückzukommen.[155]

IV. Zu den Rechtsmitteln

So wie es bei einem „Deal" auf Feinheiten der Hauptverhandlungsstruktur nicht um ihrer selbst willen, sondern nur wegen ihrer Einsatzmöglichkeit als Machtmittel im Aushandlungsprozeß ankommt, so verlieren natürlich auch die Rechtsmittel ihren traditionellen Sinn, denn ein „ausgedealtes" Urteil bedarf nur bei Nichteinhaltung der Absprache eines Rechtsmittels, weshalb ja auch die Vereinbarung

---

151 GA 1978, 179.

152 Freilich ohne dass mein gut 20 Jahre alter Vorschlag noch erinnert wurde, s. *Ahlf*, in: Lagodny (Hrsg.), Der Strafprozess vor neuen Herausforderungen?, 2000, S. 113; *König*, FS Friebertshäuser (1997), S. 211; BGHSt. 43, 212.

153 StV 2001, 316.

154 StV 2991, 361.

155 **Ergänzung 2020**: Der diesbezügliche Abschnitt findet sich nunmehr in Band 4 der Gesammelten Werke, der dem Spezialthema der Urteilsabsprachen gewidmet sein wird.

eines Rechtsmittelverzichts ungeachtet des darüber vom 4. Strafsenat des BGH ausgesprochenen Verdikts nach wie vor zum Standardinhalt einer Absprache zählt.[156] Es ist deshalb nicht verwunderlich, daß in den „Eckpunkten" der Regierungskoalition nicht mehr an die zu Beginn der Legislaturperiode noch so dringlich gemachte Neugestaltung der Rechtsmittel,[157] sondern nur noch an einige Randkorrekturen gedacht wird wie etwa eine ausgesprochen milde Begründungslast bei der Berufung oder der allgemeinen Sachrüge in der Revision.[158] Aber so einfach darf man sich diesen Komplex selbst dann nicht machen, wenn man sich die Legalisierung der Absprachen aufs Panier geschrieben hat, denn es wird auch danach noch Beschuldigte geben, die um einen Freispruch kämpfen und die die aus dem Jahre 1877 übrig bleibende Fassade ernst nehmen. Es bedarf auch gar keines besonders großen Schrittes mehr, um das Hauptgebrechen des heutigen Rechtsmittelsystems, nämlich der (ursprünglich aus dem Schwurgerichtssystem stammenden) unzulänglichen *Überprüfung der Tatfrage im Revisionsverfahren*, durch einen Brückenschlag von der neueren BGH-Rechtsprechung zu den schon aus anderen Gründen wünschenswerten Verbesserungen in der Dokumentation der Hauptverhandlung zu heilen. Der BGH hat im Rahmen der allgemeinen Sachrüge in durchaus schöpferischer Fortentwicklung des Revisionsrechts eine Überprüfung der Plausibilität der tatrichterlichen Beweiswürdigung etabliert,[159] deren im Schrifttum verbreitete, aber mißverständliche Einordnung als „Darstellungsrüge"[160] auf den Umstand hinweist, daß sich der BGH hierbei ausschließlich mit der Darstellung im Urteil auseinandersetzt und also nicht überprüft – nach geltendem Recht auch gar nicht überprüfen kann –, ob diese Darstellung den Inhalt der Hauptverhandlung überhaupt richtig wiedergibt. Streng genommen werden also eher die juristische Begabung und das logische Denken des Urteilsverfassers überprüft als die inhaltliche Richtigkeit des Urteils.[161] Das könnte mit einem Schlage geändert werden, wenn die Inhalte der Beweisaufnahme, dem von mir sog. homöopathischen Prinzip entsprechend, mit den Mitteln der modernen Technik festgehalten würden, etwa durch eine Video-Aufzeichnung, oder noch besser (wenngleich konservativer) durch das von mir oben bereits für hauptverhandlungsinterne Ziele für nützlich befundene Inhaltsprotokoll. Natürlich könnte dem

---

156 So in völligem Einklang in allen von mir eingeholten Berichten aus der Praxis auch ganz klar *Schmitt*, GA 2001, 419ff.; *Hamm*, FS Meyer-Gossner (Fn. 90), S. 45.

157 Nachw. AnwBl. 2001, 32, daselbst auch die offenbar durchschlagende Kritik des Ausschusses „Justizreform – StPO" des DAV.

158 StV 2001, 316f.

159 Zahlr. Nachw. der Rspr. bei KK/*Kuckein*, § 337 Rn. 29f.

160 *Ranft*, Strafprozessrecht (2. Aufl. 1995), Rn. 2193ff.

161 *Schünemann*, JA 1982, 125f.

Revisionsgericht nicht zugemutet werden, von Amts wegen die Hauptverhandlungsdokumentation durchzuarbeiten, und es wäre erst recht verfehlt, darauf aus zweiter Hand nach dem Muster des früheren Inquisitionsprozesses ein Urteil gründen zu wollen. Statt dessen könnte man jedoch durch die Einführung der Rüge der *Aktenwidrigkeit* (die wie eine Verfahrensrüge zu substantiieren wäre) dem Revisionsführer die Möglichkeit eröffnen, einen Widerspruch zwischen der Urteilsschilderung des Beweisergebnisses und dem Beweisergebnis selbst zu rügen, womit die bisher mehr einem Lotteriespiel gleichende Darstellungsrüge wirkungsvoll gemacht und den Revisionsgerichten auch das zur Überprüfung der Plausibilität des Urteils notwendige Faktenmaterial an die Hand gegeben würde.

C. Ergebnis

Die vorstehende knappe Skizze mag als Beispiel dafür genommen werden, welche Analysen angestellt und Konzepte entwickelt werden müssen, wenn man den deutschen Strafprozeß, eine der großen rechtsstaatlichen und kulturellen Leistungen des 19. Jahrhunderts, nicht in einem perspektivenlosen Gezerre in ein Chaos treiben lassen will. Ob der Gesetzgeber zu einer derartigen Anstrengung den Willen und die Kraft besitzt, wird die Zukunft lehren.[162]

---

162 **Ergänzung 2020**: Im Originaltext folgt abschließend ein Seitenblick auf die Europäisierung der Strafrechtspflege, den ich im Hinblick auf die gesonderte Publikation meiner europarechtlichen Abhandlungen in „Die Europäisierung der Strafrechtspflege als Demontage des demokratischen Rechtsstaats" (2014) hier fortlasse.

NEUNTER TEIL Zur Kritik des amerikanischen Strafprozessmodells

I. Der merkwürdige Triumphmarsch des amerikanischen Strafverfahrens

Als ich vor 16 Jahren auf Jornadas des spanischen Consejo General del Poder Judicial die Frage aufgeworfen habe, ob wir vor einem Triumphmarsch des amerikanischen Strafverfahrens in der Welt stehen[1], muss ich prophetische Gaben besessen haben. Denn seitdem hat sich nicht nur die wichtigste Institution des amerikanischen Strafverfahrens, das plea bargaining, auf dem europäischen Kontinent immer weiter ausgebreitet, sondern auch die seit langem fällige Strafprozessreform in Lateinamerika ist stark in den Sog des Prozessmodells der USA geraten, und in China steht es ante portas. Wenn man nach den Gründen dafür fragt, so lässt sich zwar bei einem Vergleich des nordamerikanischen Parteiprozesses mit dem in Lateinamerika bis vor kurzem noch in Geltung befindlichen alten Inquisitionsprozess[2] nicht bestreiten, dass der Parteiprozess wesentliche Vorteile aufweist und insbesondere dadurch, dass er die Subjektstellung des Beschuldigten maximal respektiert, dem Menschenbild einer modernen demokratischen Verfassung und dem rechtsstaatlichen Ideal des fair trial optimal entspricht. Die beiden fundamentalen Konstruktionsfehler des alten Inquisitionsprozesses, nämlich die Identität von Ermittlungsbehörde und Verurteilungsbehörde sowie die Leugnung der Subjektstellung des Beschuldigten[3], sind auf dem europäischen Kontinent aber schon in der ersten Hälfte des 19. Jahrhunderts im sog. reformierten Strafprozess beseitigt worden[4]. Und noch vor wenigen Jahrzehnten war in Europa deshalb die Meinung völlig herrschend, dass der auf diese Weise gefundene Kompromiss zwischen reinem Parteiprozess und altem Inquisitions-

---

1 ¿Crisis del procedimiento penal? – ¿Marcha triunfal del procedimiento penal americano en el mundo? (=Krise des Strafprozesses ? – Siegeszug des amerikanischen Strafverfahrens in der Welt ?), in: Jornadas sobre la „Reforma del Derecho Penal en Alemania", Consejo General del Poder Judicial (comp.), Madrid 1992, S. 49 – 58.

2 Letzte Strafprozessreformen in Peru und Kolumbien in 2004.

3 Eb. Schmidt, Einführung ind die Geschichte der deutschen Strafrechtspflege, 3. Aufl. 1965, § 201; Henkel, Strafverfahrensrecht, 2. Aufl. 1968, § 9 IV 4, V (= S. 50f.); Peters, Strafprozeß, 4. Aufl. 1985, § 11 IV (= S. 67); Roxin, Strafverfahrensrecht, 25. Aufl. 1998, § 69 Rn. 6, 10; zum Inquisitionsprozess umfassend Eb. Schmidt, Inquisitionsprozess und Rezeption, 1940; Ignor, Geschichte des Strafprozesses in Deutschland 1532 – 1846, 2002.

4 Roxin (Fn. 3), § 70 (= S. 526ff.); Henkel (Fn. 3), § 10 (= S. 52ff.); Peters (Fn. 3), § 11 IV (= S. 67); von Kries, Lehrbuch des deutschen Strafprozessrechts, 1892, S. 60ff.; Planck, Systematische Darstellung des deutschen Strafverfahrens, 1857; Mittermaier, Die Gesetzgebung und Rechtsübung über Strafverfahren nach ihrer Fortbildung, 1856; Heffter, Lehrbuch des gemeinen deutschen Strafrechts, 6. Aufl. 1857, S. 525ff.; Zachariä, Die Gebrechen und die Reform des deutschen Strafverfahrens, 1846.

https://doi.org/10.1515/9783110650563-010

prozess dem nordamerikanischen Verfahren weitaus überlegen sei[5]. Für den aktuellen Triumphmarsch des nordamerikanischen Strafprozesses muss es deshalb andere Ursachen geben. Meiner Meinung nach liegen sie (was auf den ersten Blick paradox erscheint) gerade in den rechtsstaatlichen Defiziten des nordamerikanischen Modells, das hinter der glänzenden Fassade des idealen Parteiprozesses für über 90 % der Fälle etwas ganz anderes praktiziert, nämlich eine ohne ernsthafte richterliche Kontrolle von den Ermittlungsbehörden durchgesetzte rasche Verurteilung. Nicht die rechtsstaatlichen Stärken, sondern genau umgekehrt dessen Schwächen machen also heutzutage das nordamerikanische System für die europäischen Strafverfolgungsorgane und die von ihnen beeinflusste Gesetzgebung so attraktiv. Aus dem gleichen Grunde trifft die von dem argentinischen Prozessualisten Binder am inquisitorischen System in zahllosen Veröffentlichungen artikulierte Fundamentalkritik[6] nur den alten Inquisitionsprozess, nicht aber das heutige europäische Strafverfahren. Und es wäre meiner Meinung nach ein großer Irrtum, wenn man aus Binders Thesen für die weiterhin anstehenden Strafprozessreformen in China und Lateinamerika[7] die Folgerung ableiten wollte, es müsse das nordamerikanische System übernommen werden. Denn dieses System läuft hinter der bloßen Fassade des Schwurgerichtsverfahrens in der Praxis weit-

5 Vgl. dazu etwa Bader, NJW 1949, 738; Hartung, ZStW 64 (1952) 110; ders. ZStW 73 (1961) 483; Schönke, DRZ 1950, 436; Eb. Schmidt NJW 1963, 1088; ders. MDR 1967, 881; sowie Henkel (Fn. 3), S. 111 Fn. 15 m.z.w.N; vgl. auch die Nachweise bei Herrmann, Die Reform der deutschen Hauptverhandlung nach dem Vorbild des anglo-amerikanischen Strafverfahrens, 1971, S. 114ff.

6 Binder, Justicia penal y Estado de Derecho, Buenos Aires, 1993, S. 180ff., 204ff.; ders., Ideas y materiales para la reforma de la Justicia Penal, Buenos Aires, 2000, S. 26ff., 73, 127ff.; ders., La fuerza de la Inquisición y la debilidad de la República, in: Ciencias Penales, November 2005, San José, Costa Rica, S. 38ff., u. a.

7 Für einen Überblick über die Reformen in Lateinamerika vgl. Gómez Colomer, in: ders./González Cussac (coord.), La reforma de la justicia penal, Castellón, Spanien, 1997, S. 459ff.; Maier/Ambos/Woischnik (Hrsg.), Las reformas procesales penales en América Latina, Buenos Aires, 2000; Binder, Ideas y materiales, a.a.O. (Fn. 6), S. 125, Fn. 2; Ambos/Woischnik, ZStW 113 (2001), 334ff.; Woischnik, Untersuchungsrichter und Beschuldigtenrechte in Argentinien, Freiburg 2001; Alvarez, Revista Sistemas Judiciales, 2002, Nr. 3; Reyes Medina/Solanilla Chavarro/Solórzano Garavito, Sistemas procesales y oralidad, Bogotá 2003; Bernal Cuéllar/Montealegre Lynett, El Proceso penal, 5. Aufl. 2004; González Ruiz/Mendieta Jiménez/Buscaglia/Moreno Hernández, El sistema de justicia penal y su reforma, Mexiko 2005, S. 288ff.; Reyna Alfaro, El proceso penal aplicado, Lima 2006. Zur Reform in der VR China vgl. Schünemann, Constitutional Boundary on Construction of Criminal Procedure, Fudan Law Journal 2006, 65ff.; Meijun Xu, Balance between Judicial Supervision and Judicial Independence, Chinese Law Science 2003 S. 12; dies., Construction of Proceduralized System of Obtaining a Guarantor Pending Trial, Law Science and Social Development 2003 S. 138ff.; *Rongbing*, Enhance the Judicial Reform and Insure the Implementation of the Criminal Procedure Law, in: China Legal Education – Striving for the World, Peking 2001, S. 670ff.

gehend auf den alten Inquisitionsprozess hinaus. Und auch seine theoretischen Grundlagen halten einer kritischen Überprüfung nicht stand. Das will ich nachfolgend in aller Kürze begründen.

II. Das dominierende Ziel des Strafverfahrens

Ich beginne mit der Fassade des nordamerikanischen Modells, die auf zwei Säulen ruht: auf der mündlichen Hauptverhandlung vor dem Schwurgericht und deren Durchführung nach dem sog. adversatorischen Prinzip[8]. Die erste Säule, dass die Verurteilung ausschließlich aufgrund derjenigen Beweisaufnahme erfolgen kann, die in einer mündlichen und öffentlichen Hauptverhandlung durchgeführt wird, hat sich schon im 19. Jahrhundert auch auf dem europäischen Kontinent durchgesetzt[9]. Auf die deshalb fast paradox wirkende Entwicklung, dass gerade diese Säule in den letzten Jahren ins Wanken geraten und in den USA weitgehend umgestürzt worden ist, komme ich später zurück. Unabhängig von dieser Paradoxie kommt es für die Beantwortung der Frage nach der Vorzugswürdigkeit des nordamerikanischen Modells auf die zweite Säule an, also darauf, ob der adversatorische Aufbau der Hauptverhandlung dem in Europa vorherrschenden inquisitorischen Aufbau vorzuziehen ist. Beim inquisitorischen Aufbau bestimmt der Richter selbst die Beweisaufnahme und führt sie auch selbst durch, nachdem er sich das dafür notwendige Wissen durch die Lektüre der Ermittlungsakten verschafft hat, welche ihm von der Staatsanwaltschaft zusammen mit der Anklageschrift übersandt werden. Umgekehrt werden die Beweismittel beim adversatorischen Aufbau vom Staatsanwalt oder vom Verteidiger ausgesucht, die dann auch selbst die Beweiserhebung durchführen, d.h. die eigenen Zeugen befragen und die von der Gegenpartei präsentierten Zeugen ins Kreuzverhör nehmen. Das Gericht ist darauf beschränkt, diese Beweisaufnahme als Zuschauer und Zuhörer zu erleben, es kennt also weder die Ermittlungsakten, noch hat es die Möglichkeit, ergänzende Fragen zu stellen[10].

---

8 Vgl. etwa Kamisar/LaFave/Isael, Modern Criminal Procedure, 7. Aufl., Minnesota 1990, S. 1048 ff., 1288 ff.; Whitebread/Slobogin, Criminal Procedure, 3. Aufl., New York 1990, S. 660 ff., 711 ff.

9 Nämlich im reformierten Strafprozeß, siehe bereits Fn. 4.

10 Ob es sich bei dem Gericht um vom Staat ernannte Berufsrichter oder um durch das Los bestimmte Geschworene handelt, bedeutet eine zusätzliche Alternative, die sich aber praktisch nur für das adversatorische Modell als Möglichkeit ergibt. Denn es ist kaum realisierbar, dass ein Geschworener als juristischer Laie die Akten vorher lesen, danach die Hauptverhandlung konzipieren und die Beweisaufnahme selbst leiten und durchführen würde. Die inquisitorische Hauptver-

Welches der beiden Grundmodelle der adversatorischen oder der inquisitorischen Hauptverhandlung vorzugswürdig ist, hängt von der größeren oder geringeren Tauglichkeit zur Erreichung der Ziele des Strafverfahrens ab. Ihre Beantwortung stellt geradezu ein Musterbeispiel für die rechtswissenschaftliche Methode der Zweck-Mittel-Reduktion dar, mit deren Hilfe aus einer abstrakten Norm (wie derjenigen über das vom Strafprozess zu erreichende Ziel) auf konkrete Regelungen (hier: über die zur Zielerreichung am besten geeignete Verfahrensstruktur) geschlossen werden kann[11]. Damit tritt allerdings schon im Ausgangspunkt das Problem auf, dass die Verfahrensziele selbst auf der Ebene der einzelnen nationalen Strafprozessordnungen äußerst umstritten sind und dass es deshalb erst recht anmaßend und womöglich sogar töricht erscheinen könnte, ein quasi aus dem Naturrecht folgendes Ziel des Strafverfahrens für alle denkbaren Rechtsordnungen zu behaupten. Aber der Schein trügt, denn für alle Staaten westlicher Prägung, deren Rechtssystem auf die Prinzipien des demokratischen, liberalen und sozialen Rechtsstaats gegründet ist, lässt sich folgende stringente Ableitungskette zusammenfügen: Das materielle Strafrecht ist die ultima ratio zum Rechtsgüterschutz durch die generalpräventive Wirkung der Verhaltensnorm[12]; deren Missachtung muss zur Durchsetzung der Sanktionsnorm im Strafprozess festgestellt und geahndet werden; das unverbrüchliche Primärziel des Strafverfahrens besteht also in der sicheren Feststellung, ob die Verhaltensnorm missachtet worden ist; jeder Strafprozess muss also so konstruiert werden, dass er zur Ermittlung der materiellen Wahrheit führt, d. h. zu einer sicheren Feststellung über die vermutete Tat[13]. Die Tauglichkeit zur Auffindung der materiellen Wahr-

---

handlung kann deshalb nur von Berufsrichtern geleitet werden; bei der adversatorischen Hauptverhandlung gibt es dagegen die Alternativen des Schwurgerichts, der reinen Berufsrichter oder auch einer Mischung von Berufs- und Laienrichtern.

11 Für ein weiteres Beispiel für das Zusammenspiel von ontologischen und normativen Gesichtspunkten vgl. Schünemann, FS Roxin, 2001, S. 1 ff. (31).

12 Für die Ableitung dieses Grundsatzes aus den letzten Gründen von Staat und Recht kann ich in diesem Zusammenhang nur auf meine eigene Position in einer immer noch kontroversen Diskussion verweisen, s. Schünemann, FS Roxin, 2001, S. 1 ff. (26 ff.); ders. in: Hefendehl u. a. (Hrsg.), Die Rechtsgutstheorie, 2003, S. 133 ff.; ders. in: v. Hirsch u. a. (Hrsg.), Mediating Principles, 2006, S. 18 ff. Im übrigen ist für die im Text zu findende Deduktion des Prozessziels nur die generalpräventive Aufgabe des Strafrechts als solche relevant. Selbst wenn man mit BVerfGE 90, 145; 120, 224 einen geringeren Anlass für die strafrechtliche Intervention ausreichen lassen will, müsste doch dieser Anlass wieder von Amts wegen festgestellt werden, so dass sich am Ziel des Strafverfahrens nichts ändern würde.

13 Pfeiffer, KK-StPO, 5. Aufl., Einl. Rn. 52; Eschelbach, KMR-StPO, Einl. Rn. 19 ff.; Kühne, LR-StPO, Einl. Abschn. 3, Rn. 20 ff.; Krehl, HK-StPO, 3. Aufl. 2001, Einl. Rn. 5; Kühne, LR-StPO, Einl. Abschn. B, Rn. 20 ff. Wie zunächst das Reichsgericht und sodann der Gesetzgeber dieses im Kampf um die Schwurgerichte im 19. Jahrhundert ausgesprochen irrational (miss)verstandene heit bildet also nach wie vor den archimedischen Punkt für jede Konstruktion des Strafverfahrens, während alle anderen Zwecke entweder daraus abgeleitet werden oder lediglich zur Verhütung schädlicher Nebenfolgen ergänzend hinzutreten. Die in der Philosophie anhaltenden Grundsatzkontroversen um den Wahrheitsbegriff können hieran ebenso wenig etwas ändern wie die Einsicht, dass das menschliche Erkenntnisvermögen überhaupt und insbesondere im Strafverfahren niemals eine vollständige Übereinstimmung von Aussage und Wirklichkeit, sondern nur Annäherungslösungen erreichen wird. Denn die hiermit apostrophierte Korrespondenztheorie der Wahrheit entspricht exakt der in der Umgangssprache erfolgenden gesellschaftlichen Konstruktion der Wirklichkeit und ist damit dem Strafverfahren als einem gesellschaftlichen Prozess völlig adäquat. Und die Einsicht in das begrenzte menschliche Erkenntnisvermögen und die spezifischen Schwierigkeiten der nachträglichen Aufklärung eines historischen Sachverhalts führt nicht etwa zu einer Unterminierung, sondern sogar zu einer Bekräftigung der Forderung nach einer auf die tunlichste Annäherung (genannt: Ermittlung) an die materielle Wahrheit gerichteten Verfahrensstruktur, weil der Strafprozess sonst ab ovo die präjudiziellen Forderungen des materiellen Rechts verfehlen müsste.

Mit dieser Schlussfolge hätte ich noch vor wenigen Jahrzehnten weltweit auf uneingeschränkte Zustimmung rechnen können, aber mittlerweile gibt es drei einflussreiche Gegenpositionen, deren Ablehnung ich wenigstens kurz erläutern muss:

1. Von Kritikern wird häufig behauptet, dass es „die" materielle Wahrheit nicht geben würde, sondern vielmehr zahlreiche unterschiedliche Wahrheiten, je nach dem, aus welcher Perspektive man die Wirklichkeit betrachten würde[14]. Aber das ist ein fundamentaler Irrtum, denn die damit gemeinte Frage, welcher Wirklichkeitsausschnitt für die gerichtliche Entscheidung relevant ist, ist keine Sache der Philosophie oder sozialen Ideologie, sondern eine Rechtsfrage, die von der anwendbaren Strafrechtsnorm entschieden wird.

2. Obwohl das adversatorische System, also der Parteiprozess, in den USA gerade als probates Mittel zur Wahrheitsfindung legitimiert wurde (worauf ich so-

---

Prinzip meisterhaft in ein dogmatisches Zwillingsinstitut in Gestalt der richterlichen Aufklärungspflicht und des elaborierten Beweisantragsrechts überführt haben, hat der verehrte Jubilar kongenial dargestellt, s. Fezer, Amtsaufklärungspflicht und Beweisantragsrecht, in: 50 Jahre Bundesgerichtshof IV, 2000, S. 847 ff.

14 Volk, FS Salger, 1995, S. 413 f.; Grasnick, FS Meyer-Goßner, 2001, S. 207 ff, 208 f. u. 216; Krauß, FS Schaffstein, 1975, S. 411, 420; vgl. dazu auch Gössel, Ermittlung oder Herstellung von Wahrheit im Strafprozeß, 2000, S. 9 ff.; sowie Kühne, LR-StPO, Einl. Rn. 22; Hassemer, Einführung in die Grundlagen des Strafrechts, 2. Aufl. 1990, S. 147 ff., 153.

gleich eingehen werde), könnte man es in weitaus stringenterer Weise auf die Idee der Autonomie der Parteien stützen, indem man die materielle Wahrheit als Basis des Strafverfahrens durch den Gedanken des Konsenses ersetzen würde. Genau diesen Versuch trifft man ja heute bei den Propagandisten der Urteilsabsprachen an[15]. Aber das verträgt sich weder mit dem materiellen Strafrecht noch mit den Fundamenten eines freiheitlichen Rechtsstaates. Wie ein Vergleich mit dem Zivilprozess zeigt, besteht die Grundlage des Parteiprozesses in der Privatautonomie der Bürger, die sich über ihre privatrechtlichen Verhältnisse nach Belieben einigen können, was konsequenterweise auch noch in den äußeren Formen eines Zivilprozesses möglich sein muss. Es steht im Belieben eines Bürgers, einem anderen Geld zu bezahlen, also kann er sich auch im Zivilprozess einer Pflicht zur Geldzahlung freiwillig unterwerfen. Es steht aber gerade nicht im Belieben des Bürgers, die staatliche Kriminalstrafe auszulösen – außer durch die Erfüllung des vom Gesetz festgelegten Straftatbestandes. Die Natur der Strafe als eines womöglich sogar die physische, mindestens aber die soziale Existenz zerstörenden oder zumindest schwer schädigenden, mit einem moralischen Tadel verbundenen Übels schließt es aus, dass der Staat diese schlimmste aller Rechtsfolgen zufügt, nur weil ein Bürger dies nach seinem Belieben möchte.

3. Die dritte und gegenwärtig in Lateinamerika einflussreichste Alternative stammt von Binder, der der Strafjustiz in erster Linie eine friedensstiftende Funktion[16] zuschreibt und dies mit dem ultima-ratio-Prinzip begründet[17]. Aber darin steckt eine semantisch unklare Vermengung unterschiedlicher Aspekte: Das ultima-ratio-Prinzip ist prinzipiell bereits im materiellen Recht zu realisieren, so dass bei der Erfüllung eines Straftatbestandes die Notwendigkeit des staatlichen Einschreitens mit dem Mittel der Strafe im Kern bereits vorentschieden ist. Der Rückgriff auf das sozialphilosophische Ideal der Friedensstiftung führt deshalb an dieser Stelle in die Irre, weil die Rechtsordnung bereits die Entscheidung getroffen hat, dass die Rechtsgüterverletzung nicht auf sozialpolitischem Wege aus der Welt geschafft werden kann, sondern ein Einschreiten des Strafrechts verlangt.

---

15 Herrmann JuS 1999, 1162, 1167; Gallandi NStZ 1987, 419, 420; ders. MDR 1987, 801, 802; Cramer, FS Rebmann, 1989, S. 145, 148; Grasnick, GA 1990, 483, 491; Lüderssen, StV 1990, 415, 419; ähnlich auch Eser ZStW 104 (1992), 361, 383; Tscherwinka, Absprachen im Strafprozeß, 1995, S. 46f.; Jahn, GA 2004, 415, 419.

16 Was unter dem Topos des Rechtsfriedens auch in der deutschen Verfahrenszieldiskussion eine Rolle spielt, aber richtigerweise nur zur Legitimation des Instituts der Rechtskraft einschlägig ist, weil das präjudizielle Normprogramm des StGB auf den Rechtsfrieden als solchen nur ausnahmsweise wie etwa bei den Antragsdelikten Rücksicht nimmt.

17 Binder, Ideas y materiales (Fn. 6), S. 115f., 130, 177; ders., Justicia penal y Estado de Derecho (Fn. 6), S. 61ff.

Ob ein derartiger zwingender Anlass besteht, der nach der Vorentscheidung des materiellen Rechts eine Konfliktерledigung innerhalb der gesellschaftlichen Mechanismen nicht mehr zulässt, müssen die staatlichen Instanzen selbst beurteilen, nicht die Betroffenen. Das inquisitorische Prinzip, also die Aufgabe des Staates zur Aufklärung des Verdachts einer Straftat von Amts wegen, ist damit eine notwendige Konsequenz aus der Institution des staatlichen Strafrechts überhaupt, so dass die daran von Binder geübte Grundsatzkritik fehlgeht. Es kann lediglich Bereiche der Unsicherheit geben, in denen es nicht von den begrifflichen Voraussetzungen, sondern von dem konkreten Umfang einer Straftat abhängt, ob die Verhängung von Kriminalstrafe nach dem ultima-ratio-Prinzip erforderlich ist oder nicht. Und in diesem Übergangsbereich kann es auch eine Rolle spielen, ob der Konflikt innerhalb der Gesellschaft beigelegt werden kann, beispielsweise durch Wiedergutmachung seitens des mutmaßlichen Täters gegenüber dem mutmaßlichen Opfer[18]. Ob ein solcher Übergangsbereich vorliegt, muss aber wiederum vom Staat verantwortlich geprüft werden, so dass auch auf dieser Stufe das inquisitorische Prinzip unverzichtbar ist. Dies gilt nun erst recht (und damit komme ich zu meinem eigentlichen Thema) für die Hauptverhandlung im Strafverfahren, denn wenn der Prozeß bis zu diesem Stadium gelangt ist, so muß vorher festgestellt worden sein, dass die Rechtsgutsverletzung so gravierend ist, dass die innergesellschaftlichen Mechanismen zur Konfliktlösung nicht mehr ausreichen und die Verhängung staatlicher Kriminalstrafe zu fordern ist. Weil die Verhängung selbst nun aber unverzichtbar voraussetzt, dass der für den Staat handelnde Richter von der Schuld des Angeklagten überzeugt ist und überzeugt sein darf, ist das Prinzip der materiellen Wahrheit für die Hauptverhandlung unverzichtbar. Und daraus folgt, dass die Friedensstiftung im Sinne von Binder jedenfalls in der Hauptverhandlung hinter dem Prinzip der materiellen Wahrheit sekundär ist und nicht beanspruchen kann, das für die Hauptverhandlung maßgebliche Prozessmodell zu prägen.

Alle Konsequenzen, die Binder hieraus für die Verwerfung einer inquisitorischen Struktur und für die Forderung einer adversatorischen Struktur ableitet, sind deshalb unschlüssig, weil die Prämisse nicht gebilligt werden kann.

18 Während der Gesetzgeber den Täter-Opfer-Ausgleich bei uns bisher vorsichtshalber im materiellen Recht nur als Strafmilderungsinstrument etabliert hat (§ 46 a StGB), kann daraus im Prozeß im gesamten Anwendungsbereich des Opportunitätsprinzips und damit für alle Vergehen über die Einstellung ein Instrument der Diversion gemacht werden, siehe § 153a I S. 2 Nr. 1 und 5.

III. Die Gebrechen des adversatorischen Modells

Damit bleibt es aber dabei, dass das Prozessmodell der Hauptverhandlung in erster Linie anhand der Tauglichkeit zur materiellen Wahrheitsfindung ausgewählt werden muß. Und in dieser Hinsicht weist nun das nordamerikanische, rein adversatorische Modell tief sitzende Mängel auf, die durch die hinzukommende Alternative des Geschworenengerichts sozusagen festgeschrieben werden.

1. Zwar ist häufiger die These zu hören, dass gerade das adversatorische Modell mit seiner Institutionalisierung von These und Gegenthese am besten geeignet sei, als Synthese die Wahrheit hervortreten zu lassen[19], aber das ist in informationstheoretischer und informationspsychologischer Hinsicht evident unrichtig, wobei sich diese Unrichtigkeit sogar auf drei verschiedenen Ebenen nachweisen lässt.

a) Die erste Ursache der Desorientierung ist auf der Ebene der Parteien angesiedelt, die sowohl den Umfang als auch den Inhalt der Beweisaufnahme bestimmen und sich hierbei nicht von dem reinen Ziel der Wahrheitsfindung, sondern von strategischen Zielen leiten lassen. So mag etwa ein wichtiger, aber ambivalenter Zeuge existieren, den weder der Staatsanwalt noch der Verteidiger aufruft, weil beide das Risiko scheuen, dass die Aussage letztlich zu ihren Lasten ausgeht. Eine unvollständige Beweisaufnahme kann aber niemals zum Ergebnis der materiellen Wahrheit führen, weil der Wahrheitsbegriff außerhalb exakt naturwissenschaftlich erklärbarer Zusammenhänge die Berücksichtigung sämtlicher Erkenntnisquellen voraussetzt[20]. Man könnte dieses erste, grundlegende Gebrechen der adversatorischen Hauptverhandlung das Dilemma zwischen Strategie und Wahrheitsfindung nennen.

b) Auf der zweiten Ebene geht es um das – wie ich es nennen möchte – hermeneutische Dilemma. Der vollständige Sinn einer Frage ist nicht in den dafür benutzten Wörtern abschließend festgelegt, sondern hängt von dem Vorverständnis des Fragenden ab, der wiederum die Antworten im Bezugsrahmen dieses Vorverständnisses interpretiert. Daraus ergibt sich notwendig eine im Laufe der Hauptverhandlung immer mehr zunehmende Diskrepanz zwischen dem Verständnis-

19 Etwa Herrmann (Fn. 5), S. 167 ff. mit vielen weiteren Nachw.

20 Und zwar sowohl nach dem analytischen Prinzip der maximalen Bestimmtheit bei induktiv-statistischen Erklärungen (Stegmüller, Probleme und Resultate der Wissenschaftstheorie und analytischen Philosophie I, 1974, S. 664 ff.) als auch nach der mit der Konsensustheorie der Wahrheit intendierten idealen Kommunikationssituation (grundlegend Habermas, FS W. Schulz, 1973, S. 220 ff.; ferner Alexy, Theorie der juristischen Argumentation, 2. Aufl. 1990, S. 134 ff.); hierzu und zu der Bedrohung durch die anthropologischen Schranken objektiver Wahrheitsfindung eingehend Schünemann, Kognition, Einstellung und Vorurteil bei der Rechtsfindung, ARSP-Beiheft Nr. 22 (Beiträge zur Rechtsanthropologie, hrsg. v. Lampe,), 1985, S. 68, 73 ff.

horizont der Parteien und demjenigen des Richters[21]. Die einzige Möglichkeit, eine derartige Diskrepanz erkennbar und damit aufhebbar zu machen, besteht in einer Kommunikation zwischen den beteiligten Personen über den Inhalt der Beweisaufnahme und über ihr Verständnis davon. Ein Richter aber, der die Beweisaufnahme nur als stummer Zuhörer und Zuschauer erlebt, bleibt außerhalb dieses notwendigen Kommunikationskreises, so dass sein Verständnis mehr und mehr zu einem unkalkulierbaren Zufallfaktor wird.

c) Auf der dritten Ebene kommt das Lohengrin-Dilemma hinzu, wie ich es in Anspielung an die betreffende Sage und bekannte Oper von Richard Wagner nennen möchte. Es ist ganz unvermeidbar, dass sich einem um die Wahrheitsfindung ringenden Richter, der der Verhandlung als stummer Zuhörer folgen muß, eine ganze Reihe zusätzlicher Fragen aufdrängen, die er aber wegen des ihm auferlegten Frageverbots nicht stellen kann. Außerhalb naturwissenschaftlich exakt erklärbarer Verläufe kann aber abermals per definitionem keine Wahrheit gefunden werden, wenn derjenige, der über die Wahrheit befinden soll, Gesichtspunkte offen lassen muß, die er für relevant hält. Hieran wird auch letztlich nichts durch die Existenz des Berufsrichters geändert, der die Verhandlung lediglich leitet, die Entscheidung über die Schuldfrage aber der Jury überlassen muß. Zwar ist der die Verhandlung leitende Richter (judge) berechtigt, ergänzende Fragen zu stellen, aber da er ja wiederum die Schuldfrage nicht entscheiden kann, bleibt es dabei, dass das über die Schuldfrage entscheidende Gericht kein eigenes Fragerecht besitzt.

2. Das adversatorische Modell ist deshalb zur Wahrheitsfindung nur eingeschränkt geeignet und besitzt seine Vorzüge statt dessen genau dort, wo sie auch im Einklang mit einem für die USA typischen Gerechtigkeitsempfinden angesiedelt sind: Es geht um den fairen Wettstreit zweier Gegner, von denen der bessere gewinnen soll[22]. Wenn die Rechtsfolge darin bestünde, dass der Verlierer, also etwa der Verteidiger, die Kosten des Verfahrens tragen müsste oder mit einer Zurückstufung in der Rangliste der Verteidiger belegt würde, wäre dagegen auch gar nichts einzuwenden. Es geht aber um Verhängung von Kriminalstrafe nicht gegen einen der beiden Gegner, sondern gegen den Mandanten des Verteidigers, und die Tatsache, dass sein Verteidiger der schlechtere Kämpfer war, kann natürlich für die Bestrafung des Angeklagten keine ernsthafte Legitimation schaffen.

Daraus ergibt sich, dass das adversatorische Modell die Hauptaufgabe der Hauptverhandlung, nämlich die Auffindung der Wahrheit, nicht befriedigend lösen kann. Weil das Gericht nicht die Vollständigkeit der Beweisaufnahme garan-

21 Dazu eingehend Schünemann (Fn. 20); zu den sich daraus ableitenden Reformfragen ders., ZStW 114 (2002), 1, 52f.; GA 1978, 161, 177ff.

22 Etwa Thibaut/Walker, Procedural Justice: A Psychological Analysis, Hilsdale, 1975; dies., 66 Cal. L. Rev. 541 (1978); weitere Nachw. bei Herrmann (Fn. 5), S. 152ff.

tieren kann und weil es nicht in der Lage ist, Lücken der Vernehmungen durch eigene Fragen zu schließen, kann der „Wahrspruch“ (englisch verdict) in Wahrheit nicht die materielle Wahrheit der Tat, sondern nur den Sieg der einen oder anderen Prozesspartei feststellen und damit das zentrale Ziel des Strafverfahrens nicht optimal erreichen.

IV. Die Realität des amerikanischen Strafverfahrens hinter der adversatorischen Fassade

Genau diese Reduzierung des Prozessziels der materiellen Wahrheit auf die mit dem Spruch des Schiedsrichters beim *Boxkampf* vergleichbare Feststellung, welcher Gegner gesiegt hat, wird in einer weiteren Besonderheit des nordamerikanischen Strafverfahrens geradezu auf die Spitze getrieben: nämlich durch die Institution des *guilty plea*, das die Basis für die Entwicklung des heute den amerikanischen Prozess völlig dominierenden *plea bargaining* gebildet hat.

1. Zu einem Parteiprozess in seiner radikalen Form gehört die Möglichkeit jeder Partei, schon von vornherein die Richtigkeit des gegnerischen Rechtsstandpunktes anzuerkennen und dadurch eine gerichtliche Prüfung überflüssig zu machen. Das ist für einen Zivilprozess völlig normal, denn so wie sich kraft der Privatautonomie jeder Bürger zu jeder beliebigen Leistung durch einen Vertrag verpflichten kann, kann er auch durch Anerkenntnis der Klage in einem Zivilprozess den Anspruch des Klägers nach seiner freien Entscheidung akzeptieren und sich damit der weiteren Vollstreckung unterwerfen[23]. Genau das ist auch im nordamerikanischen Strafprozess möglich und geht auf frühe Einrichtungen des Verfahrens im common law zurück, wo letztlich zwischen Zivilprozess und Strafprozess gar nicht klar unterschieden worden war. Der Angeklagte kann sich danach zu Beginn des Verfahrens als schuldig bekennen und dadurch ohne weiteres die Verurteilung durch das Gericht auslösen, dem keine weitere Prüfung obliegt als dass das Schuldbekenntnis ohne Täuschung oder unzulässige Zwangsausübung herbeigeführt worden ist[24]. Dieses so genannte guilty plea unterscheidet sich von

23 Gemäß § 278 ZPO ist die „gütliche Beilegung des Rechtsstreits“ mittlerweile sogar als dominierendes Prozeßziel etabliert worden – wogegen unter dem Aspekt der Privatautonomie der Parteien nichts einzuwenden wäre, wenn nicht der Pferdefuß des unverhüllten Vergleichszwanges seitens des Gerichts sichtbar wäre, der die auf weiten Strecken zu konstatierende Agonie des Zivilprozesses (dessen soziale Leistung im wesentlichen nur noch in der Durchsetzung von Lieferantenforderungen besteht, s. Röhl, Rechtssoziologie, 1987, S. 500 ff.) mühsam verdeckt.

24 Denn die von der Rule 11 f der Federal Rules of Criminal Procedure verlangte sog. „factual basis“ eines guilty plea bedeutet kaum mehr, als dass der Angeklagte die Tat, die er gesteht, be-

dem Geständnis des Angeklagten im europäischen Strafverfahren in ganz entscheidender Weise, weil es eine Verfügung über den Prozessgegenstand enthält, eben die direkt zur Verurteilung führende Anerkennung der Richtigkeit der Anklage. Das Geständnis ist dagegen nur ein Beweismittel unter anderen und entbindet das Gericht nicht von der Pflicht, seine Glaubwürdigkeit durch weitere Beweismittel zu überprüfen[25]. Aus meinen eingangs angestellten Überlegungen zum Verhältnis von Strafrecht und Strafverfahren geht jedoch unmittelbar hervor, dass der Angeklagte im Strafprozess nicht zur Verfügung über den Prozessgegenstand befugt sein darf, weil der Staat nur selbst zu entscheiden hat, ob Strafe verwirkt ist. Jemanden allein deshalb zu verurteilen, weil er dies wünscht, könnte dem Zweck der Strafe nicht entsprechen und wäre geradezu Unsinn. Das Institut des guilty plea zerschneidet also den Legitimationszusammenhang des Strafverfahrens mit dem materiellen Strafrecht und kann deshalb niemals die Basis einer gerechten Verurteilung zu einer Kriminalstrafe bilden.

2. Die Institution des guilty plea zerstört aber nicht nur bei einer theoretischen Analyse die Gerechtigkeit des nordamerikanischen Strafverfahrens, sondern hat auch in der Prozesspraxis zu einer radikalen Revolution des Strafprozesses geführt, indem die Hauptverhandlung vor dem Schwurgericht weitestgehend abgeschafft und durch ein guilty plea des Angeklagten ersetzt wurde, welches mit einer zumindest behaupteten Strafmilderung von ihm erkauft wurde. Die dafür entwickelte Methode des plea bargaining ist ungefähr einhundert Jahre alt, galt dann aber über viele Jahrzehnte hinweg selbst in den USA als rechtlich sehr zweifelhaft, bis sie schließlich in den letzten 30 bis 40 Jahren vom Obersten Gerichtshof der USA mit dem in der Verfassung verankerten Prinzip des rechtsstaatlichen Verfahrens (due process of law) für vereinbar erklärt wurde[26]. Seitdem werden weit über 90 % der amerikanischen Strafverfahren in der Weise abgewickelt, dass zwischen dem Staatsanwalt und dem Verteidiger ein guilty plea verabredet wird, wobei die Zustimmung des Beschuldigten durch eine Strafmilderung erkauft wird. Der letzte Teil der Gesamtabsprache, also die Bewerkstelligung einer Strafmilderung, war übrigens technisch am schwierigsten zu realisieren, weil die Strafzumessung allein dem Gericht zusteht, das wiederum lange Zeit durch die

---

schreiben kann, vgl. zum Ganzen Kamisar/LaFave/Israel (Fn. 8), S. 1268 ff.; Whitebread/Slobogin (Fn. 8), S. 646.

25 Dazu eingehend Hauer, Geständnis und Absprache, 2007, S. 188 ff.

26 Eingehende Darstellung bei Karl Schumann, Handel mit Gerechtigkeit, 1977, S. 73 ff.; Trüg, Lösungskonvergenzen trotz Systemdivergenzen, 2003, S. 146 ff.; Whitebread/Slobogin (Fn. 8), S. 625 ff.; Kamisar/LaFave/Israel (Fn. 8), S. 1204 ff.; Haddad/Meyer/Zagel/Starkman/Bauer, Criminal Procedure, 5. Aufl., New York 1998, S. 1059 ff.

Strafzumessungsrichtlinien weitgehend gebunden war[27]. Trotzdem gab es auch früher schon Mittel und Wege, um diese vom Gesetzgeber gewollte exakte Bindung bei der Strafzumessung zu umgehen, etwa indem das guilty plea nur für eine weniger schwerwiegende Straftat erklärt wurde, als sie dem Beschuldigten eigentlich vom Staatsanwalt vorgeworfen wurde. Vor kurzem hat der höchste Gerichtshof der USA die Bindungswirkung der Strafzumessungsrichtlinien aber überhaupt für verfassungswidrig und damit für unwirksam erklärt[28], so dass der Richter wieder über einen größeren Spielraum bei der Strafzumessung verfügt, wodurch es ihm wieder leichter gemacht wird, ein guilty plea des Angeklagten mit einer geringeren Strafe zu honorieren.

3. Die Einwände gegenüber dieser Verfahrensform des plea bargaining sind so gewichtig und so zahlreich, dass ich sie selbst in einem eigenen Referat nicht vollständig vortragen könnte. Entscheidend ist die Ungerechtigkeit im Verhältnis zu demjenigen Angeklagten, der um seine Unschuld kämpft, ferner die rechtsstaatlich unerträgliche Druckausübung auf den Angeklagten und schließlich das Dilemma entweder zwischen zu großer Milde gegenüber dem Angeklagten oder der bloßen Vorspiegelung einer drastischen Strafmilderung.

a.) Wenn das guilty plea mit einer Reduzierung des Strafmaßes honoriert wird, bedeutet dies, dass derjenige erheblich strenger bestraft wird, der von seinem Recht auf Durchführung des Strafverfahrens Gebrauch macht und um seine Unschuld kämpft. Denn die Kehrseite der Strafmilderung ist ja auf der anderen Seite die Strafschärfung im Falle einer Verurteilung nach längerer Hauptverhandlung. Das Recht des Angeklagten, zu den gegen ihn erhobenen Vorwürfen zu schweigen, wird deshalb strukturell ausgehöhlt[29].

b.) Zugleich wird auf den Angeklagten ein rechtsstaatlich unerträglicher Druck ausgeübt, wenn er sich sagen muss, dass er dafür, dass er von seinem Recht auf Durchführung einer Hauptverhandlung Gebrauch macht, mit einer Strafschärfung quasi doppelt bestraft werden kann[30].

c.) Damit der Angeklagte zu einem guilty plea bewogen wird, muss die zugesagte Strafmilderung gegenüber der Strafe, die er im Falle einer Verurteilung nach

---

27 Zu den Strafzumessungsrichtlinien etwa Weigend, FS der Rechtswissenschaftlichen Fakultät zu Köln, 1988, S. 579ff.; Reichert, Intersubjektivität durch Strafzumessungsrichtlinien. Eine Untersuchung mit Bezug auf die „sentencing guidelines" in den USA, 1999.

28 Nämlich in den Entscheidung United States v. Booker, No. 04-104 und United States v. Fanfan, No. 04-105 des U.S. Supreme Court von 2005.

29 Darauf ist schon oft und völlig zutreffend hingewiesen worden, eingehend etwa Weßlau, Das Konsensprinzip im Strafverfahren – Leitidee für eine Gesamtreform?, 2002, S. 240ff.; Hauer (Fn. 25), S. 269ff.

30 Eingehend und mit zahlreichen Nachweisen Hauer (Fn. 25), S. 319ff.

durchgeführter Hauptverhandlung zu erwarten hätte, erheblich sein. Das bedeutet dann aber praktisch, dass nicht diejenige Strafe verhängt wird, die zum Rechtsgüterschutz aus generalpräventiven Gründen erforderlich wäre, sondern eine weitaus niedrigere, womit langfristig die Schutzaufgabe des Strafrechts unterlaufen wird. Wenn aber – umgekehrt – dem Angeklagten nur vorgespiegelt wird, dass er eine enorme Strafmilderung bekommen würde, wenn er ein guilty plea erklärt, dann macht sich der Staat einer prinzipiellen Täuschung des Angeklagten schuldig, die in einem Rechtsstaat nicht vorkommen darf[31].

d) Zu guter Letzt hat das Institut des plea bargaining noch eine weitere rechtsstaatswidrige Konsequenz, nämlich die weitere Schwächung der Stellung eines schwachen Angeklagten, der über einen niedrigen sozialen Status verfügt. Es leuchtet nach der Lebenserfahrung ohne Weiteres ein und ist in den USA auch in vielen empirischen Untersuchungen bestätigt worden, dass der Ausgang eines plea bargaining ganz wesentlich davon abhängt, mit welcher Intensität der Verteidiger die Interessen seines Mandanten wahrnimmt. Die strukturelle Benachteiligung von Angehörigen der Unterschicht im Strafverfahren, die nur von einem für ihre Interessen wenig engagierten public defender verteidigt werden, wird auf diese Weise geradezu potenziert[32].

e) In letzter Konsequenz wird man sogar sagen müssen, dass über das plea bargaining die Subjektstellung des Angeklagten wieder zerstört wird, die zu den wesentlichen Errungenschaften des reformierten Strafprozesses in Europa gehört hat. Denn das plea bargaining findet grundsätzlich ohne Anwesenheit des Beschuldigten selbst statt, der hierbei also vollständig von seinem Rechtsanwalt mediatisiert wird[33]. Für den Verteidiger bedeutet das oft genug eine Überforderung seiner Rolle, weil ihm seitens der Staatsanwaltschaft die Aufgabe zugedacht wird, den Mandanten zur Annahme des Ergebnisses des plea bargaining zu bewegen, womit der Verteidiger gewissermaßen als Hilfsbeamter der Staatsanwaltschaft fungiert.

4. Ich habe damit nur die wichtigsten Einwände gegen die Vereinbarkeit des plea bargaining mit dem Rechtsstaatsprinzip angeführt, viele weitere könnten hinzugefügt werden. Der Grund für dessen Einführung lag dementsprechend auch keinesfalls in der Überzeugung seiner besonderen Rechtsstaatlichkeit, son-

---

31 Zu diesem Dilemma eingehend Hauer (Fn. 25), S. 336 ff.

32 Näher Schünemann, Wetterzeichen vom Untergang der deutschen Rechtskultur, 2005, S. 24 ff.

33 Diese Eigenheiten im amerikanischen plea bargaining haben sich sogar bruchlos auf die deutschen Urteilsabsprachen hin verlängert, wie bereits die Ergebnisse meiner Repräsentativumfrage gezeigt haben, in: Schünemann, Absprachen im Strafverfahren? Gutachten zum 58. Deutschen Juristentag 1990, S. 151.

dern in der reinen Not der Praxis, die mit dem schwerfälligen Schwurgerichtsverfahren die Zahl der Strafverfahren einfach nicht zu verarbeiten schafft. Daran zeigt sich ein weiterer Mangel des adversatorischen Verfahrens vor dem Schwurgericht, weil es in Folge seiner Umständlichkeit aus der Sicht der Praxis nach einer Korrektur verlangte. Dass diese Korrektur dann zu einer weitestgehenden Abschaffung der Hauptverhandlung überhaupt geführt hat, läuft auf die Paradoxie hinaus, dass der nach Meinung vieler Autoren besonders rechtsstaatliche Parteiprozess infolge des enormen Anwachsens der Kriminalität in der modernen Industriegesellschaft mit den Anforderungen der Praxis nicht mehr fertig geworden ist und dadurch zu dem absoluten Gegenteil geführt hat, nämlich der weitgehenden Abschaffung der Hauptverhandlung durch das vom Angeklagten im Wege des plea bargaining akzeptierte Ergebnis des Ermittlungsverfahrens.

V. Der Triumphmarsch des plea bargaining: äußerer Glanz und inneres rechtsstaatliches Elend

1. Wie ich schon eingangs erwähnt habe, ist es ausgerechnet diese rechtsstaatlich zweifelhafte, aber verführerische Wirkung des plea bargaining, die die Attraktivität des nordamerikanischen Verfahrens in der gegenwärtigen Strafprozessreform in Europa begründet hat. *Spanien* hat die früher eng begrenzte Sonderform der *conformidad* in den letzten Jahren enorm ausgeweitet[34]. Dasselbe gilt für die *italienische* Form des *pattegiamento*[35], wobei es erwähnt werden muß, dass der damit gleichzeitig eingeführte Parteiprozeß nach nordamerikanischem Vorbild bis heute in Italien nicht richtig funktioniert. *Frankreich* hat ebenfalls durch Gesetz die – freilich stark eingeschränkte – Möglichkeit einer Absprache über das Verfahrensergebnis eingeführt[36], und dasselbe ist in *Polen* geschehen, wo inzwischen durch eine Gesetzesnovelle die Anwendungsmöglichkeiten noch mehr ausgedehnt worden sind[37].

---

34 Vgl. Art. 801, Abs. 2 spanischer LECrim; Armenta Deu, Lecciones de Derecho Procesal Penal, 2. Aufl., Barcelona 2004, S. 261ff., insbes. 264ff.; vgl. ferner Barona Vilar, in: Gómez Colomer/González Cussac (coord.), La reforma de la justicia penal (Fn. 7), S. 285ff. mwN.

35 Stile, ZStW 104 (1992), 429ff.; Honert, ZStW 106 (1994), 427ff.; Festa, Absprachen im deutschen und italienischen Strafprozess, 2003; Weichbrodt, Das Konsensprinzip strafprozessualer Absprachen – Zugleich ein Beitrag zur Reformdiskussion unter besonderer Berücksichtigung der italienischen Regelung einvernehmlicher Verfahrensbeendigung, 2006, S. 189ff.

36 Durch Gesetz Nr. 2004-204 vom 9.3.2004, dazu Céré, Composition pénale, 2004; Céré/Remillieux, AJ Pénale 2003, 45; Grunvald/Danet, La composition pénale, 2004; Molins, AJ Pénale 2003, 61; Papadopoulos, „Plaider coupable", 2004.

37 Die Absprachen wurden erstmals 1997 förmlich in die Strafprozessordnung aufgenommen (Art. 335, 387ff. poln. StPO) und sind in der Reform von 2003 nochmals erweitert worden (Art. 335,

Auch in Deutschland haben die Gerichte die Urteilsabsprachen unter Missachtung des Gesetzes immer exzessiver praktiziert, wobei sogar eine eigenartige Vermischung der beiden Prozessmodelle herausgekommen ist. Denn während in den USA der Staatsanwalt Partner des plea bargaining ist, übernimmt diese Rolle in Deutschland zumeist der Richter selbst, der damit vier verschiedene Prozessfunktionen in seiner Hand vereinigt und geradezu zum übermächtigen Despoten des Strafverfahrens avanciert[38]: Er leitet die Hauptverhandlung und erhebt die Beweise, wozu ihn die Kenntnis der gesamten Verfahrenakten in den Stand setzt; er hat später über das Urteil zu entscheiden; und er hat nunmehr unter Missachtung des Gesetzes die Macht an sich gerissen, mit dem Verteidiger eine Urteilsabsprache auszuhandeln[39].

2. Die europäische Transformation des ursprünglich amerikanischen plea bargaining lässt erkennen, wo die eigentliche Dynamik in der globalen Entwicklung des Strafprozesses liegt, nämlich in der Abschaffung der öffentlichen und mündlichen Hauptverhandlung als Entscheidungszentrum, das in den letzten 200 Jahren die alleinige Grundlage einer Verurteilung zu Kriminalstrafe gebildet hat. Die USA sind mit der in der Praxis dominierenden Abschaffung der Hauptverhandlung durch das plea bargaining schon vor vielen Jahrzehnten vorangegangen, weil ihr Modell des Parteiprozesses mit dem darin existierenden Institut des guilty plea hierfür die juristischen Instrumente verfügbar hatte und weil sich die Gruppe der Beschuldigten noch viel deutlicher als in Europa aus zumeist farbigen Angehörigen der Unterschicht zusammensetzte, deren Vertrauen in das Rechtssystem ebenso reduziert war wie ihre soziale Handlungskompetenz, so dass sie sich von der aufwendigen Zeremonie in der Hauptverhandlung vor der Jury keinen Nutzen versprachen. Daß sich dieses Modell in Europa die Praxis erobern konnte, ohne dass dafür im europäischen Prozessmodell eine Grundlage existierte, war eine Folge der enormen Überlastung der Strafjustiz, die sich in den letzten Jahrzehnten durch das sprunghafte Anwachsen der Kriminalität und vor allem durch die sog. Monster-Verfahren ergab, womit Wirtschaftsstrafprozesse gemeint

343, 387), dazu eingehend Kardas, in: Szwarc (Hrsg.), Das dritte deutsch-japanisch-polnische Strafrechtskolloquium der Stipendiaten der Alexander von Humboldt-Stiftung, Poznán 2006, S. 131ff.

38 Vgl. nur aus meiner eigenen Kritik hierzu bereits Schünemann, Absprachen (Fn. 33), S. 55f., 119f.; zuletzt in: Wetterzeichen (Fn. 32), S. 24f.; ZStW 119 (2007), 945, 952.

39 Der literarische Kampf um die Urteilsabsprachen im Strafverfahren ist kaum noch überschaubar, vgl. nur zuletzt die Referate von Ignor, Meyer-Goßner und Schünemann auf der Osnabrücker Strafrechtslehrertagung, erschienen in der ZStW 119 (2007), S. 927ff., 938ff. und 945ff.

sind, die oft viele Monate, manchmal sogar Jahre dauerten[40]. Aber natürlich darf das praktische Bedürfnis in einem Rechtsstaat nicht über das Gesetz triumphieren, und es macht einen besonders abstoßenden Eindruck, wenn dies bei Strafrichtern geschieht, die andere Personen, die das Gesetz brechen, deswegen womöglich für Jahre ins Gefängnis schicken. Bei der deutschen Praxis der Urteilsabsprachen, für die der Gesetzgeber bis heute keine Legalisierung zu schaffen vermocht hat[41], handelt es sich deshalb ganz eindeutig um ein Beispiel für den Niedergang der deutschen Rechtskultur, dessen ungeschminkte Darstellung in dem Beitrag eines deutschen Rechtswissenschaftlers etwas beschämend ist, aber aus Gründen der wissenschaftlichen Aufrichtigkeit nicht unterbleiben darf.

3. Für die Reformdiskussion sollte damit aber klar geworden sein, dass es nicht viel weiter führt, wenn man nach wie vor die alten Gegensätze von inquisitorischer und adversatorischer Hauptverhandlung gegeneinander setzt und diskutiert, denn wenn in den meisten Fällen (in den USA über 90 %, in Deutschland sicher weit über 50 %[42]) eine eigentliche Hauptverhandlung gar nicht mehr stattfindet, muß sich die Reformdiskussion in erster Linie mit den Problemen beschäftigen, die den Alltag der Strafjustiz beherrschen. Die entscheidende Frage lautet deshalb: Wie kann man einen Strafprozeß legitimieren, der im Grunde nur aus dem Ermittlungsverfahren besteht, an dessen Ende der Beschuldigte mit dem Angebot einer erheblichen Strafmilderung, welches ja die Androhung einer erheblichen Strafschärfung für den Fall der Hauptverhandlung zur Kehrseite hat, zum Verzicht auf eine echte Hauptverhandlung und zur Unterwerfung unter die vom Staatsanwalt oder Richter für richtig gehaltene Strafe gebracht wird?

a) Als erstes scheint mir evident, dass man das nicht mit einem angeblichen Konsensprinzip erklären kann, auch wenn das von den Apologeten der Urteilsabsprachen immer wieder versucht wird[43]. Denn die in den USA übliche Bezeichnung als „plea agreement" oder die deutsche Bezeichnung „Urteilsabsprache" oder in Spanien als „conformidad" ist ja in Wahrheit ein Euphemismus, hinter

---

40 Zu diesem Grund im einzelnen Schünemann, FS Pfeiffer, 1998, S. 461 ff,; zur Entstehung der Urteilsabsprachen in den 70er Jahren des vergangenen Jahrhunderts Schünemann, FS Heldrich, 2005, S. 1177 ff.

41 Und dies trotz der geradezu flehentlichen Aufforderung des Großen Strafsenats in BGHSt 50, 40 (50 ff.) wohl auch in dieser Legislaturperiode nicht mehr schaffen wird, nachdem es um den von der Bundesjustizministerin im Mai 2007 mit großem Aplomb vorgestellten Referentenentwurf in der Zwischenzeit recht still geworden ist und die schwachbrüstigen, auf minimale Korrekturen hinauslaufenden Vorschläge aus Anwaltschaft und Justizverwaltung keine besseren Perspektiven bieten, siehe Schünemann, ZStW 119 (2007), 953 ff.

42 Neueste Zahlen Altenhain/Hagemeier/Haimerl/Stammen, Die Praxis der Absprachen in Wirtschaftsstrafverfahren, 2007, S. 55 ff.

43 Vgl. dazu bereits die Nachweise in Fn. 15.

dem sich eine durch starken Druck seitens der Strafjustiz erreichte Unterwerfung des Beschuldigten unter das vom Staatsanwalt oder Richter als „Mindestergebnis“ angestrebte Strafmaß verbirgt. Das Konsensprinzip ist also in praktischer Hinsicht eine Fiktion, und in theoretischer Hinsicht führt es nur wieder zu der Zerstörung der Verbindungslinie zum materiellen Strafrecht, die allein eine Verurteilung auf Basis der materiellen Wahrheit und nicht auf Basis irgendeines Einverständnisses des Betroffenen erlaubt.

b) Statt dessen muß meiner Meinung nach der Ausgleich zwischen den Bedürfnissen der Praxis und den vom materiellen Recht vorgegebenen Legitimationsbedingungen in folgender Weise gesucht werden: Wenn in vielen oder sogar den meisten Strafverfahren das Endergebnis ohne echte Hauptverhandlung direkt aus dem Ermittlungsverfahren abgeleitet wird, dann muß schon dieser Verfahrenabschnitt genügende Garantien enthalten, um als ein Instrument zur Findung der materiellen Wahrheit qualifiziert werden zu können. Das gegenwärtige Ermittlungsverfahren in den USA nicht anders als in Europa oder Lateinamerika enthält diese Garantien nicht, weil es einseitig von der Polizei und allenfalls noch von der Staatsanwaltschaft geführt wird, während die Stellung der Verteidigung so schwach ist, dass man von einer Kontrolle der Richtigkeit der Ermittlungen und von einer Balance zwischen Belastungsversuchen und Entlastungsversuchen nicht sprechen kann. Das Ermittlungsverfahren ist im Grunde identisch mit dem alten Inquisitionsprozeß und leidet damit an allen seinen Einseitigkeiten und Gebrechen, die vor 200 Jahren zur Reform des Strafverfahrens in Europa geführt haben. Man muß also die Kontrollmechanismen und Ausbalancierungen, die damals durch die Erfindung der öffentlichen und mündlichen Hauptverhandlung geschaffen wurden, schon in das Ermittlungsverfahren einbauen.

c) Wie das zu geschehen hat, kann ich am Ende meines Beitrages nicht mehr im einzelnen darlegen. Ich muß mich statt dessen auf einige Andeutungen beschränken. In Deutschland wird gegenwärtig ein Modell diskutiert, welches man „partizipatorisches Ermittlungsverfahren“ nennt und das die Einführung der adversatorischen Struktur der nordamerikanischen Hauptverhandlung schon in die Zeugenvernehmungen im Ermittlungsverfahren zum Ziel hat[44]. Polizei und Justiz haben in Deutschland diese Vorschläge jedoch klar zurückgewiesen, weil sie eine vollständige Paralysierung der polizeilichen Ermittlungen befürchten, wenn ein Verteidiger schon von Anfang an alle Maßnahmen begleitet und dadurch in die Lage versetzt wird, die strategischen Maßnahmen der Polizei von vornherein zu

44 Dazu etwa Jahn, ZStW 115 (2003), S. 815ff.; Schünemann, GS Vogler, 2004, S. 81ff.; Wohlers, GA 2005, 11ff.; Satzger, Gutachten C zum 65. Deutschen Juristentag Bd. I, 2004 mit zahl. w. Nachw.

durchkreuzen[45]. Ich teile diese Auffassung, dass es in allen komplizierteren Fällen zunächst einmal ein geheimes Ermittlungsverfahren geben muß, wenn überhaupt ein Aufklärungserfolg erzielt werden soll; namentlich im Bereich der organisierten Kriminalität wäre sonst das Ende jeder Strafjustiz und damit das Ende des staatlichen Rechtsgüterschutzes sicher[46]. Statt dessen sehe ich drei andere Möglichkeiten, schon im Ermittlungsverfahren eine hinreichende Balance zwischen den Verfolgungsinteressen und der Kontrollierbarkeit durch die Verteidigung herzustellen. Als erstes müßte man für alle heimlichen Ermittlungsverfahren eine neue und zusätzliche Institution schaffen, die nicht mit Staatsanwalt oder Strafjustiz identisch ist, sondern ausschließlich die Aufgabe eines Schutzes der Verteidigungsinteressen verfolgt. In meinen Vorschlägen für die Reform des europäischen Strafrechts hab ich sie „Eurodefensor" genannt[47]. Zum zweiten müssten sämtliche Zeugenvernehmungen von Anfang an per Video aufgezeichnet werden, weil nur auf diese Weise der Verteidiger später, wenn er volle Akteneinsicht bekommt, die Verlässlichkeit einer Zeugenaussage beurteilen kann. Die gegenwärtige Praxis, die Zeugenaussage nur schriftlich aufzuzeichnen, führt nämlich, wie zahlreiche empirische Untersuchungen bewiesen haben, zu einem künstlichen Produkt aus dem Wissen des Zeugen und den leitenden Hypothesen der Vernehmungsbeamten. Und es ist später nicht mehr zuverlässig feststellbar, was als eigenes Wissen des Zeugen und was als Mutmaßung und Formulierung des Vernehmungsbeamten in das schriftliche Protokoll eingeflossen ist. Allein die komplette Videoaufzeichnung ermöglicht es dann aber später dem Verteidiger, etwa in der Aussage eines Belastungszeugen dessen wirkliches Wissen von den von der Polizei hineingetragenen Vermutungen zu unterscheiden[48]. Drittens muß der Verteidiger, wie es heute unter gewissen Bedingungen nach dem Prozessrecht der USA schon möglich ist, ein gesichertes Recht zur eigenen Zeugenvernehmung bekommen. Derartige eigene Beweiserhebungen des Verteidigers sind zwar heute schon im europäischen Strafprozeß möglich und in der italienischen Strafprozessordnung sogar detailliert geregelt. Es fehlt aber jede Pflicht eines Zeugen, zur

45 Weshalb das partizipatorische Ermittlungsverfahren auf dem Mainzer Juristentag auch sein Waterloo erlebt hat und von der Mehrheit der Justizrepräsentanten niedergestimmt worden ist, siehe Verhandlungen des 65. Deutschen Juristentags, 2004, Bd. II, S. O 89ff.

46 So bereits Schünemann (Fn. 44), S. 81ff.

47 Bereits Schünemann, ZStW 116 (2004), S. 376, 388ff.; ders. in ders. (Hrsg.) Alternativentwurf Europäische Strafverfolgung, 2004, S. 3ff., 14ff.; ders. in ders. (Hrsg.), Ein Gesamtkonzept für die europäische Strafrechtspflege, 2006, 49ff., 166ff.

48 So bereits Schünemann, ZStW 114 (2002), 1, 45; ders. ZStW 119 (2007), 957. Dazu, dass derartige Einrichtungen in anderen Ländern problemlos funktionieren, siehe Park, Die Wahrheitsfindung im Ermittlungsverfahren, 2003, S. 98ff.

Vernehmung vor dem Verteidiger zu erscheinen, so dass es völlig vom guten Willen des Zeugen abhängt, ob er aussagt oder nicht. Nur durch ein gesichertes Recht, selbst Zeugen vernehmen zu können, kann der Verteidiger aber eine Waffengleichheit im Ermittlungsverfahren erreichen, wodurch erst die Balance des Verfahrens hergestellt wird. Selbstverständlich müsste auch die Vernehmung durch den Verteidiger vollständig per Video aufgezeichnet werden, um etwaige Versuche des Verteidigers zur Zeugenbeeinflussung zu dokumentieren[49].

Wenn man diese dreifache Reform des Ermittlungsverfahrens durchführen würde, könnte man davon sprechen, dass die Verteidigung am Ende des Ermittlungsverfahren zuverlässig beurteilen kann, ob dessen Ergebnisse die von der Staatsanwaltschaft erhobene Anklage tragen und ob es deshalb zur Abkürung des Verfahrens sinnvoll ist, das von der Staatsanwaltschaft oder von einem Richter vorgeschlagene Ergebnis ohne Hauptverhandlung zu akzeptieren. Damit das betreffende Angebot der Justiz nicht zu einem unzulässigen, praktisch die Entschlussfreiheit des Angeklagten zerstörenden Druck führt, muß freilich der Rabatt, der bei einem Verzicht auf die Hauptverhandlung möglich ist, eng begrenzt werden. Dies würde auch allein mit dem Strafzumessungsrecht in Übereinstimmung sein, denn danach könnte man die Abkürzung des Verfahrens als eine kleine Wiedergutmachung gegenüber der Rechtsordnung qualifizieren und daraus einen freilich vom Umfang sehr beschränkten Strafrabatt legitimieren[50]. In der Praxis würde das dann so aussehen, dass die Staatsanwaltschaft etwa mit der Anklage zwei Strafmaßvorschläge unterbreitet, einen für den Fall nach Durchführung einer vollständigen Hauptverhandlung und einen für den Fall des Verzichts des Angeklagten auf die Hauptverhandlung, wobei die Differenz nicht mehr als etwa 20–25 % ausmachen dürfte. Wenn sich der Angeklagte aufgrund der verbesserten Garantien im Ermittlungsverfahren davon überzeugt hat, dass er ohnehin kaum reelle Freispruchschancen besitzt, wird er auf die Hauptverhandlung verzichten und sich der ermäßigten Strafe unterwerfen. Legitimierend wirkt hier dann aber nicht sein Konsens als solcher, sondern seine Einsicht darin, dass die Ermittlungen bereits zur Auffindung der materiellen Wahrheit geführt haben. Wählt er die Hauptverhandlung, so ist er durch den zweiten Strafmaßvorschlag der Staatsanwaltschaft davor geschützt, zur „Strafe“ für seine prozessuale Hartnäckigkeit mit einer exorbitant höheren Strafe belegt zu werden. Es muß also die höhere Strafmaßbenennung der Staatsanwaltschaft mit einem Verbot der reformatio in peius verbunden werden, wovon man Ausnahmen zulassen kann, wenn

49 Siehe die Nachweise in Fn. 47.
50 Eingehend dazu Hauer (Fn. 25), S. 164ff.

die Hauptverhandlung ganz entscheidend schwerere Delikte zutage fördert, etwa dass statt einer unerlaubten Schießerei ein Mord gegeben war.

4. Das sind natürlich alles nur Andeutungen, aber ich hoffe damit zumindest eines deutlich gemacht zu haben: Die globale Reform des Strafverfahrens muß bei der Ausbalancierung des Ermittlungsverfahrens ansetzen. Der alte Streit um die adversatorische oder inquisitorische Struktur der Hauptverhandlung spielt demgegenüber nur noch eine Nebenrolle. Der Verzicht auf die Hauptverhandlung, den das amerikanische Strafverfahren hinter der Fassade des Schwurgerichtsprozesses weitestgehend praktiziert, darf in einem Rechtsstaat nicht für ein Linsengericht erkauft werden[51]. Vielmehr muß umgekehrt der enorme rechtsstaatliche Schutz, den die Hauptverhandlung in den letzten zwei Jahrhunderten gewährleistet hat, durch andere schon das Ermittlungsverfahren ergreifende Schutzmechanismen substituiert werden, für die ich am Ende meines Beitrages einige Anregungen unterbreitet habe. *Gerhard Fezer,* der verehrte Jubilar, hat in seiner unnachahmlichen Verbindung von rechtsstaatlicher Gesinnung und pragmatischer Nüchternheit in der „Beibehaltung der Inquisitionsmaxime im reformierten Strafprozeß des 19. Jahrhunderts“ am „Ende des 20. Jahrhunderts“ eine „Sackgasse“ gesehen, „in der man auch nicht mehr zurückgehen kann“.[52] Ob man nicht doch noch einen Ausgang aus dieser Gasse finden kann (wie ich glaube), kann ich hier nicht mehr ausdiskutieren. Aber eine These scheint mir zum Abschluss dieser Zeilen eindeutig: Von der Rezeption des amerikanischen Strafverfahrens wird man die Lösung der uns bedrängenden Probleme nicht erwarten dürfen.

---

51 So meine Warnung in StraFo 2004, 293. Genau darin besteht aber gegenwärtig die Verlockung für die Interessenvertreter der Strafverteidiger, die letzten Endes in unserer Gesellschaft die einzigen Vertreter für die Interessen des Beschuldigten sind.

52 In: 50 Jahre Bundesgerichtshof (Fn. 13), S. 847, 881.

ZEHNTER TEIL **Der unabhängige Strafrichter – Macht ohne Maß?**

I. Wirksame Kontrolle richterlicher Gewalt als Bedingung des Rechtsstaats

1. Die in Art. 97 GG garantierte Unabhängigkeit der Richter zählt nach einhelliger Auffassung zu den verfassungsgestaltenden Strukturprinzipien des Grundgesetzes, soll zum Wesen richterlicher Tätigkeit gehören und an der Ewigkeitsgarantie von Art. 79 Abs. 3 GG teilhaben.[1] Wenn man diese so überaus fundamentale Gewährleistung bis in die Staatsphilosophie der Aufklärung als der bis heute fruchtbaren Ursuppe der normativen Theorien zur Legitimation der Staatsgewalt zurückverfolgt, so endet man bei *Montesquieus* „De l'Esprit des Lois". Denn im Unterschied zu *John Lockes* „Two Treatises on Government", die für die verfassungsrechtliche Stellung der Rechtsprechung wenig hergeben[2], findet sich im „Geist der Gesetze" im 11. Buch eine freilich gedrängte Skizze der Dreiteilung der Staatsgewalten in die Legislative, die Exekutive und die Judikative. Von hier aus zieht sich nicht nur in Frankreich eine direkte Linie zur Bekräftigung des Grundsatzes der Gewaltenteilung in Art. 16 der Erklärung der Menschen- und Bürgerrechte vom 26. 8. 1789, der in Titel 3 Kapitel 5 Art. 1 der ersten Verfassung von 1791 angeordneten strikten Trennung der rechtsprechenden von der legislativen und exekutiven Gewalt sowie der in Art. 2 garantierten persönlichen Unabhängigkeit der Richter, sondern auch zu der theoretischen Anerkennung der richterlichen Unabhängigkeit durch *Friedrich II.* (deren praktische Missachtung im Fall des *Müllers Arnold* dann geradezu den „Katalysator auf dem Weg zur richterlichen Unabhängigkeit in Preußen" gebildet hat[3]). Sobald man diese Quelle ernst nimmt und deshalb vollständig liest, anstatt sie, wie üblich und wie durch ihren assoziativ-unsystematischen Plauderton nahe gelegt, nur in selektierten Fragmenten verwertet, stößt man sogleich auf die Kehrseite dieser schönen Garantie in Gestalt der fehlenden Kontrolle einer, wie *Montesquieu* selbst sagt, „so schrecklichen Gewalt"[4]. Offensichtlich meint *Montesquieu* hier vor allem die Strafgewalt, die nicht einem ständigen Spruchkörper verliehen werden dürfe, sondern nur an ein für ei-

---

1 Sachs/*Detterbeck*, GG, 7. Aufl. 2014, Art. 97 Rn. 1, 6 m.z.N. aus der Rspr. des BVerfG; Maunz/Dürig/ *Hillgruber*, Grundgesetz-Kommentar, Lfg. 52 2008, Art. 97 Rn. 1f.

2 Zwar spricht *Locke* davon, dass die Rechtsprechung durch unparteiische und aufrechte Richter ausgeübt werden soll (Treatise II, §§ 136, 131), er ordnet sie aber nicht als eigene Staatsgewalt ein (näher *Niesen*, in: Rehm/Ludwig, John Locke, Zwei Abhandlungen über die Regierung, 2012, S. 131, 144).

3 *Kotulla* in: Festschrift für Merten, 2007, S. 199, 207f.; Maunz/Dürig/*Hillgruber*, a.a.O. (Fn. 1) Rn. 12.

4 De l'Esprit des Lois, XI. Buch 6. Kapitel (éd. Nourse, 1772, S. 193): „la puissance de juger, si terrible parmi les hommes".

https://doi.org/10.1515/9783110650563-011

ne begrenzte Zeit aus der Bevölkerung heraus gebildetes Tribunal (bei schweren Anklagen mit einer weit reichenden Ablehnungsbefugnis des Angeklagten hinsichtlich ihm nicht genehmer Personen). Nur in dieser Form und nicht bei der Anbindung an einen bestimmten Beruf werde die (scil. straf)richterliche Macht sozusagen unsichtbar und sei in gewisser Weise gar keine eigene Gewalt. Der Richter sei nur der Mund, der die Worte des Gesetzes ausspricht, gleichsam ein Wesen ohne Seele, das weder die Stärke noch die Strenge des Gesetzes mäßigen könne, (so dass) die Urteile nichts anderes als ein genauer Gesetzestext seien; (denn) wenn sie eine Sondermeinung des Richters wären, würde man in einer Gesellschaft leben, ohne genau die Verpflichtungen zu kennen, die man (gesellschafts)vertraglich[5] eingegangen ist.[6]

2. Es ist leicht zu sehen, dass der deutsche Strafrichter genau das Gegenteil von dem abbildet, was sich *Montesquieu* unter einer nicht fürchterlichen Wahrnehmung der dritten Gewalt vorgestellt hat: Wenn man von den Schöffen[7] absieht, wird die schreckliche Gewalt von auf durchschnittlich 35 Jahre ernannten Berufsrichtern ausgeübt; die erhebliche rechtsschöpferische Tätigkeit des Richters bei der Auslegung des Gesetzes bildet heute einen Gemeinplatz der Methodenlehre; und angesichts der enorm weiten Strafrahmen, der bei Vergehenstatbeständen kaum beschränkten Spielräume zur Verfahrenseinstellung und zu unguter Letzt der gesetzgeberischen Sanktionierung der contra legem eingeführten Urteilsabsprachen kommt es erst recht bei den Rechtsfolgen entscheidend auf die Sondermeinung des im Einzelfall zuständigen Richters an. Gegenüber diesem Befund lediglich auf die von *Montesquieu* verkannten schweren Gebrechen des Schwurgerichtsverfahrens[8] sowie auf seine rechtstheoretische Naivität hinzuweisen, würde das von ihm erstmals herausgearbeitete Problem, nämlich die richterliche Unabhängigkeit als mögliches Vehikel richterlicher Willkür, nicht aus der Welt schaffen, sondern ignorieren. Genau ein derartiger „Rückfall hinter Montesquieu", also eine voraufklärerische Sichtweise oder, anders formuliert, Vogel-Strauß-Maxime, kennzeichnet nun aber im rechtspolitischen Raum und zuneh-

5 Dass *Montesquieu* mit „les engagements que l'on y contracte" auf den Gesellschaftsvertrag zielt, halte ich für sicher, auch wenn diese Denkfigur im „Geist der Gesetze" keine näher ausgearbeitete Rolle spielt. Denn sie wird von ihm am Anfang des Werkes (Buch I Kap. 2 und 3) beim Übergang des Menschen vom Naturzustand in die Gesellschaftsform (a.a.O. Fn. 4, S. 5–7) durch die Kritik an *Hobbes* und das Zitat von *Gravina* (La réunion de ces volontés, dit encore très-bien Gravina, est ce qu'on appelle, l'ÉTAT CIVIL.) evoziert; ebenso *Schäfer*, Was Freiheit zu Recht macht: Manuale des Politischen, 2014, S. 138 f.

6 a.a.O. (Fn. 4), verstreut auf S. 193–200.

7 Die weitgehend eine (um im Französischen zu bleiben) quantité négligeable darstellen, s. u. IV. 5.

8 Vgl. nur *Kamisar*, Law Quad. Notes 38, no. 3 (1995): 23; *Schünemann*, FS f. Fezer, 2008, S. 555 ff.

mend auch in der Rechtswissenschaft die Auseinandersetzung (genauer: deren Abwesenheit) mit dieser fundamentalen Frage der Staatstheorie und -organisation, ohne deren überzeugende Beantwortung jedenfalls die Strafrechtspflege nicht legitimiert werden kann.

3. Eine auf den Ideen des Gesellschaftsvertrages und der Volkssouveränität beruhende Staatsgewalt kann in letzter Konsequenz nur demokratisch legitimiert werden, und „Demokratie ist Herrschaft auf Zeit“[9] – eine Bedingung, die von den als Repräsentanten des Volkes geltenden Schwurgerichten mit ihrer Diskontinuität doppelt erfüllt wird, während die durch die persönliche und sachliche Unabhängigkeit[10] doppelt abgesicherte Herrschaft des aufgrund seines Assessorexamens von der Exekutive bis zum Pensionsalter (quasi „auf Lebenszeit“) ernannten Berufsrichters dazu in einem doppelten Widerspruch steht. Weil dessen Auflösung nach der „Methode Montesquieu“ nach dem heutigen Stand der rechtstheoretischen Erkenntnis nicht gelingen kann und die Einführung der (in den USA in bester aufklärerischer Tradition in der Bundesverfassung garantierten[11]) Schwurgerichtsverfassung wegen ihrer die demokratischen Vorzüge weit überkompensierenden Defizite bei den jeder Staatsverfassung vorausliegenden Anforderungen rationaler Urteilsfindung nicht zur Debatte steht, ergibt sich als logisch zwingende Konsequenz aus den intrinsischen Legitimationsbedingungen des (jedes!) Rechtsstaats die Notwendigkeit einer wirksamen Kontrolle richterlicher Machtausübung.

II. Die Aufgabe der Rechtswissenschaft

Die Frage, ob bestimmte Mechanismen auf die richterliche Machtausübung überhaupt eine Kontrollwirkung (und welche) haben und deshalb rechtlich garantiert werden sollen, ist (entgegen dem kümmerlichen Selbstverständnis des neuerdings modischen Neopositivismus) nicht sogleich an den Gesetzgeber weiter zu reichen, sondern kann und muss weitgehend von der Rechtswissenschaft beant-

---

9 BVerfG NJW 2016, 1295 Tz. 53 unter Hinweis auf Dreier in ders., GG, II 2. Aufl. 2006, Art. 20 [Demokratie] Rn. 79. Der Satz wird gewöhnlich *Theodor Heuß* zugeschrieben, der ihn aber etwas anders formuliert hat: „Demokratie ist Herrschafts-Auftrag auf Frist. Das Entscheidende der Demokratie ist in dem funktionalen Leben der Kritik die Kündbarkeit der Herrschaft, das Kündigungsrecht, das beim Volke liegt.“ Rede vor der verfassunggebenden Landesversammlung für Württemberg-Baden (18.7.1946), in: Quellen zur Verfassung von Württemberg-Baden, bearb. v. Paul Sauer, Stuttgart 1997, S. 50.

10 Abs. 1 des Art. 97 GG garantiert die sachliche (BVerfGE 3, 313, 224), Abs. 2 zwecks institutioneller Absicherung die persönliche Unabhängigkeit (BVerfGE 87, 68, 85).

11 Art. 3 s. 2 USC sowie 6th Amendment.

wortet werden, und zwar auf *drei Stufen*: auf analytischem Wege (durch Unterscheidung der Formen der richterlichen Tätigkeit, der dabei vorkommenden Fehler und Fehlerquellen sowie der möglichen Formen des Fehlernachweises); auf empirischem Wege (durch Berücksichtigung der psychologischen und soziologischen Erkenntnisse zum richterlichen Handeln); und auf rechtspolitischem Wege, indem in einem normativen Diskurs die wirksamsten Kontrollformen mit den wenigsten schädlichen Nebenwirkungen ermittelt werden. Erst auf der dritten Ebene lassen sich keine eindeutigen Lösungen kreieren, weil es hier um die Verrechnung unterschiedlicher Nutzenfunktionen ohne homogene Ertragskategorie geht (vulgo „Bewertungen" in der üblichen Terminologie juristischer Diskurse). Immerhin ist es auch auf dieser Ebene Aufgabe der Rechtswissenschaft, die konkurrierenden Alternativvorschläge herauszuarbeiten und dem Gesetzgeber mit Argumenten garniert („topologisch") vorzustellen und zu empfehlen. Die gelegentlich zu lesende These, bei Wertungsfragen habe die Meinung des Rechtswissenschaftlers keine größere Dignität als diejenige irgend eines Bürgers, verwechselt offensichtlich den rechtswissenschaftlichen Diskurs mit der Profession des Diskussionsteilnehmers: Wer sich in einer juristischen Frage unter Beachtung oder wenigstens Beanspruchung rechtswissenschaftlicher Rationalitätskriterien äußert, formuliert dadurch eo ipso rechtswissenschaftliche Aussagen, gleichgültig ob er ein Schuster aus Treuenbrietzen oder Senatsvorsitzender beim Bundesgerichtshof ist; während umgekehrt ein solcher Senatsvorsitzender wie auch ein Professor der Rechtswissenschaft lediglich zur Unterhaltung beitragen (wollen), wenn sie über die Verspeisung von an Wasserleichen gemästeten Doraden mit Thymian durch gewissenlose Strafrechtsordinarien oder über das teigige Mondgesicht einer Angeklagten in einer Kapitalstrafsache räsonnieren. Dass manchmal in ein und derselben Kolumne Sätze von beiderlei Niveau auftauchen[12], macht die Unterscheidung zwar komplizierter, lässt sie aber nicht entfallen.

III. Die analytische Ebene: Unterscheidung zwischen Tatfrage, Rechtsfrage und Strafzumessung und die möglichen Formen der checks and balances

1. Im Strafverfahren muss nicht nur das tatsächliche Geschehen ermittelt und im Hinblick auf den in Frage kommenden Anwendungsbereich das Strafgesetz ausgelegt, sondern auch im Falle einer „positiven" Subsumtion eine Strafe nume-

12 Vgl. die ZEIT-Kolumnen von *Fischer* v. 19.5.und vom 15.12.2015.

risch fixiert werden. Das sind drei kategorial unterschiedliche und (von wenigen Ausnahmen abgesehen) analytisch eindeutig trennbare Aufgaben.

a) Dass die Verurteilung zu einer Kriminalstrafe in einem Rechtsstaat die bestmögliche Feststellung des vom Strafgesetz dafür vorausgesetzten *Sachverhalts*, also der „materiellen Wahrheit", erfordert, wird vom BVerfG mit Recht in ständiger Rechtsprechung ausgesprochen und auch durch die daran geübte Kritik nicht ernstlich erschüttert.[13] Von dieser „Tatfrage" lässt sich die „Rechtsfrage", d.h. die Ermittlung und fallbezogene Interpretation des anwendbaren Strafgesetzes, in so gut wie allen relevanten Fällen[14] klar trennen. Was dem Alltagsverstand als Unterscheidung zwischen Tatsachenfeststellung und Rechtsanwendung auf der Hand liegt, lässt sich analytisch eindeutig formulieren: Im sog. Justizsyllogismus wird der Untersatz von der umgangssprachlichen Beschreibung des festgestellten Sachverhalts, der Obersatz durch die rechtssprachlich formulierte anwendbare Rechtsnorm bezeichnet, wobei die Subsumtion gelingt, wenn der Sachverhalt im umgangssprachlichen Bedeutungskern der im Untersatz wie im Obersatz identischen Termini liegt[15].

b) Auch bei der *Strafzumessung* ist zwischen der Feststellung der strafzumessungsrelevanten Tatsachen und der Rechtsanwendung zu unterscheiden, doch fehlt es hier (von Ausnahmen wie der obligatorischen lebenslangen Freiheitsstrafe abgesehen) in unserer Rechtsordnung an einem subsumtionsfähigen Obersatz, an dessen Stelle dem Richter ein eine große Bandbreite „vertretbarer" Entscheidungen umfassendes Ermessen eingeräumt worden ist. In Deutschland hat zuletzt *Feuerbach* einen Ausschluss dieses Ermessens durchzusetzen versucht[16], was wegen der damit verbundenen Statuierung drakonischer Strafen schon im 19. Jahrhundert keine Gefolgschaft gefunden hat. Die Gesetzgebung hat in einem

---

13 St. Rspr. des BVerfG, zuletzt E 133, 268 LS 1 und Rn. 104; 140, 317 Rn. 57 mit zutreffender Verankerung in der Verfassungsidentität der BRD; im Schrifttum umfassend und in vieler Hinsicht abschließend *Greco*, Strafprozesstheorie und materielle Rechtskraft, 2015, S. 168 ff.

14 Zur Problematik der sich nur durch direkte Anschauung erschließenden, einer erschöpfenden sprachlichen Vermittlung entziehenden „Gesamtsituationen" s. meinen in der nachfolgenden Fußnote zitierten Beitrag in der FS f. Kaufmann, S. 316.

15 Das kann im vorliegenden Zusammenhang nicht weiter ausgeführt werden, ich verweise dazu auf *meine* Beiträge in den FS für Arthur Kaufmann, 1993, S. 299, 308 ff. = oben S. 153 ff., ferner grdl. oben S. 49 ff.; FS für Hassemer, 2010, S. 239 ff. Die sprachphilosophische Pointe liegt in der Erkenntnis, dass sich die Rechtsnorm zwar der umgangssprachlichen Termini bedient, dass deren Extension aber nur im Bedeutungskern mit derjenigen der umgangssprachlichen Verwendung übereinstimmt, so dass der Begriff des Gesetzes so lange nach den Regeln der juristischen Methodenlehre durch Definition und Subdefinition „entnormativiert" werden muss, bis der zu entscheidende Fall in dessen Bedeutungskern angekommen ist.

16 Dazu instruktiv *Greco*, Lebendiges und Totes in Feuerbachs Straftheorie, 2009, S. 54 ff.

sich in den letzten Jahrzehnten beschleunigenden und potenzierenden Prozess den umgekehrten Weg gewählt und durch die schließlich alle Vergehen umfassende Erweiterung des Opportunitätsprinzips sowie die Legalisierung der Urteilsabsprachen die Strafzumessungsspielräume zur Manövriermasse und damit zu einer der *stärksten Bastionen der Richtermacht* ausgebaut.

2. Allein die bloße Zusammenstellung der möglichen Begrenzungen und Kontrollen der Richtermacht würde eine Monographie erfordern. Auch in der hier vorgenommenen Begrenzung auf den Strafrichter muss ich mich deshalb auf die wichtigsten beschränken.

a) Die Garantie des gesetzlichen Richters (Art. 101 I, 2 GG) verhindert die gezielte Zuteilung eines voreingenommenen Richters zu einem bestimmten Fall. In dieselbe Richtung zielen die Vorschriften über die Ausschließung und die Ablehnung wegen Besorgnis der Befangenheit (§§ 22ff. StPO).

b) Vorwerfbare Pflichtverletzungen des Richters werden durch das Richterdienstrecht (s. Art. 98 GG, §§ 61ff., 77ff. DRiG und Landesrichtergesetze) und ggf. durch das Strafrecht (namentlich den Rechtsbeugungstatbestand des § 339 StGB) sanktioniert.

c) Die Öffentlichkeit der Hauptverhandlung ist im 19. Jahrhundert als demokratisches Kontrollinstrument erkämpft worden.

d) Es gibt zahlreiche Möglichkeiten einer innerprozessualen Gewaltenteilung. Sie beginnen mit der Aufteilung der Rechtspflegeaufgaben durch die Einrichtung der Staatsanwaltschaft. Auch in einer einzigen Instanz kann die richterliche Tätigkeit zwischen dem Ermittlungsrichter, dem Untersuchungsrichter und dem erkennenden Gericht aufgeteilt werden. Die Mitwirkung von Laienrichtern als Schöffen beschränkt die Macht des Berufsrichters. Schließlich können für Entscheidungen zum Nachteil des Angeklagten qualifizierte Mehrheiten bis hin zur Einstimmigkeit gefordert werden.

e) Indem die anderen Prozessbeteiligten, namentlich der Angeklagte und seine Verteidigung, mit eigenen Rechten ausgestattet werden, kann eine innerprozessuale Machtbalance gesucht werden.

f) Durch das Rechtsmittelsystem wird eine Fehlerkontrolle innerhalb der Justiz etabliert.

g) Materiellrechtlich wird durch das Analogieverbot (Art. 103 II GG) eine über den umgangssprachlichen Wortsinn des Gesetzes hinausgehende richterliche Interpretation ausgeschlossen. Durch Strafzumessungsrichtlinien kann das Ermessen bei der Strafaussetzung eingeschränkt oder ausgeschlossen werden.

h) Die Rechtswissenschaft kann durch Entscheidungsrezensionen die Rolle des intellektuellen Zuchtmeisters einnehmen; durch eine Verpflichtung der Richter auf deren diskursive Berücksichtigung könnte das dogmatische Niveau und damit die innere Stimmigkeit der Rechtsprechung verbessert werden.

IV. Die sozialwissenschaftliche Ebene: Was bewirken die Kontrollinstrumente in der Realität?

1. Es versteht sich, dass ich dieses weite Feld im vorliegenden Zusammenhang nicht abschreiten, geschweige denn bestellen kann. Immerhin glaube ich, in der Entwicklung seit Schaffung der Reichsstrafprozessordnung hinter der weiterhin imponierenden, aber nur noch für Ausnahmefälle funktionalen Fassade einen beherrschenden Fluchtpunkt ausmachen zu können in Gestalt einer zunehmenden Schwächung oder gar Perversion der für den Alltag des Strafverfahrens ausschlaggebenden Kontrollinstrumente und möchte dazu nachfolgend einige Hinweise und Belege angeben. Natürlich gibt es wie bei allen gesellschaftlichen Veränderungen, die ohne einen Masterplan vor sich gehen, immer auch gegenläufige Ereignisse und Tendenzen, aber deren Hinzufügung und Analyse kann aus Raumgründen nicht mein Thema sein.

2. a) Die Garantie des *gesetzlichen Richters* war eine der zentralen Forderungen gegenüber der vom Monarchen abhängigen Justiz im Ancien Régime und ist erstmals in der französischen Verfassung von 1791 (Kapitel 5, Art. 4) in den klassischen Worten formuliert worden: „Les citoyens ne peuvent être distraits des juges que la loi leur assigne." In den deutschen Einzelstaaten war im 19. Jahrhundert „der Kampf um den Rechtsstaat, um die Unabhängigkeit der Richter, um die Gewaltenteilung und um den Konstitutionalismus zugleich ein Kampf um den gesetzlichen Richter"[17], der dann auch in die Frankfurter Paulskirchenverfassung (§ 175) und die Weimarer Verfassung (Art. 105) mit fast den gleichen Worten Eingang gefunden hat wie in Art 101 GG. Das bedeutet nach der ständigen Rechtsprechung des BVerfG, dass sich die Zuständigkeit des im konkreten Fall entscheidenden Richters abstrakt-generell rechtssatzmäßig bestimmt[18], und obwohl Art. 1 Abs. 1 S. 1 EMRK nach seinem Wortlaut („tribunal established by law") auch eine großzügigere Interpretation zuließe, wird er vom EGMR in derselben Weise ausgelegt[19].

---

17 *Eb. Schmidt*, Lehrkommentar zur Strafprozeßordnung und zum Gerichtsverfassungsgesetz I, 2. Aufl. 1964, S. 307.

18 Zahlr. Nachw. b. Sachs-*Degenhart* (Fn. 1), Art. 101 Rn. 5.

19 Siehe ECtHR -Grand Chamber-, Case of Öcalan v. Turkey (Application no. 46221/99) Judgment of 12 May 2005, No. 106 ss.; Case Barberá et. al. v. Spain (Application no. 10583/83), Judgment of 6 December 1988, No. 57, 71 s.; Lavents v. Latvia, no. 58442/00, § 114, 28 November 2002; Coëme and Others v. Belgium, nos. 32492/96, 32547/96, 32548/96, 33209/96and 33210/96, §§ 99 and 107-08, ECHR 2000-VII; Gurov v. Moldova, no. 36455/02, § 34, 11 July 2006; Buscarini v. San Marino (dec.), no. 31657/96, 4 May 2000, and Posokhov v. Russia, no. 63486/00, § 39, ECHR 2003-IV.

b) Angesichts einer seit Jahren ungefähr gleich bleibenden Zahl von ca. 900.000 bis 1.000.000 Abgeurteilten in Deutschland liegt es freilich auf der Hand, dass die für eine womöglich politische Manipulation des zuständigen Richters überhaupt in Betracht kommenden Fälle maximal wenige Promille des gesamten Aufkommens ausmachen, so dass die Garantie des gesetzlichen Richters also im Grunde für nahezu die gesamte Strafjustiz nicht die mindeste praktische Bedeutung besitzt. Hierfür wird vielmehr nur die Ablehnungsmöglichkeit wegen *Besorgnis der Befangenheit* des wie auch immer zur konkreten Entscheidung berufenen Richters relevant, die auch auf den ersten Blick in den Händen der Verteidigung eine starke Waffe zu sein scheint, denn § 24 II StPO lässt dazu bereits die „Eignung (!) zur Rechtfertigung von Misstrauen (!) gegen die Unparteilichkeit" ausreichen. Aber weil die Erfolgschance eines Ablehnungsgesuchs nach der dazu entwickelten „unübersichtlichen Kasuistik"[20] so zweifelhaft ist, dass es wegen seiner negativen Folgen für das Prozessklima eigentlich dessen vorherige Vergiftung voraussetzt und damit für den Normalfall nicht in Frage kommt, liefert es nur ein Ventil für pathologische Verfahren, aber keinen Baustein für eine strukturelle Begrenzung der Richtermacht.

3. Dasselbe gilt für die Möglichkeit von Sanktionen gegen Richter wegen eines Dienstvergehens oder gar wegen Rechtsbeugung. Im vorliegenden Zusammenhang braucht deshalb nicht weiter darauf eingegangen zu werden, dass dienstrechtliche *Sanktionen eine extrem seltene Ausnahme* sind, von strafrechtlichen Sanktionen ganz zu schweigen, und dass namentlich der Straftatbestand der Rechtsbeugung des § 339 StGB in der Rechtsprechung des BGH mit zahlreichen Einschränkungen versehen worden ist, die nach der Kritik von *Fischer* „an den Haaren herbeigezogen und letztlich willkürlich täterfreundlich wirken" bzw. sich teilweise „geradezu als Bemühung zur Verhinderung einer Anwendung des Gesetzes" erweisen[21].

4. Eine der bedeutendsten Reformforderungen des 19. Jahrhunderts, die *Öffentlichkeit* der Hauptverhandlung[22], war als zentrales Kontrollinstrument für alle Strafverfahren gedacht, hat sich inzwischen aber von einem Kontrollinstrument in ihr Gegenteil verwandelt: Das Tribunal wird mehr und mehr zur Szene. Weil der Hunger der Eventkultur nach Infotainment unersättlich, die Zahl der sich dafür selbst anbietenden Prozessbeteiligten (wie etwa im Prozess gegen *Kachelmann*)

20 *Meyer-Goßner/Schmitt*, Strafprozessordnung, 59. Aufl. 2016, § 24 Rn. 8.

21 Strafgesetzbuch, 62. Aufl. 2015, § 339 Rn. 32, 41.

22 Grdl. *Feuerbach*, Betrachtungen über Öffentlichkeit und Mündlichkeit der Gerechtigkeitspflege, 1821; w.N.b. *Alber*, Die Geschichte der Öffentlichkeit im deutschen Strafverfahren, 1974. Das BVerfG sieht den Öffentlichkeitsgrundsatz als Teil des Rechtsstaatsprinzips im GG garantiert, s. BVerfGE 103, 44, 63f.; BVerfG NStZ 2015, 172, 173.

aber endlich ist, tendiert die sich unter dem Deckmantel des Grundrechts auf Informationsfreiheit krakenartig ausbreitende Unterhaltungsindustrie zur Einverleibung aller in Amüsement verwandelbaren Strafprozesse[23], was sich vor kurzem in einer das berühmte (1.) Lebach-Urteil des BVerfG[24] geradezu verhöhnenden pseudodokumentarischen Spielverfilmung des dem NSU-Prozess zu Grunde liegenden Geschehens im öffentlich-rechtlichen Fernsehen (!) zu einer in dieser Radikalität vorher unvorstellbaren *Verletzung der Unschuldsvermutung* des Art. 6 II EMRK gesteigert hat.

5. Eine *innerprozessuale Gewaltenteilung* würde in gewisser Weise das allgemeine staatstheoretische Modell Montesquieus auf der Ebene des Strafverfahrens wiederholen.

a) Am weitesten ist hier der US-amerikanische Strafprozess gegangen, der *vier* prozessuale Gewalten, die nach der StPO *beim Richter* konzentriert sind, auf unterschiedliche Akteure verteilt hat: Die Parteien besorgen die Beweisaufnahme, die Bank der Berufsrichter leitet die Verhandlung, die Jury entscheidet über das Ergebnis der Beweisaufnahme, die Berufsrichter entscheiden über das Strafmaß. Gerade dieser Vergleich zeigt die übermächtige Stellung des deutschen Richters, die der Gesetzgeber unter *vollständiger Ignorierung* der hiermit verbundenen Probleme dadurch nochmals potenziert hat, dass er ihm im Verständigungsgesetz auch noch die in den USA auf der Ebene der Staatsanwaltschaft domizilierte Absprachen-Kompetenz verliehen hat.

b) Nach der StPO gab es im Grunde nur zwei Ansätze in Richtung Gewaltenteilung: einmal in Gestalt der Figur des Untersuchungsrichters, die aber seit über 40 Jahren abgeschafft ist, ohne dass über irgendeine Kompensation nachgedacht worden wäre. Der zweite Ansatz in Gestalt der Laienrichter ist bereits 1924 durch die Emminger-Verordnung um die Geschworenen kupiert worden, in Gestalt der *Schöffen* dagegen erhalten geblieben. Taugen diese aber etwas als Instrument der Kontrolle berufsrichterlicher Macht? Auch wenn sich dazu im neueren Schrifttum einige Verteidiger gefunden haben[25], wird man den Effekt zumindest als sehr begrenzt einschätzen müssen, weil der Schöffe in der „black box" des Beratungszimmers dem Einfluss der Berufsrichter unkontrolliert preisgegeben ist[26], dem er als juristischer Laie einfach nicht genügend entgegensetzen kann.

---

23 Dazu m.z.w.N. *Roxin/Schünemann*, Strafverfahrensrecht, 29. Aufl. 2017, § 18 Rn. 20 ff.; zur aktuellen Diskussion z.w.N. b. *Altenhain*, Öffentlichkeit im Strafverfahren – Transparenz und Schutz der Verfahrensbeteiligten, Gutachten C zum 71. DJT, 2016.

24 BVerfGE 35, 202 (wo es um den weit weniger elementaren Schutz der Resozialisierung eines Verurteilten ging).

25 *Löhr*, Zur Mitwirkung der Laienrichter im Strafprozess, 2008; *Börner*, StraFo 2012, 434 ff.

26 *König*, DAV-FS, 2009, S. 623, 632.

c) Eine gewisse Begrenzung der Macht des Berufsrichters könnte erreicht werden, wenn man anstelle des Prinzips der Zweidrittelmehrheit für dem Angeklagten nachteilige Entscheidungen (§ 263 StPO) *Einstimmigkeit* fordern würde – vor allem beim Schöffengericht, bei dem die Zweidrittelmehrheit ja mit der einfachen Mehrheit identisch ist.

d) Ein Kapitel für sich ist die *Aufteilung* der Rechtspflegeaufgaben zwischen *Staatsanwaltschaft und Gericht*. Die Zerschlagung der Allmacht des Richters im gemeinrechtlichen Inquisitionsprozess durch Einführung der Hauptverhandlung und Übertragung des Vorverfahrens auf die Staatsanwaltschaft und ihre Hilfsbeamten ist bei der Schaffung des reformierten Strafverfahrens in der ersten Hälfte des 19. Jahrhunderts speziell auch im Hinblick auf die psychologische Überforderung des Richters als Inquisitors betrieben worden. Diese Lösung hat aber zu anderen Gefahren geführt in Gestalt der unbewussten Beeinflussung des Hauptverhandlungsrichters durch die wesentlich von der Polizei gestalteten und von der Staatsanwaltschaft vorgelegten Ermittlungsakten, greifbar an den von mir vor Jahrzehnten empirisch nachgewiesenen inertia- und Schulterschlusseffekten[27], kraft derer der Richter das Beweisergebnis der Hauptverhandlung unbewusst nicht mehr streng neutral, sondern in einer in Richtung der Anklagehypothese verzerrten, asymmetrischen Form beurteilen wird. Darin liegt auch die Erklärung für die sich seit drei Jahrzehnten unter dem Schlagwort des „Funktionswandels des Vorverfahrens zum heimlichen Zentrum des Strafverfahrens" ausbreitende Erkenntnis, dass die Würfel eines Strafverfahrens meistens schon im Ermittlungsverfahren fallen[28] und dass die Hauptverhandlung, insofern sie zur eigentlichen Aufklärung der postmodernen Kriminalität nicht mehr geeignet ist, zu einer Art von zeremonieller Absegnung der im Ermittlungsverfahren erzielten Ergebnisse degeneriert. Hier haben wir also eine unbestreitbare Limitierung der realen richterlichen Machtausübung vor uns, aber um was für einen Preis: Die reale Macht wandert insgeheim zu der dazu nicht legitimierten Staatsanwaltschaft und über diese noch weiter zu der dazu noch weniger legitimierten Polizei. Darin liegt des-

---

27 Dazu näher *Schünemann* in: Kerner/Kury/Sessar (Hrsg.), Deutsche Forschungen zur Kriminalitätsentstehung und Kriminalitätskontrolle (1983, Teilband 2), S. 1109 ff; in: Lampe (Hrsg.), Beiträge zur Rechtsanthropologie (Beiheft 22 zur ARSP), 1985, S. 68ff.; in: Kaiser/Kury/Albrecht (Hrsg.), Kriminologische Forschung in den 80er Jahren – Projektberichte aus der Bundesrepublik Deutschland, 1988, Band 35/I, S. 265ff.; zusammen mit *Bandilla*, in: Wegener/Lösel/Haisch (Hrsg.), Criminal Behavior and the Justice System. Psychological Perspectives (New York-Berlin 1989), S. 181 ff; in: Bierbrauer/Gottwald/Birnbreier-Stahlberger (Hrsg.), Verfahrensgerechtigkeit (1995), S. 215 ff; in: StV 2000, 159ff. = oben S. 239ff.

28 Grundlegend bereits *E. Müller* u. a., AnwBl 1986, 50 ff; *Richter II*, AnwBl 1985, 431; *Roxin* Strafverfahrensrecht (25. Aufl. 1998), § 37 Rn. 1; Alternativ-Entwurf Reform des Ermittlungsverfahrens (2001), S. 27.

halb nicht etwa eine Lösung des Kontrollproblems, sondern eine *reformatio in peius*.

6. Die Ausbalancierung der Richtermacht kann deshalb – fast möchte man sagen: selbstverständlich – nur mithilfe der dem Beschuldigten bzw. Angeklagten und seiner *Verteidigung verliehenen Rechtsstellung* erreicht werden. Diese Idee hat ja schon an der Wiege der Hauptverhandlung gestanden, und es lässt sich auch nicht bestreiten, dass der Angeklagte in der deutschen Hauptverhandlung eine starke Rechtsstellung genießt, teilweise stärker als in der amerikanischen Hauptverhandlung[29]. Seit geraumer Zeit wird die „Balancemacht" des Angeklagten aber Stück für Stück abgeschwächt, einerseits durch eine ohne ausreichende gesetzliche Grundlage vorgenommene Einschränkung seiner Rechte in der Judikatur des BGH[30], andererseits durch den laufend fortgesetzten Ausbau der Rechtsstellung des *Verletzten* seitens des Gesetzgebers, der mittlerweile einen Parteiprozess des nicht zur Objektivität verpflichteten Verletzten (genauer: eines diesbezüglichen Prätendenten) in den staatlichen Strafprozess hineingepflanzt und damit ein weiteres Mal seine Ignoranz gegenüber den Balancebedürfnissen eines rechtsstaatlichen Strafverfahrens manifestiert hat[31].

7. Nicht weniger wichtig ist die innerhalb des Justizsystems selbst stattfindende Fehlerkontrolle durch die *Rechtsmittel*. Hier muss man sich vor dem international außerhalb der Staaten des Schwurgerichtssystems weit verbreiteten Irrtum hüten, dass die Berufung das normale und notwendige Rechtsmittel sei. Die Berufung ist kein Kontrollinstrument, sondern eine schlichte Wiederholung und deshalb nur dort am Platze, wo die erste Instanz wenig mehr als ein summarisches Verfahren zur Erledigung der unstrittigen Fälle ist. Auch bezüglich der Tatfrage ist deshalb die Kontrolle ihrer Beantwortung einer völligen Neuverhandlung vorzuziehen. Freilich ist die heute dafür vom BGH faute de mieux praktizierte Überprüfung anhand der inneren Schlüssigkeit der schriftlichen Urteilsgründe mindestens dadurch zu optimieren, dass eine Dokumentation der Beweisergebnisse vorgeschrieben wird[32].

8. Wenn ich mich nunmehr der Richtermacht bei der Beantwortung der *Rechtsfrage* zuwende, so möchte ich in Bezug auf die Interpretation der Strafgesetze die gegenwärtig bereits existierende Eingrenzung und Kontrolle durch das Analogieverbot und das international einen Spitzenplatz einnehmende, aber immer noch optimierungsbedürftige Verhältnis zur dogmatischen Rechtswissen-

---

29 Z. B. bezüglich der Akteneinsicht, s. *Roxin/Schünemann* (Fn. 23), § 11 Rn. 7.

30 S. *Roxin/Schünemann* (Fn. 23), § 45 Rn. 9f., zum Beweisantrags-, § 55 Rn. 37, 47 zum Revisionsrecht.

31 S. *Roxin/Schünemann* (Fn. 23), Rn. 1ff. vor § 63.

32 Dazu näher *Schünemann*, StraFo 2016, 45, 52f.

schaft hervorheben. Wegen der Aufgabe der von Wissenschaftlern betriebenen Dogmatik zur intellektuellen Kontrolle der von Richtern gefällten Entscheidungen habe ich die Rechtswissenschaft als eine Art Vierte Gewalt apostrophiert, die keinerlei Macht besitzt (also nicht herrscht) und gerade deshalb die sonst unlösbare Frage beantworten kann „quis custodiet ipsos custodientes?“[33]. Allein dadurch wird also ein legitimer Abbruch des in einem gewaltenteilenden Rechtsstaat sonst unendlichen Kontrollregresses möglich. Auch wer hierin eine unstatthafte Apotheose der Rechtsdogmatik erblickt, wird nicht leugnen können, dass eine Rechtsprechung, die sich der rechtswissenschaftlichen Kritik nicht stellt, nicht mehr als eine Kadijustiz ist, die es in einem Rechtsstaat nicht geben darf: Allein durch diese Kontrolle kann deshalb die demokratisch nicht ausreichend legitimierte Gewalt der Rechtsprechung gerechtfertigt und erträglich gemacht werden. Daraus folgt zwingend die Notwendigkeit einer Öffnung der Rechtsprechung zum dogmatischen Diskurs mit der Rechtswissenschaft. Wo ein derartiger Diskurs nicht oder kaum stattfindet wie in vielen Mitgliedstaaten der EU und auf der Ebene der EU selbst, läuft die Tätigkeit der Gerichte damit zwangsläufig auf Machtusurpation ohne Machtlegitimation hinaus, d.h. auf ein Defizit an Rechtsstaatlichkeit. Die deutsche Justizkultur, die den dogmatischen Diskurs mit der Rechtswissenschaft offen führt, ist deshalb im Kern vorbildlich[34]. Dagegen ist beispielsweise die diese Bedingungen nicht erfüllende Rechtsprechung des EuGH als Ausübung einer

---

33 Erstmals in FS Roxin, 2001, S. 1ff., 8; fortgeführt u.a. in FS Herzberg, 2008, S. 39ff.= GesWerke Bd 1, Rechtsfindung im Rechtsstaat und Rechtsdogmatik als ihr Fundament, 2020, S. 371ff., 411ff.

34 Zwei rechtsstaatlich defizitäre Bereiche finden sich freilich dort, wo die Rechtsprechung in eigener Sache entscheidet, und müssen deshalb wenigstens erwähnt werden. Sie betreffen die Einschränkung der der höchstrichterlichen Rechtsprechung (speziell dem BGH) obliegenden Revisionskontrolle (s. m. Nachw. *Roxin/Schünemann,* Strafverfahrensrecht, S. 4, 91f., 175f., 433f., 471f., 474f.) sowie die in den Mantel einer bloßen Interpretation gekleideten Veränderungen des Gesetzesinhalts (ein Beispiel bietet die neue Rechtsprechung des 1. Strafsenats des BGH im Steuerstrafrecht, s. *Schünemann,* FS Feigen, 2014, S. 263ff.). Außerdem betrifft die Vorbildlichkeit nur den Grundsatz, nicht dessen Durchführung im einzelnen Fall. Denn zum einen ist namentlich bei den Strafsenaten des BGH eine Tendenz feststellbar, „immer nur ad hoc die vom Ergebnis her passenden Begründungstorsi zu übernehmen, nicht aber das sie erst gebärende systematische Gesamtkonzept, so dass sie beim nächsten Problem, gleich einem an keine logische Konsequenz gebundenen Schmetterling, auf das nächste dogmatische Gewächs hinüberflattern und sich damit dem ordnenden Zugriff der Rechtswissenschaft immer wieder entziehen“ können (*Schünemann,* FS f. Roxin I, 1991, S. 6). Und zum anderen trifft man, wohl wegen der ungenügenden Ausstattung der Senate mit wissenschaftlichen Mitarbeitern, immer wieder auf grob fehlerhafte Verarbeitungen des dogmatischen Diskussionsstandes (exemplarisch *Schünemann* GA 2011, 445ff.; *ders.*, FS f. Mehle, S. 613ff.).

weitgehend politischen Gewalt ohne ausreichende demokratische Legitimation zu qualifizieren[35].

9. Es bleibt als auch hierdurch nicht domestizierbare Macht des Strafrichters sein nur minimal beschränkter Spielraum bei der Strafzumessung übrig, aus dem er ja übrigens auch die große Menge an Spielgeld schöpft, die ihn bei den Gesprächen über eine Verständigung gem. § 275c StPO (weniger euphemistisch: bei der Aushandlung einer Urteilsabsprache) so gut wie immer am längeren Hebel sitzen lässt. Hier kann ich nur dem Jubilar darin beipflichten, dass es der Strafzumessungsdogmatik bisher nicht gelungen ist, die enormen Strafungleichheiten zu beseitigen, und dass die Idee von sentencing guidelines immerhin in die richtige Richtung weist.[36] Von einer Schließung dieser Kontrolllücke sind wir jedenfalls heute noch weit entfernt.

V. Schlussbetrachtung

Franz Streng, der hoch geschätzte Jubilar, und ich haben uns vor vier Jahrzehnten auf den Tagungen der südwestdeutschen kriminologischen Institute kennen gelernt. Durch meine in den damaligen Jahren durchgeführten empirischen Arbeiten zur Prozesspsychologie und -soziologie und die daraus später gezogenen Folgerungen für die Reform des Strafverfahrens bin ich der Kriminologie und der Kriminalpolitik, diesen Schwerpunkten im wissenschaftlichen Schaffen unseres Jubilars, in ähnlicher Weise weiterhin verbunden geblieben, wie er die Dogmatik des Strafrechts und des Strafverfahrensrechts niemals aus dem Auge verloren hat. Wer die gegenwärtigen, jedes Augenmaß vermissen lassenden Neukriminalisierungsaktivitäten des Bundesjustizministers und seine überaus bescheidenen Reformansätze zum Strafverfahren[37] Revue passieren lässt, kann freilich an der heutigen gesellschaftlichen Resonanz der an der Idee des Rechtsstaats ausgerichteten gesamten Strafrechtswissenschaft resignieren und fragen, was soll uns denn das ew'ge Schaffen? Ich bin sicher, dass der Jubilar hierauf bald eine tatkräftige Antwort geben und mit dem Bischof von Bamberg sagen wird: „Es ist noch Auskunft". Ad multos annos!

---

35 Dazu m.z.w.N. *Schünemann*, Die Europäisierung der Strafrechtspflege als Demontage des demokratischen Rechtsstaats, 2014, S. 239 (307); *ders.*, in: Hilgendorf/Schulze-Fielitz (Hrsg.), Selbstreflexion der Rechtswissenschaft, 2015, S. 223 (240) = GesWerke Bd 1, Rechtsfindung im Rechtsstaat und Rechtsdogmatik als ihr Fundament, 2020, S. 431 ff.

36 *Streng*, Strafrechtliche Sanktionen, 2. Aufl. 2002, S. 308–310.

37 Dazu näher *Schünemann*, StraFo 2016, 45 ff.

ELFTER TEIL **Zur Stellung der Staatsanwaltschaft im postmodernen Strafverfahren**

I. Einleitung

1. Das von mir gewählte Thema scheint wie wenige andere des Strafprozessrechts auf einen überflüssigen Transport längst bekannter Eulen nach Athen hinauszulaufen. Denn es sind nicht nur die Federn der „Eulen“ bis zum feinsten Flaum durchgemustert und dabei seit langem keine neuen Gesichtspunkte mehr aufgefunden, sondern auch immer nur dieselben *sechs Fragen* nach dem internen und externen Weisungsrecht, der Stellung des Generalstaatsanwalts als eines politischen Beamten, der Ablehnung eines befangenen Staatsanwalts, der Bindung der Staatsanwaltschaft an die höchstrichterliche Rechtsprechung und ihres Verhältnisses zur Polizei traktiert worden[1]. Überdies bildet die Rechtsstellung der Staatsanwaltschaft den beliebtesten Gegenstand von Festreden, Festschriften anläßlich des Jubiläums von Justizbehörden und zu Ehren von Strafjustizpraktikern quellen von einschlägigen Abhandlungen geradezu über[2], und in den letzten Jahrzehnten haben sich der Deutsche Juristentag einmal und die deutschsprachige Strafrechtslehrertagung zweimal zentral sowie etliche Male als Teil einer umfassenderen Fragestellung den Rechtsproblemen der Staatsanwaltschaft gewidmet.[3] Auch die rhetorische Würze, in der ein Autor in Ermangelung neuer Ideen gewöhnlich seine letzte Zuflucht sucht, könnte von mir nur noch als fader Aufguß präsentiert werden, nachdem es sich namentlich bei den einschlägigen Festreden bewährt hat, zu Beginn das bekannte Schlagwort von der Staatsanwaltschaft als der Kavallerie der Justiz zum Zerrbild eines verfolgungswütigen, irgendwo zwischen *Robespierre* und *Pol Pot* angesiedelten Staatsanwaltes zuzuspitzen, um es sodann geduldig Punkt für Punkt zu widerlegen und mit dem Bekenntnis zu einer Verfahrenswirklichkeit zu schließen, die die Figur des Staatsanwalts in die Nähe von *Bertolt Brechts* gutem Menschen von Sezuan rückt. Nichtsdestotrotz will ich es mit dem Bischof von Bamberg in *Goethes* „Götz von Berlichingen“ halten: „Es ist noch Auskunft“[4].

Denn die alte Eule hat sich in den letzten Jahrzehnten zu einem Adler gemausert, weshalb heute grundlegend neue Fragen gestellt werden müssen. Mit der

1 Eine perfekte Darstellung und Diskussion findet sich bei *Carsten/Rautenberg*, Die Geschichte der Staatsanwaltschaft in Deutschland bis zur Gegenwart, 3. Aufl. 2016.

2 Siehe *Roxin*, DRiZ 1969, 385 ff.; 1997, 103 ff.; *Kintzi*, DRiZ 1988, 86 ff.; StA-Schleswig-Holstein-FG 1992; StA-Berlin FG 1996; ferner die Festschriften f. Schäfer (1980), Kleinknecht, Wassermann (1985), Rebmann (1989), Odersky (1996), Meyer-Gossner (2001), Rieß (2002), Hilger (2003), Nehm (2006), Böttcher (2007), Stöckel (2010), Ostendorf (2015) und das Kunert-Symposium (2006).

3 45. DJT 1964: Ist die StA an die ... höchstrichterl. Rspr. gebunden?; *Geisler*, ZStW 93 (1981), 1109 ff.; *Rüping*, ZStW 95 (1983), 894 ff.

4 Freilich kurz bevor dieser von Adelheid im Schachspiel mattgesetzt wird, II 1.

https://doi.org/10.1515/9783110650563-012

fundamentalen Veränderung der Gesellschaft in den vergangenen Jahrzehnten hat sich auch die Wirklichkeit des Verbrechens und als Folge von beidem auch die Wirklichkeit des Strafverfahrens fundamental verändert, und im Brennpunkt dieser Veränderungen ist die Rolle der Staatsanwaltschaft nicht etwa ruhig geblieben wie im Auge des Taifuns, sondern hat eine Schlüssel- und Machtstellung gewonnen, die durch das traditionelle, gewöhnlich mit *Savigny* verknüpfte, durch unablässige Wiederholung zum Klischee verkommene und mittlerweile dekonstruierte Diktum vom „Wächter des Gesetzes“[5] weniger erklärt als vielmehr verklärt wird.

II. Die postmoderne Gesellschaft, ihre Kriminalität und ihr Strafverfahren

1. Ich beginne mit einer knappen Übersicht über die Wesenszüge der postmodernen Gesellschaft, die zugleich die Erklärungsgründe für ihre spezifischen Kriminalitätsformen und für die enormen Wandlungen des in ihr praktizierten Strafverfahrens liefern soll.

„Die postmoderne Gesellschaft ist eine durch und durch industrialisierte und urbanisierte Massengesellschaft mit vier großen Insignien: Alles ist vorfabriziert und produziert und degeneriert dadurch zum billigen Konsumgut; alles ist beliebig und degeneriert dadurch zum rasenden Stillstand des sinnlosen Kreislaufs einer rein ökonomisch kalkulierten Mode; alles wird in Unterhaltung verwandelt und verliert damit den Ernst der wirklichen Persönlichkeitsentfaltung; Öffentlichkeit und Nachbarschaft zerfallen in eine Sequenz massenmedial erzeugter Scheinwelten, durch die zuletzt ein in seiner Privatheit vereinzeltes, narzißtisches, larmoyantes und egoistisches Individuum zurückbleibt, dessen in Wahrheit infantile Lebensformen durch den massenmedial verbreiteten Nebel der längst sinnentleerten kulturellen Parolen des 19. Jahrhunderts bemäntelt werden und dem auf diese Weise die manipulative und industrielle Erzeugung seiner nur scheinbar individuellen Lebensform verborgen bleibt.“[6]

Natürlich will ich nicht behaupten, dass es in der postmodernen Gesellschaft nicht auch noch kulturelle Nischen geben würde, in denen Reste der bildungsbür-

---

5 Denn die Erschließung der preußischen Archive durch *Collin* („Wächter der Gesetze“ oder „Organ der Staatsregierung“?, 2000) hat den Nachweis erbracht, dass die Einführung der StA jedenfalls in Preußen den Zweck verfolgte, der dem König unterstehenden Exekutive einen Einfluss auf die als politisch unzuverlässig eingeschätzte Justiz zu sichern.

6 Von dieser Charakterisierung aus GA 1995, 208 brauche ich nach 20 Jahren nicht abzuweichen, im Gegenteil.

gerlichen Gesellschaft des 19. Jahrhunderts überlebt hätten. Aber für meine gegenwärtige Analyse kommt es mir allein auf die beherrschenden Züge an, also darauf, was die postmoderne Welt im Innersten zusammenhält.

2. In einer Gesellschaft, deren Moral pluralistisch oder, genauer gesagt, individuell-hedonistisch ist, entwickeln sich letztlich alle Konflikte zu rechtlichen Konflikten und die rechtlichen Konflikte wiederum typischerweise zu strafrechtlichen Konflikten, weil das Wirtschaftsleben als das wichtigste Konfliktsfeld eine enorme strafrechtliche Regelungsdichte aufweist, weil zivilrechtliche Konfliktslösungen den Betroffenen aus zahlreichen Gründen nicht hinreichend attraktiv erscheinen und weil eine wirksame Eliminierung des Gegners, um die es etwa auch im politischen Feld häufig geht, in einer in jeder anderen Hinsicht permissiven Gesellschaft nur noch mit dem Mittel des Strafrechts möglich erscheint. Parallel dazu, aber aus den gleichen Gründen hat sich ein riesiges Feld von – wie ich es nennen möchte – *borderline-Kriminalität* entwickelt, die sich dadurch auszeichnet, dass trotz oder eher sogar wegen der erwähnten Regelungsdichte im Wirtschaftsstrafrecht ein ausgedehnter Bereich von ökonomischen Verhaltensweisen in einem potentiell kriminellen (d.h. in der Abgrenzung diffusen) Bereich verläuft, im Interesse der hier besonders vielversprechenden Profitmaximierung aber von einem homo oeconomicus unbedingt riskiert werden muß. Ob bei wirtschaftlich riskantem Verhalten ein im Prinzip einschlägiger Straftatbestand zur Hand ist und wo dessen genaue Grenze verläuft, hängt deshalb zu einem erheblichen Grade von der Phantasie des zuständigen Juristen ab, der ein unübersehbar komplexes und kompliziertes Geschehen in Richtung auf ein zur Subsumtion unter eine Strafrechtsnorm taugliches Sachverhaltsgerippe selektiert[7]. Aber das lässt sich beileibe nicht so deutlich ausmachen wie das Vorliegen eines Mordes, wenn der Erbonkel mit einem Messer in der Brust gefunden wird, und die Aufgabe, nach Jahr und Tag in die unendlich verwickelten Abläufe des Wirtschaftsgeschehens eine hierin jeden vernünftigen Zweifel ausschließende Klarheit zu bringen und al-

---

7 Wenn etwa der Vorstand eines deutschen Großunternehmens für ein bis dato ziemlich unbekanntes amerikanisches Zwergunternehmen nach dem Prinzip Hoffnung fast 100 Mrd. DM zu bezahlen bereit war (Fall Telekom) oder kühn durch den kostspieligen Aufkauf großer, aber maroder Partner einen Weltkonzern zu schmieden versuchte (Fall Daimler-Benz) und dabei jeweils viele dutzende Milliarden vom shareholder value verspielt, so mag dies das Pech des Tüchtigen sein, während ein Parteivorsitzender, der den Erfolg seiner Partei mit schwarzen Kassen zu erreichen versuchte (Fall Hessen-CDU), ebenso wie der im Angesicht des drohenden Abstiegs zum Mittel der Bestechung greifende Vorstand eines Bundesligavereins (Fall Arminia Bielefeld), der die Aussichten der Schürfrechte in Kanada allzu rosig darstellende oder eine Internetflause zum Milliardenunternehmen aufblasende Tycoon des grauen Kapitalmarkts und der über ausländische Briefkastenfirmen Milliardengeschäfte mit undurchschaubaren ABS-Papieren tätigende Bankvorstand die Grenze zur Kriminalität überschritten haben mochten.

so ex post zur materiellen Wahrheit vorzudringen, kann in dem unserer heutigen Strafprozessordnung immer noch zugrunde liegenden Strukturmodell des im 19. Jahrhundert entwickelten reformierten Strafverfahrens bestenfalls in Einzelfällen, nicht aber für die große Masse der ökonomischen borderline-Kriminalität bewältigt werden.

3. Das ist natürlich schon oft beschrieben worden, eigenartigerweise jedoch bei Betrachtungen zur Stellung der Staatsanwaltschaft zugunsten einer aber und aber wiederholten Umwälzung der Probleme des 19. Jahrhunderts aus dem Blickfeld geraten. Daneben sind zwei weitere Haupteigenarten der Kriminalität der postmodernen Gesellschaft sowohl für die Stellung der Staatsanwaltschaft folgenschwer geworden als auch für die Veränderungen des Strafverfahrens, die zur einen Hälfte als Reaktion auf die gewandelte Kriminalitätsstruktur zu verstehen und zur anderen Hälfte direkt durch die Verschiebungen in der der Kriminalität wie auch dem Strafverfahren selbst zugrunde liegenden gesellschaftlichen Basis ausgelöst worden sind:

a) In Idealtypen gesprochen, hat die Ablösung des am kantischen Ideal der Pflichterfüllung orientierten Subjekts durch den egoistischen Nutzenmaximierer zu einer unübersehbaren Fülle von Bagatellkriminalität, aber auch sonstiger Kriminalität geführt, die in einem weit über die alte Sentenz von *Durkheim* hinausweisenden Sinne Kriminalität als normal erscheinen lässt.[8] Diese Kriminalitätsstrukturen und die Normalität der Kriminalität in der postmodernen Gesellschaft haben notwendig eine Verfahrensflut und (bei der Wirtschaftskriminalität) eine weder von den bescheidenen organisatorischen Ressourcen der Justiz verkraftbare noch mit der Idee der Unmittelbarkeit der Hauptverhandlung vereinbare Verfahrensdauer ausgelöst, die eine vor allem in der Praxis entwickelte und durch legislatorische Maßnahmen abgesegnete Umgestaltung des reformierten Strafverfahrens erzwungen haben.

b) Ist es also auf der einen Seite die Normalität des abweichenden Verhaltens, die den Infarkt der traditionellen Strafrechtspflege ausgelöst hat, so ist es auf der

8 Nämlich nicht nur als ein für jede Gesellschaft normales Außenseiterphänomen, sondern im Sinne einer wiederkehrenden Episode im Leben jedes angepassten Individuums (dass man als Student einmal schwarz fährt, als Inhaber eines Haushalts die Versicherungsmeldung wegen der zerbrochenen Vase etwas schönt oder als Steuerzahler einen privat veranlassten Beleg als Werbungskosten deklariert, kommt gelegentlich in den besten Familien vor und wird nur dann nicht als bloßer faux pas, sondern als wirklich kriminell empfunden, wenn derartiges Verhalten zur Methode wird) sowie im gesamten Wirtschaftssystem sei es als Mycel in Gestalt der erwähnten borderline-Kriminalität, sei es im innersten Kern in Gestalt der Umweltvernutzung, durch die alltäglich die Überlebensressourcen künftiger Generationen vergeudet werden (zusammenfassend *Schünemann*, La destrucción ambiental como arquetipo del delito, in: Pérez Alonso u. a. [Hrsg.], Derecho, Globalización, Riesgo y Medio Ambiente, Valencia 2012, S. 429ff.).

entgegengesetzten Seite die geradezu kriegerische moralische und technische Aufrüstung unserer sonst so permissiven Gesellschaft zwecks Bekämpfung der für eine sinnentleerte und viele Alkoholmilieus substituierende Gesellschaft normalen Rausch- und Aufputschmittelmilieus, die zugleich die die postmoderne Gesellschaft kennzeichnende organisierte Kriminalität schafft oder zumindest begünstigt und dadurch wiederum Interventionsbedürfnisse erzeugt hat, die in den Formen des reformierten Strafprozesses nicht mehr exekutierbar waren und die deshalb zu völlig neuen, geheimdienstähnlichen Verfahrensformen geführt haben, die ebenfalls vielfältig beschrieben, jedoch abermals bei den Erörterungen zur Stellung der Staatsanwaltschaft zu wenig berücksichtigt worden sind.

3. Alle diese drei radikalen Transformationserscheinungen im kriminalisierten Verhalten der postmodernen Gesellschaft haben nun freilich nur deshalb dem aus dem 19. Jahrhundert überkommenen reformierten Strafprozess so umstandslos und so multipel teils durch die Gesetzgebung, teils durch eine ohne gesetzliche Grundlage erfolgende Umstürzung der Prozesswirklichkeit das Rückgrat brechen können, weil die dabei angewandten Methoden bruchlos in die ideologischen Grundlagen der postmodernen Gesellschaft einfügbar gewesen sind. Was wir in den letzten 40 Jahren an gesetzlichen und außergesetzlichen Änderungen des Strafverfahrens beobachten konnten, muss rückblickend als eine geradezu zwangsläufige Emanation aus diesem – wenn ich so sagen darf – ideologischen Plasma der postmodernen Gesellschaft erscheinen, gegenüber der der regelmäßig erschallende Protest der Strafprozeßrechtswissenschaft folglich nicht nur ergebnislos verhallen musste, sondern nicht einmal akustisch richtig wahrgenommen wurde. Ich muss mich auch insoweit auf die beiden wichtigsten Züge beschränken, nämlich auf die Ersetzung einer von Werten an sich ausgehenden, sozusagen absoluten Betrachtungsweise durch eine ausnahmslos instrumentelle und damit relative, und ferner auf die Bereitschaft, aus allem ein bargain (ein Geschäft) zu machen, d. h. – in soziologischer Redeweise – traditionelle Wertkonflikte in Interessenkonflikte zu transformieren und deren Lösung im Wege des Aushandelns zu suchen.

a) Zunächst ein paar Worte zur totalen Instrumentalisierung. In einer nicht abreißenden Kette von Gesetzen sind den Strafverfolgungsbehörden nach und nach alle Machtmittel in die Hand gegeben worden, die nach Meinung von Polizeiexperten zur Bekämpfung der spezifischen Kriminalitätsformen der postmodernen Gesellschaft erforderlich sind, wodurch die klassischen Zwangsmittel wie Untersuchungshaft, Durchsuchung und Beschlagnahme durch Lauschangriffe, Video- und Computerüberwachung, durch Gentest und -datei, durch den Einsatz verdeckter Ermittler und Rasterfahndung sowie durch die in Wirtschaftsstrafsachen enorm effektive Sicherstellung für Verfall etc. und Rückgewinnungshilfe komplettiert worden sind, um nur einige beispielhaft zu nennen. Die auf breiter

Front etablierte sog. Verpolizeilichung des Ermittlungsverfahrens, der weitgehende Informationsverbund zwischen vorbeugender Verbrechensbekämpfung und repressiver Strafverfolgung, die Hereinnahme des gesamten geheimdienstlichen Instrumentariums in den Strafprozess ist so oft beschrieben worden, dass ich mir eine Wiederholung hier ersparen kann, zumal es mir ja nicht um eine Bewertung dieser Vorgänge, sondern zunächst einmal nur um deren Auswirkungen auf die Stellung der Staatsanwaltschaft geht. Für meine weiteren Überlegungen unverzichtbar sind nur zwei Feststellungen, nämlich dass das Strafverfahren selbstverständlich geeignet sein muss, auch bezüglich der im Strafgesetzbuch erfaßten modernen oder postmodernen Kriminalitätsformen eine Aufklärung und Aburteilung zu ermöglichen, dass aber ebenso selbstverständlich auch die Rückwirkungen einer etwa zu diesem Zweck durchzuführenden Aufrüstung der Strafverfolgungsbehörden auf die Gesamtbalance des Strafverfahrens analysiert und dementsprechend nötigenfalls auch ganz neue *Ausbalancierungen* hinzugefügt werden müssen – an sich eine bare Selbstverständlichkeit, die die Phantasie von Bundesjustizministerium und Gesetzgeber freilich bisher nur immer wieder an die Figur des Ermittlungsrichters erinnert hat, während andererseits die zahlreichen Kritiker dieser ganzen Entwicklung die Frage der Ausbalancierung zugunsten ihrer Fundamentalopposition weitgehend ignoriert haben.

b) Um exemplarisch wenigstens auf eine in Wahrheit sich selbst ad absurdum führende Übersteigerung des Instrumentalismus hinzuweisen: Der Gedanke, eine Straftat mit Hilfe eines vom Staat beauftragten *Agent Provocateur* erst hervorzubringen, sie anschließend mit dessen Hilfe als eines nur mittelbar vernommenen verdeckten Ermittlers triumphierend aufzuklären und zu unguter Letzt unter einer vom BGH großmütig konzipierten Strafmilderung[9] (in einer mühsam vor der Garantie des fair trial und der Rechtsprechung des EGMR gerechtfertigten Weise[10]) abzustrafen, macht selbst innerhalb einer instrumentellen Denkmethode keinen Sinn, denn wenn die Strafrechtspflege die von ihr abgeurteilten Delikte erst zu diesem Zweck selbst hervorruft, reduziert sich ihr rationaler Zweck auf Arbeitsbeschaffung, und sie müßte dann eigentlich nicht im Justiz-, sondern im Arbeitsministerium ressortieren. Man wende dagegen bitte nicht ein, dass ja der BGH den Lockspitzeleinsatz nur dort akzeptiere, wo der zur Tat Verführte schon vorher verdächtig sei,[11] denn dieser Verdacht kann sich ja immer nur auf andere Straftaten beziehen und deshalb an der intellektuellen Perversion des ganzen Konzepts nicht das geringste ändern. Wenn der 2. Strafsenat das nunmehr vom

9 BGHSt 47, 44, 51; 45, 321, 326; 32, 345, 355.
10 BGHSt 47, 44, 50; 45, 321, 328 ff.; 32, 345, 351; im Kern auch noch BGH StV 2016, 78 (1. StS).
11 BGHSt 47, 44, 47f.; 45, 321, 337; StV 2000, 604; NStZ 1995, 506, 507.

EGMR energisch eingeforderte Beweisverwertungsverbot[12] durch die Proklamation eines Verfahrenshindernisses zu übertreffen versucht (wohlgemerkt ohne die allermindestens notwendige Beschränkung auf BtM-Verfahren!)[13], hat er freilich den Teufel durch Beelzebub ausgetrieben, was spätestens bei einem (angesichts der NSU-Affäre nicht gänzlich undenkbaren) Mord auf Bestellung durch einen staatlichen UCA offensichtlich sein wird. Da die (vom 2. Strafsenat ignorierte) aus dem geltenden Recht allein ableitbare Doppellösung, entweder bei abstrakten Gefährdungsdelikten wie § 29 BtMG bei ausreichender staatlicher Kontrolle für den Täter wie für den Lockspitzel einen Tatbestandsausschluss wegen absoluter Ungefährlichkeit oder aber eine Verfolgung beider in vom fair trial gebotener Verfahrensverbindung zu statuieren[14], den von der Strafverfolgung erfundenen modus operandi seines Erfolges berauben würde, hätte die Rechtsprechung den gordischen Knoten schon längst an den Gesetzgeber weiterreichen müssen, anstatt unter Überschreitung ihrer Kompetenz einem rein instrumentellen Denken zu huldigen, dessen durchaus treffende Umschreibung mit der Formel „Der Zweck heiligt die Mittel" heute sicherlich politisch unkorrekt wäre – getreu der für die politische Kultur der postmodernen Gesellschaft gültigen Maxime, dass sich die political correctness nicht nach der Sache, sondern nach der Formulierung bestimmt.

c) Geradezu eine Potenzierung der instrumentellen Vernunft ist durch die Kombination von Zwang und Drohung mit *„Pseudo-Bargaining"* erzielt worden, d.h. durch den (mit dem fast macht- und dadurch wehrlosen Beschuldigten getriebenen, die implizite Fairnessbedingung der Gleichordnung verfehlenden und deshalb Pseudo-)Handel zur Ausmanövrierung strafprozessrechtlicher Fesseln. Der vielfach ziemlich ungenierte Einsatz der Untersuchungshaft zur Sachverhaltsaufklärung ist vor 20 Jahren im sog. Münchener Bestechungssumpf zu einer perfekten Methode des strafprozessualen Dominospiels weiterentwickelt worden, indem man dann, wenn man Haftrichter fand, die zu einer Anwendung der Haftgründe der Flucht- oder Verdunkelungsgefahr auf solide sozialisierte bayerische Manager und Kommunalbeamte bereit waren, nach dem Muster: „Haftentlassung und milde Strafe gegen doppeltes Geständnis der alten sowie einer neuen, bezüglich des Geständigen sogleich nach § 154 StPO einzustellenden weiteren Tat unter Preisgabe ihrer Mittäter"[15] auch ohne verdeckte Ermittler ganze Kriminalitätsfelder aufrollen konnte.

---

12 Furcht v Deutschland v. 23.10.2014, JR 2015, 81ff. m. Anm. v. *Petzsche*.

13 BGH StV 2016, 70ff.

14 Erstmals *Schünemann*, StV 1985, 424, 427ff. = oben S. 171ff.; zust. *Greco*, StraFo 2010, 57; für abstrakte Gefährdungsdelikte ähnlich *von Danwitz*, Staatliche Straftatbeteiligung, 2005.

15 Näher *Volk*, NJW 1996, 679.

III. Der unaufhaltsame Machtaufstieg der Staatsanwaltschaft

1. Das durch dieses Beispiel illustrierte beständige Wachstum der innerprozessualen Machtstellung der Staatsanwaltschaft und damit eine immer weiter eskalierende Verschiebung der prozessualen Balance wurde schon gut 20 Jahre früher durch Maßnahmen des Gesetzgebers eingeleitet, nämlich durch die *Abschaffung der gerichtlichen Voruntersuchung* und die Einführung des „*Freikaufverfahrens*" in Gestalt der Einstellung gegen Auflagen gem. § 153 a StPO.[16] Während die Strafprozessrechtswissenschaft die sozusagen dammbrechende Bedeutung der Ausdehnung des Opportunitätsprinzips durch ein Freikaufverfahren bei allen Vergehen und die darin liegende Übertragung richterähnlicher Funktionen auf die Staatsanwaltschaft durchaus erkannte und zunächst einen heftigen Protest artikulierte,[17] der aber an der Unempfindlichkeit von Gesetzgebung und Praxis abprallte, ist die prozessstrukturelle Stellung der gerichtlichen Voruntersuchung und dementsprechend auch ihrer Abschaffung nur vereinzelt hervorgehoben[18] und mittlerweile weitgehend vergessen worden. Wegen der enormen Bedeutung dieser Aufteilung der Ermittlungskompetenzen vor der Hauptverhandlung auf zwei verschiedene Organe[19] nicht nur für die Objektivität und damit die Güte der prozessualen Wahrheitsfindung und der darauf aufbauenden Entscheidungen, sondern vor allem für die prozessuale Machtbalance hätte ihre Abschaffung selbst der Ausbalancierung bedurft, aber daran hat niemand gedacht[20]. Denn eine effektive innerprozessuale Kontrolle der staatsanwaltschaftlichen Macht findet nicht mehr statt: Die Einstellung nach § 170 Abs. 2 StPO wird angesichts der extrem hohen formellen Hürden, die die Oberlandesgerichte dem Verletzten im Klageerzwingungsverfahren aufgebaut haben[21], nur in Extremfällen materiell überprüft. Die Opportunitätseinstellung ist nach der Rechtsprechung des BVerfG „opferfest"[22], in den Fällen des § 153 I, 2 StPO auch „gerichtsfest" und findet auch sonst in fast allen Fällen im Flaschen-

---

16 Einführungsgesetz zum Strafgesetzbuch vom 2.3.1974, BGBl. I S. 469, 502; 1. Gesetz zur Reform des Strafverfahrensrechts vom 09.12.1974, BGBl. I S. 3393, 3533.

17 Nachw. b. *Roxin/Schünemann*, Strafverfahrensrecht, 28. Aufl. 2014, S. 81.

18 *Rieß*, NJW 1975, 81, 85; *Lampe*, NJW 1975, 195, 199; *Herrmann*, JuS 1976, 413, 414.

19 Die ein Herzstück des reformierten Strafverfahrens und einen gewissen Ausgleich für die in Kapitalstrafsachen fehlende zweite Tatsacheninstanz bedeutete, siehe die Diskussion der Reichstagskommission bei Hahn, Die gesamten Materialien zu den Reichs-Justizgesetzen III/1, 2. Aufl. 1885, S. 736 ff.

20 Die Abschaffung bzw. gewisse Einschränkung des ministeriellen Weisungsrechts, die immerhin in der Schweiz und Österreich als Kompensation vorgenommen worden ist, ist innerprozessual folgenlos.

21 Vgl. nur die Nachw. b. *Roxin/Schünemann* (Fn. 17), S. 329 f.

22 NJW 2002, 815.

hals anderer Hauptverhandlungen ächzende und deshalb zustimmungsbereite Richter. Dasselbe gilt für den notorisch als Kontrollinstanz, namentlich bei Grundrechtseingriffen, vorgesehenen Ermittlungsrichter, der die notwendige Prüfungstiefe schon aus Zeitgründen nicht leisten kann[23] und sich auch scheuen wird, dem staatsanwaltlichen Ermittlungskonzept in den Arm zu fallen, weshalb er in der Praxis regelmäßig nur eine Art Apostille ausstellt[24].

2. Aber genügt es denn nicht als Kontrolle, dass die Staatsanwaltschaft schließlich keine endgültigen Entscheidungen contra reum treffen und ihre möglicherweise verzerrte Beurteilung des Ermittlungsergebnisses durch das Gericht im Zwischenverfahren korrigiert werden kann, von dem richterlichen Urteilsmonopol ganz abgesehen? Bei einer rein normativen Betrachtung im Sinne von Art. 19 IV GG zweifellos, aber bei der rechtspolitischen Beurteilung muss die empirische Realisierbarkeit berücksichtigt werden. Hierzu möchte ich vollständig auf meine an anderer Stelle publizierten Untersuchungen zum *Schulterschluss*- sowie zum *inertia*- oder *Perseveranz*-Effekt verweisen[25], kraft derer der Richter das Beweisergebnis der Hauptverhandlung unbewusst nicht mehr streng neutral, sondern in einer in Richtung der Anklagehypothese verzerrten, asymmetrischen Form beurteilen wird und die deshalb den Blick auf das ganze Ausmaß nicht nur der realen staatsanwaltschaftlichen Machtstellung, sondern auch auf die verheerenden Konsequenzen einer nicht objektiven Bewertung der Ermittlungsergebnisse durch den Staatsanwalt öffnen. Die Entscheidung über die Anklage, die allein der Staatsanwalt trifft, ist deshalb nicht irgendeine beliebige Zwischenentscheidung, sondern sie ist für das gesamte Verfahrensergebnis von schlechthin ausschlaggebender Bedeutung, wie übrigens auch die deutsche Freispruchsquote zeigt, die mittlerweile weniger als 4 % ausmacht gegenüber beispielsweise 30 % im amerikanischen Juryverfahren.[26]

3. Dasselbe Ergebnis zeitigt auch die sich seit 3 Jahrzehnten unter dem Schlagwort des „Funktionswandels des Vorverfahrens zum heimlichen Zentrum des Strafverfahrens" ausbreitende, auf eine sozialpsychologische Verankerung verzichtende und in diesem Sinne „behavioristische" Erkenntnis, dass die Würfel eines Strafverfahrens meistens schon im Ermittlungsverfahren fallen[27] und dass

23 Die Staatsanwaltschaft ist deshalb ja auch weithin dazu übergegangen, dem Ermittlungsrichter fertig vorformulierte Beschlüsse in die Unterschriftsmappe zu legen.

24 Zutr. *Lilie*, ZStW 111 (1999), 807, 814 f. m.w.N.

25 Siehe die Nachw. in Fn. 46.

26 Nachw. b. *Rieß* DRiZ 1982, 202, 211; *Schünemann*, Pfeiffer-FS (1988), S. 461, 476. Zum amerikanischen System, s. *Schumann*, Handel mit Gerechtigkeit, 1977, S. 186.

27 Grundlegend bereits *E. Müller* u.a., AnwBl 1986, 50 ff; *Richter II*, AnwBl 1985, 431; *Roxin* Strafverfahrensrecht (25. Aufl. 1998), § 37 Rn. 1; Alternativ-Entwurf Reform des Ermittlungsverfahrens (2001), S. 27.

die Hauptverhandlung, insofern sie zur eigentlichen Aufklärung der postmodernen Kriminalität nicht mehr geeignet ist, zu einer Art von zeremonieller Absegnung der im Ermittlungsverfahren erzielten Ergebnisse degeneriert. Aus dieser strafprozesssoziologischen Sicht kann es freilich nicht Wunder nehmen, dass zunächst die Praxis und anschließend der Gesetzgeber endgültig die Axt oder besser gesagt die Motorsäge an die Wurzel der Hauptverhandlung und damit des reformierten Strafverfahrens überhaupt gelegt haben, indem sie durch die, wie ich anderweitig dargelegt habe,[28] ursprünglich contra legem erfolgte und erst nach rund 30 Jahren vom Gesetzgeber legalisierte Etablierung der *Urteilsabsprachen* den aus ihrer Sicht überflüssig gewordenen Krimskrams einer ehrlich gemeinten Beweisaufnahme beseitigt und kurzerhand die Anerkennung der Ergebnisse des Ermittlungsverfahrens durch den Angeklagten zur Basis eines Urteils genommen haben, das gegenüber der Anklageentscheidung des Staatsanwalts keine zusätzlichen Richtigkeitsgarantien mehr aufzuweisen vermag, weil die (euphemistisch als „Konsens“ bezeichnete) *Unterwerfung* des Angeklagten durch eine drastische oder zumindest als drastisch hingestellte Strafmilderung erkauft wird[29] – was naturgemäß die Androhung einer strengen Strafe für den Fall einer nach gesetzmäßiger Hauptverhandlung erfolgenden Verurteilung zur Kehrseite und durch diese Mischung von Verlockung und Erpressung nun freilich den Boden des reformierten Strafverfahrens endgültig verlassen hat und wieder auf Methoden des Inquisitionsprozesses zurückgreift, wobei der äußerliche Unterschied zur damals praktizierten physischen Folter (die mit dem Vorzeigen der Instrumente als Drohung begann !) lediglich die generelle Humanisierung des Strafverfahrens widerspiegelt, das ja auch im Urteilsergebnis die bestialische Hinrichtung durch die Aufhebung der Fortbewegungsfreiheit ersetzt hat.

4. Die Etablierung der Urteilsabsprachen, in denen die beherrschenden ideologischen Züge der postmodernen Gesellschaft, nämlich das rein instrumentelle Denken und die Verwandlung der gesamten Gesellschaft in einen Marktplatz, geradezu archetypisch kulminieren[30], hat jedenfalls der Staatsanwaltschaft einen abermaligen Machtzuwachs beschert und gleichzeitig die Residualgarantien für die Wahrheitsfindung, die die traditionelle Hauptverhandlung noch bereithalten mochte, abermals reduziert: Die Anklageerhebung der Staatsanwaltschaft wird umstandslos in eine Verurteilung umgesetzt, die von ihr gestalteten Ermittlungs-

---

28 *Schünemann,* Absprachen im Strafverfahren? Grundlagen, Gegenstände und Grenzen. Gutachten B zum 58. Deutschen Juristentag, 1990; *ders.*, FS f. Rieß, 2002, S. 525 ff.; *ders.*, FS f. Heldrich, 2005, S. 1177 ff.

29 Dazu nach wie vor grdl. *Weßlau,* Das Konsensprinzip im Strafverfahren – Leitidee für eine Gesamtreform?, 2002.

30 Dazu *Schünemann,* Vom Tempel zum Marktplatz, 2013.

akten dienen dem Gericht als alleinige Beurteilungsgrundlage, und gegen den Widerspruch der Staatsanwaltschaft kann es nach der gesetzlichen Klarstellung in § 257c III, 4 StPO nicht zu einer Absprache kommen.

5. Auch die *Verpolizeilichung* des Ermittlungsverfahrens bietet natürlich keine Anhaltspunkte für eine Ausbalancierung der staatsanwaltlichen Macht, im Gegenteil. Denn auch wenn die Polizei in weiten Bereichen das Ermittlungsverfahren weitgehend selbständig führt, ist sie ja doch bei der Erwirkung von Zwangsmitteln, von Ausnahmen abgesehen, auf die Staatsanwaltschaft angewiesen, so dass die Staatsanwaltschaft hierbei das Heft immer wieder in die Hand bekommt. Und mehr noch: Die Polizei mag sich noch so sehr ins Zeug legen, sie mag selbst gegenüber der Staatsanwaltschaft nach Möglichkeit mit verdeckten Karten spielen, die allein ausschlaggebende Entscheidung über die Anklageerhebung wird schließlich doch allein von dieser getroffen, so dass in Abwandlung des Dictums von *Carl Schmitt*, dass die Souveränität bei demjenigen liege, der über den Ausnahmezustand entscheidet,[31] allein die Staatsanwaltschaft fürwahr die souveräne Herrin des Ermittlungsverfahrens ist. Das lässt sich besonders schön an typischen Maßnahmen der heutigen Polizeitaktik zeigen, dem Einsatz von anonym bleibenden V-Leuten oder von Lockspitzeln: Von ihrer originären Einschaltung in die Anordnung ganz abgesehen, brauchte die Staatsanwaltschaft nur von einer Anklageerhebung auf einer derartig fragwürdigen Grundlage abzusehen, und der ganze Spuk würde sich in Nichts auflösen.

IV. Ergebnis der Bestandsaufnahme

Aufgrund der bisherigen Überlegungen lässt sich festhalten, dass das Ergebnis eines Strafverfahrens zum allergrößten Teil von dem Verhalten der Staatsanwaltschaft abhängt. Bei einer Einstellung nach § 170 Abs. 2 StPO versteht sich das sowieso; bei einer Einstellung nach § 153 oder § 153 a StPO ist die Staatsanwaltschaft der alles entscheidende Faktor, weil die vom Gesetz vorgesehene gerichtliche Kontrolle in der Praxis de facto äußerst schwach ausfällt und beispielsweise die notorische Ausdehnung des § 153 a StPO in den Bereich gravierender, aber rechtlich oder tatsächlich zweifelhafter Wirtschaftskriminalität nicht hindern konnte, obwohl selbst die vom Gesetzgeber vorgenommene Erweiterung des Wortlauts, daß die „Schwere der Schuld nicht entgegenstehen“ dürfe[32], diese Fälle eines echten *Vergleichsabschlusses* über eine präsumtiv große, aber schwer

31 Die Diktatur, 2. Aufl. 1928, S. 18.

32 Gesetz zur Entlastung der Rechtspflege v. 11.1.1993, BGBl I S. 50.

nachweisbare Schuld nicht abdeckt. Bei den auf eine Absprache gegründeten Urteilen hat die Staatsanwaltschaft zumindest eine Blockadeposition, und schließlich ist auch ihr Einfluß auf ein nach einer klassischen Hauptverhandlung ergehendes Urteil vermöge des Perseveranz- und des Schulterschlußeffektes beträchtlich. Im Strafprozeß der postmodernen Gesellschaft hat die Staatsanwaltschaft mit anderen Worten die ihr im reformierten Strafprozeß zugedachte *Wächterrolle* weithin in eine *Herrenrolle* transformiert, wodurch das richterliche Entscheidungsmonopol untergraben und die prozessuale Machtbalance[33] gesprengt worden ist.

V. Konsequenzen für die Rechtsstellung der Staatsanwaltschaft

Ich komme damit zum letzten Teil meiner Überlegungen, in dem es darum geht, aus der Bestandsaufnahme über die faktische Stellung der Staatsanwaltschaft im Strafverfahren der postmodernen Gesellschaft rechtspolitische Konsequenzen für ihre *Rechtsstellung* abzuleiten. Hierbei will ich zunächst in aller Kürze den traditionellen Kanon abarbeiten, um mich dann abschließend noch etwas kühneren Betrachtungen hinzugeben.

1. a) Die bis zu der Forderung nach richtergleicher Unabhängigkeit geführte Auseinandersetzung um das interne und externe *Weisungsrecht*,[34] also um das Weisungsrecht *innerhalb* der Staatsanwaltschaft bzw. des *Justizministers*, mochte so lange einleuchten, wie man nur das alte Klischee des Gesetzeswächters im Auge hatte, denn ein Wächter kann ja nichts Böses tun, sondern höchstens etwas Gutes unterlassen, und wenn er seine Anweisungen vollständig vom Gesetz erhält, kann eine Anweisung von dritter Seite nur dubios wirken. Gegenüber einem so machtvollen Organ, das meine Überlegungen zu Tage gefördert haben und man fast mit *Montesquieus* Worten als eine „furchtbare Gewalt" ansprechen

33 Mit diesem im vorliegenden Rahmen nicht weiter explizierbaren Begriff meine ich die Notwendigkeit eines in sich abgestimmten Systems von Machtbefugnissen und Kontrollmöglichkeiten, welches es ermöglicht, die immer wieder vorkommenden, sozusagen menschlichen Fehlleistungen von Amtsträgern zu korrigieren.

34 Siehe *Carsten/Rautenberg* (Fn. 1), S 492ff. Im übrigen ist die ganze Diskussion auch deshalb hysterisch überbewertet (mit der „Krönung" der Einmischung durch die sich aus zahlreichen extrem korrupten Staaten speisende selbsternannte Autorität „GRECO"; s. *Schünemann*, in: Hoven/Kubiciel (Hrsg.), Das Verbot der Auslandsbestechung, Baden-Baden 2016, S. 25f., 30), weil das ministerielle Weisungsrecht in extrem wenigen Fällen, die im Text behandelte Zerstörung der Balance dagegen in 6 Millionen Fällen relevant wird.

möchte, ist aber in einem rechtsstaatlichen Gemeinwesen eine eng geführte Kontrolle unerläßlich, die die von mir bisher betrachteten innerprozessualen Mechanismen nicht zu leisten vermögen.

b) Eine effektive Kontrolle des in einem konkreten Verfahren agierenden Staatsanwalts wird also von dem Rollengefüge der StPO nicht garantiert, ist aber unerläßlich. Selbst die unabhängigen Gerichte werden schließlich in unserem Staat noch kontrolliert, die Untergerichte im Instanzenzug und die Obergerichte in einer freilich über den entschiedenen Einzelfall hinausgreifenden Weise durch eine darin ihre vornehmste Aufgabe findende dogmatische Rechtswissenschaft[35]. Das Weisungsrecht als Kontrollinstrument innerhalb der Staatsanwaltschaft gem. §§ 146, 147 Nr. 3 GVG ist deshalb im Prinzip nicht dubios, sondern sachgemäß, zumal der oben für den Richter angesprochenen Inertia-Effekt ebenso die Fixierung des sachbearbeitenden Staatsanwalts auf seine eigenen Ermittlungshypothesen befürchten lässt.

c) Die Besorgnis, daß das Weisungsrecht des Justizministers zu einer politischen Einflußnahme mißbraucht werden könnte, liegt zwar angesichts der von mir eingangs angeführten, überragenden Bedeutung des Strafrechts in der postmodernen Gesellschaft nahe, ist aber auf der *normativen* Ebene unbegründet, weil das staatsanwaltschaftliche Verhalten ja außerhalb des Opportunitätsprinzips so gut wie umfassend von Strafrechtsmauern umgeben ist – entweder von § 258a StGB (Strafvereitelung im Amt) oder von § 344 (Verfolgung Unschuldiger) bzw. sogar § 339 StGB (Rechtsbeugung), so dass eine falsche Weisung ein strafbares Verhalten abverlangen würde und deshalb nach Beamtenrecht von vornherein unwirksam wäre.[36] Weil ein Staatsanwalt aus diesem Grunde bei einer Kontroverse über die Rechtslage praktisch immer die Befolgung der Weisung ablehnen könnte (aus seiner Perspektive sogar müsste), sind zur Ergänzung des Weisungsrechts das *Devolutions*- und das *Substitutionsrecht* (§ 145 Abs. 1 GVG) unverzichtbar, wenn der vorgesetzte Beamte überhaupt die Möglichkeit haben soll, seine Beurteilung der Sach- und Rechtslage auch durchzusetzen. Dadurch, dass der *Justizminister* diese Rechte nach zutreffender Auffassung *nicht* besitzt[37], sondern auf sein Weisungsrecht aus § 147 Nr. 1 und 2 GVG beschränkt bleibt, ist seine Stellung gegenüber dem Generalbundes- bzw. -staatsanwalt also in rechtlicher Hinsicht ziemlich schwach, was auch seine Möglichkeiten zu einem politischen Miß-

---

35 Dazu *Schünemann*, in: Hilgendorf/Schulze-Fielitz (Hrsg.), Selbstreflexion der Rechtswissenschaft, 2015, S. 223 ff.= GesWerke Bd 1, Rechtsfindung im Rechtsstaat und Rechtsdogmatik als ihr Fundament, 2020, S. 431 ff.

36 S. nur § 63 II, 4 BBG.

37 *Katholnigg*, Strafgerichtsverfassungsrecht, 3. Aufl. 1999, § 145 GVG Rn. 2; and. die h.M., s. *Meyer-Goßner/Schmitt*, Strafprozessordnung, 58. Aufl. 2015, § 147 GVG Rn. 1 m.w.N.

brauch stark einschränkt. Man mag dieser Gefahr durch die vielfach vorgeschlagene obligatorische Schriftlichkeit der Weisungserteilung noch weiter steuern, muss sich aber natürlich darüber im klaren sein, daß das eigentliche Problem im vorauseilenden Gehorsam des Staatsanwalts liegt und deshalb bei einem noch Karrierehoffnungen hegenden Sachbearbeiter weitaus größer ist als bei dem üblicherweise am Ende seiner Karriere angekommenen Generalbundes- oder -staatsanwalt – freilich nur dann, wenn dieser kein politischer Beamter ist (dazu sogleich), und auch vorbehaltlich hinzukommender parteipolitischer Bindungen oder Aufstiegsmöglichkeiten. Diese Einflußquelle kann aber ohnehin nur durch sonstige Kontrollinstrumente eingedämmt werden, auf die ich abschließend zu sprechen kommen werde.

2. Was die früher nicht überall (vor allem nicht in den süddeutschen Ländern) statuierte Stellung der Generalstaatsanwälte, in Hessen früher auch der Behördenleiter als *politische Beamte* anbetrifft, die vom Justizminister jederzeit in den einstweiligen Ruhestand versetzt und wegen dieser Vulnerabilität u.U. auch außerhalb einer förmlichen Weisung gefügig gemacht werden können, so bietet meine Analyse keine Veranlassung, von der überwiegend im Schrifttum zu findenden Kritik an dieser Regelung[38] Abstand zu nehmen. Gerade der enge Spielraum für eine ministerielle Weisung scheint mir deutlich zu machen, daß die Kontrollbedürfnisse nicht in der politischen Dimension liegen. Die wenigen, aber besonders prekären Fälle, in denen in der Vergangenheit ein Generalstaatsanwalt seines Amtes enthoben wurde, zuletzt der Fall des sich einem rechtswidrigen Ansinnen des Bundesjustizministers widersetzenden Generalbundesanwalts[39], lassen sogar eine Interpretation des verfassungsrechtlichen Rechtsstaatsprinzips (Art. 20 GG) im Sinne eines Verbots der Einordnung von Staatsanwälten in die Kategorie der politischen Beamten geboten erscheinen[40]. Denn politische Beamte sind nach § 30 BeamtStG die Inhaber eines Amtes, bei dessen Ausübung sie „in fortdauernder Übereinstimmung mit den grundsätzlichen politischen Ansichten und Zielen der Regierung" stehen müssen, und wenn man das Amt des Staats-

38 *Carsten/Rautenberg* (Fn. 1), S. 574.

39 Die sog. „Netzpolitik.org-Affäre" (dazu beck-online becklink 2000772; SPIEGEL-online v. 6.8.2015) ist schon nach 8 Monaten in der Unkultur der postmodernen Event-Gesellschaft in Vergessenheit geraten und kann auch hier nicht weiter analysiert werden, zeigt aber exemplarisch, wie rasch das traditionell als Hüter der Rechtsstaatlichkeit auftretende Amt des Justizministers durch die opportunistisch-populistische Amtsführung seines gegenwärtigen Inhabers *Maas* diskreditiert werden kann.

40 Auch wenn das sonst für den rechtsstaatlichen Strafprozeß vorbildliche 19. Jahrhundert in dieser Hinsicht weniger sensibel war, aber das hängt zweifellos mit dem erst schrittweise überwundenen Absolutismus zusammen.

anwalts mit dem BVerfG innerhalb der Justiz einordnet[41] oder ihn als ein Organ der Rechtspflege qualifiziert, muss die Einordnung eines Generalstaatsanwalts oder gar eines Leitenden Oberstaatsanwalts als eines politischen Beamten schon auf der semantischen Ebene abstrus erscheinen. Das respektiert zwar mittlerweile die Gesetzgebung der Bundesländer, doch könnte sich diese Tendenz auch wieder einmal umkehren, und deshalb sollte man aus der Zuordnung zur Rechtspflege definitive Konsequenzen ziehen und jegliche Einordnung als politischer Beamter am Rechtsstaatsprinzip scheitern lassen.

3. Die Frage der *Bindung des Staatsanwalts an die höchstrichterliche Rechtsprechung* ist, ihrer recht geringen praktischen Bedeutung zum Trotz, fast ein Modethema der strafprozeßrechtlichen Literatur und 1964 sogar vom „Deutschen Juristentag" zum Gegenstand der zweijährigen Vereinstreffen gemacht worden. Ich muss mich hier auf die Feststellung beschränken, dass die von mir herausgearbeitete qualifizierte Machtstellung der Staatsanwaltschaft kein Argument für die vom Bundesgerichtshof[42] im Widerspruch zur herrschenden Lehre[43] bejahte Bindungswirkung ergibt, weil beispielsweise bei § 153 a StPO durch das gerichtliche Zustimmungserfordernis dafür gesorgt ist, daß die Gerichte ihren Standpunkt zur Geltung bringen können (wenn sie es denn wollen!). Problematisch könnte deshalb allein eine in Abweichung von der höchstrichterlichen Rechtsprechung durch die Staatsanwaltschaft gemäß § 170 Abs. 2 StPO verfügte Verfahrenseinstellung erscheinen, die allenfalls in einem Klageerzwingungsverfahren gerichtlicherseits überprüft werden kann, zu dem es aber nur unter der doppelten Voraussetzung kommt, dass ein individueller Verletzter vorhanden und antragsbereit ist. Insoweit hat sich aber an der Rechtsstellung der Staatsanwaltschaft und auch an ihrer Machtposition gegenüber früher nichts verändert, so dass es bei den schon bekannten Argumenten sein Bewenden hat.

4. Auch die Frage der *Ablehnung eines befangenen Staatsanwalts* ist ein Dauerbrenner der strafprozeßrechtsdogmatischen Diskussion, wobei sich die Waagschale in der letzten Zeit deutlich zu Gunsten derjenigen Position neigt, dass zwar ein befangener Staatsanwalt nach § 145 GVG abgelöst werden muß, dass dies aber nur in Ausnahmefällen von einem Verfahrensbeteiligten auch gerichtlich durchgesetzt werden kann. Insoweit liefert nun die Einsicht in die enorm gewachsene Machtstellung der Staatsanwaltschaft und die davon ausgehenden Gefahren für eine unverzerrte Wahrheitsfindung ein starkes Argument dafür,

---

41 BVerfGE 9, 228.

42 BGHSt 15, 155, 158ff.

43 LR-*Rieß* § 170 Rn. 26 m.w.N.; *Roxin*, DRiZ 1997, 109, 114ff.; *Roxin/Schünemann* (Fn. 17), § 9 Rn. 14; *Bottke*, GA 1980, 298; *Kohlhaas*, Die Stellung der Staatsanwaltschaft als Teil der rechtsprechenden Gewalt, 1963, S. 90ff.

generell die gerichtliche Durchsetzbarkeit der Ablehnung eines befangenen Staatsanwalts nach den §§ 23ff. EGGVG zu bejahen, denn es geht schwerlich an, dass zwar der Urkundsbeamte nach § 31 StPO wegen Befangenheit abgelehnt werden kann, die Amtsführung eines befangenen Staatsanwalts dagegen als solche hinzunehmen und die Befangenheit nur inzidenter im Rahmen der gerichtlichen Überprüfung der von ihm getroffenen Maßnahmen geltend zu machen sei. Letzteres scheint mir auch nicht praktikabel zu sein und kann sich bezeichnenderweise kaum auf triftige Beispiele aus der Rechtspraxis berufen, denn wie soll man beispielsweise eine von einem befangenen Staatsanwalt gemäß § 161 a StPO durchgeführte Zeugenvernehmung ungeschehen machen können, wenn doch auch die von einem befangenen, aber noch nicht abgelehnten Richter vorgenommenen Ermittlungshandlungen verwertbar bleiben? Wie soll man gegen eine von einem befangenen Staatsanwalt verfasste, aber vom Abteilungs- oder Behördenleiter unterschriebene Anklageschrift vorgehen? Und was nützt einem Angeschuldigten selbst die Zurückweisung der Anklage durch das Gericht, wenn er etwa vorher schon aufgrund der Pressemitteilung der Staatsanwaltschaft über die Erhebung der Anklage wirtschaftlich ruiniert worden ist? Oder was soll der Angeklagte machen, wenn ein befangener Staatsanwalt in der Hauptverhandlung die Zustimmung zur gerichtlich angeregten Einstellung verweigert? Ich halte es für indiskutabel, die Stellung der Staatsanwaltschaft durch gesetzliche Veränderungen und Revolutionierungen der Verfahrenspraxis zu der von mir ausführlich beschriebenen Machtposition auszubauen, ohne dem Betroffenen dann wenigstens ein gerichtlich durchsetzbares Recht auf Ablösung eines befangenen Staatsanwalts einzuräumen.

5. Was schließlich das ebenfalls bis in die letzte Faser ausdiskutierte *Verhältnis der Staatsanwaltschaft zur Polizei* anbetrifft, so ergibt sich aus den von mir angestellten Überlegungen, daß gerade die weitgehend selbständige Bearbeitung der unkomplizierten Ermittlungsverfahren bei leichteren Fällen durch die Polizei, über die im Schrifttum vielfach Klage geführt wird, die Qualität der Abschlußentscheidung des Staatsanwalts nur verbessern kann, weil bei diesem dann nicht infolge der früheren Aufstellung eigener Ermittlungshypothesen der Perseveranz-Effekt ausgelöst worden ist und infolgedessen eine unverzerrte Informationsverarbeitung möglich bleibt. Weil der Staatsanwalt ferner infolge der Verfahrensflut schon rein quantitativ zu einer Selektion der zu erhebenden Anklagen gezwungen ist, wird er sich auch nicht aufgrund eines Schulterschlusseffekts ohne weiteres von der Marschroute der Polizei vereinnahmen lassen. Eine laufende Kontrolle der polizeilichen Ermittlungen auch außerhalb von Zwangsmaßnahmen wäre im übrigen in der Masse der leichteren Kriminalitätsfälle weder möglich noch notwendig, nachdem die Polizei ja ebenso wie der Staatsanwalt auf Objektivität verpflichtet ist und inzwischen etwa auch die gleichen Belehrungspflichten zu erfül-

len hat (s. § 163 a Abs. 4 und 5 StPO). Da alle wichtigen Entscheidungen bei der Staatsanwaltschaft verbleiben, hat diese die Ergebnisse ohnehin zu verantworten und kann sich davon auch nicht durch eine Pontius-Pilatus-Haltung distanzieren. Die gegenwärtige Ausgestaltung des Verhältnisses zwischen Staatsanwaltschaft und Polizei scheint mir deshalb ausgesprochen gelungen zu sein, was im Grunde auch die zahlreichen Kritiker zugeben müssten, die bisher keine im Kern substantiell verschiedene und bessere Lösung anzubieten vermocht haben.

VI. Desiderate für eine grundlegend neue Ausbalancierung der Verfahrensrollen

Mit diesen knappen Bemerkungen zu den im Schrifttum bisher hauptsächlich diskutierten Einzelaspekten scheint mir zugleich deutlich geworden zu sein, dass auf diesen doch recht beschränkten Feldern keine Lösungen für die *Grundfrage* gefunden werden können, welche Konsequenzen aus der von mir beschriebenen Transformation der staatsanwaltschaftlichen Machtstellung im Hinblick auf die damit verknüpften Gefahren für die Ausbalancierung der Verfahrensrollen und die davon abhängige Wahrheitsfindung im Strafverfahren gezogen werden müssen. Schärfer formuliert, ist die Schrebergartenidylle der bisherigen Diskussion zur Beantwortung der Strukturfragen außerstande, die sich durch die in den letzten 25 Jahren erfolgte definitive Sprengung der im reformierten Strafprozess geschaffenen Macht- und Rollenverteilung eigentlich von selbst aufdrängen, aber nicht von selbst beantworten. Ich kann dazu nur noch eine flüchtige Skizze, gewissermaßen al fresco gemalt, beisteuern und möchte dies auf zwei Ebenen tun, indem ich zunächst einige bescheidene Sofortmaßnahmen im Rahmen des bisherigen Rollengefüges anspreche und sodann Möglichkeiten für eine erneute Ausbalancierung der durch die übermächtige Stellung der Staatsanwaltschaft inzwischen in eine Schieflage geratenen Rollenstrukturen des Strafverfahrens zur Diskussion stelle.

1. Zunächst einmal müßte man versuchen, die im reformierten Strafprozess zur Kontrolle der staatsanwaltschaftlichen Tätigkeit geschaffenen Organe auf eine in der Sache selbst greifende, *effiziente Kontrolle* festzulegen. Beispielsweise könnte man dem *Ermittlungsrichter* den De-facto-Rückzug auf eine quasi protokollarische Funktion dadurch verwehren, dass man die Vorlage eines unterschriftsreifen Haft- oder Durchsuchungsbefehls durch die Staatsanwaltschaft untersagt, so dass der Ermittlungsrichter den Beschluß und insbesondere auch dessen Begründung anhand der ihm zu übersendenden Akten selbst erarbeiten und dabei naturgemäß im einzelnen selbst prüfen muss. Eine Verbesserung der Kontrolle kann auch auf der Seite des *Verletzten* durch verschiedene Einzelmaß-

nahmen erfolgen, etwa durch eine Erleichterung bei den Zulässigkeitsvoraussetzungen für einen Klageerzwingungsantrag und durch ein formalisiertes Anhörungsrecht bei der Opportunitätseinstellung, wobei die Zustimmung dazu aus der Hand des später entscheidenden Gerichts genommen und etwa auf das Oberlandesgericht oder eine eigene Instanz übertragen werden sollte, um das heute oft dominante Motiv, sich einen unangenehmen Prozess zu ersparen, von vornherein auszuschalten.

2. Mit diesen einzelnen Maßnahmen wird man aber noch keine dem reformierten Strafprozeß entsprechende *neue Ausbalancierung der Verfahrensrollen* erreichen können, die wegen der dargestellten einseitigen Auswirkungen der gegenwärtigen Machtstellung der Staatsanwaltschaft auf die Verarbeitung der Beweisergebnisse unverzichtbar erscheint. Ich habe hierzu verschiedentlich eigene, naturgemäß weiterer Diskussion bedürfende Vorschläge unterbreitet, auf die ich hier verweisen[44] und die ich nur in einem Punkt weiterspinnen möchte:

Die größten Schwierigkeiten bereitet die Ausbalancierung des *Perseveranzeffekts*, weil das von *Schreiber*, *Schöch* und *Roxin* hierfür favorisierte Modell des Passivrichters, der mit Aktenkenntnis ausgestattet ist, aber die Beweisaufnahme im Regelfall der Staatsanwaltschaft und der Verteidigung überläßt,[45] nach dem Ergebnis der von mir dazu durchgeführten experimentellen Untersuchungen[46] an

---

44 Siehe *Schünemann*, ZStW 114 (2002), 1, 29 ff.; in: Strafverteidigervereinigungen (Hrsg.), Sicherheit durch Strafe?, 26. Strafverteidigertag Mainz, 2003, S. 267 ff.; GS f. Vogler, 2004, S. 81 ff.; StraFo 2004, 293 ff.; 2005, 177 ff.; ZRP 2006, 63 f.; AnwBl. 2006, 439 ff (gem. m. *Hauer*); ZStW 119 (2007), 945 ff.; FS f. Hamm, 2008, S. 687 f.; FS f. Katoh, 2008, S. 49 ff.; GA 2008, 314 ff.; FS f. Fezer, 2008, S. 555 ff.; FS 25 Jahre Arbeitsgemeinschaft Strafrecht DAV, 2009, S. 827 ff.; ZRP 2009, 104 ff.; ZIS 2009, 484 ff.= in: Schünemann (Hrsg.), Risse im Fundament, Flammen im Gebälk: Zum Zustand des kontinentaleuropäischen Strafverfahrens, 2010, S. 71 ff.; StraFo 2010, 90 ff.; FS f. Geppert, 2011, S. 649 ff.; in: Bundesministerium für Justiz (Hrsg.), Die Reform des Haupt- und Rechtsmittelverfahrens, Wien, Graz 2011, S. 9 ff.; ERA Forum (2011) Bd. 12, 445 ff.; in: Vereinigung der österreichischen StrafverteidigerInnen u. a. (Hrsg.), Strafverteidigung – Opferrechte und Medienjustiz, Wien-Graz 2014, S. 129 ff.; in: Schroeder/Kudratov (Hrsg.), Die strafprozessuale Hauptverhandlung zwischen inquisitorischem und adversatorischen Model, 2014, S. 91 ff.; wistra 2015, 161 ff.; StraFo 2015, 177 ff.; *Roxin/Schünemann* (Fn. 17), S. 537 ff.

45 Dazu *Schöch*, in: Schreiber (Hrsg.), Strafprozeß und Reform (1979), S. 52; *Weißmann*, Die Stellung des Vorsitzenden in der Hauptverhandlung (1982); *Roxin*, in: Probleme der Strafprozeßreform (1975), S. 52 ff; *ders.*, Schmidt-Leichner-FS (1977), S. 145 ff; *ders.*, Strafverfahrensrecht (25. Aufl. 1998), S. 354 ff; *Arbeitskreis AE* (Hrsg.), Alternativ-Entwurf – Novelle zur Strafprozessordnung – Reform der Hauptverhandlung (1985), S. 67 ff.

46 in: Kerner/Kury/Sessar (Hrsg.), Deutsche Forschungen zur Kriminalitätsentstehung und Kriminalitätskontrolle (1983, Teilband 2), S. 1109 ff; in: Lampe (Hrsg.), Beiträge zur Rechtsanthropologie (Beiheft 22 zur ARSP), 1985, S. 68 ff. = oben S. 215 ff.; in: Kaiser/Kury/Albrecht (Hrsg.), Kriminologische Forschung in den 80er Jahren – Projektberichte aus der Bundesrepublik Deutschland, 1988,

den psychologischen Grundbedingungen und deshalb auch am Ergebnis nichts ändert, während die Wiedereinführung einer Jury ungeachtet der wenig rühmlichen Umstände ihrer Abschaffung durch die Emmingersche Notverordnung von 1924 die prozessuale Wahrheitsfindung nicht optimieren, sondern verschlechtern würde[47]. In den von mir zur Informationsverarbeitung in der Hauptverhandlung durchgeführten Experimenten hat sich statt dessen gezeigt, daß diejenigen Richter die besten Ergebnisse in der unverzerrten Verarbeitung (Speicherung und Erinnerung) der Beweisaufnahme erzielten, die die Beweisaufnahme selbst durchführten, jedoch ohne dabei Aktenkenntnis zu besitzen – also das direkte, jeden Perseveranzeffekt ausschließende Gegenmodell zum „Passivrichter". Als Preis dafür müsste freilich wohl ein Fortfall des Zwischenverfahrens und zumindest eine Einschränkung der richterlichen Aufklärungspflicht hingenommen werden, was aber beides im Hinblick auf die notorisch geringe Selektionswirkung des Zwischenverfahrens und die äußerst niedrige Erfolgsquote der Aufklärungsrüge bei Revisionen[48] nicht außerhalb jeder Diskussion steht. Ich könnte mir deshalb vorstellen, dass dem Angeschuldigten, der ja sonst immer nur reagieren muss, zukünftig die Wahl gelassen wird, ob er ein Zwischenverfahren mit einer dann notwendig eintretenden Aktenkenntnis des später erkennenden Gerichts beantragt oder sich sofort der Anklage in einer Hauptverhandlung stellt, in die das Gericht dann ohne Aktenkenntnis gehen würde. Auch im letzteren Falle könnte dem Gerichtsvorsitzenden durchaus die Vernehmung der Zeugen belassen werden, weil diese ja mit deren *Bericht* beginnt, aus dem heraus dann das *Verhör* entwickelt werden kann.

3. Mit diesen wenigen Bemerkungen muß es sein Bewenden haben. Ich bin realistisch genug, um mich über den fehlenden Beruf unserer Zeit zur Gesetzgebung keinen Illusionen hinzugeben[49]. Überdies greift die Dynamik der Europäischen Union immer stärker auch in den nationalen Strafprozeß ein und lässt sich von den Traditionen der deutschen Rechtswissenschaft kaum beeinflussen.[50] Aber das große wissenschaftliche und moralische Vermächtnis von *Edda Weßlau*, deren Andenken diese kleine Studie gewidmet ist, verbietet es uns, die Rolle des

---

Band 35/I, S. 265 ff.; zusammen mit *Bandilla*, in: Wegener/Lösel/Haisch (Hrsg.), Criminal Behavior and the Justice System. Psychological Perspectives (New York-Berlin 1989), S. 181 ff; in: Bierbrauer/Gottwald/Birnbreier-Stahlberger (Hrsg.), Verfahrensgerechtigkeit (1995), S. 215 ff; in: StV 2000, 159 ff.=oben S. 239 ff.

47 Näher *Schünemann*, FS f. Fezer (Fn. 44) = oben S. 313 ff.

48 *Barton*, FS f. Fezer, 2008, S. 333 ff.

49 Siehe *Schünemann*, StraFo 2016, 45 ff.

50 Zu meiner Kritik s. *Schünemann*, Die Europäisierung der Strafrechtspflege als Demontage des demokratischen Rechtsstaats, 2014, sowie StV 2016, 178 ff.

Hofnarren zu spielen und die Transformation des reformierten Strafverfahrens in den in Wahrheit aus den rechtsstaatlichen Fugen geratenen Strafprozess der postmodernen Gesellschaft nur mit ergötzlichen Reden zu begleiten.

ZWÖLFTER TEIL Prolegomena zu einer jeden künftigen Verteidigung, die in einem geheimdienstähnlichen Strafverfahren wird auftreten können

I. Aktuelle Dramatik

Wie von der unsichtbaren Hand eines genialen Dramaturgen gestaltet, haben sich in den letzten Tagen vor dem 32. Deutschen Strafverteidigertag Aufsehen erregende Ereignisse getürmt, deretwegen die nächsten zwei Tage zu einer Sternstunde des deutschen Rechtsstaats werden könnten – oder auch zu einer Stunde des Unsterns, je nach dem, ob die sich hier vesammelnden Glieder jenes Scharniers zwischen Rechtspflege und Gesellschaft, das von der *Strafverteidigung* gebildet wird, auf die diametral gegensätzlichen Ereignisse der letzten Tage adäquat zu reagieren und diese Reaktion über die Medien in die Gesellschaft hinein zu vermitteln schaffen werden.

Jeder weiß, dass ich mit den von mir apostrophierten Vorgängen einerseits den vom BND vermittelten *Ankauf kriminell erlangten Materials* durch deutsche Strafverfolgungsbehörden samt allen Weiterungen bis hin zur öffentlichen moralischen Hinrichtung eines mutmaßlichen Steuersünders[1] sowie andererseits das gerade vorgestern verkündete Urteil des BVerfG zur *Verfassungswidrigkeit* der in Nordrhein-Westfalen gesetzlich vorgesehenen sog. *Online-Durchsuchung*[2] meine. Auf einem Strafverteidigertag, dem es um die Zentralthemen der Heimlichkeit und Wahrheit im Strafverfahren geht, muss selbst ein schon fertiges Vortragsmanuskript zu Gunsten einer Beschäftigung mit diesen beiden Großereignissen der letzten Tage geopfert werden, die – geradezu archetypisch – den Damm oder den Durchbruch verkörpern, je nach Perspektive, für oder gegen ein liberal-fragmentarisches versus ein effizienzorientiert-instrumentelles Konzept der Strafrechtspflege.

1 Die Übertragungskameras des öffentlichen Fernsehens waren schon vor Beginn der Hausdurchsuchung bei Klaus Zumwinkel am 14.2.2008 platziert, und um nur eine einzige als seriös geltende Tageszeitung zu zitieren, sei auf die Süddt. Zeitung v. 14.2.08 („Ein besonderer Fall von Dreistigkeit“) und v. 19.2.08 („Der Münchhausen der Post“ sowie das *Struck*-Zitat „Das ist reine Raffgier“) verwiesen.

2 BVerfG NJW 2008, 822ff.

Hinweis: Den nachfolgenden Text widme ich mit herzlichen Glückwünschen *Paul-Günter Pötz* in einer über Jahrzehnte und 16 GA-Beiträge gewachsenen, nie getrübten Verehrung und Verbundenheit. Er gibt den unveränderten, mit exemplarischen Fußnoten versehenen Text des Eröffnungsvortrages wieder, den ich am 29. Februar 2008 auf dem 32. Strafverteidigertag „Heimlichkeit und Wahrheit – Die neuen Maximen des Strafprozesses“ in München gehalten habe.

https://doi.org/10.1515/9783110650563-013

II. Die Balance-Aufgabe der Verteidigung

Neben diesen aktuellen Türmen sei es des Schreckens, sei es der Hoffnung darf ich freilich mein eigentliches Anliegen nicht aus den Augen verlieren, nämlich die Klärung der Frage, wie ein mehr und mehr von der Polizei dominiertes und mit geheimdienstähnlichen Methoden arbeitendes Strafverfahren[3] strukturell ausbalanciert werden muss, damit die in einem Fair Trial unverzichtbare Verteidigung die ihr im Rechtsstaatsprinzip garantierte Rolle[4] weiterhin spielen kann. Oder um es noch deutlicher zu formulieren: damit die in einem kontradiktorischen Prozess unerlässliche Verteidigung nicht vom *Gegengewicht zum Fliegengewicht* degradiert wird.

Dass das Bundesverfassungsgericht bei all seinen denkwürdigen, erst vorgestern gekrönten Bemühungen um eine rechtsstaatliche Eindämmung der Verpolizeilichung und Vergeheimdienstlichung der Strafrechtspflege durch Einschränkung der Eingriffsvoraussetzungen und Statuierung prozeduraler Kautelen[5] die zentrale Frage der Verfahrensstruktur und darunter insbesondere der Bewahrung einer effizienten Verteidigung nur mittelbar thematisiert hat, ist bedauerlich, aber in gewisser Weise verständlich, weil der Gesamtkomplex von ihm als eine Frage der Grundrechtsdogmatik eingeordnet und dann auch in diesem vorgegebenen, wenn-gleich unleugbar zu engen Rahmen abgehandelt werden musste. Weit weniger verständlich ist dagegen, dass auch die Organisationen und Wortführer der deutschen Strafverteidiger ihre kritischen Kräfte in diesem engen Rahmen verschlissen und bei allen ihren respektablen Protesten gegen die Erosion des Rechtsstaats[6] vorwiegend die tragische Rolle einer Kassandra gespielt haben. Aber selbst damit lese ich, um mit Franz Moor zu sprechen, nur das Glimpflichste, denn an der Zerstörung der strukturellen Balance haben die Verteidigerorganisationen sogar in der vollends unrühmlichen Rolle des Steigbügelhalters mitgewirkt, nämlich durch die beflissene Absegnung der in Wahrheit nur die Übermacht des Gerichts petrifizierenden Urteilsabsprachen[7]. Ich werde mich diesem

---

3 Zu beiden Entwicklungen zahlr. Nachw. b. *Schünemann* ZStW 114 (2002), 1, 14ff.; *ders.* 119 (2007) 945, 948ff.; zur Verpolizeilichung *Paeffgen* in: Wolter (Hrsg.), Zur Theorie und Systematik des Strafprozeßrechts, 1995, S. 13ff.; *Schünemann* Kriminalistik 1999, 74ff., 176ff.; *Ambos* Jura 2003, 674ff.; zur Vergeheimdienstlichung *Wolter* ZStW 107 (1995), 793; *Paeffgen* GA 2003, 647ff.; *ders.* StV 2002, 336; *Soiné* NStZ 2007, 247ff.; *Roggan/Bergemann* NJW 2007, 876ff.

4 Vgl. nur Art. 6 III c) EMRK und BVerfGE 39, 156, 163; 68, 237, 255; BVerfG NJW 1984, 862, 863.

5 Nachw. unten bei Fn. 41ff.

6 Aus jüngster Zeit die BRAK-Stellungnahmen Nr. 4, 31 und 42/2007.

7 Zum Vorschlag einer gesetzlichen Regelung der Urteilsabsprache im Strafverfahren des Strafrechtsausschusses der BRAK s. ZRP 2005, 235ff. und *meine* Kritik in ZRP 2006, 63f.; *Meyer-Goßner* StV 2996, 485ff.

Thema der Verteidigerrolle innerhalb einer ausbalancierten Verfahrensstruktur am Ende zuwenden, nachdem ich die Ereignisse der letzten Tage in das Generalthema des 32. Strafverteidigertages eingeordnet und aus dessen Perspektive kommentiert habe.

Zuvor muss ich jedoch genau diese Perspektive noch etwas gerade rücken, weil die plakative These von Heimlichkeit und Wahrheit als den angeblich „neuen Maximen des Strafprozesses“[8] die wirklichen Verhältnisse doch arg verzeichnet, wenn man sie wörtlich nehmen würde, was aber wohl auch die Veranstalter nicht beabsichtigt haben.

III. Die Prägewirkung des geheimen Ermittlungsverfahrens

1. Um mit der Heimlichkeit zu beginnen: Es trifft zu, dass die geheimdienstlichen oder geheimdienstähnlichen Komponenten des Strafverfahrens in jüngster Zeit mit rabiater Geschwindigkeit metastasieren,[9] genährt von dem per definitionem unerschöpflichen Brennstoff des in den USA verkündeten „war on terrorism“, personifiziert in der Quasi-Inkarnation zweier in allen übrigen Aspekten so grundverschiedenen Bundesinnenminister und rechtsdogmatisch geadelt durch die Proklamation eines Grundrechts auf Sicherheit[10]. Aber daran ist eigentlich nichts grundstürzend Neues. Z. B. wurde die Rasterfahndung in den 70er Jahren des vorigen Jahrhunderts zur Bekämpfung des RAF-Terrorismus erfunden.[11] Der große Lauschangriff wurde vor über 30 Jahren in dem den Älteren unter uns noch lebhaft vor Augen stehenden Skandalfall *Traube* erstmals praktiziert.[12] Und die geheimdienstliche Methode par excellence, der Einsatz von V-Leuten, bildet seit Jahrzehnten bei uns die notorische Standardstrategie in dem ebenfalls von den USA verkündeten „war on drugs“.

2. Mit dieser Betrachtung allein der geheimdienstlichen Methoden würde man aber für das Generalthema der „Heimlichkeit“ immer noch viel zu kurz greifen, weil

---

8 So das Thema des Strafverteidigertages, s. o. die Sternchenfußnote.

9 Nachw. o. Fn. 3.

10 So der Titel der Monographie von *Isensee* 1983, als die heutigen Dimensionen der technischen Überwachungsmöglichkeiten freilich noch nicht abzusehen waren; die „Modernisierung“ findet sich etwa bei *Hillgruber* JZ 2007, 209 ff.

11 Zur damals eingesetzten Rasterfahndung vgl. *Herold* RuP 1985, 84, 91 ff.; Überblick zur frühen Entwicklung der Anti-Terror-Bekämpfung bei *Kühl* NJW 1987, 737.

12 In der 1977 vom Magazin SPIEGEL aufgedeckten Affäre ging es um den vom Bundesamt für Verfassungsschutz wegen eines letztlich haltlosen Verdachts ohne gesetzliche Grundlage praktizierten großen Lauschangriff gegen *Klaus Traube*; im Verlauf der Affäre trat der damalige Bundesinnenminister *Maihofer* zurück (hierzu *v. Münch* NJW 1993, 1673, 1677).

die Heimlichkeit das Gegenstück zur Öffentlichkeit bildet und die Öffentlichkeit nach der Reichsstrafprozessordnung (wie übrigens ja auch nach dem ihr vorangehenden reformierten Strafprozess) ausschließlich der Hauptverhandlung vorbehalten war, während das vorgeschaltete Zwischenverfahren nur parteiöffentlich und das wiederum davor liegende Ermittlungsverfahren sogar im Prinzip gänzlich geheim gewesen und insoweit bis heute unverändert geheim geblieben ist.[13] Es gab also immer schon die Heimlichkeit als Verfahrensmaxime – aber ursprünglich nur für das Ermittlungsverfahren, dem noch nach der Konzeption der Reichsstrafprozessordnung von 1877 eine rein vorbereitende und damit beschränkte Funktion zukam,[14] während für die das Entscheidungszentrum des Strafverfahrens bildende Hauptverhandlung[15] der Grundsatz der Öffentlichkeit zu den großen Errungenschaften der Reformbewegung des liberalen Rechtsstaats im 19. Jahrhundert zählte.[16] Und genau an dieser Stelle setzt der moderne Siegeszug der Heimlichkeitsmaxime ein, indem nämlich die öffentliche Hauptverhandlung als nur noch offizielles Entscheidungszentrum vermöge der für die deutsche Verfahrensstruktur charakteristischen Deformierung der Richterrolle einer diskreten Überdeterminierung durch die Ergebnisse des Ermittlungsverfahrens erlegen und in praxi mehr und mehr in ein nur noch äußerliches Ritual transformiert worden ist.

a) Es ist jetzt fast 30 Jahre her, dass ich in einer ganzen Serie sozialpsychologischer Experimente jene Erfahrung empirisch exakt bestätigt fand, die jeder Strafverteidiger schon in den Anfangsjahren seiner Praxis macht, nämlich dass die Hauptverhandlung vom Richter auf der Marschroute der Ermittlungsakten abgewickelt wird und dass es nur in seltenen Ausnahmefällen gelingen kann, ein vom Resultat der polizeilichen Ermittlungen abweichendes Ergebnis zu erzielen, weil der Richter durch die Lektüre der von der Polizei gestalteten Akten und durch seinen eigenen Eröffnungsbeschluss auf deren Marschroute so intensiv und stabil festgelegt ist, dass ihn der sog. *Urteilsperseveranzeffekt* an einer wahrhaft neutralen Würdigung der in der Hauptverhandlung erhobenen Beweise hindert.[17] Das

---

13 Vgl. dazu die Motive zum Entwurf einer Strafprozeßordnung bei Hahn (Hrsg.), Die gesammten Materialien zu den Reichsjustizgesetzen, 1885, Bd. 3/Abt. 3. S. 157 ff.

14 Hahn (Fn. 13), S. 163; *Pfeiffer*, KK-StPO, Einleitung Rn. 33; *Krehl*, HK-StPO, Einleitung Rn. 5.

15 Hahn (Fn. 13), S. 159, 207; Roxin, Strafverfahrensrecht, 25. Auflage, 1998, S. 335.

16 Repräsentativ *Feuerbach*, Betrachtungen über die Oeffentlichkeit und Mündlichkeit der Gerechtigkeitspflege (Bd. I 1821; Bd. II 1825); *Mittermaier*, Die Mündlichkeit, das Anklageprinzip, die Öffentlichkeit und das Geschworenengericht in ihrer Durchführung in den verschiedenen Gesetzgebungen, dargestellt und nach Forderungen des Rechts und der Zweckmässigkeit mit Rücksicht auf die Erfahrungen der verschiedenen Länder geprüft (1845).

17 *Schünemann* in: *Bierbrauer/Gottwald/Birnbreier-Stahlberger* (Hrsg.), Verfahrensgerechtigkeit – Rechtspsychologische Forschungsbeiträge für die Justizpraxis, 1995, S. 215 ff.; *ders./Bandilla* in: Wegener/Lösel/Haisch(eds.), Criminal Behavior and the Justice System, New York u. a., 1989, heimliche Ermittlungsverfahren avancierte also insgeheim zum eigentlichen Entscheidungszentrum des gesamten Strafverfahrens[18]. Und mit der gegen das Gesetz, nämlich unter ziemlich evidenter Umstürzung aller Grundprinzipien der Strafprozessordnung erfolgenden Etablierung der Urteilsabsprachen[19] wurde diese Prägewirkung des Ermittlungsverfahrens für die Endentscheidung zu einer ehernen Determinierung gesteigert, denn das die Absprachenverhandlung eindeutig dominierende Gericht wird sich naheliegender Weise zu keinem Deal bereit finden, der nicht im Kern das Ergebnis der polizeilichen Ermittlungen widerspiegelt, so wie ihm dies ja auch von der Rechtsprechung des Bundesgerichtshofes ausdrücklich abverlangt wird.[20]

Wenn ich im Kreise der Justiz über dieses Phänomen diskutiere, drücke ich gewöhnlich mein Unverständnis darüber aus, dass eine zur Durchsetzung des Rechts berufene und die Rechtsverletzungen anderer unnachsichtig strafende Instanz so leichthin bereit war, die für seine eigene Vorgehensweise verbindliche Strafprozessordnung zu missachten – naturgemäß ohne dass ich mit diesem Hinweis viel Beifall ernte, weil es zu den durch die tertiäre Sozialisation in der Justizorganisation vermittelten Basis-Stereotypen der Rolle des Richters gehört, nach einer einmal getroffenen Entscheidung die ihm „angeborene Farbe der Entschließung" nicht mehr „durch des Gedankens Blässe ankränkeln" zu lassen (*Shakespeare*, Hamlet). Bei Rechtsanwälten, und heute stehe ich ja vor solchen, muss meine Kritik freilich noch einige Dezibel stärker ausfallen, weil Strafverteidiger nun einmal kraft ihrer Fürsprachepflicht die in den Urteilsabsprachen stattfindende Petrifizierung der Ermittlungsergebnisse nur hätten akzeptieren dürfen, wenn ihnen zum Ausgleich eine wesentliche Verstärkung ihrer Mitwirkungsrechte im Ermittlungsverfahren offeriert worden wäre – wozu das Bundesjustizministerium bemerkenswerter Weise in der Ägide *Däubler-Gmelin* bereit zu sein schien,[21] wovon heute aber keine Rede mehr ist. Wenn sich gleichwohl der Strafrechtsausschuss der BRAK nunmehr mit einer bloßen Regelung der Absprachen-Choreographie zufrieden geben will,[22] so macht das ganze Vorhaben zur Legalisierung der

---

S. 181ff.; *ders.* StV 2000, S. 159ff.; auch laut *Barton* Einführung in die Strafverteidigung, 2007, § 12 Rdn. 35 ff., von besonderer Wichtigkeit.

18 In der zugespitzten Formulierung von *Wolter* Aspekte einer Strafprozessreform bis 2007, 1991, S. 35 „Kern und Höhepunkt" des Strafverfahrens; w. N. b. *Schünemann* ZStW 114 (2002), 20.

19 An diesem Befund kann die „normative Kraft des Faktischen" nichts ändern, s. *Schünemann*, Absprachen im Strafprozeß? Gutachten für den 58. DJT, 1990; *ders.* Wetterzeichen vom Untergang der deutschen Rechtskultur, 2005; *ders./Hauer* AnwBl. 2006, 439.

20 BGHSt 43, 195, 208; (GrS) 50, 40, 49.

21 Vgl. die „Eckpunkte" im Beschluss der Bundesregierung StV 2001, 314 ff., *Däubler-Gmelin* StV 2001, 359 ff.

22 S. o. Fn. 7 sowie *Hauer*, Geständnis und Absprache, 2007, S. 358 f.

Absprachen den Eindruck eines Abrüstungsvertrages, bei dem die Justiz weiterhin das Recht zur Zündung von Atombomben behält, dieses aber nur nach der vorherigen Anlegung von Glacéhandschuhen ausüben darf.

b) Bitte argwöhnen Sie nicht, ich hätte mich mit dieser Überlegung, professoraler Zerstreutheit den schuldigen Tribut zollend, auf eine Abseite unseres Themas begeben. Denn die Urteilsabsprachen bilden für die Maxime der Heimlichkeit ein Zentralfeld und zugleich ein hervorragendes Demonstrationsfeld, weil erstens die gesamte Praktik ursprünglich unter strengster Geheimhaltung in bewusster Missachtung des Gesetzes entwickelt wurde,[23] weil sie zweitens seit der Entscheidung des 4. Strafsenats jedenfalls vom Ergebnis her in der öffentlichen Hauptverhandlung protokolliert werden muss,[24] weil aber drittens die allein entscheidenden Absprecheverhandlungen selbst nach wie vor geheim außerhalb der Hauptverhandlung geführt werden[25] und weil viertens, wie schon erwähnt, eine Überprüfung der Ergebnisse des geheimen Ermittlungsverfahrens in der Mehrzahl der ja schon heute durch Urteilsabsprachen abgeschlossenen Strafverfahren überhaupt nicht mehr stattfindet und die öffentliche Hauptverhandlung damit zum bloßen Ritual denaturiert worden ist.

IV. Missverständnis des Prinzips der materiellen Wahrheit durch den Großen Strafsenat

Weil allen diesen umstürzenden Entwicklungen zum Trotz die Fassade der Hauptverhandlung bis heute aufrecht erhalten worden ist, handelt es sich also bei der Heimlichkeit um nichts weniger als um eine neue Maxime, sondern um einen seit Jahrzehnten anhaltenden, in jüngster Zeit freilich stark beschleunigten Trend. Erst recht ist für das zweite Generalthema des 32. Strafverteidigertages, die *Wahrheit* als vorgeblich „neue Maxime", die sich freilich bereits dem Leser des Programmhefts erschließende Klarstellung geboten, dass es hierbei „in Wahrheit" um ein Spezialproblem des *Revisionsrechts* geht, das durch eine unglückliche Entscheidung des Großen Strafsenats des BGH einen irreführenden Zungenschlag erhalten hat.[26] Denn wenn man die Maxime der materiellen Wahrheit ernst nimmt, so kann ja kein Zweifel daran bestehen, dass sie das entscheidende Strukturprinzip des deutschen Strafverfahrens bereits seit den Zeiten des Inquisitionsprozesses bildet, an dem

23 Vgl. dazu *Weider (Detlef Deal)* StV 1982, 545 ff.; *Schünemann* FS Heldrich, 2005, S. 1177 ff.

24 BGH St 43, 193, 206.

25 *Schmitt* GA 2001, 411, 423; *Hamm*, FS Meyer-Goßner, 2001, S. 33, 44; *Schünemann*, FS Rieß, 2002, S. 525, 543.

26 BGHSt (GrS) 51, 298 ff.

über den reformierten Strafprozess bis zur Reichsstrafprozessordnung unverändert festgehalten worden ist,[27] und zwar 1877 unter expliziter Ablehnung des angloamerikanischen Prozessmodells,[28] das dem Zivilprozess nachgebildet ist, mit der Institution des guilty plea die formelle Wahrheit zur Basis hat und übrigens ja auch nur deswegen mit dem plea bargaining ein konsensuales Erledigungsmodell entwickeln konnte.[29] Mit der Aufpfropfung der Urteilsabsprachen auf den deutschen Strafprozess ist die zentrale Maxime der materiellen Wahrheit dagegen nicht nur unterminiert, sondern streng genommen sogar abgeschafft worden. Nachdem der Große Strafsenat selbst diese contra legem erfolgende Grablegung der materiellen Wahrheit durch seinen Beschluss vom 3. März 2005 mit dem höchstrichterlichen Segen versehen hat,[30] ist es fürwahr verblüffend, dass er sie ziemlich genau zwei Jahre später mit den schlichten Worten exhumiert hat, auch die Revisionsgerichte seien der Wahrheit verpflichtet,[31] so dass bei klärungsbedürftigen prozessual erheblichen Tatsachen grundsätzlich der wahre Sachverhalt maßgeblich sei.

2. Weil ein ersichtlich als Grundsatzreferat gewünschter Eröffnungsvortrag nicht der Ort ist, um sich in den Details der vom Großen Strafsenat gegebenen Begründung zu verlieren, die den Dogmatiker des Strafverfahrensrechts geradezu Schritt auf Tritt zum Widerspruch herausfordert, dazu nur einige knappe Bemerkungen:

a) Das nunmehr vom Großen Strafsenat beerdigte sog. *Verbot der Rügeverkümmerung*, d.h. einer nach Anbringung einer Verfahrensrüge dieser den Boden entziehenden Protokollberichtigung, war vom RG in einer nur in der nationalsozialistischen Zeit unterbrochenen Kontinuität der deutschen Rechtsprechung erstmals am 31.5.1880[32] als eine selbstverständliche Konsequenz aus § 274 StPO abgeleitet worden, weil der Gesetzgeber darin die volle Beweiskraft des Protokolls vorbehaltlich des Nachweises der Fälschung gerade für die Revision und damit eo ipso für dasjenige Protokoll angeordnet habe, welches zur Zeit der Anfechtung vorhanden sei und auf welches sich die Anfechtung stütze. Dem braucht nur hinzugefügt zu werden, dass sich die Regelung des § 274 StPO in den allermeisten

---

27 Pfeiffer, KK-StPO, 5. Aufl., Einl. Rn. 52; Eschelbach, KMR-StPO, Einl. Rn. 19ff.; Kühne, LR-StPO, Einl. Abschn. B, Rn. 20ff.; Krehl, HK-StPO, 3. Aufl. 2001, Einl. Rn. 5.

28 Vgl. dazu Hahn (Fn 13) Bd, 3 / 2. Abt. S. 1511f.

29 *Schünemann* Gutachten (Fn. 19), S. 83; eingehend *Schumann Der* Handel mit Gerechtigkeit, 1977; *Weigend* Absprachen im ausländischen Strafverfahren, 1990; *Trüg* Lösungskonvergenzen trotz Systemdivergenzen im deutschen und US-amerikanischen Strafverfahren, 2002.

30 BGHSt 50, 40ff.

31 BGHSt 51, 298, 309.

32 RGSt 2, 76ff.; auch st. Rspr. des BGH, s. BGH St 2, 125; 7, 218, 219; 10, 145, 147; 12, 270, 271; 22, 278, 280; 34, 11, 12.

Fällen gerade gegen den Revisionsführer und damit praktisch zumeist gegen die Verteidigung auswirkt, weil sie ja den Freibeweis über die Unrichtigkeit des Protokolls ausschließt. Ihrer Struktur nach ist diese Vorschrift deshalb mit § 338 StPO zu vergleichen, jedoch mit dem Unterschied, dass § 338 ausschließlich *für* den Revisionsführer, § 274 dagegen zum größten Teil *gegen* ihn wirkt. Aus dieser übrigens ja auch sonst durch und durch künstlichen Architektur des Revisionsrechtsmittels einen Stein unter Berufung auf die materielle Wahrheit herauszubrechen, verschiebt deshalb deren fragile Balance noch weiter zu Lasten des Revisionsführers und damit praktisch der Verteidigung und ist auch in dogmatischer Hinsicht schon im Ansatz verfehlt, weil § 274 eine Regelung prozessualer Rechtslagen enthält und die Frage der materiellen Wahrheit, also die Verurteilung auf der Basis eines zutreffend festgestellten historischen Geschehens, überhaupt nicht berührt. Der BGH ist in den letzten Jahrzehnten bekanntlich nicht müde geworden, Fehler des in der Tatinstanz agierenden Verteidigers ohne Anhalt im Gesetz zu einer Präklusion des wirklichen Sachverhalts im Revisionsverfahren auszumünzen,[33] und seine notorisch immer rigidere Judikatur zu den Zulässigkeitsvoraussetzungen bei Verfahrensrügen[34] hat den gleichen Effekt, notabene ohne dass sich der BGH hier jemals darüber Gedanken gemacht hätte, ob damit die materielle Wahrheit im Revisionsrechtszuge beschädigt würde[35].

Wenn man die Entscheidung des Großen Strafsenats als das nimmt, was sie in Wahrheit ist, ist sie also nichts anderes als ein weiterer, immerhin besonders markanter Mosaikstein in der Zerstörung der Balance zwischen Justiz und Verteidigung, dergestalt dass Fehler der Justiz im Gegensatz zu Missgriffen der Verteidigung im Revisionsrechtszuge noch weitergehend heilbar sein sollen. Das Thema so hoch aufzuhängen, wie es auf dem 32. Strafverteidigertag geschieht, ist des-

33 BGHSt 38, 214; 42, 15, 22.

34 Nachw. zu den vielen von der Rspr. gestellten Anforderungen bei Meyer-Goßner, StPO, 50. Aufl. 2007, § 344 Rn. 20 ff.

35 Noch mehr neben der Sache liegen die weiteren Argumente des Großen Strafsenats (BGHSt 51, 298, 310 f.), wonach wegen anderenfalls drohender Strafzumessungsmilderungen nach erneuter Verurteilung sowie zum Opferschutz das Verbot der Rügeverkümmerung aufgehoben werden müsse. Das erste Argument klingt geradezu absurd, weil man mit der gleichen Regel dann überhaupt alle Kautelen des Verfahrensrechts abschaffen müsste, damit die Justiz nicht wegen deren Verletzung und der dadurch bewirkten Verlängerung des Strafverfahrens später womöglich eine Strafmilderung konzedieren müsste. Darüber hinaus zielt ja die Revision gerade darauf, die Verurteilung zu beseitigen, so dass der BGH offensichtlich dem Zirkelschluss erliegt, eine erfolgreiche Revision würde in der neuen Tatinstanz doch nur wieder zum selben Ergebnis führen, was abermals auf die Regel hinauslaufen würde, die Verfahrensrevision am besten ganz abzuschaffen. Und dass der Große Strafsenat sich zum Allerweltsargument des Opferschutzes versteigt, lässt die Kritik geradezu resignieren, denn dieses Argument hat mit dem konkreten Revisionsproblem nichts zu tun.

halb eigentlich nur nach dem Sprichwort nachvollziehbar, dass sich auch der Wurm krümmt, wenn er getreten wird. Denn dass der BGH nun ernsthaft unter dem Eindruck der Entscheidung des Großen Strafsenats vom Saulus zum Paulus mutieren und eine völlig neue Rechtsprechung zur Restituierung der materiellen Wahrheit im Strafverfahren beginnen würde, wozu als erstes die Umstürzung seiner eigenen Entscheidung zur Zulässigkeit der Urteilsabsprachen gehören würde, wäre ein gänzlich unrealistischer Traum – und speziell im Revisionsrecht sogar eher ein Albtraum als ein Blütentraum, weil er dessen kunstvolle Architektur in derselben Weise zerstören würde, wie es die Zulassung der Urteilsabsprachen mit der deutschen Prozessstruktur insgesamt getan hat.

V. Vom heimlichen zum geheimdienstlichen Ermittlungsverfahren

1. Ich kehre zur Maxime der *Heimlichkeit* zurück, wobei ich freilich den Topos der materiellen Wahrheit weiterhin im Auge behalten muss, weil ja gerade das Bedürfnis nach lückenloser Aufklärung jeder Straftat als zentraler Legitimationsgrund für die Verpolizeilichung und Vergeheimdienstlichung des Strafverfahrens geltend gemacht wird.

a) Meine heutige Aufgabe kann keine enzyklopädische sein in Gestalt einer lückenlosen Aufzählung aller heimlichen Ermittlungsmaßnahmen und Grundrechtseingriffe, die in den letzten Jahrzehnten gesetzlich realisiert wurden oder gegenwärtig politisch gefordert werden, noch könnte ich mich anheischig zu machen wagen, eine auf Details eingehende Analyse und Kritik zu entwickeln. Ich könnte in diesem Punkt auch nur längst Geleistetes und Bekanntes wiederholen. Denn in dogmatischer Hinsicht haben mein Mannheimer Kollege *Jürgen Wolter* und mein Bonner Kollege *Hans-Ulrich Paeffgen*[36] umfassende und tiefdringende Arbeiten publiziert, und viele legislatorische Maßnahmen stellen ohnehin nur eine verschärfte Wiederaufnahme der in den 70er Jahren des letzten Jahrhunderts propagierten Rezepte gegen Terrorismus und organisierte Kriminalität dar, so dass die damaligen kritischen Analysen der Strafprozessrechtswissenschaft, ich nenne exemplarisch *Klaus Lüderssens* pionierartige Studie zu V-Leuten und Lockspitzeln als Falle im Rechtsstaat,[37] auch heute noch ihre Gültigkeit besitzen. Natürlich hat die rasante technische Aufrüstung der heimlichen Ermittlungsmaßnahmen, die teilweise pa-

36 Siehe oben Fn. 3, ferner jüngst *Wolter* GA 2007, 183 ff.; *ders* in SK-StPO, § 100c Rdn. 54 ff., § 100d Rdn. 31 ff.

37 V-Leute – Die Falle im Rechtsstaat, 1985.

rallel zur Verbreitung arrivierter Informationstechnologien in der Bevölkerung selbst verläuft, die dadurch entstehenden neuen Rechtsprobleme fast einer Hydra gleich sich permanent vervielfältigen lassen. Gottlob haben diese Chancen- und Gefahrenlage aber nicht nur unsere Innen- und Justizpolitiker erkannt, sondern auch unsere höchsten Richter in Gestalt von BGH und BVerfG. Um nur einige der Lorbeerblätter zu benennen, aus denen bei einer Gesamtbilanz für die Verteidigung des Rechtsstaats gegen den drohenden Überwachungsstaat Kränze zu flechten sein werden: Der 1. Strafsenat hat in seiner Entscheidung zum Lauschangriff im Krankenzimmer[38] den vom BVerfG kürzlich aus seinem dogmatischen Dornröschenschlaf erweckten Kernbereich des Persönlichkeitsrechts[39] mit Leben gefüllt, und der 3. Strafsenat hat den Versuch der Strafverfolgungsbehörden, die verdeckte Online-Durchsuchung eines PC in die Ermächtigungsgrundlage für Durchsuchungen hineinzuschmuggeln, klar zurückgewiesen.[40] Das BVerfG hat in einer ganzen Reihe von Entscheidungen die Pläne unserer Sicherheitspolitiker und –behörden, Strafverfolgung und Strafverhütung in einer praktisch ungebremsten Vorfeldaufklärung in allen ihnen angezeigt erscheinenden gesellschaftlichen Bereichen zusammenfließen zu lassen und damit den *Überwachungsstaat* zu etablieren, mit zunehmender Deutlichkeit in die Schranken verwiesen. Ich nenne nur die Entscheidungen zur Rasterfahndung,[41] zum Niedersächsischen SOG,[42] zur Telekommunikationsüberwachung durch den BND,[43] zum großen Lauschangriff[44] und zu den Abhörbefugnissen des Zollkriminalamtes.[45]

b) Alle diese richtungweisenden Entscheidungen werden jedoch durch das vorgestern verkündete Urteil des BVerfG zur verdeckten Online-Durchsuchung von Computern übertroffen,[46] so wie andererseits auch die Geheimaktionen des Staates zum Zwecke der Strafverfolgung dadurch eine neue Qualität erreicht haben, dass mit Hilfe des BND über das Ausland Beweismaterial angekauft worden ist, das als productum sceleris das Kainsmal auf der Stirn trägt und gleichwohl im Rahmen einer großangelegten Strategie zur Verfolgung zahlreicher mutmaßlicher deutscher Steuerstraftäter ausgewertet worden ist.

---

38 BGHSt 50, 206.
39 BVerfGE 109, 279, 313 ff.; dazu ausführlich *Roxin*, Festschrift Böttcher, 2007, S. 159 ff. m. w. Nachw.
40 BGHSt 51, 211.
41 BVerfGE 115, 320.
42 BVerfGE 113, 348.
43 BVerfGE 100, 313.
44 BVerfGE 109, 279.
45 BVerfGE 110, 33.
46 BVerfG 1 BvR 370/07, 1 BvR 595/07,BVerfGE 120, 274 ff., gekürzt publiziert in NJW 2008, 822.

2. a) Ich beginne mit der *Online-Durchsuchung*. Obwohl die Entscheidung des BVerfG keinen Grundrechtseingriff nach der StPO, sondern das Gesetz über den Verfassungsschutz in Nordrhein-Westfalen (VSG) betrifft, ist sie aus mehreren Gründen auch für unsere Thematik von fundamentaler Bedeutung. Erstens ist in § 17 VSG, ähnlich wie ganz allgemein für die Geheimdienste des Bundes und der Länder, die Befugnis des Verfassungsschutzes zur Übermittlung der von ihm recherchierten Informationen an alle deutschen Gerichte und inländischen Behörden vorgesehen, wenn diese die Daten für Zwecke der *öffentlichen Sicherheit* benötigen, was nach dem üblichen Begriffsverständnis im Polizeirecht die Strafverfolgung einschließt. Zum zweiten wird die Entscheidung, wie der Bundesinnenminister noch am gleichen Tage verlautbaren ließ, einen direkten prägenden Einfluss auf das bevorstehende Gesetz zur Abwehr von Gefahren des internationalen Terrorismus durch das Bundeskriminalamt haben. Und zum dritten ist die vom BVerfG vorgenommene Ableitung eines speziellen *Grund*rechts auf „Gewährleistung der Vertraulichkeit und Integrität informationstechnischer Systeme“[47] aus dem allgemeinen Persönlichkeitsrecht eine verfassungspolitische Großtat, die der früheren Anerkennung des Grundrechts auf informationelle Selbstbestimmung[48] würdig an die Seite gestellt werden kann und sie sozusagen ins PC-Zeitalter verlängert. Dadurch, dass das BVerfG klipp und klar ausgesprochen hat, dass die bisher in seiner Rechtsprechung entwickelten Ausprägungen des allgemeinen Persönlichkeitsrechts dem durch die Entwicklung der Informationstechnik entstandenen Schutzbedürfnis nicht hinreichend Rechnung trügen (Rdn. 181), und dadurch, dass es bei der Prüfung der Verhältnismäßigkeit im engeren Sinne, also der Abwägung des intensiven Grundrechtseingriffs mit dem öffentlichen Ermittlungsinteresse, einen strengen Maßstab angelegt hat (ab Rdn. 228), hat es zugleich einer etwaigen zukünftigen Aufnahme der verdeckten Online-Durchsuchung in das Arsenal der strafprozessualen Zwangsmittel außerordentlich enge Grenzen gesetzt. Wenn deren präventiver Einsatz davon abhängig gemacht wird, dass „tatsächliche Anhaltspunkte einer konkreten Gefahr für ein überragend wichtiges Rechtsgut vorliegen, (also) für Leib, Leben und Freiheit der Person oder solche Güter der Allgemeinheit, deren Bedrohung die Grundlagen oder den Bestand des Staates oder die Grundlagen der Existenz der Menschen berührt, während der Schutz sonstiger Rechtsgüter ohne existenzielle Bedrohungslage nicht ausreicht“ (Rdn. 247f.), dann wäre es widersinnig, denselben Eingriff zum Zwecke der bloßen Strafverfolgung in weiterem Umfange zuzulassen.

---

47 BVerfG NJW 2008, 822.
48 BVerfGE 65, 1 (Volkszählungsurteil).

b) Für die rechtsstaatliche Ausbalancierung eines mit heimlichen Ermittlungen arbeitenden Strafverfahrens von prinzipieller Bedeutung ist auch die vom BVerfG in Fortführung seiner neueren Rechtsprechung getroffene Feststellung, dass die Eingriffsintensität des Zugriffs durch dessen *Heimlichkeit* bestimmt wird, weil die Heimlichkeit staatlicher Eingriffsmaßnahmen in einem Rechtsstaat die Ausnahme bleiben muss und *besonderer Rechtfertigung* bedarf (Rdn. 238). Dem Gewicht des Zugriffs sei namentlich durch geeignete Verfahrensvorkehrungen Rechnung zu tragen (Rdn. 257), um zu gewährleisten, dass die Entscheidung auf die Interessen des Betroffenen hinreichend Rücksicht nimmt, sozusagen in einer „kompensatorischen Repräsentation" der Interessen des Betroffenen (Rdn. 258 unter Hinweis auf den Sächsischen VerfGH[49]). Hierbei denkt das BVerfG primär in traditioneller Weise an den Vorbehalt richterlicher Anordnung (Rdn. 257), weil Richter aufgrund ihrer persönlichen und sachlichen Unabhängigkeit und ihrer ausschließlichen Bindung an das Gesetz die Rechte des Betroffenen im Einzelfall am besten und sichersten wahren könnten, sofern sie die Rechtmäßigkeit der vorgesehenen Maßnahme eingehend prüfen und die Gründe schriftlich festhalten (Rdn. 259); eine andere Stelle dürfe nur dann mit der Kontrolle betraut werden, wenn sie die gleiche Gewähr für ihre Unabhängigkeit und Neutralität wie ein Richter biete und eine Begründung zur Rechtmäßigkeit geben müsse (Rdn. 260).

c) Genau an dieser Stelle ist der nervus rerum eines geheimen oder gar geheimdienstähnlichen Strafverfahrens zu finden, das den Beschuldigten eo ipso zum bloßen *Objekt* macht, dadurch aus der Balance gerät und seit dem Funktionsverlust der Hauptverhandlung keine neue Balance finden kann, wenn es nicht gelingt, der aus grundrechtsdogmatischer Sicht mustergültigen Diagnose des BVerfG eine kongeniale *Therapie* beizugesellen. Dass das BVerfG hierbei nur an die immer wieder bemühte Richtergarantie denkt, ist im Gewaltenteilungsschema des Grundgesetzes mit seiner Idee der Kontrolle der Exekutive durch die Judikative verständlich, wenn nicht sogar zwangsläufig, greift aber unter den spezifischen Systembedingungen des Strafverfahrens, in dem der beschuldigte Bürger ähnlich wie in der Fabel vom Hasen und Igel letztlich immer wieder auf die in unterschiedlicher Maskierung in seine Rechte eingreifenden Gerichte trifft, entschieden zu kurz.[50] Genau das bleibt also der neuralgische Punkt eines nach der Maxime der Heimlichkeit geführten Strafverfahrens, und genau an diesem Punkt hilft auch die sonst so vortreffliche Entscheidung des BVerfG zur verdeckten Online-Durchsuchung nicht weiter.

---

49 NVwZ 2005, 1310 ff.

50 Bereits *Schünemann* ZStW 114 (2002), 20, 37, wo ich von der Gefahr sprach, dass sich Richter wie „Urkundsbeamte der Staatanwaltschaft" benehmen; zust. etwa *Heghmanns* GA 2003, 433, 438 ff.

3. Bevor ich darauf in meinen abschließenden Überlegungen zurückkomme, muss ich noch das andere Problem wenigstens streifen, das sich durch den kürzlichen Ankauf des liechtensteinischen productum sceleris in das Gravitationszentrum von Heimlichkeit und Wahrheit des Strafverfahrens gedrängt hat und für das die vorgestrige Entscheidung des BVerfG deshalb keine Lösung liefert, weil die im VSG zu findende exemplarische Regelung über die Weitergabe geheimdienstlicher Informationen an die Strafverfolgungsbehörden nach der vom BVerfG ausgesprochenen Nichtigkeit der ganzen Eingriffsgrundlage nicht mehr zusätzlich geprüft zu werden brauchte.

Freilich eskaliert der mich permanent peinigende Zwang, aus der Not eine Tugend zu machen und dem flüchtigen Stift, mit dem ich eine Galaxis von Problemen zu skizzieren habe, nach Möglichkeit wie weiland bei *Belsazar* eine Flammenschrift zu entlocken, endgültig zur unlösbaren Quadratur des Kreises, weil sich um die strafprozessuale Verwertung jener unscheinbaren CD ein ganzes Universum an strafprozessualen Problemen ballt. Eine voreilige Festlegung auf ein bestimmtes Ergebnis nach dem Vorbild des Bundesfinanzministers[51] muss sich dabei der Rechtswissenschaftler schon deshalb versagen, weil die genauen tatsächlichen Bewandtnisse des productum sceleris und seines Weges bis zur Bochumer Staatsanwaltschaft bis heute kaum geklärt sind und ja auch vom selben Finanzminister durch die Würdigung bald als Amtshilfe, bald als Beifang, womit anscheinend die Kategorie des Zufallsfundes gemeint ist, eher weiter verunklart werden. Aber weil die liechtensteinische CD für die Rechtsprobleme der Vergeheimdienstlichung des deutschen Strafverfahrens vielleicht in Zukunft eine ähnliche Schlüsselstellung gewinnen wird wie der berühmte *Miranda*-Fall für das amerikanische Strafverfahren,[52] möchte ich auch auf die Gefahr hin, von einem letztlich unzutreffenden Sachverhalt auszugehen, einige Farbtupfer al fresco zu setzen versuchen.

a) Das Skelett des Falles wird von der nur vordergründig simplen Frage gebildet, ob oder wann Geheimdienste ihre Rechercheergebnisse an Strafverfolgungsbehörden weitergeben dürfen. Wie die von mir bereits zitierte Vorschrift des § 17 VSG exemplarisch zeigt, haben die Gesetzgeber hierin kein großes Problem, sondern – ebenso wie anfangs der Bundesfinanzminister im Liechtensteiner Fall – einen normalen Fall der *Amtshilfe* gesehen. Aber so einfach liegen die Dinge nicht, wobei es ähnlich wie bei der gegenwärtig ablaufenden Europäisierung des Strafrechts die viel zu lange übersehene Aufgabe der Strafrechtswissenschaft

---

51 Der in diversen Presseverlautbarungen die Rechtmäßigkeit der ganzen Aktion beschworen hat.

52 Miranda vs. Arizona, 384 U. S. 436 (1966).

ist, einer speziell in Bezug auf das Strafrecht im Öffentlichen Recht verbreiteten rechtsstaatlichen Nonchalance die Leviten zu lesen.[53] Während Verwaltungsbehörden sozusagen auf derselben Ebene agieren und die Informationen bei ihrer Weitergabe bildlich gesprochen ihren Aggregatzustand nicht ändern, verwandeln sie sich bei der Weitergabe an die Strafverfolgungsbehörden quasi in Explosivstoffe. Denn das Strafrecht trennt den Bürger vom Verbrecher, den freien Menschen von der wie in einem Käfig gehaltenen Kreatur. Für die Informationsgewinnung und –verwertung im Strafverfahren gelten deshalb seit je und sachlich mit Recht spezifische Regeln, denen man mit den schlichten Grundsätzen der behördlichen Amtshilfe nicht gerecht wird.

Im Verhältnis der Strafverfolgungsbehörden zu den Geheimdiensten geht es um die strafprozessualen Konsequenzen des sog. *Trennungsgebots*, das an der Wiege der Wiedereinrichtung deutscher Polizeibehörden nach 1945 gestanden hat und als direkte Reaktion auf den Polizeiterror im Dritten Reich, der durch die Verbindung von Strafverfolgung, Präventivpolizei und Geheimdienst im Reichssicherheitshauptamt charakterisiert war, eine Art Gewaltentrennung innerhalb der im weitesten Sinne polizeilichen Aufgaben des Staates sicherstellen sollte.[54] Weil gerade die Fundamentalprinzipien des Grundgesetzes nach bewährter Rechtsprechung des Bundesverfassungsgerichts in dessen Frontstellung zum Dritten Reich gesehen und danach interpretiert werden müssen,[55] drängt es sich geradezu auf, im Trennungsgebot eine besonders markante Ausprägung des spezifisch deutschen Rechtsstaatsprinzips zu sehen. Dass die Zahl der Verfechter dieser These im Öffentlichen Recht eher zurückgeht, kann mich hierin nicht beirren,[56] weil sich ähnliche Laxheiten in Bezug auf die rechtsstaatlichen Minimalia der Strafrechtspflege auch in Richtung auf die Europäisierung des Strafrechts einzuschleichen beginnen, aber von der Strafrechtswissenschaft weder hingenommen werden können noch müssen[57]. Es gilt deshalb, nach den Auswirkungen des Trennungsgebots auf den Informationsaustausch zwischen Strafverfolgung und Geheimdienst zu fragen. Denn das formelle Trennungsprinzip würde ja keinen

53 Näher dazu *Schünemann* ZIS 2007, 528 ff.; *ders.* KritV 2008, 6 ff. m.w.N.

54 Zur Bedeutung des Trennungsprinzips eingehend *M. König* Trennung und Zusammenarbeit von Polizei und Nachrichtendiensten, 2005, S. 70 ff., 118 ff.; *Roggan/Bergemann* NJW 2007, 876 ff. m.w.N.; auch *Paeffgen* GA 2003, 671; *ders./Gärditz* KritJ 2000, 65, 75; ausführlich *Gärditz* Strafprozess und Prävention, 2003, S. 137 ff., 216 f., 424 f.

55 Dazu allgemein BVerfGE 6, 32 (37); 18, 112 (117); 30, 173 (172) und speziell im Strafrecht BVerfGE 39, 1 (36).

56 Das Prinzip zumindest relativierend etwa *Brenner* Bundesnachrichtendienst im Rechtsstaat, 1995, S. 52; *Deutsch* Die heimliche Erhebung von Informationen und deren Aufbewahrung durch die Polizei, 1992, S. 29 ff.; *Koch* ZRP 1995, 24 ff.; *Roewer* DVBl. 1986, 206.

57 s. o. Fn. 53.

vernünftigen Sinn machen, wenn materiell über einen permanenten Informationsaustausch doch eine Gleichschaltung hergestellt werden könnte. Unter diesem Aspekt würde nun aber die Bindung strafprozessualer Ermittlungsmaßnahmen an bestimmte Verdachtsschwellen weitgehend leerlaufen, wenn es einen unbegrenzten Informationstransfer der auf prinzipiell geheimen Wegen und prinzipiell verdachtsunabhängig erzielten Rechercheergebnisse von den Geheimdiensten an die Strafverfolgungsbehörden geben könnte. Es muss also zumindest bestimmte *Übermittlungsschwellen* geben, für die sich auch in der neueren Rechtsprechung der Verfassungsgerichte tastende Anhaltspunkte finden, die im Lichte der zunehmend geforderten rechtsstaatlichen Kompensation heimlicher Ermittlungsmethoden systematisch fortentwickelt werden müssen.

So hat das BVerfG etwa in seiner Entscheidung zu den Kompetenzen des BND aufgrund des G 10 ausgesprochen, dass es nicht gerechtfertigt sei, die Übermittlungsschwelle für personenbezogene Daten, die aus einem präventiven nachrichtendienstlichen Eingriff in das Fernmeldegeheimnis stammen, unter diejenige abzusenken, welche für Eingriffe in das Fernmeldegeheimnis nach § 100 a StPO gilt.[58] Und der Sächs. VerfGH hat in seinem Urteil vom 21.7.2005 zum Großen Lauschangriff durch den sächsischen Verfassungsschutz bekräftigt, dass den Strafverfolgungsbehörden nur solche Daten übermittelt werden dürfen, die diese selbst von Verfassungs wegen hätten erheben dürfen.[59] Diese für die Telekommunikationsüberwachung ausgesprochenen Grundsätze besitzen naturgemäß vermöge der materiellen Komponente des Trennungsgebots allgemeine Geltung, denn wenn den Strafverfolgungsbehörden vom Gesetzgeber in Beachtung der Grundrechte nur eingeschränkte Kompetenzen zugewiesen worden sind, so muss diese Beschränkung auch bei der Strafverfolgung durch Datenübermittlung beachtet werden.

b) Daraus folgt grundsätzlich eine *Übermittlungssperre* für vom BND im Ausland durchgeführte Ermittlungen und deren Ergebnisse, weil die deutschen Strafverfolgungsbehörden für Ermittlungen im Ausland auf den Weg der *Rechtshilfe* angewiesen sind. Ich möchte das „die Übermittlungsschwelle aus der Kompetenzgrenze der empfangenden Stelle" nennen. Darüber hinaus ergibt sich aber auch eine „Ermittlungsschwelle aus der Kompetenzgrenze der übermittelnden Stelle", die sogar in § 9 des BND-Gesetzes ausdrücklich anerkannt worden ist. Zwar heißt es zunächst in § 9 Abs. 1 ohne Einschränkung, dass der BND Informationen, die für Zwecke der öffentlichen Sicherheit benötigt werden, an inländische öffentliche Stellen übermitteln darf, was der von mir bereits erwähnten Regelung nach dem VSG entspricht. Gemäß § 9 Abs. 3 hat der BND die Übermitt-

58 BVerfGE 100, 313, 394.
59 SächsVerfGH NJW 2005, 3559 (III. 1. b aa a.E).

lung von Amts wegen aber nur unter den Voraussetzungen von § 20 des BVerfSchutzG vorzunehmen, d.h. wenn tatsächliche Anhaltspunkte dafür bestehen, dass die Übermittlung zur Verfolgung von Staatsschutzdelikten erforderlich ist.

Diese Regelung ist im Liechtensteiner Komplex offenbar so verstanden worden, dass § 9 Abs. 3 ausschließlich die interne Pflicht zur Übermittlung von Amts wegen betreffe und einschränke, während daneben ein *Ermessensbereich* existiere, auch außerhalb der Staatsschutzdelikte Ermittlungsergebnisse von Amts wegen an die Strafverfolgungsbehörden weiter zu geben. Damit stünde aber die Reichweite des materiellen Trennungsgebots letzten Endes im Ermessen des BND, und das Trennungsprinzip selbst wäre praktisch en quelque façon nulle. Allermindestens liegt an dieser Stelle deshalb eine Verletzung des *Bestimmtheitsgrundsatzes* vor, den das BVerfG, nachdem es ihn im Bereich des materiellen Strafrechts über Jahrzehnte hinweg nicht allzu ernst genommen hat,[60] in fast sensationeller Weise im Bereich der staatlichen Eingriffe in das Persönlichkeitsrecht mit schneidender Schärfe exekutiert.[61] Ein Ermessen des BND, seine Rechercheergebnisse außerhalb der Verfolgung von Staatsschutzdelikten an deutsche Strafverfolgungsbehörden zu übermitteln oder auch nicht, kann es deshalb im Rechtsstaat des Grundgesetzes nicht geben. Und für die Datenübermittlung an allgemeine Behörden wie etwa die Finanzbehörden muss das a fortiori gelten.

Die so überaus effiziente Zusammenarbeit zwischen dem BND und den deutschen Finanzbehörden im Liechtensteiner Fall war infolgedessen, mag man mit dem Bundesfinanzminister von Amtshilfe oder von Beifang sprechen, *rechtswidrig*. Denn selbst wenn die Ermittlung der Identität mutmaßlicher deutscher Steuerstraftäter aus der Perspektive des BND als Zufallsfund zu charakterisieren sein sollte und nicht den primären Zweck bei der Beschaffung der CD abgegeben hat, war die Übermittlung dieses Zufallsfundes nicht gestattet. Die daraus folgende Unverwertbarkeit im Strafverfahren wegen Steuerhinterziehung wird durch eine hier nicht näher auszuführende Analogie zu den Verwertungsregeln bei der Telekommunikationsüberwachung begründet, die ursprünglich vom BVerfG formuliert[62] und inzwischen in die StPO[63] aufgenommen worden sind. Damit noch nicht eo ipso beantwortet ist allerdings die Frage der *Fernwirkung*, also ob die Ergebnisse einer durch die CD an sich rechtswidrig inspirierten Durchsuchung in Deutschland verwertbar sind oder nicht. Bitte sehen Sie mir nach, wenn ich diese weitere

60 *Schünemann* Nulla poena sine lege?, 1978, S. 6f. („Tiefpunkt des nulla-poena-Satzes"); heute ausf. *Roxin* Strafrecht AT I, 4. Aufl. § 5 Rdn. 68ff.

61 Vgl. BVerfGE 65, 1, 46; 110, 33, 70; 113, 29, 51; 115, 320, 365 sowie die aktuelle Entscheidung vom 11.3.2008 zur automatisierten Erfassung von Kfz-Kennzeichen, 1 BvR 2074/05, 1254/07.

62 Siehe oben Fn. 43.

63 § 100a IV StPO.

Problemgalaxis hier nicht mehr durchfliegen kann, denn dafür müsste ich zuvörderst die allgemeine Fernwirkungsproblematik aufarbeiten, und das würde den heutigen Abend und ihre Geduld endgültig überfordern.[64]

c) Statt dessen möchte ich auf das zweite die Übermittlung selbst betreffende Rechtsproblem aufmerksam machen, nämlich die mögliche *Völkerrechtswidrigkeit* der Erhebung von in Liechtenstein strafrechtlich geschützten Daten. Auch wenn Politik und Finanzadministration in den letzten Tagen publizistisch geschickt die Empörung der Bevölkerung über Steuerhinterziehungen durch wohlhabende Täter geschürt und dadurch von dem rechtsstaatlichen Skandalon einer unter offensichtlich krimineller Verletzung der Amtsverschwiegenheit durchgeführten, den Beschuldigten der öffentlichen moralischen Hinrichtung überantwortenden Durchsuchungsaktion erfolgreich abgelenkt haben, kann die politische Empörung über eine unzulängliche Zusammenarbeit des Kleinstaates Liechtenstein mit dem deutschen Steuerfiskus ja nicht darüber hinwegtäuschen, dass die Beziehungen zu Liechtenstein völkerrechtlicher Art sind und deshalb direkte deutsche strafprozessuale Ermittlungen auf Liechtensteiner Territorium verbieten. Ob diese Grenzen im vorliegenden Fall eingehalten wurden, vermag ich nicht zu beurteilen. Sollten sie verletzt sein, stellt sich wieder das Problem der Fernwirkung, das in der früheren Rechtsprechung des BVerfG selbst bei einer völkerrechtswidrigen Entführung des Beschuldigten im Ausland mit größter Nonchalance behandelt worden ist.[65] Ich habe das schon bei einer anderen Gelegenheit kritisiert[66] und glaube nicht, dass das BVerfG dieselbe rechtsstaatliche Großzügigkeit auch heute noch an den Tag legen würde.

d) Festeren Boden unter den Füßen bekomme ich wieder bei der dritten Problemgalaxis, die von der Frage nach der *Strafbarkeit* des Ankaufs der mit kriminellen Methoden erlangten Daten vom Vortäter selbst gebildet wird, den die deutschen Finanzbehörden ersichtlich in Kenntnis dieser Vorgeschichte getätigt haben. Hierbei scheint zunächst klar zu sein, dass sich der CD-Verkäufer selbst durch den Verkauf nach § 124 Abs. 2 des Liechtensteinischen Strafgesetzbuches[67] eines mit Freiheitsstrafe bis zu 5 Jahren bedrohten Delikts schuldig gemacht hat, weil er ein Geschäftsgeheimnis, zu dessen Wahrung er verpflichtet war, zur Verwendung im Ausland preisgab. Nach dem in Liechtenstein gemäß § 12 liStGB geltenden Einheitstäterprinzip sind alle daran Beteiligten als Täter strafbar, auch wenn sie nach der deutschen Systematik nur Anstifter wären, so dass sich der Bundesfinanzminister, insoweit er über den Vorgang informiert war und damit

---

64 Dazu etwa LR/*Gössel*, Einl. L Rdn. 186; *Meyer-Goßner*, StPO, Einl Rdn. 57 f.
65 BVerfG NStZ 1986, 178 f.
66 *Schünemann* FG für Pötz, 1993, S. 215 ff.
67 Abrufbar unter http://www.gesetze.li/get_pdf.jsp?PDF=1988037.pdf

zumindest durch Unterlassen die maßgebliche Entscheidung getroffen hat, nach liechtensteinischem Recht ebenfalls als Täter zu verantworten hätte.

Diese liechtensteinischen Rechtsfolgen sind nun freilich als solche kein Thema der deutschen Strafrechtswissenschaft, das vielmehr in der Frage besteht, welche Rechtsfolgen sich aus einer kriminellen Übermittlung von Beweismaterial für den deutschen Strafprozess ergeben. Das Bundesfinanzministerium scheint eine einfache Rechtfertigung nach dem Prinzip der *Güterabwägung* reklamieren zu wollen, weil immer wieder der Hinweis unterstrichen wird, dass man für wenige Millionen Euro, die dem liechtensteinischen Kriminellen gezahlt wurden, hunderte von Millionen für den deutschen Fiskus erlösen werde. Philosophisch gesprochen ist das krudester Handlungsutilitarismus, der heute selbst in der utilitaristischen Philosophie vollständig verworfen und durch den Regelutilitarismus abgelöst worden ist, wonach man die Bilanzierung nach dem Prinzip „Das größte Glück der größten Zahl" nicht nach dem Lustgewinn der einzelnen Handlung, sondern nach den Gesamtfolgen der hinter ihr stehenden Maxime vorzunehmen hat.[68] Und diese Maxime lautet ja offenbar, dass es nicht auf rechtliche Begrenzungen der Staatsgewalt ankomme, sofern nur der finanzielle Nutzen die finanziellen Aufwendungen überwiege. Die damit implizierte Verneinung aller Errungenschaften des Rechtsstaats ist mit der Formel „Der Zweck heiligt die Mittel" schon einmal propagiert worden und hat in einen beispiellosen Orkus geführt, in dem sich allein das größte Unglück der größten Zahl wiederfand und den zweifellos auch der Bundesfinanzminister nicht wiederbeleben will.

Weniger prekär wäre eine Berufung auf die Vorschrift des § 34 StGB, die aber natürlich ebenfalls nicht einschlägig ist, denn sie gilt nach unstreitiger Auffassung für das Handeln des Staates allenfalls in extremen Notsituationen und kann auch sonst nicht auf eine bloße Güterabwägung reduziert werden.[69] Einem Ankauf kriminell produzierten Beweismaterials vom Produzenten als staatliche Ermittlungsmethode steht aber das Interesse an Rechtsstaatlichkeit und überdies die Angemessenheitsklausel des § 34 entgegen.

e) Dogmatisch anspruchsvoller ist die Frage, ob der Ankauf durch den deutschen Fiskus vielleicht deshalb vertretbar ist, weil er nach deutschem anders als nach liechtensteinischem Recht wenigstens keinen Straftatbestand erfülle. Der Tatbestand der *Hehlerei*, an den man als erstes denken muss, ist möglicherweise deshalb nicht erfüllt, weil die angekaufte CD als Sache keine rechtswidrige Ver-

68 Dazu ausführlich *Eidenmüller*, Effizienz als Rechtsprinzip, 1995, S. 174 ff.; *Hooker*, Ideal Code, Real World, 2000; früher etwa *Brandt*, A Theory of the Good and the Right, 1979, S. 163 ff.; *M. G. Singer*, Verallgemeinerungen in der Ethik, dt. 1975, S. 241 ff.

69 BGHSt 27, 260; *Fischer* StGB, 55. Auflage 2008, § 34 Rn 23; LK/*Zieschang* § 34 Rdn. 2f., 6 ff.; Schönke/Schröder-*Lenckner*/*Perron*, StGB, 27. Auflage 2006, § 34 Rn. 2, 7.

mögenslage verkörpert, sondern nur ausgespähte Daten transportiert, die als solche nicht in den Schutzbereich des § 259 StGB fallen.[70] Letztlich muss diese Frage nach heutiger Erkenntnis offen bleiben, weil der genaue Lebensweg der CD nicht bekannt ist. Weniger zweifelhaft scheint mir dagegen zu sein, dass sich der liechtensteinische Lieferant durch die Übermittlung nach Deutschland auch nach deutschem Recht, nämlich gemäß § 17 Abs. 2 Nr. 2 UWG wegen *unbefugter Mitteilung von Geschäftsgeheimnissen* strafbar gemacht hat, so dass sich der Ankauf als eine gemäß § 26 StGB strafbare *Anstiftungshandlung* darstellt, auf die nach § 9 Abs. 2 StGB auf jeden Fall das deutsche Strafrecht anwendbar ist[71]. Und um die Büchse der Pandora voll zu machen, muss auch der Tatbestand der Geldwäsche gemäß § 261 Abs. 1 Nr. 4 a und Abs. 8 StGB jedenfalls in Erwägung gezogen werden, denn einige in der Presse verbreitete Informationen deuten darauf hin, dass die CD das Produkt einer gewerbsmäßigen Unterschlagung oder Untreue gewesen ist.

f) Der Liechtensteiner Fall führt damit unser Thema von Heimlichkeit und Wahrheit in gewisser Weise zu der schärfsten denkbaren Zuspitzung, ob der Staat kriminell erstelltes Beweismaterial von dem Kriminellen auf geheimdienstlichem Wege ankaufen und als Beweismittel im Strafverfahren gegen andere Personen verwerten darf. Dass eine hiernach arbeitende Strafverfolgung das Gesetz des Rechtsstaats durch das Gesetz des Dschungels substituieren würde, ist in meinen Augen nicht zu bestreiten. Anders als möglicherweise bei der intrikaten Frage nach den Fernwirkungen einer (nur) die Kompetenzgrenzen nicht einhaltenden Datenübermittlung muss sich hier meiner Meinung nach das Verwertungsverbot auch auf die *Früchte des vergifteten Baumes*[72] erstrecken, weil darin die einzige Möglichkeit besteht, den Rechtsstaat in integrum zu restituieren. Daran kann auch die verständliche Empörung über Steuerhinterziehungen durch wohlhabende Täter nichts ändern, zumal der Jurist das Problem aus der Perspektive des Ermittlungsverfahrens zu analysieren hat und sich durch einen planmäßig inszenierten öffentlichen Abscheu nicht irritieren lassen darf, sondern darauf insistieren wird, dass sich der Rechtsstaat des Grundgesetzes gerade auch gegenüber derartigen Versuchungen behaupten muss.

---

70 Sch/Sch-*Stree* § 259 Rn 5.

71 *Sieber*, NJW 2008, 881, 883 denkt hier zu Unrecht nur an Beihilfe, dagegen *Schünemann*, NStZ 2008, 305, 308 f.

72 Dau statt aller *Kühne*, Strafprozessrecht, 7. Aufl. 2007, Rn. 912 ff.; *Meyer-Goßner*, StPO, Einl. Rn. 57.

VI. Vorratsdatenspeicherung

Die Zeit fliegt dahin und zwingt mich, die nächste Problemgalaxis sozusagen mit Lichtgeschwindigkeit zu ignorieren, obwohl ich ursprünglich darin einen Schwerpunkt meines Eröffnungsvortrages zu setzen geplant hatte, nämlich den Komplex der *Vorratsdatenspeicherung*. Ich verweise hierzu schlicht auf die zahlreichen einschlägigen Veröffentlichungen des vergangenen Jahres, darunter auch die sehr bedenkenswerte Stellungnahme der BRAK zum Gesetzentwurf über die Neuregelung der Telekommunikationsüberwachung,[73] und auf die schon erwähnten Entscheidungen des BVerfG zu den engen verfassungsrechtlichen Grenzen der Rasterfahndung und zum niedersächsischen SOG, in der sich offensichtlich nicht ohne Grund intensive obiter dicta zu den engen Grenzen einer verdachtslosen Ausspähung von Persönlichkeitsmerkmalen finden,[74] deren Stoßrichtung durch das vorgestern verkündete Urteil zur verdachtslosen Online-Durchsuchung noch verstärkt worden ist und mit denen die Vorratsdatenspeicherung bezüglich der gesamten deutschen Bevölkerung schwerlich in Übereinstimmung gebracht werden kann[75].

VII. Notwendige Stärkung der Verteidigung

1. Nicht ignorieren darf und will ich dagegen jene letzte, bis heute nicht einmal in Verteidigerkreisen adäquat wahrgenommene Problemgalaxis, die aus der Notwendigkeit einer grundlegenden *Neustrukturierung der Verteidigung* in einem vom Prinzip der Heimlichkeit dominierten Strafverfahren resultiert. Die in der StPO zu findende Konzeption der Verteidigung stammt noch vollständig aus einer Epoche, in der die Hauptverhandlung das wahrhafte Entscheidungszentrum des Strafverfahrens bildete[76] und in der es deshalb zur Herstellung des Fair Trial genügte, die *Waffengleichheit* der Verteidigung[77] in der *Hauptverhandlung* zu garantieren. Die Schöpfer der RStPO hatten sogar die Notwendigkeit, die faktische Übermacht der Staatsanwaltschaft irgendwie zu kompensieren und der drohenden einseitigen Beeinflussung des Hauptverhandlungsrichters durch die Ermittlungsakten vorzubeugen, im Ansatz durchaus erkannt. Zur Kompensation der faktischen Ohnmacht statteten sie die Verteidigung für die Hauptverhandlung mit einem gegenüber der Staatsanwaltschaft überlegenen Wissen aus, indem die Ver-

73 BRAK-Stellungnahme-Nr. 31/2007.
74 BVerfGE 113, 377 ff.
75 Genau in diese Richtung nunmehr die Eilentscheidung v. 11.3.2008 (1 BvR 256/08).
76 Vgl. dazu bereits die Nachweise oben in Fn. 14.
77 *Schünemann* ZStW 114 (2002), 1, 22.

teidigung mit dem Abschluss der Ermittlungen ein lückenloses Akteneinsichtsrecht erhielt, aber *anders* als nach der *Discovery* des amerikanischen Prozessrechts[78] weder der Staatsanwaltschaft noch dem Gericht Einblick in das eigene Prozessmaterial geben musste, sowie mit einem kombinierten *Zeugenpräsentations- und Beweisantragsrecht*, das in der Judikatur des RG zu einem sehr starken kompensatorischen Recht ausgebaut wurde,[79] dessen Entwertung, nebenbei bemerkt, in einseitig das Justizinteresse betreibenden Gesetzesentwürfen des Bundesrats bis in die jüngste Vergangenheit immer wieder betrieben wird,[80] wenn auch bis heute gottlob erfolglos. Und gegen den von mir schon eingangs beschriebenen Urteilsperseveranz-Effekt[81] schützte immerhin in gewissem Umfange bei Kapitalstrafsachen das bis 1924 existierende echte Schwurgericht und im übrigen der ebenfalls durch die Emmingersche Notverordnung abgeschaffte Ausschluss des Berichterstatters des Zwischenverfahrens von der Hauptverhandlung[82]. Diese im Kern also durch die RStPO verwirklichte *Verfahrensbalance* zwischen Strafverfolgung und Verteidigung ist heute weitestgehend zerstört, und zwar vor allem auch wegen der Heimlichkeit des Verfahrens, deren zwei Stufen ich schon eingangs charakterisiert habe: Über den prägenden Einfluss der Ermittlungsakten auf die richterliche Urteilsfindung und damit über den prägenden Einfluss des im Prinzip heimlichen Vorverfahrens auf die Hauptverhandlung wissen wir heute umfassend und weit intensiver Bescheid als die Schöpfer der RStPO, und durch die Etablierung der Urteilsabsprachen hat sich dieser zunächst psychologisch vermittelte Einfluss auch prozessstrukturell zur faktischen Vorherrschaft der Polizeiarbeit verfestigt. Und die als zweite Stufe hinzugekommene Vergeheimdienstlichung des Ermittlungsverfahrens hat die Position der Verteidigung endgültig in jenes Fliegengewicht verwandelt, das in den meisten Fällen nur noch die Aushandlung eines angeblichen, in Wahrheit ja nur das inzwischen geltende Normalniveau widerspiegelnden Strafrabatts als Ziel und Inbegriff ihrer Mitwirkungsmöglichkeiten versteht. Zugleich ist die Verfahrensstellung des Beschuldigten durch eine technische Aufrüstung der Polizeibehörden pulverisiert worden, die neben der ausführlicher behandelten geheimen Online-Durchsuchung zahlreiche weitere Wunderwaffen wie den IMSI-Catcher (§ 100i StPO) und in Zukunft viel-

---

78 Dazu i.e. *Kamisar/LaFavre/Israel,* Modern Criminal Procedure, 7th ed., Minnesota 1990, 1127 ss.

79 Vgl. etwa RGSt 1, 189; 4, 138; 16, 332; 35, 390; 49, 45; 51, 3; dazu auch *Engels* Die Aufklärungspflicht nach Abs. 2 StPO, 1979, S. 21ff.

80 Vgl. dazu etwa zuletzt den Entwurf eines Gesetzes zur Effektivierung des Strafverfahrens, BR-Drs. 660/06 S. 6f.; zutr. kritisch dazu *Matthies/Matthies* HRRS 2006, 415, 417.

81 s. o. bei und in Fn. 17.

82 Dazu *Schünemann* ZStW 114 (2002), 13.

leicht auch die vom Bundesinnenminister bereits ins Gespräch gebrachte Autobahnmautkontrolle bereithält.[83]

2. Für die einseitige Orientierung des Gesetzgebers an Strafverfolgungsinteressen ohne Rücksicht auf die Wahrung der Verfahrensbalance bezeichnend ist, dass der Einsatz vergleichbarer technischer Mittel *zur Vermeidung von Eingriffen* in die Rechte des Beschuldigten oder zur Garantie einer objektiven Wahrheitsfindung nicht einmal erwogen oder zumindest in raffinierter Weise langfristig blockiert wird. So ist die *elektronische Fußfessel* unlängst von der Justizministerin des Freistaates Bayern als zusätzliches Überwachungsmittel für entlassene Sexualstraftäter ins Gespräch gebracht worden.[84] Deren seit langem möglicher und in zahlreichen Staaten der Welt erfolgreich praktizierter Einsatz zur entscheidenden Zurückdrängung der Untersuchungshaft wird aber in Deutschland mit fadenscheiniger Begründung seit Jahren blockiert.[85] Das wahre Motiv liegt für jeden Kenner der Prozesswirklichkeit auf der Hand, denn die Untersuchungshaft wegen angeblicher Fluchtgefahr, die sich durch ihre Vollstreckung zugleich gegen deren Widerlegung immunisiert, ist ja das probateste Mittel zur Geständniserzielung[86] und damit zur Durchsetzung der selbst contra legem etablierten Absprachenpraxis, so dass die *Allianz von Untersuchungshaft und Urteilsabsprachen eine Dimension der Unheiligkeit* erreicht, für deren Darstellung man über die epischen und satirischen Künste von *Dante* und *Swift* in Personalunion gebieten müsste. Für prosaische Gemüter genügt hier freilich schon die Lektüre der untersuchungshaftbezogenen Kammerentscheidungen des BVerfG.[87]

3. Die *erste* überfällige Strukturreformforderung besteht deshalb im *waffengleichen Einsatz der modernen Technik* auch im Interesse des Beschuldigten. Neben die

---

83 Näher *Schäuble* auf der Homepage des BMI und in dem in der Welt am Sonntag von 15.4.07 veröffentlichten Interview.

84 S. die Pressemitteilung Nr. 19/08 der Bayer. Justizministerin *Beate Merk*.

85 *Schöch* Gutachten C für den 59. DJT 1992, S. 100f.; *Krahl* NStZ 1997, 457ff.; *Ostendorf* ZRP 1997, 473ff. Zur Kritik der elektronischen Fußfessel sogar auf der Hallenser Strafrechtslehrertagung siehe einerseits das Referat von *Streng*, ZStW 111 (1999), 827, 849, andererseits die rundum durchschlagende Stellungnahme von *Roxin* bei *Julius*, ZStW 111 (1999), 889, 906.

86 Zu diesem Missbrauch der Untersuchungshaft auch *Gatzweiler* und *Münchhalffen* StraFo 1999, 325ff., 332ff.; *Münchhalffen/Gatzweiler* Das Recht der Untersuchungshaft, 2. Aufl. 2002, S. 3f.; *Schlothauer/Weider* Untersuchungshaft, 3. Aufl. 2007, S. 3ff. Weil dem eingesperrten Beschuldigten eo ipso der Nachweis abgesperrt wird, dass er gar nicht zu fliehen beabsichtigt, immunisiert sich dieser schärfste aller Eingriffe gewissermaßen selbst.

87 BVerfGE 36, 264, 273; 103, 21, 35f.; BVerfG StV 1999, 40; BVerfG NJW 2002, 207; BVerfG StV 2006, 248; BVerfG StV 2007, 369 – zu denen ich freilich als Rechtssoziologe die Fußnote hinzufügen muss, dass die von Einzelfall zu Einzelfall schwankenden Entscheidungen des BVerfG eher die Formulierungskunst als die Seriosität der Haftentscheidungen optimiert haben.

Einführung der elektronischen Fußfessel zur entscheidenden Zurückdrängung der heutigen Umfange illegitimen Untersuchungshaft[88] tritt *zweitens* die Forderung, dass sämtliche *Zeugenvernehmungen* im Ermittlungsverfahren von Anfang an per *Video* aufgezeichnet werden, weil nur auf diese Weise der Verteidiger später, wenn er volle Akteneinsicht bekommt, die Verlässlichkeit einer Zeugenaussage beurteilen kann.[89] Die gegenwärtige Praxis, die Zeugenaussage nur schriftlich aufzuzeichnen, führt ja, wie zahlreiche empirische Untersuchungen bewiesen haben, zu einem künstlichen Produkt aus dem Wissen des Zeugen und den leitenden Hypothesen der Vernehmungsbeamten. Und es ist später nicht mehr zuverlässig feststellbar, was als eigenes Wissen des Zeugen und was als Mutmaßung und Formulierung des Vernehmungsbeamten in das schriftliche Protokoll eingeflossen ist.[90] Allein die komplette Videoaufzeichnung ermöglicht es später dem Verteidiger, etwa in der Aussage eines Belastungszeugen dessen wirkliches Wissen von den von der Polizei hineingetragenen Vermutungen zu unterscheiden und, darauf gestützt, den Urteilsperseveranzeffekt beim Richter zu zerstören, der gerade durch die scheinbar so überzeugenden Vernehmungsprotokolle ausgelöst wird. *Drittens* muss der Verteidiger, wie es heute unter gewissen Bedingungen nach dem Prozessrecht der USA schon möglich ist,[91] ein *gesichertes Recht zur eigenen Zeugenvernehmung* bekommen. Derartige eigene Beweiserhebungen des Verteidigers sind zwar heute schon möglich.[92] Es fehlt aber jede Pflicht eines Zeugen, zur Vernehmung vor dem Verteidiger zu erscheinen, so dass es völlig von seinem guten Willen abhängt, ob er aussagt oder nicht. Nur durch ein gesichertes Recht, selbst Zeugen vernehmen zu können, kann der Verteidiger aber eine Waffengleichheit im Ermittlungsverfahren erreichen, wodurch erst die Balance des Verfahrens hergestellt wird.[93] Selbstverständlich müsste auch die Vernehmung durch den Verteidiger vollständig per Video aufgezeichnet werden, um etwaige Versuche des Verteidigers zur Zeugenbeeinflussung zu dokumentieren.

4. Zur Wiederherstellung der Verfahrensbalance auch im geheimdienstähnlichen Ermittlungsverfahren reichen diese Maßnahmen freilich noch nicht aus,

---

88 Bereits *Schünemann* ZStW 119 (2007), 948 f., 957.

89 *Schünemann* ZStW 114 (2002), 1, 45 f.; *ders.* ZStW 119 (2007), 957. Dazu, dass derartige Einrichtungen in anderen Ländern problemlos funktionieren, siehe *Park*, Die Wahrheitsfindung im Ermittlungsverfahren, 2003, S. 98 ff.

90 *Schünemann*, GS Vogler, 2004, S. 86 m.w.N.; *ders.* StraFo 2004, 293, 294.

91 Vgl. *Park* (Fn. 89), S. 151 ff. mit Nachw.

92 *Jahn* ZStW 115 (2003) 815, 827 m.w.N. Vgl. dazu ausführlich *Baumann*, Eigene Ermittlungen des Verteidigers, 1999.

93 *Schünemann* GS Vogler, S. 81, 89; *ders.* StraFo 2004, 293, 294, *ders.* ZStW 114 (2002), 1, 38 f.; Park (Fn. 89), S. 177 f.

weil sie die *kompensatorische Verteidigung vor dem Eingriff* nicht leisten können. Das vom BVerfG in klarer Erkenntnis der Konfliktslage faute de mieux verwendete Allheilmittel des Richtervorbehalts funktioniert in der Praxis vorwiegend als ein Sedativum[94] und kann die Zerstörung der fairen Verfahrensstruktur schon deshalb nicht heilen, weil die Verfolgungsdynamik von Polizei und Staatsanwaltschaft angesichts der in den Eingriffstatbeständen eingeräumten enormen Beurteilungsspielräume nicht durch eine schlichte Rechtskontrolle domestiziert werden kann, sondern nur, wenn eine Art *advocatus angeli* vorhanden ist, d.h. eine die gegen den Eingriff sprechenden Gründe akzentuierende Instanz. Es muss deshalb für alle heimlichen Ermittlungsverfahren eine neue und zusätzliche Institution geschaffen werden, die nicht aus der Strafjustiz herausgeschnitten und deshalb letztlich mit ihr identisch ist, sondern ausschließlich die Aufgabe eines Schutzes der Verteidigungsinteressen verfolgt. In den gemeinsam mit 14 Kollegen aus 11 EU-Mitgliedstaaten unterbreiteten Vorschlägen für die Reform des europäischen Strafrechts habe ich sie „Proto“-, also „*Voraus-Verteidigung*“ genannt.[95] Sie wäre vom Staat zu finanzieren, aber von den Anwaltskammern zu beaufsichtigen und würde anders als der Verteidiger selbst zur Verschwiegenheit gegenüber dem Beschuldigten verpflichtet sein, aber dessen Interessen bei allen heimlichen Ermittlungsmaßnahmen wahrnehmen. Wegen aller Einzelheiten muss ich auf die einschlägigen Entwürfe in dem von mir herausgegebenen „Gesamtkonzept für die europäische Strafrechtspflege“ verweisen.[96]

VIII. Zusammenfassung

Lassen Sie mich die Essenz meiner Überlegungen zusammenfassen. Den Prozess der Reichsstrafprozessordnung gibt es längst nicht mehr, weil er teils durch den Gesetzgeber, teils durch die Praxis in einer namentlich die damalige Verfahrensbalance vollständig zerschlagenden Weise verändert worden ist. Dass dies als reaktive Anpassung an die gesellschaftlichen Veränderungen auf dem Gebiet des abweichenden Verhaltens selbst erfolgt ist, muss ausdrücklich betont werden, aber es muss auch ebenso ausdrücklich hinzugefügt werden, dass diese Anpassung einseitig und ohne ausbalancierende Neuformierung der Stellung des Beschuldigten und seiner Verteidigung vor sich gegangen ist. Ohne die von mir for-

---

94 Nachw. oben Fn. 50.

95 *Schünemann* in: Schünemann (Hrsg.), Ein Gesamtkonzept für die europäische Strafrechtspflege, 2006, S. 49ff., 166ff.; vgl. dazu bereits *dens.* (Hrsg.), Alternativentwurf Europäische Strafverfolgung, 2004, S. 3ff., 14ff.

96 Vgl. Fn. 95.

mulierten Minimalia für eine solche Neustrukturierung der Beschuldigten- und Verteidigungsrechte wird die Verteidigung jenes Fliegengewicht bleiben, welches sie derzeit nur auf die prozessuale Waage bringt. Ich verkenne dabei nicht, dass es für die Organisationen der Verteidiger in Deutschland in der gegenwärtigen Situation schwer ist, als Apostel des traditionellen Rechtsstaats aufzutreten, weil die durch eine prekäre Politik vielfältig genährte Bedrohung durch den internationalen Terrorismus in ihrer gegenwärtig abermals durch die Politik erfolgenden Dramatisierung eine gesellschaftliche Mentalität erzeugt hat, die die Verteidiger des Rechtsstaats ebenso marginalisiert wie die von der Politik überaus erfolgreich erzeugte und genährte Europatümelei die Verteidiger der Demokratie[97]. Aber um in dem von mir gewählten Bild zu bleiben, gehört es zur Würde selbst der Fliege, sich nicht mit den persönlichen Annehmlichkeiten ihres eigenen Wohllebens auf den ihr hingeworfenen Krümeln zufrieden zu geben, sondern die modifizierte Wiederherstellung der Waffengleichheit unverdrossen einzufordern. Das ist mein *Vorwort* zur Zukunft der Verteidigung in einem mehr und mehr von den Prinzipien der Heimlichkeit und Vergeheimdienstlichung dominierten Strafverfahren. Das anschließende Buch dazu müssen die Verteidiger und ihre Organisationen selber schreiben, und ich wünsche dem 32. Deutschen Strafverteidigertag, dass er dazu bereits das erste Kapitel beizusteuern schafft.[98]

---

97 s. o. die Nachw. in Fn. 53.

98 **Nachtrag 2020:** Drei zentrale Erwartungen bzw. Hoffnungen, die ich in meinem vorstehend abgedruckten Vortrag auf dem Strafverteidigertag 2008 für die Bewahrung bzw. Wiederherstellung der rechtsstaatlichen Balance des Strafverfahrens formuliert hatte, haben sich seitdem zerschlagen: (1) Der Gesetzgeber hat durch die mit nur formalen Kautelen versehene Legalisierung der Urteilsabsprachen im sog. Gesetz zur Regelung der Verständigung im Strafverfahren v. 3.8.2009 (BGBl I 2353) die darin liegende Strukturveränderung und Gewichtsverschiebung ohne Problembewusstsein abgesegnet und hierin auch die sich abermals nur auf formelle Sicherungen kaprizierende Billigung des BVerfG gefunden (BVerfGE 133, 168); hierzu eingehend demnächst Band 4 meiner Gesammelten Werke. (2) Das BVerfG hat für die verfassungsrechtliche Billigung des staatlichen Ankaufs kriminell produzierter Beweismittel nicht einmal eine Senatsentscheidung für geboten erachtet, sondern diese in einer oberflächlichen (s. Roxin/Schünemann, Strafverfahrensrecht, 29. Aufl. 2017, S. 186f.) Kammerentscheidung (BVerfG StV 2011, 65) ausgesprochen. (3) Und an das Beweisantragrecht ist in 2 Etappen eine kräftige Axt angelegt worden (durch das sog. Gesetz zur effektiveren und praxistauglicheren Ausgestaltung des Strafverfahrens v. 17.8.2017, BGBl 3202, und durch das sog. Gesetz zur Modernisierung des Strafverfahrens v. 10.12.2019, BGBl 2121), nach deren Hieben es kaum noch über die Akzentuierung der gerichtlichen Aufklärungspflicht hinausreicht.

DREIZEHNTER TEIL Der Ausbau der Opferstellung im Strafprozess – Fluch oder Segen?

I. Überblick

1. In Deutschland stand die gesellschaftliche Reaktion auf unerträglich abweichendes Verhalten, vulgo „Verbrechensbekämpfung", mit der Verabschiedung der Strafrechtsreform im Jahre 1969 am Ende eines 1000-jährigen Weges, der mit der Ablösung der rein privaten (ursprünglich durch die Fehde, d. h. Privatrache, vom Verletzten oder seiner Sippe wahrgenommenen) Strafrechtspflege[1] durch einen zwar vom Verletzten als Ankläger begonnenen, aber von der Obrigkeit entschiedenen Prozess begonnen hatte, durch ein von staatlichen Instanzen umfassend organisiertes Verfahren fortgesetzt wurde[2] und mit der Ersetzung des Vergeltungsstrafrechts durch ein Präventionsstrafrecht endete[3]. Am Ende dieses Weges blieb für eine eigenständige Rolle des Verbrechensopfers als Verfahrenssubjekt kein Platz mehr übrig, denn wenn das Ziel des Strafverfahrens letzten Endes in der Resozialisierung des Täters im öffentlichen Interesse besteht[4], so spielt der Verletzte[5] darin nur noch als *Zeuge* eine Rolle. Aus der Vergangenheit übrig gebliebene Positionen wie etwa die Nebenklage waren deshalb auch permanent von Abschaffung bedroht[6], und das

---

1 v. Hippel, Deutsches Strafrecht, Bd. I, 1925, S. 40 ff.; Eb. Schmidt, Einführung in die Geschichte der deutschen Strafrechtspflege, 3. Aufl. 1965, S. 21 ff., S. 76 ff.

2 In Gestalt des sog. Inquisitionsprozesses, s. dazu Eb. Schmidt (Fn. 1), S. 86 ff.

3 Im materiellen Strafrecht durchgesetzt durch den Alternativ-Entwurf eines Strafgesetzbuches (hrsg. v. Baumann u. a., 1966) und die dadurch entzündete Diskussion, etwa Baumann (Hrsg.), Programm für ein neues Strafgesetzbuch, 1968; Roxin, Franz v. Liszt und die kriminalpolitische Konzeption des Alternativentwurfs, in: ders., Strafrechtliche Grundlagenprobleme, 1973, S. 32 ff. (orig. 1968); Jescheck, Die kriminalpolitische Konzeption des Alternativentwurfs eines Strafgesetzbuches, in: ders., Strafrecht im Dienste der Gemeinschaft, 1980, S. 57 ff. (orig. 1968); Arthur Kaufmann, Der Alternativ-Entwurf eines Strafgesetzbuches und das Erbe Radbruchs, in: ders., Strafrecht zwischen Gestern und Morgen, 1983, S. 31 ff. (orig. 1968); Baumann, Weitere Schriften zur Strafrechtsreform, 1969; zusammenfassend aus heutiger Sicht Roxin, Strafrecht, Allgemeiner Teil, Bd. I, 4. Aufl. 2006, § 4 Rdn. 17 ff.

4 So die in Deutschland in den 70er Jahren des vorigen Jahrhunderts herrschende Meinung, s. Schüler-Springorum, Strafvollzug im Übergang, 1969, S. 157 ff.; Arthur Kaufmann (Hrsg.), Die Strafvollzugsreform, 1971; auch Roxin (Fn. 3), S. 38 f.; Peters, Festschrift für Heinitz, 1972, 501 ff.; Müller-Dietz, Probleme des modernen Strafvollzuges, 1974, S. 5 f. Die Ernüchterung kam aber rasch, symptomatisch Eser, Resozialisierung in der Krise?, Festschrift für Peters, 1974, S. 505 ff.

5 Auch wenn ich nachfolgend die Termini „Verletzter" oder „Opfer" aus Vereinfachungsgründen synonym gebrauche, möchte ich doch nicht unerwähnt lassen, dass die Redeweise vom „Opfer" in einem nicht kriminologischen, sondern strafprozessualen Kontext eigentlich ungut ist, weil es ja in einem von der Unschuldsvermutung beherrschten Verfahren nur einen angeblich Verletzten gibt, sozusagen einen bloßen Opferprätendenten, was mit der „Opfer"-Bezeichnung angesichts ihrer Konnotationen aus dem Blick gerät.

6 Eine starke Einschränkung der Nebenklage wurde auf dem 50. Deutschen Juristentag 1974 gefordert, s. Grünwald, Empfiehlt es sich, besondere strafprozessuale Vorschriften für Großverfah-

https://doi.org/10.1515/9783110650563-014

Opfer wurde, wie es *Weigend*[7] unter Benutzung einer von *McDonald*[8] geprägten Formulierung ausdrückte, zu einer „vergessenen Figur". Aber schon 15 Jahre später fand ein totaler Umschwung statt, als sich der 55. Deutsche Juristentag 1984 mit der „Rechtsstellung des Verletzten im Strafverfahren" befasste[9]. Seitdem ist in einer ganzen Reihe von Gesetzen ein ununterbrochener Ausbau der Opferstellung im Strafverfahren durchgeführt worden, und die Forderungen nach weiterer Verstärkung dieser Rechte sind längst noch nicht zu Ende. Der politische Motor dieser Entwicklung besteht in der feministischen Bewegung, denn die ganze Diskussion dreht sich immer wieder um die Opfer von Sexualdelikten, die nun einmal fast ausschließlich von Männern begangen werden; und es sind die feministischen Forderungen gewesen, die auch bei einer allgemeinen Verbesserung der Opferstellung immer den eigentlichen Auslöser gebildet haben.

2. Zentraler Punkt ist die Frage der Anerkennung des Verletzten als *Prozesssubjekt*, d.h. als *Partei*. Ursprünglich war, wie schon bemerkt, das Opfer mit dem Ankläger identisch. In allen Rechtsordnungen hat sich aber im Laufe der geschichtlichen Entwicklung eine staatliche Anklagebehörde herausgebildet[10], während das Opfer gleichzeitig auf eine bloße Zeugenrolle zurückgedrängt wurde. Es blieben nur noch kleine Reste der Anklägerrolle zurück, im deutschen Recht außer der schon erwähnten Nebenklage[11] auch das Recht der Privatklage bei personenbezogenen Bagatelldelikten (ursprünglich bei Beleidigung, Körperverletzung und allen Antragsdelikten, s. § 414 RStPO). Innerhalb von 20 Jahren seit dem erwähnten Deutschen Juristentag 1984 ist dann aber die Entwicklung in die genau umgekehrte Richtung gelaufen, indem die prozessuale Stellung des

---

ren einzuführen?, Gutachten C zum 50. Deutschen Juristentag, 1974, C 83ff., und das Referat von Waldowski im Sitzungsbericht K zum 50. Deutschen Juristentag, 1974, S. K 42ff., sowie die Beschlüsse der Strafprozessrechtlichen Abteilung, ebda. S. 270ff.

7 Weigend, Deliktsopfer und Strafverfahren, 1989, S. 13.

8 McDonald, in: ders. (Hrsg.), Criminal Justice and the Victim, California 1976, S. 17ff., 19: „victim as forgotten man".

9 Umfassend Rieß, Gutachten C zum 55. Deutschen Juristentag, 1984; zuvor bereits eindringlich Jung, ZStW 93 (1981), 1147ff.

10 Wobei in Deutschland im Inquisitionsprozess zwischen Ankläger und Richter nicht unterschieden und die Rolle des Staatsanwalts erst aus Frankreich übernommen wurde, s. Carsten, Die Geschichte der Staatsanwaltschaft in Deutschland, 1932, S. 7; Wohlers, Entstehung und Funktion der Staatsanwaltschaft, 1994, S. 67, 172ff.; belletristisch Hans Günther, Staatsanwaltschaft, Kind der Revolution, 1973, S. 11f. In England ist diese Rolle bis heute nur beschränkt institutionell, d.h. als eigene staatliche Behörde zwischen Polizei und Gericht, ausgebildet, jedoch tritt vor Gericht dann, wenn es keinen staatlichen Beamten als Staatsanwalt gibt, ein vom Staat beauftragter Barrister als Ankläger auf.

11 Ursprünglich §§ 435ff. RStPO, dazu allg. Weigend (Fn. 6), S. 434f.

Verletzten vor allem durch das Opferschutzgesetz von 1986[12], durch das Gesetz zum Schutz von Zeugen und zur Verbesserung des Opferschutzes von 1998[13] und schließlich durch das Opferrechtsreformgesetz von 2004[14] massiv und mit steigendem Tempo verstärkt worden ist. Um nur das Wichtigste zu rekapitulieren:

a) Seit 1986 können sich nicht nur die Opfer von Beleidigungen und Körperverletzungen, sondern auch von Freiheitsberaubungen und vor allem von Sexualdelikten dem Strafprozess als *Nebenkläger* anschließen, wodurch sie zu einem eigenständigen Prozesssubjekt mit mehrfach verbesserter Rechtsstellung avancieren (§§ 395ff. StPO).

b) Auch wenn es um nicht nebenklagefähige Delikte geht, haben die Verletzten weitgehende *Beteiligungsrechte* erhalten, nämlich auf Akteneinsicht (§ 406 e StPO), auf den Beistand eines Rechtsanwaltes (§§ 406 f/g StPO), auf Information über den Verfahrensausgang (§ 406 d StPO) sowie bei nebenklagefähigen Delikten auch ohne Anschlusserklärung auf Anwesenheit in der Hauptverhandlung (§ 406 g I, 1 StPO).

c) Parallel dazu sind ihre Rechte als *Zeuge* gestärkt worden (§§ 58a, 68a und 68b StPO), insbesondere um die „sekundäre Viktimisierung" durch eine das Opfer unter Umständen erneut traumatisierende Hauptverhandlung[15] abzumildern. Das ist im Ansatz berechtigt und wird deshalb nachfolgend nicht näher betrachtet.

d) In den letzten Jahren hat schließlich die Verbesserung der Ansprüche des Verletzten auf *Schadensersatz* im Vordergrund gestanden, und zwar auf der einen Seite durch die Etablierung des Täter-Opfer-Ausgleichs (TOA) und auf der anderen Seite durch den Ausbau des Adhäsionsverfahrens, bei dem schon im Strafverfahren selbst die Schadensersatzansprüche des Verletzten geprüft werden und die Verurteilung zu einer Strafe mit einer Verurteilung zu Schadensersatz kombiniert wird (§§ 46a; 56b I 1, II Nr. 1 StGB, §§ 153a I Nr. 1; 155 a, b; 403ff. StPO).

3. Diesen bunten Strauß möchte ich zunächst an Hand der *vier wichtigsten Funktionen* der Opferstellung im Strafverfahren ordnen und sodann etwas genauer betrachten[16]: (1) Die uralte Funktion als *Ankläger* war so gut wie vollständig auf

---

12 BGBl. I 2496.

13 BGBl. I 820.

14 BGBl. I 1354. Zu den weiteren einschlägigen Gesetzen s. die Übersicht bei Rieß, FS f. Jung, 2007, S. 751, 753. – **Ergänzung 2020:** Seitdem in dieselbe Richtung fortgesetzt worden durch das 2. OpferRRG 2009, das StORMG 2013, das 3. OpferRRG 2015, das MhBekVerbG 2016, das 50. StÄndG 2016 und das NachstSchVerbG 2017.

15 Dazu aus kriminologischer Sicht Kaiser, Kriminologie, 3. Aufl 1996, § 97 Rdn. 1; H. J. Schneider, Viktimologie, 1975, S. 32; ders., Kriminologie, 1987, S. 696f., 776f.; Eisenberg, Kriminologie, 6. Aufl. 2005, § 53 Rdn. 16; Velten in SK-StPO, Rdn. 23f. vor § 374.

16 Insgesamt kann man 6 Typen der Opferrechte unterscheiden, s. Schünemann, NStZ 1986, 196; zust. Velten in SK-StPO, Rdn. 36ff. vor § 374.

die Staatsanwaltschaft übergegangen, seit 20 Jahren spielt aber der Verletzte neben der Staatsanwaltschaft in einem bestimmten Typus von Verfahren wieder eine erhebliche Rolle. (2) Das hat aber natürlich eine Rückwirkung auf diejenige Stellung des Verletzten, die im Laufe der Entwicklung fast die einzige geworden war, nämlich die Stellung als *Zeuge*, denn gerade die Verbesserung der Opferstellung hat hier zu einer Gefährdung des Beweiswertes der Zeugenaussage des Verletzten geführt. (3) Die Durchsetzung der *Schadensersatzansprüche*, die etwa in der germanischen Zeit mit dem Strafprozeß identisch gewesen ist, war ebenfalls vollständig aus dem Strafprozeß verschwunden, soll aber nach dem Willen des Gesetzgebers in der Zukunft wieder eine größere Rolle spielen. (4) Schließlich muss man noch eine Funktion beachten, die in der Diskussion der letzten Jahrzehnte eigenartiger Weise aber kaum eine Rolle gespielt hat, nämlich als *Kontrollinstanz* für die Staatsanwaltschaft. Schon nach der Reichsstrafprozeßordnung von 1877 hatte der Verletzte die Möglichkeit des Klageerzwingungsverfahrens, wenn die Staatsanwaltschaft das Verfahren einstellte, obwohl nach der Sach- und Rechtslage eigentlich eine Anklage geboten war (§§ 170 ff. RStPO). Um den Ausbau dieser wichtigen Funktion hat sich der Gesetzgeber bisher aber nicht gekümmert.

II. Der Verletzte als Prozeßsubjekt und die dadurch drohende Ruinierung seiner Zeugenfunktion

1. Während die *Privatklage*, bei der der Verletzte als alleiniger Ankläger auftritt, im wesentlichen Bagatelldelikte betrifft und deshalb in praktischer Hinsicht nach wie vor keine besondere Bedeutung besitzt, wird die *Nebenklage* namentlich bei Sexualdelikten durch eine hierauf spezialisierte Gruppe engagierter Rechtsanwälte, meistens weiblichen Geschlechts, häufig wahrgenommen; genauere empirische Befunde stehen freilich noch aus.[17] Umgekehrt ist für das Opfer einer fahrlässigen Körperverletzung nur noch bei besonderen Gründen die Nebenklage zulässig (§ 395 III StPO), womit dem Übelstand begegnet wurde, dass nach einem Unfall im Straßenverkehr routinemäßig ein Anschluss als Nebenkläger erfolgte und dadurch überflüssige Rechtsanwaltskosten verursacht wurden.

2. Der Nebenkläger bekommt durch seinen Anschluß ein umfassendes Teilnahmerecht am Verfahren *zur Durchsetzung seines Parteistandpunktes*. Er kann also, ohne wie die Staatsanwaltschaft zur Objektivität verpflichtet zu sein, bei der Zeugenvernehmung Fragen stellen, Beweisanträge stellen oder (leicht be-

---

17 Barton, FS f. Schwind, 2006, S. 219, 222.

schränkt) Rechtsmittel einlegen und besitzt als Partei ein umfassendes Recht auf Anwesenheit in der Hauptverhandlung (§ 397 I, 1 StPO), welches der Abwesenheitspflicht des Zeugen vorgeht[18]. Wenn der Nebenkläger auch als Zeuge vernommen wird – wie natürlich bei allen Delikten gegen die sexuelle Freiheit, bei denen die Nebenklägerin oft zugleich die einzige Belastungszeugin ist –, kann er sich also zunächst die gesamte Hauptverhandlung einschließlich der Einlassung des Angeklagten anhören. Darüber hinaus hat er (sie) auch ein Recht auf Akteneinsicht und auf staatliche unentgeltliche Bestellung eines Rechtsanwalts als Beistand, also eines speziellen Opferanwaltes – zwar in den praktisch unwichtigen Fällen nur nach den Regeln der zivilrechtlichen Prozeßkostenhilfe für arme Parteien (§ 397 a II StPO), aber namentlich im Falle eines angeklagten Sexualverbrechens völlig unabhängig von seinen (ihren) Vermögensverhältnissen (§ 397 a I StPO). Diese Rechte stehen dem Verletzten auch dann zu, wenn er sich dem Verfahren nicht als Nebenkläger anschließt (§ 406 g StPO). Weniger dramatisch ist die Rechtsstellung des Verletzten bei den nicht nebenklagefähigen Delikten ausgefallen: Sein nach § 406 e StPO durch einen Anwalt auszuübendes Recht auf Akteneinsicht kann – bei überwiegenden schutzwürdigen Interessen des Beschuldigten oder wenn der Untersuchungszweck gefährdet wird – beschränkt werden, und sein Anspruch auf den Beistand eines (von ihm selbst zu bezahlenden) Rechtsanwalts (§ 406 f StPO) überschreitet kaum den Rahmen der allgemeinen Zeugenrechte[19].

3. Nach der von mir schon vor über 20 Jahren begründeten[20], im strafprozessualen Schrifttum auf erhebliche Resonanz gestoßenen[21] rechtspolitischen Bewertung hat der Gesetzgeber durch diese Verbesserung der Opferstellung aber dessen Zeugenfunktion schwerwiegend beeinträchtigt, die Ermittlung der materiellen Wahrheit gefährdet und den Prozess insgesamt in eine Schieflage zu Lasten des Angeklagten gebracht: Diejenigen Rechte, die durch die Opferschutzgesetze in §§ 406 e–g StPO dem Verletzten in fundamentaler Verkennung der Psychologie der Zeugenaussage, der richterlichen Informationsverarbeitung in der Hauptverhandlung und der forensischen Tatsachenermittlung verliehen wor-

---

18 Meyer-Goßner, Strafprozessordnung, 49. Aufl., 2006, § 397 Rdn. 2.

19 Hierüber ist der Verletzte umfassend zu belehren (§ 406 h), so wie er auch über den Ausgang des Verfahrens zu informieren ist (§ 406 d) – was die Verfahrensstruktur nicht antastet und deshalb völlig unbedenklich ist.

20 Schünemann, NStZ 1986, 193ff.; ders., StV 1998, 391ff.; ders., in: Schünemann/Dubber (Hrsg.), Die Stellung des Opfers im Stafrechtssystem, 2000, S. 1, 6ff.

21 Vgl. nur Roxin, Strafverfahrensrecht, 25. Aufl. 1998, S. 506; KMR-Stöckel, § 397 Rdn. 9; im Grundsatz auch Velten in SK-StPO, Rdn. 43ff. vor § 374; Kühne, Stafprozessrecht, 7. Aufl. 2007, Rdn. 257.1.

den sind, haben nämlich eine Korrumpierung der Hauptverhandlung bewirkt, deren kleineres Übel in der Vervielfältigung der Verfolgerrollen, deren größeres Übel in der Verwandlung einer Zeugenaussage als Wissensbekundung in eine juristisch ausgeklügelte Parteierklärung zu sehen ist.

a) Es versteht sich von selbst, dass der mit rechtlichem Beistand ausgerüstete, über den Akteninhalt oder zumindest über den bisherigen Verlauf der Hauptverhandlung informierte Verletzte im Regelfall alles daran setzen wird, den Angeklagten der aus seiner Sicht verdienten Strafe zuzuführen, und also mehr oder weniger in eine Rolle als Zusatzankläger hineinschlüpfen wird. Dies geschieht in einer Hauptverhandlung, in der der Richter infolge der gerichtlichen Aufklärungspflicht (§ 244 Abs. 2 StPO) in Verbindung mit der von ihm im Eröffnungsbeschluß attestierten Wahrscheinlichkeit der Verurteilung (§ 203 StPO) zwangsläufig eine gegen den Angeklagten gerichtete inquisitorische Rolle einnimmt: Unabhängig von Frage, ob der Richter, der den Fall aufgrund der von Staatsanwaltschaft und Polizei gestalteten Ermittlungsakten bereits mit dem Ergebnis einer wahrscheinlichen Schuld des Angeklagten beurteilt hat, danach in psychologischer Hinsicht überhaupt noch zu einer unbefangenen Würdigung des Beweisergebnisses der Hauptverhandlung in der Lage ist[22], muss er doch zumindest in rein äußerlicher Hinsicht gegenüber dem leugnenden Angeklagten um die Überführung besorgt sein, übt hierbei also nicht anders als der Staatsanwalt eine inquisitorische Rolle aus. Wenn auch noch der Verletzte diese Rolle mitübernimmt, sieht sich der Angeklagte geradezu einer Phalanx von Strafverfolgern gegenüber, deren quantitative und verbale Übermacht allein schon zu seiner Einschüchterung und damit zu einer Einschränkung seiner Verteidigungsmöglichkeiten führt.

Dass übrigens auch der Gesetzgeber von einer „Verlängerung" der Inquisitorenbank durch den Opferbeistand ausgegangen ist, zeigt die Regelung des § 140 Abs. 2 Satz 1 StPO, die die notwendige Verteidigung wegen der Schwierigkeit der Sach- oder Rechtslage "namentlich" dann vorsieht, "weil dem Verletzten ein Rechtsanwalt beigeordnet worden ist". Durch die kausale (anstatt einer konditionalen) Verknüpfung wird deutlich, dass das Gesetz erst und gerade dann, wenn

22 Was nach den von mir durchgeführten psychologischen Experimenten wegen der sog. Urteilsperseveranz eindeutig zu verneinen ist, s. Schünemann/Bandilla, Perseverance in Courtroom decisions, in: Wegener/Lösel/Haisch (Hrsg.), Criminal Behavior and the Justice System, Psychological Perspectives, New York u.a., 1989, S. 181ff.; Schünemann, Der Richter im Strafverfahren als manipulierter Dritter? – Zur empirischen Bestätigung von Perseveranz- und Schulterschlußeffekt, in: Bierbrauer/Gottwald/Birnbreier-Stahlberger (Hrsg.), Verfahrensgerechtigkeit – Rechtspsychologische Forschungsbeiträger für die Justizpraxis, 1995, S. 215ff., ders., StV 2000, 159ff. = oben S. 239ff.

der Beschuldigte sich einem Verletzten gegenübersieht, der sich des fachkundigen Rates eines Rechtsanwalts bedient, von einer erheblichen Beeinträchtigung von der Fähigkeit zur Selbstverteidigung ausgeht[23].

b) Noch weitaus gravierender als die weitere Verschiebung der Kräftebalance in einer ohnehin vom Gericht vollständig dominierten Hauptverhandlung ist aber die Transformation der Zeugenaussage selbst, die bei einer Vorbereitung und Begleitung durch einen mit weittragenden Rechten und vor allem mit umfassender Aktenkenntnis ausgestatteten Rechtsanwalt ihren Charakter als schlichte Wiedergabe von Erinnerung verliert und den Status einer Parteierklärung annimmt, kurz: *von Wissensbekundung in Interessenwahrnehmung transformiert* wird.

Die Vernehmung des Opferzeugen degeneriert dadurch zu einer Mischung aus Beweisaufnahme und Parteiprozess, weil die Kenntnis der Akten und die Anwesenheit in der Hauptverhandlung (und zwar schon bei der Einlassung des Angeklagten !) eine gezielte Vorbereitung der Aussage des Verletzten durch den Opferanwalt ermöglicht und dadurch die Spontaneität der Zeugenaussage als entscheidendes Kriterium ihrer Glaubwürdigkeit beseitigt. Indem der Effekt der psychologisch feinsinnigen Vorschrift des § 58 Abs. 1 StPO zerstört wird, wonach jeder Zeuge ohne Kenntnis des bisherigen Verlaufes der Hauptverhandlung und ohne Aktenkenntnis allein aus seiner Erinnerung aussagen soll, wird ausgerechnet an der entscheidenden Stelle jede seriöse Überprüfung der Glaubwürdigkeit verhindert: Denn in den Prozessen wegen Sexualstraftaten steht typischerweise die Aussage des Angeklagten gegen die Aussage der angeblich Verletzten als einziger Belastungszeugin, so dass die Transformation ihrer Zeugenaussage in einen Parteivortrag, die die Opferschutzgesetze praktisch bewirkt haben, auf eine Perversion der Wahrheitsfindung hinausläuft. Die gutgemeinten Versuche des Bundesgerichtshofes, an die Beweiswürdigung besonders strenge Anforderungen zu stellen, wenn Aussage gegen Aussage steht und die Entscheidung allein davon abhängt, welchen Angaben das Gericht folgt,[24] vermögen diese vom Gesetzgeber zu verantwortende *strukturelle Degenerierung des Zeugenbeweises* natürlich in keiner Weise zu heilen, denn gerade die „besonders strengen Anforderungen" können ja von einem anwaltlich beratenen und mit Aktenkenntnis ausgestatteten Zeugen besonders leicht erfüllt werden. Diese die Wahrheitsfindung in der Hauptverhandlung kompromittierende „unheilige Allianz" von empirisch bestätigtem Perseveranzeffekt beim Richter und gesetzlicher Verschmelzung von Partei- und Zeugenrolle beim „Opferzeugen" wird von *Schöchs* Auffassung, es seien weder in der Rechtsprechung noch in der empirischen Forschung (sic!) Anhaltspunkte für

23 So Meyer-Goßner (Fn. 18), § 140 Rdn. 31.
24 Nachw. b. Meyer-Goßner (Fn. 18), § 261 Rdn. 11a.

eine Beeinträchtigung rechtsstaatlicher Verteidigungsmöglichkeiten zu finden[25], durchweg übersehen. Erst recht seitdem die contra legem etablierten Urteilsabsprachen[26] dem in der Marschroute der Ermittlungsakten befangenen Gericht als weiteres Machtmittel die „Sanktionsschere" in die Hand gedrückt haben, deren klaffende Handhabung bei Anklagen wegen Sexualdelikten zwecks Vermeidung sekundärer Viktimisierung eine besondere moralische Legitimation zu besitzen scheint, hat die Störung der Verfahrensbalance durch Überreizung der Verletztenrechte in diesem Bereich einen die rechtsstaatliche Substanz des Strafverfahrens erodierenden faktischen Unterwerfungszwang begründet[27].

4. Fazit: Der Ausbau der Rechtsstellung des Verletzten als Prozesssubjekt hat zu einer Ruinierung seiner Zeugenfunktion und damit seiner Rolle für die prozessuale Wahrheitsfindung geführt. Weil die Auffindung der materiellen Wahrheit nach der Struktur des deutschen Strafverfahrens aber nach wie vor den zentralen Wert darstellt, der nicht zu Lasten des Angeklagten unterminiert werden darf[28], haben die drei Opferschutzgesetze die gebotene *Balance des Verfahrens* insgesamt *erheblich geschädigt.*

III. Adhäsionsverfahren, Zurückgewinnungshilfe und Täter-Opfer-Ausgleich

1. Das ursprünglich aus dem österreichischen Strafprozess übernommene *Adhäsionsverfahren*[29] hat über Jahrzehnte hinweg keinerlei Bedeutung erlangt, weil es

---

25 FS f. Rieß, 2002, S. 507, 508; vorsichtiger Dölling, FS f. Jung, 2007, S. 77, 84.

26 Hier weiß ich mich mit dem Jubilar im Grundsatz vollkommen einig, s. bereits Dencker/Hamm, Der Vergleich im Strafprozeß, 1988; Hamm, FS f. Meyer-Goßner, 2001, S. 33ff.; ders., FS f. Dahs, 2005, S. 267ff.; ders., Welp-Kolloquium, 2006, S. 57ff.; Schünemann, Absprachen im Strafverfahren, 1990; ders., Wetterzeichen vom Untergang der deutschen Rechtskultur – Die Urteilsabsprachen als Abgesang auf die Gesetzesbindung der Justiz und den Beruf unserer Zeit zur Gesetzgebung, 2005; ders./Hauer, AnwBl. 2006, 439ff.

27 Wie weit hier die Revisionsrechtsprechung von der durch die Absprachen beherrschten Praxis entfernt ist, zeigt etwa die neueste Kommentierung des § 46 StGB bei LK-Theune, 12. Aufl. 2007, Rdn. 210, wo der in Sexualstrafverfahren inzwischen verbreitete „Quantensprung" zwischen einer geständigen und einer bestreitenden Einlassung nicht einmal erwähnt wird.

28 Zur materiellen Wahrheit als Verfahrensziel vgl. allgemein Roxin (Fn. 21), § 17 Rdnr. 5, § 10 Rn. 9; LR-Rieß, 25. Aufl., 2004, § 160 Rdnr. 47; Peters, Strafprozeß, 4. Aufl., 1985, § 23 II 2 a; Wolter in SK-StPO, Rdn. 51f. vor § 151; Weßlau, Das Konsensprinzip im Strafverfahren – Leitidee für eine Gesamtreform?, 2002, S. 29f.; zur Unerträglichkeit einer Schwächung der Verfahrensposition des Angeklagten gerade im Hinblick auf konsensuale Lösungen Schünemann, ZStW 119 (2007), 945ff.

29 S. H.-J. Schroth, GA 1987, 49.

weder bei den Rechtsanwälten noch bei der Richterschaft beliebt war[30]: Weil kein Anwaltszwang bestand und die Gebühren niedriger als im Zivilprozess waren, war das ganze für die Rechtsanwälte nicht attraktiv, und für die Richter bedeutete es eine erhebliche Mehrarbeit in dem für sie ungewohnten Feld des zivilrechtlichen Schadensersatzrechts. Außerdem konnte wegen der Frage, ob und in welcher Höhe ein Schaden entstanden war, der Strafprozess erheblich verlängert werden. Deshalb wurden nur ganz selten Adhäsionsanträge gestellt, und die Richter pflegten, wozu sie damals berechtigt waren, diese dann zumeist nach ihrem freien Ermessen wegen mangelnder Eignung abzulehnen. Im Opferschutzgesetz von 1986 hat man den Bedenken wegen einer Verfahrensverzögerung durch die Möglichkeit eines Urteils über den Schadensersatzanspruch lediglich dem Grunde nach Rechnung zu tragen versucht, ohne dass sich in der Praxis aber etwas änderte. Deshalb hat der Gesetzgeber im Gesetz zur Verbesserung der Opferrechte von 2004 die Rechtsstellung des Verletzten im Adhäsionsverfahren erheblich verstärkt, indem die Möglichkeiten des Gerichts, einen Adhäsionsantrag abzulehnen, eingeschränkt worden sind. Es heißt in § 406 Abs. 1 Satz 4 StPO zwar immer noch, dass das Gericht von einer Entscheidung absehen könne, wenn sich der Antrag zur Erledigung im Strafverfahren nicht eigne, und in Satz 5 heißt es, der Antrag sei insbesondere dann nicht geeignet, wenn seine weitere Prüfung, auch soweit eine Entscheidung nur über den Grund oder einen Teil des Anspruchs in Betracht kommt, das Verfahren erheblich verzögern würde. Aber der Richter hat jetzt kein freies Ermessen mehr, und bei Geltendmachung eines Schmerzensgeldes wird die Eignung sogar immer fingiert. Außerdem kann eine Zurückweisung des Antrages mangels Eignung gemäß § 406 a StPO mit der sofortigen Beschwerde angefochten werden. Damit ist in der Tat die Rechtsstellung des Verletzten wesentlich gestärkt worden, und weil das Adhäsionsverfahren im Gegensatz zum Zivilprozess für den Verletzten den Vorzug besitzt, dass alle Beweise ja von Amts wegen beschafft werden, ist eigentlich die Attraktivität dieses Verfahrens für ihn sehr groß. Ob sich deshalb in der Praxis das Adhäsionsverfahren einbürgern wird, bleibt abzuwarten. Ein Problem könnte immer noch sein, dass der Rechtsanwalt, der den Antrag für den Verletzten stellt, eine etwas geringere Gebühr bekommt, als wenn er den Schadensersatzanspruch im Zivilprozess einklagen würde[31].

---

30 Kühne, Strafprozessrecht (Fn. 21), Rdn. 1136.

31 Denn gem. Nr. 4143 VV zum RVG gibt es nur eine 2,0 Verfahrensgebühr, aber keine Terminsgebühr, durch die es im Zivilprozess auf 2,4 Gebühren kommt. In der Beurteilung zurückhaltend auch Hilger, GA 2004, 478, 485; Rieß, FS f. Dahs, 2005, S. 425ff.; kritisch Dallmeyer, Jus 2005, 327, 330; Krey/Wilhelmi, FS f. Otto, 2007, S. 933ff.

2. Unbeschadet dessen könnte das Adhäsionsverfahren in der Zukunft aber jedenfalls in Wirtschaftsstrafsachen eine erhebliche Bedeutung erlangen, weil hier mit der *Zurückgewinnungshilfe* gem. § 111 b Abs. 5 StPO ein weiteres Rechtsinstitut existiert, mit dessen Hilfe die durch die Straftaten erlangten Vermögenswerte schon frühzeitig für die Rückerstattung an den Verletzten sichergestellt werden können. Dass die Staatsanwaltschaft die Vermögensvorteile, die der Beschuldigte aufgrund der Tat erlangt hat und auf deren Rückerlangung ein Anspruch des Verletzten besteht, schon im Ermittlungsverfahren durch Beschlagnahme sicherstellen und dadurch dem Verletzten die Möglichkeit des Zugriffs auf den Tatgewinn offenhalten kann, ist ein scharfes, in der gegenwärtigen Ausgestaltung sogar überscharfes Schwert: Einerseits wird die Beute bei Wirtschaftsstraftaten erfahrungsgemäß häufig ins Ausland verlagert, teilweise vielleicht auch für eine kostspielige Strafverteidigung verwendet, so dass der Verletzte ohne frühzeitigen Zugriff zumeist leer ausgehen wird. Andererseits lässt § 111 b V StPO jede rechtsstaatliche Kontur vermissen[32], so dass hier ähnlich wie bei der Untersuchungshaft ein Missbrauch prozessualer Zwangsmittel zur *Erdrosselung* der Verteidigung und zur Erzwingung einer (euphemistisch als „Absprache“ oder „Verständigung“ bezeichneten) frühzeitigen Unterwerfung im Ermittlungsverfahren droht[33].

3. Während die bisher betrachteten Reformen die Verfahrensposition des Opfers ausschließlich zu Lasten des Beschuldigten stärken, existiert seit dem Verbrechensbekämpfungsgesetz von 1994[34] mit dem *Täter-Opfer-Ausgleich* ein bei oberflächlicher Betrachtung sowohl dem Interesse des Opfers als auch des Beschuldigten dienliches Rechtsinstitut in Gestalt eines in § 46 a StGB vertypten Strafmilderungsgrundes für den Fall eines zumindest ernsthaften Bemühens des

---

32 Odenthal, FS f. Dahs, 2005, S. 405ff.; Strate, StV 2006, 368ff. Allg. krit. zur Tauglichkeit des Adhäsionsverfahrens in Wirtschaftsstrafprozessen Feigen, FS f. Otto, 2007, S. 679ff.; Eingrenzungsversuche bei BVerfG StV 2004, 409. Umfassende Analyse bei Rönnau, Vermögensabschöpfung in der Praxis, 2003, Rdnr. 3f. und 377ff.; konzentrierte Darstellung bei Retemeyer, in: Achenbach/Ransiek (Hrsg.), Handbuch Wirtschaftsstrafrecht, 2004, XIV 55ff.

33 In dem von mir herausgegebenen „Gesamtkonzept für die europäische Strafrechtspflege“ (2006), S. 10ff., 20ff., wird deshalb an diesen beiden neuralgischen Punkten intensive Vorsorge für die Wiederherstellung der Verfahrensbalance getroffen, nämlich durch den Grundsatz der „Meistbegünstigung“ des Beschuldigten bei den Anordnungsvoraussetzungen und Rechtsbehelfen und durch die Forderung europäischer Haftgründe, darunter einer engen Definition der Fluchtgefahr und einer strikten Subsidiarität hinter elektronischen Überwachungsmitteln ohne Freiheitsentzug, s. i.e. Art. 4 IV, 6 und 9f. des Entwurfs einer Regelung transnationaler Strafverfahren.

34 Gesetz zur Änderung des Strafgesetzbuches, der Strafprozessordnung und anderer Gesetze, Verbrechensbekämpfungsgesetz, v. 28.10.1994, BGBl. I 1994, 3186.

Beschuldigten um die Wiedergutmachung des Schadens. Im engeren Sinn meint der Täter-Opfer-Ausgleich die Lösung des der Tat zugrunde liegenden Gesamtkonflikts in einem kommunikativen Prozess, der auch das Opfer einbezieht und als Minimalvoraussetzung die redliche Absicht des Täters erfordert, mit dem Opfer zu einem friedensstiftenden Ausgleich zu kommen. Im weiteren Sinne genügt es auch, wenn der Täter unter Erbringung erheblicher persönlicher Leistungen das Opfer ganz oder zum überwiegenden Teil entschädigt, also etwa umfangreiche Arbeiten in seiner Freizeit erbringt oder erhebliche Einschränkungen im persönlichen oder finanziellen Bereich auf sich nimmt, um das Opfer mindestens zum überwiegenden Teil entschädigen zu können[35]. Nachdem die ganze Regelung in der Praxis zunächst wenig geändert hatte[36], hat der Gesetzgeber 1999 mit dem Gesetz zur strafverfahrensrechtlichen Verankerung des Täter-Opfer-Ausgleichs[37] den lahmen Vogel mit Hilfe dreier Vorschriften flügge zu machen versucht: Nach § 155 a StPO sollen Staatsanwaltschaft und Gericht die Möglichkeit eines Täter-Opfer-Ausgleichs in jedem Stadium des Verfahrens prüfen und in geeigneten Fällen darauf hinwirken, zu welchem Zweck als Kernstück gemäß § 155 b StPO eine Ausgleichsstelle eingeschaltet werden kann, die besondere Erfahrungen in der außergerichtlichen Schlichtung von Konflikten hat, und der Täter-Opfer-Ausgleich ausdrücklich als Auflage bei einer Einstellung des Verfahrens nach § 153 a I Nr. 5 StPO vorgesehen wurde. Es erscheint aber fraglich, ob es damit gelingen wird, den Täter-Opfer-Ausgleich als eine wichtige Möglichkeit der Diversion zu etablieren und aus dem harten Verdikt herauszuführen, das der Jubilar im Jahre gefällt hat: „Der Gesetzgeber hat ... aus dem ... ‚AE Wiedergutmachung' nur den Teil herausgenommen, der sich am besten für seine Zwecke mißbrauchen ließ...: Justizentlastung, Motivierung der Angeklagten zu konsensualen Wohlverhaltensstrategien, Abschreckung des die Tat bestreitenden Beschuldigten, Demotivierung des eigentlich zum Kampf um den Freispruch Bereiten."[38]. Für das im Vordergrund des Opferschutzes stehende Delikt der sexuellen Nötigung (§ 177 StGB) scheidet jedenfalls eine Einstellung des Verfahrens gem. § 153 a StPO von vornherein aus, weil es sich hierbei um ein Verbrechen handelt, § 153 a StPO aber nach wie vor auf Vergehen beschränkt ist. Hier ist der durch das Institut des TOA

35 Auf die zahllosen dogmatischen und rechtspolitischen Probleme des TOA, die schon bis heute eine kaum noch überschaubare Literatur hervorgebracht haben, kann in der vorliegenden kleinen Studie natürlich auch nicht ansatzweise eingegangen werden; vgl. nur die Nachw. bei Tröndle/Fischer, Strafgesetzbuch, 53. Aufl. 2006, § 46a Rdn. 1a.

36 Lackner/Kühl,StGB, 26. Aufl. 2007, § 46a Rdn. 1 m.w.N.

37 Gesetz zur strafverfahrensrechtlichen Verankerung des Täter-Opfer-Ausgleichs und zur Änderung des Gesetzes über Fernmeldeanlagen, v. 20.12.1999, BGBl. I 1999, 2491.

38 Hamm, StV 1995, 491, 494.

auf den Täter in Richtung auf die Ablegung eines Geständnisses ausgeübte, vom Jubilar mit Recht kritisierte Druck sogar von der Rechtsprechung nochmals verstärkt worden, weil der Bundesgerichtshof ausgesprochen hat, dass eine Strafmilderung gem. § 46 a StGB bei Gewalt- und Sexualdelikten regelmäßig nur nach Ablegung eines Geständnisses in Betracht komme[39]. Was der BGH in der eingehend begründeten Entscheidung als „ideelle Komponente der Wiedergutmachung" zum Opferschutz verlangt, ist einerseits auf dieser Ebene vollauf plausibel und verkennt doch andererseits vollständig die prozedurale Dimension des TOA: Indem vom Angeklagten in einer an sich offenen Beweissituation, in der Aussage gegen Aussage steht[40], quasi eine bedingungslose Kapitulation als Vorleistung verlangt wird, wirkt der TOA als weiterer Unterwerfungszwang neben der im konkreten Fall ebenfalls eingesetzten Untersuchungshaft[41], was sich in Verbindung mit der prozessualen Übermacht der zugleich über die Parteirechte verfügenden Belastungszeugin zu einer insgesamt *unfairen Zerstörung der Verfahrensbalance* auswächst.

4. Insgesamt wird man die Intensivierung des Adhäsionsverfahrens, die Möglichkeit einer frühzeitigen Zurückgewinnungshilfe und die Einrichtung des Täter-Opfer-Ausgleichs deshalb als eine im Ansatz vielversprechende Entwicklung im Bereich der Verstärkung der Opferrechte anzusehen haben, deren rechtsstaatliche Ausbalancierung aber bis heute vollständig misslungen ist: Die frühe Kritik des Jubilars[42] ist durch die seither eingetretene Entwicklung in Gesetzgebung und Rechtsprechung nicht etwa entkräftet, sondern bestätigt worden.

IV. Das Klageerzwingungsverfahren

1. Als letztes möchte ich einen Blick auf das Klageerzwingungsverfahren werfen. Schon in der Reichsstrafprozeßordnung von 1877 hat es die Möglichkeit gegeben, dass der Verletzte einen Einstellungsbescheid der Staatsanwaltschaft zunächst

---

39 BGHSt 48, 134 m. krit. Rezensionen von Kaspar, JR 2003, 426ff.; Götting, StraFo 2003, 251ff.; Schulte, NKrimPol 2004, 36ff.; zust. Tröndle/Fischer § 46a Rdn. 10a und b; Franke, NStZ 2003, 410ff.; Dölling/Hartmann, NStZ 2004, 382ff.; unentschieden Lackner/Kühl, StGB, § 46a Rdn. 3 a.E.

40 Im Fall des BGH hatte sich die Verletzte mit dem Angeklagten aus einer Diskothek nach dem Austausch von Zärtlichkeiten über den Parkplatz in die Waschbox einer um diese Zeit offenbar geschlossenen Autowaschanlage zurückgezogen – keine schlechte Ausgangsposition für das vom Angeklagten eingeräumte „Missverständnis".

41 Vgl. BGHSt 48, 136.

42 a.a.O. (Fn. 38).

beim Generalstaatsanwalt und sodann beim Oberlandesgericht mit der Begründung angreift, dass an Stelle der Einstellung die Anklageerhebung geboten gewesen wäre. Der Gesetzgeber hat hier das Vergeltungsinteresse des Verletzten in den Dienst einer Kontrolle der Staatsanwaltschaft gestellt und dadurch eine Antwort auf die Frage gegeben: „Wer kontrolliert die Kontrolleure?" Dass eine solche Kontrolle wichtig ist, kann man nicht bezweifeln, denn sowohl bei politisch einflussreichen Beschuldigten als auch in den Fällen, in denen die Strafverfolgung für die Staatsanwaltschaft mühsam und arbeitsreich ist, besteht für den Staatsanwalt eine große Versuchung, sich weitere Mühe durch eine Einstellung des Verfahrens zu ersparen oder sich vielleicht zukünftig für eine Beförderung zu empfehlen, wenn der Beschuldigte über gute Beziehungen zum Justizministerium verfügt. Gerade weil der Justizminister über die Beförderungen im Bereich der Staatsanwaltschaft entscheidet, behält er unabhängig von der Frage eines formellen Weisungsrechts[43] einen starken informellen Einfluss auf die Staatsanwaltschaft, und hierdurch entsteht wiederum die Gefahr, dass Einstellungsentscheidungen politisch beeinflusst werden. Indem der Verletzte dann aber das Klageerzwingungsverfahren bis zum Oberlandesgericht treiben kann, kann er wenigstens durchsetzen, dass ein unabhängiges Gericht über die Berechtigung der Vorwürfe entscheidet.

2. Dieses wichtige Institut ist in den letzten Jahrzehnten allerdings dadurch entscheidend geschwächt worden, dass man nicht bei Verbrechen, wohl aber bei Vergehen und damit im gesamten Vermögensbereich praktisch das Opportunitätsprinzip eingeführt hat, wobei die Staatsanwaltschaften selbst in gravierenden Wirtschaftsstrafsachen, in denen der vorgeworfene Schaden in die Millionen oder gar Milliarden geht, von der Möglichkeit einer Einstellung gegen Geldzahlung gemäß § 153 a StPO nicht selten Gebrauch machen[44]. Gegenüber einer Einstellung aus Opportunitätsgründen, also insbesondere auch in dem erwähnten Bereich des § 153 a StPO, hat nun aber die Rechtsprechung ein Klageerzwingungsrecht des Verletzten verneint, und das Bundesverfassungsgericht hat dies ausdrücklich

43 Dazu aus der reichhaltigen Literatur Neumann, in: Institut für Kriminalwissenschaften Frankfurt (Hrsg.), Vom unmöglichen Zustand des Strafrechts, 1995, S. 197ff.; Bölter: BRAK-Festschrift, 2006, S. 293ff.

44 Zu statistischen Untersuchungen, wonach der Schaden bei Einstellungen gem. § 153 a StPO bei schweren Wirtschaftsstrafsachen durchaus nicht gering bleiben muss, s. Meinberg, Geringfügigkeitseinstellungen von Wirtschaftsstrafsachen, 1985, S. 242f.; Eisenberg, Kriminologie, 6. Aufl. 2005, § 27 Rdn. 73. Dass sich im Rahmen des Opportunitätsprinzips politische Opportunität unbegrenzt entfalten kann, wird durch den Mannesmann-Fall exemplarisch belegt. Für die Existenz von Einstellungen bei Schäden in Milliardenhöhe (bei freilich hoch-umstrittener Rechtslage) kann ich mich persönlich verbürgen.

für verfassungsrechtlich korrekt erklärt[45]. Ich sehe darin eine schwere rechtsstaatliche Einbuße. Zwar kann der Verletzte natürlich nicht verlangen, dass das Ermessen der Staatsanwaltschaft durch sein eigenes Ermessen ersetzt wird. Es müsste aber zumindest gerichtlich überprüfbar sein, ob die Staatsanwaltschaft bei einer Einstellung aus Opportunitätsgründen die gesetzlich gezogenen Ermessensgrenzen eingehalten hat.

V. Ergebnis

Die Rechtsstellung des Opfers im Strafverfahren hat in den letzten 20 Jahren eine ungeheure Dynamik entfaltet. Hierbei ist der Ausbau der Subjektstellung des Verletzten klar übers Ziel hinausgeschossen, weil dadurch dessen Zeugenrolle erheblich beeinträchtigt worden und der Prozess insgesamt aus der Balance geraten ist, namentlich wenn das Opfer den wichtigsten oder womöglich sogar alleinigen Belastungszeugen darstellt. Im Ansatz positiver zu beurteilen sind die Verbesserungen der Opferstellung auf dem Gebiet der Schadenswiedergutmachung durch Ausbau des Adhäsionsverfahrens, durch die Zurückgewinnungshilfe und auch durch den Täter-Opfer-Ausgleich, wobei allerdings die gegenwärtige Regelung rechtsstaatlich unausgewogen und deshalb dringend reformbedürftig ist. Umgekehrt ist im Bereich des Klageerzwingungsverfahrens in der Rechtsstellung des Verletzten eine erhebliche Lücke entstanden, weil die Ausbreitung des Opportunitätsprinzips die ursprünglich vorgesehene Kontrolle über die Staatsanwaltschaft extrem abgeschwächt hat.

Rainer Hamm, der verehrte Jubilar, ist in den letzten Jahrzehnten nicht müde geworden, gegen die alarmierenden Erosionserscheinungen des rechtsstaatlichen Strafverfahrens in Deutschland zu kämpfen. Wo könnte deshalb meine kleine kritische Studie zu der durch und durch auf Kosten des Beschuldigten gehenden Überreizung der Parteistellung des Verletzten im Strafverfahren bei gleichzeitiger Schwächung der Kontrollaufgabe besser aufgehoben sein als in einer ihm gewidmeten Festschrift?

---

45 BVerfG NJW 2002, 815.

VIERZEHNTER TEIL **Entwurf eines Vorschaltgesetzes zur Behebung rechtsstaatlicher Defizite des strafprozessualen Ermittlungsverfahrens mit Begründung**

I. Allgemeine Bemerkungen zum Entwurf

1. Der nachfolgende „Entwurf eines Vorschaltgesetzes zur Behebung rechtsstaatlicher Defizite des strafprozessualen Ermittlungsverfahrens“ verfolgt das Ziel, dem deutschen Strafprozess in einem ersten Schritt für das Stadium des Ermittlungsverfahrens das *rechtsstaatliche Profil zurückzugeben*, das die Reichsstrafprozessordnung von 1877, eine der großen Kodifikationen des deutschen Liberalismus des 19. Jahrhunderts, ausgezeichnet hat, in den letzten Jahrzehnten aber von der Gesetzgebung, in wichtigen Punkten auch von der höchstrichterlichen Rechtsprechung, immer weiter preisgegeben worden ist.

Den bisherigen Schlusspunkt hat das Gesetz zur Regelung der Verständigung im Strafverfahren vom 29.7.2009 (BGBl I 2153) gesetzt, das dem im Hauptverfahren zuständigen Gericht in einer weltweit beispiellosen Weise die Wahl einerseits zwischen intendiert ergebnisoffener und unbefangener Wahrheitsfindung und andererseits einer letztlich mit strukturell erpresserischen[1] Methoden arbeitenden „Aushandlung“ des Urteils, genau genommen Unterwerfung des Angeklagten unter die vom Gericht angebotene Strafe, nach Willkür überlässt[2]. Dass sowohl die an den Urteilsabsprachen geübte und bis in die Grundfesten eines im Rechtsstaatsgebot der materiellen Wahrheitsfindung verankerte Kritik als auch die Vorschläge für eine rechtsstaatlich ausgewogene Erweiterung des Strafbefehlsverfahrens, die beileibe nicht nur von mir (in einem Zeitraum von über 20 Jahren in je intensivierter Rekapitulation und Vertiefung[3]) allein vorgetragen worden sind[4],

1 Strafrechtsdogmatisch gesehen geht es natürlich nicht um Erpressung, sondern um Nötigung; als Beschreibung von gesellschaftlicher Wirklichkeit ist es aber sprachlich eingebürgert, auch ohne Vermögensschädigung von „erpresserischen Methoden“ zu sprechen.

2 Denn es steht unstreitig im freien Ermessen des Gerichts, ob es dem Angeklagten eine Verständigung anbieten will.

3 Rückblickend möchte ich mich nicht gerne als Don Quichote sehen, der sich mit einem „credo quia absurdum“ gegenüber der politischen Macht zu verstummen oder sich ihr anzubiedern weigert, sondern bevorzuge die Worte aus Schillers „Bürgschaft“ („Ihm konnte den mutigen Glauben der Hohn des Tyrannen nicht rauben.“) und damit Beethovens im Kern kantischen und zugleich schillerschen Opernhelden Florestan, notabene weniger kühn als dieser, dessen Los für die Verbreitung der Wahrheit die Ketten waren.

4 Parallel zu meiner DFG-finanzierten Repräsentativumfrage 1986/87 zu den (damals noch) „informellen Absprachen“ (dazu in Kürze Band 4 meiner Gesammelten Werke, ZWEITER TEIL) habe ich tastende Vorstudien publiziert in: Ministerium für Justiz, Bundes- und Europaangelegenheiten Baden-Württemberg (Hrsg.), Absprachen im Strafprozeß – ein Handel mit der Gerechtigkeit?, Bericht über das Symposium am 20./21.11. 1986 in Triberg, 1987, S. 24 ff.; Pfeiffer-FS, 1988, S. 461 ff., und JZ 1989, 984 ff. Meine endgültige Analyse findet sich im Gutachten B zum 58. Deutschen Juristentag („Absprachen im Strafverfahren?“), 1990, und ist sodann vertieft und weiter ausgearbeitet worden in: Baumann-FS, 1992, 361; StV 1993, 657; Riess-FS 2002, 525; ZStW 114

https://doi.org/10.1515/9783110650563-015

weder von der Rechtsprechung noch von den Stellungnahmen der politisch agierenden Spitzen der Berufsverbände noch im Gesetzgebungsverfahren zur Kenntnis genommen, geschweige denn mit Gründen widerlegt worden sind[5], macht zur internationalen Ehrenrettung der deutschen Strafprozessrechtswissenschaft, auf die in den eingehenden Reformdiskussionen der südeuropäischen Länder, Lateinamerikas und Ostasiens (darunter vor allem auch Chinas) immer noch viel, in der Europäisierung des Strafverfahrens aber kaum noch etwas gegeben wird[6], den Entwurf eines Gegenmodells dringlich, das dem gegenwärtig stattfindenden

(2002), 1, 55ff.; StraFo 2004, 293; in: Hefendehl (Hrsg.), Empirische und dogmatische Fundamente, kriminalpolitischer Impetus. Symposium für Bernd Schünemann zum 60. Geburtstag, 2005, S. 349, 376 f; Strafprozessuale Absprachen in Deutschland – Der Rechtsstaat auf dem Weg in die „Bananenrepublik"?, 2005; Wetterzeichen vom Untergang der deutschen Rechtskultur – Die Urteilsabsprachen als Abgesang auf die Gesetzesbindung der Justiz und den Beruf unserer Zeit zur Gesetzgebung, 2005; Heldrich-FS, 2005, S. 1177; ZRP 2006, 63; Schünemann/Hauer, Absprachen im Strafverfahren – Zentrale Probleme einer künftigen gesetzlichen Regelung, AnwBl. 2006, 439; ZIS 2009, 483. In eine vergleichbare Richtung weisen u. a. die Arbeiten von Duttge, Möglichkeiten eines Konsensualprozesses nach deutschen Strafprozessrecht, ZStW 115 (2003), 539; Fischer, NStZ 2007, 433; ders., StraFo 2009, 177; ZRP 2010, 249; Friehe, Der Verzicht auf Entschädigung für Strafverfolgungsmaßnahmen, 1997; Harms, Nehm-FS, 2006, 289; Hauer, Geständnis und Absprache, 2007; Rönnau, Die Absprache im Strafprozess, 1990; Salditt, ZStW 115 (2003), 570; Weßlau, Das Konsensprinzip im Strafverfahren – Leitidee für eine Gesamtreform?, 2002; dies., Absprachen im Strafverfahren, ZStW 116 (2004), 150.

5 Siehe zur „selektiven Wahrnehmung" beim BGH dessen 4. Strafsenat in BGHSt 43, 195 (dagegen Schünemann, Rieß-FS, 2002, S. 536ff.; Lien, GA 2006, 129; Eschelbach, HRRS 2008, 190; Hassemer, Hamm-FS, 2008, S. 171ff.; Hettinger, Egon Müller-FS, 2008, S. 261ff.; Weigend, BGH-FS Wissenschaft, 2000, 1011ff.) und dessen Großer Senat in BGHSt 50, 40 (dessen contra legem riskierte und verfassungsrechtlich illegitime Rechtsfortbildung nach der Feststellung von Fischer „ohne wissenschaftliche Argumente ausgekommen ist, weil er einer Diskussion mit der Rechtswissenschaft auch in zentralen Fragen keine wesentliche praktische Bedeutung mehr beigemessen hat", Hamm-FS, 2008, S. 72f.). Zur BRAK-Stellungnahme Nr. 25/2005, der Begründung zum Verständigungsgesetz in BT-Drs. 16/12310 sowie zur insuffizienten Problemerörterung im Gesetzgebungsverfahren Schünemann ZRP 2009, 104ff.

6 Beispielhaft greifbar in der Unterwerfung der Bundesregierung unter den Rahmenbeschluss zum Abwesenheitsverfahren (2009/299 JI v. 26.2.09, Abl. L 81 /24), der aus deutscher Sicht rechtsstaatswidrig ist (Roxin/Schünemann, Strafverfahrensrecht, 26. Aufl. 2009, § 62/1). Dass die damalige Bundesjustizministerin darin einen Schritt in die richtige Richtung zur Sicherung von Bürgerrechten gesehen hat (Roxin/Schünemann, aaO Rdn. 2), zeigt den dramatischen Verlust an rechtsstaatlichem Bewusstsein in der Machtelite der Bundesrepublik. Dass derartige Rahmenbeschlüsse in Wahrheit nicht verbindlich sein können (vgl. Schünemann/Roger ZIS 2010, 516ff.; Schünemann, Szwarc-FS, 2009, S. 109ff.; KritV 2008, 6, 9ff., GA 2004, 193, 195ff.; ZRP 2003, 185ff.; StV 2003, 531ff.), macht die Sache nicht besser, weil die deutsche Staatspraxis auch dies ignoriert.

Untergang der aus dem 19. Jahrhundert überkommenen Strafverfahrenskultur den Spiegel vorhält.

2. Da die im Verständigungsgesetz sanktionierte weitgehende praktische Abschaffung der Hauptverhandlung einen ebenso tiefen Einschnitt in die Struktur des Strafverfahrens darstellt wie die Einführung der modernen Hauptverhandlung im reformierten Prozess des 19. Jahrhunderts, ist es evident, dass hierfür auch eine *neue Struktur* gefunden werden muss, deren Pol auf der einen Seite weiterhin das Ziel der materiellen Wahrheitsfindung bildet (weil der Strafprozess sonst vom materiellen Strafrecht abgekoppelt wird und ein Niemandsinteresse verfolgt), während der andere Pol von den legitimen Verteidigungsinteressen des Beschuldigten gebildet wird, deren Berechtigung aus seiner Subjektstellung folgt und deren Beachtung außerdem eine unverzichtbare Bedingung der Wahrheitsfindung selbst darstellt. Wegen der mit der Einführung der Absprachen bewirkten Vorverlagerung des eigentlichen Strafprozesses in das Ermittlungsverfahren und wegen dessen Umgestaltung durch die Verpolizeilichung und Vergeheimdienstlichung müssen zur Ausbalancierung eine Reihe neuartiger Kautelen und Prozessrollen entwickelt werden wie etwa der Notverteidiger als Gegengewicht zum geheimdienstlichen Ermittlungsverfahren, das Rechtspflegegericht als Gegengewicht zum empirisch nachgewiesenen Schulterschluss innerhalb der Justiz oder der Opferombudsmann als rechtsstaatlich vertretbare Kanalisierung der Interessen des Verletzten. Die grenzenlose technologische Aufrüstung der Ermittlungsbehörden muss durch den Einsatz moderner Technologien im Kontrollinteresse und zur Wahrung der Freiheitsrechte des Beschuldigten kompensiert werden, vor allem in Gestalt der elektronischen Fußfessel und der Videoaufzeichnung sämtlicher Vernehmungen. Alle diese Maßnahmen bedeuten eine Einschränkung der Machtstellung der Justiz, die aber zur Wiederherstellung der rechtsstaatlichen Balance unerlässlich ist, wenn ein mit Urteilsabsprachen arbeitender Prozess legitimierbar sein soll. Wer sich diesen Forderungen a limine verweigert, gibt damit zu erkennen, dass er den Strafprozess eines Polizeistaats wünscht und an einer rechtsstaatlichen Balance kein Interesse hat.

3. Ein weiterer Grundsatz der Reform, der von allen bisherigen Versuchen der Gesetzgebung abweicht, muss das Prinzip der „*Totalvernetzung*“ sein: Jede Norm muss in ihrer Stellung im gesamten Feld der Strafprozessordnung gesehen werden, und zwar sowohl in normativer Hinsicht auch als im Hinblick auf die Rechtswirklichkeit. Das gilt vornehmlich auch unter dem Aspekt, welchen Einfluss eine bestimmte Norm auf die Situation der Beteiligten bei den Absprachen hat.

4. In nochmals gesteigerter Form gilt das natürlich auch für das *materielle Strafrecht* und die Rechtsprechung dazu: Wenn etwa der Bundesgerichtshof es ablehnt, die alte Definition des „Handeltreibens“ im Betäubungsmittelstrafrecht einzuschränken, und stattdessen auf die Abgrenzung von Täterschaft und Beihilfe ver-

weist und hierzu verschiedene Urteile fällt, die den Anwendungsbereich der Beihilfe ausdehnen[7], so führt das unter dem Aspekt der unklaren Abgrenzung von Täterschaft und Beihilfe zu einer Erweiterung des tatrichterlichen Ermessensspielraumes, die aber naturgemäß wiederum die Stellung des Richters bei den Absprachen stärkt.

5. Ebenso ist es unerlässlich, die Erkenntnisse der *Soziologie* über den Strafprozess und insbesondere auch die sog. *Rechtsstabforschung* einzubeziehen. Dann wird man sehr schnell sehen, dass die Bezeichnung „Justizministerium" nicht etwa im Sinne „Ministerium der Gerechtigkeit" missverstanden werden darf, wie es wohl dem naiven Verständnis der Bevölkerung entspricht. Vielmehr handelt es sich im engsten Sinne um die Hausmacht der Justiz, etymologisch um die Dienerschaft gegenüber der Justiz. Dies wird karrieremäßig dadurch sichergestellt, dass Richter nach ihrer Bewährung ins Justizministerium kommen und überhaupt ein ständiger Karrierewechsel zwischen Justiz und Ministerium stattfindet. Die karrieremäßige Gleichschaltung von Gerichten und Staatsanwaltschaften verlängert sich auf diese Weise zu einer Gleichschaltung von Strafgerichten, Staatsanwaltschaften und Justizministerium. Die angloamerikanische Juryverfassung, die die RStPO auf Grund der Erfahrungen des 19. Jahrhunderts als Kompensationsmodell partiell übernommen hatte, ist in der vom ständigen Staatsbankrott bedrohten Weimarer Republik aus finanziellen Gründen durch die im Wege der autoritären Gesetzgebung durchgesetzte Emminger-Reform ohne jede Kompensation beseitigt worden. Die grundlegende Reform muss auch an dieser Stelle mit Hilfe „funktioneller Äquivalente" eine nach mehr als 80 Jahren überfällige Wiedergutmachung leisten.

6. Es wäre vermessen, dieses Riesenwerk als einzelner und auf einmal in Angriff nehmen zu wollen. Andererseits hat es aus zahlreichen Gründen keinen Zweck, den Entwurf einer neuen Grundstruktur von vornherein in die Hände einer Kommission zu legen. Dies ist vor einem knappen halben Jahrhundert (genauer: 1966) bei dem „Alternativ-Entwurf eines Strafgesetzbuches – Allgemeiner Teil" ausnahmsweise gelungen, weil dessen Autoren auf der gemeinsamen Grundüberzeugung von der Notwendigkeit eines „spezialpräventiven Schuldstrafrechts" aufbauen konnten. Dagegen konnte etwa das „Gesamtkonzept für die europäische Strafrechtspflege" in der europäischen 15-köpfigen Arbeitsgruppe 40 Jahre später von vornherein nicht ohne „Alternative Überlegungen" beschlossen werden[8], und schon kurze Zeit danach hat sich eine Teilgruppe neu konstituiert, um die elaborierten und anspruchsvollen Forderungen des „Gesamtkonzepts" durch

---

7 BGHSt 51, 219; 50, 252; BGH NStZ-RR 2006, 350.

8 Siehe den „Entwurf einer Regelung transnationaler Strafverfahren in der Europäischen Union", viersprachig veröffentlicht in Schünemann (Hrsg.), Ein Gesamtkonzept für die europäische Strafrechtspflege, 2006, S. 1ff., aber auch die „Alternativüberlegungen", ibid. S. 240ff.

allgemeine, einen weiten Spielraum lassende und dadurch wohlfeile kriminalpolitische Grundsätze zu ersetzen und dadurch letztlich zu desavouieren[9].

Als Ausweg aus diesem Dilemma wird nachfolgend lediglich und immerhin eine Art „Vorschaltgesetz“ entworfen, das noch kein endgültiges Gesamtkonzept für die rechtsstaatlichen Minimalia des heutigen Strafverfahrens vorzustellen beansprucht, sondern nur die wichtigsten Eckpunkte für das Ermittlungsverfahren nicht nur bezeichnet, sondern auch ausformuliert. Deren legislatorische Verwirklichung muss in der gegenwärtigen politischen Situation der Bundesrepublik Utopie bleiben, aber das unterscheidet sie nicht von den früheren Protesten gegen die Hexenverfolgung, den Inquisitionsprozess oder die Todesstrafe, die 150 Jahre und mehr auf ihren Erfolg warten mussten.

II.

Artikel 1: Vorschaltgesetz zur Änderung der Strafprozessordnung

Geltendes Recht	Änderungsvorschlag
§ 4 (1) Eine Verbindung zusammenhängender oder eine Trennung verbundener Strafsachen kann auch nach Eröffnung des Hauptverfahrens auf Antrag der Staatsanwaltschaft oder des Angeklagten oder von Amts wegen durch gerichtlichen Beschluß angeordnet werden. (2) [1]Zuständig für den Beschluß ist das Gericht höherer Ordnung, wenn die übrigen Gerichte zu seinem Bezirk gehören. [2]Fehlt ein solches Gericht, so entscheidet das gemeinschaftliche obere Gericht.	(3) Die Verteidigung darf hierdurch nicht beeinträchtigt werden.

Begründung zu § 4: Bisher lässt die Rechtsprechung nach Zweckmäßigkeitserwägungen die Verbindung und Wiederabtrennung von Verfahren zu, beispielsweise auch, um einen Mitangeklagten als Zeugen vernehmen zu können (BGH JR

9 Sog. „Manifest zum Europäischen Strafverfahrensrecht“ (ZIS 2013, 412ff.) mit so verschwommenen Forderungen wie „Ausgewogenheit“ und „Kohärenz“ u. ä.

1969, 148; einschränkend BGHSt 24, 257), was im Schrifttum auf teilweise scharfe Kritik stößt (Prittwitz, NStZ 1981, 463; ders., Der Mitbeschuldigte im Strafprozess, 1984). Grundsätzlich werden sich nachträgliche Verbindungen oder Trennungen im Interesse der Verfahrenselastizität nicht ausschließen lassen, doch wird durch die vorgeschlagene Regelung sichergestellt, dass die Interessen der Verteidigung angemessen berücksichtigt werden.

Dasselbe gilt entsprechend dem neuen § 13 Abs. 4 auch für die nach dieser Vorschrift zustande kommenden Verfahrensverbindungen.

§ 8 (1) Der Gerichtsstand ist auch bei dem Gericht begründet, in dessen Bezirk der Angeschuldigte zur Zeit der Erhebung der Klage seinen Wohnsitz hat. (2) Hat der Angeschuldigte keinen Wohnsitz im Geltungsbereich dieses Bundesgesetzes, so wird der Gerichtsstand auch durch den gewöhnlichen Aufenthaltsort und, wenn ein solcher nicht bekannt ist, durch den letzten Wohnsitz bestimmt.	Ersetzt durch: Der Beschuldigte kann beantragen, die Klage bei dem für seinen Wohnsitz zuständigen Gericht zu erheben. Dem Antrag ist zu entsprechen, falls die Belastungen des Angeklagten durch die Hauptverhandlung stärker ins Gewicht fallen als die Schwierigkeiten für die Herbeischaffung der Beweismittel.

§ 9 Der Gerichtsstand ist auch bei dem Gericht begründet, in dessen Bezirk der Beschuldigte ergriffen worden ist.	Entfällt.

Begründung für die §§ 8 und 9: Die Vielzahl der ordentlichen Gerichtsstände, zwischen denen die Staatsanwaltschaft die Wahl hat, beeinträchtigt die Garantie des gesetzlichen Richters. Grundsätzlich sollte es deshalb nur einen Gerichtsstand (denjenigen des Tatorts) geben. Doch sollte der Beschuldigte die Möglichkeit besitzen, den Gerichtsstand seines Wohnsitzes zu wählen, wenn eine auswärtige Hauptverhandlung für ihn besonders belastend wäre und die Herbeischaffung der Beweismittel am Wohnsitz des Angeklagten ohne weiteres möglich ist.

Als Folgeänderung ist die Vorschrift des § 12 überflüssig.

§ 12 (1) Unter mehreren nach den Vorschriften der §§ 7 bis 11 zuständigen Gerichten gebührt dem der Vorzug, das die Untersuchung zuerst eröffnet hat. (2) Jedoch kann die Untersuchung und Entscheidung einem anderen der zuständigen Gerichte durch das gemeinschaftliche obere Gericht übertragen werden.	Entfällt.

§ 13 (1) Für zusammenhängende Strafsachen, die einzeln nach den Vorschriften der §§ 7 bis 11 zur Zuständigkeit verschiedener Gerichte gehören würden, ist ein Gerichtsstand bei jedem Gericht begründet, das für eine der Strafsachen zuständig ist. (2) [1]Sind mehrere zusammenhängende Strafsachen bei verschiedenen Gerichten anhängig gemacht worden, so können sie sämtlich oder zum Teil durch eine den Anträgen der Staatsanwaltschaft entsprechende Vereinbarung dieser Gerichte bei einem unter ihnen verbunden werden. [2]Kommt eine solche Vereinbarung nicht zustande, so entscheidet, wenn die Staatsanwaltschaft oder ein Angeschuldigter hierauf anträgt, das gemeinschaftliche obere Gericht darüber, ob und bei welchem Gericht die Verbindung einzutreten hat. (3) In gleicher Weise kann die Verbindung wieder aufgehoben werden.	(4) § 4 Abs. 3 gilt entsprechend.

§ 13a Fehlt es im Geltungsbereich dieses Bundesgesetzes an einem zuständigen Gericht oder ist dieses nicht ermittelt, so bestimmt der Bundesgerichtshof das zuständige Gericht.	Satz 2: Dabei ist eine Erschwerung der Verteidigung zu vermeiden.

Begründung zu § 13a: Bei der Auswahl zwischen mehreren möglichen Gerichtsständen muss grundsätzlich das Verteidigungsinteresse den Vorrang genießen, weil der Beschuldigte hierdurch viel stärker betroffen wird als der Staat, für den es im Grunde genommen gleichgültig ist, vor welchem Gericht das Verfahren letztlich durchgeführt wird. Dieser Grundsatz muss auch für die Regelungen der §§ 14, 15 und 19 gelten.

§ 14 Besteht zwischen mehreren Gerichten Streit über die Zuständigkeit, so bestimmt das gemeinschaftliche obere Gericht das Gericht, das sich der Untersuchung und Entscheidung zu unterziehen hat.	Satz 2: § 13a Satz 2 gilt entsprechend..

§ 15 Ist das an sich zuständige Gericht in einem einzelnen Falle an der Ausübung des Richteramtes rechtlich oder tatsächlich verhindert oder ist von der Verhandlung vor diesem Gericht eine Gefährdung der öffentlichen Sicherheit zu besorgen, so hat das zunächst obere Gericht die Untersuchung und Entscheidung dem gleichstehenden Gericht eines anderen Bezirks zu übertragen.	Satz 2: § 13a Satz 2 gilt entsprechend.

§ 19 Haben mehrere Gerichte, von denen eines das zuständige ist, durch Entscheidungen, die nicht mehr anfechtbar sind, ihre Unzuständigkeit ausgesprochen, so bezeichnet das gemeinschaftliche obere Gericht das zuständige Gericht.	Satz 2: § 13a Satz 2 gilt entsprechend.

§ 20 Die einzelnen Untersuchungshandlungen eines unzuständigen Gerichts sind nicht schon dieser Unzuständigkeit wegen ungültig.	Hs 2: , es sei denn, dass das Gericht seine Unzuständigkeit kannte oder diese auf der Hand lag.

Begründung zu § 20: Die bisherige Regelung muss um den Grundsatz ergänzt werden, dass die Strafverfolgung keinen Vorteil daraus ziehen darf, wenn ein Gericht seine Zuständigkeitsgrenzen vorsätzlich missachtet.

§ 23 (1) Ein Richter, der bei einer durch ein Rechtsmittel angefochtenen Entscheidung mitgewirkt hat, ist von der Mitwirkung bei der Entscheidung in einem höheren Rechtszug kraft Gesetzes ausgeschlossen.	In Abs. 1 ist nach dem Wort „Rechtszug" hinzuzufügen: „oder nach Zurückverweisung der Sache".

Begründung zu § 23: Nach der bisherigen Rechtslage, die im Schrifttum mit Recht als unbefriedigend qualifiziert wird (Roxin/Schünemann, Strafverfahrensrecht, 26. Aufl. 2009, § 9 Rdn. 10), ist ein Richter nicht von Gesetzes wegen ausgeschlossen, wenn er in derselben Sache zu entscheiden hat, in der ein von ihm früher gefälltes Urteil in der Rechtsmittelinstanz aufgehoben wurde. Weil die Rechtsprechung hier nur ausnahmsweise eine Ablehnung wegen Besorgnis der Befangenheit durchgreifen lässt (Meyer-Goßner, StPO, 53. Aufl. 2010, § 354 Rdn. 39), in Wahrheit aber eine unbefangene Überprüfung der eigenen Entscheidung aus zwingenden psychologischen Gründen nicht erwartet werden kann, ist diesem Übelstand entsprechend dem Vorschlag dadurch abzuhelfen, dass der Richter von Gesetzes wegen ausgeschlossen ist.

§ 25 (1) [1]Die Ablehnung eines erkennenden Richters wegen Besorgnis der Befangenheit ist bis zum Beginn der Vernehmung des ersten Angeklagten über seine persönlichen Verhältnisse, in der Hauptverhandlung über die Berufung oder die Revision bis zum Beginn des Vortrags des Berichterstatters, zulässig. [2]Alle	Abs 2 Satz 2 wird durch folgenden Satz ersetzt: Im Falle einer Unterbrechung der Hauptverhandlung gilt eine Ablehnung zu Beginn des folgenden

Ablehnungsgründe sind gleichzeitig vorzubringen. (2) [1]Nach diesem Zeitpunkt darf ein Richter nur abgelehnt werden, wenn 1. die Umstände, auf welche die Ablehnung gestützt wird, erst später eingetreten oder dem zur Ablehnung Berechtigten erst später bekannt geworden sind und 2. die Ablehnung unverzüglich geltend gemacht wird. [2]Nach dem letzten Wort des Angeklagten ist die Ablehnung nicht mehr zulässig.	Verhandlungstages als unverzüglich.

Begründung zu § 25: Die Rechtsprechung legt die Forderung der Unverzüglichkeit in der Tendenz streng, im einzelnen aber in einer schwer voraussehbaren Weise aus. Die neue Regelung, dass die Ablehnung jedenfalls bis zum Beginn des nächsten Verhandlungstages vorgebracht werden kann, schafft Rechtssicherheit, ohne die Durchführung des Verfahrens unangemessen zu blockieren. Die bisherige Regelung, dass eine Ablehnung nach dem letzten Wort nicht mehr zulässig sei, war nicht sachgerecht und muss deshalb entfallen. Denn das Ablehnungsrecht ist verfassungsrechtlich in der Garantie des gesetzlichen Richters (Art. 101 Abs. 1 Satz 2 GG) verankert und kann deshalb nicht verweigert werden, wenn der Befangenheitsgrund erst nach dem letzten Wort auftritt oder erkennbar wird.

§ 26 (1) [1]Das Ablehnungsgesuch ist bei dem Gericht, dem der Richter angehört, anzubringen; es kann vor der Geschäftsstelle zu Protokoll erklärt werden. [2]§ 257a findet keine Anwendung. (2) [1]Der Ablehnungsgrund und in den Fällen des § 25 Abs. 2 die Voraussetzungen des rechtzeitigen Vorbringens sind glaubhaft zu machen. [2]Der Eid ist als Mittel der Glaubhaftmachung ausgeschlossen. [3]Zur Glaubhaftmachung kann auf das Zeugnis des abgelehnten Richters Bezug genommen werden. (3) Der abgelehnte Richter hat sich über den Ablehnungsgrund dienstlich zu äußern.	Zu ergänzen sind Abs. 3 Satz 2 und 3: Die Äußerung ist schriftlich niederzulegen und den Verfahrensbeteiligten vor der Entscheidung über die Ablehnung bekannt zu geben; sie gilt als Protokollierung einer Zeugenaussage gem. § 168a. Die Vorschrift des § 55 ist entsprechend anzuwenden.

Begründung zu § 26: Dass die dienstliche Äußerung den Verfahrensbeteiligten vor der Entscheidung über die Ablehnung bekannt zu machen ist, folgt aus dem

Anspruch auf Gewährung rechtlichen Gehörs gemäß Art. 103 Abs. 1 GG und wird deshalb heute schon allgemein praktiziert, sollte aber im Gesetz klargestellt werden. In der Praxis ist zu beobachten, dass dienstliche Äußerungen des abgelehnten Richters grundsätzlich so ausgearbeitet werden, dass sie der Ablehnung die Grundlage entziehen, und dass regelmäßig die Zurückweisung des Ablehnungsgesuchs auf dieser Grundlage erfolgt und deshalb eine Glaubhaftmachung der vom Ablehnungsberechtigten vorgebrachten Ablehnungsgründe verneint wird. Bei einer derartig zentralen Bedeutung der dienstlichen Äußerung müssen aber diejenigen Mittel angewendet werden, die das Strafprozessrecht und das Strafrecht zur Garantie für wahrheitsgemäße Erklärungen besitzen und anzuwenden pflegen, nämlich die Dokumentation im Wortlaut gemäß § 168 a StPO und die Strafbewehrung vorsätzlich falscher Erklärungen gemäß § 153 StGB. Hieraus folgt wiederum, dass der Richter die Abgabe einer dienstlichen Äußerung analog § 55 StPO verweigern können muss, wenn er sich durch eine wahrheitsgemäße Erklärung selbst belasten müsste.

§ 27 (1) Wird die Ablehnung nicht als unzulässig verworfen, so entscheidet über das Ablehnungsgesuch das Gericht, dem der Abgelehnte angehört, ohne dessen Mitwirkung. (2) Wird ein richterliches Mitglied der erkennenden Strafkammer abgelehnt, so entscheidet die Strafkammer in der für Entscheidungen außerhalb der Hauptverhandlung vorgeschriebenen Besetzung. (3) [1]Wird ein Richter beim Amtsgericht abgelehnt, so entscheidet ein anderer Richter dieses Gerichts. [2]Einer Entscheidung bedarf es nicht, wenn der Abgelehnte das Ablehnungsgesuch für begründet hält. (4) Wird das zur Entscheidung berufene Gericht durch Ausscheiden des abgelehnten Mitglieds beschlußunfähig, so entscheidet das zunächst obere Gericht.	Abs. 1 Hs. 2 ist wie folgt zu ändern: ... so entscheidet über das Ablehnungsgesuch die Rechtspflegekammer. Abs. 2 – 4 entfallen.

Begründung zu § 27: Es liegt nahe und würde die minimale Erfolgsquote von Ablehnungsgesuchen erklären, dass die dem abgelehnten Richter eng verbundenen Kollegen selbst nicht unbefangen über das Ablehnungsgesuch entscheiden können. Obwohl es sich bei dem Gesuch um eine in der Prozessordnung vorgesehene und damit eigentlich normale Maßnahme handelt, zeigen Erfahrungsberichte aus der Praxis, dass eine Ablehnung als kommentwidrige Handlung gewertet und einem Verteidiger, der sie vorbringt, regelrecht übel genommen wird. Die Folge ist eine extrem restriktive Interpretation der Ablehnungsgründe und eine (bereits in der Begründung zu § 26 angesprochene) nahezu ausnahmslose Gründung der Ablehnungsentscheidung auf die dienstliche Äußerung des abgelehnten Richters. Um die Fairness der Ablehnungsentscheidung zu garantieren, erscheint es deshalb geboten, hierfür einen Spruchkörper zu schaffen, der nicht in dem permanenten dienstlich engen Verhältnis zum abgelehnten Richter steht und überhaupt durch seine Besetzung eine gewisse Distanz zu den Interessen der Justiz erkennbar macht. Dies trifft auf die Rechtspflegekammer zu, die im vorliegenden Entwurf auch für andere richterliche Entscheidungen vorgesehen ist, bei denen die Fairness eine strukturelle Berücksichtigung von Interessen des Beschuldigten gebietet.

§ 33 (1) Eine Entscheidung des Gerichts, die im Laufe einer Hauptverhandlung ergeht, wird nach Anhörung der Beteiligten erlassen. (2) Eine Entscheidung des Gerichts, die außerhalb einer Hauptverhandlung ergeht, wird nach schriftlicher oder mündlicher Erklärung der Staatsanwaltschaft erlassen. (3) Bei einer in Absatz 2 bezeichneten Entscheidung ist ein anderer Beteiligter zu hören, bevor zu seinem Nachteil Tatsachen oder Beweisergebnisse, zu denen er noch nicht gehört worden ist, verwertet werden. (4) [1]Bei Anordnung der Untersuchungshaft, der Beschlagnahme oder anderer Maßnahmen ist Absatz 3 nicht anzuwenden, wenn die vorherige Anhörung den Zweck der Anordnung gefährden würde. [2]Vorschriften, welche die Anhörung der Beteiligten besonders regeln, werden durch Absatz 3 nicht berührt.	Einzufügen Abs. 5: Bei Anordnung der Untersuchungshaft sowie in schwerwiegenden Fällen einer Durchsuchung, Beschlagnahme oder eines dinglichen Arrests, die die soziale Stellung oder das Vermögen des Betroffenen empfindlich beinträchtigen, ist, wenn gem. Abs. 4 vorgegangen wird, die vorherige Anhörung des Notverteidigers geboten. Dasselbe gilt für alle geheimen, durch ihre Ausführung dem Betroffenen nicht ohne weiteres bekannt werdenden Maßnahmen. Dem Notverteidiger steht gegen die getrof-

	fenen Entscheidungen das Rechtsmittel der sofortigen Beschwerde zu. Diese hat, außer bei Gefahr im Verzuge, aufschiebende Wirkung.

Begründung zu § 33: Seit dem Verständigungsgesetz von 2009 ist das Ermittlungsverfahren nicht nur wegen seiner informell bestimmenden Bedeutung für die Hauptverhandlung zum „heimlichen Zentrum“ des Strafverfahrens avanciert (wie das schon seit Jahrzehnten angesichts der immer weiter schwindenden Freispruchsquote festzustellen war), sondern ist nunmehr auch angesichts der Tatsache, dass ein großer Teil, vermutlich weit über die Hälfte aller Strafverfahren mit einer Absprache an Stelle einer gehaltvollen Hauptverhandlung endet, zur einzigen wirklichen Ermittlungsstation des Strafverfahrens geworden. Weil die Stellung der Verteidigung im Ermittlungsverfahren aus Gründen, die im Modell der Reichsstrafprozessordnung durchaus eingeleuchtet haben, ziemlich schwach ausgeprägt ist, wäre damit die Gesamtbalance selbst dann endgültig und schwerwiegend gestört worden, wenn nicht durch die Entwicklung zahlloser neuer Zwangsmaßnahmen im Ermittlungsverfahren, durch dessen Verpolizeilichung und durch dessen Vergeheimdienstlichung ein weiterer, quasi exponentieller Machtzuwachs der Strafverfolgungsbehörden bewirkt worden wäre. Ohne eine umfassende Verbesserung der Rechtstellung der Verteidigung im Ermittlungsverfahren kann der gegenwärtige deutsche Strafprozess deshalb nicht als „fair trial“ angesehen werden. Eine der zur Kompensation vorzuschlagenden Maßnahmen ist die Schaffung der Institution des Notverteidigers, der immer dann als Kontrollinstrument der Strafverfolgungsbehörden fungieren muss, wenn eine Zwangsmaßnahme wegen ihrer überraschenden Anordnung oder wegen ihrer Natur als geheimdienstliche Maßnahme vom Beschuldigten und dem von ihm beauftragten Verteidiger nicht überwacht werden kann. Dass die bisher in der Strafprozessordnung nur vorgesehenen Kautelen der Anordnung durch den Ermittlungsrichter und der nachträglichen Gewährung rechtlichen Gehörs für ein rechtsstaatliches Strafverfahren ausreichende Absicherungen boten, begegnet durchgreifenden Zweifeln (weil der Ermittlungsrichter nach den praktischen Erfahrungen von seiner Einstellung eher der Strafverfolgung nahe steht; weil er wegen der Vielzahl der von ihm zu bearbeitenden Fälle zu einer gründlichen Prüfung rein kapazitätsmäßig nicht in der Lage ist; weil er sich naturgemäß scheut, die Verfahrensstrategie der Strafverfolgungsbehörden durcheinander zu bringen und dann womöglich einen Ermittlungserfolg überhaupt zu vereiteln; wodurch sich die empirisch zuverlässig abgesicherte Konsequenz ergibt, dass eine eigentliche Kontrolle durch den Ermittlungsrichter nur in den wenigsten Fällen ausgeübt wird und dieser praktisch vor allem als eine Art Urkundsbeamter der Strafverfolgungsbehörden fungiert. Und dass die nachträgliche Gewährung rechtlichen Gehörs gegenüber einer bereits gefällten Entscheidung signifikant geringer ins Gewicht fällt, folgt nicht nur aus den durch die Dissonanztheorie erklärten psychologischen Gesetzmäßigkeiten, sondern lässt sich am Schicksal der nach einhelliger Auffassung völlig unwirksamen sog. Anhörungsrüge manifest machen). Das kann aber sogar auf sich beruhen, denn jedenfalls nach der zentralen Rolle, die das Ermittlungsverfahren für die Wahrheitsfindung in einem mit Urteilsabsprachen arbeitenden Prozess einnimmt, kann auf eine den strafprozessualen Eingriffsmaßnahmen vorangehende Geltendmachung der Verteidigungsperspektive überhaupt nicht verzichtet werden. Im Rahmen des § 33 geht es zunächst um einen Schutz der Grundrechte des Betroffenen (regelmäßig des Beschuldigten) durch die Gewährung rechtlichen Gehörs vor Anordnung der Eingriffe. Durch die neue Institution des *Notverteidigers*, der als Inhaber eines staatlichen Amtes gegen die Gefahr eines Missbrauchs seiner Rechtsstellung gefeit ist, der aber nicht anders als der nach den §§ 138ff. gewählte oder bestellte Verteidiger auf die Wahrnehmung der Interessen des Beschuldigten festgelegt ist, wird die Stellung der Verteidigung im Ermittlungsverfahren insgesamt gestärkt und zu der enormen Verstärkung der Verfolgungsmacht wenigstens ein gewisses Gegengewicht geschaffen. Wegen der Organisation der Institution „Notverteidiger" ist auf den entsprechenden Abschnitt im Gerichtsverfassungsgesetz zu verweisen. Der hier zugrunde liegende Gedanke, für den Fall der Unmöglichkeit oder Untunlichkeit einer direkten Interessenvertretung im Verfahren wenigstens innerhalb der das Verfahren betreibenden Körperschaft einen Vertreter dieser Interessen zu institutionalisieren, geht bis auf die Einrichtung des advocatus diaboli im Verfahren der Selig- bzw. Heiligsprechung der katholischen Kirche zurück und wurde vom Papst Sixtus V. im Jahre 1587 geschaffen (von Papst Johannes Paul II. 1983 umbenannt in „Promotor justitiae"). Das österreichische Recht kennt seit längerem den Rechtsschutzbeauftragten entsprechend §§ 91 a – d des Sicherheitspolizeigesetzes und 146f. der Strafprozessordnung. Für die Europäisierung der Strafrechtspflege habe ich in dem von mir herausgegebenen „Gesamtkonzept für die europäische Strafrechtspflege" die Einrichtung der Institution „Eurodefensor" vorgeschlagen, der die Institution des Notverteidigers nachempfunden worden ist. Damit der vom Notverteidiger vertretene Rechtsstandpunkt auch ernsthaft in Betracht gezogen wird, ist ihm das Rechtsmittel der sofortigen Beschwerde an die Hand zu geben. Ferner muss dieses aufschiebende Wirkung haben, es sei denn, dass Gefahr im Verzuge ist.

§ 33a [1]Hat das Gericht in einem Beschluss den Anspruch eines Beteiligten auf rechtliches Gehör in entscheidungserheblicher Weise verletzt und steht ihm gegen den Beschluss keine Beschwerde und kein anderer Rechtsbehelf zu, versetzt es, sofern der Beteiligte dadurch noch beschwert ist, von Amts wegen oder auf Antrag insoweit das Verfahren durch Beschluss in die Lage zurück, die vor dem Erlass der Entscheidung bestand. [2]§ 47 gilt entsprechend.	Satz 3: Für die neue Entscheidung gilt § 23 entsprechend.

Begründung zu § 33 a: Fälle diese Art dürften nach Einführung des Notverteidigers nur noch sehr selten vorkommen. Infolgedessen kann aber ohne Gefahr für die Verfahrenspraktikabilität und –ökonomie der Erfahrung Rechnung getragen werden, dass eine Anhörungsrüge vor denselben Richtern praktisch niemals Erfolg hat. Nachdem durch die Änderung des § 33 klargestellt worden ist, dass das rechtliche Gehör zumindest durch Anhörung des Notverteidigers gewährt werden muss, erscheint eine Verletzung des Anspruchs auf rechtliches Gehör überdies als ein so gravierender Mangel in der Korrektheit der Amtsführung, dass die dafür verantwortlichen Richter als befangen gelten müssen und die Nachholungsentscheidung nicht selbst treffen dürfen. Rechtstechnisch ist dies dadurch verwirklicht worden, dass die Vorschrift des § 23 für entsprechend anwendbar erklärt wird.

§ 52 (1) Zur Verweigerung des Zeugnisses sind berechtigt 1. der Verlobte des Beschuldigten oder die Person, mit der der Beschuldigte ein Versprechen eingegangen ist, eine Lebenspartnerschaft zu begründen; 2. der Ehegatte des Beschuldigten, auch wenn die Ehe nicht mehr besteht; 2a. der Lebenspartner des Beschuldigten, auch wenn die Lebenspartnerschaft nicht mehr besteht;	Abs. 1 Nr. 1: entfällt. Nr. 2 und Nr. 2a: Halbsatz 2 entfällt. Nr. 2a: ebenso. Nr. 3: die Schwägerschaft entfällt.

3. wer mit dem Beschuldigten in gerader Linie verwandt oder verschwägert, in der Seitenlinie bis zum dritten Grad verwandt oder bis zum zweiten Grad verschwägert ist oder war.	

Begründung zu § 52: Verlobte und Verschwägerte sowie die Partner nicht mehr existierender Ehen und Lebenspartnerschaften sollen deshalb kein Zeugnisverweigerungsrecht mehr besitzen, weil durch den Wandel der Familienverhältnisse in diesen Fällen eine schutzwürdige Beziehung noch nicht oder nicht mehr existiert. Dasselbe gilt für die lediglich Verschwägerten. International steht die deutsche StPO mit der extremen Ausdehnung der Zeugnisverweigerungsrechte ohnehin isoliert da und desavouiert dadurch das Bekenntnis zur materiellen Wahrheitsfindung als oberstem Prinzip.

§ 53 (1) [1]Zur Verweigerung des Zeugnisses sind ferner berechtigt ... 5. Personen, die bei der Vorbereitung, Herstellung oder Verbreitung von Druckwerken, Rundfunksendungen, Filmberichten oder der Unterrichtung oder Meinungsbildung dienenden Informations- und Kommunikationsdiensten berufsmäßig mitwirken oder mitgewirkt haben. [2]Die in Satz 1 Nr. 5 genannten Personen dürfen das Zeugnis verweigern über die Person des Verfassers oder Einsenders von Beiträgen und Unterlagen oder des sonstigen Informanten sowie über die ihnen im Hinblick auf ihre Tätigkeit gemachten Mitteilungen, über deren Inhalt sowie über den Inhalt selbst erarbeiteter Materialien und den Gegenstand berufsbezogener Wahrnehmungen. [3]Dies gilt nur, soweit es sich um Beiträge, Unterlagen, Mitteilungen und Materialien für den redaktionellen Teil oder redaktionell aufbereitete Informations- und Kommunikationsdienste handelt. (2) [1]Die in Absatz 1 Satz 1 Nr. 2 bis 3b Genannten dürfen das Zeugnis nicht verweigern, wenn sie von der Verpflichtung zur Verschwiegenheit entbunden sind. [2]Die	Abs. 2 Satz 2 und 3 entfallen.

Berechtigung zur Zeugnisverweigerung der in Absatz 1 Satz 1 Nr. 5 genannten über den Inhalt selbst erarbeiteter Materialien und den Gegenstand entsprechender Wahrnehmungen entfällt, wenn die Aussage zur Aufklärung eines Verbrechens beitragen soll oder wenn Gegenstand der Untersuchung 1. eine Straftat des Friedensverrats und der Gefährdung des demokratischen Rechtsstaats oder des Landesverrats und der Gefährdung der äußeren Sicherheit (§§ 80a, 85, 87, 88, 95, auch in Verbindung mit § 97b, §§ 97a, 98 bis 100a des Strafgesetzbuches), 2. eine Straftat gegen die sexuelle Selbstbestimmung nach den §§ 174 bis 176, 179 des Strafgesetzbuches oder 3. eine Geldwäsche, eine Verschleierung unrechtmäßig erlangter Vermögenswerte nach § 261 Abs. 1 bis 4 des Strafgesetzbuches ist und die Erforschung des Sachverhalts oder die Ermittlung des Aufenthaltsortes des Beschuldigten auf andere Weise aussichtslos oder wesentlich erschwert wäre. [3]Der Zeuge kann jedoch auch in diesen Fällen die Aussage verweigern, soweit sie zur Offenbarung der Person des Verfassers oder Einsenders von Beiträgen und Unterlagen oder des sonstigen Informanten oder der ihm im Hinblick auf seine Tätigkeit nach Absatz 1 Satz 1 Nr. 5 gemachten Mitteilungen oder deren Inhalts führen würde.	

Begründung zu § 53: Die Einschränkung des Zeugnisverweigerungsrechts der Presseangehörigen bei Verbrechen sowie bei den in Abs. 2 Satz 2 Nr. 1 – 3 aufgeführten Delikten macht rechtspolitisch keinen Sinn, weil sie letztlich dazu führen würde, Presseangehörige von der eigenen Recherchierung abzuhalten, und dadurch Presseangehörige gewissermaßen als Hilfspolizisten in die Pflicht nehmen würde. Dadurch würde die Pressearbeit sehr erschwert, weil ein Presseangehöriger keine Vertraulichkeit mehr zusichern könnte. Weil also letzten Endes Abs. 2 Satz 2 und 3 eine Quelle erschließen sollen und gleichzeitig verstopfen, kann auf diese Regelung verzichtet werden.

§ 54 (1) Für die Vernehmung von Richtern, Beamten und anderen Personen des öffentlichen Dienstes als Zeugen über Umstände, auf die sich ihre Pflicht zur Amtsverschwiegenheit bezieht, und für die Genehmigung zur Aussage gelten die besonderen beamtenrechtlichen Vorschriften. (2) Für die Mitglieder des Bundestages, eines Landtages, der Bundes- oder einer Landesregierung sowie für die Angestellten einer Fraktion des Bundestages und eines Landtages gelten die für sie maßgebenden besonderen Vorschriften. (3) Der Bundespräsident kann das Zeugnis verweigern, wenn die Ablegung des Zeugnisses dem Wohl des Bundes oder eines deutschen Landes Nachteile bereiten würde. (4) Diese Vorschriften gelten auch, wenn die vorgenannten Personen nicht mehr im öffentlichen Dienst oder Angestellte einer Fraktion sind oder ihre Mandate beendet sind, soweit es sich um Tatsachen handelt, die sich während ihrer Dienst-, Beschäftigungs- oder Mandatszeit ereignet haben oder ihnen während ihrer Dienst-, Beschäftigungs- oder Mandatszeit zur Kenntnis gelangt sind.	Ergänzung um folgende Absätze: Abs. 5: Wird die Aussagegenehmigung verweigert oder beschränkt, so kann der Beschuldigte beantragen, dass der Zeuge vor der Rechtspflegekammer unter Mitwirkung des Notverteidigers vernommen wird. Wird die Sperrerklärung auch hierfür aufrechterhalten, so ist das Verfahren einzustellen. Abs. 6: Wenn die Rechtspflegekammer nach Vernehmung des Zeugen zu dem Ergebnis kommt, dass durch die Sperrerklärung wichtige Entlastungsgesichtspunkte aus dem Verfahren herausgehalten werden, so beschließt sie die Einstellung des Verfahrens. Anderenfalls beschließt sie, dass dem Verfahren Fortgang zu geben sei. Diese Entscheidungen werden ohne Begründung zu den Akten gegeben. Abs. 7: Gegen den Einstellungsbeschluss

	steht der Staatsanwaltschaft, gegen den Fortsetzungsbeschluss dem Notverteidiger das Rechtsmittel der sofortigen Beschwerde zum Rechtspflegesenat zu.

Begründung zu § 54: Die Möglichkeit der Exekutive, durch die Verweigerung von Aussagegenehmigungen für Beamte die Ermittlung der materiellen Wahrheit zu behindern, stellt eines der umstrittensten Kapitel des Strafverfahrens dar. Die Versuche der Rechtsprechung, diese Beeinträchtigung möglichst gering zu halten (Nachweise bei Roxin/Schünemann, Strafverfahrensrecht, § 45 Rdn. 25), haben keine durchgreifende Abhilfe zu schaffen vermocht. Durch die in § 54 Abs. 5–7 vorgesehene Einführung eines Kontrollverfahrens vor der Rechtspflegekammer, an der nicht der Beschuldigte/Angeklagte und sein Verteidiger, sondern für ihn allein der Notverteidiger teilnimmt, dürfte zwischen dem Interesse an der Wahrung von Staatsgeheimnissen und dem Interesse an einer vollständigen Aufklärung des Sachverhalts zwecks Realisierung des Prinzips der materiellen Wahrheit die größtmögliche praktische Konkordanz geschaffen werden. Wenn die Rechtspflegekammer als Teil der dritten Gewalt unter Mitwirkung des die Interessen des Beschuldigten wahrnehmenden, aber zur Verschwiegenheit verpflichteten Notverteidigers zu dem Ergebnis kommt, dass die Sperrerklärung wesentliche Entlastungsgesichtspunkte aus dem Verfahren heraushält, so spricht sie die Einstellung des Verfahrens als die in einem Rechtsstaat allein akzeptable Konsequenz aus. Umgekehrt verfügt sie, dass dem Verfahren Fortgang zu geben ist, wenn durch die Sperrerklärung keine Entlastungsmöglichkeiten verschüttet werden. Wegen der Bedeutung dieser Entscheidung für das gesamte Verfahren ist der Staatsanwaltschaft bzw. dem Notverteidiger das Rechtsmittel der Beschwerde zum Rechtspflegesenat einzuräumen. Die Entscheidung der Beschwerdekammer bedarf deshalb der Begründung, diese wird aber nicht zu den Akten des Strafverfahrens gegeben, weil sonst die notwendige Geheimhaltung nicht mehr gewahrt wäre.

§ 56 [1]Die Tatsache, auf die der Zeuge die Verweigerung des Zeugnisses in den Fällen der §§ 52, 53 und 55 stützt, ist auf Verlangen glaubhaft zu machen. [2]Es genügt die eidliche Versicherung des Zeugen.	Satz 2 entfällt.

Begründung zu § 56: Satz 2 entfällt, weil die eidliche Versicherung allgemein abgeschafft werden sollte.

§ 57 [1]Vor der Vernehmung werden die Zeugen zur Wahrheit ermahnt, auf die Möglichkeit der Vereidigung hingewiesen und über die strafrechtlichen Folgen einer unrichtigen oder unvollständigen Aussage belehrt. [2]Im Falle der Vereidigung sind sie über die Bedeutung des Eides sowie über die Möglichkeit der Wahl zwischen dem Eid mit religiöser oder ohne religiöse Beteuerung zu belehren.	Satz 2 wird durch folgende Fassung ersetzt: „Wenn das Gericht der Aussage ein voraussichtlich prozessentscheidendes Gewicht beimisst, wird der Zeuge hierauf und auf die Geltung eines verschärften Strafrahmens für nach dieser Belehrung erstattete Falschaussagen hingewiesen.“

Begründung zu § 57: Weil der Eid als Mittel qualifizierter Bekräftigung in einem weltanschaulich neutralen Staat keine Berechtigung besitzt und die Versuche, ihn seiner religiösen Konnotation zu entkleiden, keinen Erfolg haben können, muss für voraussichtlich prozessentscheidende Aussagen eine andere Form gefunden werden, durch die dem Zeugen vor Augen geführt wird, dass es auf seine Aussage ganz besonders ankommt und dass er deshalb im Falle der Falschaussage mit einer qualifizierten Bestrafung zu rechnen hat.

§ 58a (1) [1]Die Vernehmung eines Zeugen kann auf Bild-Ton-Träger aufgezeichnet werden. [2]Sie soll aufgezeichnet werden 1. bei Personen unter sechzehn Jahren, die durch die Straftat verletzt worden sind, oder 2. wenn zu besorgen ist, daß der Zeuge in der Hauptverhandlung nicht vernommen werden kann und die Aufzeichnung zur Erforschung der Wahrheit erforderlich ist.	Abs. 1 Satz 1: „kann“ wird durch „muss“ ersetzt. Satz 2 wird durch folgenden Text ersetzt: „Die Aufnahme muss beginnen, sobald der Zeuge den Vernehmungsraum betrifft, und darf nicht eher beendet werden, als er denselben verlassen hat.“ Abs. 2: Die Verwei-

(2) [1]Die Verwendung der Bild-Ton-Aufzeichnung ist nur für Zwecke der Strafverfolgung und nur insoweit zulässig, als dies zur Erforschung der Wahrheit erforderlich ist. [2]§ 101 Abs. 8 gilt entsprechend. [3]Die §§ 147, 406e sind entsprechend anzuwenden, mit der Maßgabe, dass den zur Akteneinsicht Berechtigten Kopien der Aufzeichnung überlassen werden können. [4]Die Kopien dürfen weder vervielfältigt noch weitergegeben werden. [5]Sie sind an die Staatsanwaltschaft herauszugeben, sobald kein berechtigtes Interesse an der weiteren Verwendung besteht. [6]Die Überlassung der Aufzeichnung oder die Herausgabe von Kopien an andere als die vorbezeichneten Stellen bedarf der Einwilligung des Zeugen. (3) [1]Widerspricht der Zeuge der Überlassung einer Kopie der Aufzeichnung seiner Vernehmung nach Absatz 2 Satz 3, so tritt an deren Stelle die Überlassung einer Übertragung der Aufzeichnung in ein schriftliches Protokoll an die zur Akteneinsicht Berechtigten nach Maßgabe der §§ 147, 406e. [2]Wer die Übertragung hergestellt hat, versieht die eigene Unterschrift mit dem Zusatz, dass die Richtigkeit der Übertragung bestätigt wird. [3]Das Recht zur Besichtigung der Aufzeichnung nach Maßgabe der §§ 147, 406e bleibt unberührt. [4]Der Zeuge ist auf sein Widerspruchsrecht nach Satz 1 hinzuweisen.	sung auf § 406e in Satz 3 entfällt, ebenso in Abs. 3 Satz 3.

Begründung zu § 58 a: Weil das Urteil in einem mit Urteilsabsprachen arbeitenden Strafverfahren in der Sache auf die Beweiserhebungen und insbesondere Zeugenvernehmungen im Ermittlungsverfahren gestützt wird, muss eine vollständige Dokumentation dieser Verfahrenshandlungen garantiert werden und der Verteidigung zur Beurteilung der Frage, ob einer Absprache zugestimmt werden soll, zur Verfügung stehen. Weil jedes Protokoll eine erhebliche Verkürzung des Beweiserhebungsvorganges bedeutet und nach feststehenden Resultaten empirischer Forschung nicht das wirkliche Wissen bzw. Erinnerungsbild des Zeugen allein wiedergibt, sondern insgesamt ein Interaktionsprodukt zwischen dem Zeugen und der Vernehmungsperson ist, löst die vom Vernehmungsbeamten vorgenommene Verschriftlichung typischerweise eine systematische Verzerrung in Richtung auf die Hypothesen der Vernehmungsperson aus. Derselbe Effekt kann auch durch das in der Praxis häufige „Vorgespräch" mit dem Zeugen erzielt warden. Aus diesem Grunde muss die Bild-Ton-Aufzeichnung die gesamte Interaktion zwischen der Vernehmungsperson und dem Zeugen dokumentieren, muss also einsetzen, sobald der Zeuge den Vernehmungsraum betritt, und darf erst abgestellt werden, wenn er diesen wieder verlassen hat.

Weil diese Regelung aus dem Anspruch des Beschuldigten auf ein faires Verfahren folgt, lässt sie sich nicht gleicher Weise für die Rechtsstellung des Verletzten begründen. Die dem geltenden Recht zugrunde liegende Vorstellung, der Verletzte müsse stets die gleich Rechtsposition besitzen wie der Beschuldigte, beruht auf einem grundlegenden Missverständnis bezüglich einer fairen Organisation des Strafverfahrens und ist deshalb zu korrigieren.

§§ 59–67	Entfallen.

Begründung für die §§ 59–67: Diese Vorschriften entfallen mit der Abschaffung des Eides als eines Mittels der Bekräftigung von Aussagen. Es verbleibt in allen Fällen bei der in § 57 geregelten Möglichkeit, den Zeugen darauf hinzuweisen, dass das Gericht seiner Aussage ein voraussichtlich prozessentscheidendes Gewicht beimisst und dass für diesen Fall in § 153 StGB im Falle einer Falschaussage ein verschärfter Strafrahmen vorgesehen ist.

§ 68 (1) [1]Die Vernehmung beginnt damit, daß der Zeuge über Vornamen und Zunamen, Alter, Stand oder Gewerbe und Wohnort befragt wird. [2]Zeugen, die Wahrnehmungen in amtlicher Eigenschaft gemacht haben, können statt des Wohnortes den Dienstort angeben. (2) [1]Besteht Anlaß zu der Besorgnis, daß durch die Angabe des Wohnortes der Zeuge oder eine andere Person gefährdet wird, so kann dem Zeugen gestattet werden, statt des Wohnortes seinen Geschäfts- oder Dienstort oder eine andere ladungsfähige Anschrift anzugeben. [2]Unter der in Satz 1 genannten Voraussetzung kann der Vorsitzende in der Hauptverhandlung dem Zeugen gestatten, seinen Wohnort nicht anzugeben. (3) [1]Besteht Anlaß zu der Besorgnis, daß durch die Offenbarung der Identität oder des Wohn- oder Aufenthaltsortes des Zeugen Leben, Leib oder Freiheit des	In Abs. 3 ist folgender Satz 5 hinzuzufügen: „Die Anwendung der vorstehenden Vorschriften ist dem Notverteidiger mitzuteilen, der ein Recht auf Einsicht in die bei der Staatsanwaltschaft verwahrten Unterlagen besitzt.“

Zeugen oder einer anderen Person gefährdet wird, so kann ihm gestattet werden, Angaben zur Person nicht oder nur über eine frühere Identität zu machen. [2]Er hat jedoch in der Hauptverhandlung auf Befragen anzugeben, in welcher Eigenschaft ihm die Tatsachen, die er bekundet, bekanntgeworden sind. [3]Die Unterlagen, die die Feststellung der Identität des Zeugen gewährleisten, werden bei der Staatsanwaltschaft verwahrt. [4]Zu den Akten sind sie erst zu nehmen, wenn die Gefährdung entfällt. (4) Erforderlichenfalls sind dem Zeugen Fragen über solche Umstände, die seine Glaubwürdigkeit in der vorliegenden Sache betreffen, insbesondere über seine Beziehungen zu dem Beschuldigten oder dem Verletzten, vorzulegen.	

Begründung zu § 68: Es entspricht dem Grundsatz der Fairness in einem mit geheimdienstlichen Methoden arbeitenden Strafverfahren, dass der Notverteidiger diejenigen Tatsachen erfährt, die dem Beschuldigten/Angeklagten und seiner Verteidigung aufgrund einer Abwägung mit anderen Interessen vorenthalten werden.

§ 70 (1)[1]Wird das Zeugnis oder die Eidesleistung ohne gesetzlichen Grund verweigert, so werden dem Zeugen die durch die Weigerung verursachten Kosten auferlegt. [2]Zugleich wird gegen ihn ein Ordnungsgeld und für den Fall, daß dieses nicht beigetrieben werden kann, Ordnungshaft festgesetzt.	In Abs. 1 Satz 1 entfällt die Wendung „oder die Eidesleistung“.

§ 74 (1) [1]Ein Sachverständiger kann aus denselben Gründen, die zur Ablehnung eines Richters berechtigen, abgelehnt werden. [2]Ein Ablehnungsgrund kann jedoch nicht daraus entnommen werden, daß der Sachverständige als Zeuge vernommen worden ist.	In § 74 Abs. 3 entfällt der 2. Halbsatz.

(2) [1]Das Ablehnungsrecht steht der Staatsanwaltschaft, dem Privatkläger und dem Beschuldigten zu. [2]Die ernannten Sachverständigen sind den zur Ablehnung Berechtigten namhaft zu machen, wenn nicht besondere Umstände entgegenstehen. (3) Der Ablehnungsgrund ist glaubhaft zu machen; der Eid ist als Mittel der Glaubhaftmachung ausgeschlossen.	

§ 79 (1) Der Sachverständige kann nach dem Ermessen des Gerichts vereidigt werden.	Entfällt.

Begründung zu § 70: Diese Folgeänderung ergibt sich aus der Abschaffung des Eides. Dasselbe gilt für die Änderung durch Streichung des 2. Halbsatzes in **§ 74** Abs. 3. Ebenso ist **§ 79** mit der Abschaffung des Eides zu streichen.

§ 86 Findet die Einnahme eines richterlichen Augenscheins statt, so ist im Protokoll der vorgefundene Sachbestand festzustellen und darüber Auskunft zu geben, welche Spuren oder Merkmale, deren Vorhandensein nach der besonderen Beschaffenheit des Falles vermutet werden konnte, gefehlt haben.	Als Satz 2 ist hinzuzufügen: In der Regel ist der Ablauf des Augenscheins auf Bild-Ton-Träger aufzuzeichnen.

Begründung zu § 86: Es ist geboten, die moderne Technik allgemein zur Verbesserung der Wahrheitsfindung und nicht nur zur Ausdehnung der Zwangsmittel im Ermittlungsverfahren einzusetzen. Wie schon bei Vernehmungsprotokollen, kann durch eine Bild-Ton-Aufzeichnung der Ablauf des Augenscheins zuverlässiger festgehalten werden als durch die bloße Aufnahme eines Protokolls.

§§ 89–93	Entfallen.

Begründung zu §§ 89–93: Diese Vorschriften sind überholt, weil sie einzelne, im 19. Jahrhundert herausragende Sachverständigenbeweise in methodischer Hinsicht behandelten, ohne dass es hier um eine notwendige Regelung von Grundrechtseingriffen geht.

§ 96 [1]Die Vorlegung oder Auslieferung von Akten oder anderen in amtlicher Verwahrung befindlichen Schriftstücken durch Behörden und öffentliche Beamte darf nicht gefordert werden, wenn deren oberste Dienstbehörde erklärt, daß das Bekanntwerden des Inhalts dieser Akten oder Schriftstücke dem Wohl des Bundes oder eines deutschen Landes Nachteile bereiten würde. [2]Satz 1 gilt entsprechend für Akten und sonstige Schriftstücke, die sich im Gewahrsam eines Mitglieds des Bundestages oder eines Landtages beziehungsweise eines Angestellten einer Fraktion des Bundestages oder eines Landtages befinden, wenn die für die Erteilung einer Aussagegenehmigung zuständige Stelle eine solche Erklärung abgegeben hat.	Abs. 2: § 54 Abs. 5 bis 7 gelten entsprechend.

Begründung zu § 96: Weil die Sperrerklärung für amtliche Unterlagen in demselben Spannungsverhältnis steht wie die Verweigerung einer Aussagegenehmigung, müssen die bei § 54 gefundenen Lösungen bei § 96 entsprechend gelten.

§ 100c (1) Auch ohne Wissen der Betroffenen darf das in einer Wohnung nichtöffentlich gesprochene Wort mit technischen Mitteln abgehört und aufgezeichnet werden, wenn 1. bestimmte Tatsachen den Verdacht begründen, dass jemand als Täter oder Teilnehmer eine in Absatz 2 bezeichnete besonders schwere Straftat begangen oder in Fällen, in denen der Versuch strafbar ist, zu begehen versucht hat, 2. die Tat auch im Einzelfall besonders schwer wiegt, 3. auf Grund tatsächlicher Anhaltspunkte anzunehmen ist, dass durch die Überwachung Äußerungen des Beschuldigten erfasst werden, die für die Erforschung des	In Abs. 2 sind folgende Delikte zu streichen: §§ 97a, 97b, 184b Abs. 3, 234, 250, 255, 260, 260a, 261.

Sachverhalts oder die Ermittlung des Aufenthaltsortes eines Mitbeschuldigten von Bedeutung sind, und 4. die Erforschung des Sachverhalts oder die Ermittlung des Aufenthaltsortes eines Mitbeschuldigten auf andere Weise unverhältnismäßig erschwert oder aussichtslos wäre. (2) Besonders schwere Straftaten im Sinne des Absatzes 1 Nr. 1 sind: 1. aus dem Strafgesetzbuch: a) Straftaten des Friedensverrats, des Hochverrats und der Gefährdung des demokratischen Rechtsstaates sowie des Landesverrats und der Gefährdung der äußeren Sicherheit nach den §§ 80, 81, 82, nach den §§ 94, 95 Abs. 3 und § 96 Abs. 1, jeweils auch in Verbindung mit § 97b, sowie nach den §§ 97a, 98 Abs. 1 Satz 2, § 99 Abs. 2 und den §§ 100, 100a Abs. 4, b) Bildung krimineller Vereinigungen nach § 129 Abs. 1 in Verbindung mit Abs. 4 Halbsatz 2 und Bildung terroristischer Vereinigungen nach § 129a Abs. 1, 2, 4, 5 Satz 1 Alternative 1, jeweils auch in Verbindung mit § 129b Abs. 1, c) Geld- und Wertzeichenfälschung nach den §§ 146 und 151, jeweils auch in Verbindung mit § 152, sowie nach § 152a Abs. 3 und § 152b Abs. 1 bis 4, d) Straftaten gegen die sexuelle Selbstbestimmung in den Fällen des § 176a Abs. 2 Nr. 2 oder Abs. 3, § 177 Abs. 2 Nr. 2 oder § 179 Abs. 5 Nr. 2, e) Verbreitung, Erwerb und Besitz kinderpornografischer Schriften in den Fällen des § 184b Abs. 3, f) Mord und Totschlag nach den §§ 211, 212, g) Straftaten gegen die persönliche Freiheit in den Fällen der §§ 234, 234a Abs. 1, 2, §§ 239a, 239b und Menschenhandel zum Zweck der sexuellen Ausbeutung und zum Zweck der Ausbeutung der Arbeitskraft nach § 232 Abs. 3, Abs. 4 oder Abs. 5, § 233 Abs. 3, jeweils soweit es sich um Verbrechen handelt, h) Bandendiebstahl nach § 244 Abs. 1 Nr. 2 und schwerer Bandendiebstahl nach § 244a,	

i) schwerer Raub und Raub mit Todesfolge nach § 250 Abs. 1 oder Abs. 2, § 251, j) räuberische Erpressung nach § 255 und besonders schwerer Fall einer Erpressung nach § 253 unter den in § 253 Abs. 4 Satz 2 genannten Voraussetzungen, k) gewerbsmäßige Hehlerei, Bandenhehlerei und gewerbsmäßige Bandenhehlerei nach den §§ 260, 260a, l) besonders schwerer Fall der Geldwäsche, Verschleierung unrechtmäßig erlangter Vermögenswerte nach § 261 unter den in § 261 Abs. 4 Satz 2 genannten Voraussetzungen, m) besonders schwerer Fall der Bestechlichkeit und Bestechung nach § 335 Abs. 1 unter den in § 335 Abs. 2 Nr. 1 bis 3 genannten Voraussetzungen, ...	

Begründung zu § 100 c: Weil es sich bei dem hier geregelten sog. großen Lauschangriff um den schwerwiegendsten Eingriff in das allgemeine Persönlichkeitsrecht handelt, muss der Deliktskatalog auf Straftaten der Schwerstkriminalität beschränkt werden. Die bisherigen im Katalog aufgeführten Delikte reichen dafür teils schon nach der gesetzlichen Fassung, teils nach der einschlägigen Rechtsprechung nicht aus (beispielsweise § 250 StGB, der in der Rechtsprechung auch auf völlig ungefährliche Formen des Raubes ausgedehnt worden ist). Die im Entwurf gestrichenen Vorschriften sind zunächst nur exemplarisch aufgeführt; eine gründliche und kritische Gesamtüberprüfung des Katalogs ist noch zu leisten.

§ 100d (1) [1]Maßnahmen nach § 100c dürfen nur auf Antrag der Staatsanwaltschaft durch die in § 74a Abs. 4 des Gerichtsverfassungsgesetzes genannte Kammer des Landgerichts angeordnet werden, in dessen Bezirk die Staatsanwaltschaft ihren Sitz hat. [2]Bei Gefahr im Verzug kann diese Anordnung auch durch den Vorsitzenden getroffen werden. [3]Dessen Anordnung tritt außer Kraft, wenn sie nicht binnen drei Werktagen von der Strafkammer bestätigt wird. [4]Die Anordnung ist auf höchstens einen Monat zu befristen. [5]Eine Verlänge-	Abs. 1: Die „Kammer des Landgerichts“ wird ersetzt durch die Rechtspflegekammer, das „Oberlandesgericht“ durch den „Rechtspflegesenat“. Abs. 2: wird ergänzt um Satz 3 und 4: Gegen die Anordnung steht dem Notverteidiger die sofortige Be-

rung um jeweils nicht mehr als einen Monat ist zulässig, soweit die Voraussetzungen unter Berücksichtigung der gewonnenen Ermittlungsergebnisse fortbestehen. [6]Ist die Dauer der Anordnung auf insgesamt sechs Monate verlängert worden, so entscheidet über weitere Verlängerungen das Oberlandesgericht. (2) [1]Die Anordnung ergeht schriftlich. [2]In der Anordnung sind anzugeben: 1. soweit möglich, der Name und die Anschrift des Beschuldigten, gegen den sich die Maßnahme richtet, 2. der Tatvorwurf, auf Grund dessen die Maßnahme angeordnet wird, 3. die zu überwachende Wohnung oder die zu überwachenden Wohnräume, 4. Art, Umfang und Dauer der Maßnahme, 5. die Art der durch die Maßnahme zu erhebenden Informationen und ihre Bedeutung für das Verfahren.	schwerde zum Rechtspflegesenat zu. Sie hat, außer bei Gefahr im Verzug, aufschiebende Wirkung.

Begründung zu § 100 d: Aus den bei § 100 c erwähnten Gründen sollte die Anordnung des großen Lauschangriffs mit den maximalen Kautelen umgeben werden, die bei Grundrechtseingriffen im Ermittlungsverfahren möglich sind. Das spricht dafür, die Anordnung in die Hände der Rechtspflegekammer zu legen und durch die Mitwirkung des Notverteidigers zu garantieren, dass die Interessen des Beschuldigten vor Anordnung der Maßnahme artikuliert und berücksichtigt werden.

§ 107 [1]Dem von der Durchsuchung Betroffenen ist nach deren Beendigung auf Verlangen eine schriftliche Mitteilung zu machen, die den Grund der Durchsuchung (§§ 102, 103) sowie im Falle des § 102 die Straftat bezeichnen muß. [2]Auch ist ihm auf Verlangen ein Verzeichnis der in Verwahrung oder in Beschlag genommenen Gegenstände, falls aber nichts Verdächtiges gefunden wird, eine Bescheinigung hierüber zu geben.	In Satz 1 und Satz 2 entfällt die Wendung „auf Verlangen“.

Begründung zu § 107: Es erscheint verfehlt und ist auch in der Praxis nicht üblich, dem Betroffenen nur auf ausdrückliches Verlangen ein Verzeichnis der in Verwahrung oder Beschlag genommenen Gegenstände zu übergeben. Denn diese

Vorschrift würde leerlaufen, wenn der Betroffene von seinem Recht keine Kenntnis besitzt. Deshalb ist die im geltenden Recht enthaltene Einschränkung zu streichen

§ 108 (1) [1]Werden bei Gelegenheit einer Durchsuchung Gegenstände gefunden, die zwar in keiner Beziehung zu der Untersuchung stehen, aber auf die Verübung einer anderen Straftat hindeuten, so sind sie einstweilen in Beschlag zu nehmen. [2]Der Staatsanwaltschaft ist hiervon Kenntnis zu geben. 3Satz 1 findet keine Anwendung, soweit eine Durchsuchung nach § 103 Abs. 1 Satz 2 stattfindet. (2) Werden bei einem Arzt Gegenstände im Sinne von Absatz 1 Satz 1 gefunden, die den Schwangerschaftsabbruch einer Patientin betreffen, ist ihre Verwertung zu Beweiszwecken in einem Strafverfahren gegen die Patientin wegen einer Straftat nach § 218 des Strafgesetzbuches unzulässig. (3) Werden bei einer in § 53 Abs. 1 Satz 1 Nr. 5 genannten Person Gegenstände im Sinne von Absatz 1 Satz 1 gefunden, auf die sich das Zeugnisverweigerungsrecht der genannten Person erstreckt, ist die Verwertung des Gegenstandes zu Beweiszwecken in einem Strafverfahren nur insoweit zulässig, als Gegenstand dieses Strafverfahrens eine Straftat ist, die im Höchstmaß mit mindestens fünf Jahren Freiheitsstrafe bedroht ist und bei der es sich nicht um eine Straftat nach § 353b des Strafgesetzbuches handelt.	Abs. 1: In Satz 1 ist die Wendung „einer anderen Straftat“ durch „eines Verbrechens“ zu ersetzen. Die Absätze 2 und 3 entfallen.

Begründung zu § 108: Die Behandlung der sog. Zufallsfunde macht in der Praxis erhebliche Schwierigkeiten, weil das in der Rechtsprechung anerkannte Verbot, danach planmäßig zu suchen (Meyer-Goßner, § 108 Rdn. 1 m.w.N.), nur schwer kontrollierbar ist. Die einzelnen in Abs. 2 und Abs. 3 angeführten Ausnahmen der Verwertbarkeit von Zufallsfunden werfen die Frage auf, ob es nicht weitere Konstellationen gibt, die eine ähnliche Lösung verlangen. Auf Seiten der Strafverfolgung fällt ins Gewicht, dass Zufallsfunde per definitionem in keinem Zusammenhang mit dem Anlass der Durchsuchung stehen und deshalb nicht als planmäßiges Mittel zur Verbrechensbekämpfung dienen können. Es empfiehlt sich deshalb, die Verwertbarkeit von Zufallsfunden generell einzuschränken, wofür im Entwurf das formelle Kriterium des Verbrechens im Sinne von § 12 StGB gewählt worden ist, um Abgrenzungsschwierigkeiten auszuschließen.

§ 110d (weggefallen)	§ 110d (neu): Abs. 1: [1]Die Vorschriften der §§ 110a und 110b sind entsprechend anzuwenden, wenn zur Aufklärung des Verdachts einer Straftat ein privater Informant planmäßig eingesetzt werden soll. [2] Auch ohne planmäßigen Einsatz kann einem Informanten unter den Voraussetzungen des § 110b Abs. 3 Satz 3 Vertraulichkeit zugesichert werden. Abs. 2: [1]Weder der verdeckte Ermittler noch der private Informant darf dazu angestiftet werden, im Interesse der Ermittlungen Straftaten zu begehen. [2]Beweismaterial, dessen Übergabe einen Straftatbestand erfüllen würde, darf nicht erworben werden.

Begründung zu § 110 d: Das geltende Recht lässt den Einsatz privater V-Leute ungeregelt, was unter rechtsstaatlichen Gesichtspunkten nicht akzeptabel ist.

Dies gilt auch für die Frage, ob einem privaten Informanten Vertraulichkeit zugesichert werden darf. Abs. 1 erklärt hierfür die Vorschriften, die den Einsatz eines (polizeilichen) verdeckten Ermittlers regeln, für entsprechend anwendbar. In Abs. 2 wird der in der StPO ebenfalls ungeregelte, im Schrifttum außerordentlich umstrittene Sachverhalt geregelt, dass die Strafverfolgungsbehörden Beweismaterial ankaufen und dadurch den privaten Informanten zu einem strafbaren Geheimnisverrat anstiften. Eine derartige Handlung könnte nur polizeirechtlich gerechtfertigt sein, wenn sie zur Abwehr einer großen Gefahr das einzige Mittel wäre. Für den nicht präventiven, sondern repressiven Einsatz des Strafverfahrens kommt die Ergreifung selbst strafbarer Methoden dagegen nicht in Betracht, was zur Klarstellung ausdrücklich im Gesetz ausgesprochen werden muss.

§ 110e (weggefallen)	§ 110e (neu): Abs. 1: Gegen Maßnahmen nach den §§ 110a ff. kann der Notverteidiger die Entscheidung der Rechtspflegekammer anrufen. Abs. 2: Eine Beschwerde findet nicht statt.

Begründung zu § 110 e: Dass Ermittlungsmaßnahmen nach den §§ 110 a ff. vor ihrer Durchführung (es sei denn, es besteht Gefahr im Verzuge) voraussetzen, dass ein Notverteidiger hinzugezogen und ihm rechtliches Gehör gewährt wird, folgt bereits aus § 33 Abs. 5. § 110 e sieht vor, dass der Notverteidiger gegen einen nach seiner Beurteilung rechtlich nicht zulässigen Einsatz die Entscheidung der Rechtspflegekammer anrufen kann. Dieser ex ante stattfindende Rechtsschutz unterscheidet sich von dem in § 54 Abs. 5 und 6 vorgesehenen nachträglichen Rechtsschutz. Während dort gemäß Abs. 7 die sofortige Beschwerde zum Rechtspflegesenat für zulässig erklärt worden ist, entscheidet die Rechtspflegekammer gemäß § 110 e endgültig, weil ein zu weit ausgedehntes Rechtsbehelfssystem mit dem für das Ermittlungsverfahren zu beachtenden Beschleunigungsgrundsatz nicht zu vereinbaren ist.

§ 111a (1) [1]Sind dringende Gründe für die Annahme vorhan-	Abs. 1 Satz 1 ist durch folgenden Halbsatz am Ende zu ergänzen:

den, daß die Fahrerlaubnis entzogen werden wird (§ 69 des Strafgesetzbuches), so kann der Richter dem Beschuldigten durch Beschluß die Fahrerlaubnis vorläufig entziehen. [2]Von der vorläufigen Entziehung können bestimmte Arten von Kraftfahrzeugen ausgenommen werden, wenn besondere Umstände die Annahme rechtfertigen, daß der Zweck der Maßnahme dadurch nicht gefährdet wird. (2) Die vorläufige Entziehung der Fahrerlaubnis ist aufzuheben, wenn ihr Grund weggefallen ist oder wenn das Gericht im Urteil die Fahrerlaubnis nicht entzieht. (3) [1]Die vorläufige Entziehung der Fahrerlaubnis wirkt zugleich als Anordnung oder Bestätigung der Beschlagnahme des von einer deutschen Behörde ausgestellten Führerscheins. [2]Dies gilt auch, wenn der Führerschein von einer Behörde eines Mitgliedstaates der Europäischen Union oder eines anderen Vertragsstaates des Abkommens über den Europäischen Wirtschaftsraum ausgestellt worden ist, sofern der Inhaber seinen ordentlichen Wohnsitz im Inland hat.	„, sofern auf Grund bestimmter Tatsachen eine akute Wiederholungsgefahr festgestellt werden kann und zu erwarten ist, dass diese durch die vorläufige Entziehung der Fahrerlaubnis entfallen würde.“

Begründung zu § 111 a: Die gegenwärtige Regelung des § 111 a bedeutet einen doppelten Etikettenschwindel in Verbindung mit einer psychologisch widersinnigen Unterstellung und verletzt im Ergebnis die verfassungsrechtliche Garantie des effektiven Rechtsschutzes. Denn die Qualifikation der Entziehung der Fahrerlaubnis als Maßregel der Besserung und Sicherung gemäß § 69 StGB verdeckt in der überwältigenden Mehrzahl der Fälle den wahren Charakter als Nebenstrafe, deren vorläufige Verhängung vor Rechtskraft des Urteils in einem Rechtsstaat unerträglich wäre. Indem so praktisch das hauptsächliche Übel des Urteils bereits im Verfahren vorweggenommen wird, das der Beschuldigte durch Ausschöpfung aller Rechtszüge sogar noch verlängern würde, wird der Rechtsschutz in Verkehrsstrafsachen weitgehend paralysiert. Außerdem ist die ganze Regelung dadurch in sich selbst widersprüchlich, dass die (letztlich nur vorgeschützte) Gefahr einer akuten erneuten Trunkenheitsfahrt von der Vermutung der fehlenden Normbefolgungsbereitschaft des Beschuldigten ausgeht, die Maßnahme (vorläufige Entziehung der Fahrerlaubnis) aber nur dann Wirkung zeigen kann, wenn bei dem Beschuldigten eine Normbefolgungsbereitschaft vorhanden ist. Die im Entwurf vorgesehene, weitgehende Einschränkung des § 111 a ist deshalb sowohl aus rechtsstaatlichen Gründen wie aus Gründen der gesetzlichen Logik unabweisbar.

§ 111b (1) Gegenstände können durch Beschlagnahme nach § 111c sichergestellt werden, wenn Gründe für die Annahme vorhanden sind, daß die Voraussetzungen für ihren Verfall oder ihre Einziehung vorliegen. § 94 Abs. 3 bleibt unberührt. (2) Sind Gründe für die Annahme vorhanden, daß die Voraussetzungen des Verfalls von Wertersatz oder der Einziehung von Wertersatz vorliegen, kann zu deren Sicherung nach § 111d der dingliche Arrest angeordnet werden. (3) [1]Liegen dringende Gründe nicht vor, so hebt das Gericht die Anordnung der in Absatz 1 Satz 1 und Absatz 2 genannten Maßnahmen spätestens nach sechs Monaten auf. [2]Begründen bestimmte Tatsachen den Tatverdacht und reicht die in Satz 1 bezeichnete Frist wegen der besonderen Schwierigkeit oder des besonderen Umfangs der Ermittlungen oder wegen eines anderen wichtigen Grundes nicht aus, so kann das Gericht auf Antrag der Staatsanwaltschaft die Maßnahme verlängern, wenn die genannten Gründe ihre Fortdauer rechtfertigen. [3]Ohne Vorliegen dringender Gründe darf die Maßnahme über zwölf Monate hinaus nicht aufrechterhalten werden. (4) Die §§ 102 bis 110 gelten entsprechend. (5) Die Absätze 1 bis 4 gelten entsprechend, soweit der Verfall nur deshalb nicht angeordnet werden kann, weil die Voraussetzungen des § 73 Abs. 1 Satz 2 des Strafgesetzbuches vorliegen.	In Abs. 1 und 2 ist vor „Gründe“ das Wort „dringende“ einzufügen. Abs. 3 wird wie folgt neu gefasst: „[1]Das Gericht hebt die Anordnung der in Absatz 1 Satz 1 und Absatz 2 genannten Maßnahmen spätestens nach sechs Monaten auf. [2]Reicht die in Satz 1 bezeichnete Frist wegen der besonderen Schwierigkeit oder des besonderen Umfangs der Ermittlungen oder wegen eines anderen wichtigen Grundes nicht aus, so kann das Gericht auf Antrag der Staatsanwaltschaft die Maßnahme verlängern, wenn die genannten Gründe ihre Fortdauer rechtfertigen. [3]Ohne Vorliegen außergewöhnlicher Gründe darf die Maßnahme über zwölf Monate hinaus nicht aufrechterhalten werden. Für diese Entscheidung ist die Rechtspflegekammer zuständig.“

Begründung zu § 111 b: Die gegenwärtige Regelung wird der Tiefe des hier vorgesehenen Eingriffs, der häufig zu einer Erdrosselung der Verteidigungsmöglichkeiten des Beschuldigten führt, auch nicht ansatzweise gerecht. Bereits für die Anordnung der Maßnahme müssen dringende Gründe gefordert werden. Eine weitere Kautel ergibt sich bereits aus § 33, weil danach vor Anordnung der Beschlagnahme oder des dinglichen Arrests der Notverteidiger gehört werden muss. Weil die Maßnahme nach § 111 b als Mittel zur Erzwingung einer frühzeitigen Urteilsabsprache eingesetzt werden kann, muss dann, wenn sie über 12 Monate hinaus andauern soll, eine Entscheidung der Rechtspflegekammer eingeholt werden, um ein Übergewicht der Strafverfolgungsinteressen auszuschließen.

§ 112 (1) [1]Die Untersuchungshaft darf gegen den Beschuldigten angeordnet werden, wenn er der Tat dringend verdächtig ist und ein Haftgrund besteht. [2]Sie darf nicht angeordnet werden, wenn sie zu der Bedeutung der Sache und der zu erwartenden Strafe oder Maßregel der Besserung und Sicherung außer Verhältnis steht. (2) Ein Haftgrund besteht, wenn auf Grund bestimmter Tatsachen 1. festgestellt wird, daß der Beschuldigte flüchtig ist oder sich verborgen hält, 2. bei Würdigung der Umstände des Einzelfalles die Gefahr besteht, daß der Beschuldigte sich dem Strafverfahren entziehen werde (Fluchtgefahr), oder 3. das Verhalten des Beschuldigten den dringenden Verdacht begründet, er werde a) Beweismittel vernichten, verändern, beiseite schaffen, unterdrücken oder fälschen oder b) auf Mitbeschuldigte, Zeugen oder Sachverständige in unlauterer Weise einwirken oder c) andere zu solchem Verhalten veranlassen, und wenn deshalb die Gefahr droht, daß die Ermittlung der Wahrheit erschwert werde (Verdunkelungsgefahr). (3) Gegen den Beschuldigten, der einer Straftat nach § 6 Abs. 1 Nr. 1 des Völkerstrafgesetzbuches oder § 129a Abs. 1 oder Abs. 2, auch in Verbindung mit § 129b	Abs. 1: am Ende von Satz 2 ist hinzuzufügen: „oder wenn eine elektronische Überwachung des Aufenthaltsortes des Beschuldigten während des Ermittlungsverfahrens zur Entkräftung des Haftgrundes nicht offensichtlich ungeeignet ist." Abs. 2: Nr. 2, Halbsatz 1 erhält folgende Fassung: „auf Grund bestimmter Tatsachen mit Wahrscheinlichkeit davon auszugehen ist" In Abs. 3 entfallen die §§ 129a und 129b, 226, 306 b, 306 c, 308 StGB.

Abs. 1, oder nach den §§ 211, 212, 226, 306b oder 306c des Strafgesetzbuches oder, soweit durch die Tat Leib oder Leben eines anderen gefährdet worden ist, nach § 308 Abs. 1 bis 3 des Strafgesetzbuches dringend verdächtig ist, darf die Untersuchungshaft auch angeordnet werden, wenn ein Haftgrund nach Absatz 2 nicht besteht.	

Begründung zu § 112: Weil die Untersuchungshaft eine irreparable Freiheitsentziehung bedeutet, stellt sie die am schwersten zu legitimierende Zwangsmaßnahme während des Ermittlungsverfahrens dar. Die gegenwärtige Fassung des § 112 ist viel zu weitgehend und hat sich im übrigen bis heute den modernen technischen Möglichkeiten verweigert, die ohne weiteres eine erhebliche Zurückdrängung der Untersuchungshaft ermöglichen. In der Praxis ist zu beobachten, dass die Untersuchungshaft nach Art einer self-fulfilling prophecy wirkt („Untersuchungshaft schafft Rechtskraft") und ein außerordentlich probates Mittel zur Erzwingung von Urteilsabsprachen darstellt. Der Entwurf schreibt deshalb in Abs. 1 vor, dass die Anordnung von Untersuchungshaft unstatthaft ist, wenn die Überwachung des Beschuldigten auf elektronischem Wege verantwortet werden kann. Hierdurch kann die Untersuchungshaft wegen Fluchtgefahr zu einem großen Teil entbehrlich gemacht werden. Zusätzlich wird in Abs. 2 Nr. 2 nach dem Entwurf die Fluchtgefahr erheblich enger definiert als nach dem geltenden Recht, das einer vielfach formularmäßigen Annahme von Fluchtgefahr kaum Hindernisse entgegensetzt. Schließlich ist in Abs. 3 der Haftgrund, der ursprünglich im NS-Staat als „Erregung der Öffentlichkeit" eingeführt wurde, wieder auf den Umfang des StPÄG von 1965 zurückgeführt worden, der vom Bundesverfassungsgericht dadurch gerade noch mit der Verfassung für vereinbar erklärt wurde, dass er als ein Vermutungstatbestand für Fluchtgefahr angesehen wurde (BVerfGE 19, 342). Es ist selbstverständlich, dass hierbei die neue Möglichkeit der Überwachung durch die sog. elektronische Fußfessel ebenfalls als „Haftbremse" in Betracht gezogen werden muss. Dass in vielen selbst autoritären Ländern der Hausarrest als Alternative zur Untersuchungshaft eine verbreitete Maßnahem ist, lässt dessen schleunige Einführung in Deutschland geboten erscheinen. Die Anordnung von Untersuchungshaft in den Fällen der §§ 129a und b, 226, 306 b und c, 308 StGB ohne einen Haftgrund ist in keinem Falle gerechtfertigt.

§ 112a (1) Ein Haftgrund besteht auch, wenn der Beschuldigte dringend verdächtig ist, 1. eine Straftat nach den §§ 174, 174a, 176 bis 179 oder nach § 238 Abs. 2 und 3 des Strafgesetzbuches oder 2. wiederholt oder fortgesetzt eine die Rechtsordnung schwerwiegend beeinträchtigende Straftat nach § 125a, nach den §§ 224 bis 227, nach den §§ 243, 244, 249 bis 255, 260, nach § 263, nach den §§ 306 bis 306c oder § 316a des Strafgesetzbuches oder nach § 29 Abs. 1 Nr. 1, 4, 10 oder Abs. 3, § 29a Abs. 1, § 30 Abs. 1, § 30a Abs. 1 des Betäubungsmittelgesetzes begangen zu haben, und bestimmte Tatsachen die Gefahr begründen, daß er vor rechtskräftiger Aburteilung weitere erhebliche Straftaten gleicher Art begehen oder die Straftat fortsetzen werde, die Haft zur Abwendung der drohenden Gefahr erforderlich und in den Fällen der Nummer 2 eine Freiheitsstrafe von mehr als einem Jahr zu erwarten ist. (2) Absatz 1 findet keine Anwendung, wenn die Voraussetzungen für den Erlaß eines Haftbefehls nach § 112 vorliegen und die Voraussetzungen für die Aussetzung des Vollzugs des Haftbefehls nach § 116 Abs. 1, 2 nicht gegeben sind.	In Abs. 1 entfällt die Ziffer 2, ebenso der Bezug darauf, ferner werden folgende Sätze 2 und 3 hinzugefügt: [2]In der Regel ist das nicht anzunehmen, wenn keine dringenden Gründe für die Annahme eines pathologischen Sexualtriebs des Beschuldigten vorhanden sind. [3]Ist der Beschuldigte einer Beziehungstat verdächtig, so besteht ein Haftgrund nur, wenn andere Maßnahmen offensichtlich keinen Erfolg versprechen.

Begründung zu § 112 a: Der Haftgrund des § 112 a ist rechtsstaatlich äußerst problematisch, weil auf den bloßen Verdacht einer Straftat der weitere Verdacht einer Wiederholung gegründet wird und damit die Prognose doppelt spekulativ erscheint. Dieser Haftgrund war ursprünglich vom Bundesverfassungsgericht nur deshalb für verfassungsmäßig erklärt worden, weil eine besonders wehrlose Gruppe als Opfer in Betracht kommt (BVerfGE 19, 342), was ausschließlich auf Abs. 1 Nr. 1 zutrifft. Dies gilt nicht für Abs. 1 Nr. 2, der deshalb zu streichen ist. Auch die (ohnehin problematische) Annahme einer Wiederholungsgefahr im Fall der Nr. 1 kann eine vorbeugende Inhaftierung nicht rechtfertigen, wenn keine dringenden Gründe für einen pathologischen Sexualtrieb und eine deshalb in seriöser Weise prognostizierbare Rückfallgefahr vorhanden sind oder wenn es um eine Beziehungstat geht, bei der regelmäßig andere Sicherungsmaßnahmen ausreichend sind. Der ganze Haftgrund, der Züge eines Polizeistaats trägt, muss deshalb in der vorgeschlagenen Weise eingeschränkt werden.

§ 113 (1) Ist die Tat nur mit Freiheitsstrafe bis zu sechs Monaten oder mit Geldstrafe bis zu einhundertachtzig Tagessätzen bedroht, so darf die Untersuchungshaft wegen Verdunkelungsgefahr nicht angeordnet werden. (2) In diesen Fällen darf die Untersuchungshaft wegen Fluchtgefahr nur angeordnet werden, wenn der Beschuldigte 1. sich dem Verfahren bereits einmal entzogen hatte oder Anstalten zur Flucht getroffen hat, 2. im Geltungsbereich dieses Gesetzes keinen festen Wohnsitz oder Aufenthalt hat oder 3. sich über seine Person nicht ausweisen kann.	Abs. 1 ist wie folgt zu ändern: „Wenn keine Freiheitsstrafe von über sechs Monaten zu erwarten ist..." Abs. 2 Nr. 2 ist wie folgt zu fassen: „in einem Mitgliedstaat der Europäischen Union ..."

Begründung zu § 113: § 113 soll eine Anwendung des Vehältnismäßigkeitsgrundsatzes darstellen, setzt die Schwelle jedoch so niedrig an, dass der Eindruck einer bloßen Alibi-Vorschrift entsteht. Die Schwelle für die Anordnung einer Untersuchungshaft wegen Verdunkelungsgefahr muss deshalb konkret über den Bagatellbereich hinaus angehoben werden. Was die Fluchtgefahr anbetrifft, so kann seit der Einführung des europäischen Haftbefehls nicht das Territorium der Bundesrepublik, sondern nur dasjenige der Europäischen Union maßgeblich sein. Es erscheint rechtsstaatlich nicht vertretbar, auf der einen Seite innerhalb Europas einfache Verfahren zur Vollstreckung einer Inhaftierung zur Verfügung zu stellen und andererseits bei der nationalen Untersuchungshaft hiervon keine Kenntnis zu nehmen.

§ 116 (1) [1]Der Richter setzt den Vollzug eines Haftbefehls, der lediglich wegen Fluchtgefahr gerechtfertigt ist, aus, wenn weniger einschneidende Maßnahmen die Erwartung hinreichend begründen, daß der Zweck der Untersuchungshaft auch durch sie erreicht werden kann. [2]In Betracht kommen namentlich 1. die Anweisung, sich zu bestimmten Zeiten bei dem Richter, der Strafverfolgungsbehörde oder einer von ihnen bestimmten Dienststelle zu melden,	Abs. 1 Satz 2 ist wie folgt zu ergänzen: 5. die Anordnung einer elektronischen Überwachung des Aufenthaltsorts. Wenn hiervon kein Gebrauch gemacht wird, ist im einzelnen zu begründen, warum diese Maßnahme of-

2. die Anweisung, den Wohn- oder Aufenthaltsort oder einen bestimmten Bereich nicht ohne Erlaubnis des Richters oder der Strafverfolgungsbehörde zu verlassen, 3. die Anweisung, die Wohnung nur unter Aufsicht einer bestimmten Person zu verlassen, 4. die Leistung einer angemessenen Sicherheit durch den Beschuldigten oder einen anderen. (2) [1]Der Richter kann auch den Vollzug eines Haftbefehls, der wegen Verdunkelungsgefahr gerechtfertigt ist, aussetzen, wenn weniger einschneidende Maßnahmen die Erwartung hinreichend begründen, daß sie die Verdunkelungsgefahr erheblich vermindern werden. [2]In Betracht kommt namentlich die Anweisung, mit Mitbeschuldigten, Zeugen oder Sachverständigen keine Verbindung aufzunehmen. (3) Der Richter kann den Vollzug eines Haftbefehls, der nach § 112a erlassen worden ist, aussetzen, wenn die Erwartung hinreichend begründet ist, daß der Beschuldigte bestimmte Anweisungen befolgen und daß dadurch der Zweck der Haft erreicht wird.	fensichtlich ungeeignet wäre.

Begründung zu § 116: An sich schließt die Möglichkeit, den Aufenthaltsort des Beschuldigten elektronisch zu überwachen, bereits den Erlass eines Haftbefehls aus. Es kann aber Fälle geben, etwa bei einem Beschuldigten, dessen Aufenthaltsort nicht bekannt ist, in denen die Tauglichkeit dieser Maßnahme bei Erlass des Haftbefehls noch zweifelhaft erscheint. Dann muss jedenfalls bei Eröffnung des Haftbefehls eine erneute Prüfung stattfinden, die bei Fortdauer der Haft eine ins einzelne gehende Begründung erfordert, warum die Maßnahme weiterhin offensichtlich ungeeignet sei.

§ 121 (1) Solange kein Urteil ergangen ist, das auf Freiheitsstrafe oder eine freiheitsentziehende Maßregel der Besserung und Sicherung erkennt, darf der Vollzug der Untersuchungshaft wegen derselben Tat über sechs Monate hinaus nur aufrechterhalten werden, wenn die besondere Schwierigkeit oder der besondere Umfang	Änderung in Abs. 2 und 3: anstelle des Oberlandesgerichts ist die Rechtspflegekammer zuständig. Änderung in Abs. 4: anstelle des Oberlan-

der Ermittlungen oder ein anderer wichtiger Grund das Urteil noch nicht zulassen und die Fortdauer der Haft rechtfertigen. (2) In den Fällen des Absatzes 1 ist der Haftbefehl nach Ablauf der sechs Monate aufzuheben, wenn nicht der Vollzug des Haftbefehls nach § 116 ausgesetzt wird oder das Oberlandesgericht die Fortdauer der Untersuchungshaft anordnet. (3) [1]Werden die Akten dem Oberlandesgericht vor Ablauf der in Absatz 2 bezeichneten Frist vorgelegt, so ruht der Fristenlauf bis zu dessen Entscheidung. [2]Hat die Hauptverhandlung begonnen, bevor die Frist abgelaufen ist, so ruht der Fristenlauf auch bis zur Verkündung des Urteils. [3]Wird die Hauptverhandlung ausgesetzt und werden die Akten unverzüglich nach der Aussetzung dem Oberlandesgericht vorgelegt, so ruht der Fristenlauf ebenfalls bis zu dessen Entscheidung. (4) [1]In den Sachen, in denen eine Strafkammer nach § 74a des Gerichtsverfassungsgesetzes zuständig ist, entscheidet das nach § 120 des Gerichtsverfassungsgesetzes zuständige Oberlandesgericht. [2]In den Sachen, in denen ein Oberlandesgericht nach § 120 des Gerichtsverfassungsgesetzes zuständig ist, tritt an dessen Stelle der Bundesgerichtshof.	desgerichts ist der Rechtspflegesenat zuständig.

§ 122 (1) In den Fällen des § 121 legt das zuständige Gericht die Akten durch Vermittlung der Staatsanwaltschaft dem Oberlandesgericht zur Entscheidung vor, wenn es die Fortdauer der Untersuchungshaft für erforderlich hält oder die Staatsanwaltschaft es beantragt. (2) [1]Vor der Entscheidung sind der Beschuldigte und der Verteidiger zu hören. [2]Das Oberlandesgericht kann über die Fortdauer der Untersuchungshaft nach mündlicher Verhandlung entscheiden; geschieht dies, so gilt § 118a entsprechend. (3) [1]Ordnet das Oberlandesgericht die Fortdauer der Untersuchungshaft an, so gilt § 114 Abs. 2 Nr. 4 ent-	Änderung in Abs. 1 bis 7: Anstelle des Oberlandesgerichts ist die Rechtspflegekammer zuständig. Änderung in Abs. 7: Anstelle des Bundesgerichtshofs ist der Rechtspflegesenat zuständig.

sprechend. [2]Für die weitere Haftprüfung (§ 117 Abs. 1) ist das Oberlandesgericht zuständig, bis ein Urteil ergeht, das auf Freiheitsstrafe oder eine freiheitsentziehende Maßregel der Besserung und Sicherung erkennt. [3]Es kann die Haftprüfung dem Gericht, das nach den allgemeinen Vorschriften dafür zuständig ist, für die Zeit von jeweils höchstens drei Monaten übertragen. [4]In den Fällen des § 118 Abs. 1 entscheidet das Oberlandesgericht über einen Antrag auf mündliche Verhandlung nach seinem Ermessen. (4) [1]Die Prüfung der Voraussetzungen nach § 121 Abs. 1 ist auch im weiteren Verfahren dem Oberlandesgericht vorbehalten. [2]Die Prüfung muß jeweils spätestens nach drei Monaten wiederholt werden. (5) Das Oberlandesgericht kann den Vollzug des Haftbefehls nach § 116 aussetzen. (6) Sind in derselben Sache mehrere Beschuldigte in Untersuchungshaft, so kann das Oberlandesgericht über die Fortdauer der Untersuchungshaft auch solcher Beschuldigter entscheiden, für die es nach § 121 und den vorstehenden Vorschriften noch nicht zuständig wäre. (7) Ist der Bundesgerichtshof zur Entscheidung zuständig, so tritt dieser an die Stelle des Oberlandesgerichts.	

Begründung zu den §§ 121/122: Die Fortdauer der Untersuchungshaft über 6 Monate hinaus ist in zahlreichen Rechtsordnungen überhaupt untersagt, weil bei der Abwägung zwischen dem Freiheitsinteresse des Beschuldigten, für den die Unschuldsvermutung streitet, und den Strafverfolgungsinteressen eine über 6 Monate hinausgehende Untersuchungshaft rechtsstaatlich nicht mehr vertretbar erscheint. Die deutsche Regelung, eine Verlängerung durch die Oberlandesgerichte zuzulassen, hat in der Vergangenheit zu zahllosen Eingriffen des Bundesverfassungsgerichts geführt, weil sich in der Praxis gezeigt hat, dass diese Verlängerung sehr oft rein formelhaft angeordnet wird. Hieraus ist der Schluss zu ziehen, dass der Strafsenat des Oberlandesgerichts zu sehr den Justizinteressen verhaftet ist, als dass eine den Freiheitsinteressen des Beschuldigten hinreichend Rechnung tragende Abwägung erwartet werden kann. Die Kompetenz für eine derartige Maßnahme ist deshalb nunmehr auf die Rechtspflegekammer zu übertragen bzw. in Staatsschutzfällen auf den Rechtspflegesenat.

§ 127 (1) [1]Wird jemand auf frischer Tat betroffen oder verfolgt, so ist, wenn er der Flucht verdächtig ist oder seine Identität nicht sofort festgestellt werden kann, jedermann befugt, ihn auch ohne richterliche Anordnung vorläufig festzunehmen. [2]Die Feststellung der Identität einer Person durch die Staatsanwaltschaft oder die Beamten des Polizeidienstes bestimmt sich nach § 163b Abs. 1. (2) Die Staatsanwaltschaft und die Beamten des Polizeidienstes sind bei Gefahr im Verzug auch dann zur vorläufigen Festnahme befugt, wenn die Voraussetzungen eines Haftbefehls oder eines Unterbringungsbefehls vorliegen.	Abs. 1 ist wie folgt zu präzisieren: „auf Grund einer von ihm begangenen frischen Tat…“

Begründung zu § 127: Im Schrifttum und neuerdings auch zunehmend in der Rechtsprechung wird die bisherige Vorschrift oft in der Weise ausgelegt, dass schon die Annahme des Privatmanns, er habe jemanden auf frischer Tat getroffen, das Festnahmerecht auslöse. Tatsächlich ist die bei korrekter Auslegung klare Regelung des § 127, dass bei einem bloßen Verdacht die Festnahme nur den Beamten des Polizeidienstes zusteht, sowohl bei einer Abwägung der beiderseitigen Interessen als auch im Hinblick darauf, dass ein Rechtsstaat sich nicht auf von Privaten auf eigene Faust durchgeführte Strafverfahren stützen sollte, vorzuziehen. Durch die Änderung wird deshalb der unrichtigen Auslegung des § 127 aus Klarstellungsgründen ein Riegel vorgeschoben.

§ 133 (1) Der Beschuldigte ist zur Vernehmung schriftlich zu laden. (2) Die Ladung kann unter der Androhung geschehen, daß im Falle des Ausbleibens seine Vorführung erfolgen werde.	Abs. 1 ist wie folgt durch Satz 2 zu ergänzen: „Hierbei ist er darauf hinzuweisen, dass er sich des Beistands eines Verteidigers bedienen und erforderlichenfalls dessen Bestellung gem. § 141 Abs. 5 beantragen kann.“

	Abs. 2 ist wie folgt zu ergänzen: „Hierbei ist er darauf hinzuweisen, dass die Vorführung auch dann erfolgen könne, wenn er von seinem Schweigerecht Gebrauch machen wolle."

Begründung zu § 133: Die zusätzlichen Belehrungen, die im Entwurf vorgesehen werden, erscheinen deshalb geboten, weil der Beschuldigte in der Stresssituation der richterlichen Vernehmung die Tragweite seiner Handlungen vielfach nicht überblicken und insbesondere selten Zeit zu einer ruhigen Überlegung finden kann. In einem fairen Strafverfahren müssen dem Beschuldigten deshalb die Rechte, die er besitzt, bereits mit der Ladung mitgeteilt werden.

§ 135 [1]Der Beschuldigte ist unverzüglich dem Richter vorzuführen und von diesem zu vernehmen. [2]Er darf auf Grund des Vorführungsbefehls nicht länger festgehalten werden als bis zum Ende des Tages, der dem Beginn der Vorführung folgt.	Satz 1 erhält folgenden Hs. 2 als Ergänzung: „; eine eventuelle Wartezeit darf höchstens 2 Stunden betragen." Satz 2 wird wie folgt gefasst und ergänzt: „[2]Er muss nach dem Ende der Vernehmung oder, wenn er von seinem Schweigerecht Gebrauch macht, nach dieser Erklärung sofort entlassen werden, sofern nicht eine Gegenüberstellung angeordnet wird. [3]Diese muss am gleichen Tag durchgeführt und beendet werden."

Begründung zu § 135: Die Regelung des geltenden Rechts, dass dem Beschuldigten bei einem bloßen Vorführungsbefehl eine Freiheitsentziehung von nahezu 2 Tagen droht, ist unter den modernen Kommunikations- und Transportbedingungen nicht mehr hinnehmbar. Bei einer Vernehmung, die nicht nach einer überraschenden Festnahme, sondern vorher geplant aufgrund einer Ladung stattfindet, kann von der Justiz verlangt werden, dass sie die Zeiten so sorgfältig plant, dass eine Wartezeit von über 2 Stunden vermieden werden kann. Erst recht ist kein Grund ersichtlich, nach dem Ende der Vernehmung nicht die sofortige Freilassung zu verfügen.

§ 136 (1) [1]Bei Beginn der ersten Vernehmung ist dem Beschuldigten zu eröffnen, welche Tat ihm zu Last gelegt wird und welche Strafvorschriften in Betracht kommen. [2]Er ist darauf hinzuweisen, daß es ihm nach dem Gesetz freistehe, sich zu der Beschuldigung zu äußern oder nicht zur Sache auszusagen und jederzeit, auch schon vor seiner Vernehmung, einen von ihm zu wählenden Verteidiger zu befragen. [3]Er ist ferner darüber zu belehren, daß er zu seiner Entlastung einzelne Beweiserhebungen beantragen kann. [4]In geeigneten Fällen soll der Beschuldigte auch darauf, dass er sich schriftlich äußern kann, sowie auf die Möglichkeit eines Täter-Opfer-Ausgleichs hingewiesen werden. (2) Die Vernehmung soll dem Beschuldigten Gelegenheit geben, die gegen ihn vorliegenden Verdachtsgründe zu beseitigen und die zu seinen Gunsten sprechenden Tatsachen geltend zu machen. (3) Bei der ersten Vernehmung des Beschuldigten ist zugleich auf die Ermittlung seiner persönlichen Verhältnisse Bedacht zu nehmen.	Nach Abs. 1 Satz 1 wird folgender Satz 2 eingefügt: „Hierbei muss die vorgeworfene Tat in einer dem Beschuldigten verständlichen Weise beschrieben werden.“ Nach dem bisherigen Satz 2 ist folgender neue Satz 4 einzufügen: „Hierbei ist darauf hinzuweisen, dass die Konsultation eines Verteidigers vor oder dessen Mitwirkung während der Vernehmung auch bei einem zu Unrecht Verdächtigten angebracht sein und zu einer beschleunigten Zerstreuung der Verdachtsgründe beitragen kann.“ Es ist ferner folgender Absatz 4 hinzufügen: „Erfolgt die Vernehmung aufgrund einer

	Vorladung oder sonst an einer Amtsstelle, so ist mit der Videoaufzeichnung mit dem Eintreffen des Beschuldigten im Vernehmungsraum zu beginnen. Der Beschuldigte ist darauf hinzuweisen, dass dies von Gesetzes wegen vorgeschrieben ist und die Videoaufzeichnung auch mit seiner Zustimmung nicht unterbrochen werden darf, weil sich der Beamte sonst wegen Erfüllung des Straftatbestandes des § 343 a StGB strafbar macht. Wird der Beschuldigte am Tatort oder sonst außerhalb eines Vernehmungsraums angetroffen, so muss mit der Vernehmung so lange zugewartet werden, bis zumindest eine mobile Videoaufzeichnungsanlage zur Verfügung steht."

Begründung zu § 136: Die Respektierung des verfassungsrechtlichen Grundsatzes „nemo tenetur se ipsum prodere" wird in der Praxis vielfach dadurch in einer später unkenntlichen Weise vermieden, dass der Beschuldigte in nicht protokollierten Vor- oder Zwischengesprächen dazu gebracht wird, seine verfassungsmäßigen Rechte nicht wahrzunehmen, ohne über die Tragweite dieser Entscheidung zutreffend informiert zu sein. Auch außerhalb von Täuschungen, die unter

§ 136 a StPO fallen, werden auf diese Weise vielfach unrichtige Vorstellungen in unfairer Weise ausgenutzt oder die eigenen Interessen des Beschuldigten grob verletzende Entscheidungen hervorgerufen, die nicht der Wahrheitsfindung, sondern allein einer einseitigen Bestätigung der Verdachtshypothese dienlich sind. Ferner besitzt die Ergänzung der schriftlichen Protokollierung durch eine Videoaufzeichnung (§ 168 StPO) bei der Vernehmung des Beschuldigten eine herausragende Bedeutung, weil sowohl die Geständnisverlesung bei einem richterlichen Protokoll gemäß § 254 StPO als auch die Verlesung zur Vorhaltzwecken (§ 255 a StPO) zu einer erheblichen Beeinträchtigung der Wahrheitsfindung in der Hauptverhandlung führen kann, wenn das Protokoll nicht die vom Beschuldigten erstattete Aussage auch in allen Nuancen getreulich wiedergibt. Dies ist aber bei einem schriftlichen Protokoll deshalb vielfach nicht der Fall, weil die Protokollformulierungen vom Vernehmungsbeamten vorgenommen werden und deshalb das Protokoll in der Regel ein Amalgam aus der wörtlichen Aussage des Beschuldigten und den Hypothesen des Vernehmungsbeamten bildet (s. Roxin/Schünemann, § 69 Rdn. 6). Weil es sich hierbei durchweg um eine Verzerrung allein in Richtung auf die Verdachtshypothesen und damit in asymmetrischer Weise handelt, wird es vom Prinzip des fairen Verfahrens verlangt, dass bereits zum Zeitpunkt der Erstattung der Aussage ein zuverlässiges Kontrollinstrument geschaffen wird.

Ferner wird das Recht des Beschuldigten auf Konsultation eines Verteidigers in der Praxis vielfach dadurch unterlaufen, dass dem Beschuldigten in einem Vorgespräch bedeutet wird, wenn er unschuldig sei, habe er das doch nicht nötig, so dass es gerade als Beweis seiner Unschuld verwertet würde, wenn er sich ohne Verteidiger zu einer umfassenden Aussage bereit finde. Die zusätzlich vorgeschriebene Belehrung schließt eine derartige Vorgehensweise, die eines Rechtsstaats unwürdig ist, de jure aus, wobei durch die Videoaufzeichnung sichergestellt wird, dass diese Pflicht auch de facto erfüllt wird.

§ 136a (1) ¹Die Freiheit der Willensentschließung und der Willensbetätigung des Beschuldigten darf nicht beeinträchtigt werden durch Mißhandlung, durch Ermüdung, durch körperlichen Eingriff, durch Verabreichung von Mitteln, durch Quälerei, durch Täuschung oder durch Hypnose. ²Zwang darf nur angewandt werden, soweit das Strafverfahrensrecht dies zuläßt. ³Die Drohung mit einer nach seinen Vorschrif-	In Abs. 1 wird folgender Satz 4 angefügt: „Insbesondere darf nicht in Aussicht gestellt werden, dass für ein bestimmtes Aussageverhalten, namentlich die Ablegung eines Geständnisses, mit bestimmten Pro-

ten unzulässigen Maßnahme und das Versprechen eines gesetzlich nicht vorgesehenen Vorteils sind verboten. (2) Maßnahmen, die das Erinnerungsvermögen oder die Einsichtsfähigkeit des Beschuldigten beeinträchtigen, sind nicht gestattet. (3) [1]Das Verbot der Absätze 1 und 2 gilt ohne Rücksicht auf die Einwilligung des Beschuldigten. [2]Aussagen, die unter Verletzung dieses Verbots zustande gekommen sind, dürfen auch dann nicht verwertet werden, wenn der Beschuldigte der Verwertung zustimmt.	zesshandlungen reagiert wird, namentlich Verzicht auf oder Verschonung mit Untersuchungshaft, Verhängung eines geringeren Strafmaßes oder ähnliche Vorteile.“ Abs. 3 Satz 2 wird wie folgt gefasst: „Aussagen, die unter Verletzung dieses Verbots zustande gekommen sind, dürfen ausschließlich zu Gunsten des Beschuldigten unter der Voraussetzung verwertet werden, dass dieser und sein Verteidiger der Verwertung zustimmen.“

Begründung zu § 136a: Die Vorschrift des § 136 a StPO, durch die der Gesetzgeber auf die staatsterroristischen Strafverfolgungsmethoden des NS-Systems reagiert hat (durch Gesetz zur Wiederherstellung der Rechtseinheit auf dem Gebiete der Gerichtsverfassung, der bürgerlichen Rechtspflege, des Strafverfahrens und des Kostenrechts vom 12.9.1950, BGBl. I 455, 629), zählt zu den grundlegenden rechtsstaatlichen Garantien des Strafverfahrensrechts, hat sich aber in zweifacher Hinsicht als einerseits zu ungenau und andererseits zu weitgehend herausgestellt: Zwar ist an sich durch § 136 a Abs. 1 Satz 3 StPO bei einer zutreffenden Auslegung der im Strafverfahren seit den 80er Jahren des vorigen Jahrhunderts üblich gewordene Handel „Geständnis im Austausch gegen Strafmilderung oder Verschonung mit Untersuchungshaft“ untersagt, weil darin sowohl eine Drohung mit einer unzulässigen Maßnahme liegt (denn Untersuchungshaft ist nicht allein deshalb gestattet, weil der Beschuldigte kein Geständnis ablegt) als auch das Versprechen eines gesetzlich nicht vorgesehenen Vorteils (weil das Geständnis als solches keinen automatischen Grund für eine Strafmilderung abgibt), siehe zum Ganzen Schünemann, Absprachen im Strafverfahren, 1990; Hauer, Geständnis und Absprache, 2007. Die Praxis hat aber, notabene in ihrem eigenen Interesse, § 136 a Abs. 1 Satz 3 StPO auf gravierende Verstöße reduziert, und seitdem § 257 c StPO die Urteilsabsprachen generell für zulässig erklärt hat, ist diese Auslegung im Prinzip auch vom Gesetzgeber sanktioniert worden. Nachdem künftig für die Urteilsabsprachen ein rechtsstaatlich abgesichertes Verfahren zur Verfügung gestellt werden muss, muss naturgemäß verhindert werden, dass dieses Verfahren durch Aushandlungsmethoden im Ermittlungsverfahren umgangen wird. Aus diesem Grunde muss in § 136 a Abs. 1 StPO ein klares Verbot von Aushandlungsprozessen außerhalb des speziell geregelten Verfahrens statuiert werden. Umgekehrt geht § 136 a Abs. 3 Satz 2 insoweit zu weit, als er auch eine Verwertung der verbotswidrig erlangten Aussage zu Gunsten des Beschuldigten und mit dem ausdrücklichen Einverständnis von diesem wie auch von seinem Verteidiger untersagt. Zwar hat die damit intendierte Tabuisierung durchaus plausible Gründe für sich. Nach dem Grundsatz der Güter- und Interessenabwägung erscheint es aber nicht richtig, nach einem bereits geschehenen Verstoß die sich daraus möglicherweise zu Gunsten des Beschuldigten ergebenden Konsequenzen selbst bei dessen Zustimmung auszuschließen. Dem trägt die vorgeschlagene Ergänzung Rechnung, die grundsätzlich auch im Schrifttum Beifall finden wird entsprechend der dort neuerdings vertretenen „Günstigkeitstheorie“, die wegen ihrer Diskussion anlässlich eines Spazierganges von drei Strafrechtsdogmatikern und -praktikern auch „Mühlenteichtheorie“ genannt wird (näher *Roxin/Schäfer/Widmaier*, Strauda-FS, 2006, 435).

§ 137 (1) [1]Der Beschuldigte kann sich in jeder Lage des Verfahrens des Beistandes eines Verteidigers bedienen. [2]Die Zahl der gewählten Verteidiger darf drei nicht übersteigen. (2) [1]Hat der Beschuldigte einen gesetzlichen Vertreter, so kann auch dieser selbständig einen Verteidiger wählen. [2]Absatz 1 Satz 2 gilt entsprechend.	In Abs. 1 wird folgender Satz angefügt: „Die Rechtspflegekammer kann die Beauftragung weiterer Verteidiger gestatten, wenn der Prozessstoff für die Führung der Verteidigung sonst zu umfangreich ist.“

Begründung zu § 137: Die zahlenmäßige Begrenzung der gewählten Verteidiger ist als Antwort auf Missbräuche eingeführt worden, die während der RAF-Prozesse vorgekommen sind. Sie wirkt sich jetzt aber auch für Umfangsverfahren aus, in denen einerseits ein derartiger Missbrauch nicht zu befürchten ist, andererseits aber drei Verteidiger den gesamten Verfahrensstoff nicht mit der gebotenen Gründlichkeit zu bewältigen vermögen. Für diesen Fall kann deshalb das Rechtspflegegericht eine Ausnahme zulassen.

§ 138 (1) Zu Verteidigern können Rechtsanwälte sowie die Rechtslehrer an deutschen Hochschulen im Sinne des Hochschulrahmengesetzes mit Befähigung zum Richteramt gewählt werden. (2) Andere Personen können nur mit Genehmigung des Gerichts und, wenn der Fall einer notwendigen Verteidigung vorliegt und der Gewählte nicht zu den Personen gehört, die zu Verteidigern bestellt werden dürfen, nur in Gemeinschaft mit einer solchen als Wahlverteidiger zugelassen werden.	Abs. 1 ist wie folgt neu zu fassen: „Zu Verteidigern können Rechtsanwälte sowie ausnahmsweise Privatdozenten und hauptamtliche Professoren an rechtswissenschaftlichen Fakultäten im Geltungsbereich des Grundgesetzes gewählt werden, sofern die Verteidigung, sei es auch in Verbindung mit anderweitig übernommenen Verteidigungen, innerhalb des Rahmens einer Nebentätigkeit verbleibt.“ Ferner wird folgender Satz 2 hinzugefügt: „Über die Wirksamkeit einer Wahl entscheidet der Vorsitzende des im Verfahrensstadium zuständigen Gerichts, gegen dessen Entscheidung Antrag ans Rechtspflegegericht gestellt werden kann.“

Begründung zu § 138: Die bisherige Regelung des § 138 Abs. 1 StPO über die Wählbarkeit von Rechtslehrern an deutschen Hochschulen als Verteidiger rechtfertigte sich durch den doppelten Zweck, Rechtslehrern die Möglichkeit zu eigenen praktischen Erfahrungen zu verschaffen und in besonders wichtigen Prozessen eine wissenschaftlich fundierte und nicht von beruflichen Interessen denaturierte Verteidigung zu ermöglichen. Hieraus hat sich aber insoweit ein doppelter Missbrauch ergeben, als auch Fachhochschulprofessoren ohne ausreichende generelle Garantie ihrer wissenschaftlichen Fundierung zu Verteidigern gewählt werden können, während es andererseits nicht wenige Universitätsprofessoren gibt, bei denen das Verhältnis von Hauptamt und Nebentätigkeit in der Praxis auf den Kopf gestellt worden ist und deren Verteidigertätigkeit den Zweck des Gesetzes geradezu in sein Gegenteil verkehrt, indem nicht die Wissenschaft der Verteidigung zugute kommt, sondern ihre wissenschaftlichen Positionen dem Interesse ihrer Verteidigertätigkeit dienstbar und dadurch dem Wissenschaftsideal abspenstig gemacht werden.

§ 141 (1) In den Fällen des § 140 Abs. 1 und 2 wird dem Angeschuldigten, der noch keinen Verteidiger hat, ein Verteidiger bestellt, sobald er gemäß § 201 zur Erklärung über die Anklageschrift aufgefordert worden ist. (2) Ergibt sich erst später, daß ein Verteidiger notwendig ist, so wird er sofort bestellt. (3) [1]Der Verteidiger kann auch schon während des Vorverfahrens bestellt werden. [2]Die Staatsanwaltschaft beantragt dies, wenn nach ihrer Auffassung in dem gerichtlichen Verfahren die Mitwirkung eines Verteidigers nach § 140 Abs. 1 oder 2 notwendig sein wird. [3]Nach dem Abschluß der Ermittlungen (§ 169a) ist er auf Antrag der Staatsanwaltschaft zu bestellen. (4) Über die Bestellung entscheidet der Vorsitzende des Gerichts, das für das Hauptverfahren zuständig oder bei dem das Verfahren anhängig ist.	Es wird folgender Abs. 5 hinzugefügt: „[1]Ein Beschuldigter, der nach seinen persönlichen und wirtschaftlichen Verhältnissen die Kosten eines Verteidigers nicht, nur zum Teil oder nur in Raten aufbringen kann, kann auch in Fällen, in denen die Verteidigung nicht notwendig ist, dessen Bestellung auf Kosten der Staaatskasse verlangen. [2]Die Voraussetzungen von Satz 1 sind glaubhaft zu machen.“

Begründung zu § 141: Es zählt zu den größten Merkwürdigkeiten des geltenden deutschen Strafprozessrechts, dass es für den unbemittelten Beschuldigten keine Prozesskostenhilfe zur Beauftragung eines Verteidigers gibt, womit der Beschuldigte sogar schlechter steht als der nebenklageberechtigte Verletzte gemäß § 406 g Abs. 3. Dass sich die RStPO ursprünglich auf die Regelung der notwendigen Verteidigung beschränkte, aber kein „Armenrecht“ vorsah, war von Anfang an kritikwürdig und ist nicht mehr ernsthaft diskutabel, seitdem die Prozesssubjektstellung des Beschuldigten umfassend anerkannt ist, denn ohne einen rechtskundigen Verteidiger kann der Beschuldigte diese Subjektstellung nicht ausreichend wahrnehmen. Vollends zum Skandalon ist diese Regelung aber mit Einführung der Urteilsabsprachen geworden, denn es ist gänzlich ausgeschlossen, dass ein (zumeist rechtsunkundiger) Angeklagter die Angemessenheit einer ihm angebotenen Absprache beurteilen kann, noch könnte damit gerechnet werden, dass der Angeklagte persönlich eine etwa in Betracht kommende Absprache dem Gericht in der geeigneten Weise nahelegen könnte. Es ist deshalb gänzlich unverzichtbar, das Institut der Verteidigungskostenhilfe für unbemittelte Beschuldigte in die Strafprozessordnung einzufügen.

§ 142 (1) [1]Der zu bestellende Verteidiger wird durch den Vorsitzenden des Gerichts möglichst aus der Zahl der in dem Gerichtsbezirk niedergelassenen Rechtsanwälte ausgewählt. [2]Dem Beschuldigten soll Gelegenheit gegeben werden, innerhalb einer zu bestimmenden Frist einen Rechtsanwalt zu bezeichnen. [3]Der Vorsitzende bestellt den vom Beschuldigten bezeichneten Verteidiger, wenn nicht wichtige Gründe entgegenstehen. (2) In den Fällen des § 140 Abs. 1 Nr. 2 und 5 sowie des § 140 Abs. 2 können auch Rechtskundige, welche die vorgeschriebene erste Prüfung für den Justizdienst bestanden haben und darin seit mindestens einem Jahr und drei Monaten beschäftigt sind, für den ersten Rechtszug als Verteidiger bestellt werden, jedoch nicht bei dem Gericht, dessen Richter sie zur Ausbildung überwiesen sind.	Abs. 1 wird wie folgt neu gefasst: „[1]Der zu bestellende Verteidiger ist der von der zuständigen Rechtsanwaltskammer aufgestellten Liste aus der Zahl der in dem Gerichtsbezirk niedergelassenen Rechtsanwälte in der Reihenfolge ihrer bisherigen Heranziehung zu entnehmen.“

Begründung zu § 142: Durch die vorgeschlagene Änderung zu § 142 wird dem häufig symbiotischen Verhältnis zwischen dem Gerichtsvorsitzenden und „seinem üblichen Pflichtverteidiger“ ein Riegel vorgeschoben. Die Erfahrungen aus der Praxis zeigen, dass Pflichtverteidiger in vielen Fällen nicht den notwendigen Mut aufbringen, dem Gericht in der gebotenen Weise entgegen zu treten, weil sie fürchten, hierdurch lukrative zukünftige Aufträge als Pflichtverteidiger zu verspielen. Infolgedessen führt aber kein Weg daran vorbei, dass die Liste der Pflichtverteidiger zunächst einmal von der Rechtsanwaltskammer aufgestellt wird und dass der Vorsitzende kein eigenes Auswahlrecht hat, sondern nach der Reihenfolge dieser Liste vorgehen muss. Wenn es im Einzelfall um spezielle Kenntnisse geht, die bei einer solchen Listenauswahl nicht garantiert wären, so kann in diesem Fall wie auch sonst der Beschuldigte durch die Wahrnehmung seines Bestimmungsrechts gemäß § 142 Abs. 1 Satz 3 dafür sorgen, dass dieser Verteidiger zum Zuge kommt.

§ 144 (weggefallen)	Es wird folgender § 144 eingefügt: „Solange noch kein Verteidiger gewählt oder bestellt ist oder diesem keine vollständige Akteneinsicht gewährt wird, sind Ermittlungsmaßnahmen, die mit Grundrechtseingriffen verbunden sind, vor ihrer Ergreifung oder bei Gefahr im Verzuge danach der Anstalt für Notverteidigung mitzuteilen. Wenn sich diese daraufhin am Verfahren beteiligt, so besitzt sie einen Anspruch auf rechtliches Gehör auch vor der Ergreifung der Maßnahme und kann danach den geeigneten Rechtsbehelf zunächst zur höheren Instanz einlegen.“

Begründung zu § 144: Mit der Aufwertung des Ermittlungsverfahrens zum eigentlichen Zentrum des Strafverfahrens muss die Verteidigung entsprechende Mitwirkungsrechte schon in dieser Phase erhalten, was freilich im Hinblick auf die beim Beschuldigten zu unterstellende und aus seiner Sicht durchaus legitime Obstruktionstendenz zur Beeinträchtigung der Wahrheitsfindung führen kann. Als Ausweg aus diesem Dilemma muss die Institution der Anstalt für Notverteidigung geschaffen werden, die, wie schon eingangs erwähnt, dem Reformvorschlag des „Euro-Defensor" nachgebildet ist.

§ 147 (1) Der Verteidiger ist befugt, die Akten, die dem Gericht vorliegen oder diesem im Falle der Erhebung der Anklage vorzulegen wären, einzusehen sowie amtlich verwahrte Beweisstücke zu besichtigen. (2) Ist der Abschluß der Ermittlungen noch nicht in den Akten vermerkt, so kann dem Verteidiger die Einsicht in die Akten oder einzelne Aktenstücke sowie die Besichtigung der amtlich verwahrten Beweisstücke versagt werden, wenn sie den Untersuchungszweck gefährden kann. Liegen die Voraussetzungen von Satz 1 vor und befindet sich der Beschuldigte in Untersuchungshaft oder ist diese im Fall der vorläufigen Festnahme beantragt, sind dem Verteidiger die für die Beurteilung der Rechtmäßigkeit der Freiheitsentziehung wesentlichen Informationen in geeigneter Weise zugänglich zu machen; in der Regel ist insoweit Akteneinsicht zu gewähren. (3) Die Einsicht in die Niederschriften über die Vernehmung des Beschuldigten und über solche richterlichen Untersuchungshandlungen, bei denen dem Verteidiger die Anwesenheit gestattet worden ist oder hätte gestattet werden müssen, sowie in die Gutachten von Sachverständigen darf dem Verteidiger in keiner Lage des Verfahrens versagt werden. (4) [1]Auf Antrag sollen dem Verteidiger, soweit nicht wichtige Gründe entgegenstehen, die Akten mit Ausnahme der Beweisstücke zur Einsichtnahme in seine Geschäftsräume oder in seine Wohnung mitgegeben werden. [2]Die Entscheidung ist nicht anfechtbar. (5) [1]Über die Gewährung der Akteneinsicht entscheidet im vorbereitenden Verfahren und nach rechtskräftigem Abschluss des Verfahrens die Staatsanwaltschaft, im Übrigen der Vorsitzende des mit der Sache befassten Gerichts. [2]Versagt die Staatsanwaltschaft die Aktenein-	In Abs. 1 sind folgende Sätze 2 und 3 anzufügen: „[2]Auf Verlangen des Verteidigers sind diese Akten um die polizeilichen Spurenakten sowie um andere Akten zu ergänzen, durch deren Auswertung eine Förderung der Wahrheitsfindung zu erwarten ist. [3]Gegen die Entscheidung über die Aktenbeiziehung steht der aktenführenden Stelle, gegen deren Verweigerung dem Beschuldigten und dem Verteidiger die Beschwerde zum Rechtspflegegericht zu." Abs. 2 ist durch folgenden Satz 3 zu ergänzen: „Verbleibt im Fall von Satz 2 eine Beschränkung der vollständigen Akteneinsicht, so ist diese gleichzeitig dem Notverteidiger zu gewähren." Abs. 5 Satz 2 ist wie folgt zu ändern: Die

sicht, nachdem sie den Abschluss der Ermittlungen in den Akten vermerkt hat, versagt sie die Einsicht nach Absatz 3 oder befindet sich der Beschuldigte nicht auf freiem Fuß, so kann gerichtliche Entscheidung durch das nach § 162 zuständige Gericht beantragt werden. [3]Diese Entscheidungen werden nicht mit Gründen versehen, soweit durch deren Offenlegung der Untersuchungszweck gefährdet werden könnte. (6) [1]Ist der Grund für die Versagung der Akteneinsicht nicht vorher entfallen, so hebt die Staatsanwaltschaft die Anordnung spätestens mit dem Abschluß der Ermittlungen auf. [2]Dem Verteidiger ist Mitteilung zu machen, sobald das Recht zur Akteneinsicht wieder uneingeschränkt besteht. (7) [1]Dem Beschuldigten, der keinen Verteidiger hat, können Auskünfte und Abschriften aus den Akten erteilt werden, soweit nicht der Untersuchungszweck gefährdet werden könnte und nicht überwiegende schutzwürdige Interessen Dritter entgegenstehen. [2]Absatz 5 und § 477 Abs. 5 gelten entsprechend.	Worte „durch das nach § 162 zuständige Gericht" werden durch die Worte „durch das Rechtspflegegericht" ersetzt. Abs. 7 ist durch folgenden Satz 3 zu ergänzen: „Wird dem Beschuldigten hierbei keine vollständige Kenntnis des Akteninhalts vermittelt, so ist ihm ein Verteidiger zu bestellen."

Begründung zu § 147: Die vorgeschlagenen Ergänzungen tragen der Tatsache Rechnung, dass das Ermittlungsverfahren gegenwärtig zum eigentlichen Zentrum des Strafverfahrens avanciert ist, ohne ein „partizipatorisches Ermittlungsverfahren" mit einer unbegrenzbaren Obstruktionskapazität des Beschuldigten zu etablieren.

§ 150 (weggefallen)	Einfügung von § 155a und § 155b (s. dort) als § 150 und § 150a.

§ 153 (1) [1]Hat das Verfahren ein Vergehen zum Gegenstand, so kann die Staatsanwaltschaft mit Zustimmung des für die Eröffnung des Hauptverfahrens zuständigen Gerichts von der Verfolgung absehen, wenn die Schuld des Täters als gering anzusehen wäre und kein öffent-	In Abs. 1 Satz 1 ist nach den Worten „ein Vergehen zum Gegenstand" folgender Relativsatz einzufügen: „für das das Gesetz weder eine erhöhte

liches Interesse an der Verfolgung besteht. [2]Der Zustimmung des Gerichtes bedarf es nicht bei einem Vergehen, das nicht mit einer im Mindestmaß erhöhten Strafe bedroht ist und bei dem die durch die Tat verursachten Folgen gering sind. (2) [1]Ist die Klage bereits erhoben, so kann das Gericht in jeder Lage des Verfahrens unter den Voraussetzungen des Absatzes 1 mit Zustimmung der Staatsanwaltschaft und des Angeschuldigten das Verfahren einstellen. [2]Der Zustimmung des Angeschuldigten bedarf es nicht, wenn die Hauptverhandlung aus den in § 205 angeführten Gründen nicht durchgeführt werden kann oder in den Fällen des § 231 Abs. 2 und der §§ 232 und 233 in seiner Abwesenheit durchgeführt wird. [3]Die Entscheidung ergeht durch Beschluß. [4]Der Beschluß ist nicht anfechtbar.	Mindeststrafe noch besonders schwere Fälle vorsieht". Nach Satz 1 ist folgender neuer Satz 2 einzufügen: „Mit Zustimmung des Gerichts kann unter denselben Voraussetzungen wie in Satz 1 auch von der Verfolgung wegen sonstiger Vergehen abgesehen werden, wenn zuvor der Verletzte angehört worden ist, sofern dieser durch eine Anzeige oder sonst nach dem bisherigen Ermittlungsstand bekannt ist." Der bisherige Satz 2 entfällt, an seine Stelle tritt folgender neue Satz 3: „Der Opferombudsmann kann beim Rechtspflegegericht beantragen, dass die Ermittlungen fortgesetzt werden, sofern die getroffene Entscheidung nach dem bisherigen Ermittlungsstand unvertretbar erscheint." Abs. 2 Satz 4 wird wie folgt neu gefasst: „Abs. 1 Satz 2 und 3 gelten entsprechend." Ferner ist folgender Abs. 3 hinzuzufügen:

	„Der Beschuldigte ist schriftlich darauf hinzuweisen, dass im Falle künftig anhängiger Verfahren gegen ihn eine Einstellung nach dieser Vorschrift nicht mehr in Betracht kommt. In geeigneten Fällen hat er sich einer Beratung durch die Schiedsstelle (Abteilung für Konfliktvermeidung) zu unterziehen.“

Begründung zu § 153: Die Entscheidungsmacht, die der Staatsanwaltschaft in den §§ 153ff. eingeräumt worden ist, ist im Schrifttum vielfach auf Kritik gestoßen, weil sie dadurch eine fast richtergleiche Position erhalten habe. In gewisser Weise ist es sogar diejenige eines „Überrichters“, weil die Staatsanwaltschaft bei der großen Masse der Delikte nach geltendem Recht gemäß § 153 Abs. 1 Satz 2 StPO das Verfahren von sich aus aus Opportunitätsgründen einstellen kann, während das Gericht dafür in der Hauptverhandlung gemäß Abs. 2 die Zustimmung der Staatsanwaltschaft benötigt. Wieweit sich dadurch die deutsche Staatsanwaltschaft über die in Europa traditionellen rechtsstaatlichen Grenzen der Staatsanwaltschaft hinaus bewegt und diese gesprengt hat, macht ein Vergleich mit der italienischen Regelung deutlich, wo die gerichtliche Kontrolle gemäß Art. 408 I Codice di Procedura Penale selbst bei einer Einstellung mangels Tatverdachts vorgeschrieben ist. Unter rechtsstaatlichen Aspekten ist die deutsche Regelung aus mehreren Gründen inakzeptabel, weil die Staatsanwaltschaft im Bereich des Opportunitätsprinzips dem ministeriellen Weisungsrecht untersteht, weil gerade spektakuläre Ermittlungsverfahren der letzten Jahre gezeigt haben, dass die Staatsanwaltschaft gegen prominente Beschuldigte häufig schon in „vorausdenkendem Gehorsam“ nur unzulänglich ermittelt (beispielsweise die Ermittlungsverfahren gegen den früheren Telekom-Vorstandvorsitzenden Ron Sommer oder gegen den IKB-Vorstandsvorsitzenden Ortseifen, von der Einstellung des Verfahrens in der erneuten Hauptverhandlung im Mannesmann-Prozess oder die äußerst laxen Ermittlungen bei den großen Bankenskandalen ganz zu schweigen). Weil das BVerfG im Rahmen des Opportunitätsprinzips eine verfassungsrechtlich garantierte Kontrollmöglichkeit des Verletzten abgelehnt hat (BVerfGE 51, 176, 187; BVerfG NJW 2002, 815), kann sich die Staatsanwaltschaft auch in dieser Richtung völlig unkontrolliert bewegen, was einen auffälligen Kontrast zu der in den letzten Jahrzehnten permanent verstärkten Rechtsstellung des Opfers im Strafverfahren bietet.

Diesem Übelstand einer im Rahmen des Opportunitätsprinzips weithin ohne Kontrolle agierenden Staatsanwaltschaft soll nach dem Entwurf in dreifacher Weise abgeholfen werden. Zunächst einmal wird für die Fälle, in denen die Staatsanwaltschaft das Verfahren aus eigener Machtvollkommenheit einstellen kann, künftig eine Kontrolle durch das für das Hauptverfahren zuständige Gericht (wieder) eingeführt. Für besonders gravierende Delikte wird ferner die vorherige Anhörung des Verletzten vorgeschrieben, sofern dieser (um einen übertriebenen Verfahrensaufwand zu vermeiden) namentlich bekannt ist. Zu guter Letzt wird eine doppelt begrenzte Überprüfung auch der gerichtlichen Entscheidung ermöglicht, weil die Erfahrungen zeigen, dass das für die Hauptverhandlung zuständige Gericht zum Zwecke der Arbeitsersparnis das Opportunitätsprinzip sehr großzügig handhabt. Die Überprüfungsmöglichkeit soll allerdings nicht dem individuellen Opfer eingeräumt werden, das hiervon in der Regel im Eigeninteresse und ohne eine Interessenabwägung Gebrauch machen würde, sondern dem Opferombudsmann, bei dem eine Abwägung der öffentlichen Interessen vorausgesetzt werden kann; und eine Korrektur der Entscheidung kommt gemäß Abs. 1 Satz 3 und Abs. 2 Satz 5 nur in Betracht, wenn die Einstellungsentscheidung „unvertretbar", also in grobem Maße fehlerhaft ist. Zuständig ist das Rechtspflegegericht, weil über eine Beschwerde, mit der die Unvertretbarkeit einer gerichtlichen Entscheidung gerügt wird, durch einen Spruchkörper außerhalb des engen organisatorischen Zusammenhanges der Strafjustiz entschieden werden sollte.

Nach der bisherigen Regelung ist von der Einstellung des Verfahrens, die als Sanktion ohnehin keinen Wert hat, für die Zukunft keine positive Wirkung zu erwarten. Durch den vorgesehenen neuen Absatz soll erreicht werden, dass der Beschuldigte zumindest durch das Verfahren gewarnt wird und dass er in geeigneten Fällen mit Strategien bekannt gemacht wird, um den Konflikt, der zu dem Strafverfahren geführt hat, zukünftig zu vermeiden. Die Einzelheiten gehören in ein besonderes Gesetz.

§ 153a (1) [1]Mit Zustimmung des für die Eröffnung des Hauptverfahrens zuständigen Gerichts und des Beschuldigten kann die Staatsanwaltschaft bei einem Vergehen vorläufig von der Erhebung der öffentlichen Klage absehen und zugleich dem Beschuldigten Auflagen und	§ 153 a wird ersatzlos gestrichen.

Weisungen erteilen, wenn diese geeignet sind, das öffentliche Interesse an der Strafverfolgung zu beseitigen, und die Schwere der Schuld nicht entgegensteht. [2]Als Auflagen oder Weisungen kommen insbesondere in Betracht, 1. zur Wiedergutmachung des durch die Tat verursachten Schadens eine bestimmte Leistung zu erbringen, 2. einen Geldbetrag zugunsten einer gemeinnützigen Einrichtung oder der Staatskasse zu zahlen, 3. sonst gemeinnützige Leistungen zu erbringen, 4. Unterhaltspflichten in einer bestimmten Höhe nachzukommen, 5. sich ernsthaft zu bemühen, einen Ausgleich mit dem Verletzten zu erreichen (Täter-Opfer-Ausgleich) und dabei seine Tat ganz oder zum überwiegenden Teil wieder gut zu machen oder deren Wiedergutmachung zu erstreben, oder 6. an einem Aufbauseminar nach § 2b Abs. 2 Satz 2 oder § 4 Abs. 8 Satz 4 des Straßenverkehrsgesetzes teilzunehmen.	

Begründung für die Streichung des § 153a: Das einzige Argument, das sich für die Verfahrensform der Einstellung gegen Geldzahlung vorbringen lässt, ist der Umstand, dass die Staatsanwaltschaft hinterher ein Verfahren weniger zu bearbeiten hat. Als Sanktion für eine rechtswidrig-schuldhafte Tat kann eine Geldzahlung, die ausdrücklich keinen Strafcharakter hat, objektiv nicht angesehen werden und wird auch subjektiv von den Betroffenen nicht so verstanden. Wenn es sich um eine wirklich begangene Straftat handelt, so stellt sich also eine Sachbehandlung nach § 153 a tatsächlich als ein das Strafgesetz und den darin enthaltenen kategorischen Imperativ kompromittierendes „Freikaufverfahren" dar, entsprechend der bekannten Anekdote vom reichen Engländer, der aus Spaß Mitbürger ohrfeigt und durch seinen ihm nachfolgenden Diener dem Geohrfeigten anschließend eine bestimmte Geldsumme aushändigen lässt. Wenn aber umgekehrt keine Straftat vorliegt, so handelt es sich letzten Endes um die Erpressung einer Geldsumme durch ein Staatsorgan, was noch weniger legitimiert werden kann. Geradezu zum Zerrbild einer ernsthaften Strafrechtspflege avanciert § 153 a aber in den zahlreichen Fällen, in denen der Vorwurf wegen gravierendster Wirtschaftsverbrechen nicht aufgeklärt, sondern im Wege einer auf § 153 a gestützten Geldzahlung unter den Teppich gekehrt wird, die überdies normalerweise vom (häufig selbst geschädigten!) Unternehmen und nicht vom Beschuldigten selbst aufgebracht wird. Dass ein derartiges Skandalon zum Alltag der deutschen Strafjustiz geworden ist, hat nicht zufällig den Weg für die nach dem doppelten Willkürprinzip konstruierten Urteilsabsprachen geebnet (nämlich Willkür des Richters, ob er überhaupt in einschlägige Verhandlungen eintreten will, und weitestgehende Willkür bei den Rechtsfolgen). Als weitere Rechtsstaatswidrigkeit kommt schließlich noch die Stellung der Staatsanwaltschaft als „Superrichter" hinzu, die sich konsequenterweise dann auch im neuen § 257 c in Gestalt der dort der Staatsanwaltschaft eingeräumten Vetoposition wiederfindet.

Die gegenwärtige Regelung des § 153 a ist deshalb durch vier Verfahrensalternativen zu ersetzen: Das neugestaltete Einstellungsverfahren nach § 153 ist entweder durch einen Warnungsbescheid oder in geeigneten Fällen durch eine Verhandlung zur Konfliktprophylaxe zu ergänzen; die dem Täter-Opfer-Ausgleich zuzurechnenden Auflagen nach § 153 a Abs. 1 Nr. 1, 4 und 5 sind in die besondere Verfahrensform des Täter-Opfer-Ausgleichs zu integrieren; und für die sich hierfür nicht eignenden, eine öffentlichen Hauptverhandlung aber nicht erforderlich machenden Verfahren kann das weitere Vorgehen entweder in der Sonderform des Verfahrens mit nicht öffentlicher Hauptverhandlung oder im Strafbefehlsverfahren erfolgen. Die Einzelheiten dieser „3. Spur" müssen durch besonderes Gesetz geregelt werden.

§ 154 (1) Die Staatsanwaltschaft kann von der Verfolgung einer Tat absehen, 1. wenn die Strafe oder die Maßregel der Besserung und Sicherung, zu der die Verfolgung führen kann, neben einer Strafe oder Maßregel der Besserung und Sicherung, die gegen den Beschuldigten wegen einer anderen Tat rechtskräftig verhängt worden ist oder die er wegen einer anderen Tat zu erwarten hat, nicht beträchtlich ins Gewicht fällt oder 2. darüber hinaus, wenn ein Urteil wegen dieser Tat in angemessener Frist nicht zu erwarten ist und wenn eine Strafe oder Maßregel der Besserung und Sicherung, die gegen den Beschuldigten rechtskräftig verhängt worden ist oder die er wegen einer anderen Tat zu erwarten hat, zur Einwirkung auf den Täter und zur Verteidigung der Rechtsordnung ausreichend erscheint.	Es werden folgende Absätze 6 und 7 hinzugefügt: Abs. 6: „Die vorstehenden Entscheidungen ergehen nach Anhörung des Opferombudsmanns oder, wenn sie eilbedürftig sind, unter Nachholung des rechtlichen Gehörs entsprechend § 33 a. Dem Opferombudsmann steht in diesen Fällen das Rechtsmittel der sofortigen Beschwerde zum

(2) Ist die öffentliche Klage bereits erhoben, so kann das Gericht auf Antrag der Staatsanwaltschaft das Verfahren in jeder Lage vorläufig einstellen. (3) Ist das Verfahren mit Rücksicht auf eine wegen einer anderen Tat bereits rechtskräftig erkannten Strafe oder Maßregel der Besserung und Sicherung vorläufig eingestellt worden, so kann es, falls nicht inzwischen Verjährung eingetreten ist, wieder aufgenommen werden, wenn die rechtskräftig erkannte Strafe oder Maßregel der Besserung und Sicherung nachträglich wegfällt. (4) Ist das Verfahren mit Rücksicht auf eine wegen einer anderen Tat zu erwartende Strafe oder Maßregel der Besserung und Sicherung vorläufig eingestellt worden, so kann es, falls nicht inzwischen Verjährung eingetreten ist, binnen drei Monaten nach Rechtskraft des wegen der anderen Tat ergehenden Urteils wieder aufgenommen werden. (5) Hat das Gericht das Verfahren vorläufig eingestellt, so bedarf es zur Wiederaufnahme eines Gerichtsbeschlusses.	Rechtspflegegericht zu." Abs. 7: „Die Beschuldigungen, deretwegen eine Einstellung des Verfahrens nach dieser Vorschrift angeordnet wird, dürfen bei der Strafzumessung nicht zu Lasten des Angeklagten verwertet werden. Wenn es nach dem bisherigen Ergebnis des Ermittlungsverfahrens oder der Hauptverhandlung keinen hinreichenden Tatverdacht mehr gibt, hat die Einstellung nach § 170 Abs. 2 bzw. die Freisprechung den Vorrang."

Begründung zu § 154: Die gegenwärtige Fassung des § 154 StPO ermöglicht eine missbräuchliche Anwendung in dreierlei Richtung. Zum einen besteht die Gefahr, dass § 154 im Rahmen einer Absprache als Vehikel benutzt wird, um womöglich Vorwürfe, die eigentlich gravierender sind oder zumindest zur Verteidigung der Rechtsordnung eine Beweisaufnahme in öffentlicher Hauptverhandlung nötig machen, gewissermaßen unter den Teppich zu kehren. Umgekehrt besteht aber auch die Gefahr, dass ein schwer nachweisbarer Vorwurf formal nach § 154 StPO ausgeschieden, bei der Strafzumessung aber dennoch zu Lasten des Angeklagten berücksichtigt wird, was von der Rechtsprechung nicht einmal ausgeschlossen worden ist. Und zum dritten besteht die Versuchung, dass das Gericht sich die Mühe, einen Teilfreispruch zu verkünden und zu begründen, auf dem Weg über § 154 StPO erspart, wodurch aber das Rehabilitationsinteresse des Angeklagten verletzt und überdies bei der Strafzumessung die Wirkung eines Teilfreispruches vereitelt wird. Der Entwurf tritt diesen Gefahren entgegen, wobei die Wahrnehmung der Interessen des Verletzten und durch diese der Allgemeinheit dem Ombudsmann übertragen wird, bei dem eine objektive Interessenabwägung vorausgesetzt werden kann, während ein individuelles Beschwerderecht des Verletzten nach dessen persönlicher Interessenlage ausgeübt werden könnte und damit vielfach zu sachlich nicht berechtigten Verzögerungen des Verfahrens führen könnte.

§ 154a (1) [1]Fallen einzelne abtrennbare Teile einer Tat oder einzelne von mehreren Gesetzesverletzungen, die durch dieselbe Tat begangen worden sind, 1. für die zu erwartende Strafe oder Maßregel der Besserung und Sicherung oder 2. neben einer Strafe oder Maßregel der Besserung und Sicherung, die gegen den Beschuldigten wegen einer anderen Tat rechtskräftig verhängt worden ist oder die er wegen einer anderen Tat zu erwarten hat, nicht beträchtlich ins Gewicht, so kann die Verfolgung auf die übrigen Teile der Tat oder die übrigen Gesetzesverletzungen beschränkt werden. [2]§ 154 Abs. 1 Nr. 2 gilt entsprechend. [3]Die Beschränkung ist aktenkundig zu machen. (2) Nach Einreichung der Anklageschrift kann das Gericht in jeder Lage des Verfahrens mit Zustimmung der Staatsanwaltschaft die Beschränkung vornehmen. (3) [1]Das Gericht kann in jeder Lage des Verfahrens ausgeschiedene Teile einer Tat oder Gesetzesverletzungen in das Verfahren wieder einbeziehen. [2]Einem Antrag der Staatsanwaltschaft auf Einbeziehung ist zu entsprechen. [3]Werden ausgeschiedene Teile einer Tat wieder einbezogen, so ist § 265 Abs. 4 entsprechend anzuwenden.	Es wird folgender Absatz 4 hinzugefügt: „Die Vorschrift des § 154 Abs. 7 Satz 1 gilt entsprechend.“

Begründung zu § 154 a: Aus denselben Gründen wie bei § 154 muss eine Verwertung der ausgeschiedenen Tatteile bei der Strafzumessung ausgeschlossen werden, woraus sich die neue Verweisungsvorschrift in Abs. 5 erklärt. Auf Abs. 6 von § 154 braucht nicht verwiesen zu werden, weil die bloße Ausscheidung von Tatteilen die Interessen des Verletzten weit weniger berührt als die Ausscheidung selbständiger Taten. Eine Verweisung auf Abs. 7 Satz 2 von § 154 kommt von vornherein nicht in Betracht, weil bei bloßen Tatteilen ein selbständiger Freispruch nicht zulässig ist.

§ 154c (1) Ist eine Nötigung oder Erpressung (§§ 240, 253 des Strafgesetzbuches) durch die Drohung begangen worden, eine Straftat zu offenbaren, so kann die Staatsanwaltschaft von der Verfolgung der Tat, deren Offenbarung angedroht worden ist, absehen, wenn nicht wegen der Schwere der Tat eine Sühne unerläßlich ist. (2) Zeigt das Opfer einer Nötigung oder Erpressung (§§ 240, 253 des Strafgesetzbuches) diese an (§ 158) und wird hierdurch bedingt ein vom Opfer begangenes Vergehen bekannt, so kann die Staatsanwaltschaft von der Verfolgung des Vergehens absehen, wenn nicht wegen der Schwere der Tat eine Sühne unerlässlich ist.	In Abs. 2 wird das Wort „Opfer“ durch „der Verletzte“ bzw. „vom Verletzten“ ersetzt. Ferner wird folgender Absatz 3 hinzugefügt: „[1]Die Staatsanwaltschaft kann eine Sachbehandlung nach den vorstehenden Vorschriften dem Verletzten nach Anhörung des Opferombudsmanns zusagen. [2]Ein Widerruf dieser Zusage ist zulässig, wenn nachträglich schwerwiegende, vom Verletzten verschwiegene Tatsachen bekannt werden.“

Begründung zu § 154 c: Die Änderung in der Wortwahl beruht darauf, dass im Ermittlungsverfahren vom „Verletzten“ und nicht vom „Opfer“ gesprochen werden sollte, weil es ja nur um eine prätendierte Opferstellung geht. Außerdem sollte der der Kriminologie entlehnte Begriff des Opfers nur dort verwendet werden, wo der Begriff des Verletzten untunlich ist. Der bloße Umstand, dass es sich hierbei grammatisch um ein Neutrum handelt und bei dem Verletzten um ein Maskulinum, ist nicht durchgreifend. Darauf, dass die Bezeichnungen von Prozessbeteiligten, die grammatikalisch ein Maskulinum sind, auch auf weibliche Prozessbeteiligte anzuwenden sind, kann, sofern eine Hervorhebung dieser Selbstverständlichkeit angebracht erscheint, im Änderungsgesetz allgemein hingewiesen werden.

Die neue Regelung der (beschränkten) Bindungswirkung einer Einstellungszusage schließt eine empfindliche Lücke im geltenden Recht.

§ 154d	Die Vorschrift wird wie folgt neu gefasst:
[1]Hängt die Erhebung der öffentlichen Klage wegen eines Vergehens von der Beurteilung einer Frage ab, die nach bürgerlichem Recht oder nach Verwaltungsrecht zu beurteilen ist, so kann die Staatsanwaltschaft zur Austragung der Frage im bürgerlichen Streitverfahren oder im Verwaltungsstreitverfahren eine Frist bestimmen. [2]Hiervon ist der Anzeigende zu benachrichtigen. [3]Nach fruchtlosem Ablauf der Frist kann die Staatsanwaltschaft das Verfahren einstellen.	„[1]Solange kein dringender Tatverdacht besteht und dem Verletzten zugemutet werden kann, seine Rechte zunächst in einem zivilrechtlichen oder verwaltungsrechtlichen Verfahren wahrzunehmen, kann die Staatsanwaltschaft das Verfahren vorläufig einstellen.[2] Der Antragsteller ist hierüber zu bescheiden; die Vorschriften der §§ 171 bis 177 gelten entsprechend, an die Stelle der Erhebung der öffentlichen Klage tritt die Aufnahme oder Weiterführung der Ermittlungen. [3]Die Verjährung ruht für die Dauer der vorläufigen Einstellung.“

Begründung zu § 154 d: Die im Jahre 1931 im Rahmen einer Notverordnung eingeführte Vorschrift besitzt keinen präzise angebbaren Anwendungsbereich. Der im Schrifttum genannte Gesichtspunkt eines drohenden Missbrauchs des Strafverfahrens (Meyer-Goßner, StPO, § 155 b Rdn. 1) lässt sich nur dann begründen, wenn es an einem ausreichenden Anfangsverdacht fehlt. Der Gesichtspunkt des „ökonomischen Mitteleinsatzes“ (OLG Stuttgart NStZ-RR 2003, 145) übersieht, dass die Staatsanwaltschaft ganz andere Ermittlungsmöglichkeiten hat, so dass ein Zivilprozess in Wahrheit nicht als eine zweckmäßigere Aufklärungsform angesehen werden kann. Es folgt auch aus der allgemeinen Funktion des Strafrechts als ultima ratio zum Rechtsgüterschutz, dass so gut wie jede Erhebung der öffentlichen Klage von der Beurteilung einer Frage abhängt, die auch nach Bürgerlichem Recht oder nach Verwaltungsrecht beurteilt werden muss – eben weil die Rechtslage nach Bürgerlichem oder Verwaltungsrecht ein Epi-Phänomen zur strafrechtlichen Rechtslage darstellt. Eine Abstandnahme von eigenen Ermittlungen der Staatsanwaltschaft trotz Existenz eines Anfangsverdachts kann deshalb nur legitimiert werden, wenn der Anfangsverdacht durch den entgegengesetzten Verdacht gewissermaßen kompensiert wird, dass der Anzeigeerstatter das Ermittlungsverfahren zu illegitimen Zwecken missbrauchen will. Weil sich hierüber im Verdachtstadium noch kein endgültiges Urteil fällen lässt, muss aber jedenfalls durch eine Hemmung der Verjährung dafür gesorgt werden, dass sich aus der unsicheren Situation kein unbegründeter Vorteil für den Beschuldigten ergibt.

§ 155a [1]Die Staatsanwaltschaft und das Gericht sollen in jedem Stadium des Verfahrens die Möglichkeiten prüfen, einen Ausgleich zwischen Beschuldigtem und Verletztem zu erreichen. [2]In geeigneten Fällen sollen sie darauf hinwirken. [3]Gegen den ausdrücklichen Willen des Verletzten darf die Eignung nicht angenommen werden.	Diese Vorschrift erhält zukünftig die Zählung § 150.

§ 155b (1) [1]Die Staatsanwaltschaft und das Gericht können zum Zweck des Täter-Opfer-Ausgleichs oder der Schadenswiedergutmachung einer von ihnen mit der Durchführung beauftragten Stelle von Amts wegen oder auf deren Antrag die hierfür erforderlichen personenbezogenen Daten übermitteln. [2]Die Akten können der beauftragten Stelle zur Einsichtnahme auch übersandt werden, soweit die Erteilung von Auskünften einen unverhältnismäßigen Aufwand erfordern würde. [3]Eine nicht-öffentliche Stelle ist darauf hinzuweisen, dass sie die übermittelten Daten nur für Zwecke des Täter-Opfer-Ausgleichs oder der Schadenswiedergutmachung verwenden darf. ...	Diese Vorschrift erhält zukünftig die Zählung § 150a.

Begründung zu § 155a und § 155b: Systematisch ist es verfehlt, die in der geltenden Strafprozessordnung enthaltenen §§ 155 a und 155 b nach § 151 einzuordnen, wo sich die Grundlage des Akkusationsprinzips findet. Richtigerweise werden diese Vorschriften deshalb zukünftig als § 150 und § 150 a eingestellt.

§ 156 Die öffentliche Klage kann nach Eröffnung des Hauptverfahrens nicht zurückgenommen werden.	Das Wort „nicht" wird durch die Wendung „nur mit Zustimmung des Angeklagten" ersetzt. Ferner wird folgender Satz 2 hinzugefügt: „Nach der Zurücknahme gilt die Vorschrift des § 174 Abs. 2 entsprechend."

Begründung zu § 156: Die gegenwärtige Regelung erklärt sich nicht durch eine Interessenabwägung, sondern aus einem doktrinären Prinzip: Weil die Verfahrensherrschaft mit der Erhebung der öffentlichen Klage auf das Gericht übergeht, soll sie ihm nicht mehr genommen werden können. Dem berechtigten Interesse des Angeklagten, dass die Staatsanwaltschaft nicht eine unzureichend begründete Anklage zwecks Nachbesserung einfach zurücknehmen kann, kann schon dadurch Rechnung getragen werden, dass eine Zurücknahme nur mit Zustimmung des Angeklagten zulässig ist. Damit die generell schwache Stellung des Angeklagten nicht zu einer interessewidrigen Zustimmung ausgenutzt werden kann, wird für die Zurücknahme der Anklage eine ähnlich beschränkte Präklusionswirkung wie der Verwerfung des Klageerzwingungsantrages zugeschrieben.

§ 161a (1) [1]Zeugen und Sachverständige sind verpflichtet, auf Ladung vor der Staatsanwaltschaft zu erscheinen und zur Sache auszusagen oder ihr Gutachten zu erstatten. [2]Soweit nichts anderes bestimmt ist, gelten die Vorschriften des sechsten und siebenten Abschnitts des ersten Buches über Zeugen und Sachverständige entsprechend. [3]Die eidliche Vernehmung bleibt dem Richter vorbehalten.	Satz 3 entfällt.

Begründung zu § 161 a: Es handelt sich um eine Folgeänderung zur Abschaffung des Eides.

§ 163a (1) [1]Der Beschuldigte ist spätestens vor dem Abschluß der Ermittlungen zu vernehmen, es sei denn, daß das Verfahren zur Einstellung führt. [2]In einfachen Sachen genügt es, daß ihm Gelegenheit gegeben wird, sich schriftlich zu äußern. (2) Beantragt der Beschuldigte zu seiner Entlastung die Aufnahme von Beweisen, so sind sie zu erheben, wenn sie von Bedeutung sind. (3) [1]Der Beschuldigte ist verpflichtet, auf Ladung vor der Staatsanwaltschaft zu erscheinen. [2]Die §§ 133 bis 136a und 168c Abs. 1 und 5 gelten entsprechend. [3]Über die Rechtmäßigkeit der Vorführung entscheidet auf Antrag des Beschuldigten das Gericht; § 161a Abs. 3 Satz 2 bis 4 ist anzuwenden. (4) [1]Bei der ersten Vernehmung des Beschuldigten durch Beamte des Polizeidienstes ist dem Beschuldigten zu eröffnen, welche Tat ihm zur Last gelegt wird. [2]Im übrigen sind bei der Vernehmung des Beschuldigten durch Beamte des Polizeidienstes § 136 Abs. 1 Satz 2 bis 4, Abs. 2, 3 und § 136a anzuwenden. (5) Bei der Vernehmung eines Zeugen oder Sachverständigen durch Beamte des Polizeidienstes sind § 52 Abs. 3, § 55 Abs. 2 und § 81c Abs. 3 Satz 2 in Verbindung mit § 52 Abs. 3 und § 136a entsprechend anzuwenden.	Abs. 3 Satz 2 wird wie folgt neu gefasst: „2Die §§ 58a, 133 bis 136a und 168c Abs. 1 und 5 gelten entsprechend.“ Abs. 4 Satz 2 wird wie folgt neu gefasst: „2Im übrigen sind bei der Vernehmung des Beschuldigten durch Beamte des Polizeidienstes die §§ 58a, 136 Abs. 1 Satz 2 bis 4, Abs. 2, 3 und 136a entsprechend anzuwenden.“

Begründung zu § 163 a: Wie die Vernehmung des Zeugen gemäß § 58 a, muss selbstverständlich bzw. sogar erst recht diejenige des Beschuldigten durch eine Bild-Ton-Aufzeichnung genauestens dokumentiert werden. Namentlich wenn die Beschuldigtenvernehmung ohne Mitwirkung eines Verteidigers vor sich geht, besteht für die Wahrheitsfindung ebenso wie für die Fairness des Verfahrens das enorme Risiko, dass die vernehmenden Beamten (vielfach gutgläubig und ohne sich dessen bewusst zu werden) bei der Protokollierung einem Bias in Richtung auf ihre Ermittlungshypothesen hin erliegen, den der nicht rechtskundige Beschuldigte möglicherweise nicht einmal bemerken wird.

§ 168 [1]Über jede richterliche Untersuchungshandlung ist ein Protokoll aufzunehmen. [2]Für die Protokollführung ist ein Urkundsbeamter der Geschäftsstelle zuzuziehen; hiervon kann der Richter absehen, wenn er die Zuziehung eines Protokollführers nicht für erforderlich hält. [3]In dringenden Fällen kann der Richter eine von ihm zu vereidigende Person als Protokollführer zuziehen.	Es wird folgender Satz 4 hinzugefügt: „Die Vorschrift des § 58a ist entsprechend anzuwenden.“

Begründung zu § 168: Auch bei richterlichen Vernehmungen ist eine Bild-Ton-Aufzeichnung geboten, um den wirklichen Beweiswert der Aussage des Zeugen oder Beschuldigten später zuverlässig beurteilen zu können.

§ 168a (1) [1]Das Protokoll muß Ort und Tag der Verhandlung sowie die Namen der mitwirkenden und beteiligten Personen angeben und ersehen lassen, ob die wesentlichen Förmlichkeiten des Verfahrens beachtet sind. [2]§ 68 Abs. 2, 3 bleibt unberührt.	Abs. 1 Satz 2 wird wie folgt neu gefasst: „Die §§ 58a und 68 Abs. 2, 3 bleiben unberührt.“

Begründung zu § 168 a: Es handelt sich hier um eine Folgeänderung zu § 168.

§ 168b (1) Das Ergebnis staatsanwaltschaftlicher Untersuchungshandlungen ist aktenkundig zu machen. (2) Über die Vernehmung des Beschuldigten, der Zeugen und Sachverständigen soll ein Protokoll nach den §§ 168 und 168a aufgenommen werden, soweit dies ohne erhebliche Verzögerung der Ermittlungen geschehen kann.	In Abs. 2 wird folgender Satz 2 hinzugefügt: „Die Vorschrift des § 58 a ist entsprechend anzuwenden.“

Begründung zu § 168 b: Es handelt sich hier um eine Folgeänderung zu § 168.

§ 172 (1) [1]Ist der Antragsteller zugleich der Verletzte, so steht ihm gegen den Bescheid nach § 171 binnen zwei Wochen nach der Bekanntmachung die Beschwerde an den vorgesetzten Beamten der Staatsanwaltschaft zu. [2]Durch die Einlegung der Beschwerde bei der Staatsanwaltschaft wird die Frist gewahrt. [3]Sie läuft nicht, wenn die Belehrung nach § 171 Satz 2 unterblieben ist. (2) [1]Gegen den ablehnenden Bescheid des vorgesetzten Beamten der Staatsanwaltschaft kann der Antragsteller binnen einem Monat nach der Bekanntmachung gerichtliche Entscheidung beantragen. [2]Hierüber und über die dafür vorgesehene Form ist er zu belehren; die Frist läuft nicht, wenn die Belehrung unterblieben ist. [3]Der Antrag ist nicht zulässig, wenn das Verfahren ausschließlich eine Straftat zum Gegenstand hat, die vom Verletzten im Wege der Privatklage verfolgt werden kann, oder wenn die Staatsanwaltschaft nach § 153 Abs. 1, § 153a Abs. 1 Satz 1, 7 oder § 153b Abs. 1 von der Verfolgung der Tat abgesehen hat; dasselbe gilt in den Fällen der §§ 153c bis 154 Abs. 1 sowie der §§ 154b und 154c. (3) [1]Der Antrag auf gerichtliche Entscheidung muß die Tatsachen, welche die Erhebung der öffentlichen Klage begründen sollen, und die Beweismittel angeben. [2]Er muß von einem Rechtsanwalt unterzeichnet sein; für die Prozeßkostenhilfe gelten dieselben Vorschriften wie in bürgerlichen Rechtsstreitigkeiten. [3]Der Antrag ist bei dem für die Entscheidung zuständigen Gericht einzureichen. (4) [1]Zur Entscheidung über den Antrag ist das Oberlandesgericht zuständig. [2]§ 120 des Gerichtsverfassungsgesetzes ist sinngemäß anzuwenden.	In Abs. 2 Satz 3 entfällt der Text ab den Worten „oder wenn“. Statt dessen wird folgender Satz 4 eingefügt: „Wenn die Staatsanwaltschaft das Ermittlungsverfahren auf Grund eines ihr eingeräumten Ermessens eingestellt hat, so kann der Antrag nur darauf gestützt werden, dass die Grenzen des Ermessens nicht eingehalten seien.“ In Abs. 3 Satz 1 ist folgender Halbsatz hinzuzufügen: „; enthält er Lücken, so ist dem Antragsteller unter entsprechender Belehrung die Möglichkeit zu einer einmaligen Nachbesserung einzuräumen.“

Begründung zu § 172: Das Klageerzwingungsverfahren spielt (wie bereits vom Gesetzgeber der RStPO erkannt wurde) im System des deutschen Strafverfahrens eine unverzichtbare Rolle bei der rechtsstaatlichen Kontrolle der Staatsanwaltschaft. Dass es in der heutigen Praxis weitgehend marginalisiert worden ist, beruht teilweise auf der vom Gesetz angeordneten und vom Bundesverfassungsgericht gebilligten (NJW 2002, 815) Herausnahme aller Opportunitätsentscheidungen aus seinem Anwendungsbereich. Entgegen dem Bundesverfassungsgericht muss der Bürger aber eine aus Art. 19 Abs. 4 GG folgende Anfechtungsmöglichkeit bei einer ermessungsfehlerhaften Einstellung besitzen. Der andere, in der Praxis noch wichtigere Grund für die weitestgehende Erfolglosigkeit von Klageerzwingungsverfahren besteht in der in der Rechtsprechung der Oberlandesgerichte praktizierten Überspannung der Begründungsanforderungen gemäß Abs. 3 Satz 1. Durch die vorgeschlagenen Ergänzungen werden diese beiden Fehler korrigiert.

§ 173 (1) Auf Verlangen des Gerichts hat ihm die Staatsanwaltschaft die bisher von ihr geführten Verhandlungen vorzulegen. (2) Das Gericht kann den Antrag unter Bestimmung einer Frist dem Beschuldigten zur Erklärung mitteilen. (3) Das Gericht kann zur Vorbereitung seiner Entscheidung Ermittlungen anordnen und mit ihrer Vornahme einen beauftragten oder ersuchten Richter betrauen.	Abs. 3 wird wie folgt neu gefasst: „Wenn die Staatsanwaltschaft notwendige Ermittlungen unterlassen hat, kann das Gericht zur Vorbereitung seiner Entscheidung Ermittlungen anordnen und mit ihrer Vornahme einen beauftragten oder ersuchten Richter betrauen oder den Einstellungsbescheid aufheben und die Staatsanwaltschaft zur Weiterführung des Ermittlungsverfahrens anweisen.“

Begründung zu § 173: Es ist heute schon vielfach üblich, dass die Oberlandesgerichte bei Ermittlungsmängeln die Einstellung aufheben, weil eigene Ermittlungen nur dann Sinn machen, wenn sie sich auf einige wenige Maßnahmen beschränken können. Das OLG muss deshalb auch die Möglichkeit haben, den Einstellungsbescheid aufzuheben und das Ermittlungsverfahren gewissermaßen zur Staatsanwaltschaft zurückzuverweisen. dem trägt die vorgeschlagene Ergänzung Rechnung.

§ 176 (1) [1]Durch Beschluß des Gerichts kann dem Antragsteller vor der Entscheidung über den Antrag die Leistung einer Sicherheit für die Kosten auferlegt werden, die durch das Verfahren über den Antrag voraussichtlich der Staatskasse und dem Beschuldigten erwachsen. ...	Entfällt.

§ 177 Die durch das Verfahren über den Antrag veranlaßten Kosten sind in den Fällen der §§ 174 und 176 Abs. 2 dem Antragsteller aufzuerlegen.	Entfällt.

Begründung §§ 176/177: Die Belastung des Antragstellers mit den Kosten, erst recht mit einer Pflicht zur Sicherheitsleistung wird der Bedeutung des Klageerzwingungsverfahrens im öffentlichen Interesse nicht gerecht und ist deshalb ersatzlos zu streichen. Um mutwillige Anträge zu verhindern, genügt es, dass diese von einem Rechtsanwalt unterzeichnet werden müssen und der Antragsteller dementsprechend das Risiko eingehen muss, dessen Gebühren endgültig zu tragen.

Artikel 2: Entwurf eines Gesetzes zur Anpassung des StGB und des GVG an die Änderungen der StPO

Abschnitt 1: Änderungen des StGB

1. **§ 153 StGB** erhält folgende Fassung: „Falschaussage vor Gericht. Wer vor Gericht als Zeuge oder Sachverständiger falsch aussagt, wird ... bestraft."

Begründung:
Mit der Abschaffung des Eides im Strafprozess, der in anderen Prozessesordnungen a fortiori erfolgen muss, wird der Begriff der „uneidlichen Falschaussage" überflüssig und schief. Dasselbe gilt für die im Gesetzestext bisher aufgeführte „andere zur eidlichen Vernehmung zuständigen Stelle". Ein Bedürfnis, den Straftatbestand auf Bekundungen nur allgemein bezeichneter anderer Stellen für anwendbar zu erklären, besteht seit Einführung des § 162 StGB nicht mehr.

2. **§ 154** wird wie folgt gefasst: „Schwere Falschaussage vor Gericht. Wer vor Gericht falsch aussagt, nachdem er gemäß § 57 Satz 2 StPO belehrt worden ist, wird mit Freiheitsstrafe nicht unter einem Jahr bestraft.
In minder schweren Fällen ist die Freiheitsstrafe ..."

Begründung:
Die im geltenden Recht zu findende Strafschärfung für den Fall, dass der Zeuge bzw. Sachverständige eine besondere Bekräftigungsformel benutzt, bedeutet nicht nur einen kulturellen Atavismus, sondern auch eine empfindliche Schwächung der generalpräventiven Wirkung des Strafrechts auf diesem für die gesamte Rechtspflege zentralen Feld. Denn weil in der Praxis so gut wie gar nicht mehr vereidigt wird, bleibt weithin nur noch der Grundtatbestand des § 153 StGB übrig, der aber nicht einmal eine Versuchsstrafbarkeit kennt. Dagegen macht es in kriminalpolitischer Hinsicht Sinn, einen qualifizierten Tatbestand für den Fall vorzusehen, dass der Zeuge oder Sachverständige vom Gericht auf die voraussichtlich prozessentscheidende Wirkung seiner Aussage ausdrücklich hingewiesen worden ist, was auf der einen Seite durch die Operationalisierung der besonderen Wichtigkeit der Aussage ein qualifiziertes Unrecht beschreibt und auf der anderen Seite durch die förmliche Warnung des Zeugen oder Sachverständigen im Fall einer dennoch geleisteten Falschaussage auf eine gesteigerte kriminelle Energie reagiert.

3. Es wird folgende neue Vorschrift **§ 343 a** eingeführt: „Falsche Vernehmung. Wer in den Fällen des § 343 Abs. 1 Nr. 1 eine Vernehmung unter Missachtung des § 58 a StPO durchführt, wird mit Freiheitsstrafe bis zu 3 Jahren oder mit Geldstrafe bestraft."

Begründung:
Die Pflicht zur Video-Dokumentation einer Zeugenaussage zählt zu den wichtigsten Pflichten, die zur Aufrechterhaltung eines fairen Verfahrens seit dem Funktionsverlust der Hauptverhandlung eingeführt werden müssen. Damit diese Pflicht in der Praxis aber auch möglichst vollständig erfüllt wird, ist ihre Strafbewehrung unerlässlich.

Abschnitt 2: Änderungen des Gerichtsverfassungsgesetzes

1. In **§ 31 GVG** wird folgender Satz 3 hinzugefügt: „Einer der beiden Schöffen muss als Rechtsanwalt zugelassen oder Rechtslehrer an einer deutschen Hochschule sein."

Begründung:
Die weithin anerkannte Misere der Laienmitwirkung in Strafsachen beruht vor allem darauf, dass diese dem professionell arbeitenden und rechtskundigen Richter nicht gewachsen sind. Es muss deshalb bei einem von den beiden im Schöffengericht oder in der Strafkammer mitwirkenden Laienbeisitzern sichergestellt sein, dass er aufgrund juristischer Fähigkeiten und Berufserfahrung dem Richter auf Augenhöhe gegenübertreten kann.

2. In **§ 36 GVG** wird folgender Absatz 5 hinzugefügt: „Für den Schöffen, der als Rechtsanwalt zugelassen oder Rechtslehrer an einer deutschen Hochschule sein muss, werden entsprechende Vorschlagslisten von der Kammerversammlung der Rechtsanwaltskammer sowie von der Gesamtheit der in diesem Bezirk an Universitäten oder Fachhochschulen als Privatdozenten oder Professoren tätigen Rechtslehrer aufgestellt. Das Nähere regelt das Schöffenwahlgesetz."

Begründung:
Es handelt sich um eine Folgeänderung zu dem neuen § 31 Satz 3 GVG.

3. **§ 60 GVG** wird durch den Zusatz „sowie eine Rechtspflegekammer" ergänzt.

Begründung:
Die Einrichtung einer Rechtspflegekammer ist eine wichtige Maßnahme, um den ungeheuren Machtzuwachs der Justiz infolge des Funktionsverlusts der Hauptverhandlung auszugleichen und dadurch insgesamt die durch die RStPO geschaffene Verfahrensbalance wieder herzustellen. Im AE-StPO ist die Zuständigkeit der Rechtspflegekammer überall dort vorgesehen, wo die organisationsspezifische Schwächung der internen Kontrolle durch einen begrenzten Einbau organisationsexterner Kontrolleure behoben werden muss. Beispielhaft ist die Ablehnung wegen Besorgnis der Befangenheit zu nennen (§ 27), bei der die nahezu routinemäßige Zurückweisung von Ablehnungsgesuchen notorisch ist.

4. Es wird folgender neuer **§ 61 GVG** eingeführt: „Die Rechtspflegekammer ist wie eine Kleine Strafkammer besetzt."

Begründung:
Mit der vorgesehenen Besetzung wird erreicht, dass die gerade für die bürgerliche Freiheit besonders heiklen Zwischenentscheidungen einer nicht ausschließlich institutionsinternen Kontrolle unterworfen werden. Dass hierfür ein Spruchkörper herangezogen wird, dem traditionell sogar die Entscheidung über Verurtei-

lung oder Freispruch anvertraut wird, lässt umgekehrt keine Bedenken in Richtung auf eine untunliche Schwächung der Strafjustiz aufkommen.

5. In **§ 116 Abs. 1 Satz 1 GVG** wird die Wendung „sowie ein Rechtspflegesenat“ eingefügt.

Begründung:
Für die Einrichtung eines Rechtspflegesenats gilt Entsprechendes wie für die Einrichtung einer Rechtspflegekammer. Obwohl das Vertrauen der Bevölkerung in die Strafjustiz nicht weniger wichtig als das Vertrauen in die Arbeitsgerichtsbarkeit, Verwaltungs- oder Sozialgerichtsbarkeit erscheint (eher umgekehrt), existiert bis heute auf der OLG-Ebene keine Laienmitwirkung. Gerade bei den justizinternen Entscheidungen kann darauf aber auch auf dieser Ebene nicht verzichtet werden.

6. **§ 122 GVG** ist durch folgenden neuen Absatz 3 zu ergänzen: „Der Rechtspflegesenat entscheidet in der Besetzung von drei Mitgliedern mit Einschluss des Vorsitzenden und zwei Schöffen.“

Begründung:
Hierfür gilt dasselbe wie für die Besetzung der Rechtspflegekammer.

7. In das Gerichtsverfassungsgesetz wird ein neuer, 17. Titel **„Notverteidigung“** eingefügt, der wie folgt lautet:

§ 198 Aufgaben.
Die Notverteidigung hat die Aufgabe, in einem vor Wahl oder Bestellung eines Verteidigers geführten Ermittlungsverfahren sowie vor der Vollstreckung von geheim zu haltenden, empfindlichen Grundrechtseingriffen die berechtigten Interessen des Beschuldigten zu wahren.

§ 199 Organisation und Arbeitsweise.
(1) In jedem Bundesland wird eine Anstalt für Notverteidigung eingerichtet und im Haushalt des Landes mit den erforderlichen Mitteln ausgestattet. Sie ist eine Anstalt des Öffentlichen Rechts und besteht aus den Abteilungen „Rechtsschutz“ und „Unterstützung“, die in strikter organisatorischer Trennung voneinander arbeiten. Beide Abteilungen werden jeweils von einem Direktor geleitet und beschäftigen Rechtsanwälte, die hier hauptamtlich tätig sind. Die Direktoren müssen die Befähigung zum Richteramt besitzen und das 40. Lebensjahr vollendet haben.
(2) Die Aufgabenerfüllung steht im pflichtgemäßen Ermessen der Anstalt.

(3) Die Anstalt nimmt ihre Aufgaben in völliger Unabhängigkeit wahr und unterliegt nur der Kontrolle durch den Verwaltungsrat, der aus fünf Personen besteht. Jeweils zwei Personen werden von der zuständigen Staatsregierung bestellt bzw. von der Vertreterversammlung der Rechtsanwaltskammer. Der Vorsitzende des Verwaltungsrats wird von diesen vier Mitgliedern gewählt. Alle Mitglieder müssen die Befähigung zum Richteramt besitzen.
(4) Die Verpflichtung zur Amtsverschwiegenheit besteht für die Angehörigen der Abteilung „Rechtsschutz" auch gegenüber dem Beschuldigten des betreffenden Verfahrens und auch gegenüber der Abteilung „Unterstützung".

§ 200 Abteilung Rechtsschutz.
(1) Solange das Ermittlungsverfahren geheim geführt wird, ist die Abteilung Rechtsschutz von solchen Verfahrensvorgängen zu informieren, in denen eine Telefonüberwachung, eine Abhörmaßnahme in Wohnräumen, der Einsatz von verdeckten Ermittlern oder V-Leuten angeordnet werden soll. Sie hat das Recht zur Stellungnahme sowie die Befugnis, gegen die Anordnung oder Durchführung dieser Ermittlungsmaßnahmen dieselben Rechtsmittel, die auch dem Beschuldigten zustünden, einzulegen.
(2) Die Abteilung Rechtsschutz kann jederzeit ein Ermittlungsverfahren als qualifiziert kennzeichnen. In diesem Fall gilt Abs. 1 auch dann, wenn das Ermittlungsverfahren nicht mehr heimlich geführt wird, aber unangekündigte Zwangsmaßnahmen ergriffen werden sollen.
(3) Im Fall eines qualifizierten Verfahrens hat die Abteilung Rechtsschutz zusätzlich zu den Rechten aus Abs. 1 die Befugnis zur beobachtenden Teilnahme an allen förmlichen Vernehmungen, zu denen der Beschuldigte oder sein Verteidiger nicht geladen ist.
(4) Rechte des Beschuldigten werden nicht berührt.

§ 201 Abteilung Unterstützung.
Die Abteilung „Unterstützung" unterstützt die Verteidigung durch Finanzierung von Ermittlungsmaßnahmen, die sie nach ihrem pflichtgemäßen Ermessen für angezeigt hält.

Begründung für den 17. Titel
Die Einrichtung einer Notverteidigung stellt einen neuartigen Ansatz dar, der dem Vorschlag der Einrichtung eines „Eurodefensor" für die europäische Strafrechtspflege nachempfunden ist (näher dazu Schünemann – Hrsg. –, Ein Gesamtkonzept für die europäische Strafrechtspflege, 2006, S. 49ff.). Sie soll die enorme Schwächung kompensieren, die die Verteidigung durch den Funktionsverlust der Hauptverhandlung im Strafverfahren erfahren hat.

8. In das Gerichtsverfassungsgesetz wird ein neuer, 18. Titel „**Opferombudsmann**" eingefügt, der wie folgt lautet:

§ 202 Opferombudsmann.
(1) Zur Wahrnehmung der Opferinteressen wird auf Landesebene von der Volksvertretung ein Opferombudsmann gewählt, der im Haushalt des Landes mit den erforderlichen Mitteln auszustatten ist. Er muss die Befähigung zum Richteramt besitzen und das 40. Lebensjahr vollendet haben.
(2) Er nimmt die Aufgaben wahr, die ihm in der Strafprozessordnung zugewiesen worden sind.
Zu diesem Zweck beschäftigt er Rechtsanwälte, die in seiner Vertretung hauptamtlich tätig sind.

Begründung für den 18. Titel:
Wie im AE-StPO im Einzelnen ausgeführt ist, gibt es eine Reihe von Konstellationen, in denen eine Kontrolle der Strafjustiz durch die Opferseite angebracht ist, ohne dass es ratsam erscheint, ihre Wahrnehmung von den individuellen Entscheidungen des Verletzten abhängig zu machen. Zu diesem Zweck ist eine neue Einrichtung in Gestalt des zwar auf die Opferinteressen festgelegten, diese aber einer vernünftigen Abwägung zuführenden Opferombudsmannes angezeigt.

FÜNFZEHNTER TEIL **Stichworte zum Vierten Paradigma des Strafverfahrens**

I. Die Agonie des dritten Paradigmas

1. Vor einem halben Jahrhundert, ungefähr parallel zur Studien- und Ausbildungszeit unseres Jubilars, feierte die *Justizsoziologie* eine Dekade lang ihre Hochzeit[1], in der sie die rechtswissenschaftliche Diskussion zu dominieren vermochte. Als ihr teilnehmender Beobachter (anfangs als Rechtsreferendar, später in einer gelegentlichen, aber über das Halbjahrhundert auch quantitativ ins Gewicht fallenden Verteidigertätigkeit) wage ich das Resümee zu ziehen, dass sie zwar viele Äußerlichkeiten des Gerichtsverfahrens, nicht aber den selbstherrlichen Kern der Richterrolle verändert hat – dem *Marx*schen Verdikt nicht unähnlich, dass die Philosophen die Welt nur unterschiedlich erklärt hätten, es aber drauf ankomme, sie zu verändern[2]. Von den damaligen Aufbruchshoffnungen halb beflügelt, halb geblendet und genau genommen schon wie *Hegels* Eule der Minerva in die Dämmerung hineinfliegend, habe ich selbst über ungefähr fünfzehn Jahre empirische Untersuchungen zur Psychologie und Soziologie des Strafverfahrens durchgeführt, zunächst zur richterlichen Informationsverarbeitung und danach zu den Urteilsabsprachen. Deren einzelne Befunde (der richterliche *inertia*- und der *Schulterschlusseffekt* als Menetekel der Hauptverhandlung[3] sowie die hinter dem

---

1 Beginnend mit der Monographie von Rasehorn alias Xaver Berra, Im Paragraphenturm. Eine Streitschrift zur Entideologisierung der Justiz, 1966, 2. Aufl. 1967.

2 Marx, 11. These über Feuerbach.

3 Schünemann, in: Kerner/Kury/Sessar (Hrsg.), Deutsche Forschungen zur Kriminalitätsentstehung und Kriminalitätskontrolle, 1983, S. 1109 ff. = oben S. 269 ff.; ders., in: Lampe (Hrsg.), Beiträge zur Rechtsanthropologie (Beiheft 22 zur ARSP), 1985, S. 68ff; ders., in: Kaiser/Kury/Albrecht (Hrsg.), Kriminologische Forschung in den 80er Jahren, 1988, S. 265 ff.; ders., in: Bierbrauer/Gottwald/Birnbreier-Stahlberger (Hrsg.), Verfahrensgerechtigkeit, 1995, S. 215 ff.; ders., StV 2000, 159 f.=oben S. 293 ff.; Schünemann/Bandilla, Perseverance in Courtroom Decisions, in: Wegener/Lösel/Haisch (Hrsg.), Criminal Behaviour and the Justice System, 1989, S. 181 ff. Zur Erklärung kann man auch den sog. Redundanzeffekt der intensiveren Speicherung der aus den Akten bekannten Daten (dazu Schünemann, GA 1978, 161 ff.) sowie den sog. Ankereffekt heranziehen, kraft dessen die erste ausdrückliche Bezifferung einer zunächst unbestimmten Größe (wie der angemessenen Strafe) einen prägenden Einfluss ausgeübt (eingehend untersucht bei Englich/Mussweiler/Strack, Law and Human Behavior, Vol 29 [6], 2005, 705 ff.; Englich, in: Bierhoff/Frey (Hrsg.), Handbuch der Psychologie III, 2006, S. 309 ff.). Auf den dritten zu vermutenden, von mir sog. Kothurn-Effekt (Schünemann, StraFo 2015, 177, 181) kann ich im vorliegenden Zusammenhang nicht näher eingehen und beschränke mich deshalb auf die Bemerkung, dass er nach meinen Erfahrungen für eine Perversion der richterlichen Aufklärungspflicht verantwortlich ist, die so gut wie ausschließlich zum Nachteil des Angeklagten praktiziert und dadurch letztlich delegitimiert wird. Jedenfalls weisen alle genannten Effekte in dieselbe Richtung eines unzulässig hohen Einflusses der Ermittlungsakten auf die richterliche Informationsverarbeitung in der Hauptverhandlung.

https://doi.org/10.1515/9783110650563-016

Euphemismus der „Verständigung“ stehende Zuckerbrot-und-Peitsche-Realität als Verhöhnung der halbwegs vergleichbare Machtpositionen voraussetzenden Verhandlungsgerechtigkeit[4]) manifestieren das zunehmend unerträglichere Missverhältnis zwischen dem durch sie bewiesenen, strukturell bedingten[5] *Neutralitätsdefizit* und der buchstäblich ungeheuren, international beispiellosen Machtfülle des deutschen Strafrichters[6]. Das ist (beileibe nicht nur) von mir seit 40 Jahren so oft dargelegt[7], von dem (angesichts der protrahierten Impotenz des Bundestages nahezu die Alleinverantwortung für die Kriminalpolitik tragenden)

---

4 Zur Verfahrensgerechtigkeit als Gegensatz zur Verteilungsgerechtigkeit grdl. Thibaut/Walker, Procedural Justice, New York 1975; instruktiv Lind und Haller/Machura/Bierhoff, in: Bierbrauer/Gottwald/Birnbreier-Stahlberger (Fn. 3), S. 3ff., 111ff.; skeptisch Röhl, Rechtssoziologie, 1987, S. 158ff. Zur Bedingung der Machtgleichheit sogar als Teil des Rechtsbegriffs in der Philosophie Nietzsches s. Straube, Zum gemeinsamen Ursprung von Recht, Gerechtigkeit und Strafe usw., 2012. Zu meinen Forschungen zu den Absprachen s. meinen Beitrag in der FS f. Wolter, 2013, S. 1107ff. m.z.w.N. in Fn. 4.

5 Denn der inertia-Effekt folgt aus der sich verstärkenden Kombination von Aktenkenntnis, Eröffnungsbeschluss und inquisitorischer Stellung in der Hauptverhandlung, der Schulterschlusseffekt aus der organisatorischen Verzwirnung von Staatsanwaltschaft und Strafjustiz, und indem die Absprachen wiederum auf der Basis der Akten geführt werden (müssen) und selbst nach gescheiterten Abspracheversuchen derselbe Richter die Hauptverhandlung weiterführt, unterliegt die richterliche Informationsverarbeitung einer durch eine strukturelle Spirale verstärkten und rückgekoppelten Bindung (commitment) an die Ermittlungsakten und damit einer systematischen Verzerrung (bias).

6 Er entscheidet über die Eröffnung des Hauptverfahrens, welche beispielsweise in den USA einer eigenen Grand Jury vorbehalten ist, prüft hierbei nach der gesamten Aktenlage den Fall in rechtlicher und tatsächlicher Hinsicht und attestiert schon vor Beginn der Hauptverhandlung, dass die Verurteilung wahrscheinlich ist. In der Hauptverhandlung obliegt dem Vorsitzenden und subsidiär dem Gericht nicht nur, wie der amerikanischen Richterbank, die äußere Leitung der Verhandlung und die Entscheidung über Anträge von Staatsanwaltschaft oder Verteidigung, sondern auch die Beibringung und die Erhebung der Beweise (namentlich die Vernehmung von Zeugen und Sachverständigen), die in den USA in den Händen von Staatsanwaltschaft und Verteidigung liegen. Sodann fällt er das Urteil, und zwar sowohl im Schuldspruch (der in den USA der Jury von Laienrichtern vorbehalten ist) als auch den Strafausspruch (für den in den USA wiederum die Berufsrichter zuständig sind). Die durch das Verständigungsgesetz legalisierte Absprachenpraxis hat sogar noch die zentrale Stellung bei der Aushandlung des Verfahrensergebnisses hinzugefügt und ihm damit weitere Machtmittel und Aufgaben übertragen, die in den USA bei Staatsanwaltschaft und Verteidigung liegen. Dabei kann er über die Gewährung einer Verständigungschance nach Belieben entscheiden, besitzt also auch die Schlüsselgewalt nach Art des Petrus *(Salditt)*. Knapp zusammengefasst bei Roxin/Schünemann, Strafverfahrensrecht, 29. Aufl. 2017, § 6 Rn. 1a.

7 Statt aller: Schünemann (Hrsg.), Risse im Fundament, Flammen im Gebälk: Zum Zustand des kontinentaleuropäischen Strafverfahrens, 2010.

Bundesjustizministerium aber so hartnäckig ignoriert worden[8], dass die unablässige Erarbeitung von Reformanalysen und –vorschlägen seitens der Strafprozessrechtswissenschaft an einem toten Punkt angekommen sein dürfte.

2. Schonungslos formuliert, stehen wir am Ende der Agonie des Dritten Strafverfahrensparadigmas, wie ich den im 19. Jahrhundert entstandenen reformierten Strafprozess mit seiner Zentrierung um die den Grundsätzen der Mündlichkeit, Unmittelbarkeit, Öffentlichkeit und Konzentration folgende Hauptverhandlung nennen möchte[9] – nach dem Ersten Paradigma des magischen, ein Gottesurteil als Zentrum aufweisenden Verfahren des frühen und hohen Mittelalters und dem Zweiten Paradigma des um die Folter als Zentrum entwickelten Inquisitionsverfahrens[10]. Die Hauptverhandlung ist nicht nur durch die bereits angesprochenen, tiefgreifenden Defekte der richterlichen Informationsverarbeitung und Neutralität und ihre galoppierende Schwindsucht zu Gunsten der Urteilsabsprachen, sondern auch durch die Etablierung des Opfer-Prätendenten als nicht an die Wahrheitserforschung gebundene, sondern eigene Interessen verfolgende Prozesspartei, durch die regelmäßige Verwandlung der Öffentlichkeit von einem Kontroll- in ein Demütigungsinstrument, durch die Paralysierung von Unmittelbarkeit und Mündlichkeit bei länger dauernden und damit praktisch bei den meisten Landgerichts-, namentlich den Wirtschaftsstrafprozessen weitestgehend vom Ermittlungsverfahren überwältigt worden, welches von einem der bloßen Verdachtsvorklärung dienenden Vorverfahren zum heimlichen Zentrum des gesamten Strafverfahrens avanciert ist, infolge seiner Verpolizeilichung und Vergeheimdienstlichung aber nicht einmal ansatzweise diejenigen Kautelen aufweist, deretwegen die Hauptverhandlung im reformierten Strafprozess geschaffen worden ist. Vollends seitdem den Strafverfolgungsbehörden die gesamte Palette der modernen Überwachungsmethoden an die Hand gegeben worden ist und nicht nur gleichzeitig die durch die sog. elektronische Fußfessel an sich in den meisten Fällen obsolet gewordene Untersuchungshaft[11] ungeschmälert weiter verhängt, son-

---

8 So dass dessen blinde Flecken (zu deren Übertragung sogar auf die von ihm eingesetzten Kommissionen s. Schünemann, StraFo 2016, 45 ff.) in einem Zeitalter mit Sinn für Allegorien vermutlich als Porencephalos dargestellt worden wären.

9 Zur Entstehung dieses Konzepts knapp Schünemann, StraFo 2010, 90 f.

10 Dazu besonders instruktiv Ignor, Geschichte des Strafprozesses in Deutschland 1532–1846, 2002; Koch, Denunciatio, 2006.

11 Nämlich in allen Fällen der Untersuchungshaft wegen Fluchtgefahr bei nicht durch ein Netzwerk organisierter Kriminalität zum Untertauchen im Inland fähigen Beschuldigten, also vor allem auch in Wirtschaftsstrafverfahren (siehe dazu mein ebenso beharrliches wie erfolgloses Ceterum Censeo, Schünemann [Fn. 6], § 30 Rn. 3). Zu der häufig schablonenhaften oder gar willkürlichen Erwirkung der Untersuchungshaft durch die Staatsanwaltschaft und der Ineffizienz des formal so bombastischen Rechtsschutzes könnte aus der Praxis leicht ein ganzes Leporello-

dern auch durch die erhebliche Ausweitung des Vermögensarrests[12] zu einer Art „sozialer Folter" komplettiert worden ist, befinden wir uns, was die Wehrlosigkeit des beschuldigten Bürgers gegenüber den Inhabern der Staatsmacht[13] anbetrifft, quasi wieder im Jahre 1800.

3. Der 1887 als Rahmen des Dritten Paradigmas geschaffene, auf der Oberfläche erhalten gebliebene Aufbau der Strafprozessordnung steht deshalb heute nur noch als *spanische Wand*, hinter der sich die Wirklichkeit des *Vierten Paradigmas* verbirgt: die Ersetzung der durch die Urteilsabsprachen und die Apotheose des Opfer-Prätendenten strukturell veränderten und durch den inertia- und Schulterschlusseffekt entwesten[14] Hauptverhandlung als Entscheidungszentrum des Strafverfahrens durch ein von den Strafverfolgungsbehörden mit den Mitteln der modernen Überwachungstechnik und notfalls mit der „sozialen Folter" beherrschtes, durch keinerlei Gegengewichte ausbalanciertes Ermittlungsverfahren.

II. Eurodefensor als ein partielles Antidot

1. Unter den von mir als Minimal-Reformprogramm vorgeschlagenen, hier nicht erneut im einzelnen zu diskutierenden „12 essentials"[15] liegt in meinen Augen das

---

Register angelegt werden; zu den nicht nur für die gesellschaftliche Existenz, sondern sogar für Leib und Leben immer wieder vorkommenden desaströsen Konsequenzen siehe nur die Fälle des ehemaligen Spitzenmanagers Middelhoff (dazu mein Nachwort in: Middelhoff, A 115 – Der Sturz, 2017, S. 292ff.) und des ehemaligen Ingolstädter Klinikleiters Fastenmeier (Augsburger Zeitung Nr. 298 vom 29.12.2017, S. 11). Dass der von mir im Text geprägte Begriff der „sozialen Folter" auch vom Zweck der Geständniserzwingung her die Kontinuität zum alten Inquisitionsprozess deutlich macht, zeigen die sog. „apokryphen Haftgründe", s. Münchhalffen, StraFo 1999, 332ff.; Theile, wistra 2005, 327ff.; Eidam, HRRS 2013, 292ff.; Schlothauer/Weider/Nobis, Untersuchungshaft, 5. Aufl. 2016, Rn. 684ff.

12 § 111e StPO i. d. F. des Gesetzes zur Reform der strafrechtlichen Vermögensabschöpfung vom 13.4.2017 (BGBl I 872), dazu bisher OLG Stuttgart NJW 2017, 3731 m. abl. Anm. Gubitz/Molkentin.

13 Um eine realistische Sicht auf die Probleme des in ausnahmslos individuellen Entscheidungsprozessen stattfindenden Strafverfahrens zu gewinnen, halte ich es für unerlässlich, die in der hegelianischen Philosophie verankerte, aber noch viel ältere Entgegensetzung von Individuum und Staat durch die Entgegensetzung des beschuldigten und machtlosen Individuums mit dem als Staatsanwalt oder Richter machthabenden Individuum zu ersetzen (und deshalb nach den Mindestbedingungen zu fragen, unter denen die Ausübung der furchtbaren Strafgewalt durch Menschen in samtbesetzter Robe gerecht sein kann, s. Schünemann, StraFo 2015, 177ff.).

14 Wobei es hier nicht der Ort ist, um die seit Jahrzehnten in Gesetzgebung und BGH-Rechtsprechung praktizierte Einschränkung der Verteidigungsrechte zu diskutieren, s. dazu Roxin/Schünemann (Fn. 6), §§ 1 Rn. 7, 16 Rn. 3, 24 Rn. 33a, 51 Rn. 11, 5 Rn. 47, 60.

15 Roxin/Schünemann (Fn. 6), § 69 Rn. 3ff.

größte Gewicht bei der erstmals für die Ebene der EU vorgeschlagenen Institution des *Eurodefensors*, die als Abteilung *Rechtsschutz* die Ohnmacht des Beschuldigten in der häufig das Verfahrensergebnis bereits antizipierenden Phase des geheimen Ermittlungsverfahrens kompensieren und als Abteilung *Service* der charakteristischen Schwäche einer zur internationalen Aktion gezwungenen nationalen Verteidigung abhelfen soll[16]. Dass diese Idee ebenso wie alle anderen des „Gesamtkonzepts" bei den Machtkonglomeraten der EU auf taube Ohren gestoßen, vermutlich nicht einmal zur Kenntnis genommen worden ist, hat mich letztlich nicht überrascht, denn sie ist ein Probierstein des liberalen Rechtsstaats und war deshalb in der auf Effizienz erpichten Europäisierung der Strafrechtspflege ein störender Fremdkörper[17]. Diese rechtsstaatliche Insuffizienz der EU kann aber naturgemäß nicht hindern, dass die Figur des Proto- oder Vorausverteidigers jedenfalls in den deutschen Strafprozess zur Wiederherstellung der Verfahrensbalance durch eine prästabilierte Rechtmäßigkeits- und dabei vor allem auch Verhältnismäßigkeitskontrolle bei einem geheimen, namentlich mit geheimdienstlichen Methoden geführten Ermittlungsverfahren eingeführt wird[18] – als geradezu more geometrico abgeleitete Folgerung aus den 3 unbestreitbaren Prämissen, dass die für das Ergebnis eines Strafverfahrens entscheidenden Weichen im Ermittlungsverfahren gestellt werden, dass die Summe der den staatlichen Machthabern in dieser Phase verfügbaren Grundrechtseingriffe der Effektivität der klassischen Folter kaum nachsteht, dass aber die für die Wahrheitsfindung und die Fairness des Verfahrens unerlässlichen Mitwirkungsrechte des Beschuldigten hier im Vergleich zur Hauptverhandlung extrem schwach ausgeprägt sind.

---

16 Siehe Präambel zum Abschnitt „Eurodefensor" im „Entwurf einer Regelung transnationaler Strafverfolgung in der Europäischen Union" der von mir gegründeten, von der EU im AGIS-Programm finanzierten und aus den Professoren Asp/Schweden, Bacigalupo Zapater/Spanien, Bitzilekis/Griechenland, Farkas/Ungarn, Frände/Finnland, Fuchs/Österreich, Hefendehl/Deutschland, von Hirsch/Großbritannien, Kaiafa-Gbandi/Griechenland, Militello/Italien, Nestler/Deutschland, Satzger/Deutschland, Schünemann/Deutschland, Symeonidou-Kastanidou/Griechenland und Szwarc/Polen unter Mitarbeit von Hauer/Deutschland bestehenden Arbeitsgruppe, s. Schünemann (Hrsg.), Ein Gesamtkonzept für die europäische Strafrechtspflege, 2006, S. 49ff.; zuvor bereits in Schünemann (Hrsg.), Alternativentwurf europäische Strafverfolgung, 2004, S. 14ff., und von mir vorgestellt auf der außerordentlichen Dresdener Strafrechtslehrertagung 2003, s. Schünemann, ZStW 116 (2004), 376, 388ff.

17 Näher dazu meine über mehr als ein Jahrzehnt entstandenen kritischen Aufsätze, s. Schünemann, Die Europäisierung der Strafrechtspflege als Demontage des demokratischen Rechtsstaats, 2014, sowie danach noch in StV 2016, 178ff.

18 Dass es unser Nachbarland Österreich durch die Figur des „Rechtsschutzbeauftragten" immerhin zu einer Embryonalform des Protoverteidigers gebracht hat (§ 47a öStPO und dazu die Kommentierung von Reindl-Krauskopf in Fuchs/Ratz, WK StPO Stand 1.9.2012), wird in der offiziellen Rechtspolitik notorisch ignoriert.

2. Eine detaillierte Ausführung des Stichworts „Protoverteidigung“ ist im vorliegenden Rahmen nicht möglich, aber auch entbehrlich, weil es mir zunächst einmal nur darum geht, auf die Notwendigkeit einer Neustrukturierung der Verfahrensrollen aufmerksam zu machen, ohne die die Zerstörung der im Dritten Paradigma angestrebten rechtsstaatlichen Verfahrensbalance nicht aufgefangen werden kann. Wenn man den Entwurf aus dem europäischen „Gesamtkonzept“ sozusagen renationalisiert und die ungewohnte Bezeichnung „Protodefensor“ durch den Begriff des „Verteidigungstreuhänders“ ersetzt, so ergibt sich folgendes Konzept:

Art. 1: Aufgaben

Der Verteidigungstreuhänder hat die Aufgabe, in heimlich geführten Ermittlungsverfahren durch Wahrnehmung der Verteidigungsinteressen die Verfahrensbalance zu wahren.

Art. 2: Organisation und Aufgabenerfüllung

(1) Der Verteidigungstreuhänder ist eine Bundesanstalt des öffentlichen Rechts, deren Finanzmittel in den Haushalten des Bundes und der Länder zur Verfügung gestellt werden und deren Verwaltungsrat von der Bundesrechtsanwaltskammer besetzt wird.
(2) Der Verteidigungstreuhänder beschäftigt die erforderliche Anzahl von Beamten, die seine Aufgaben in den einzelnen Strafverfahren wahrnehmen. An ihrer Spitze steht der Direktor.
(3) Solange das jeweilige Verfahren heimlich geführt wird, sind der Direktor, die weiteren Beamten und die Mitglieder des Verwaltungsrats zur Verschwiegenheit gegenüber jedermann verpflichtet.
(4) Danach sind sie zur Auskunft gegenüber dem Beschuldigten berechtigt und verpflichtet.
(5) Der Verteidigungstreuhänder nimmt seine Aufgaben in völliger Unabhängigkeit wahr und unterliegt nur der Kontrolle durch den Bundestag. Zu diesem Zweck erstattet der Verwaltungsrat jährlich dem Bundestag einen Bericht über die Tätigkeit des Verteidigungstreuhänders und ist dem Bundestag auf Anforderung zu Stellungnahmen und Erläuterungen verpflichtet.
(6) Die Aufgabenerfüllung steht im pflichtgemäßen Ermessen des Verteidigungstreuhänders.

Art. 3: Die Verfahrensrechte

Solange das Ermittlungsverfahren heimlich geführt wird,
(a) ist der Verteidigungstreuhänder von solchen Verfahrensvorgängen zu informieren, in denen eine Telefonüberwachung, eine Abhörmaßnahme in Wohnräumen oder der Einsatz von verdeckten Ermittlern oder V-Leuten angeordnet werden sollen. Er hat das Recht zur Stellungnahme, insbesondere zur Geltendmachung eines Vorbehalts der Unvereinbarkeit mit dem Gesetz einschließlich des Verhältnismäßigkeitsgrundsatzes. Er kann ferner gegen die Anordnung oder Durchführung dieser Ermittlungsmaßnahmen dieselben Rechtsbehelfe ergreifen, die auch dem Beschuldigten zustünden;
(b) hat der Verteidigungstreuhänder das Recht zur beobachtenden Teilnahme an allen förmlichen Vernehmungen.

III. Der „special counsel“ als weiteres Vorbild?

1. Eine entsprechende Rollendifferenzierung halte ich auch auf der Seite der Strafverfolgungsbehörden für geboten. Als Vorbild könnte die nach dem Bundesstrafprozessrecht der USA bestehende Möglichkeit dienen, für das Ermittlungsverfahren einen „Special Counsel“ zu bestellen, wenn die Untersuchung durch einen Bundesstaatsanwalt oder eine Abteilung des Justizministeriums (Department of Justice) einen Interessenkonflikt für das Ministerium auslösen würden oder andere außerordentliche Umstände vorliegen, so dass es im öffentlichen Interesse liegt, dass ein Außenstehender die Verantwortung in der Sache übernimmt[19]. Dieser Sonderstaatsanwalt führt das Verfahren sodann weitgehend unabhängig, wenn auch unter einer Art Rechtsaufsicht des Justizministers (Attorney General), der seinerseits dem Congress verantwortlich ist.[20] In Deutschland hat diese Prozessrolle durch die Figur des Sonderstaatsanwaltes *Kenneth Starr* in der *Clinton-Lewinsky*-Affäre eine zweifelhafte Berühmtheit erlangt, weil man dem hier sehr beliebten Präsidenten *Clinton* seine (im Unterschied zu *Kennedy* schon während seiner Amtszeit notorischen) sexuellen Eskapaden gerne nachsah[21] und nicht begriff, dass es um die Konsequenzen eines von ihm während der Amtszeit geleisteten Meineides ging. In der Fachdiskussion sprechen sich dagegen zahlreiche, womöglich schon die Mehrheit bildende Stimmen für eine der Richterstellung nahekommende, generelle Unabhängigkeit des Staatsanwalts aus[22], was in meinen Augen wegen der Zuordnung der Staatsanwaltschaft zur Exekutive jedoch zu weit geht und auch wegen der Beschränkung der Weisungsbefugnis durch das Legalitätsprinzip im Normalfall unnötig ist[23]. Die amerikanische Mittellösung hat deshalb einiges für sich, falls sich Fallgruppen identifizieren lassen, in denen die

19 Titel 28 Abschnitt 6 § 600.1 des Code of Federal Regulations.

20 Zu Einzelheiten s. §§ 600.6-600.9 CFR.

21 Während der frühere FDP-Wirtschaftsminister Brüderle für eine von der „Betroffenen“ erst nach einem Jahr öffentlich gemachte Bemerkung an einer Nachtbar, seine Gesprächspartnerin verfüge über eine für die modisch gewordene Oktoberfesttracht passende Figur, eine Art Medienostrakismus erleben musste. Wenn man dieses Niveau der deutschen Medienlandschaft neben das Beispiel des Bundestages stellt, von dessen 631 Abgeordneten in der 18. Legislaturperiode bei der Abstimmung über die „Ehe für alle“ 623 anwesend waren, bei der sogleich anschließenden über das für die Meinungsfreiheit der gesamten Gesellschaft höchst prekäre Netzwerkdurchsetzungsgesetz nur noch 50, so muss man sich freilich fragen, ob es noch irgendeinen Sinn macht, sich über Probleme des Rechtsstaats in dieser Republik den Kopf zu zerbrechen.

22 Dazu eingehend m.z.w.N. Carsten/Rautenberg, Die Geschichte der Staatsanwaltschaft in Deutschland bis zur Gegenwart, 3. Aufl. 2016, S. 492ff.

23 Schünemann, GS f. Weßlau, 2016, S. 351, 361f.

Weisungsabhängigkeit typischerweise zur Beeinträchtigung der Objektivität führt.

2. In der Tat lassen sich mindestens 2 Fallgruppen angeben, in denen eine suboptimale Amtswaltung der Landes- oder Bundesstaatsanwaltschaft zu besorgen ist. Es geht einmal um die (sei es durch Selbstmord, sei es durch Mord) herbeigeführten Todesfälle im politischen Bereich. Ich nenne exemplarisch die Fälle von Baader, Ennslin und Raspe, Oktoberfestattentat, Barschel, Herrhausen und Rowedder, Grams und Möllemann sowie zuletzt Mundlos und Böhnhardt.[24] Der andere Bereich wird von den aktuellen Kriegshandlungen Deutschlands oder auf deutschem Gebiet gebildet, die allesamt in völkerrechtlicher wie in innerstaatlicher Hinsicht rechtlich äußerst prekär sind[25] und deshalb gewöhnlich mit euphemistischen Wendungen wie „humanitäre Interventionen" o. ä. verharmlost werden. Mit dem weit weniger camouflierten Realitätssinn der USA, der sich etwa auch in der treffenden Bezeichnung „plea bargaining" gegenüber dem verschwiemelten Terminus „Verständigung" in § 257c StPO zeigt, wird für solche Fälle deutlich von einem „Interessenkonflikt" gesprochen, der natürlich nicht im „Staat" als Inbegriff der Rechtsordnung, wohl aber zwischen den verschiedenen Teilhabern des um die Idee des Staates herum gruppierten Machtkonglomerats auftreten kann.

3. Freilich kann die konkrete amerikanische Lösung auch nicht recht überzeugen, denn wenn der Justizminister über die Einsetzung des Sonderstaatsanwalts und dessen Auswahl entscheidet, kann leicht der Bock zum Gärtner gemacht werden. Eine bessere Lösung könnte darin bestehen, dass eine hinreichend qualifizierte Minderheit des Parlaments die Einsetzung verlangen kann und über die Auswahl der Person mitentscheidet, beispielsweise durch ein begrenztes Veto. Als Vorbild könnte das Recht zur Einsetzung parlamentarischer Untersuchungsausschüsse herangezogen oder sogar bei strafrechtlich relevanten Sachverhalten und laufenden Ermittlungsverfahren hierauf reduziert werden. Denn die Erfahrung mit einer parallel zu einem Strafverfahren laufenden parlamentarischen Enquête haben gezeigt, dass der Einsatz eines parlamentarischen Untersuchungsausschusses als typisches Instrument der Parteipolitik die Wahrheitsfindung in einem parallel laufenden strafrechtlichen Ermittlungsverfahren

---

24 Vgl. dazu Aust, Der Baader-Meinhof-Komplex, 1985; Weidenhammer, Selbstmord oder Mord?, 1988; Chaussy, Oktoberfest. Ein Attentat, 1985/2014; Wille, Ein Mord, der keiner sein durfte, 2001; Wisnewski/Landgraeber/Sieker, Das RAF-Phantom, 2008; LG Bonn, Urt. v. 29.9.1998 Az. 1 O 274/96 (juris); Bauszus, Focus-online v. 5.6.2013; Thüringer Landtag Drucksache 5/8080 v. 16.7.2014, Bericht des Untersuchungsausschusses 5/1 „Rechtsterrorismus und Behördenhandeln".

25 Nachw. b. Roxin/Schünemann (Fn. 6), § 3 Rn. 29.

erheblich beeinträchtigen kann.[26] Ferner ist es natürlich mit dem Einsetzen eines unabhängigen Staatsanwalts nicht getan, solange nicht dafür gesorgt wird, dass der von ihm benötigte Polizeiapparat korrekt und loyal arbeitet und nicht etwa für die Ermittlungen notwendige Spuren beseitigt. Wenn die Nackenhaut von *Baader* oder die Festplatte von *Max Strauß* auf dem Weg zur kriminaltechnischen Untersuchung verschwinden, wenn die Asservate vom Oktoberfestattentat von der Bundesanwaltschaft vernichtet werden und die abgerissene Hand nicht mehr aufzufinden ist oder wenn schließlich das Wohnmobil von *Mundlos* und *Böhnhardt* in einer jede präzise Analyse vereitelnden Weise vom Fundort abtransportiert wird, kann auch ein Sonderstaatsanwalt nicht mehr viel bewirken. Die Schaffung eines eigenen *Straftatbestandes der Beseitigung von Tatspuren* wäre deshalb eine notwendige, aber bei weitem nicht hinreichende Ergänzungsmaßnahme, um der Institution des Sonderstaatsanwalts zur Bereinigung von Interessenkonflikten innerhalb des staatlichen Machtapparats Effizienz zu verleihen.

IV. Rechtsanwälte als Schöffen

1. Die dritte und vielleicht wichtigste Ausdifferenzierung der Rollenstruktur sehe ich im Bereich des erkennenden Gerichts bei den *Laienbeisitzern*. Abermals kann ich hierzu nur Stichworte geben. Die ganz überwiegend und nach meinen Erfahrungen mit Recht herrschende Skepsis, ob die Figur des Schöffen überhaupt irgendeine rechtsstaatlich positive Funktion ausübt[27], kann mit einem Schlage beschwichtigt werden, wenn man zumindest für einen der beiden Schöffen die Qualifikation zum Richteramt oder noch besser dessen Zulassung als Rechtsanwalt vorschreibt. Die im 19. Jahrhundert einmal für das Schöffengericht Pate stehende Idee, dass die Schöffen als Ersatz der Geschworenen ein Residuum der Volksgerichtsbarkeit darstellen könnten, entbehrt heute jeder Plausibilität. Doch bleibt der Schöffe an sich wegen der ihm nicht gewährten Aktenkenntnis[28] und seines fehlenden Einbaus in den Justizapparat sowohl gegen den inertia- als auch gegen den Schulterschluss-Effekt gefeit, weshalb man ihn nur noch gegen die Überwältigung durch das Prestige und die Rabulistik des rechtskundigen Richters zu schützen braucht, um die durch diese Effekte beeinträchtigte Neutralität der Richterbank wiederherzustellen. Und genau das kann durch die Berufung von Ju-

26 Schünemann, FS f. Ostendorf, 2015, S. 817 ff.
27 Nachw. b. Roxin/Schünemann (Fn. 6), § 6 Rn. 17.
28 Roxin/Schünemann (Fn. 6), §§ 6 Rn. 17, 46 Rn. 6.

risten, noch besser von *Rechtsanwälten zum Schöffenamt* in einfacher Weise garantiert werden.

2. Mit dieser Evolution der Rolle der Laienrichter durch die Nutzung des Sachverstandes von Rechtsanwälten muss es hier sein Bewenden haben. Dass ein gelegentliches Hospitieren von (dazu abgeordneten) Berufsrichtern in Anwaltskanzleien die in meinen Augen zunehmende Engstirnigkeit dieser Profession aufbrechen könnte, wäre bei einer anderen Gelegenheit zu verfolgen.

V. Sonderprobleme von OK- und Wirtschaftsstrafverfahren

Im zweiten Teil meiner Überlegungen möchte ich noch einen Blick auf diejenigen Felder werfen, auf denen sich die praktische Unzulänglichkeit des Dritten Paradigmas als erstes gezeigt und die deshalb eine Art Rammbock für dessen Zerstörung gebildet haben, nämlich das Verfahren gegen die organisierte Kriminalität (i. f. OK) und das Wirtschaftsstrafverfahren.

2. a) Die Notwendigkeit eines neuen Prozessmodells zur *Bekämpfung der organisierten Kriminalität* ist im Kern eine Frage der notwendigen Modernisierung des Strafverfahrens, denn die organisierte Kriminalität tritt uns als Ergebnis einer Modernisierung des rechtsgüterverletzenden Verhaltens entgegen.[29] Die Netzwerke der modernen OK befinden sich nicht, wie früher bei den Räuberbanden, in den Wäldern, sondern in der Gesellschaft selbst und können in der Regel nur mit geheimdienstlichen Methoden sichtbar gemacht werden. Viele einzelne Beiträge der Mitglieder der organisierten und auf kriminelle Handlungen ausgerichteten Gruppe sind auch äußerlich völlig unauffällig, so dass ohne eine Aufklärung des Gesamtzusammenhanges und damit zumindest eines großen Teils der Netzwerkbeziehungen ein strafrechtlicher Vorwurf nicht einmal formuliert und weder ein Ermittlungsprogramm für das Ermittlungsverfahren noch ein in der Hauptverhandlung zu errichtendes Beweisgebäude festgelegt werden kann.[30] Die Kon-

---

29 Zwar hat es organisierte Gruppen, die die staatliche Rechtsordnung nicht anerkennen und gerade daraus ihre materiellen Ressourcen gewinnen, bis vor etwa 250 Jahren in großer Zahl gegeben, etwa in Form der bis zur Mitte des 18. Jahrhunderts existierenden Räuberbanden. Doch waren damals die gegen sie durchgeführten Strafverfahren höchst einfach, denn wenn man die Banden fasste, geschah dies normalerweise in flagranti und damit aufgrund einer klaren Beweislage.

30 Freilich gilt das natürlich nur für die in großem Format auftretende, wirklich gefährliche organisierte Kriminalität, namentlich die den Rauschgifthandel und den Menschenhandel organisierenden Mafiagruppen, Waffenschmuggelringe, internationale Organisationen zur Hinterziehung der Umsatzsteuer, terroristische Organisationen, Netzwerke der Geheimdienste zur Industriespionage, koordinierte Gruppen zur Durchführung gigantischer Spekulationen an den internationa-

sequenzen bestehen in einer Amalgamierung des repressiven Strafverfahrens mit der präventiven polizeilichen Überwachung und in einer immer weiteren Ausdehnung der geheimdienstlichen Spionage in ganze Lebensbereiche[31] mit dem vorläufigen Höhepunkt der erst vor kurzem auf einem Schleichweg auch in den Strafprozess eingeführten sog. online-Durchsuchung.[32] Hierdurch werden die Beweise gewissermaßen in Echtzeit erhoben; die Inhaber der Staatsmacht schleichen sich in die innerste Persönlichkeit des Beschuldigten ein, die sich beim Durchschnittsbürger heutzutage in seinem PC materialisiert; und altmodische Grundrechtsgewährleistungen wie etwa das Schweigerecht des Beschuldigten verlieren jegliche Bedeutung, wenn die Tat und ihr Eingeständnis unter laufender Überwachung zu Protokoll gegeben werden.

b) Dass eine derartige Zusammenziehung von Tat, Beweis und Geständnis in eine einzige technische Aufzeichnung mit dem Dritten Paradigma des hauptverhandlungszentrierten Strafverfahrens schlechterdings nichts mehr zu tun hat, bedarf keiner weiteren Darlegung. Es wäre anmaßend zu glauben, ein gleichwohl den Anforderungen des Rechtsstaats genügendes Viertes Paradigma in einem kurzen Beitrag entwickeln zu können. Mein Vorschlag des Verteidigungstreuhänders kann nur ein allererster Schritt sein. Was von einer offiziellen Rechtspolitik zu halten ist, die nicht einmal solche ersten Schritte auch nur diskutiert, will ich nicht wiederholen.

3. Anders, aber nicht weniger fundamental ist der notwendige Paradigmenwechsel bei *Wirtschaftsstrafverfahren*. Dass sie im Dritten Paradigma nicht mehr bewältigt werden können, hat keinen qualitativen, sondern einen freilich unüberwindlichen quantitativen Grund.

a) Die mindestens enorme, häufig abnorme Komplexität der Wirtschaftsstrafverfahren scheint zwar auf den ersten Blick eine Kompensation der eingangs aufgeführten, die Objektivität der richterlichen Tatsachenfeststellung beeinträchtigenden inertia- und Schulterschlusseffekte bereits auf der qualitativen Ebene

---

len Börsen im Bereich von Rohstoffen, Edelmetallen und Währungen. Die in RiStBV Anl. E Nr. 2.1 gegebene, mit Recht vielfach kritisierte Definition der organisierten Kriminalität ist dagegen viel extensiver und erfasst so weite Bereiche der ganz gewöhnlichen Kriminalität, dass man von ihr nicht auf die Notwendigkeit eines neuen Prozessmodells schließen kann.

31 Vgl. nur Park, Wandel des klassischen Polizeirechts zum neuen Sicherheitsrecht, 2013; Bäcker, Kriminalpräventionsrecht, 2015; Brodowski, Verdeckte technische Überwachungsmaßnahmen im Polizei- und Strafverfahrensrecht, 2016; Rottmeier, Kernbereich privater Lebensgestaltung und strafprozessuale Lauschangriffe, 2017.

32 Die Einfügung des neuen § 100b StPO durch Art. 3 des Gesetzes zur effektiveren und praxistauglicheren Ausgestaltung des Strafverfahrens vom 24. August 2017 (BGBl I 3202) geht nicht auf den Regierungsentwurf, sondern erst auf einen Beschluss des Rechtsausschusses zurück und reduzierte dadurch listigerweise die öffentliche Auseinandersetzung auf ein Minimum.

noch viel schwieriger zu machen als im allgemeinen Strafverfahren. Aber eine solche Schlussfolgerung wäre in meinen Augen voreilig, weil die größte informationsdeformierende Kraft der genannten Effekte, also gewissermaßen ihre Domäne, in der Beurteilung der Glaubwürdigkeit von Zeugen und der Interpretation ihrer oft mehrdeutigen Aussagen liegt, so dass sie in Wirtschaftsstrafverfahren wegen der hier typischen Dominanz des Urkundenbeweises ihr größtes Wirkungsfeld einbüßen.

b) Entscheidend ist vielmehr der *quantitative* Gesichtspunkt, den ich in die These von dem exponentiell wachsenden Zeitbedarf bei der Rekonstruktion von Wirklichkeit fassen möchte. So mag etwa eine Vergewaltigung oder ein Einbruchsdiebstahl eine Stunde dauern. Für die Beweisaufnahme darüber benötigt man mindestens einen Tag, in Deutschland in dem spektakulären *Kachelmann*-Fall sogar ein Jahr. Um die Umstände vollständig aufzuklären, die über ein Jahr lang zu der Insolvenz eines großen Unternehmens führen, würde man vermutlich in einer Hauptverhandlung 10 Jahre benötigen. Und um die globale Finanzkrise aufzuklären, die ja in unverantwortlichen Massenspekulationen mit wertlosen Papieren nach Art eines globalen Glücksspiels bestanden hat[33], würde man vielleicht ein Jahrhundert benötigen. Als das Dritte Paradigma geschaffen wurde, waren derartige Prozesse weder geläufig noch voraussehbar, so dass man dessen Schöpfern keinen Vorwurf wegen ihrer fehlenden Berücksichtigung machen kann. Es geht vielmehr auch hier um die notwendige Anpassung des Strafrechts und des Strafverfahrens an die Veränderung, konkret die Modernisierung des rechtsgüterverletzenden Verhaltens, die in einer entsprechenden Modernisierung bestehen muss, bei der aber eben das rechtsstaatliche Niveau nicht preisgegeben werden darf, sondern in einer modernisierten Form realisiert werden muss – konkret also darum, ob und ggf. wie man den in der die Wirtschaftskriminalität betreffenden Strafrechtspflege tätigen Juristen, vor allem den Richtern, einen prozessualen Rahmen schaffen kann, innerhalb dessen sie die Komplexität der Wirklichkeit in einer angemessenen Zeit, in rechtsstaatlichen Formen und mit hinreichenden Garantien für die Wahrheitsfindung bewältigen können. Im Zentrum stehen die Monsterverfahren, über deren Probleme man schon in der Weimarer Zeit diskutiert hat und denen beispielsweise vor über 40 Jahren der Deutsche Juristentag 1974 im Strafrecht gewidmet war, dem weitere zum selben oder

33 Die strafgerichtliche Aufarbeitung hat durchweg mit Einstellungen gem. § 153a StPO geendet, die rechtswissenschaftliche Aufarbeitung hält trotz des Zeitablaufes weiterhin an, s. Schünemann, in: ders. (Hrsg.), Die sogenannte Finanzkrise – Systemversagen oder global organisierte Kriminalität?, 2010 , S. 71ff.; ; Kasiske, ibid., S. 13ff.; ders., ZRP 2011, 137ff.; Löwer, Die strafrechtliche Aufarbeitung der Wirtschafts- und Finanzkrise, 2017; Höft, Strafrechtliche Aufarbeitung der Finanzkrise, 2018.

ähnlichen Thema folgten[34]. Was die Gesetzgebung hierzu seitdem angeboten hat, bildet ein weiteres „Wetterzeichen für den Untergang der deutschen Rechtskultur“[35], denn die auf Verfahrensbeschleunigung abzielenden punktuellen Eingriffe des Gesetzgebers in die Architektur der Strafprozessordnung haben, wenn sie überhaupt ein Problem gelöst haben, in der Regel dafür ein anderes, meist noch gravierenderes erzeugt. So hat etwa die unablässige Ausdehnung der Unterbrechungsmöglichkeiten und der hierfür geltenden Pausenzeiten in § 229 StPO dazu geführt, dass die vom Gesetz in § 261 StPO geforderte Gründung der Hauptverhandlung auf den im Gedächtnis reproduzierbaren Inbegriff der Hauptverhandlung faktisch abgeschafft worden ist und das Urteil in Wahrheit auf interne, den Prozessbeteiligten nicht zugängliche[36] und hoch lückenhafte Notizen der Richter oder, noch schlimmer, auf diskretes Nachschlagen in den Ermittlungsakten gestützt werden muss. Ein anderes Beispiel: Die Einführung des Selbstleseverfahrens (§ 249 Abs. 2 StPO) hat dem Gericht die Möglichkeit verschafft, in eine Fülle beiläufiger Dokumente einige wenige prozessentscheidende Urkunden einzuschmuggeln, von deren ausschlaggebender Bedeutung der Angeklagte und seine Verteidigung nicht selten erst in den schriftlichen Urteilsgründen überrascht werden[37]. Nicht ohne Pikanterie ist, dass der auf diese Weise hinter die Urlaubspläne von Richtern zurücktretende und die Unterwanderung eines effizienten rechtlichen Gehörs befördernde Beschleunigungsgrundsatz in der Judikatur von BGH und Bundesverfassungsgericht nichtsdestotrotz eine schlagkräftige Waffe bleibt, um Einschränkungen der Verteidigungsrechte zu begründen[38].

VI. Unternehmensinterne Ermittlungen statt Verbandsstrafrecht

1. Die von mir anderweitig geforderten „12 essentials“[39] können sicherlich eine Abmilderung des quantitativen Dilemmas der Wirtschaftsstrafverfahren, aber kei-

34 Nachw. b. Roxin/Schünemann (Fn. 6), § 16 Rn. 7.

35 Dazu am Beispiel der Absprachen meine gleichnamige Broschüre 2005.

36 BGH StV 2010, 228, 229 (Tz. 20 juris).

37 In dieser Hinsicht hätte es eine (freilich begrenzte) Verbesserung bedeutet, wenn sich der Vorschlag Nr. 14.5 der „Expertenkommission“ durchgesetzt hätte, das Selbstleseverfahren durch die Pflicht des Gerichts zur Mitteilung des wesentlichen Inhalts der betreffenden Urkunden zu verbessern (dazu Schünemann, StraFo 2016, 45, 52), aber nicht einmal das findet sich im Gesetz zur effektiveren und praxistauglicheren Ausgestaltung des Strafverfahrens vom 17. August 2017 wieder.

38 Vgl. nur Roxin/Schünemann (Fn. 6), S. 4, 89 mwN.

39 a.a.O. (Fn. 15).

ne definitive Lösung bewirken. Für geradezu *kontraproduktiv* halte ich dagegen die gegenwärtig so vielfach propagierte Etablierung eines *Unternehmensstrafrechts.*[40] Während ich auf deren materiellrechtliche Aporien hier nicht eingehen kann[41], möchte ich in aller Kürze darlegen, dass der Zug meines Erachtens unter prozessualen Aspekten genau in die umgekehrte Richtung fahren muss. Denn die bis heute gesetzlich brachliegende, aber schlechthin ausschlaggebende Ressource für eine Bewältigung des Komplexitätsproblems in Wirtschaftsstrafsachen liegt in einem *Einbau unternehmensinterner Ermittlungen in das staatliche Strafverfahren*[42], was aber vom Staat naturgemäß nur verlangt werden kann, wenn er das Unternehmen von jeder strafrechtlichen oder strafrechtsähnlichen Verantwortlichkeit befreit. In materiell-strafrechtlicher Hinsicht wäre damit auch gar nichts verloren, sondern umgekehrt endlich ein schon bei der heutigen Bußgeldhaftung Ärgernis erregender innerer Widerspruch beseitigt: Weil das nur im Denkmodell der Androhungsgeneralprävention konstruierbare und legitimierbare Strafrecht für die Verhängung einer Sanktion allein wegen einer in der Vergangenheit vorgekommenen Rechtsgutverletzung deren Vermeidbarkeit durch das zu sanktionierende Subjekt voraussetzt, fällt jede repressive Sanktionierung eines Kollektivs auf das archaische Weltbild des persischen Großkönigs *Xerxes* zurück und ist deshalb ebenso ungerecht wie töricht. Zu den hierzu zur Genüge ausgetauschten Argumenten möchte ich nur noch hinzufügen, dass eine gegen das Unternehmen verhängte Geldsanktion diesem einen entsprechenden Schadensersatzanspruch gegen sein schuldiges Organ verschafft, dessen Durchsetzung das Organ also doppelt bestrafen, für das Unternehmen aber zu einem Nullsummenspiel führen und dadurch die ganze Veranstaltung ad absurdum führen würde. Um dies zu vermeiden, müssten Unternehmensstrafen in einer Höhe verhängt werden, die einen Regress beim Organ von vornherein ausschlösse. Das würde, von der fehlenden materiellrechtlichen Legitimierbarkeit solcher Strafen ganz abgesehen, ab ovo ein Blockadeinteresse des Unternehmens erzeugen und dadurch die quantitativen Hürden noch weiter steigern.

---

40 Obwohl dieses Thema seit 6 Jahrzehnten mit immer wieder dem gleichen (negativen) Ergebnis diskutiert worden ist, hat der erneute Vorstoß eines ehrgeizigen Landesjustizministers in kaum mehr als 2 Jahren eine Legion an Publikationen, eine Ankündigung im Koalitionsvertrag vom 7.2.2018 (Zeile 5912ff.) und einen „von der Volkswagen-Stiftung großzügigi unterstützten" „Kölner Entwurf eines Verbandssanktionengesetzes" (NZWiSt 2018, 1ff.) gezeitigt; w. z. N. finden sich in Schünemann, ZIS 2014, 1ff.

41 Abgewogen der Jubilar in GA 2015, 260ff.; mein Standpunkt findet sich in ZIS 2014, 1ff. und GA 2015, 279ff.

42 Auch dieses äußerst intrikate Thema ist in exponentiellem Wachstum begriffen, vgl. nur *Rübenstahl/Tsambibakis* (Hrsg.), Internal Investigations, 2012; w.N.b. Roxin/Schünemann (Fn. 6), § 25 Rn. 14.

2. An dieser Stelle berühren sich deshalb die speziellen Desiderate des Wirtschaftsstrafverfahrens mit der modernen Entwicklung des Ermittlungsverfahrens zum Zentrum des Strafverfahrens. Wenn die Aufklärung des objektiven Tatbestandes in Wirtschaftsstrafsachen schon im Ermittlungsverfahren abschließend geleistet werden können soll, setzt dies auf der einen Seite eine aktive Mitwirkung der Verteidigung im Sinne des partizipatorischen oder kompensatorischen Ermittlungsverfahrens und natürlich ab einer gewissen Schwelle auch die Einbeziehung des Gerichts voraus, auf der anderen Seite aber auch eine aktive Mitarbeit des Unternehmens selbst. Realistisch ist das aber nur, wenn das Unternehmen nicht als Quasi-Beschuldigter, sondern als Ermittlungshilfsperson der Staatsanwaltschaft in das Verfahren förmlich eingebaut wird, so wie es in den „Internal Investigations" in den spektakulären Prozessen der letzten Jahre zunehmend der Fall gewesen ist[43], aber nach der geltenden Rechtslage ja gerade nicht erzwungen werden kann.

3. Die Ausgestaltung eines derartigen „Ermittlungsverbundes" geht über die vorliegend nur zu leistenden Stichworte weit hinaus. Es geht dabei ohne Zweifel um ein wahrhaft neues, Viertes Paradigma des Strafverfahrens. Dass die damit intendierte Umgestaltung nicht nur des Ermittlungsverfahrens, sondern des gesamten Strafverfahrens mit dem Verfolgungsinteresse des Staates durchaus vereinbar wäre, ist mir nicht zweifelhaft. Die frühe Mitwirkung der Verteidigung wäre hier anders als bei der ordinären Kriminalität faktisch möglich und normativ angebracht, weil die dafür erforderlichen, nicht unbeträchtlichen Finanzmittel in der Wirtschaft normalerweise zur Verfügung stehen und weil die in ordinären Strafverfahren drohende Beseitigung aller Beweismittel wegen der in der Regel umfassend dokumentierten Unternehmenstätigkeit und der Möglichkeit, alle Dokumente mithilfe des Unternehmens frühzeitig sicherzustellen, allenfalls in geringem Umfange zu besorgen ist. Wenn das Unternehmen selbst als beliehener Unternehmer an der Sachverhaltsaufklärung mitwirkt, folgt daraus eo ipso die Aussagefreiheit der beschuldigten Mitarbeiter, die gegenwärtig ein zentrales und schwer lösbares Problem darstellt.[44] Am Ende des Ermittlungsverfahrens könnte dann entweder ein echter Konsens über das Ermittlungsergebnis mit Verzicht auf eine zusätzliche Hauptverhandlung stehen oder ein den objektiven Tatbestand betreffender Feststellungsbeschluss des Gerichts, an den sich für den subjektiven Tatbestand eine konzentrierte Hauptverhandlung anschließen würde.

4. Es versteht sich, dass ich die Einzelheiten einer Mitwirkungspflicht des Unternehmens bei der Sachverhaltsaufklärung hier nicht diskutieren kann. Wegen

---

43 Nachw. Fn. 42.
44 Nachw. o. Fn. 42.

der unterschiedlichen Vertrauenswürdigkeit der für das betroffene Unternehmen handelnden Organe wäre ein Wahlrecht der Staatanwaltschaft vorzusehen, ob sie die Verpflichtung und (partielle) Delegation überhaupt vornehmen will. Eine entsprechende Pflicht des Unternehmens wäre wohl nur bei Körperschaften i.e.S. zu statuieren, also bei Aktiengesellschaften und GmbHs ab einer bestimmten Größe, vielleicht auch bei körperschaftlich organisierten großen Personengesellschaften, wobei diejenigen Unternehmensorgane, die selbst Beschuldigte wären, von der Vertretung bei der Leistung der Aufklärungshilfe ausgeschlossen wären. Von der Abschaffung pönaler Unternehmenssanktionen bliebe natürlich die Einziehung der Tatvorteile unberührt, die schon heute aufgrund der zutreffenden Intuition der Praxis den wesentlichen Teil der Verbandsgeldbuße ausmacht.[45]

VII. Abschlusswunsch

Wer nur Stichworte gibt, sollte auf eine Zusammenfassung verzichten. Deshalb statt ihrer: Ad multos annos!

---

45 So entfielen im Fall der MAN von den 150,6 Mio. Euro nur 0,6 Mio. auf den Sanktionszweck, 150 Mio. auf den Zweck der Gewinnabschöpfung, siehe Taschke, NZWiSt 2012, 94.

Nachweise

ERSTER TEIL: Die vier Stufen der Rechtsgewinnung, exemplifiziert am strafprozessualen Revisionsrecht (unveröffentlichte Münchener Habilitationsschrift 1974, Band 2

ZWEITER TEIL: Zum Verhältnis ... von Rechts- und Tatfrage im Prozessrecht, Festschrift für Arthur Kaufmann, 1993, S. 299–320 (Teil 2; Teil 1 in GesWerke Bd. 1, S. 283ff.)

DRITTER TEIL: Die Belehrungspflichten der §§ 243 IV, 136 n.F. StPO und der BGH, in: MDR 1969, S. 101–103

VIERTER TEIL: Der polizeiliche Lockspitzel – Kontroverse ohne Ende?, in: StrV 1985, S. 424–431

FÜNFTER TEIL: Die Etablierung der Rügeverkümmerung durch den BGH und deren Tolerierung durch das BVerfG: 140 Jahre Rechtsprechung werden zu Makulatur, in: StV 2010, 538–544

SECHSTER TEIL: Kognition, Einstellung und Vorurteil bei der Rechtsfindung, in: E.-J. Lampe (Hrsg.), Beiträge zur Rechtsanthropologie (Beiheft 22 zur ARSP), 1985, S. 68–84

SIEBENTER TEIL: Der Richter im Strafverfahren als manipulierter Dritter? Zur empirischen Bestätigung von Perseveranz- und Schulterschlußeffekt, in: StV 2000, S. 159–165

ACHTER TEIL: Wohin treibt der deutsche Strafprozeß?, in: ZStW 114 (2002), S. 1–62

NEUNTER TEIL: Zur Kritik des amerikanischen Strafprozessmodells, in: Edda Weßlau/Wolfgang Wohlers (Hrsg.), Festschrift für Fezer, Berlin 2008, S. 555–575

ZEHNTER TEIL: Der unabhängige Strafrichter – Macht ohne Maß?, in: Festschrift für Franz Streng, 2017, S. 755–765

ELFTER TEIL: Zur Stellung der Staatsanwaltschaft im postmodernen Strafverfahren, in: Herzog/Schlothauer/Wohlers, Rechtsstaatlicher Strafprozess und Bürgerrechte, Gedächtnisschrift für Edda Weßlau, 2016, S. 351–368

https://doi.org/10.1515/9783110650563-017

ZWÖLFTER TEIL: Prolegomena zu einer jeden künftigen Verteidigung, die in einem geheimdienstähnlichen Strafverfahren wird auftreten können, in: GA 2008, S. 314–334

DREIZEHNTER TEIL: Der Ausbau der Opferstellung im Strafprozess – Fluch oder Segen?, in: Michalke/Köberer/Pauly/Kirsch (Hrsg.), Festschrift für Rainer Hamm, Berlin 2008, S. 687–700

VIERZEHNTER TEIL: Entwurf eines Vorschaltgesetzes zur Behebung rechtsstaatlicher Defizite des strafprozessualen Ermittlungsverfahrens mit Begründung, unveröffentlicher Forschungsbericht über das von der DFG finanzierte Projekt „Umfassender Reformentwurf zum Strafverfahren als Gegenmodell zu den Entwürfen des Bundesjustizministeriums und der Anwaltschaft", 2008

FÜNFZEHNTER TEIL: Stichworte zum Vierten Paradigma des Strafverfahrens, in: FS für Klaus Rogall, 2018, S. 691–705